U0536030

蒋建农 等 著

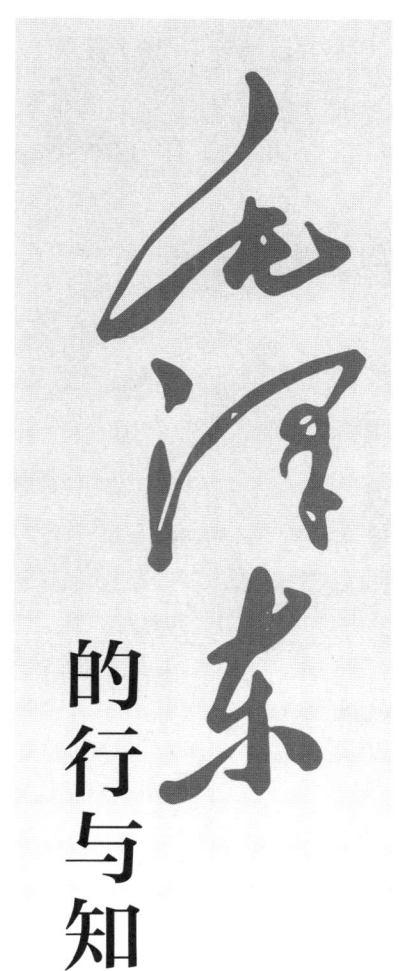

毛泽东的行与知

广东人民出版社
·广州·

图书在版编目（CIP）数据

毛泽东的行与知 / 蒋建农等著. -- 广州：广东人民出版社，2024.12. -- ISBN 978-7-218-18117-2

Ⅰ.A752

中国国家版本馆CIP数据核字第2024BQ7440号

MAO ZEDONG DE XING YU ZHI
毛泽东的行与知
蒋建农 等 著

版权所有 翻印必究

出 版 人：肖风华

出版统筹：卢雪华
策划编辑：曾玉寒
责任编辑：伍茗欣　廖智聪　魏璋倩　李宜励
责任校对：陈梓燊　帅梦娣
装帧设计：样本工作室
责任技编：吴彦斌

出版发行：广东人民出版社
地　　址：广州市越秀区大沙头四马路10号（邮政编码：510199）
电　　话：（020）85716809（总编室）
传　　真：（020）83289585
网　　址：http://www.gdpph.com
印　　刷：广州市豪威彩色印务有限公司
开　　本：787mm×1092mm　1/16
印　　张：48.5　　　字　　数：800千
版　　次：2024年12月第1版
印　　次：2024年12月第1次印刷
定　　价：268.00元

如发现印装质量问题，影响阅读，请与出版社（020-85716849）联系调换。
售书热线：020-87716172

写在前面的话：毛泽东的"知行观"

"知行观"是任何一个哲学家都不能回避的基本命题，也是中国古代的思想家自春秋战国时期开始，就争论不已的重要论题。在中国传统的知行观中，"知"主要指道德领域的良知，"行"则是指其践履。中国古代的哲学家主要是围绕知行先后、知行分合、知行难易、知行轻重四个方面进行讨论。其主要观点有："知先行后""行先知后""知行分离""知行合一""知易行难""知难行易"，等等。

一、行与知的统一

作为中国现当代最杰出的马克思主义哲学家，毛泽东对中国传统的"知行观"，有全新的解读和深刻的阐释。毛泽东《实践论》将传统"知"和"行"转化为马克思主义的"认识"和"实践"；将"认识"划分为"感性认识"和"理性认识"，将"实践"拓展为以无产阶级和人民大众的实践为主体的广义实践，实现了对传统"知"与"行"的超越，为马克思主义中国化奠定了重要的哲学基础。毛泽东关于"知行观"的代表作是1937年7月成稿的《实践论》。[1]

和一般的哲学家不同，毛泽东撰写《实践论》不是为了参加泛泛的哲学争辩，而是具有鲜明的针对性。他在为《毛泽东选集》发表此文时所做

---

[1] 以下未注明出处的引文均出自《毛泽东选集》第1卷，人民出版社1991年版，第282—298页刊载的《实践论》。

的题解中明确写道:"是为着用马克思主义的认识论观点去揭露党内的教条主义和经验主义——特别是教条主义这些主观主义的错误而写的。因为重点是揭露看轻实践的教条主义这种主观主义,故题为《实践论》。"

《实践论》原是毛泽东当年为抗日军政大学学员讲授辩证唯物主义讲稿的一部分。1950年12月29日第一次以《实践论》为题在《人民日报》正式发表时,发表稿加上了一个副标题"论认识和实践的关系——知和行的关系",集中阐释了毛泽东关于马克思主义认识论的观点。

第一,在知与行孰先孰后的问题上,毛泽东强调"辩证唯物论的认识论把实践提到第一的地位,认为人的认识一点也不能离开实践,排斥一切否认实践重要性、使认识离开实践的错误理论"。他认为"只有人们的社会实践,才是人们对于外界认识的真理性的标准"。毛泽东深刻地阐明马克思主义科学的认识路线:"通过实践而发现真理,又通过实践而证实真理和发展真理。从感性认识而能动地发展到理性认识,又从理性认识而能动地指导革命实践,改造主观世界和客观世界。实践、认识、再实践、再认识,这种形式,循环往复以至无穷,而实践和认识之每一循环的内容,都比较地进到了高一级的程度。这就是辩证唯物论的全部认识论,这就是辩证唯物论的知行统一观。"

毛泽东不仅在理论上,更是在实践中践行他的知行统一观。他在《中国革命战争的战略问题》中指出:"读书是学习,使用也是学习,而且是更重要的学习。从战争学习战争——这是我们的主要方法。没有进学校机会的人,仍然可以学习战争,就是从战争中学习。革命战争是民众的事,常常不是先学好了再干,而是干起来再学习,干就是学习。"

第二,在知行分合问题中,毛泽东认为"只有辩证唯物论,正确地指出思维的能动性,同时又指出思维受物质的限制。指出思维从社会实践中发生,同时又能动地指导实践,只有这种辩证法的'知行合一'论,才能彻底地克服唯心论"。他在《实践论》中提出:"我们的结论是主观和客观、理论和实践、知和行的具体的历史的统一,反对一切离开具体历史的'左'的或右的错误思想。"

第三，在知行难易问题上，毛泽东指出"唯心论和机械唯物论，机会主义和冒险主义，都是以主观和客观相分裂，以认识和实践相脱离为特征的"。他既批评党内的右倾机会主义，他们过高估计"行"的困难，其思想不能随变化了的客观情况而前进，不能站在社会车轮的前头充任向导的工作，他们只知跟在车子后面怨恨车子走得太快了，企图把它向后拉，开倒车；又批评"左"倾冒险主义，他们没有充分估计"行"的困难，思想超过客观过程的一定发展阶段，有些把幻想看作真理，有些则把仅在将来有现实可能性的理想，勉强地放在现时来做，离开了当前大多数人的实践，离开了当前的现实性。

第四，在知行轻重问题中，毛泽东特别强调"理论对于实践的依赖关系，理论的基础是实践，又转过来为实践服务。判定认识或理论之是否真理，不是依主观上觉得如何而定，而是依客观上社会实践的结果如何而定。真理的标准只能是社会的实践。实践的观点是辩证唯物论的认识论之第一的和基本的观点"。毛泽东认为"人类的生产活动是最基本的实践活动，是决定其他一切活动的东西。人的认识，主要地依赖于物质的生产活动，逐渐地了解自然的现象、自然的性质、自然的规律性、人和自然的关系；而且经过生产活动，也在各种不同程度上逐渐地认识了人和人的一定的相互关系。一切这些知识，离开生产活动是不能得到的"。与此同时，毛泽东也充分肯定经过实践检验的理论所具有的反作用，主张极大地发挥人的主观能动性，他引用列宁的观点，"没有革命的理论，就不会有革命的运动"[①]。

毛泽东不仅运用马克思主义的唯物辩证法，科学概括和总结中国革命的实践经验，批判继承了中国古代哲学中的知行观，对中国古代哲学家关于"知行先后、知行分合、知行难易、知行轻重"四个命题，进行了全新的科学阐释，首次彻底解决了长期争论的知行关系问题，从而开创了辩证唯物主义的知行统一观。而且，毛泽东还创造了马克思主义认识论的新

---

① 《列宁选集》第1卷，人民出版社2012年版，第311页。

境界。

毛泽东认为"十分重要的问题，不在于懂得了客观世界的规律性，因而能够解释世界，而在于拿了这种对于客观规律性的认识去能动地改造世界"。他曾经说过："关于实践到感性认识，再从感性认识到理性认识的飞跃的道理，马克思和恩格斯都没有讲清楚，列宁也没有讲清楚。"①对此，毛泽东指出："认识从实践始，经过实践得到了理论的认识，还须再回到实践去。认识的能动作用，不但表现于从感性的认识到理性的认识之能动的飞跃，更重要的还须表现于从理性的认识到革命的实践这一个飞跃。抓着了世界的规律性的认识，必须把它再回到改造世界的实践中去，再用到生产的实践、革命的阶级斗争和民族斗争的实践以及科学实验的实践中去。这就是检验理论和发展理论的过程，是整个认识过程的继续。"

不仅如此，毛泽东从辩证唯物论的观点出发，进一步深入分析指出："客观过程的发展是充满着矛盾和斗争的发展，人的认识运动的发展也是充满着矛盾和斗争的发展。一切客观世界的辩证法的运动，都或先或后地能够反映到人的认识中来。社会实践中的发生、发展和消灭的过程是无穷的，人的认识的发生、发展和消灭的过程也是无穷的。根据于一定的思想、理论、计划、方案以从事于变革客观现实的实践，一次又一次地向前，人们对于客观现实的认识也就一次又一次地深化。客观现实世界的变化运动永远没有完结，人们在实践中对于真理的认识也就永远没有完结。马克思列宁主义并没有结束真理，而是在实践中不断地开辟认识真理的道路。"

二、知行观与群众路线的结合

毛泽东的"知行观"，不仅处处闪耀着唯物辩证法的光芒，而且充溢着唯物史观的精髓。始终坚信人民大众是社会实践的主体，才是创造世界历史的动力，运用马克思主义认识论的科学思想武装亿万民众，是毛泽东

---

① 《关于人的认识问题》（1964年8月24日），《毛泽东文集》第8卷，人民出版社1999年版，第389页。

"知行观"的一个重要特色,是马克思主义认识论和马克思主义唯物史观的有机结合。

其一,毛泽东研读和阐释新的"知行观",不是讲求学理的辨析,他明确指出"哲学的研究不是为了满足好奇心,而是为改造世界"[①]。他认为"无产阶级认识世界的目的,只是为了改造世界,此外再无别的目的"[②]。

其二,毛泽东在80多年前就展望未来,"社会的发展到了今天的时代,正确地认识世界和改造世界的责任,已经历史地落在无产阶级及其政党的肩上。这种根据科学认识而定下来的改造世界的实践过程,在世界、在中国均已到达了一个历史的时节——自有历史以来未曾有过的重大时节,这就是整个儿地推翻世界和中国的黑暗面,把它们转变过来成为前所未有的光明世界。无产阶级和革命人民改造世界的斗争,包括实现下述的任务:改造客观世界,也改造自己的主观世界——改造自己的认识能力,改造主观世界同客观世界的关系"。

其三,人民群众不仅是推动社会进步的实践主体,而且是考究一切社会实践是非成败的主要评判者。毛泽东曾经苦口婆心地告诫各级领导干部"在我们的干部中,大概还有不少的人,不明白这样一个简单的真理:任何英雄豪杰,他的思想、意见、计划、办法,只能是客观世界的反映,其原料或者半成品只能来自人民群众的实践中,或者自己的科学实验中,他的头脑只能作为一个加工工厂而起制成完成品的作用,否则是一点用处也没有的。人脑制成的这种完成品,究竟合用不合用,正确不正确,还得交由人民群众去考验。如果我们的同志不懂得这一点,那就一定会到处碰钉子"[③]。他认为"任何思想,如果不和客观的实际的事物相联系,如果没

[①] 《读米丁等著沈志远译〈辩证唯物论与历史唯物论〉(上册)一书的批注》(1937年7月以前),《毛泽东哲学批注集》,中央文献出版社1988年版,第152页。

[②] 《人正确思想是从哪里来的?》(1963年5月),《毛泽东文集》第8卷,人民出版社1999年版,第321页。

[③] 《工作方法六十条(草案)》(1958年1月),《毛泽东文集》第7卷,人民出版社1999年版,第358–359页。

有客观存在的需要，如果不为人民群众所掌握，即使是最好的东西，即使是马克思列宁主义，也是不起作用的"①。他大大提倡学习马克思主义认识论，并使之群众化，为广大干部和人民群众所掌握，"让哲学从哲学家的课堂上和书本里解放出来，变为群众手里的尖锐武器"②。

其四，由无产阶级的阶级立场和马克思主义的唯物史观所决定，毛泽东认为"群众观点是共产党员革命的出发点与归宿"③。他把马克思主义认识论和如何贯彻党的群众路线有机地结合起来，进行了生动明了的阐述："在我党的一切实际工作中，凡属正确的领导，必须是从群众中来，到群众中去。这就是说，将群众的意见（分散的无系统的意见）集中起来（经过研究，化为集中的系统的意见），又到群众中去作宣传解释，化为群众的意见，使群众坚持下去，见之于行动，并在群众行动中考验这些意见是否正确。然后再从群众中集中起来，再到群众中坚持下去。如此无限循环，一次比一次地更正确、更生动、更丰富。这就是马克思主义的认识论。"④

三、践行"知行观"的中间环节——调查研究

毛泽东一方面坚持唯物论的基本观点认为："就知识的总体说来，无论何种知识都是不能离开直接经验的。任何知识的来源，在于人的肉体感官对客观外界的感觉，否认了这个感觉，否认了直接经验，否认亲自参加变革现实的实践，他就不是唯物论者。"另一方面，他承认"但

---

① 《唯心历史观的破产》（1949年9月16日），《毛泽东选集》第4卷，人民出版社1991年版，第1515页。

② 《学习马克思主义的认识论和辩证法》（1963年—1965年），《毛泽东文集》第8卷，人民出版社1999年版，第323页。

③ 《切实执行十大政策》（1943年10月14日），《毛泽东文集》第3卷，人民出版社1996年版，第71页。

④ 《关于领导方法的若干问题》（1943年6月1日），《毛泽东选集》第3卷，人民出版社1991年版，第899页。

人不能事事直接经验，事实上多数的知识都是间接经验的东西"，"在我为间接经验者，在人则仍为直接经验"。他认为"工具是人的器官的延长，如镢头是手臂的延长，望远镜是眼睛的延长"①。为了更好地认识和掌握客观世界，毛泽东在投身中国革命和建设的长期实践中，摸索和总结出促进客观认识世界的重要工具，即他毕生力行并大力倡导的调查研究。

在毛泽东的斗争历程和理论体系中，调查研究既是思想方法和工作方法，又是工作制度，是把马克思主义与中国革命和建设的实际相结合的基本手段，是确立和坚持党的实事求是思想路线的中心环节，是制定和贯彻党在各个历史时期政治路线的必经途径，是党的群众路线最主要的实现形式，是马克思主义认识论观点在中国的具体实践与升华。具体来讲：

首先，调查研究是胜利推进中国革命的需要。毛泽东在其关于调查研究的代表作《反对本本主义》中就旗帜鲜明地指出："共产党的正确而不动摇的斗争策略，决不是少数人坐在房子里能够产生的，它是要在群众的斗争过程中才能产生的，这就是说要在实际经验中才能产生。因此，我们需要时时了解社会情况，时时进行实际调查"，"离开实际调查就要产生唯心的阶级估量和唯心的工作指导，那末，它的结果，不是机会主义，便是盲动主义。"他第一次提出"共产党人从斗争中创造新局面的思想路线"，号召"到斗争中去！到群众中作实际调查去！"并第一次提出"没有调查，就没有发言权"的重要论断，不久又提出"没有正确的调查，也同样没有发言权"的观点。从此，围绕党在各个时期的政治路线，也就是党的中心工作进行调查研究，成为中国共产党人践行马克思主义认识路线的主要手段。

其次，调查研究是共产党人认识世界和改造世界之必需，是马克思主义哲学的认识论使然。毛泽东之所以一生都强调必须开展调查研究，甚至

---

① 《关于人的认识问题》（1964年8月24日），《毛泽东文集》第8卷，人民出版社1999年版，第390页。

说"一万年也要做调查研究",是基于他认为"人的正确思想,只能从社会实践中来","人们要想得到工作的胜利即得到预想的结果,一定要使自己的思想合于客观外界的规律性,如果不合,就会在实践中失败"。他认为"理论与实践的统一,是马克思主义的一个最基本的原则"①,"是我们共产党人区别于其他任何政党的显著标志之一"②;他强调"实事求是,理论与实际密切联系,则是一个党性坚强的党员的起码态度"③。在毛泽东那里,调查研究既是认识论,也是方法论,是二者的有机统一。

再者,调查研究代表了最广大人民群众的根本利益和愿望,是中国共产党人在领导全国各族人民,争取民族独立、人民解放和国家富强、人民幸福的历史过程中形成的重要工作方法,是党的群众路线的本质体现。毛泽东指出:"共产党员是一种特别的人,他们完全不谋私利,而只为民族与人民求福利。他们生根于人民之中,他们是人民的儿子,又是人民的教师,他们每时每刻地总是警戒着不要脱离群众,他们不论遇着何事,总是以群众的利益为考虑问题的出发点,因此他们就能获得广大人民群众的衷心拥护,这就是他们的事业必然胜利的根据。"④他认为:"我们的问题基本上是一个为群众的问题和一个如何为群众的问题。"⑤"应该使每个同志明了,共产党人的一切言论行动,必须以合乎最广大人民群众的最大利益,为最广大人民群众所拥护为最高标准。"⑥毛泽东所说的"全心全意

---

① 《增强党的团结,继承党的传统》(1956年8月30日),《毛泽东文集》第6卷,人民出版社1999年版,第90页。
② 《论联合政府》(1945年4月24日),《毛泽东选集》第3卷,人民出版社1996年版,第1094页。
③ 《中共中央关于调查研究的决定》(1941年8月1日),《毛泽东文集》第2卷,人民出版社1993年版,第361页。
④ 《中共中央为抗战六周年宣言》(1943年7月2日),《毛泽东文集》第3卷,人民出版社1996年版,第47页。
⑤ 《在延安文艺座谈会上的讲话》(1942年5月),《毛泽东选集》第3卷,人民出版社1991年版,第853页。
⑥ 《论联合政府》(1945年4月24日),《毛泽东选集》第3卷,人民出版社1991年版,第1096页。

为人民服务"，被进一步演绎发展成为中国共产党一切以人民为中心的群众路线，并被他称之为中国革命的"三大法宝"之一，是中国共产党人一切行动的出发点和归宿的有机统一。

此外，调查研究是坚持辩证唯物主义和中共实事求是思想路线的关键，是推动把马克思主义与中国革命的实际相结合的中心环节，是马克思主义中国化之必需。毛泽东在《反对本本主义》中就提出"中国革命斗争的胜利要靠中国同志了解中国的情况"。他指出"我们说马克思主义是对的，决不是因为马克思这个人是什么'先哲'，而是因为他的理论，在我们的实践中，在我们的斗争中，证明了是对的"。他认为"马克思主义的'本本'是要学习的，但是必须同我国的实际情况相结合"。毛泽东在中共六届六中全会上第一次鲜明地提出马克思主义中国化的命题，他指出"共产党员是国际主义的马克思主义者，但是马克思主义必须和我国的具体特点相结合并通过一定的民族形式才能实现。马克思列宁主义的伟大力量，就在于它是和各个国家具体的革命实践相联系的。对于中国共产党说来，就是要学会把马克思列宁主义的理论应用于中国的具体的环境。成为伟大中华民族的一部分而和这个民族血肉相联的共产党员，离开中国特点来谈马克思主义，只是抽象的空洞的马克思主义。因此，使马克思主义在中国具体化，使之在其每一表现中带着必须有的中国的特性，即是说，按照中国的特点去应用它，成为全党亟待了解并亟须解决的问题"。

如何才能做到这一点呢？毛泽东认为就是调查研究。调查研究是把马克思主义与中国革命的实际相结合的桥梁和纽带，是肃清中共党内主观主义、教条主义和经验主义的主要工具；只有调查研究，才能具体问题具体分析，才能实事求是，才能解决中国革命道路方针政策等大大小小一切问题，调查研究是中国革命和建设的成功之道，是改革开放新时期开辟中国特色社会主义道路的关键，是新时代取得中国特色社会主义事业伟大成就的基本遵循，是按照中国式现代化实现中华民族伟大复兴的中国梦的必由之路。

毕生致力于马克思主义中国化的毛泽东，在率领亿万中国人民争取民族独立、人民解放和国家富强、人民幸福的奋斗历程中，运用马克思主义的认识论，赋予中国传统的"知行观"以全新的解读，极大地丰富和发展了马克思主义的认识论，并使之成为中国共产党人和中国人民认识客观世界、改造客观世界和改造主观世界的强大思想武器。毛泽东本人也在这个过程中被锻造成为：中国共产党和中国人民解放军的缔造者，中国式革命道路——农村包围城市革命道路的主要开辟者，遵义会议以来领导中国革命不断从胜利走向新的胜利的主要领路人，马克思主义中国化第一个理论成果——毛泽东思想的主要创造者，新中国国体、政体的奠基者，中国式社会主义改造道路的成功实践者，中国式社会主义建设道路的最早探索者，引导中华民族走向伟大复兴的世纪伟人。

目录

第一章　走出韶山　　1

一、农家子弟的山外世界　　1
二、学不成名誓不还　　9
三、文明其精神，野蛮其体魄　　21
四、旅法勤工俭学的组织者却留在了国内　　35

第二章　改造中国与世界　　46

一、五四运动的风云际会　　46
二、湖南门罗主义和思想转向　　59
三、船山学社与清水塘遐思　　80
四、湖南特色的工运之路　　104

第三章　在国共合作的洪流中　　115

一、与上海、广州的不解之缘　　115
二、谁是我们的敌人，谁是我们的朋友　　127
三、毛家祠堂燃起的星星之火　　144
四、黄鹤楼看茫茫九派流中国　　156

第四章　井冈霹雳　187

一、"枪杆子里面出政权"　187
二、红色政权为什么能够存在　197
三、建设新型人民军队的开端　206
四、游击战争"十六字诀"　214

第五章　赣水苍茫闽山碧　223

一、起草古田会议决议　223
二、《星星之火，可以燎原》　231
三、《寻乌调查》和反对本本主义　236
四、打破三次"围剿"　245

第六章　孤独的中华苏维埃临时中央政府主席　257

一、与"左"倾错误路线的斗争　257
二、查田运动与《怎样分析农村阶级》　267
三、长冈乡调查和才溪乡调查　272
四、对苏维埃政权的思索　277

第七章　漫漫长征路　285

一、从赣粤边到贵州遵义　285
二、遵义会议与毛泽东领导地位的确立　290
三、南下与北上之争　306
四、奠基西北　318

第八章　初到陕北　　330

一、扎根立足　　330
二、率军东征与迎接抗日救亡运动新高潮　　342
三、"洞中一日，世上十年"——《中国革命战争的战略问题》　　352
四、窑洞里的预言家　　363
五、创建抗日民族统一战线的真知灼见与特立独行　　374

第九章　延安十年——凤凰山麓　　390

一、奠定思想建党的哲学基础——《实践论》与《矛盾论》　　390
二、领导全面抗战之持久战方针与抗日游击战战略　　404
三、建设中国特色的无产阶级政党　　419

第十章　延安十年——杨家岭时期　　427

一、维护、巩固和发展抗日民族统一战线　　427
二、论新民主主义　　436
三、发动大生产——建设模范抗日民主根据地　　446
四、指明知识分子的必由之路——延安文艺座谈会　　473
五、以调查研究推动延安整风　　489
六、研究中共党史促进全党思想统一　　503

第十一章　延安十年——枣园时期　523

一、"政治工作是革命军队的生命线"——抗战形势下的
　　军队政治工作　523
二、"一个不杀，大部不捉"——纠偏延安审干运动　532
三、打破兴亡周期率的民主新路　543
四、外交生涯的第一幕——毛泽东延安时期的外交活动　551
五、建设新民主主义新政权的新尝试　567

第十二章　战争与和平的博弈　588

一、确立"和平、民主、团结"建国方针　590
二、联合政府实践的迂回　597
三、"针锋相对，寸土必争"　613

第十三章　自卫战争的战略布局　620

一、力争东北成为中国革命的战略基地　621
二、巩固华北解放区　629
三、坚持华中阵地　632

第十四章　转战陕北与乾坤挪移　638

一、巍巍昆仑　638
二、三军出击逐鹿中原　642
三、两种命运的大决战　648

第十五章 实现亿万农民的千年梦想——耕者有其田 665

一、土地革命新高潮的兴起与偏颇　665
二、推动土改与纠正"左"倾错误　676
三、确立土地革命总路线　682
四、调查研究工作的新篇章　691

第十六章 描绘新中国宏伟蓝图 698

一、将革命进行到底　698
二、筹建新中国　701
三、新民主主义革命理论的新发展　706
四、蒋介石的孤立是不是等于我们的胜利?　713
五、人民民主专政学说的创立　731
六、主持新政协会议和制定《共同纲领》　749

后 记　755

第一章　走出韶山

一、农家子弟的山外世界

（一）故乡身世和家族渊源

近代以后，由于西方列强的入侵和封建统治的腐败，到了清朝末年，中国处在半殖民地半封建社会，山河破碎，生灵涂炭，中国人民遭受帝国主义和封建主义的双重压迫，中华民族遭受了前所未有的苦难。湖南是"荆蛮山国"，维新志士、革命新党的活动与影响并不亚于沿海省份。正是这时，一代伟人诞生了。1893年12月26日，毛泽东出生在湖南省湘潭县韶山冲，这是一个贫穷而闭塞的乡村，也是毛泽东一生"行"的起点。这个起点即传统封建的农村社会，在日后成为他大刀阔斧进行革命的对象。正如周恩来1949年5月在《学习毛泽东》中指出，"毛泽东是在中国的土壤中生长出来的巨大人物"，"是从人民当中生长出来的，是跟中国人民血肉相联的，是跟中国的大地、中国的社会密切相关的，是从中国近百年来和'五四'以来的革命运动、多少年革命历史的经验教训中产生的人民领袖"[①]。

韶山属湘潭市，处于湘中丘陵地带。韶山清秀挺拔，江水倾泻而下，气象万千，有"韶峰耸翠""胭脂古井""凤仪亭址""仙女茅庵""石屋清风""顿石成门""塔岭晴霞"和"石壁流泉"八大景观。韶山的顶

[①]《学习毛泽东》（1949年5月7日），《周恩来选集》上卷，人民出版社1980年版，第331、332页。

峰即韶峰，又称仙女峰，是南越七十二峰之一，山高陡峭，气势雄伟，可谓"绝顶才宽三五尺，此身如在九重天"。在韶峰之下，群山环抱着一块不大的谷地，地形明显地分为东西两部，西部山峦环绕，东部岗丘跌宕，构成"六山一水二分田，一分道路和庄园"的格局，这个山谷就叫"韶山冲"。这里居住着600多户人家，大多数姓毛，还有李、钟、周、邹、彭、庞等姓，他们忠厚、朴实、勤劳、善良，但在帝国主义和封建主义压迫下，过着凄苦的生活。韶山冲里有一条潺潺流淌的小溪，南岸有栋依山傍水的半瓦半茅屋的房子，叫上屋场。这是一栋湖南农村常见的"凹"字形住宅，当地人称作"一担柴"式的房子。这栋房子以堂屋正中为界，分别住着两家人。住在东边瓦房的就是毛泽东一家。

韶山毛氏家族的渊源可以追溯到14世纪中叶。元朝末年政治腐败，土地兼并加剧，而且天灾不断，农民起义爆发，天下大乱。江西省吉州府龙城县（今江西省吉水县）一位叫毛太华的青年农民毅然投奔朱元璋。明朝建立后，远征云南，成为戍边军人，遂居住在云南澜沧（今云南省澜沧拉祜族自治县内）并娶妻生子。因戍边有功，毛太华被准许迁回内地。明初，迁到湖南湘乡县城北门外绯紫桥。不久他的儿子又迁居湘潭韶山。从此，毛氏家族便在这钟灵毓秀的韶山一带繁衍生息。到了毛泽东已传20代，大概历经了500余年。韶山毛氏家族世代务农，家风十分淳朴，其族谱中记载着严格的家训：培植心田、品行端正、孝养父母、友爱兄弟、和睦乡邻、教训子孙、矜怜孤寡、婚姻随宜、奋志芸窗、勤劳本业。族谱中还规定族人不准"游荡""赌博"等。而毛泽东最早的"知"不仅源自韶山毛氏家族源远流长的农村朴素的家风家教，同时也源于农家传统的经济劳作。

（二）韶山农耕生活和父亲的人生设计

毛泽东祖父毛恩普是一位勤劳厚道的庄稼人，因生活窘迫不得不将祖传的部分田产典当出去。毛泽东父亲毛贻昌上过几年私塾，为了生计被迫当兵多年，长了些见识，攒了些银钱，17岁当家理事，克勤克俭，精明能干，善于经营，使得家业日渐丰厚起来。毛贻昌性格刚强，治家向来严厉，他常教育子女："吃不穷、用不穷，人无计算一世穷。谁会盘算，谁就能过好日子；不会盘算的人，你给他金山银山，也是空的。"对于毛泽东的人生规划，讲求务实的毛贻昌早有打算：不稀罕高官厚禄，更不指望光宗耀祖，只要认得字会记账，能写几句往来信函，将来能继承家业方可。因此，毛泽东从6岁开始就被要求参与家庭劳作：先是干些拔草、放牛之类的轻活，长大些就干重活农活，识字后帮家里记账。关于父亲的严格，毛泽东曾回忆，"他是一个严格的监工，看不得我闲着；如果没有账要记，就叫我去做农活。他性情暴躁，常常打我和两个弟弟。他一文钱也不给我们，给我们吃的又是最差的"①，"他的严厉态度大概对我也有好处。这使我干活非常勤快，使我仔细记账，免得他有把柄来批评我"②。毛泽东做起农活来十分认真，犁、耙、栽、割样样在行。他常与家里长工争胜，抢干重活，13岁时就已是家里一个整劳力了。

同严苛自私的父亲之间产生较大的反差，毛泽东母亲文素勤（文七妹）则是一位勤劳善良、品德高尚的农村妇女。她敦厚慈祥，勤俭持家，乐善好施，每逢荒年旱月，就悄悄地送些米粮接济贫苦的乡亲们。在母亲的影响和支持下，少年时代的毛泽东即养成了乐于助人的品性。毛泽东是从封建农村生长起来的，母亲信佛，便经常对孩子灌输佛教的宗教信仰，因此毛泽东并不是"打破迷信，生而知之"③，而是信神信得厉害。当母亲生病时，他去求神拜佛。后来毛泽东读了很多书，逐渐对他的思想产生了影响，自己也越来越怀疑，就越来越不信佛。毛泽东对母亲的感情很深。1919年母亲去世，26岁的毛泽东在万分悲恸中写下了流传甚广的

---

① ［美］埃德加·斯诺：《西行漫记》，董乐山译，解放军文艺出版社2002年版，第94页。

② ［美］埃德加·斯诺：《西行漫记》，董乐山译，解放军文艺出版社2002年版，第95页。

③ 《学习毛泽东》（1949年5月7日），《周恩来选集》上卷，人民出版社1980年版，第332页。

《祭母文》。对于母亲的盛德，他称赞："吾母高风，首推博爱。远近亲疏，一皆覆载。恺恻慈祥，感动庶汇。爱力所及，原本真诚。不作诳言，不存欺心。整饬成性，一丝不诡。手泽所经，皆有条理。头脑精密，劈理分情。事无遗算，物无遁形。洁净之风，传遍戚里。不染一尘，身心表里。五德荦荦，乃其大端。合其人格，如在上焉。"[①]当时，他在给同学邹蕴真的信中高度赞扬了母亲的品性："世界上有三种人，损人利己的，利己而不损人的，可以损己以利人的，自己的母亲便属于第三种人。"[②]母亲的品行，奠定了毛泽东最初的人生观。他后来在《纪念白求恩》中把"毫不利己专门利人"，视为人生道德修养的最高境界，即所谓"一个高尚的人，一个纯粹的人，一个有道德的人，一个脱离了低级趣味的人，一个有益于人民的人"。从这段话中，人们不难感悟母亲对毛泽东影响之至深。

父母完全不同的性格为人和繁重的家庭经济劳动，对从小目睹并参与这一切的毛泽东影响很大，促使他养成了山区农家子弟吃苦耐劳、勤快朴实、不畏艰难、自力更生、兼爱众生的本色。在父母的安排下，少年的毛泽东开始接受传统的、旧式的私塾教育，为其未来善于"古为今用""鉴古知今"奠定了较好的旧学基础。

幼年毛泽东的大部分时间是在湘乡唐家坨外祖父家度过的。为了让儿子懂些文墨以守好家业，基于父亲的盘算，1902年春，8岁的毛泽东回到韶山，开启"六年孔夫子"[③]的私塾生活。毛泽东后来于1964年8月18日在北戴河谈话时对这段学习经历总结道："我过去读过孔夫子的

[①]《祭母文》（1919年10月8日），中共中央文献研究室、中共湖南省委《毛泽东早期文稿》编辑组编：《毛泽东早期文稿（一九一二年六月—一九二〇年十一月）》，湖南人民出版社2008年版，第374页。

[②] 中共中央文献研究室编：《毛泽东传：1893—1976》（一），中央文献出版社2011年版，第4页。

[③] 中共中央文献研究室编：《毛泽东传：1893—1976》（一），中央文献出版社2011年版，第6页。

书，读了'四书'、'五经'，读了六年。背得，可是不懂。"他先后到韶山南岸、关公桥、桥头湾、钟家湾、井湾里、乌龟井、东茅塘私塾读书。从《三字经》《百家姓》读起，接着读"四书""五经"，练习书法，接受传统儒家文化教育。毛泽东读书很用心，老师教过的经书都能背下来。其间，他还学会了使用《康熙字典》，一些先生没有教过的书他也能读。1906年在井湾里私塾时，毛泽东开始读《公羊春秋》《左传》等经史书籍，但他却不喜读这些经书，而喜欢读中国古代传奇小说，最爱读反抗统治阶级压迫和斗争的故事，包括《精忠岳传》《水浒传》《三国演义》《西游记》等，对毛泽东蔑视强权、敢于斗争的英雄气概的养成产生了很大影响。

此时，与毛泽东交往最多的塾师是毛宇居，也是毛泽东的堂哥，被当地人称为"韶山一支笔"。因毛泽东天资聪慧，又勤奋好学，毛宇居十分赏识毛泽东。而幼时的毛泽东却以"淘气"出了名，有时对于老师课堂上讲的内容已耳熟能详，毛泽东便在下面看旧小说。刚开始毛宇居很生气，后来发现毛泽东聪颖机智，很有学问，便因材施教，细心引导。后来，毛泽东要去湘乡东山学堂读书遭到父亲强烈反对，毛宇居专门到毛泽东家里说服堂叔毛贻昌，称赞毛泽东聪明好学，一定要送毛泽东进"洋学堂"读书。一日为师，终身为父。毛泽东十分敬重老师，经常与毛宇居信函往来。1959年，毛泽东回到韶山时，曾宴请当年的老共产党员、赤卫队员和革命烈士家属。席间，毛泽东特意将老师毛宇居安排在上桌并第一个敬酒。毛宇居说："主席敬酒，岂敢岂敢！"毛泽东接着说："敬老尊贤，应该应该！"他们的师徒情谊在韶山传为佳话。

读书不仅丰富了毛泽东的知识储备，提高了记忆力和领悟力，更培养了他明辨是非、解决问题的能力。面对大人的专制和严苛，少年毛泽东从不畏惧，而是开动脑筋，不断寻找有效的方法进行反抗，天生倔强的少年毛泽东在学思践悟中已经开始辩证地将所学所想运用到实际中。在毛泽东记忆中，他人生的第一次反抗是10岁时为了反对教员严厉的体罚以及避免与父亲发生正面冲突，决定暂不回家，打算到县城避风头。可是，他在山里乱跑了三天也没走出韶山冲，父亲托人四处寻找才将他找回来。没想到的是，这一举动竟使老师和父亲对他的态度有所改善："父亲比以前稍微体谅一些了，老师态度也比较温和一些。"①这次抗议行动的胜利给毛泽东留下深刻印象。到了13岁，毛泽东发现同父亲辩论的有效方法就是用父亲自己的办法，引经据典来反抗父亲大家长式的权威。父亲常无理责骂他"不孝"和"懒惰"，于是他就引用经书上的话来回敬父亲："父慈子孝"，只有"父慈"，才能"子孝"；年纪大的人应该比年纪小的多干活，等到了父亲那年纪，他会比父亲勤快得多。还有一次，毛泽东和父亲在客人面前争论起来，父亲无理的责骂激怒了他，于是他愤然离开，父亲边追边责令他回去。于是，他便以跳池塘来恫吓父亲以反抗父亲的打骂。最后他和父亲互提要求，各让一步，和平地结束了"战事"。这些事情令少时的毛泽东认识到：如果公开反抗来保卫权利，父亲的态度可能会改善；若妥协屈服，父亲反而更加嚣张。后来，他抗拒了父亲为他包办的婚姻，拒绝了父亲为他早已安排的职业，"在为求得认同而与父亲进行的斗争中，毛泽东以其不寻常的勇气获得了胜利，这份勇气很大程度上促成了毛泽东那种独立活跃个性的早期发展"②。

（三）时代变迁的冲击

　　1905年，中国延续1300多年的科举制度被废除，之后全国各地新式学堂纷纷设立，西学东渐、赴海外求学成为社会风气，新思潮的广泛传播也影响了韶山冲这个偏僻山区里的毛泽东。

　　1907年至1908年，停学务农的毛泽东白天在田间劳作，晚上替父亲记账。对于耕田和读书，毛泽东则更喜欢读书，他总是抓住一切机会和时间读书。在读中国古典小说时，他发现一个问题：为什么这些小说里面所有

---

　　① [美]埃德加·斯诺：《西行漫记》，董乐山译，解放军文艺出版社2002年版，第94页。

　　② [美]布兰特利·沃马克：《毛泽东政治思想的基础：1917—1935》（典藏本），霍伟岸、刘晨译，中国人民大学出版社2013年版，第3页。

的人物都是武将、文官、书生,从来没有一个农民做主人公?毛泽东思考了两年之久终于明白:这些人是统治者,不必种田,土地归他们所有和控制,让农民替他们种田。这可能是毛泽东关于阶级关系最早的思考。毛泽东一生酷爱读书,他读书不仅认真刻苦、读有所得,还得而能用、用而生巧。即使在生命的最后时刻,他依然手不释卷,挥毫圈点。他曾说:饭可以一日不吃,觉可以一日不睡,书不可以一日不读。毛泽东后来所取得的一切成就,和他投身变革社会的革命实践、和他一生刻苦的读书生活分不开,而毛泽东对于读书的嗜好和习惯早在年少时已养成。据毛泽民夫人王淑兰回忆:那时,凡是能够在韶山冲借到的书,他都想办法借来读,甚至连和尚念的佛经也借来读。韶山冲的书几乎被毛泽东读完后,他不顾山路跋涉,经常从10公里以外舅父家的表兄文运昌那借一些书来读,至今我们还能看到他向表兄还书的借条。

其中,一本当时流传很广、影响较大的由郑观应所著的《盛世危言》对毛泽东的思想产生很大冲击。毛泽东后来回忆:"这本书我非常喜欢。作者是一位老派改良主义学者,以为中国之所以弱,在于缺乏西洋的器械——铁路、电话、电报、轮船,所以想把这些东西传入中国。"[①]当时,他还读了另一位改良主义者冯桂芬所著的《校邠庐抗议》,此书对外国侵略和清政府的腐败表示不满,提出富国强兵的主张。这些书令毛泽东大开眼界,萌发爱国思想,燃起恢复学业的强烈愿望。然而,毛泽东喜爱读的书和父亲对他的预期大相径庭。父亲不赞成他读这些新书和小说,认为浪费时间,希望他读些经世致用的书,以便今后在与人发生纠纷时,能引经据典维护自身的利益。毛泽东后来继续求学能够得到父亲的同意和支持,也有这一层原因。

1909年复学后,毛泽东又到韶山乌龟井、东茅塘两处私塾读了一年,其间读了《史记》《汉书》等古籍,还看一些时论和新书。当时,韶山冲

[①] [美]埃德加·斯诺:《西行漫记》,董乐山译,解放军文艺出版社2002年版,第96页。

来了一位维新派教师李漱清，他常给韶山人讲述各地见闻和爱国维新的故事，宣传废庙宇、办学堂，反对信佛，毛泽东对他革旧图新的主张十分赞同，"维新"这个名词开始进入他的脑海里。1910年4月，长沙发生饥民暴动，这件事影响了毛泽东的一生。当时湖南闹粮荒，饥民们涌到巡抚衙门请愿，反而遭到枪击，当场被打死十四人，被打伤的更多。他们在忍无可忍的情况下，放火烧了巡抚衙门。毛泽东和同学们议论多日，他认为，那些"造反者"就如自己身边的老百姓一样善良，对他们所受的冤屈深感不平。当时，一些进步书籍和外面世界所发生的一些事情对刚刚步入青年的毛泽东产生了深刻影响。尤其是在读了一本关于帝国主义列强瓜分中国的小册子以后，不甘于当"长工"的毛泽东开始忧虑国家的前途和命运，意识到国家兴亡，匹夫有责。即使事隔多年，后来的他仍清晰记得小册子开头的一句："呜呼，中国其将亡矣！"爱国意识和情感的萌发使毛泽东迫切想走出韶山继续求学。

就在这时，父亲为使儿子走上一条兴业传家之路，决定送毛泽东去湘潭县城一家米店当学徒。毛泽东对父亲的决定起初没反对，认为当学徒也许是有意思的事。可当他听说湘乡有个非常新式的学堂后，就不顾父亲的反对，决心到那里学习。他同母亲商定，邀请舅舅、表兄文运昌和同族长者及老师来家相劝，有人告诉父亲，去那里学习可以增加赚钱的本领。父亲终于改变了态度，同意毛泽东进新式学堂读书并给予他经济上的支持。临行前，他在父亲的账本上抄改了日本明治维新时期著名的政治活动家西乡隆盛的一首诗，以表自己一心向学、志在四方的坚决："孩儿立志出乡关，学不成名誓不还。埋骨何须桑梓地，人生无处不青山。"毛泽东17岁之前的足迹只限于韶山冲和唐家圫，接受的主要是封建传统儒家教育，且有着农民的质朴。他从父亲那里了解了权力、剥削和仇恨，从母亲那里学到了善良、朴实和仁爱；从农耕劳作中培养了克俭、勤快和坚毅，从古典著作中学会了思考、独立和反抗。随着中国社会的剧烈变动和新思想新观念的不断冲击，毛泽东强烈的求知欲和爱国情怀不断推着他向新的世界迈进。

二、学不成名誓不还

（一）东山学堂和康梁影响

　　1910年秋，刚踏入青年阶段的毛泽东踌躇满志，毅然离开贫瘠封闭的韶山，迈出人生最重要的一步，迎来"行"的第一个转折。他考入了韶山50里以外的湘乡县立东山高等小学堂，是由东山书院改制的新式小学。除为学生教经书外，还教被称为"新学"的自然科学和其他新学科。这为毛泽东打开了认知中国与世界的新窗口，使他由一个充满抱负的勇敢少年开始向壮怀激烈的青年知识分子转变。

　　入学考试时，试题为《言志》多数学生几乎都是写"学而优则仕"之类的内容，而毛泽东却与众不同。他联系人民疾苦、国家命运和民族危亡，洋洋洒洒作文，抒发立志求学、救国救民的远大抱负。校长李元甫阅后极为赞赏，拍案叫好："今天我们取了一名建国才！"[①]在这里，毛泽东学到了许多之前从未接触的新知识，包括文学、历史、地理和自然科学等方面，使他的眼界大大开阔。善于思考、领悟力强的毛泽东学业进步非常快，加之少年时扎实的古文基础，写得一手好文章，受到校长和教员们特别是国文教员的喜欢。国文教员贺岚冈见毛泽东喜欢研究历史，还特地买了一部《了凡纲鉴》送给他。每周日上午这个学校都要由教员出题目，学生各自作一篇文章后方可休息。毛泽东每次作文都十分认真，成绩很好，他的《救国图存论》《宋襄公论》等写得好，教员多次批注"传观"，让学生传阅学习。

　　可是，毛泽东的心思已不在读经书上，他经常到学校的藏书楼中如饥似渴地借阅中外历史、地理书籍报刊来读。他对中国古代尧、舜、秦始皇、汉武帝的光辉业绩表示仰慕。他还从一本《世界英杰传》里读到拿破仑、叶卡捷琳娜女皇、彼得大帝、华盛顿、格莱斯顿、卢梭、孟德斯鸠和

[①] 萧三：《毛泽东同志的青少年时代和初期革命活动》，中国青年出版社1980年版，第24页。

林肯的事迹，在书上对这些人物进行圈阅点评，对他们的历史功绩深表钦佩。他对同学萧子暲（萧三）说："中国也要有这样的人物。我们应该讲求富国强兵之道，才不致蹈安南①、朝鲜、印度的覆辙。你知道，中国有句古话：'前车之覆，后车之鉴。'而且我们每个国民都应该努力。顾炎武说的好：'天下兴亡，匹夫有责'。"②

在东山学堂期间，对毛泽东冲击最大的是以康有为、梁启超等人为主要代表的资产阶级维新派的思想，这对他政治观念的建立产生了深远影响。毛泽东后来回忆："我在这个学校里有了不少进步。教员都喜欢我，尤其是那些古文的教员，因为我写得一手好古文。但是我无心读古文。当时我正在读表兄送给我的两本书，讲的是康有为的变法运动。一本叫做《新民丛报》，是梁启超编的。这两本书我读了又读，直到可以背出来。我崇拜康有为和梁启超。"③可他并不知此时孙中山所主张推翻清政府的民主革命思潮已经代替康、梁的维新变法思想而成为时代的主流。他在学校所作《宋襄公论》采用了康、梁体，这引起了国文教员们不小的争议。有的教员看了觉得不好，有的教员特别是谭咏春阅后却认为其见解迥异于流俗，称赞有加："毛润之的文章不仅思想进步，文笔泼辣，而且立志高远，见解精辟，令人折服呀！"破例给了105分，并写了一则批语："视似君身有仙骨，寰观气宇，似黄河之水，一泻千里！"④此后，毛泽东的文章经常被批注上"传观"二字，贴在"揭示栏"内，作为学生们学习的范本。

刚步入青年的毛泽东不仅在写作文风上弃八股而学康、梁，而且在政治观念上也站到康、梁维新改良的立场上来。直到20世纪60年代，毛泽

---

① 今越南。

② 萧三：《毛泽东同志的青少年时代和初期革命活动》，中国青年出版社1980年版，第26页。

③ ［美］埃德加·斯诺：《西行漫记》，董乐山译，解放军文艺出版社2002年版，第100页。

④ 谭一生：《毛泽东对谭世瑛的同学情》，中共湘潭市委党史资料征集办公室编：《毛泽东与湘潭》，中共党史出版社1993年版，第176页。

东还追忆说,"有段时间受到梁启超办的《新民丛报》的影响,觉得改良派也不错,想向资本主义找出路"①。早年的毛泽东和梁启超没有任何接触,却把梁启超及其著作看作清末领导新思潮的代表。梁启超号任公,他早年用"子任"做过笔名,直到20世纪30年代,他仍被称为戊戌启蒙的领袖之一。作为当时最有号召力的政论家,梁启超及其主要著作对青年毛泽东的世界观、人生观、价值观的形成和发展有重要的促进作用,启发着毛泽东从全新的角度来思考中国、思考人生。

当时,梁启超的大多数著作发表在自己主编的《时务报》《清议报》《新民丛报》上。其中《新民丛报》是维新派戊戌变法后的重要报刊,在1907年冬季已停刊,毛泽东1910年下半年才看到,是他的表哥文运昌借给他的一套合订本。可以说,梁启超是毛泽东早年政治思想发展道路上具有重要影响的启蒙老师,他所提出的思想对毛泽东来说是闻所未闻。受其影响,这时的毛泽东认为,在中国建立君主立宪的政治体制,施行资产阶级性质的改良和革新可以救国。他不反对君主制度,认为皇帝像大多数官吏一样都是诚实、善良和聪明的人,只是需要维新派帮助他变法图强。毛泽东在认真研读梁启超的《新民丛报》过程中,特别对梁启超那篇脍炙人口、振聋发聩的《新民说》深表赞赏。在看到该文第六节"论国家思想"提到"国家"和"朝廷"的差异时,毛泽东欣然写下这样一则批语:"正式而成立者,立宪之国家,宪法为人民所制定,君主为人民所拥戴;不以正式而成立者,专制之国家,法令为君主所制定,君主非人民所心悦诚服者。前者,如现今之英、日诸国;后者,如中国数千年来盗窃得国之列朝也。"②

这一则八十六字的批语是迄今为止发现的毛泽东最早的政论文字,其意思虽没有超越梁启超原文的范畴,但对于一个十六七岁刚从农村走出来的青年来说,能够如此理解已十分不易。从中我们可以看出毛泽东政治

---

① 刘斐:《难忘的教诲》,《人民日报》1979年1月2日。
② 中共中央文献研究室编:《毛泽东传:1893—1976》(一),中央文献出版社2011年版,第9、11页。

观念形成初始的几个关键点，即对君主立宪和封建专制两种国家制度的理解：其一，坚决反对封建君主专制，极为赞同"朕即国家"是"大逆不道"。其二，承认君主立宪制，认为宪法由人民制定的国家，立宪前提下人民拥戴的君主，才具有合法性。这一点与梁启超所主张的"三权之体皆莞于君主"大有不同。其三，当下中国应进行政治变革，"中国数千年来盗窃得国"的封建君主独裁必须废除，应施行以英、日等国君主立宪政体为模式的政治制度。这时的毛泽东已由相信孔孟之道发展到倾慕郑观应、冯桂芬等人西学为用的青葱少年，开始转变成崇拜康有为、梁启超，推举西方君主立宪制度的激奋青年，这是毛泽东早期的"知"在政治思想方面的发展。

梁启超对毛泽东的影响也远不止步于此。到长沙以后进入湖南全省高等中学校半年，以及在湖南一师的五年半（1913年毛泽东考入湖南第四师范学校，一年后第四师范学校并入第一师范学校）学习中，从他的读书批语、笔记和书信中，或隐或显，或直接或间接，都能看到梁启超的影子。[①]在1915年至1916年反袁斗争中，毛泽东也直接受到梁的影响，在基本的政治态度上与梁保持着一致性。1918年4月，毛泽东等在长沙组织进步团体"新民学会"，以"革新学术，砥砺品行，改良人心风俗"为宗旨，可以看到梁启超《新民说》的明显影响。而毛泽东对梁启超思想的汲取和认识是变化的、辩证的。到了晚年，毛泽东对梁启超的看法更加客观全面。1958年4月11日毛泽东在武昌同吴冷西、田家英谈话时说到梁启超，他这样评价："梁启超一生有点象虎头蛇尾。他最辉煌的时期是办《时务报》和《清议报》的几年。……他是当时最有号召力的政论家。……梁启超写政论往往态度不严肃。他讲究文章的气势，但过于铺陈排比；他好纵论中外古今，但往往似是而非，给人以轻率、粗浅之感。他自己也承认有时是信口开河。"[②]过了知天命年纪的毛泽东对梁启超有褒有贬，可见，他对梁启超的生平、著作及思

[①] 参见李锐：《毛泽东：峥嵘岁月（1893—1923）》，北京联合出版公司2013年版，第31—32页。

[②] 吴冷西：《"五不怕"及其他——回忆毛主席的几次谈话》，人民日报史编辑组编：《人民日报回忆录（1948—1988）》，人民日报出版社1988年版，第7—8页。

想是有相当的研究。

（二）初到长沙

1911年春，在东山高等小学堂读了半年的毛泽东，已不满足于这里有限的教育，强烈的求知欲继续推动着他走向更开阔的天地。因听说省会有更新更好的学校，毛泽东便向往到长沙继续深造。正好当时东山高等小学堂的贺岚冈老师应聘到长沙的湘乡驻省中学任教。因毛泽东成绩优异，贺老师愿意带他前往求学。在辛亥革命前夕，不满18岁的毛泽东第一次来到长沙，顺利考入湘乡驻省中学。这决定了他一生的道路和方向。

古人云"楚虽三户，亡秦必楚""惟楚有材，于斯为盛"。说到中国近代史，湖南是个绕不开的地方。近代大学者章士钊归纳湖南人的性格："湖南人有特性，特性者何？曰：好持其理之所自信，而行其心之所能安，势之顺逆，人之毁誉，不遑顾也。"[①]晚清以来，受湖湘文化影响，随着历史的变迁，湖南英才井喷式涌现，出了许多著名的经纶治世之才，形成的"湘学"实学学风在全国范围内影响很大。从陶澍、贺长龄到曾国藩、左宗棠，再到谭嗣同、黄兴、蔡锷、宋教仁等，近代的湖南成为一个新旧斗争特别剧烈复杂的地方。这对毛泽东爱国奉献、敢为人先、坚韧刚毅、求实创新的湖湘特质的形成有着潜移默化的影响。

毛泽东初到革命党人十分活跃的长沙，眼界开阔许多，社会上充满新气象令他极其兴奋，这与乡下完全不同。到了这里，毛泽东才知，率先在中国大地上举起近代民族民主革命旗帜的孙中山和在1905年就已成立的同盟会及其"驱除鞑虏，恢复中华，创立民国，平均地权"的以建立资产阶级共和国为目的的政治纲领。他有生以来第一次看到由同盟会会员宋教仁、于右任主编的《民力报》这一份关于民主革命的报纸，并成为热心读者。从此，读报成了毛泽东终生的习惯。从这份报纸上，毛泽东了解到黄兴领导反对清政府的黄花岗武装起义的新闻，知道了起义中英勇殉难

---

① 章士钊：《刘霖生先生七十寿序》，湖南历史资料编辑室编：《湖南历史资料》（1981年第1辑），湖南人民出版社1981年版，第63页。

的七十二烈士的事迹。到了五四时期，1919年8月4日，毛泽东在其主办的湖南学生联合会会刊《湘江评论》第4号"湘江大事述评"一栏的《本会总记》一文中指出："黄兴在广州起事，全国震动，消息到湘，学生界中之抱革命主义者，已跃跃欲试。"①可以看出，这件事对毛泽东开始拥护资产阶级民主革命起到加速剂的作用。他后来仍清晰记得："我深受这篇报道的感动，发现《民力报》充满了激动人心的材料。……当时全国处于第一次革命的前夜。我激动之下写了一篇文章贴在学堂的墙上。这是我第一次发表政见，思想还有些糊涂。我还没有放弃我对康有为、梁启超的钦佩。我并不清楚他们之间的差别。所以我在文章里提出，把孙中山从日本请回来当新政府的总统，康有为当国务总理，梁启超当外交部长！"②

这时的毛泽东还不能从根本上区别孙中山主张的资产阶级民主主义同康、梁所主张的资产阶级改良主义有何不同。他还不能从根源上认识清楚在半殖民地半封建社会的中国，依靠封建统治者自上而下地进行带有资产阶级性质的改良是根本不可能成功的。他还没有放弃对康、梁的敬仰，只是认为维新人士和革命人士应团结起来一同推翻清王朝的专制独裁。然而，这时的他把孙中山放在理想中的新政府的第一位，说明康、梁的地位在他心目中已有所下降，他开始由一个不反对帝制的人变成了一个资产阶级民主主义者。政治观念的再次转向驱使他展开相应的革命行动。

1911年5月，清政府宣布"铁路国有"政策，并强收川汉、粤汉铁路为"国有"，把筑路权出卖给帝国主义换取借款。这激起全国人民的强烈反对。"四川首起争之，形势殊急。继起则为湖南，学生界尤为愤激，倡言罢课，到处开会演说。"③湘乡驻省中学的学生们每天关着大门演说，

---

① 中国人民解放军政治学院党史教研室编：《中共党史参考资料》第1册，内部资料1979年版，第437页。

② [美]埃德加·斯诺：《西行漫记》，董乐山译，解放军文艺出版社2002年版，第101—102页。

③ 中国人民解放军政治学院党史教研室编：《中共党史参考资料》第1册，内部资料1979年版，第437页。

许多同学慷慨激昂主张革命，一位同学甚至将他身上的长衣卸下一丢说："快习兵操，预备打仗。"[1]为表示同卖国求荣、腐败昏聩的清政府彻底决裂，毛泽东毫不犹豫剪掉辫子，并倡议他的朋友和同学也剪掉辫子，还和一些积极分子采取突然袭击的方式，将一些已同意剪辫子却不肯动手的同学的辫子强行剪掉。这也透露出了毛泽东说到做到、果断利索的行事作风。毛泽东因剪辫子和一位同学发生了激烈争论，他后来回忆："这位法政学生引经据典来论证自己的看法，说身体发肤受之父母，不可毁伤。但是，我自己和反对蓄辫子的人，站在反清的政治立场上，提出了一种相反的理论，驳得他哑口无言。"[2]可见，毛泽东的反清立场十分明确且坚定。

1911年10月，在孙中山领导和影响下，辛亥革命在湖北武昌爆发，神州大地为之一振。距武昌不远的长沙受到冲击，全城宣布封锁戒严。这时，一位革命党人到湘乡驻省中学介绍武昌起义情况，20多年后，毛泽东对这次激动人心的讲演仍记忆犹新："当场有七八个学生站起来，支持他的主张，强烈抨击清廷，号召大家行动起来，建立民国。"[3]思想上受到启发的毛泽东，民主革命观念更加强烈，在他看来，革命就要打仗，当兵打仗是最实际的革命行动。他毅然决定投笔从戎，参加革命军，开始积极做北上武昌的准备。10月下旬，长沙革命党人发动起义，成立湖南军政府。当时有许多学生投军，一支学生军便被组织起来。然而，毛泽东不喜欢学生军，认为学生军的基础太复杂，便参加了正规军，被编入湖南新军二十五混成协五十标第一营左队，当了一名列兵。这一举动，足见毛泽东已下定决心要为革命竭尽全力，真正进入推翻清朝封建统治的斗争中。

在成为新军的日子里，毛泽东认真接受军事训练的同时，仍然非常

---

[1] 中国人民解放军政治学院党史教研室编：《中共党史参考资料》第1册，内部资料1979年，第437—438页。

[2] ［美］埃德加·斯诺：《西行漫记》，董乐山译，解放军文艺出版社2002年版，第102页。

[3] ［美］埃德加·斯诺：《西行漫记》，董乐山译，解放军文艺出版社2002年版，第102页。

重视研究政治时事和社会问题。他的军饷每月七元,除去伙食费两元,剩下的大部分都用来订购报刊和购买书籍,用毛泽东自己的话说就是"贪读不厌"①。在鼓吹革命的《湘汉新闻》上读到一篇谈社会主义的文章,这是他第一次看到"社会主义"这个名词。这是江亢虎的中国社会党鼓吹的社会改良主义。毛泽东对这个新东西很感兴趣,还读了江亢虎写的关于社会主义及其原理的小册子,和士兵们展开讨论,并写信与他的同学讨论。他跟军队里大多数士兵以及排长都建立了友好关系,因自己能写字做文章,便经常帮助大家写信或讲解报纸上的新闻等,大家都敬佩他的"大学问"。他当时特别喜欢队里的一个矿工和一个铁匠,欣赏他们的勤恳朴实,这是毛泽东对当时中国普通劳工的最初印象。

然而,革命形势发生了急剧变化。1912年1月1日,孙中山在南京就任临时大总统,宣告中华民国成立。辛亥革命推翻了清王朝的统治,结束了统治中国几千年的君主专制制度,开创了完全意义上的近代民族民主革命,打开了中国进步的闸门,传播了民主共和理念。但是,它的胜利果实很快被以袁世凯为首的代表大地主、大资产阶级利益的庞大军事政治集团攫夺。在帝国主义的支持下,袁世凯以"拥护共和"的高调姿态骗取了资产阶级革命派的信任和妥协。清政府接受中华民国对皇室的优待条件,2月12日,清朝最后一个皇帝溥仪退位。3月10日,袁世凯在北京就任临时大总统,以孙中山为首的南京临时政府仅存三个月,就被以袁世凯为代表的北洋军阀政府所取代。在湖南,谭延闿采用阴谋手段当上了湖南省都督。

由于历史进程和社会条件的制约,辛亥革命没有改变旧中国半殖民地半封建的社会性质,没有改变中国人民的悲惨命运,没有完成实现民族独立、人民解放的历史任务。此时,革命经验并不丰富、只当了半年兵的毛泽东还认识不到这一层,在他看来,孙中山和袁世凯达成和议,革命被取消,南北"统一",革命便结束了,于是他从新军中退出,决定继续求学寻找新的出路。

---

① [美]埃德加·斯诺:《西行漫记》,董乐山译,解放军文艺出版社2002年版,第104页。

（三）定王台自修

对于学校的优劣和选择，毛泽东心里并没有一定的标准，对自己具体想学什么不甚明确。他开始关注报纸上的招生广告，先后在六所学校报名投考。毛泽东报考的第一所是警察学堂，他先是看到一个警察学堂的广告，觉得自己从军队出来有一定基础，当警察可以保家卫民，所以交了一元报名费准备投考。考试前，他又被一所不收学费、提供膳宿的肥皂制造学校的广告所吸引，这则广告上说制造肥皂对社会大有好处，可以富国利民，毛泽东便决定做一个肥皂制造家，交了一元报名费。后来，他的一个在法政学堂学习的朋友劝他进法政学堂，而且这所学堂在广告上承诺，在三年内教完全部法律课程，保证期满之后马上可以当法官，毛泽东又交了一元的报名费。

毛泽东报考的第四所是商业学堂，在另一位朋友的劝告下，他觉得国家现在处于经济战争之中，当前最需要的人才是能建设国家经济的经济学家，于是第四次付了报名费，参加考试并被录取。然而，这些学校对毛泽东来说并不是最满意的，他还是继续关注广告，其中看到了一则把一所公立高级商业学校夸赞得天花乱坠的广告，说是政府办的，设有很多课程，教员是非常有才能的人，这促使毛泽东决定学成一个商业专家。他写信把这一决定告诉父亲，父亲十分高兴，因为父亲最理解善于经商的好处。毛泽东报考的第五所学校就是这所公立高级商业学校，并在这里学习了一个月。由于这所新学校的课程大多数是用英语讲授，毛泽东和其他学生一样不懂英语，学校也没有英语教师，令毛泽东反感，学了一个月便退学了。

从这几所学校的选择上来看，毛泽东都是从国家需要出发，希望自己能够学有所成，救国救民于水火之中。1912年春，他考入湖南全省高等中学校（后改名省立第一中学）。入学考的试题是《民国肇造，百废待兴，教育、实业何者更为重要》，他以梁启超的"以教育为主脑"之说立意下笔，认为教育更为重要，最后以第一名的成绩考上了这所学校。相对于之前就读的学校，这次毛泽东考入的学校大了很多，学生也多。毛泽东爱好历史和文学，国文老师非常喜欢他，并愿意热心帮助他。其间，毛泽东作了一篇《商鞅徙木立信论》①，全文共600字。据考证，这篇文章原稿上没有写作时间，作文纸折缝间印有"湖南全省高等中学校"字样，题下写着"普通一班毛泽东"七个字。根据1912年秋毛泽东退学自修，推断该文写作时间是1912年上半年，是目前我们能够看到的毛泽东最早的一篇文章。国文教员柳潜看后赞不绝口，作了7个眉批和1个总评，总共150字。眉批评语为："实切社会立论，目光如炬，落墨大方，恰似报笔，而义法亦骎骎入古""精理名言，故未曾有""逆折而入，笔力挺拔"等，未曾想其中一语在几十年后却成了真："历观生作，练成一色文字，自是伟大之器，再加功候，吾不知其所至。"文末有总评："有法律知识，具有哲理思想，借题发挥，纯以叹唱之笔出之，是为压题法，至推论商君之法为从未有之大政策，言之凿凿，绝无浮烟涨墨绕其笔端，是有功于社会文字。"文头还批了给同学"传观"。

"商鞅徙木立信"的故事最初见于《史记·商鞅列传》，毛泽东在《商鞅徙木立信论》写下三叹：一叹"国民之愚"。毛泽东认为法律本是国民谋求幸福的工具，法律的善恶关键在于是否利国利民。国民对于政府颁布的好的法律，应竭尽全力维护完善它；对政府颁布的不好的法律，应竭尽全力反对阻止它。这是政府、国民、法律三者的正常关系，但当时民众却不从法律本身的利好出发，而是因"徙木立信"一事才相信支持该法律，主要原因在于民智未开。二叹"执政者之煞费苦心"。从文中可以推断，毛泽东认为政府要取信于民，必须要以法治国，法律必须要以民为本，这样国民才会相信政府、相信法律。这是政府、国民、法律之间的良性关系发展和维护的关键。商鞅是"利国福民伟大之政治家"，商鞅之法这样的良法是当时中国"从未有之大政策"，而商鞅却不得不通过出演"徙木立信"一事来取信于民，换取国民对法律的认可和政府的支持，而不是去启迪民智，提高民众的素质，也是令人愕

---

① 参见《商鞅徙木立信论》（1912年6月），中共中央文献研究室、中共湖南省委《毛泽东早期文稿》编辑组编：《毛泽东早期文稿（一九一二年六月—一九二〇年十一月）》，湖南人民出版社2008年版，第1—2页。

惋。三叹"数千年来民智之不开、国几蹈于沦亡之惨",在他看来,中国陷入内忧外患的黑暗境地,根本原因在于中国人民的愚昧落后。这一叹可以看出,这时毛泽东对中国社会的认识还不够清晰,有一定局限,主要是因为依然深受梁启超思想的影响。梁启超在其《新民说》中指出造成中国悲惨境地的原因有二:"最腐败之政府"和"最散弱之国民",而后者更为重要。梁启超认为"民德、民智、民力实为政治、学术、技艺之大原","苟有新民,何患无新制度,无新政府,无新国家"[1],即要有新民才能有新政。毛泽东这篇文章的史论和梁启超的新民思想基本一致,认为以"改造国民性"为中心的思想革命是政治革命的首要前提,这是毛泽东当年政治思想的主要内容,这对于一个十八九岁的青年来说,有这样的思想殊为不易。

毛泽东并不喜欢湖南省立第一中学有限和呆板的课程,校规的烦琐也令他感到不适。一位国文教员很看重毛泽东,特意将所藏的《御批历代通鉴辑览》借给他阅读。这部书是这样来的:清乾隆帝在下令修《四库全书》时决定出一部《资治通鉴》删节本,定名为《通鉴辑览》。大臣们后来将《资治通鉴》删节本和乾隆在该书上作的800多条批注和序言汇集编成《御批历代通鉴辑览》,这部书总共116卷,附南明唐、桂二王本末4卷,记事起自黄帝,迄于明末,有乾隆的上谕和御批,具有极强的史学御用色彩。毛泽东读了此"大部头"的书后颇受启发,认为自己单独看书,学阅批注,思考研究,比按部就班在校读书更有效果,于是在校读了半年就很快退学了。众所周知,毛泽东读书有一些习惯,比如喜欢圈画和批注,这个习惯的养成最初有可能是受到这部《御批历代通鉴辑览》的启发。后来,他到湖南一师求学,在读《伦理学原理》一书时,光批注就写了1.2万多字,而全书也就10万字而已。

1912年下半年,毛泽东退学寄居在长沙的湘乡会馆,给自己定了

---

[1] 《新民说·论新民为今日中国第一急务》(1920年2月8日),李华兴、吴嘉勋编:《梁启超选集》,上海人民出版社1984年版,第207页。

一个庞大的自修计划,每天到定王台省立图书馆读书。定王台,位于长沙城东南角,为西汉景帝之子刘发所筑。因思念母亲,刘发每年都派人运米到长安孝敬母亲,再将长安的泥土带回来在长沙筑台,年复一年便垒成一座高台。刘发经常登台北望,遥寄对母亲的思念,去世后被追谥为长沙定王,故称为"定王台",又叫"望母台"。到了清末,定王台已荡然无存,变成一栋两层楼的洋房。辛亥革命后,省政府将这栋房子改造成湖南省立图书馆。这里树木葱郁,偏僻幽静,是一个难得的读书场所。

自律是一种秩序,是修身立志成大事者必备的能力和条件,青年的毛泽东相当自律,从他严格执行自修计划上可见一斑。他每天到图书馆读书自学,风雨无阻,从未间断。后来,毛泽东回顾这段经历时说:"每天到湖南省立图书馆去看书。我非常认真地执行,持之以恒。我这样度过的半年时间,我认为对我极有价值。"[①]他所说的"极有价值"是因为在这里他广泛涉猎18、19世纪欧洲资产阶级的社会科学和自然科学著作,自学了严复翻译的亚当·斯密《原富》、孟德斯鸠《法意》、卢梭《民约论》、约翰·穆勒《穆勒名学》、赫胥黎《天演论》、达尔文《物种起源》等书,还阅读了一些俄、美、英、法等国的历史地理书,以及古代希腊、罗马的文艺作品,可以说毛泽东在这里比较系统全面地接触和了解了近代西方的政治、经济和社会等思想,颇受启发。图书馆的墙上挂着一张世界地图,这是他第一次看到世界地图,产生了极大兴趣,反复细看研究并感叹:原来世界竟是如此之大,中国只是其中一小部分,湘潭县在地图上根本找不到,这使毛泽东大开眼界。

不知不觉中,这样艰苦清贫但收获颇多的自修生活已过大半年。随着知识积累得越来越多,毛泽东对自己人生道路的选择和思考也逐步有了方向,他认为自己最适合教书。正是这个时候,父亲来信表示不支持他自修,

---

① [美]埃德加·斯诺:《西行漫记》,董乐山译,解放军文艺出版社2002年版,第106页。

认为他既不进学校也不谋职，漫无目的的自修生活是不务正业，于是不再为他提供费用，断了经济来源的毛泽东不得不结束半年的图书馆自修生活。

三、文明其精神，野蛮其体魄

（一）一师课堂和板仓问学

毛泽东一生中没有正式进入过大学读书，也没有接受过系统的学科教育和训练，即使后来有出国深造的机会，自己也没有选择留学。新中国成立后，毛泽东和老同学周世钊谈话时评价道："我没有正式进过大学，也没有到国外留过学。我的知识，我的学问，都是在一师打下的基础。一师是个好学校。"[①]

1913年，决定重回校园读书的毛泽东被湖南省立第四师范学校刊发的一则不收学费、膳食费低廉、毕业后即可担任教师的招生广告吸引，而且他也曾主张教育救国，又在两位朋友的鼓励下，决定投考并再次以第一名的成绩被录取。校长看到他的作文后赞扬："这样的文章，我辈同事中有几个做得出来！"当时，出于义气，毛泽东还替两位鼓励他报考这所学校的朋友准备了入学考试的作文，他们都被录取了。多年后，毛泽东提到此事还说，实际上自己考取了三通。第四师范为五年制，1914年春被合并到第一师范，四师春季开学和一师秋季开学的学生被编入一级，毛泽东被分到了第八班。因原来两个学校开学的时间不同，其间毛泽东重读了半年预科，直到1918年暑期在一师毕业，毛泽东前后共做了五年半的师范生。

第一师范，位于长沙南门外妙高峰下，毗邻气势恢宏的湘江，与郁郁葱葱的岳麓山隔江相望。明崇祯《长沙府志》云："妙高峰高耸云表，江流环带，诸山屏列，此城南第一奇观。"东侧的粤汉铁路时不时传来火车鸣笛声，现代的气息萦绕在如此优美的环境中，可谓"多少游人不知味，出山何似在山真"。第一师范最初称湖南师范馆，其前身是城南书院，为

[①] 周世钊：《第一师范时代的毛主席》，《新观察》，1951年第2卷第2期。

南宋"东南三贤"之一的理学大家张栻讲学的地方,与朱熹创办的岳麓书院比肩齐名,至此已700多年,青年时代的曾国藩、左宗棠、黄兴等也曾在此地修身学习。这所学校的规模、师资力量和教学设备,都是毛泽东过去所读的学校所不能比拟的。学校大礼堂入口处横匾上写着"德、智、群、美"①,这与当时担任南京临时政府首任教育总长的蔡元培力主在全国推行建立起中国资产阶级民主教育体制的改革措施有关。该校《校章》指出其秉承的教育方针是"除照部定教育宗旨外,特采最新民本主义(即民主主义)规定教育方针。所谓民本主义教育包括三个方面:一、道德实践。二、身体活动。三、社会生活(包括智识及课程教育)以及职业训练(包括智能实习和各种学生会活动)",注重对学生人格和学识的全面培养,第一师范在当时是较为民主和开明的。

身处时代交替之中的毛泽东,面对"无量金钱无量血,可怜购得假共和"的局面,看到中国依然山河破碎、积贫积弱,人民的悲惨命运并未改变,依然生活在苦难和屈辱中,对国家前途的担忧成为他始终"无法摆脱的意念"②。他改变了以往对学校课堂的态度,认为"吾于课堂荒甚,从前拿错主意,为学无头序",为学之道应"先博而后约,先中而后西,先普通而后专门"。③循着这一路径,毛泽东刻苦攻读,"从早到晚,读书不止"。他坚持"不动笔墨不读书"的学习方法做了大量的笔记,但后因革命辗转和敌人破坏,很多都已丢失和被烧掉。现存的具有代表性的笔记是毛泽东的课堂笔记《讲堂录》和作了1.2万多字批语的《伦理学原理》。不满足于课堂知识的毛泽东特别注重自修,制订了读书计划,下苦

---

① 萧瑜:《毛泽东和我的游学经历》,[美]斯诺等著,刘统编注:《早年毛泽东:传记、史料与回忆》,生活·读书·新知三联书店2011年版,第321页。

② [美]斯图尔特·R.施拉姆:《毛泽东的思想》,田松年、杨德等译,解放军文艺出版社2002年版,第107页。

③ 《致湘生信》(1915年6月25日),中共中央文献研究室、中共湖南省委《毛泽东早期文稿》编辑组编:《毛泽东早期文稿(一九一二年六月——一九二〇年十一月)》,湖南人民出版社2008年版,第6页。

功夫，经常起早贪黑地学习，有时甚至通宵不眠。为了养成在任何环境下都能专心读书的习惯，他故意在人来人往的嘈杂的城门口看书，以锻炼在闹中求静的本领。

毛泽东治学严肃，特别注重知识积累，认为"吾生也有涯，而知也无涯"，学问犹如"百丈之台，其始则一石耳"，"台积而高，学积而博"，"积久而成学"。[1]毛泽东指出要求得真本事必须刻苦勤学，"惟学如基础，今人无学，故基础不厚，时惧倾圮"[2]，要以"颜子之箪瓢与范公之画粥"之精神，夯实基础，"只将全幅功夫，向大本大源处探讨"。他还主张不要拘于一家一派之言，认为"庇千山之材而为一台，汇百家之说而成一学，取精用宏，根茂实盛"。他强调独立思考的重要性，认为对各种学说要持批判态度，"挈其瑰宝，而绝其淄磷"。后来的毛泽东始终在践行这些治学理念：如一部《资治通鉴》，他读了整整17遍；浩浩二十四史，24年手不释卷；《共产党宣言》年年读，常读常新；三种版本的多卷本《鲁迅全集》，朝夕相伴近40年；还有历朝历史演义、古典小说、名人传记、诗词曲赋、丛书、类书、工具书及其他多种经、史、子、集等，毛泽东都爱读，从古代到现代，从历史、文学到政治、哲学，再到军事、经济、科学等国内外社会科学和自然科学著作，毛泽东无不涉猎。这些不仅是为了"管却自家身与心，胸中日月常新美"的自我涵养的提升，更是为了实现"何以报仇？在我学子"的救国强国远志。在第一师范的毛泽东还与同学约定了"三不谈"：不谈金钱，不谈男女之事，不谈家庭琐事，只谈大事——"人的天性，人类社会，中国，世界，宇宙！"[3]

---

[1] 《〈一切入一〉序》（1917年夏），中共中央文献研究室、中共湖南省委《毛泽东早期文稿》编辑组编：《毛泽东早期文稿（一九一二年六月—一九二〇年十一月）》，湖南人民出版社2008年版，第70页。

[2] 《致黎锦熙信》（1917年8月23日），中共中央文献研究室、中共湖南省委《毛泽东早期文稿》编辑组编：《毛泽东早期文稿（一九一二年六月—一九二〇年十一月）》，湖南人民出版社2008年版，第72—73页。

[3] ［美］埃德加·斯诺：《西行漫记》，董乐山译，解放军文艺出版社2002年版，第109页。

其思想之宏阔，志向之远大可见一斑。

实际上，毛泽东那时还没有机会真正接触到辩证唯物主义，他的思想正处于形成过程中，从他与同学、朋友之间往来的书信及读书笔记等资料中，可以看出，这一时期的毛泽东重点是从古今中外各种唯心主义哲学和伦理学中加以分析、批判和选择，既有唯心论又有唯物论、二元论，还带着明显的强烈的个人主义色彩，即认为"个人之价值大于宇宙之价值可也"，"凡有压抑个人、违背个性者，罪莫大焉"，[1]主张将改造国家和社会同改造个人的哲学和伦理学思想连在一起，即从"大本大源"处着手。

他认为，偌大的中国"社会之组织极复杂"，虽有数千年历史和文明，现却"民智污塞，开通为难"，指出"欲动天下者，当动天下之心，而不徒在显见之迹。动其心者，当具有大本大源"。实际上就是提倡用一种学说或真理来武装民众的头脑，启迪觉悟。毛泽东结合形势分析，辛亥革命之后在中国尝试的国会、宪法、总统制、内阁制和军事、实业、教育改革等都是"枝节"问题，虽然"枝节亦不可少"，但"必有本源"，解决问题的关键在于要找到"本源"，"本源"即"宇宙之真理"。认为"天下之生民，各为宇宙之一体，即宇宙之真理，各具于人人之心中"，应该以"大本大源"为号召，"从哲学、伦理学入手，改造哲学，改造伦理学，根本上变换全国之思想"，"天下之心"才能"动"，"天下之事"才可为，国家才能富强，人民才能幸福。[2]

怎样才能动天下人之心？毛泽东提出要寻真志、立真志，且"必先研究哲学、伦理学，以其所得真理，奉以为己身言动之准，立之为前途之鹄，再择其合于此鹄之事，尽力为之，以为达到之方，始谓之有志也。如

---

[1] 《〈伦理学原理〉批注》（1917年至1918年），中共中央文献研究室、中共湖南省委《毛泽东早期文稿》编辑组编：《毛泽东早期文稿（一九一二年六月——一九二〇年十一月）》，湖南人民出版社2008年版，第132页。

[2] 参见《致黎锦熙信》（1917年8月23日），中共中央文献研究室、中共湖南省委《毛泽东早期文稿》编辑组编：《毛泽东早期文稿（一九一二年六月——一九二〇年十一月）》，湖南人民出版社2008年版，第73页。

此之志，方为真志，而非盲从之志"。"十年未得真理，即十年无志；终身未得，即终身无志。"这时的毛泽东虽片面夸大了哲学和伦理学在社会发展中的决定作用，但他寻真志的信念却从未停止。真理从何而来？他以梁启超的"今日之我与昨日之我挑战"之说为例，提出"来日之我与今日之我挑战"亦未可知，但随着"研究日进"，便会找到"宇宙之真理"，应用"全幅工夫，向大本大源处探讨"，来确定心之所向。[1]他从探讨康有为、梁启超的维新改良主义到拥护资产阶级的民主主义，从注重唯心主义转向赞赏无政府主义、实用主义、新村主义，最后才信仰唯物主义，坚定走上马克思列宁主义革命道路。青年的毛泽东用了整整十年的时间经过艰难的探索，才寻得自己的"真志"完成"理想的涅槃"。[2]毛泽东虽抛弃康、梁拥护帝制的政治思想，但却继承了康、梁思想中含有科学性的主变哲学。

毛泽东之所以有这样的认知，除了自身的努力好学和受时代思潮影响外，还在于他遇到了一批学识渊博、思想进步、品德高尚的人生导师，其中对毛泽东影响最大的是杨昌济，他的女儿杨开慧后来成为毛泽东的妻子。

杨昌济是湖湘文化的集大成者，"从事教授，以直接感化青年为己任，意在多布种子，俟其发生，任重道远"[3]，他主张"树立一种统一全国之中心思想"，"破坏习惯我，实现理想我"，"贯通今古，融合中西"，"有独立心"和知行统一的认识论等，对以毛泽东、蔡和森等为代表的一批好学上进的学生产生了深远影响。毛泽东的同学萧三后来回忆："杨昌济（号怀中）先生对毛泽东和许多学生，影响很大。杨先生是长沙人，在第一师范教授伦理学、论理学、心理学、教育学和哲学，他曾在日

---

[1] 参见《致黎锦熙信》（1917年8月23日），中共中央文献研究室、中共湖南省委《毛泽东早期文稿》编辑组编：《毛泽东早期文稿（一九一二年六月——一九二〇年十一月）》，湖南人民出版社2008年版，第74页。

[2] 张锦力：《解读青年毛泽东》，中央文献出版社2017年版，第101页。

[3] 《致教育总长范源濂书》，王兴国编：《杨昌济文集》，湖南教育出版社1983年版，第344页。

本留学六年，又在英国留学四年，但始终崇尚中国传统理学，喜欢讲周、程、朱、张，喜讲康德、斯宾塞尔和卢梭的'爱弥儿'……杨先生并善于辞令，也不装腔作势，但他能得听讲者很大的注意与尊重，大家都佩服他的道德、学问。"①毛泽东于1920年冬所作《新民学会会务报告（第一号）》中，谈新民学会的成立时写道："还有一个原因，则诸人大都系杨怀中先生的学生。与闻杨怀中先生的绪论，作成一种奋斗的和向上的人生观，新民学会乃从此产生了。"②后来，毛泽东对恩师杨昌济评价道："他教授伦理学，是一个唯心主义者，一个道德高尚的人。他对自己的伦理学有强烈信仰，努力鼓励学生立志做有益于社会的正大光明的人。"③

在第一师范，毛泽东常对人讲"学问"两字组成一个名词很有意义，即告诉人们不仅要好学，而且要好问，要经常进行思想碰撞，探讨交流，以拓眼界增才学。毛泽东认为"少年学问寡成，壮岁事功难立，乃发内宣，所以效嘤鸣而求友声"④，虽然"有所寸进"，但从书本中收获较少，在"质疑问难"中收获很多。毛泽东经常利用课余时间和萧子升及其他同学到杨昌济居住的板仓公寓，或到杨昌济和黎锦熙等创办的《公言》杂志所在地——芋园问学求教，也时常到徐特立、方维夏等老师的住处探讨释疑。1914年上半年，毛泽东和同学们组成了一个哲学研究小组，定期探讨哲学和伦理学问题，经常向杨昌济等老师求学问道。1977年9月7日，杨昌济的儿子杨开智在《文汇报》发表的《粪土当年万户侯》一文中回忆："1916年暑假，怀中先生在板仓家中度假，暑假期间的一天，毛泽东同志风尘仆仆，一把雨伞，一

---

① 萧三：《毛泽东的青少年时代和初期革命活动》，[美]斯诺等著，刘统编注：《早年毛泽东：传记、史料与回忆》，生活·读书·新知三联书店2011年版，第72页。

② 《新民学会会务报告（第一号）》，中国革命博物馆、湖南省博物馆编：《新民学会资料》，人民出版社1980年版，第2页。

③ [美]埃德加·斯诺：《西行漫记》，董乐山译，解放军文艺出版社2002年版，第107页。

④ 《致萧子升信》（1915年9月27日），中共中央文献研究室、中共湖南省委《毛泽东早期文稿》编辑组：《毛泽东早期文稿（一九一二年六月—一九二〇年十一月）》，湖南人民出版社2008年版，第26页。

双草鞋，从长沙城出发，步行了一百二十里，来到当时还是穷乡僻壤的板仓冲杨家下屋我们家中。这是他第一次来板仓。在板仓期间，他曾以很大的兴趣浏览了我父亲的藏书，特别是所订阅的新书报刊，和我父亲讨论了一些学术问题和社会问题。"时隔60余年仍清晰记得，可见毛泽东刻苦而执着的"问学"精神给他留下了极为深刻的印象。

杨昌济特别欣赏毛泽东，曾在日记中评价道："毛生泽东，言其所居之地为湘潭与湘乡连界之地，……渠之父先亦务农，现业转贩，其弟亦务农，其外家为湘乡人，亦农家也，而资质俊秀若此，殊为难得。余因以农家多出异材，引曾涤生、梁任公之例以勉之。毛生曾务农二年，民国反正时又曾当兵半年，亦有趣味之履历也。"[1]一师的另一位老师黎锦熙也很赏识毛泽东，1915年7月31日他在日记中写道："在润之处观其日记，甚切实，文理优于章甫，笃行两人略同，皆可大造。"[2]

对毛泽东来说，在寻真理的过程中虽有外力引导相助，但更多的是靠自己良好的自觉涵养和自我修为，才为其今后坚强意志、伟大人格、高超智慧的形成提供了活的源头。在第一师范期间，受新文化运动民主和科学思潮的影响，毛泽东的思想发展得非常迅速，陈独秀主编的《新青年》对他影响极大，各种新思想和新理论令他耳目一新。这时的毛泽东彻底放弃了崇拜孙中山的旧民主主义革命理论，胡适和陈独秀一时成为他心中的楷模。他的思想可以说是"大杂烩"，包括自由主义、民主改良主义、空想社会主义等，他憧憬"19世纪的民主"、乌托邦主义和旧式的自由主义。虽然还没有找到一条明确的革命道路，但这时的他坚决反对军阀和反对帝国主义，实际上初步树立了自己的世界观和人生观。[3]毛泽东后来回忆："我在这里——湖南

---

[1] 中共中央文献研究室编：《毛泽东传：1893—1976》（一），中央文献出版社2011年版，第20页。

[2] 中共中央文献研究室编：《毛泽东传：1893—1976》（一），中央文献出版社2011年版，第20页。

[3] ［美］埃德加·斯诺：《西行漫记》，董乐山译，解放军文艺出版社2002年版，第110页。

省立第一师范度过的生活中发生了很多事情，我的政治思想在这个时期开始形成。我也是在这里获得社会行动的初步经验的。"①

（二）坚实在于锻炼

毛泽东不仅注重对学问的不断汲取，还十分重视对体格持之以恒的锻炼，即"欲文明其精神，先自野蛮其体魄"。为了强壮筋骨，增长知识、丰富情感、磨砺意志，青年时代的毛泽东自觉地进行了丰富多样的体育项目：风雨浴、日光浴、冷水浴、游泳、登山、露宿、长途跋涉、体操等等。1936年，毛泽东和斯诺谈话时，对他和同学们在一师的锻炼这样回忆："我们也热心于体育锻炼。在寒假当中，我们徒步穿野越林，爬山绕城，渡江过河。遇见下雨，我们就脱掉衬衣让雨淋，说这是雨浴。烈日当空，我们也脱掉衬衣，说是日光浴。春风吹来的时候，我们高声叫嚷，说这是叫做'风浴'的体育新项目。在已经下霜的日子，我们就露天睡觉，甚至到11月份，我们还在寒冷的河水里游泳。这一切都是在'体格锻炼'的名义下进行的。这对于增强我的体格大概很有帮助，我后来在华南多次往返行军中，从江西到西北的长征中，特别需要这样的体格。"②

1917年4月1日，毛泽东以"二十八画生"为笔名，在《新青年》第3卷第2号上发表《体育之研究》一文，这是他公开发表的第一篇文章，对体育的真义、地位、意义及方法等方面进行了全面而深入的探讨，是青年毛泽东提倡体育并坚持锻炼的经验总结。

该文开篇明确点出了其主张进行体育运动的根本原因和思想逻辑在于"国力恭〈苶〉弱，武风不振，民族之体质日趋轻细，此甚可忧之现象也"③。毛泽东立志以拯救国家和民族于水火为己任，面对国难当头和

---

① ［美］埃德加·斯诺：《西行漫记》，董乐山译，解放军文艺出版社2002年版，第107页。
② ［美］埃德加·斯诺：《西行漫记》，董乐山译，解放军文艺出版社2002年版，第109页。
③ 《体育之研究》（1917年4月1日），中共中央文献研究室、中共湖南省委《毛泽东早期文稿》编辑组编：《毛泽东早期文稿（一九一二年六月—一九二〇年十一月）》，湖南人民出版社2008年版，第56页。

外人欺辱，从拯救国民体质出发，提倡加强运动、强健体魄。他曾在研读《伦理学原理》时写下批语："吾尝虑吾中国之将亡，今乃知不然。改建政体，变化民质，改良社会。"①将"变化民质"同社会、国家、民众联系在一起，把加强体育锻炼、增强身体素质作为救亡图存、强国强民的重要途径之一，从而以抵抗外国侵略、挽救民族危亡。他还指出，体育运动的关键在于自觉，"欲图体育之有效，非动其主观，促其对于体育之自觉不可"②，这点和他在学习上主动追求的精神是一致的，同样讲究行动和实践的内在因素和根本动力。

对于体育的真义，毛泽东先从人类与动物的区别分析，认为人体的组成和动物没有不同，但动物却不像人类一样长寿，是因为动物"制其生者无节度"，而人类则"以节度制其生，愈降于后而愈明，于是乎有体育"，认为体育即"养生之道也"。毛泽东又通过对东方和西方所特有的体育锻炼项目进行比较，指出人类通过体育锻炼是"抑其过而救其所不及"，"使身体平均发达"，"而有规则次序之可言"。③也就是说，毛泽东所认为的体育运动的参与者是全体人类，目的就是增强体质，完善身心，坚决反对"率多有形式而无实质"④的体育，认为体育是人民大众的，不只是少数人参与的竞技性体育，不能以单纯追求功利化的胜利为目的。新中国成立后毛泽东将改善人民健康状况、增强人民体质作为党的一

---

① 《〈伦理学原理〉批注》（1917年至1918年），中共中央文献研究室、中共湖南省委《毛泽东早期文稿》编辑组编：《毛泽东早期文稿（一九一二年六月—一九二〇年十一月）》，湖南人民出版社2008年版，第176—177页。

② 《体育之研究》（1917年4月1日），中共中央文献研究室、中共湖南省委《毛泽东早期文稿》编辑组编：《毛泽东早期文稿（一九一二年六月—一九二〇年十一月）》，湖南人民出版社2008年版，第56页。

③ 《体育之研究》（1917年4月1日），中共中央文献研究室、中共湖南省委《毛泽东早期文稿》编辑组编：《毛泽东早期文稿（一九一二年六月—一九二〇年十一月）》，湖南人民出版社2008年版，第57页。

④ 《体育之研究》（1917年4月1日），中共中央文献研究室、中共湖南省委《毛泽东早期文稿》编辑组编：《毛泽东早期文稿（一九一二年六月—一九二〇年十一月）》，湖南人民出版社2008年版，第58页。

项重要政治任务,而且在发展国家体育上反对锦标主义等,都是这一思想的延续和发展。

关于体育的地位,毛泽东从"三育"(即体育、德育、智育)谈起,提出体育是"载知识之车而寓道德之舍",应该"实占第一之位置","体强壮而后学问道德之进修勇而收效远"。①毛泽东将体育放在首要位置,除了从理论上分析论证外,还受到了生活体验和客观环境的影响。毛泽东小时候体弱多病,少年时得过一场大病。尤其是排行老三的他,两个哥哥的早夭,令他刻骨铭心,逐渐开始意识到锻炼身体的重要性,经常游泳、爬山、干农活等,身体逐渐强壮起来。到了第一师范后,老师杨昌济非常重视个人身心的全面发展,经常进行冷水浴、废止朝食和静坐等养生方法,对毛泽东体育思想的形成产生了重要影响。杨昌济曾在《教育学讲义》中提出"三育"并重,认为体育是"教育上之养护"②,科学阐述了德、智、体的辩证关系,这一认知在当时难能可贵。毛泽东深受杨昌济的影响,他在1916年12月9日《致黎锦熙信》中谈到体育的重要地位:"今乃有进者:古称三达德,智、仁与勇并举。今之教育学者以为可配德智体之三言。诚以德智所寄,不外于身;智仁体也,非勇无以为用……一旦身不存,德智则随之而隳……惟身体健康一层,不免少缺。弟意宜勤加运动之功。弟身亦不强,近以运动之故,受益颇多。"③此外,杨昌济还指出:"学校教育,最足以伤儿童之身体者,为钟点太多,负担过重。"④毛泽东也同样认为:"吾国学制,课程密如牛毛,虽成年之人,顽强之

---

① 《体育之研究》(1917年4月1日),中共中央文献研究室、中共湖南省委《毛泽东早期文稿》编辑组编:《毛泽东早期文稿(一九一二年六月——一九二〇年十一月)》,湖南人民出版社2008年版,第57—58页。

② 《教育学讲义》,王兴国编:《杨昌济文集》,湖南教育出版社1983年版,第189页。

③ 《致黎锦熙信》(1916年12月9日),中共中央文献研究室、中共湖南省委《毛泽东早期文稿》编辑组编:《毛泽东早期文稿(一九一二年六月——一九二〇年十一月)》,湖南人民出版社2008年版,第52—53页。

④ 《教育学讲义》,王兴国编:《杨昌济文集》,湖南教育出版社1983年版,第193页。

第一章　走出韶山

身，犹莫能举，况未成年者乎？"①发出了对旧教育制度的挑战。

对于体育的效果，毛泽东从强筋骨、增知识、调感情、强意志四个方面进行了阐释并总结："筋骨者，吾人之身；知识，感情，意志者，吾人之心。身心皆适，是谓俱泰。故夫体育非他，养乎吾生、乐乎吾心而已。"②即强调体育可以使人"身心并完"，这一思想不仅来自老师杨昌济所谓"身体与精神有密切之关系，互相感化"的影响，还受到了陈独秀关于体格培养和体育价值主张的启发。陈独秀曾在《今日之教育方针》中大力提倡"兽性主义"，明确指出："强大之族，人性、兽性同时发展。其他或仅保兽性，或独尊人性而兽性全失，是皆堕落衰弱之民也。"他又进一步对"兽性主义"做了具体的诠释："兽性之特长谓何？曰意志顽狠，善斗不屈也；曰体魄强健，力抗自然也；曰信仰本能，不依他为活也；曰顺性乖真，不饰伪自文也。"③毛泽东在《体育之研究》中指出："欲文明其精神，先自野蛮其体魄；苟野蛮其体魄矣，则文明之精神随之。"这一阐发实际上是对陈独秀提倡的"兽性主义"的具体发挥。他曾慨然写道："与天奋斗，其乐无穷！与地奋斗，其乐无穷！与人奋斗，其乐无穷！"

毛泽东在《体育之研究》中还谈了不爱运动的原因和运动应注意的事项，并且自己还编了一套"六段运动"操，可见毛泽东对体育的理论和实践的研究颇有心得。他写好此文后，交给杨昌济审阅，杨昌济称赞有加，将之推荐给了陈独秀，1917年4月1日以"二十八画生"为名发表于《新青

---

① 《体育之研究》（1917年4月1日），中共中央文献研究室、中共湖南省委《毛泽东早期文稿》编辑组编：《毛泽东早期文稿（一九一二年六月——一九二〇年十一月）》，湖南人民出版社2008年版，第57—58页。

② 《体育之研究》（1917年4月1日），中共中央文献研究室、中共湖南省委《毛泽东早期文稿》编辑组编：《毛泽东早期文稿（一九一二年六月——一九二〇年十一月）》，湖南人民出版社2008年版，第61页。

③ 陈独秀：《今日之教育方针》（1915年10月15日），张宝明主编：《新青年·文化教育卷》，河南文艺出版社2016年版，第162页。

年》第3卷第2号上。①毛泽东的体育思想在理论和实践上的不断发展，是对马克思关于人的全面发展教育学说的重要贡献之一。

（三）"身无半文，心忧天下"

毛泽东不仅刻苦求学，善于读有字之书，且非常注重实践，提倡读无字之书。学生时代的毛泽东把"行"看得比"知"更重要，常跟同学们说，要读活书，不要读死书。他曾在读书笔记上写道："农事不理，则不知稼穑之艰难；休其蚕织，则不知衣服之所自。"即认为一切有用的知识必须能解决实际问题，又必须结合实际去探求。②他还在《讲堂录》中强调："闭门求学，其学无用。欲从天下国家万事万物而学之，则汗漫九垓，遍游四宇尚已"，"游之为益大矣哉！登祝融之峰，一览众山小；泛黄勃之海，启瞬江湖失；马迁览潇湘，泛西湖，历昆仑，周览名山大川，而其襟怀乃益广"。③他反对脱离生产和实际，仅用书本知识来解决实际问题，提倡要走出校园，游历社会，周知一切，以增长见识，拓宽视野，开阔胸襟，"友天下之善士也"④。

有次，《民报》上刊载了两个学生旅行全国的事，一直走到靠边藏区的打箭炉，毛泽东深受鼓舞和启发。但他身上没有钱，于是就想先游历湖南各县。1917年7月中旬，毛泽东利用暑假，开启了平生的第一次游学。他和好友萧子升避易就难，身上未带一文钱，穿着草鞋，背着包袱和雨伞，进行长途旅行。他们要从社会的最底层去经历百态，"看看新的事

---

① 陈独秀主编的《新青年》（原名为《青年杂志》）于1915年9月创刊，新文化运动由此发端。在杨昌济的介绍下，毛泽东成为《新青年》的热情阅读者，深受新思潮的冲击。

② 周世钊：《毛泽东青少年时代的故事》，未来出版社1993年版，第89页。

③ 《讲堂录》（1913年10月至12月），中共中央文献研究室、中共湖南省委《毛泽东早期文稿》编辑组编：《毛泽东早期文稿（一九一二年六月——一九二〇年十一月）》，湖南人民出版社2008年版，第530页。

④ 《讲堂录》（1913年10月至12月），中共中央文献研究室、中共湖南省委《毛泽东早期文稿》编辑组编：《毛泽东早期文稿（一九一二年六月——一九二〇年十一月）》，湖南人民出版社2008年版，第530页。

物，并希望获得全新的经验"，因为"天下任何困难也不及身无分文而要想法生活在别人的社会中更困难的了"。①毛泽东和萧子升一起漫游了长沙、宁乡、安化、益阳、沅江五县，历时一个月，徒步九百余里，相继克服渡江关、炎热关、饥饿关和闭门关等等。路途中，他们以写字作对联送人变相行乞，过上"叫花子"的生活，以"打秋风"糊口，"遇到了政府机关、学校、商家，他就作一首对联送去，然后人们给他吃饭或打发几个钱，天黑了就留他住宿"②。毛泽东利用这种游学方式深入基层，了解各地的风土民情，考察各阶层人民尤其是农民的现实生活，获益良多。他把游历的心得体会用文字记录下来，同学们阅后赞扬毛泽东是"身无半文，心忧天下"。

同年冬，毛泽东步行到浏阳县文家市铁炉冲陈赞周同学家探望，和附近农民一起劳作，晚上同农民交谈，了解他们的生活状况。到了次年春，毛泽东又和蔡和森从岳麓山出发，只带一把雨伞、一条手巾和一双草鞋，经湘阴、岳阳、平江、浏阳等县，周游洞庭湖，大概游历了半个多月才回家。毛泽东和蔡和森还将经历告诉蔡和森母亲，说他们在路上到一处吃一处。遇着寺庙，就进去与和尚谈天说地。他们给人家送字，农民有的害怕，见他们不像送字的游学先生，又不像叫花子，有的甚至放狗出来咬他们。当然也有开明的，知道他们是游学送字，但也有人把他们看作算命先生。一路上，毛泽东深入了解了农村政治和经济状况，包括如何收租送租、贫农的痛苦等。③

毛泽东的同学周世钊后来讲："毛泽东的学习方法，除多读、多写、多想、多问这四多之外，还有'理论联系实际，读书结合游历一

---

① 萧瑜：《毛泽东和我的游学经历》，［美］斯诺等著，刘统编注：《早年毛泽东：传记、史料与回忆》，生活·读书·新知三联书店2011年版，第332页。

② 萧三：《毛泽东的青少年时代和初期革命活动》，［美］斯诺等著，刘统编注：《早年毛泽东：传记、史料与回忆》，生活·读书·新知三联书店2011年版，第74页。

③ 参见萧三：《毛泽东的青少年时代和初期革命活动》，［美］斯诺等著，刘统编注：《早年毛泽东：传记、史料与回忆》，生活·读书·新知三联书店2011年版，第74页。

条'。"①这一时期的毛泽东已认识到实践的重要性,将行和知有效结合起来,以积累经验促进认知发展。毛泽东在《〈伦理学原理〉批注》中也写道:"伦理学之正鹄在实践,非在讲求","伦理学示人生正鹄之所在,有裨于躬行"。②

实践出真知。通过游学经历,毛泽东广泛地了解了中国社会,深入了解了中国农村的现实状况,接触了新问题,收集了新材料,获得了新的知识和经验,为他日后进行调查研究奠定了初步实践基础。一切从实际出发,理论联系实际的思想观念,在他的心中扎下根来。1927年初,即使党内一些人不断批判和攻击湖南农民运动,毛泽东仍坚持立场,深入到湖南农村开展调研。几年后,他又到井冈山、寻乌、兴国等地进行调查,写出多篇全面而翔实的调查报告。1930年5月,历来主张知行合一的毛泽东在《反对本本主义》中明确提出:"没有调查,没有发言权","调查就像'十月怀胎',解决问题就像'一朝分娩'。调查就是解决问题"。③同时,这些游学的经历还进一步加深了毛泽东对农民的认识和情感,为其今后紧密联系群众开启了大门。1943年11月,毛泽东在《组织起来》一文中指出:"中国人民中间,实在有成千成万的'诸葛亮',每个乡村,每个市镇,都有那里的'诸葛亮'。我们应该走到群众中间去,向群众学习,把他们的经验综合起来,成为更好的有条理的道理和办法,然后再告诉群众(宣传),并号召群众实行起来,解决群众的问题,使群众得到解放和幸福。"④

---

① 周世钊:《毛泽东青少年时代的故事》,未来出版社1993年版,第89页。
② 《〈伦理学原理〉批注》(1917年至1918年),中共中央文献研究室、中共湖南省委《毛泽东早期文稿》编辑组编:《毛泽东早期文稿(一九一二年六月—一九二〇年十一月)》,湖南人民出版社2008年版,第114—115页。
③ 《反对本本主义》(1930年5月),《毛泽东选集》第1卷,人民出版社1991年版,第109、110—111页。
④ 《组织起来》(1943年11月29日),《毛泽东选集》第3卷,人民出版社1991年版,第933页。

四、旅法勤工俭学的组织者却留在了国内

（一）非凡的组织才能

1917年6月，第一师范开展了学生德、智、体优秀的考察评选活动，全校400余名学生参加。在被选出的34名优秀学生中，毛泽东获得票数最多。据考察内容，唯独他获得了敦品（如敦廉耻，尚气节，慎交游，屏外诱）、自治（如守秩序，重礼节，慎言笑）、胆识（如冒险进取，警备非常）、文学（如长于国文辞章）、才具（如应变有方，办事精细）、言语（如长于演讲、论辩应对）六项优秀，其中言语和敦品得票最多，胆识项的得票为其独有。刻苦钻研、严以律己、智慧聪颖、志向高远、身体力行、胆识过人的毛泽东在学校备受老师和同学们的钦佩和喜爱。

毛泽东就读师范的五年半，正值第一次世界大战和袁世凯称帝与病亡的变乱，中国人民遭受的苦难进一步加深，中国社会也在经历深刻动荡。毛泽东是个"时事通"，在这个时候他已经具有一定政治头脑。他关注世界和国内的政治与军事形势的变化，经常与同学们分析探讨萨拉热窝事件，德国如何出兵，德俄、德法、德英怎样宣战，凡尔登如何难攻，美法如何联盟以及美国如何参战发财，日本如何趁火打劫提出灭亡中国的"二十一条"等问题。特别是谈到列强如何侵略中国，中国为何被侵略而不能抵抗，中国青年所担负的救国责任，毛泽东讲得详尽明晰，有理有据，令人佩服。毛泽东阅读了关于日本侵略中国的资料《明耻篇》后，还在封面上义愤填膺地写道："五月七日，民国奇耻。何以报仇？在我学子！"

那么，如何"在我学子"？满腔报国救国之志的毛泽东用实际行动作出了最生动的诠释和回答。辛亥革命后，连年军阀混战，湖南成为各路军阀长期拉锯的战场。湖南省内政局混乱，汤芗铭、刘人熙等互相更迭，进行专横黑暗统治。毛泽东眼看民族国家危亡和中国人民深陷苦难，从早年"天下兴亡，匹夫有责"的认知逐渐向通过革命和斗争的实践来改造国家和社会。毛泽东公开发表演说，撰写文章，参加组织进步师生开展的反袁和反日斗争。1917年9月，他发起组织湘潭校友会，以谋发展湘潭教育。

10月起，当选为第一师范学友会总务（负总责）兼教育研究部部长。学友会宗旨是："砥砺道德，研究教育，增进学识，养成职业，锻炼身体，联络感情。"①其间，毛泽东起草了学友会的许多重要布告和文件，组织开展了各种有意义的、富有创造性的学术和体育活动，在学校师生中树立了很高的威信，充分展现了非凡的领导组织才能和踏实沉着周密的作风。

1917年11月，毛泽东还参与组织了护校斗争。北洋军阀段祺瑞辞去国务总理一职后，湖南督军傅良佐同省长周肇祥在桂军谭浩明的压迫下弃城出逃。北洋溃军王汝贤奉命来支援傅良佐，桂军还未到长沙，战事逼近，城内空虚，情况危急。毛泽东挺身而出，以学友会总务名义，把早在1916年为奉行"军国民教育"组建的学生志愿军组织起来，布防在学校周围和妙高峰上，并联络部分警察持真枪分散在学生之中。当溃军在学校周围徘徊时，毛泽东命令警察鸣枪射击，学生志愿军放炮助威，并齐声高喊"桂军已进城，缴枪没事！"溃军不知虚实，惊慌失措，不敢抵抗，纷纷缴械，次日商会出钱遣散，毛泽东采用机智的办法保护了学校学生和城内居民。湖南第一师范校志评价道："学生捍卫学校异常得力。"后来，毛泽东谈到此事时说，搞军事，恐怕这是第一次。

为了推动第一师范与社会之间的紧密联系，毛泽东提议开办一所附属于学友会的工人夜学，这是毛泽东接触工人的开始。他从四个方面总结了办工人夜学的必要性：其一，从国家现状来看，"社会之中坚实为大多数失学之国民"，十分不利于推行政令、组织自治、改良风俗和普及教育。其二，从欧美情况来看，教育普及度非常广，有工人夜校、露天学校、半日学校、林间学校等，即使民众的天赋和境遇各有不同，但人人都有接受教育的机会。其三，从学生角度来看，设夜学可以为师范学校三、四年级的学生提供实习锻炼的平台。其四，从社会和学校关系来看，可以疏通学校和社会之间的隔阂，使学校和社会"团结一气，社会之人视学生如耳

---

① 中共中央文献研究室编：《毛泽东年谱（1893—1949）》上卷，人民出版社、中央文献出版社1993年版，第21页。

目,依其指导而得繁荣发展之益;学生视社会之人如手足,凭其辅佐而得实施所志之益。久之,社会之人皆学校毕业之人,学校之局部为一时之小学校,社会之全体实为永久之大学校"[1]。

毛泽东以极大的热情和耐心投入到夜学筹办和组织工作中。刚开始张贴夜学广告后,效果并不好,报名的人屈指可数。毛泽东分析了具体原因,为了吸引更多的工人和学生参加夜学,根据工人讲求务实的特点,毛泽东用白话撰写了夜学招生广告,列举了上夜学的种种好处。毛泽东亲自和同学们上街分发广告,到工人聚集的地方耐心地进行宣传,后来报名人数有百余人,"如嗷嗷之待哺也"[2]。毛泽东根据实际情况,不断完善和改进夜学课程安排和教学方法,每天写学友会夜学日志,还亲自为夜学学生讲授历史常识课,大家都尊称他"毛先生"。毛泽东开始与工人有了深入交流,同工人阶级建立了感情,取得了同工人接触和联系的初步经验。在这些丰富的校外实践活动中,毛泽东的组织力和创造力也迅速提升。

(二)个人及全人类的生活向上——成立新民学会

随着中国时局发展和对社会各种现象与问题的进一步思索,以及同许多学生和朋友建立了广泛联系,毛泽东强烈感觉到要实现救国报国的宏志,亟须更加紧密地联合广大有志于爱国工作的青年。1915年秋,毛泽东以"二十八画生"署名在长沙报纸上登了广告,向长沙各校发出征友启事,说道"愿嘤鸣以求友,敢步将伯之呼"[3],指出"要结交能刻苦

---

[1] 《夜学日志首卷》(1917年11月),中共中央文献研究室、中共湖南省委《毛泽东早期文稿》编辑组编:《毛泽东早期文稿(一九一二年六月——一九二〇年十一月)》,湖南人民出版社2008年版,第83、84页。

[2] 《夜学日志首卷》(1917年11月),中共中央文献研究室、中共湖南省委《毛泽东早期文稿》编辑组编:《毛泽东早期文稿(一九一二年六月——一九二〇年十一月)》,湖南人民出版社2008年版,第89页。

[3] 中共中央文献研究室编:《毛泽东年谱(1893—1949)》上卷,人民出版社、中央文献出版社1993年版,第20页。

耐劳、意志坚定、随时准备为国捐躯的青年"①，一起携手共进。这个时期，他还用其他方式广交志同道合之士，在毛泽东的周围逐渐团结了一批青年，包括蔡和森、何叔衡、萧子升、张昆弟、罗学瓒等人。他们是一批态度严肃的人，不屑于议论生活琐事，面对危急时局，他们求知迫切，所有言行只有一个目的——救国救民。

从1915年到1917年，毛泽东和这一批有志青年聚会百余次，经常在岳麓山、橘子洲、平浪宫等地畅谈时局，评说人物，切磋学问，痛抒豪情。正如毛泽东后来在《沁园春·长沙》中描绘："携来百侣曾游。忆往昔峥嵘岁月稠。恰同学少年，风华正茂；书生意气，挥斥方遒。指点江山，激扬文字，粪土当年万户侯。"他们有"一种共同的感想"，就是"个人及全人类的生活向上"，"如何使个人及全人类的生活向上"是他们热烈议论的中心问题。在两年多的酝酿和讨论的基础上，他们达成共识，认为必须要"集合同志，创造新环境，为共同的活动"。②毛泽东"逐渐认识到有必要建立一个比较严密的组织"③，于是和蔡和森等人发起成立新民学会。

对于成立新民学会的原因，毛泽东从三个方面进行了分析：一是发起人认为自己的"品性要改造，学问要进步，因此求友互助之心热切到十分"；二是这个时候"国内的新思想和新文学已经发起了，旧思想、旧伦理和旧文学，在诸人眼中，已一扫而空，顿觉静的生活与孤独的生活之非，一个翻转而为动的生活与团体的生活之追求"；三是发起人大都是杨昌济的学生，受其"作成一种奋斗的和向上的人生观"的影响，新民学会由此而生。④

---

① ［美］埃德加·斯诺：《西行漫记》，董乐山译，解放军文艺出版社2002年版，第108页。

② 《新民学会会务报告（第一号）》，中国革命博物馆、湖南省博物馆编：《新民学会资料》，人民出版社1980年版，第2页。

③ ［美］埃德加·斯诺：《西行漫记》，董乐山译，解放军文艺出版社2002年版，第109页。

④ 《新民学会会务报告（第一号）》，中国革命博物馆、湖南省博物馆编：《新民学会资料》，人民出版社1980年版，第2页。

第一章　走出韶山

1918年4月中旬的一天，天气晴朗，微风拂过湘江的碧波和江边的青草，新民学会成立大会在岳麓山刘家台子蔡和森的家里隆重召开。毛泽东、蔡和森、萧子升、萧子暲等12人参会。会议通过由毛泽东、邹鼎丞起草的会章。新民学会"以革新学术，砥砺品行，改良人心风俗"为宗旨，要求会员必须遵守以下五项原则：一不虚伪；二不懒惰；三不浪费；四不赌博；五不狎妓。会员每年负责一次以上的通函义务，报告自己及所在地状况和研究心得，"以资互益"。①会议推举萧子升为总干事，毛泽东、陈书农（启民）为干事。不久，萧子升赴法留学，会务由毛泽东主持。萧瑜（子升）曾这样回忆："我清晰记得我完成拟定学会规章的那个春日。拟定出的规章有七条，都非常简明。毛泽东读完后，未作任何评论。然后我们又把我们决定是第一批会员的每个人的优点重新核实了一番。我们一致以为他们都是合格的。他们共有九人，再加上我们俩人，学会共有十二名首批成员。凭着我们年轻人的那股热情，我们自称是十二个'圣人'，肩负时代的使命！我们也以为彼此之间是兄弟，有着共同的抱负与理想，有着相互间的尊重与友爱。"②

与其他团体不同的是，新民学会从成立起就有明确的目的，即研究新思想，寻求改造中国的道路和方法，成为一个坚强性、战斗性的革命组织，以便在中国革命运动中真正有所作为。为实现这一奋斗目标，他们在理论上、组织上、思想教育上进行了不懈探索，很快就使学会成为五四时期发起最早、影响最大的革命团体，起到了楷模的作用。其中，毛泽东为新民学会的成长壮大作出了卓越贡献。

毛泽东等人非常重视吸收会员的工作，严格规定会员入会的具体条件和相处态度。蔡和森在给毛泽东等人的信中强调："学会之会员，为须加以充足的物色与罗致，不当任其自然发展也……"③1920年5月，新民学

---

① 《新民学会会务报告（第一号）》，中国革命博物馆、湖南省博物馆编：《新民学会资料》，人民出版社1980年版，第3页。

② 萧瑜：《我和毛泽东的一段曲折经历》，昆仑出版社1989年版，第43—44页。

③ 《蔡林彬给陈绍休萧子暲萧子昇毛泽东》（1918年8月27日），中国革命博物馆、湖南省博物馆编：《新民学会资料》，人民出版社1980年版，第49页。

会12位会友在上海半淞园开会,讨论了学会态度、学术研究、发刊会报、新会友入会等问题。对于学会态度,主张"潜在切实,不务虚荣,不出风头",毛泽东还特别注重发挥会员的主观能动性,主张"学会的本身不多做事,但以会友各个向各方面去创造各样的事"。对于学术研究,主张只要遇到会友三人以上,就要组织学术谈话会,交流知识和思想,养成好学的风气。对于发刊会报,主张急切出版,但为非卖品,除了相知的师友以外,不送与会外的人。对于新会友入会,指出以后介绍新会友入会"务宜谨慎",必须满足"(一)纯洁,(二)诚恳,(三)奋斗,(四)服从真理(后来长沙会友决议将奋斗与服从真理合为'向上')"的条件,须5个会友介绍,评议部审查认可后公函通告全体会员。对于会友之间的态度,主张会友之间要秉承真意、恳切、互相规过的态度,切勿漠视会友的过失和苦痛,要虚心容纳别人的劝诫,要努力求学。[①]

当会员就某些问题发生争论时,毛泽东经常亲自主持讨论会,在会员之间开展思想上的碰撞和交流。他认为,个人的研究和冥想是"人自为战",是"浪战","用力多而成功少","最不经济",而且招致失败,没有效果。他主张,只有通过"共同的讨论",将来才能有"共同的研究(此指学问),共同的准备,共同的破坏,和共同的建设",保证政治和思想上的统一,学会才能日益巩固和壮大,成为真正"高尚纯粹勇猛精进"的革命团体。

他还非常善于运用组织力量开展工作,指出学会的活动应"受一种合宜的分配,担当一部份责任,为有意识的有组织的活动","人才最要讲究经济"。[②]他不仅对会员的力量有充分估计,也深信广大群众的伟力,特别指出"改造中国与世界的大业,断不是少数人可以包办的"[③],"非

---

① 《新民学会会务报告(第一号)》,中国革命博物馆、湖南省博物馆编:《新民学会资料》,人民出版社1980年版,第8—9页。

② 《毛泽东给陶毅》(1920年2月),中国革命博物馆、湖南省博物馆编:《新民学会资料》,人民出版社1980年版,第60、61页。

③ 《毛泽东给萧旭东萧〔蔡〕林彬并在法诸会友》(1920年12月1日),中国革命博物馆、湖南省博物馆编:《新民学会资料》,人民出版社1980年版,第152页。

得组织联军共同作战不可"①，鼓励大家"随时联络各人接近的同志，以携手共上于世界改造的道路。不分男，女，老，少，士，农，工，商，只要他心意诚恳，人格光明，思想向上，能得互助互勉之益，无不可与之联络，结为同心"②。

1920年冬，毛泽东撰写《新民学会会务报告（第一号）》时指出："新民学会是一个生活体，新民学会的会员乃这个生活体的各细胞。新民学会有性命已三年了，会员由十几人加到五十几人，会员的足迹由一地及于国内国外各地，所做的事也由一件加到若干件。会员虽然现在大都在修学储能时代，但这个时代已很可贵。这三个年中的经历，在会是一种新环境，在会员是一种新生活，我们几十个人，在这种新环境里共同或单独营一种比前不同的新生活，是我们最有意义的事。"③

可以说，新民学会是"完全意义上的政治组织"④，也是毛泽东的政治摇篮。它诞生于五四时期，在毛泽东等爱国青年的组织和努力下，成为湖南地区五四时期的领导核心，它将文化斗争和政治斗争有机结合起来，带领青年学生、知识分子以及社会各界响应五四爱国浪潮，起到了领导湖南革命力量的核心作用。新民学会逐渐接受和宣传了马克思主义，它组织开展的种种革命活动，为中国共产党在湖南的创建和发展做了思想、理论和组织上的准备。新民学会的众多会员是一批对国家和民族未来充满希望的爱国青年，以毛泽东为中心团结战斗在一起，有不少的人走上了无产阶级革命的道路，成为创建中国共产党的骨干，包括毛泽东、蔡和森、何叔衡、陈昌、张昆弟、罗学瓒、向警予、蔡畅、李富

---

① 《毛泽东给陶毅》（1920年2月），中国革命博物馆、湖南省博物馆编：《新民学会资料》，人民出版社1980年版，第60页。

② 《毛泽东给萧旭东萧〔蔡〕林彬并在法诸会友》（1920年12月1日），中国革命博物馆、湖南省博物馆编：《新民学会资料》，人民出版社1980年版，第152页。

③ 《新民学会会务报告（第一号）》，中国革命博物馆、湖南省博物馆编：《新民学会资料》，人民出版社1980年版，第1页。

④ ［美］罗斯·特里尔：《毛泽东传》（典藏本），何宇光、刘加英译，中国人民大学出版社2013年版，第35页。

春、李维汉等,他们都成为坚强的共产主义战士,为中国革命作出了巨大贡献。

(三)组织留法勤工俭学运动

新民学会成立不到三个月,毛泽东和学会主要负责人首先全力投入到湖南留法勤工俭学运动之中。当时,由蔡元培、吴玉章等倡导的留法勤工俭学运动在全国许多省内掀起浪潮。已离开长沙出任北京大学伦理学教授的杨昌济将该活动的情况写信告诉了毛泽东和蔡和森等人,盼着他们组织有志青年来北京。这封信无疑给毛泽东等人带来了希望。

这时,新民学会的许多会员已毕业或即将毕业,都在思索出路的问题。因为军阀连年混战,湖南人民正被张敬尧的军队屠杀劫掠,乌烟瘴气笼罩着全省,可谓是"教育摧残殆尽。几至无学可求"[①]。以毛泽东为代表的湖南有志青年认为湖南乃至中国都需要改造,必须加紧学习和锻炼,担当起改造湖南、改造中国的责任。1918年6月,毛泽东从湖南第一师范毕业。下旬,毛泽东同蔡和森、何叔衡、萧子升等人在一师附属小学召开会议,集中讨论"会友向外发展"问题。他们一致认为赴法勤工俭学很有必要,"应尽力进行",蔡和森、萧子升"专负进行之责"。

在毛泽东看来,组织有志青年到法国勤工俭学,不仅能使其学习新知识、新思想,而且通过劳动锻炼,与穷苦工人一起,更加熟悉工人、了解工人,和工人阶级建立深厚的感情。只有这样,才能真正了解劳苦大众的问题,担当起改造国家和社会的艰巨责任。赴法国勤工俭学是青年学生的好出路,也是培养和锻炼学会会员的好途径之一。后来,毛泽东在给陶毅的信中指出:"我们同志,在准备时代,都要存一个'向外发展'的志。"[②]主张学会会员应"散于世界各处去考察,天涯海角都要去人,不

[①] 《新民学会会务报告(第一号)》,中国革命博物馆、湖南省博物馆编:《新民学会资料》,人民出版社1980年版,第5页。

[②] 《致陶毅信》(1920年2月),中共中央文献研究室、中共湖南省委《毛泽东早期文稿》编辑组编:《毛泽东早期文稿(一九一二年六月——一九二〇年十一月)》,湖南人民出版社2008年版,第418页。

应该堆积在一处。最好是一个人或几个人担任去开辟一个方面。各方面的'阵',都要打开。各方面都应该去打先锋的人"①。

为了帮助湖南青年学生解决赴法旅费、出国护照、学习法文等问题,毛泽东建议蔡和森到北京联系,自己留在长沙继续做赴法勤工俭学的组织工作。6月25日,蔡和森到北京后,与李石曾、蔡元培接洽,认为"留法俭学及留法勤工俭学颇有可为",遂函告毛泽东等人从事邀集志愿留法的同志。②毛泽东等会员纷纷到长沙的一些学校里进行宣传鼓动,很快就有30余人报名。

蔡和森刚到北京就立即给毛泽东写信,信中强调杨昌济老师也非常希望毛泽东来北京大学。③他还将在北京所了解到的情况告知毛泽东等人,探讨"京保留法预备班的创设及新民学会的大计"④。蔡和森非常赞同毛泽东在回信中所讲的"才、财、学"三事及"大规模之自由研究"的主张,指出"欲往保定预备之人,颇繁有徒;此万不可以'人数有限'遏其动机,绝其希望;当另筹一调剂办法,尽量容收,成一大组织,然后始符初心,始无遗恨"⑤,"可靠不可靠,有把握没有把握,全在自己创造"⑥,"吾人之穷极目的,惟在冲决世界之层层网罗,造出自由之人

---

① 《致陶毅信》(1920年2月),中共中央文献研究室、中共湖南省委《毛泽东早期文稿》编辑组编:《毛泽东早期文稿(一九一二年六月——一九二〇年十一月)》,湖南人民出版社2008年版,第419页。

② 《新民学会会务报告(第一号)》,中国革命博物馆、湖南省博物馆编:《新民学会资料》,人民出版社1980年版,第5页。

③ 《蔡林彬给毛泽东》(1918年6月30日),中国革命博物馆、湖南省博物馆编:《新民学会资料》,人民出版社1980年版,第43页。

④ 《蔡林彬给陈绍休萧子暲萧子昇毛泽东》(1918年8月27日),中国革命博物馆、湖南省博物馆编:《新民学会资料》,人民出版社1980年版,第46页。

⑤ 《蔡林彬给陈绍休萧子暲萧子昇毛泽东》(1918年8月27日),中国革命博物馆、湖南省博物馆编:《新民学会资料》,人民出版社1980年版,第46页。

⑥ 《蔡林彬给陈绍休萧子暲萧子昇毛泽东》(1918年8月27日),中国革命博物馆、湖南省博物馆编:《新民学会资料》,人民出版社1980年版,第47页。

格,自由之地位,自由之事功"①。蔡和森在信中多次表示希望毛泽东尽快来京,认为只要毛泽东决定来北京,"来而能安,安而能久"②,自己从前所有顾虑都不成问题,指出赴法勤工俭学"殊不好为计,故亦望兄来指教"③。

1918年8月,毛泽东一行到达北京,随即同蔡和森等人主要从事赴法勤工俭学的准备工作。这时,湖南青年陆续到达北京,准备赴法的已有四五十人了。毛泽东等人在发起赴法勤工俭学时并未预料到后来的种种困难,"会友所受意外的攻击和困难实在不少,但到底没有一个人灰心的"④。毛泽东劝大家耐心等待,不要盲目行动。他认真起草湖南青年留法勤工俭学计划,又和蔡和森等人与有关方面多次接洽联系,使大家先进入留法预备班学习,并积极筹措旅费,陆续为大家办理出国手续赴法勤工俭学。其间,他和蔡和森、萧子升等人还专门到河北保定育德中学看望在"留法高等工艺预备班"学习的湖南学生。毛泽东等人组织的这个活动,"在某种意义上,促进了湖南与北方新文化运动的联系"⑤。

在诸多湖南学子留法勤工俭学成行后,作为湖南青年赴法留学"出力甚多"的组织者,毛泽东却选择留在了国内。其实,他可以和新民学会的会友一起赴法留学,也有不少会友竭力邀请他一同出去,但他却有更深远的打算。1920年3月,毛泽东在给周世钊的信中对"国内研究与出国研究的先后问题"作了较为全面的分析。在讲到自己为何不愿出国求学,毛泽

---

① 《蔡林彬给毛泽东》(1918年7月24日),中国革命博物馆、湖南省博物馆编:《新民学会资料》,人民出版社1980年版,第56页。
② 《蔡林彬给毛泽东》(1918年7月24日),中国革命博物馆、湖南省博物馆编:《新民学会资料》,人民出版社1980年版,第56页。
③ 《蔡林彬给毛泽东》(1918年7月21日),中国革命博物馆、湖南省博物馆编:《新民学会资料》,人民出版社1980年版,第59页。
④ 《新民学会会务报告(第一号)》,中国革命博物馆、湖南省博物馆编:《新民学会资料》,人民出版社1980年版,第5—6页。
⑤ 萧三:《毛泽东的青少年时代和初期革命活动》,[美]斯诺等著,刘统编注:《早年毛泽东:传记、史料与回忆》,生活·读书·新知三联书店2011年版,第85页。

东解释道:"求学实在没有'必要在什么地方'的理,'出洋'两字,在好些人只是一种'迷'。中国出过洋的总不下几万乃至几十万,好的实在很少。多数呢?仍旧是'糊涂';仍旧是'莫名其妙',这便是一个具体的证据。"[1]这并不代表毛泽东反对出国,他是主张留学的,只是基于目前的情况暂时不出国,先留在国内做更紧要的研究工作。他指出这样有三点好处:其一,"看译本较原本快迅得多,可于较短的时间求到较多的知识";其二,东西方文明各占"半璧的地位",东方文明可以说就是中国文明,应先研究中国古今学说制度的大要,再到西方留学才有"可资比较的东西";其三,欲为世界发展贡献力量是离不开中国这个地盘。先对中国的情形进行调查研究,一方面可避免出国后回来再做时因人事及生活关系的生疏而产生困难,另一方面可以将调查研究的经验带到西方"借资比较"。毛泽东强调,其实自己对于种种主义和学说还没得到一个比较明了的概念,对中国的了解还不够,他想先从译本及报章杂志中获取古今中外学说的精华,"使他们各构成一个明了的概念"[2]。

萧三后来在《毛泽东同志在五四时期》一文中评价:"留法勤工俭学运动,使大批中国青年在国外环境里,了解外国状况和国际革命斗争形势,汲取国际共产主义运动的经验,为中国革命事业准备了一批干部。"[3]周恩来、邓小平、蔡和森、徐特立、向警予、赵世炎、陈延年、陈毅、聂荣臻、王若飞、李富春、蔡畅、李维汉、何长工等人都是勤工俭学运动的参加者。

---

[1] 《致周世钊信》(1920年3月14日),中共中央文献研究室、中共湖南省委《毛泽东早期文稿》编辑组编:《毛泽东早期文稿(一九一二年六月——一九二〇年十一月)》,湖南人民出版社2008年版,第427页。

[2] 《毛泽东给周世钊》(1920年3月14日),中国革命博物馆、湖南省博物馆编:《新民学会资料》,人民出版社1980年版,第63—64页。

[3] 萧三:《毛泽东同志在五四时期》,中国革命博物馆、湖南省博物馆编:《新民学会资料》,人民出版社1980年版,第370页。

第二章 改造中国与世界

一、五四运动的风云际会

（一）首次赴京，迈出走向全国的第一步

毛泽东第一次走出了湖南，来到全国首都北京，也是新文化运动的中心。这里政客云集、名家荟萃、思潮翻涌，他对这里的一切充满向往和好奇。从1918年8月19日抵京到1919年3月12日离京，毛泽东在北京停留了6个多月。[①]短短半年时间里，毛泽东看到了过去在湖南从未见过的景象，亲眼见到了许多著名人物，结交了一些志同道合的朋友，学到了对他来说几乎是全新的思想和知识。但作为穷学生的毛泽东无收入来源，赴京的差旅费也是借来的，于是尽快找到托足之地成为当务之急。经杨昌济介绍，毛泽东认识了当时著名的学者和思想家、时任国立北京大学图书馆主任的李大钊，并被安排在学校图书馆当助理员，负责新到报刊和阅览人姓名的登记工作，月薪8元，在生活成本高昂的北京，这些工资也仅能维持最基本的生活。

毛泽东在北京人生地不熟，生活是清苦的，难免也有些辛酸。在湖南第一师范的毛泽东是学生中绝对的佼佼者，但此时来到精英云集的北大且作为图书馆助理员就并不出众了。他后来回忆这段往事时说道："我的职位低微，大家都不理我。我的工作中有一项是登记来图书馆读报的人的姓

[①] 中共中央文献研究室编：《毛泽东年谱（1893—1949）》上卷，人民出版社、中央文献出版社1993年版，第38、40页。

名,可是对他们大多数人来说,我这个人是不存在的。在那些来阅览的人当中,我认出了一些有名的新文化运动头面人物的名字,如傅斯年、罗家伦等等,我对他们极有兴趣。我打算去和他们攀谈政治和文化问题,可是他们都是些大忙人,没有时间听一个图书馆助理员说南方话。"[1]即使这样也丝毫没有打击到毛泽东的积极性,那强烈的、无止境的求知欲望和探索精神,驱动着他不断地去寻觅新思想新事物。

  北大图书馆对于求知若渴的毛泽东来说是极好的学习宝地,毛泽东一边工作,一边充分利用这得天独厚的资源进行自修,饱读了大量的图书和报刊。勤学好问的他在杨昌济的介绍下,与在京的新民学会会员分别邀请著名学者蔡元培、胡适等人谈话,"谈话形式,为会友提出问题请其答复。所谈多学术及人生观各问题"[2]。他还积极参加了北大的两个学会:一个是《京报》社长邵飘萍发起组织的新闻学研究会,一个是杨昌济、梁漱溟、胡适等人发起组织的哲学研究会,这对毛泽东来说"的确是恰当的选择,因为新闻和道德是他思想上主要的关切点"[3],也为他接下来回到湖南主编《湘江评论》,进行一系列大规模的革命活动作了铺垫。

  毛泽东回忆第一次到北京的这段经历时说:"我对政治的兴趣继续增长,我的思想越来越激进。……可是就在这时候,我的思想还是混乱的,用我们的话来说,我正在寻找出路。"[4]他所寻找的出路是救国救民的出路、是自由解放的出路,但因自身阅历的积累还不能使他找到准确而光明的出口,可这段经历却在他心中埋下了一颗即将发芽破土的种子,已经在他思想的交叉路口产生了一些积极因素。在北京的几个月里,他第一

---

[1] [美]埃德加·斯诺:《西行漫记》,董乐山译,解放军文艺出版社2002年版,第112页。

[2]《新民学会会务报告(第一号)》,中国革命博物馆、湖南省博物馆编:《新民学会资料》,人民出版社1980年版,第6页。

[3] [美]罗斯·特里尔:《毛泽东传》(典藏本),何宇光、刘加英译,中国人民大学出版社2013年版,第42页。

[4] [美]埃德加·斯诺:《西行漫记》,董乐山译,解放军文艺出版社2002年版,第112—113页。

次见到并认识了他所崇拜的著名学者和政论家、新文化运动的领袖、《新青年》的主编——陈独秀,并受其很大影响。他读到了马克思、列宁的著作,在李大钊的直接影响下,开始接触和了解到十月革命和马克思主义,实际上,他还未对这一被中国先进知识分子介绍过来的新学说产生强烈的倾向。这时的毛泽东对无政府主义产生了极大兴趣,读了一些无政府主义的小册子,颇受影响,这可能与青年时代的他强调个性解放和思想自由更相契合,比较容易接受无政府主义。在北大期间,他常常和一个叫朱谦之的学生探讨无政府主义及其在中国的前景。[①]但毛泽东不赞同朱谦之主张暴力革命的观点,他推崇的是克鲁泡特金的互助论,这一理论对毛泽东有着很大影响,在他之后回湖南主办《湘江评论》中也被鲜明体现出来。

虽然毛泽东在北京的生活是艰苦的,但他精神上是富足的。毛泽东回忆这段生活时说道:"我住在一个叫做三眼井的地方,同另外七个人住在一间小屋子里。我们大家都睡到炕上的时候,挤得几乎透不过气来。每逢我要翻身,得先同两旁的人打招呼。但是,在公园里,在故宫的庭院里,我却看到了北方的早春。北海上还结着坚冰的时候,我看到了洁白的梅花盛开。我看到杨柳倒垂在北海上,枝头悬挂着晶莹的冰柱……北京数不尽的树木激起了我的惊叹和赞美。"他觉得北京的美对他来说是"一种丰富多彩、生动有趣的补偿"。[②]在杨昌济的赞许下,毛泽东和杨昌济的女儿杨开慧建立起真挚的友谊,并发展成为恋爱关系。

1919年春,因母亲病势危重,毛泽东不得不赶回湘服侍。赴法勤工俭学的湖南青年结束了预备班的学习,即将到上海坐邮船赴法。3月12日,毛泽东等人离京,转道上海送别湖南赴法青年。途中,毛泽东到山东曲阜看了孔子的墓地和孟子的出生地,登临东岳泰山,写了一些爱国对联等。足见,毛泽东作为一个在历史激流中勇进的刚毅青年,同时具备着浪漫、

---

① [美]埃德加·斯诺:《西行漫记》,董乐山译,解放军文艺出版社2002年版,第113页。

② [美]埃德加·斯诺:《西行漫记》,董乐山译,解放军文艺出版社2002年版,第113页。

诗意与豪情。4月6日，毛泽东由上海回到长沙，继续主持新民学会会务，并开始大刀阔斧地将他学到的新思想和新经验付诸政治实践中。

（二）"民众联合的力量最强"——主编《湘江评论》

在历史潮流发生急剧转折的关头，五四爱国运动如火山爆发般席卷中国大地，揭开了中国新民主主义革命的序幕。而五四运动在长沙的开展，从一开始就和毛泽东的革命活动紧紧相连，可以说没有毛泽东在长沙的革命活动，"五四运动在长沙也就无声无色了"[①]。回到长沙后的毛泽东经同学周世钊推荐住到长沙修业学校并担任历史教员。修业学校创办于1903年，取意"修德敬业"，和湖南一师相距不远。毛泽东在这里虽然只停留了几个月，除认真完成本职工作外，他将大部分时间和精力投入到学生的政治活动中，长沙成为青年毛泽东进行革命活动的主战场。

在毛泽东等人的组织下，新的湖南学生联合会于1919年5月成立，湖南学生有了统一的组织，爱国运动进入高潮。他们积极进行爱国反日宣传和活动，组织发动长沙20余所学校学生举行总罢课，提出拒绝巴黎和约、坚决抵制日货等要求，响应北京的爱国行动。在毛泽东指导下，湖南学联发起成立湖南各界联合会，成立湖南救国十人团联合会。26岁的毛泽东作为富有战斗性的新的学生组织的实际领导者，走在了斗争的前列。

随着五四运动的蓬勃发展，中国人民逐渐觉醒，新文化、新思想的宣传高潮迭起，新刊物如雨后春笋般先后出现400余种。为提高当地群众的觉悟、扩大革命影响，更好地推动湖南爱国运动发展，发行一种有高度政治思想性的刊物十分必要。湖南学联根据毛泽东的建议，决定创办《湘江评论》周报。《湘江评论》以"宣传最新思潮"为主旨，主要包括"东方大事述评""西方大事述评""世界杂评""湘江大事述评""湘江杂评"等栏目。从创刊开始共出5号，8月中旬第5号刚印出还未发行就被湖南督军兼省长张敬尧查封。第2号附有"临时增刊"。毛泽东担任《湘江

[①] 周世钊：《湘江的怒吼——五四前后毛泽东同志在湖南的革命活动》，中国革命博物馆、湖南省博物馆编：《新民学会资料》，人民出版社1980年版，第391页。

评论》主编和主要撰稿人。他在创刊宣传中指出任何力量都阻挡不了革命大潮流，高呼"浩浩荡荡的新思潮业已奔腾澎湃于湘江两岸"，认为"顺他的生。逆他的死。如何承受他？如何传播他？如何研究他？如何施行他？这是我们全体湘人最切最要的大问题，即是'湘江'出世最切最要的大任务"①。毛泽东以排山倒海的气势和令人热血沸腾的文字冲决一切罗网，生动诠释了《湘江评论》创刊的背景、原因和目的。

为了办好这份革命刊物，毛泽东付出了极大心血。除了负责每期的编辑出版外，在《湘江评论》前4号和临时增刊中，毛泽东前前后后共发表了40余篇文章，占全部稿件的一半左右，充分反映了五四运动时期毛泽东在认知上的显著变化，他的世界观正朝着历史唯物主义的方向发展。其中，最具代表性的是《民众的大联合》。北京《每周评论》著文介绍："《湘江评论》的长处是在议论一方面。第二、三、四期的《民众大联合》，是一篇大文章；眼光很远大，议论很痛快，确是现今的重要文字。"②

一方面，《民众的大联合》集中反映了毛泽东从推崇圣贤英雄创世观到人民群众创世观的转变，从片面强调思想改造转向力行主张社会变革。五四运动之前，毛泽东崇尚圣贤创世观，认为圣贤在历史上起到了决定作用，提出"圣人，既得大本者〔者〕也"，"通达天地，明贯过去现在未来，洞悉三界现象，如孔子之'百世可知'，孟子之'圣人复起，不易吾言'"③，实际上夸大了思想改造的作用。第一次到北京后，初步接触了马克思主义等新思潮，而且受五四运动的猛烈冲击，尤其是从俄国十月革

---

① 《〈湘江评论〉创刊宣言》（1919年7月14日），中共中央文献研究室、中共湖南省委《毛泽东早期文稿》编辑组：《毛泽东早期文稿（一九一二年六月——一九二〇年十一月）》，湖南人民出版社2008年版，第272页。

② 蒋竹如：《湖南学生的反日驱张斗争》，中国革命博物馆、湖南省博物馆编：《新民学会资料》，人民出版社1980年版，第585页。

③ 《致黎锦熙信》（1917年8月23日），中共中央文献研究室、中共湖南省委《毛泽东早期文稿》编辑组编：《毛泽东早期文稿（一九一二年六月——一九二〇年十一月）》，湖南人民出版社2008年版，第74页。

命和参加反帝反封建的斗争中，毛泽东看到了冲破"历史的势力"[①]而联合起来的人民群众的伟力。他认为，到近代，强权者、贵族和资本家的联合达到"极点"，因此"国家坏到了极处，人类苦到了极处，社会黑暗到了极处"，打破这种局面的最根本的方法就是民众的大联合。他指出："历史上的运动不论是那一种，无不是出于一些人的联合。较大的运动，必有较大的联合。最大的运动，必有最大的联合。凡这种联合，于有一种改革或一种反抗的时候，最为显著。"[②]毛泽东文中的主语不再是单纯的"我"，而是基于共同利益和目标而联合着的"我们"，即以农民、工人为主体的所有被压迫者。他呼吁道："我们醒觉了！天下者我们的天下。国家者我们的国家。社会者我们的社会。我们不说，谁说？我们不干，谁干？刻不容缓的民众大联合，我们应该积极进行！"[③]这表明，抛弃了英雄史观的毛泽东开始从唯心主义向唯物主义转变，充分肯定了人民群众的伟大历史作用，也为日后形成"人民，只有人民，才是创造世界历史的动力"，这一贯穿其一生实践和理论的马克思主义群众观埋下伏笔。

另一方面，毛泽东在《民众的大联合》中初步分析了阶级的产生和发展，阐明了民众联合的阶级基础和阶级斗争的性质，充分表明这时的毛泽东已经获得了认知和解决社会问题的新方法——阶级和阶级斗争。在阶级的产生及其发展上，他指出贵族、资本家和其他强权者相比普通民众，人数虽不多，但其所赖以维持自己特殊利益的基础"第一是知识，第二是金钱，第三是武力"，从而生出"智愚的阶级""贫富的阶级""强弱的阶

[①]《民众的大联合（一）》（1919年7月21日），中共中央文献研究室、中共湖南省委《毛泽东早期文稿》编辑组编：《毛泽东早期文稿（一九一二年六月——一九二〇年十一月）》，湖南人民出版社2008年版，第314页。

[②]《民众的大联合（一）》（1919年7月21日），中共中央文献研究室、中共湖南省委《毛泽东早期文稿》编辑组编：《毛泽东早期文稿（一九一二年六月——一九二〇年十一月）》，湖南人民出版社2008年版，第312页。

[③]《民众的大联合（三）》（1919年8月4日），中共中央文献研究室、中共湖南省委《毛泽东早期文稿》编辑组编：《毛泽东早期文稿（一九一二年六月——一九二〇年十一月）》，湖南人民出版社2008年版，第356页。

级"。①毛泽东虽然对阶级的认知还比较简单和笼统，还没有从根本上说明对生产资料占有关系是阶级产生的经济根源和阶级存在的经济基础，是阶级划分的决定性依据。但是，他力图从经济关系上对贫富阶级的产生加以说明，指出贵族、资本家和其他强权者利用其占有的资本和"土地，和机器，房屋"等生产资料来"剥削多数平民的公共利益"，这表明他已经部分地接受了马克思主义关于阶级分析的观点。

在阶级斗争问题上，毛泽东认为随着社会的发展和思想、政治、经济的解放，民众渐渐学会利用知识、金钱和武力这三种方法，基于共同的经济利益和政治利益，用联合的手段来反抗贵族、资本家和其他强权者，通过坚决的阶级斗争以求得自身应有的利益。毛泽东以十月革命的胜利及意义为例指出："自去年俄罗斯以民众的大联合，和贵族的大联合资本家的大联合相抗，收了'社会改革'的胜利以来，各国如匈，如奥，如截，如德，亦随之而起了许多的社会改革。虽其胜利尚未至于完满的程度，要必可以完满，并且可以普及于世界，是想得到的。"②提倡我国的民众要"起而效仿"，要明白"俄罗斯的貔貅十万，忽然将鹫旗易了红旗"这一伟大历史事件中的深邃道理。③他还进一步指出进行斗争的具体方法：一是从无数的小联合做起，二是进行不断的练习。对于进行大联合的办法，毛泽东认为要"与立在我们对面的强权者害人者相抗，而求到我们的利益"，必须从小联合入手，多多进行小联合，从基于各行各业的共同利

---

① 《民众的大联合（一）》（1919年7月21日），中共中央文献研究室、中共湖南省委《毛泽东早期文稿》编辑组编：《毛泽东早期文稿（一九一二年六月——一九二〇年十一月）》，湖南人民出版社2008年版，第313页。

② 《民众的大联合（一）》（1919年7月21日），中共中央文献研究室、中共湖南省委《毛泽东早期文稿》编辑组编：《毛泽东早期文稿（一九一二年六月——一九二〇年十一月）》，湖南人民出版社2008年版，第313页。

③ 《民众的大联合（一）》（1919年7月21日），中共中央文献研究室、中共湖南省委《毛泽东早期文稿》编辑组编：《毛泽东早期文稿（一九一二年六月——一九二〇年十一月）》，湖南人民出版社2008年版，第314页。

益而形成的小联合发展到由彼此间利益的共同点而成立的大联合。①他还提出,帝国主义和封建主义对人民群众的长期压迫和剥削,联合起来的民众能否与强权者进行最坚定的反抗斗争?他据理回答"不是我们根本的没能力",而是强权者"不准我们练习能力",所以民众的大联合是要有思想、有组织、有练习的。他满怀信心地呼吁:"压迫愈深,反动愈大,蓄之既久,其发必速。……他日中华民族的改革,将较任何民族为彻底。中华民族的社会,将较任何民族为光明。中华民族的大联合,将较任何地域任何民族而先告成功。……我们总要拼命的向前!我们黄金的世界,光华灿烂的世界,就在前面!"②

毛泽东当时尚未摆脱各种非马克思主义思想的影响。他指出:"联合以后的行动,有一派很激烈的,就用'即以其人之道还治其人之身'的办法,同他们拼命的倒担〈捣蛋〉。这一派的音〈首〉领,是一个生在德国的,叫做马克斯。一派是较为温和的,不想急于见效,先从平民的了解入手。人人要有互助的道德和自愿工作。贵族资本家,只要他回心向善能够工作,能够助人而不害人,也不必杀他。这派人的意思,更广,更深远。他们要联合地球做一国,联合人类做一家,和乐亲善——不是日本的亲善——共臻盛世。这派的首领,为一个生于俄国的,叫做克鲁泡特金。"③这时的他倾向无政府主义"无血革命""呼声革命"的温和方法,认为这比马克思主义更深远,说明毛泽东在历史唯物主义关于暴力革命和无产阶级专政问题的认识上还比较模糊。但是,毛泽东的思想主流和

---

① 《民众的大联合(二)》(1919年7月28日),中共中央文献研究室、中共湖南省委《毛泽东早期文稿》编辑组编:《毛泽东早期文稿(一九一二年六月——一九二○年十一月)》,湖南人民出版社2008年版,第346页。

② 《民众的大联合(三)》(1919年8月4日),中共中央文献研究室、中共湖南省委《毛泽东早期文稿》编辑组编:《毛泽东早期文稿(一九一二年六月——一九二○年十一月)》,湖南人民出版社2008年版,第358、359页。

③ 《民众的大联合(一)》(1919年7月21日),中共中央文献研究室、中共湖南省委《毛泽东早期文稿》编辑组编:《毛泽东早期文稿(一九一二年六月——一九二○年十一月)》,湖南人民出版社2008年版,第314页。

基本倾向，是符合社会发展历史潮流的，已经超越了一般的激进民主主义者，他接受了马克思主义的一些基本观点，世界观朝着历史唯物主义方向转变，成为一名具有初步共产主义思想的革命知识分子。

毛泽东在《湘江评论》上发表的其他重要文章有《创刊宣言》《各国的罢工风潮》《陈独秀之被捕及营救》《德意志人沉痛的签约》《健学会之成立及进行》等，充分体现了毛泽东在五四时期的政治思想倾向。毛泽东的这些文章，纵以倒海之势，冲决一切罗网，宣传研究最新思潮，唤起民众觉醒，解放思想；携以雷霆之笔，高举反帝反封建旗帜，讴歌俄国十月革命的伟大胜利及其深远影响，注重对国内外现实问题的研究，引导大众认清社会发展历史大趋势，以彻底的革命精神和独到新颖的文风吸引了很多人，集中展现了正在寻找出路的毛泽东复杂多变和宽广激烈的思想特点。

《湘江评论》对湖南的革命运动起到了有力指导推动作用，在全国范围内产生了很大影响。有人说《湘江评论》就是湘江的怒吼，是湖南人民的声音，是真正代表人民说话的刊物。[1]李大钊称赞它为"全国最有分量、见解最深的刊物之一"，还有报刊介绍它"内容完备""魄力非常充足""著述选材，皆及精粹，诚吾湘前所未有之佳报"等。许多青年和学生深受《湘江评论》的启发开始走上革命道路。后来萧劲光回忆道："弼时同志在长沙读书的时候，正是五四运动波及全国的时候，这时毛主席在湖南领导和开展了广泛的革命活动。毛主席主编的《湘江评论》传播了巨大的革命影响。我们正是在这革命运动的影响下开始了革命觉悟的。"[2]还有郭亮、向警予等人也正是在《湘江评论》感召下投身到革命事业之中。

毛泽东自主编《湘江评论》始，真正走上职业革命家的道路。萧三后来回忆这段往事时对《湘江评论》评价道："这个宣传反帝、反封建、反军阀、倡民主、倡科学、倡新文化的有名的报纸，不止于推动了湖南全省的学生青年运动，推动了湖南的知识界学术家教育文化界进步，同时给

---

[1] 参见周世钊：《湘江的怒吼——五四前后毛泽东同志在湖南的革命活动》，中国革命博物馆、湖南省博物馆编：《新民学会资料》，人民出版社1980年版，第406页。

[2] 萧劲光：《悼弼时》，《人民日报》1950年10月31日。

了全华南各地以很大的影响。这是毛泽东同志作革命的新闻工作、政论工作，社会政治文化活动的开始，是他初期革命活动中最鲜明的一章。"①然而，1919年8月中旬，《湘江评论》第5号刚印出还未及发行，因彻底的不妥协的反帝反封建反军阀统治的思想及所谓的"邪说异端"等，遭到张敬尧查封。《湘江评论》创办不到一个月，就遭到反动军阀破坏，足以见其影响力之大、号召力之广和战斗力之强。查封当晚，毛泽东召集学联骨干秘密开会，决定将学联的活动转入秘密状态，组织驱逐张敬尧出湘等事宜。《湘江评论》虽被查封，但毛泽东等一批革命青年并未被张敬尧的淫威所吓倒，从此以后，毛泽东和学联其他负责人搬到湖南大学筹备处，继续进行广泛的革命活动，对张敬尧的黑暗统治进行无情揭露和猛烈抨击。

（三）"呼声革命"——组织领导驱张运动

北洋皖系军阀张敬尧于1918年3月出任湖南督军兼省长，可谓"焚杀淫掠，横暴贪残，枉法殃民，抑又加甚"②，张敬尧在湖南的残酷统治，激起了湖南人民的强烈痛恨和坚决反对，湖南人民以其兄弟四人的名字编成顺口溜，控诉道："堂堂乎张，尧舜禹汤。一二三四，虎豹豺狼""张毒不除，湖南无望"③。为拯救湖南百姓于水火，进一步推动五四运动在湖南的深入发展，1919年春夏毛泽东就以新民学会为核心积极组织驱逐张敬尧的运动。《湘江评论》被查封后，毛泽东等人加紧行动步伐，湖南地区的反帝反封建爱国民主运动再次被推向高潮。

毛泽东与学联骨干就驱逐张敬尧问题进行了大力动员和周密谋划。1919年9月中旬，在酝酿驱逐张敬尧的会议上，毛泽东作了详尽分析，指出要抓住北洋军阀内讧的有利时机，利用军阀之间的矛盾展开联合斗争运

---

① 萧三：《毛泽东的青少年时代和初期革命活动》，[美]斯诺等著，刘统编注：《早年毛泽东：传记、史料与回忆》，生活·读书·新知三联书店2011年版，第89—90页。
② 《旅京湖南学生上府院书》（1919年12月27日），中国革命博物馆、湖南省博物馆编：《新民学会资料》，人民出版社1980年版，第180页。
③ 周世钊：《湘江的怒吼——五四前后毛泽东同志在湖南的革命活动》，中国革命博物馆、湖南省博物馆编：《新民学会资料》，人民出版社1980年版，第421页。

动；提出应以学生为主力，使人民组织和行动起来，就可以达到驱张的目的。毛泽东当即进行部署：一是尽可能策动教员和新闻界人士支援学生驱张；二是指派学联及商业专门学校等骨干赴沪宣传，联络省外力量；三是积极恢复学联。于是，毛泽东同湖南教育界千余人联署发出公启，揭露张敬尧派其私党操纵改选并控制省教育会的内幕，反对其摧残教育事业。在毛泽东领导下，之前被张敬尧查封的湖南学联得到重建，发表再组宣言，指斥张敬尧一类军阀"植党营私，交相为病，如昏如醉，倒行逆施，刮削民膏，牺牲民意，草菅民命，践踏民权"。

12月初，因张敬尧镇压长沙人民爱国运动，阻止焚烧日货，侮辱学生代表，大规模公开的驱张运动爆发。为在全省及全国造成巨大声势，获得全省乃至全国人民的鼎力支持，12月3日，毛泽东和部分新民学会会员同湖南学联骨干等人在长沙白沙井集会，商量发动全省学校总罢课，联合省内外力量共同开展驱张运动。会上，毛泽东清晰地分析了当时的形势，认为驱张的条件已十分成熟："青年学生的愤怒，全湖南省人民的愤怒，全国舆论的抨击，直皖两系狗咬狗的斗争，都使张完全陷于孤立，陷于四面楚歌之中。这回的压迫爱国运动，侮辱学生，更是引火自焚的举动。我们必须利用这个有利时机，坚决把张敬尧赶走，从水深火热中救出湖南三千万人的生命。"[①]此后，他们又在楚怡小学召开紧急会议，决定组织驱张代表团，分赴北京、天津、上海、汉口、广州等地扩大驱张宣传。

12月6日，在毛泽东动员下，长沙全部专门学校、中学、师范和一部分小学相继宣布罢课，湖南学联代表长沙一万三千名学生向全国发出"张敬尧一日不去湘，学生一日不回校"的誓言。接着，教师代表率领学生代表分赴北京、广州、上海等处进行请愿和联络，毛泽东亲率湖南驱张请愿团奔赴北京。

为使湖南驱张运动在全国造成声势，获得全国人民的支持，毛泽东

[①] 周世钊：《湘江的怒吼——五四前后毛泽东同志在湖南的革命活动》，中国革命博物馆、湖南省博物馆编：《新民学会资料》，人民出版社1980年版，第422—423页。

率领驱张请愿团于12月18日抵达北京。这是他第二次来北京。北京遂成为湖南驱张运动的大本营，毛泽东以小学教师的身份成为这场驱张运动的主要领导人。抵京后，立刻组成"旅京湖南各界联合会"及"旅京湘人驱张各界委员会"。毛泽东还组织成立平民通讯社，发出大量驱张稿件，分送京、津、沪等各报社，将张敬尧祸湘的罪恶及驱张运动的消息广为传播，形成强大的舆论氛围，为赶走张敬尧创造了有利条件。

毛泽东和请愿团在京奔走呼号，开展驱张斗争。12月28日，毛泽东出席湖南旅京各界公民大会，讨论驱张办法。31日，毛泽东等人以湖南旅京公民名义就张敬尧违禁运烟上书国务院，要求"将湖南督军张敬尧明令罢职，提交法庭依律处办，以全国法而救湘民"。1920年1月15日，陈独秀发表《欢迎湖南人的精神》，对驱张运动表示支持，认为湖南人的"奋斗精神"，"在一班可爱可敬的青年身上复活了"，这对毛泽东等人进行的驱张运动给予极大鼓舞。

1920年1月18日，为反对张敬尧侵吞湖南省米盐公款，毛泽东等人向知名人士和群众团体发出快邮代电，要求米盐公款"在张贼未去，湘乱未宁以前，只可暂归湘绅保管，不得变动。俟湘事平定后，再由全省民意公决作用"。翌日，上海《民国日报》发表毛泽东等代表的呈文《湘人控张敬尧十大罪》，提出："张督祸湘，罪大恶极。湘民痛苦，火热水深。张督一日不去湘，湘民一日无所托命。"同日，毛泽东还与湖南省城各校教职员代表联名控诉张敬尧摧残教育的种种罪行，恳求撤惩张敬尧。1月28日，湖南公民、教职员、学生三代表团向北洋政府国务院进发，高举"代表三千万湘民请愿""请政府速即撤惩张敬尧"等大旗，毛泽东作为首席请愿代表进行交涉。代表们痛陈了张敬尧祸湘十大罪状，要求靳云鹏当众宣布解决办法。但终因兵警设防，请愿未获结果。

其间，毛泽东父亲病逝。他得知后没有回老家奔丧，而是把无限悲痛和哀悼转化为驱张运动的动力。驱张请愿团两个月内到新华门总统府和国务院先后进行了七次请愿，三次呈文。在湖南人民和毛泽东等坚持不懈斗争下，加上直皖军阀之间的矛盾，张敬尧陷入省内外一片声讨之中，地位岌岌可危。3月25日，由毛泽东领衔代表们向全国发出快邮代电，声讨被张敬尧收买的政客，重申湖南人民"以驱张除奸为职志"。6月9日，毛泽东在上海《时事新报》发表《湘人为人格而战》，尖锐指出张敬尧"欺人太甚，有些难忍。驱张运动的发起，名流老辈小子后生，一齐加入，就是缘于这几种很深刻的刺激。故湘人驱张，完全因为在人格上湘人与他不能两立。湘人驱张，完全是'为人格而战'"[1]。6月11日，直皖战争即将爆发，张敬尧于当晚出走。6月16日，张敬尧军队全部撤出湖南，驱张运动取得胜利。

驱张运动是五四运动在湖南的进一步发展，是毛泽东民众大联合思想的一次重要的社会实践。新民学会会员张国基在给毛泽东的信中诚恳指出："驱张的运动，达了目的，湘民尚存有一线生机，这是你们的功德，我不歌颂。我只羡慕你们的精神战胜了武力。"[2]驱张运动也是毛泽东主张"呼声革命"的具体行动，是向上层、向统治者和强权者呼吁并进行持续的"忠告"，但实际上是没有太大效力。易礼容在给毛泽东等人的信中就指出：包括驱张运动在内的"这两年的运动，效力还不十分大"，今后"要预备充分的能力"[3]。毛泽东在给易礼容的回信中作了反思："驱张运动只是简单的反抗张敬尧这个太令人过意不下去的强权者"，是"应付目前环境的一种权宜之计，决不是我们的根本主张，我们的主张远在这些运动之外"，但"也是达到根本改造的一种手段，是对付'目前环境'最经济最有效的一种手段"。[4]

---

[1] 《湘人为人格而战》（1920年6月9日），中共中央文献研究室、中共湖南省委《毛泽东早期文稿》编辑组编：《毛泽东早期文稿（一九一二年六月—一九二〇年十一月）》，湖南人民出版社2008年版，第434页。

[2] 《张国基给毛泽东》（1920年9月19日），中国革命博物馆、湖南省博物馆编：《新民学会资料》，人民出版社1980年版，第107页。

[3] 《易礼容给毛泽东彭璜》（1920年6月30日），中国革命博物馆、湖南省博物馆编：《新民学会资料》，人民出版社1980年版，第90页。

[4] 这是毛泽东对易礼容1920年6月30日致泽东、彭璜信的按语。参考中国革命博物馆、湖南省博物馆编：《新民学会资料》，人民出版社1980年版，第91、92页。

二、湖南门罗主义和思想转向

（一）新村主义和实用主义

五四运动以后，随着新文化运动的深入发展和马克思主义的广泛传播，新文化运动阵营逐渐发生分化，出现了"问题"与"主义"之争。实际上这是一场关于中国需不需要马克思主义、需不需要革命的论争，这场论争扩大了马克思主义的影响，推动人们进一步探索如何改造中国社会。毛泽东虽然没有参与这场论争，但他在长沙曾计划组织一个问题研究会，并亲自为之拟定章程，提出了教育问题、女子问题、婚姻家族国家制度相关问题、劳动问题、民族问题、经济问题、社会主义问题等多个认为有研究价值的问题。对于如何来研究这些问题，毛泽东强调要以学理为根据，在研究各种问题前，"须为各种主义之研究"，而且"有须实地调查者，须实地调查之"，"无须实地调查，及一时不能实地调查者，则从书册、杂志、新闻纸三项着手研究"。[1]对于"问题"与"主义"之争的双方代表人物胡适和李大钊，都是毛泽东十分崇敬的人。这时的他还没认清这场论争的本质，也没认清科学社会主义与其他主义之间的本质区别。但他从实际出发将实用主义作为抨击封建制度的有力手段。

1919年8月《湘江评论》被查封后，毛泽东没有停止撰稿。9月间，他应邀担任《新湖南》周刊主编，从第7号开始编辑。他决心办好这个刊物，为此专门撰写了一篇《刷新宣言》。他提出："第七号以后的宗旨是：一、批评社会。二、改造思想。三、介绍学术。四、讨论问题。"他还特别指出："'成败利钝'自然非我们所顾。就是一切势力Authority也更非我们所顾。因为我们的信条是'什么都可以牺牲，惟宗旨绝对不能牺牲！'"[2]当时，北京《晨报》评价刷新后的《新湖南》"内容完备，

---

[1] 《问题研究会章程》（1919年9月1日），中共中央文献研究室、中共湖南省委《毛泽东早期文稿》编辑组编：《毛泽东早期文稿（一九一二年六月——一九二〇年十一月）》，湖南人民出版社2008年版，第366—367页。

[2] 《〈新湖南〉周刊第七号刷新宣言》（1919年9月），中共中央文献研究室、中共湖南省委《毛泽东早期文稿》编辑组编：《毛泽东早期文稿（一九一二年六月——一九二〇年十一月）》，湖南人民出版社2008年版，第373页。

并且为《湘江评论》的'化身',所以魄力非常充足"。由于影响甚著,《新湖南》不久便遭到查封,但毛泽东没有停止"笔杆子",仍继续坚持在湖南《大公报》《女界钟》等报刊上发表各种文章,显示了其反对封建礼教、宣传革命思想的坚决。

1919年11月,长沙发生了一件新娘赵五贞因反对包办婚姻在花轿里自杀之事,轰动了社会各界。善于抓住社会问题进行分析研究的毛泽东立即开展调查,并于11月16日至28日在湖南《大公报》《女界钟》上连续发表10篇评论文章:《对于赵女士自杀的批评》《赵女士的人格问题》《婚姻问题敬告男女青年》《改革婚制问题》《女子自立问题》《"社会万恶"与赵女士》《非自杀》《恋爱问题——少年人与老年人》《打破媒人制度》《婚姻上的迷信问题》。这些文章包含了对婚姻制度、社会制度、封建迷信和伦理道德等问题的讨论和分析,批判了封建婚姻制度,揭示了封建社会的黑暗。

其一,毛泽东深刻分析了赵五贞自杀的原因,指出罪恶的封建社会是导致其自杀的根源。毛泽东认为,赵五贞面临着三面铁网——社会、母家、夫家,而就在这三面铁网的"坚固"包围下,赵五贞求生不得,只能赴死,是"被逼杀身",这由其所处的环境所决定。毛泽东进一步指出,这件事的背后反映的是婚姻制度的腐朽和社会制度的黑暗,使得"意想的不能独立,恋爱不能自由"[①]。新民学会会员彭璜对毛泽东的观点提出了质疑,认为"徒然归咎环境,放松赵女士的本身"是不对的。毛泽东对此进行了有力反驳,强调"到底不能放松'社会'",因为当时的社会里包含着使赵女士自杀的"故",是"一种极危险的东西",可以使赵女士死,也可以使钱女士、孙女士、李女士死;可以使女士死,也会使男士死。所以不得不提防"这危险东西遇着机会随时给我们以致命伤",就不得不高呼"社会万恶"。[②]由此可见,青年毛泽东急欲改造社会的紧迫感

[①]《对于赵女士自杀的批评》(1919年11月16日),中共中央文献研究室、中共湖南省委《毛泽东早期文稿》编辑组编:《毛泽东早期文稿(一九一二年六月——一九二〇年十一月)》,湖南人民出版社2008年版,第377页。

[②]《"社会万恶"与赵女士》(1919年11月21日),中共中央文献研究室、中共湖南省委《毛泽东早期文稿》编辑组编:《毛泽东早期文稿(一九一二年六月——一九二〇年十一月)》,湖南人民出版社2008年版,第386页。

和使命感十分强烈。

其二，毛泽东从道德伦理角度分析了赵五贞的人格问题和自杀本身，说明这时的他已充分具备辩证认识问题的能力。赵五贞有没有人格？毛泽东认为：一个没人格，一个有人格。他指出，有人格的先决条件是有自由意志，而赵女士在封建的家庭和婚姻制度的重压下，既没有受到父母的尊崇，也没有得到社会的支持，没有自由意志，所处的环境不允许其有人格。而赵五贞有人格的，指的是她本身。20多年来，赵五贞虽处于不允许她有人格的家庭中，但在生命最后的一瞬间，她选择了"不自由，无宁死"，使"尘秽街中被血洒满，顿化成了庄严的天衢"，她的人格"随之涌现出来，顿然光焰万丈"，为了捍卫自己的人格而选择自杀，所以赵五贞是有人格的。[1]

毛泽东对于自杀一事是排斥的。他分别从伦理学、心理学、生理学、生物学四个方面进行了解释，指出人以求生为目的，不应反其道而行之；一个人自杀是因为社会夺走了其希望，所以应该与社会进行奋斗，夺回所失去的希望，若最终奋斗而死，是"被杀"，而不是"自杀"；人对自杀这一行为本身并无尊敬的感情，但往往尊敬壮烈的自杀，尊敬"难能"和"反抗强权"的精神。毛泽东提出了赵五贞应如何自处的四种方法："（一）有人格的得生；（二）奋斗被杀；（三）自杀；（四）屈服。"认为赵五贞的自杀"只于'人格保全'上有'相对'的价值"。对于第一种"有人格的得生"，毛泽东特别强调"须自己先造新社会"，但赵五贞一个人没有这个能力和准备。其中，我们可以察觉到，毛泽东其实已清醒地认识到，若想改变黑暗的旧社会，就要联合起来一起创造一个新的社会。[2]

---

[1] 《赵女士的人格问题》（1919年11月18日），中共中央文献研究室、中共湖南省委《毛泽东早期文稿》编辑组编：《毛泽东早期文稿（一九一二年六月——一九二〇年十一月）》，湖南人民出版社2008年版，第378、379页。

[2] 《非自杀》（1919年11月23日），中共中央文献研究室、中共湖南省委《毛泽东早期文稿》编辑组编：《毛泽东早期文稿（一九一二年六月——一九二〇年十一月）》，湖南人民出版社2008年版，第393页。

其三，毛泽东在批评封建婚姻的同时，提出了打破这种旧式制度的方法。他认为：一要打破父母包办婚姻制度，子女的婚姻父母绝对不能干涉；二要打破媒人制度，摒弃这种以"拉合主义"为根本的"大把戏"；三要破除婚姻上的迷信，抛弃"父母之命""媒妁之言""婚姻命定说"，提倡婚姻应完全建立在恋爱的基础上。同时毛泽东还提出男女平等，女子自立，这样以恋爱为中心的夫妇才能出现。毛泽东高声呼吁："全中国的青年男女诸君！你们都不是些聋子瞎子，眼见着这么一件'血洒长沙城'的惨事，就应该惊心动魄，有一个澈底的觉悟。你们自己的婚姻，应由你们自己去办。父母代办政策，应该绝对否认。恋爱是神圣的，是绝对不能代办，不能威迫，不能利诱的！我们不要辜负了他，不要使他白白送了一条性命。"①

对于如何创造一个新的社会，毛泽东同其他先进的中国知识分子一样，在不断地摸索。五四时期，各种新思潮来势汹汹，中国人的思想得到一次大解放。到后期，社会主义逐渐成为进步思想界的主流。但当时既有马克思主义的科学社会主义，又有号称"社会主义"实际上是小资产阶级空想社会主义混合物的无政府主义、新村主义、合作主义、泛劳动主义、基尔特社会主义等。中国先进分子一时还分不清科学社会主义与其他社会主义流派的界限。绝大多数进步青年正在进行分析、比较和选择，希望能从中找到挽救民族危亡和改造中国社会的良方。而在这些主义和学说中，毛泽东尤为感兴趣的是工读互助和新村主义，这是他数年来梦想的"新社会生活"②。

1918年，毛泽东"新村"思想已初见端倪。从一师毕业后，毛泽东

---

① 《婚姻问题敬告男女青年》（1919年11月19日），中共中央文献研究室、中共湖南省委《毛泽东早期文稿》编辑组：《毛泽东早期文稿（一九一二年六月——一九二〇年十一月）》，湖南人民出版社2008年版，第380页。

② 《学生之工作》（1919年12月1日），中共中央文献研究室、中共湖南省委《毛泽东早期文稿》编辑组：《毛泽东早期文稿（一九一二年六月——一九二〇年十一月）》，湖南人民出版社2008年版，第406页。

便邀蔡和森、张昆弟等在岳麓书院半学斋湖南大学筹备处寄居。他们计划组成"工读同志会",共同学习、共同生产,讨论社会改造问题,走遍岳麓山周围的乡村,从事半工半读。但这一实验很快就因为组织赴法勤工俭学事宜而中断。到北京后,毛泽东又读了些无政府主义的小册子。1919年3月,周作人发表《日本的新村》,详细介绍了日本作家武者小路实笃的新村主义,虽然当时毛泽东还没看到。北大学生组成类似新村的"工读互助团",试图创建新生活新社会。毛泽东受到其感染。4月,毛泽东回到长沙,试图在岳麓山建设一个以"新家庭新学校及旁的新社会连成一块为根本理想"的"新村"。毛泽东专门草拟了一份翔实的"新村"建设计划——《学生之工作》,1919年12月1日在《湖南教育月刊》上发表。

毛泽东所要构建的"新村"是集新学校、新家庭、新社会于一体,人们在"新村"里共同学习、共同生产、共同生活,主张兴办新学校,实行新教育,以创造新生活为主体,从而创造新家庭,创造新社会。[①] 如何创造新生活?毛泽东认为要将学习和工作结合起来,将脑力劳动和体力劳动结合起来,半工半读,工读结合。他分析了现实社会的两个弊端:一是学生与社会之间的矛盾,也就是"学生在学校所习,与社会之实际不相一致,结果则学生不熟谙社会内情,社会亦嫌恶学生"[②]。二是学生与农村之间的矛盾。毛泽东指出,作为改造国家主力军的青年学生,毕业后"多鹜都市而不乐田园。农村的生活非其所习,从而不为所乐"[③]。广大农村没有知识青年,地方自治缺少"中坚之人",那么"美满"的社会改造方

[①] 《学生之工作》(1919年12月1日),中共中央文献研究室、中共湖南省委《毛泽东早期文稿》编辑组编:《毛泽东早期文稿(一九一二年六月——一九二〇年十一月)》,湖南人民出版社2008年版,第406、409页。

[②] 《学生之工作》(1919年12月1日),中共中央文献研究室、中共湖南省委《毛泽东早期文稿》编辑组编:《毛泽东早期文稿(一九一二年六月——一九二〇年十一月)》,湖南人民出版社2008年版,第407页。

[③] 《学生之工作》(1919年12月1日),中共中央文献研究室、中共湖南省委《毛泽东早期文稿》编辑组编:《毛泽东早期文稿(一九一二年六月——一九二〇年十一月)》,湖南人民出版社2008年版,第407—408页。

案就无法有力推行。他认为欲除弊就必须有经济的工作，使知识青年直接从事生产；必须是现实社会普遍需要，合于实际生活的；而其工作场所必须在农村，工作内容为农村生产劳动，从而使之"养成乐于农村生活之习惯"[①]，实现知识青年与农村社会的结合，以推动社会进步。这一思想主张到毛泽东晚年还继续产生影响。

毛泽东认为"世界改良进步者，皆知须自教育普及使人民咸有知识始"，要从"社会说本位教育说"的学校入手，但教育的全体也不只是学校一端，还有家庭、社会。他指出改良学校教育必须同时改良家庭与社会。他认为要使家庭、社会实现真正的进步，仅仅止步于对旧事物的改良层面还不够。因为"时代已更"，须有适应时代变化的新生活，旧生活则"只适用于旧时代"，必须"以'创造其新'为志而后有济也"。他强调，"欲求完全之平均分配，非在社会制度改革之后，不能得到"，"欲求完全之人格独立，非在家庭制度改革之后，不能得到"，"社会制度之大端为经济制度。家庭制度之大端为婚姻制度"，所以"创造新学校，施行新教育，必与创造新家庭新社会相连"。创造新学校中的学生个体即为创造新家庭的成员，若干个新家庭集合，便能够创造一个新的社会——"新村"。这一个集学校、家庭、社会于一体的"新村"有公共育儿院、公共蒙养院、公共学校、公共图书馆、公共银行、公共农场、公共工作厂、公共消费社、公共剧院、公共病院、公园、博物馆、自治会等等。

实际上，毛泽东"新村"思想存在很大局限性。它是建立在自给自足的小农经济之上，是一种施行平均主义的"公社所有制"，是急欲拯救处于半殖民地半封建的中国，但在历史的激荡中还没有找寻到光明道路的情况下，怀着对农村田园生活的向往而产生的，属于空想社会主义。毛泽东在北京领导驱张运动的同时，也在积极组织工读活动。1920年2月，他参观了少年中国学会发起人王光祈试办的女子工读互助团，并在给陶毅的

[①] 《学生之工作》（1919年12月1日），中共中央文献研究室、中共湖南省委《毛泽东早期文稿》编辑组编：《毛泽东早期文稿（一九一二年六月——一九二〇年十一月）》，湖南人民出版社2008年版，第408页。

信中说:"觉得狠有趣味!但将来的成绩怎样?还要看他们的能力和道德力如何,也许终究失败(男子组大概可说巳〈已〉经失败了)。"他还提到彭璜等人在上海组织的工读互助团"也是一件好事"。①后来,毛泽东离开北京到上海,应彭璜之邀与一师同学张文亮等一起试验工读生活,租了几间房子过着"共同做工,共同读书,有饭同吃,有衣同穿"的简朴生活。一个月后,彭璜经过考察北京各工读团的现状,调查社会生活现实,发现工读生活不容易办到,上海工读互助团不能不说是失败的。在不断的实验中,毛泽东同样感到工读组织并不是改造社会的良方。1920年6月,他在给黎锦熙的信中说:"工读团殊无把握,决将发起者停止。"于是放弃了"新村主义"的构想。此外,毛泽东将教育作为创造"新村"的抓手,也反映了他以教育为本位的社会改造思想,不久以后,毛泽东发现教育并不是改造社会的根本方法。青年毛泽东在历史的激荡中继续找寻着中国革命可以依靠的力量和适合中国国情的革命道路。

(二)马克思主义世界观的确立

1919年12月,毛泽东为组织驱张运动第二次抵京。其间,毛泽东研读了大量关于俄国情况的书刊。他积极热切地搜寻着当时所能找到的为数不多的关于共产主义的中文版书籍。罗章龙后来在20世纪90年代回忆:"毛泽东第二次来北京的时候,我们有一个庞大的翻译组,大量翻译外文书籍,《共产党宣言》就是其中一本。《共产党宣言》不长,全文翻译了,按照德文版翻译的,我们还自己誊写,油印,没有铅印稿,只是油印稿。我们酝酿翻译时间很长,毛主席第二次来北京后看到了。"②毛泽东还同正在北京大学秘密建立马克思学说研究会的李大钊等人联系,认真阅读马

---

① 《致陶毅信》(1920年2月),中共中央文献研究室、中共湖南省委《毛泽东早期文稿》编辑组编:《毛泽东早期文稿(一九一二年六月——一九二〇年十一月)》,湖南人民出版社2008年版,第420页。

② 中共中央文献研究室编:《毛泽东年谱(1893—1949)》上卷,人民出版社、中央文献出版社1993年版,第57页。

克思主义的书籍报刊。

在李大钊的影响下，毛泽东较多地受到马克思主义学说和俄国革命历史的影响。1920年2月，毛泽东在给新民学会会员陶毅的信中指出"要结合一个高尚纯粹勇猛精进的同志团体"，提出改造社会要有共同的讨论，讨论共同的目的和共同的方法，再讨论如何实践。这样"将来才有共同的研究（此指学问），共同的准备，共同的破坏，和共同的建设"。[①]新民学会经过五四运动的洗礼，在驱张运动中由一个进步的学术团体发展为爱国革命团体。毛泽东则希望将其进一步发展为具有急进民主主义的革命团体，开始有意识地组织革命活动。毛泽东在信中提到了令他"脑子里装满了愉悦和希望"的留俄一事。他激动地说："彭璜君和我，都不想往法，安顿往俄。何叔衡想留法，我劝他不必留法，不如留俄。我一己的计划……想和同志成一'自由研究社'（或径名自修大学），预计一年或二年，必将古今中外学术的大纲，弄个清楚，好作出洋考察的工具（不然，不能考察）。然后组一留俄队，赴俄勤工俭学。"[②]毛泽东还与李大钊等人对留俄问题进行了认真的讨论商量。可见，他对俄国是十分向往的。

毛泽东又经李大钊、王光祈等人介绍，于1920年1月加入少年中国学会。这是五四时期著名的带有学术性的政治社团，可以说当时中国少年的精英尽数在此。它的宗旨为"本科学的精神，为社会的活动，以创造'少年中国'"，还有四个信条：奋斗、实践、坚忍、俭朴。张闻天、蔡和森、邓中夏、恽代英、高君宇、赵世炎、向警予等都是少年中国学会的成员，有许多人成为共产党早期组织成员。时任北大校长蔡元培高度评价："现在各种集会中，我觉得最有希望的是少年中国学会。因为他的言论，

[①]《致陶毅信》（1920年2月），中共中央文献研究室、中共湖南省委《毛泽东早期文稿》编辑组编：《毛泽东早期文稿（一九一二年六月—一九二〇年十一月）》，湖南人民出版社2008年版，第418、419页。

[②]《致陶毅信》（1920年2月），中共中央文献研究室、中共湖南省委《毛泽东早期文稿》编辑组编：《毛泽东早期文稿（一九一二年六月—一九二〇年十一月）》，湖南人民出版社2008年版，第420页。

他的举动,都质实得很,没有一点浮动与夸张的态度。"① 少年中国学会中有一大批向往俄国十月革命的先进学生,毛泽东与他们一起进行研究讨论,进一步加深了对社会主义的认识。加入少年中国学会对毛泽东来说是一次难忘的经历,对其影响很深,以至后来重庆谈判期间,毛泽东曾邀请各界民主人士,其间三次邀请少年中国学会的发起人之一周太玄赴宴,并询问其能否重新恢复少年中国学会。

毛泽东第二次在京期间,当时社会上各种学说学派、思想斗争十分激烈,尽管这时的毛泽东已非常关注李大钊等人宣传的马克思主义和支持的进步团体,但对于确立自己的人生信仰和选择何种"主义"来改造中国社会,毛泽东还没有完全明确。他还专门到黎锦熙的住处讨论改造中国究竟应该选择哪一种社会主义的问题,他和黎锦熙一致认为中国的问题应该从"根本解决"②下手。

1920年3月,毛泽东在给周世钊的信中指出:"老实说,现在我于种种主义,种种学说,都还没有得到一个比较明了的概念,想从译本及时贤所作的报章杂志,将中外古今的学说刺〈刺〉取精华,使他们各构成一个明了的概念。"毛泽东已注意到将中外的学说结合,将外来的主义与中国的现实结合起来。他在信中除了从"个人"和"知"方面出发,更从"团体"和"行"的角度进一步谈道:"我们是脱不了社会的生活的,都是预备将来要稍微有所作为的。那么,我们现在便应该和同志的人合力来做一点准备工夫。我看这一层好些人不大注意,我则以为很是一个问题,不但是随便无意的放任的去准备,实在要有意的有组织的去准备,必如此才算经济,才能于较短的时间(人生百年)发生较大的效果。我想:(一),结合同志,(二),在很经济的可能的范围内成立为他日所必要的基础事

---

① 《工学互助团的大希望》,蔡元培:《蔡子民先生言行录》,岳麓书社2010年版,第81页。
② 《致黎锦熙信》(1920年3月12日),中共中央文献研究室、中共湖南省委《毛泽东早期文稿》编辑组编:《毛泽东早期文稿(一九一二年六月——一九二〇年十一月)》,湖南人民出版社2008年版,第424页。

业。我觉得这两样是我们现在十分要注意的。"①

经过组织成立新民学会，组织赴法勤工俭学运动，投身五四运动大潮，积极领导驱张运动，毛泽东逐渐意识到这些不能从根本上改变中国的现状。他打算集合志同道合的人，一起从事改造社会的"基础事业"，即创造一种新的生活，邀合一些人，租一所房子，办一个自修大学，在里面"实行共产的生活"。②对返湘后自己所应从事的革命活动，毛泽东有了基本方向。第二次北京之行虽不到四个月，但毛泽东的收获极大，他总结道："即我，历来狠懵懂，狠不成材，也很少研究。这一次出游，观察多方面情形，会晤得一些人，思索得一些事，觉得这几种问题，狠有研究的价值。"③后来，毛泽东回忆这段日子的时候讲："我第二次到北京期间，读了许多关于俄国情况的书。……有三本书特别深地铭刻在我的心中，建立起我对马克思主义的信仰。我一旦接受了马克思主义是对历史的正确解释以后，我对马克思主义的信仰就没有动摇过。这三本书是：《共产党宣言》，陈望道译，这是用中文出版的第一本马克思主义的书；《阶级斗争》，考茨基著；《社会主义史》，柯卡普著。"④这时候，毛泽东才知道人类有史以来就存在阶级斗争，"阶级斗争是社会发展的原动力"，他初步得到了认识问题的方法论。对于他来说，这些书上并没有湖南和湖北，更没有蒋介石和陈独秀。他只取了四个字"阶级斗争"，便

---

① 《致周世钊信》（1920年3月14日），中共中央文献研究室、中共湖南省委《毛泽东早期文稿》编辑组编：《毛泽东早期文稿（一九一二年六月——一九二〇年十一月）》，湖南人民出版社2008年版，第428—429页。

② 《致周世钊信》（1920年3月14日），中共中央文献研究室、中共湖南省委《毛泽东早期文稿》编辑组编：《毛泽东早期文稿（一九一二年六月——一九二〇年十一月）》，湖南人民出版社2008年版，第429页。

③ 《致陶毅信》（1920年2月），中共中央文献研究室、中共湖南省委《毛泽东早期文稿》编辑组编：《毛泽东早期文稿（一九一二年六月——一九二〇年十一月）》，湖南人民出版社2008年版，第419页。

④ ［美］埃德加·斯诺：《西行漫记》，董乐山译，解放军文艺出版社2002年版，第116页。

"老老实实地来开始研究实际的阶级斗争"。①

为了寻找从根本上真正改造社会的方案,毛泽东决定到上海同彭璜率领的驱张代表团会合,商讨下一步行动计划。同时顺便为即将从上海出发的第二批赴法勤工俭学的会友送行。1920年4月11日,毛泽东离开北京奔赴上海。途中,在天津、济南、泰山、曲阜、南京等处参观游览。5月5日到达上海。3天后,毛泽东和彭璜、李思安等为欢送即将赴法的会友在上海半淞园开会,而这场送别会完全变成了讨论会,会友们热烈地讨论了新民学会的会务问题。

关于学会态度,会员们一致主张"潜在切实,不务虚荣,不出风头",毛泽东还提出"学会的本身不多做事,但以会友各个向各方面去创造各样的事",提倡发挥会员的主观能动性。关于学术研究,大家认为以前"少深切的研究",以后凡遇会友三人以上就要组织学术讨论会,定期集会,交流知识,养成勤奋好学的风气。关于发刊会报,提出会友之间应有"一种联络通气的东西",征集文稿,主张尽快出版会报,并提议由毛泽东负责。会员们还特别讨论了新会友入会的问题,认为以后"务宜谨慎",提出介绍的新会友必须符合四个条件:纯洁、诚恳、奋斗、服从真理(后来会友将"奋斗"与"服从真理"合并为"向上")。关于会友之间的态度,则规定会友间"宜有真意;宜恳切;宜互相规过;勿漠视会友之过失与苦痛而不顾;宜虚心容纳别人的劝戒;宜努力求学"等。②毛泽东已经开始用实际行动努力将新民学会打造成一个富于战斗性和革命性的组织,后来长沙共产党早期组织的创始人也都是新民学会的核心人员。1920年冬,毛泽东在编辑《新民学会会员通信集》时,从总体上对新民学会的优点作了提炼。他指出,新民学会在无形中形成了"不标榜""不张扬""不求急效""不依赖旧势力"四种信条,会友的特点是头脑清新、

---

① 《关于农村调查》(1941年9月13日),《毛泽东农村调查文集》,人民出版社1982年版,第22页。

② 《新民学会会务报告(第一号)》,中国革命博物馆、湖南省博物馆编:《新民学会资料》,人民出版社1980年版,第8、9页。

富有奋斗精神和互助及牺牲精神。实际上，这些优点同样是经过革命洗礼的青年毛泽东身上所具备的，对其之后从事共产主义事业并成为中国革命的领路人来说，是不可或缺的优秀品质。

在上海的两个多月里，毛泽东多次到霞飞路老渔阳里拜访"思想界的明星"陈独秀。他同陈独秀讨论自己读过的马克思主义书籍和组织湖南改造促成会的计划。1920年5月，陈独秀在上海发起组织成立马克思主义研究会。6月，陈独秀同李汉俊等人开会商议，决定成立党组织，还起草了党的纲领。这对毛泽东产生了巨大的影响。后来，毛泽东对斯诺谈道："我第二次到上海去的时候，曾经和陈独秀讨论我读过的马克思主义书籍。陈独秀谈他自己的信仰的那些话，在我一生中可能是关键性的这个时期，对我产生了深刻的印象。"[①]"他对我的影响也许超过其他任何人。"[②]并特别指出："我一旦接受了马克思主义是对历史的正确解释以后，我对马克思主义的信仰就没有动摇过。……到了1920年夏天，在理论上，而且在某种程度的行动上，我已成为一个马克思主义者了，而且从此我也认为自己是一个马克思主义者了。"[③]

（三）湖南自治运动和建设问题

驱张运动期间，毛泽东就在思考湖南何去何从的问题。1920年3月12日，他在给黎锦熙的信中指出，"吾湘将来究竟应该怎样改革，本不明白。并且湖南是中国里面的一省，除非将来改变局势，地位变成美之'州'或德之'邦'，是不容易有独立创设的"。这寥寥数语已充分说明，毛泽东从世界、中国、地方三个不同面向对湖南下一步的建设问题作了全面而深入的思考。在信中，毛泽东又进一步指出"从中国现下全般局

---

① ［美］埃德加·斯诺：《西行漫记》，董乐山译，解放军文艺出版社2002年版，第117页。

② ［美］埃德加·斯诺：《西行漫记》，董乐山译，解放军文艺出版社2002年版，第115页。

③ ［美］埃德加·斯诺：《西行漫记》，董乐山译，解放军文艺出版社2002年版，第116页。

势而论，稍有觉悟的人，应该就从如先生所说的'根本解决'下手"。毛泽东所提的"根本解决"之法，就是"骑在老虎背上"对湖南进行新的建设，而不是如以往那样"支支节节的向老虎口里讨碎肉"。①毛泽东在上海期间还专门与陈独秀谈论组织"改造湖南联盟"的计划，积极印发同彭璜起草的《湖南改造促成会发起宣言》修订稿，呼吁大家驱张胜利后不能乐观，"一张敬尧去，百张敬尧方环伺欲来"，不能"虎头蛇尾，换汤不换药"，要"以'去张'为第一步，以'张去如何建设'为第二步"。②

1920年6月，张敬尧被驱逐后，湘军总司令、湖南督军兼省长谭延闿，湘军总指挥赵恒惕率军进驻长沙。还停留在上海的毛泽东一得到消息，便立即于6月11日在上海《时事新报》发表《湖南人再进一步》一文，认为湖南人民要抓住这一"绝好机会"，努力"废去督军，建设民治"。他提出中国民治的总建设在20年内无望实现，但各省应该着手准备，先由"一省一省的人民各自先去整理解决（废督裁兵、教育实业）"，将来合起来便是全中国实现民治。③7天后，毛泽东又发表《湖南人民的自决》，责难道："这种'非张敬尧而有妨于湖南人民的自决的'，往后正复不少。这些非张敬尧而有妨于湖南人民的自决的，我们便可以依从了么？"其中，毛泽东所谓的"非张敬尧"实际上意指湘军谭延闿、赵恒惕之流，他们打着"民治"的口号欺骗民众，实质上在湖南争夺地盘、扩充实力。毛泽东指出："不论是湖南人，或非湖南人，凡是立意妨害湖南全体人民自决的，自然都是湖南的仇敌"，若想彻底改变腐朽的社会和颓败的民族，就必须有"绝大努力"，这是全国人民的责任，不是少数政客军人的责任，

---

① 《致黎锦熙信》（1920年3月12日），中共中央文献研究室、中共湖南省委《毛泽东早期文稿》编辑组编：《毛泽东早期文稿（一九一二年六月——一九二〇年十一月）》，湖南人民出版社2008年版，第424页。

② 中共中央文献研究室编：《毛泽东年谱（1893—1949）》上卷，中央文献出版社1993年版，第56页。

③ 《湖南人再进一步》（1920年6月11日），中共中央文献研究室、中共湖南省委《毛泽东早期文稿》编辑组编：《毛泽东早期文稿（一九一二年六月——一九二〇年十一月）》，湖南人民出版社2008年版，第436页。

明确提出"湖南的事,应由全体湖南人民自决之"①。这充分体现了毛泽东以人民为主体的自决意识,说明他的革命视野已由驱张运动时的注重上层官僚政客转移到注重下层最广大的人民群众身上。

对于为何坚决主张湖南进行自治,毛泽东在《湖南改造促成会复曾毅书》中作了基本的阐释。从现实情况来看,毛泽东认为造成当时"湘事糟透"局面主要是由于大多数人缺乏思想自觉,不能"奋起主张","有话不说,有意不伸",而使军阀趁机占据,大肆搜刮民脂民膏。从历史痼弊来看,毛泽东认为中国几千年来的政治皆是"空架子,大规模,大办法",所以导致中国"外强中干,上实下虚",对此,毛泽东怅然感叹"舍基础而筑楼层,四千年中国人之过也"。虽然民国以来,尝试了宪法、国会、总统制、内阁制等,但却"越闹越糟",其根源就在于基础不牢,就如"建层楼于沙渚,不待建成而楼已倒矣"。从地缘特点来看,湖南地域广阔,人杰地灵,具备可以"自营食,自营衣,自营住"的充分条件,有自立自治的要素和能力,而现在却"舍己之田而耘人之田",这是"近年来湖南人之过也"。毛泽东提出湖南应像北美诸州中的一州一样,实行"自决自治",主张湖南实行门罗主义②,自己办教育,兴产业,筑铁路、公路,"充分发挥湖南人之精神,造一种湖南文明于湖南领域以内"。③

随着张敬尧军队全部撤出湖南,在外从事驱张运动的湘籍人士陆续回到长沙。毛泽东结束上海之行,1920年7月7日,经武汉回到长沙。之后,应聘担任第一师范附小的主事,不久又被聘为第一师范的国文教员等职。

---

① 《湖南人民的自决》(1920年6月18日),中共中央文献研究室、中共湖南省委《毛泽东早期文稿》编辑组编:《毛泽东早期文稿(一九一二年六月——一九二〇年十一月)》,湖南人民出版社2008年版,第438页。

② 1823年12月美国总统詹姆斯·门罗在致国会咨文中,宣布任何欧洲强国都不得干涉南、北美洲的事务,提出"美洲是美洲人的美洲"的口号。这个政策被称为"门罗主义"。

③ 《湖南改造促成会复曾毅书》(1920年6月23日),中共中央文献研究室、中共湖南省委《毛泽东早期文稿》编辑组编:《毛泽东早期文稿(一九一二年六月——一九二〇年十一月)》,湖南人民出版社2008年版,第440页。

第二章 改造中国与世界

毛泽东后来回忆,"我回到长沙着手组织联盟。我在长沙一边当教员,一边继续我在新民学会的活动。那时新民学会的纲领要争取湖南'独立',所谓独立,实际上是指自治。我们的团体对于北洋政府感到厌恶。认为湖南如果和北京脱离关系,可以更加迅速地现代化,所以主张同北京分离。那时候,我是美国门罗主义和门户开放的坚决拥护者"①。毛泽东决心先"将湖南造成一个较好的环境,我们好于这种环境之内,实现我们具体的准备工夫"②,便投入到和驱张运动一脉相承的湖南自治运动中。

1920年9月3日至10月7日,毛泽东连续在湖南《大公报》上发表十篇议论文章。他极力主张从基础做起,始终将眼光放在人民身上,深刻阐述了湖南建设的根本目标、自治运动的具体做法以及防止偏向等问题,尖锐批评了社会上的各种错误观点,揭露了谭、赵之流的欺骗手段,对提高人民认识、营造社会舆论、壮大革命力量发挥了重要作用。

第一,毛泽东认为湖南建设的根本问题是努力将湖南建设成为一个"自决自治"的共和国,极力批判了当时社会上流行的"在今后世界能够争存的国家,必定是大国家"的谬论。他指出,英、美、德、法、奥等帝国主义国家为扩大自己争夺的殖民地,疯狂地对其他国家民族进行侵略,"窒其生存向上,而惟使恭顺驯屈于己",使"半开化未开化之民族变成完全奴隶",实际上是"收了其实没有成功的成功"。而当时的中国虽号称"共和民国",但在帝国主义列强的操纵下,陷入军阀割据和混战之中,没有任何自主权,各省人民"受害无极"。他尖锐地批判:"我敢说,是帝国之罪,是大国之罪。"进而又提出若想使这种局面得到根本改变,在于人民。他以俄国、德国、波兰等国家的成功革命为例,鼓舞人们"打破大国迷梦"。因为就当时的实际状况而言,中国的总建设在一个时期内是完全没有希望的。他提倡先不要谋国家的总建设,而是先去"谋各省的分建设",去实行"各

---

① [美]埃德加·斯诺:《西行漫记》,董乐山译,解放军文艺出版社2002年版,第115页。

② 《毛泽东按》,中国革命博物馆、湖南省博物馆编:《新民学会资料》,人民出版社1980年版,第91页。

省人民自决主义"。他呼吁湖南人民觉醒起来,要有决心和勇气在湖南地域建设一个"湖南共和国"。其实,这是毛泽东从社会性质的角度更深层次地分析了湖南实行"自决自治"的必然性。①

同时,毛泽东指出,中国几千年以来只是"形式的中国",因为其"没有基础","谋之总,谋之上,谋之己,是中国四千年来一直至现在的老办法,结果得了一个'没有中国'"。他认为,"大国家是以小地方做基础,不先建设小地方,决不能建设大国家",而"国民全体是以国民个人做基础,国民个人不健全,国民全体当然无健全之望"。在当时的社会条件下,中国的事"不能由总处下手,只能由分处下手",唯一办法就是"打破没有基础的大中国,建设许多的小中国,从湖南做起。②他从历史和现实出发,认为作为"小组织"的湖南不应再受束于作为"大组织"的中国,不需要事事过问中央,事事听命于别人,而是"先以湖南共和国为目标,实施新理想,创造新生活","遂其自然发展",开辟出一片新天地。③这个观点实际上是毛泽东民众大联合主张的延续和发展。其实,毛泽东对社会的改造方案是宏大的,不仅仅局限于湖南,而是湖南在中国要开"自决自治"的先河。他的实质目的是经过大多数人民的努力来改变政体从而改变国体,其完整构想是"救湖南,救中国,图与全世界解放的民族携手"④,可见其眼光之长远和宏阔。

---

① 《湖南建设问题的根本问题——湖南共和国》(1920年9月3日),中共中央文献研究室、中共湖南省委《毛泽东早期文稿》编辑组编:《毛泽东早期文稿(一九一二年六月——一九二〇年十一月)》,湖南人民出版社2008年版,第453、454页。

② 《打破没有基础的大中国建设许多的中国从湖南做起》(1920年9月5日),中共中央文献研究室、中共湖南省委《毛泽东早期文稿》编辑组编:《毛泽东早期文稿(一九一二年六月——一九二〇年十一月)》,湖南人民出版社2008年版,第456、457页。

③ 《湖南受中国之累以历史及现状证明之》(1920年9月6日、7日),中共中央文献研究室、中共湖南省委《毛泽东早期文稿》编辑组编:《毛泽东早期文稿(一九一二年六月——一九二〇年十一月)》,湖南人民出版社2008年版,第462、463页。

④ 《湖南建设问题的根本问题——湖南共和国》(1920年9月3日),中共中央文献研究室、中共湖南省委《毛泽东早期文稿》编辑组编:《毛泽东早期文稿(一九一二年六月——一九二〇年十一月)》,湖南人民出版社2008年版,第454页。

对于如何进行"自决自治",毛泽东首先强调了应具备的三个条件:一是"应该用心干自己的事";二是"绝对不干涉别人的事";三是"别人不干涉自己"。这三个条件是递进的关系。其中,进行"自决自治"的主体是最大多数的人民,包括种田的农民、做工的工人、从事贸易的商人、勤奋好学的学生等等。毛泽东提出,湖南的自治运动应该由这些"民"来发起。而这最大多数的人民必须要用心做好自己的事,绝对不要干涉别人的事,才能达到第三个条件,即别人不干涉自己的事。[1]只有这样才能长久,才不会在被"打开看时"是"腐败的,虚伪的,空的,或者是干的"。[2]同时,他指出"湘人自决主义者,们罗主义也。湖南者湖南人之湖南。湖南人不干涉外省事,外省人亦切不可干涉湖南事,有干涉者仍抵抗之","强暴复来乎,正式之抵抗,仍不可少也"。[3]从中我们可以窥见,这时毛泽东的思想发生了一个重要转向,他已从原来不支持和赞同"暴力革命"转变到主张人民在必要时应进行暴力抵抗。

第二,毛泽东还呼吁人民要防止自治运动受其他因素的影响而发生偏向。一是要坚定"湘人自治"的阶级立场。张敬尧被赶走后,湖南人民唯恐北洋军阀再来进行暴虐的统治,社会上"湘人治湘"呼声四起。谭、赵利用人民的这种愿望,打着"湖南自治"的旗号宣传"以湘政分之湘省全体人民",本质是继续实行军阀统治来蒙蔽群众。对此,毛泽东尖锐地指出"湘人治湘"仍是官治,不是民治,要从根本上反对。"湘人治湘"换汤不换药,并没有跳出封建军阀统治的历史窠臼,仍是封建统治与被统治

---

[1]《绝对赞成"湖南们罗主义"》(1920年9月6日),中共中央文献研究室、中共湖南省委《毛泽东早期文稿》编辑组编:《毛泽东早期文稿(一九一二年六月——一九二〇年十一月)》,湖南人民出版社2008年版,第458页。

[2]《"湖南自治运动"应该发起了》(1920年9月26日),中共中央文献研究室、中共湖南省委《毛泽东早期文稿》编辑组编:《毛泽东早期文稿(一九一二年六月——一九二〇年十一月)》,湖南人民出版社2008年版,第464页。

[3]《湖南改造促成会复曾毅书》(1920年6月23日),中共中央文献研究室、中共湖南省委《毛泽东早期文稿》编辑组编:《毛泽东早期文稿(一九一二年六月——一九二〇年十一月)》,湖南人民出版社2008年版,第441页。

的关系,"把少数特殊人做治者,把一般平民做被治者,把治者做主人,把被治者做奴隶"。毛泽东运用阶级分析法从根本上对谭、赵的欺骗行径进行了无情的揭露。他主张组织实现"完全的乡自治,完全的县自治,和完全的省自治",通过民众普选来选出信任可靠的人担任乡长、县长、省长,极力主张"湘人自治",打破统治者与被统治者的阶级界限,认为最大多数的人民既是治者又是被治者,权力由人民来掌握,坚决反对"湘人治湘"。二是要牢牢掌握住自己的主权,实现湖南的"全自治"。毛泽东指出湖南人要"奋起独立",努力"造邦",不能以仅仅得到"半自治"而满足,要拥有自己处理自己的事的"完全主权",充分发扬湖南人坚苦、奋发、勇敢、团结的精神,建设一个理想的湖南、新的湖南,树立一种"模范自治"。[①]他提倡湖南人民不要对自己产生怀疑,如果认为"政治是一个特殊阶级的事,还是认政治是脑子头装了政治学法律学、身上穿了长褂子一类人的专门职业,这大错而特错了"[②]。他既不赞成采取笼统反对的态度,也不赞成消极抵制态度,而是主张人民采取积极的态度,充分利用矛盾进行斗争,揭露统治者,从而实现民主自治,主张人民要积极而直接地参与政治活动。

第三,提倡理论与实际相结合,知行合一。他指出:"无论什么事有一种'理论',没有一种'运动'继起,这种理论的目的,是不能实现出来的。湖南自治,固然要从'自治所以必要''现在是湖南谋自治的最好机会'……等理论上加以鼓吹推究,……但若不继之以实际的运动,湖南自治,仍旧只在纸上好看,或在口中好听,终究不能实现出来。并且在理论上,好多人从饱受痛苦后的直感中,业己〈已〉明白了。故现在所缺少

[①]《"全自治"与"半自治"》(1920年10月3日),中共中央文献研究室、中共湖南省委《毛泽东早期文稿》编辑组编:《毛泽东早期文稿(一九一二年六月——一九二〇年十一月)》,湖南人民出版社2008年版,第473页。

[②]《释疑》(1920年9月27日),中共中央文献研究室、中共湖南省委《毛泽东早期文稿》编辑组编:《毛泽东早期文稿(一九一二年六月——一九二〇年十一月)》,湖南人民出版社2008年版,第466页。

的只有实际的运动,而现在最急须的便也只在这实际的运动。"①毛泽东以身作则,他自己便是一边宣传民主理论,参加湖南自治的各种讨论,一边积极进行着实际的社会运动。

随着湖南自治声势越来越大,9月13日谭延闿以地方自治名义企图包办"制宪",召集"自治会议",决定草拟"省宪法",然后召开制宪会议。毛泽东立即领导新民学会会员商讨应对之策。10月5日,毛泽东应邀参加自治运动联席会议,提出"应将自治宪法于最短期内实现,'由湖南革命政府'召集宪法会议"的主张,得到各界进步人士的一致赞同。次日,长沙《大公报》发表由毛泽东、彭璜等377人签名的《由"湖南革命政府"召集"湖南人民宪法会议"制定"湖南宪法"以建设"新湖南"之建议》,主张人民宪法会议代表必须实行直接的平等的普通的选举,由人民宪法会议制定宪法,根据宪法产生正式的湖南议会、湖南政府,以及县、区、乡自治机关。从而反对谭延闿压制民主运动,打破其官办"制宪"的企图。10月7日,毛泽东又出席了湖南省学联召开的省城各团体各报馆代表联席会议,起草以湖南省城全体市民名义呈省长请愿书。后来,毛泽东还被推选为省教育会举行的关于召集湖南人民宪法会议的各界建议人400余人大会的主席。10月10日,毛泽东参加了长沙各界约2万人的市民游街大会。游行队伍经省议会时,出于对包办"制宪"的不满,有人将议会的旗子扯下。

1936年毛泽东饶有趣味地回忆了这件事:"我们领导了一次对省议会的冲击,因为大多数议员都是军阀指派的地主豪绅。这次斗争的结果,我们把省议会里张挂的胡说八道和歌功颂德的对联匾额都扯了下来。冲击省议会这件事被看成湖南的一件大事,吓慌了统治者。但是,赵恒惕篡夺控制权以后,背叛了他支持过的一切主张,特别是他凶暴地压制一切民主要求。因此,我们的学会就把斗争矛头转向他。我记得1920年的一个插曲,

---

① 《"湖南自治运动"应该发起了》(1920年9月26日),中共中央文献研究室、中共湖南省委《毛泽东早期文稿》编辑组编:《毛泽东早期文稿(一九一二年六月——一九二〇年十一月)》,湖南人民出版社2008年版,第464页。

那年新民学会组织了一个示威游行,庆祝俄国十月革命三周年。这次示威游行遭到警察镇压。有些示威者要想在会场上升起红旗,警察禁止这样做。示威者指出,依照宪法第十二条,人民有集会、结社和言论自由的权利,但是警察听不进去。他们回答说,他们不是来上宪法课,而是来执行省长赵恒惕的命令的。从此以后,我越来越相信,只有经过群众行动取得群众政治权力,才能保证有力的改革的实现。"①

最终,毛泽东领导的这场以和平请愿方式进行的带有急进资产阶级民主革命性质色彩的湖南自治运动失败了。毛泽东深刻总结了驱张运动和湖南自治运动的经验教训:"去年的驱张运动和今年的自治运动,在我们一班人看来,实在不是由我们去实行做一种政治运动。我们做这两种运动的意义,驱张运动只是简单的反抗张敬尧这个太令人过意不下去的强权者。自治运动只是简单的希望在湖南能够特别定出一个办法(湖南宪法),将湖南造成一个较好的环境,我们好于这种环境之内,实现我们具体的准备工夫。彻底言之,这两种运动,都只是应付目前环境的一种权宜之计,决不是我们的根本主张,我们的主张远在这些运动之外。"②事实上,这两场运动也培育了一批革命斗士,使一部分进步青年得到了淬炼,为马克思主义在湖南的传播和共产党早期组织的创建准备了干部条件。

那么,毛泽东的根本主张是什么?1920年11月25日,他在给向警予、李思安、罗章龙等人的信中表达了自己的思虑和打算。湖南自治运动的失败,令毛泽东觉悟到"多数之湘人,犹在睡梦","无理想,无远计,几个月来,已〈已〉看透了",指出"政治改良一涂,可谓绝无希望。吾人惟有不理一切,另辟道路,另造环境一法"。③他认为若"另造环

---

① [美]埃德加·斯诺:《西行漫记》,董乐山译,解放军文艺出版社2002年版,第115—116页。

② 《毛泽东按》,中国革命博物馆、湖南省博物馆编:《新民学会资料》,人民出版社1980年版,第91页。

③ 《致向警予信》(1920年11月25日),中共中央文献研究室、中共湖南省委《毛泽东早期文稿》编辑组编:《毛泽东早期文稿(一九一二年六月——一九二○年十一月)》,湖南人民出版社2008年版,第493页。

境"，就必须要有"长期的预备，精密的计划。实力养成了，效果自然会见"。①基于中国"坏空气太深太厚"之现状，毛泽东又强调，"吾们诚哉要造成一种有势力的新空气，才可以将他斟换过来。我想这种空气，固然要有一班刻苦励志的'人'，尤其要有一种为大家共同信守的'主义'，没有主义，是造不成空气的。……感情的结合，要变为主义的结合才好。主义譬如一面旗子，旗子立起了，大家才有所指望，才知所趋赴"②。到11月底，毛泽东完成了两册《新民学会会员通信集》的编辑，并在一些信上加了提要和按语，这是对他和新民学会两年多来所探索的道路做了一个总结性的回顾。其中，他明确提出自己的根本主张，即"从事于根本改造之计划和组织，确立一个改造的基础，如蔡和森所主张的共产党"③。

若置身于中国历史发展的进程，在当时的条件下是无法空谈和平改良和暴力革命究竟孰是孰非。青年毛泽东通过自身的革命实践，经历了将改造中国道路由和平改良到彻底革命的艰辛转变，最终放弃了资产阶级改良主义和无政府主义，在纷纭的新思潮中选择了科学社会主义，转变为一名马克思主义者。这一革命路径的选择，对于青年毛泽东而言，主要由"事实上是否做得到"的实践经验而获得。他看清了事实，信念变得更加坚决，相信唯有组织共产党，中国的革命才有光明。之后，他便迅速投入到与工人群众相结合和创建共产党早期组织的实际革命行动中去。

---

[1]《致李思安信》（1920年11月25日），中共中央文献研究室、中共湖南省委《毛泽东早期文稿》编辑组编：《毛泽东早期文稿（一九一二年六月——一九二〇年十一月）》，湖南人民出版社2008年版，第500页。

[2]《致罗璈阶信》（1920年11月25日），中共中央文献研究室、中共湖南省委《毛泽东早期文稿》编辑组编：《毛泽东早期文稿（一九一二年六月——一九二〇年十一月）》，湖南人民出版社2008年版，第498页。

[3]《毛泽东按》，中国革命博物馆、湖南省博物馆编：《新民学会资料》，人民出版社1980年版，第92页。

三、船山学社与清水塘遐思

（一）创办文化书社和传播马克思主义

1920年7月，毛泽东离沪返湘。回湘后，毛泽东在领导湖南人民进行反帝反封建政治运动的同时，以很大的精力研究和宣传马克思主义，传播新思想新文化。

在返湘途中，毛泽东经过了武汉，与武昌利群书社创办人恽代英会面。他详细考察了利群书社的经营情况，萌生了在长沙也创办这样一个书社的想法。回到长沙，毛泽东便积极联络何叔衡、彭璜、易礼容等作为共同发起人，8月2日在楚怡小学开会，通过由毛泽东起草的《文化书社组织大纲》。大纲规定文化书社"以运销中外各种有价值之书报杂志"为宗旨，便宜且迅速地发售国内外各种书报杂志，从而使"各种有价值之新出版物，广布全省，人人有阅读之机会"。毛泽东、易礼容、彭璜在会上被推定为筹备员，负责起草议事会及营业部细则，寻找社址及联系外省订购书报等事宜。不久，租用了长沙湘雅医学专门学校的三间房子作为社址，9月9日，文化书社开始正式营业。创办长沙文化书社，可以说是毛泽东在最短的时间内办成的一件大事，整个书社从筹备到开业只用了两个月的时间。

毛泽东创办文化书社的主要目的是宣传新思想新文化，特别是马克思主义，以启发和提高群众的觉悟。随着世界思潮的日趋变化，国内新文化运动随之而起，继而"文学革新，思想解放，全国风传，进行甚速"[1]，逐渐转向宣传俄国十月革命和马克思主义。而湖南的现状却仍是民智未开，尤其在张敬尧统治时期，一切新事物被禁遏，社会上暮气沉沉。针对外省有人赞誉湖南搞新文化的情况，毛泽东批评指出，"湖南人和新文化，相去何止十万八千里"，认为湖南三千万民众中大部分没进过学堂，

---

[1] 《湘潭教育促进会宣言》（1920年7月31日），中共中央文献研究室、中共湖南省委《毛泽东早期文稿》编辑组编：《毛泽东早期文稿（一九一二年六月——一九二〇年十一月）》，湖南人民出版社2008年版，第446页。

文化基础差，全体湖南人和新文化是不相干的。他分析湖南之所以没有新文化是"由于没有新思想，没有新思想由于没有新研究，没有新研究由于没有新材料"，指出"湖南人现在脑子饥荒实在过于肚子饥荒，青年人尤其嗷嗷待哺"，所以他创办文化书社，"以最迅速、最简便的方法"向湖南青年以及全体湖南人介绍作为"新研究的材料"的国内外"各种最新书报杂志"。①

其实，毛泽东这时所讲的新思想新文化已不再是之前他所接触的各种各样的"新思潮"，他的思想已有了方向。1920年上半年，毛泽东先后在北京、上海和李大钊、陈独秀直接接触。这两个城市的马克思主义传播状况和共产主义者活动情况对他产生了很大影响。回湖南后，他在思考湖南建设问题时，也表达了对俄国十月革命的强烈向往："在相当环境相当条件下，如列宁之以百万党员，建平民革命的空前大业，扫荡反革命党，洗刷上中阶级，有主义（布尔失委克斯姆②），有时机（俄国战败），有预备，有真正可靠的党众，一呼而起，下令于流水之原，不崇朝而占全国人数十分之八九的劳农阶级，如响斯应。俄国革命的成功，全在这些处所。"③实质上毛泽东更具体地指向俄国，他说："不但湖南，全中国一样尚没有新文化。全世界一样尚没有新文化。一枝新文化小花，发现在北冰洋岸的俄罗斯。"

发起文化书社后，紧接着，毛泽东又和方维夏、何叔衡等人准备组织成立湖南俄罗斯研究会。筹备会于8月22日在长沙知事公署举行，会议确定以"研究俄罗斯一切事情"为宗旨，以及一些具体筹备事宜。9月15

---

① 《发起文化书社》（1920年7月31日），中共中央文献研究室、中共湖南省委《毛泽东早期文稿》编辑组编：《毛泽东早期文稿（一九一二年六月——一九二〇年十一月）》，湖南人民出版社2008年版，第449、450页。

② 指布尔什维主义。

③ 《打破没有基础的大中国建设许多的中国从湖南做起》（1920年9月5日），中共中央文献研究室、中共湖南省委《毛泽东早期文稿》编辑组编：《毛泽东早期文稿（一九一二年六月——一九二〇年十一月）》，湖南人民出版社2008年版，第456页。

日，俄罗斯研究会在文化书社正式成立。大家一致认为："研究俄国学术精神及其事情，有十分必要，一班脑筋陈腐的人，盲目反对，是不中用的。"①并推举毛泽东为书记干事。会议还决定派人赴俄考察，并在船山学社创办俄文班，还讨论了发行俄罗斯丛刊问题。在毛泽东积极推荐下，湖南《大公报》转载了上海《共产党》月刊上一批重要文章，包括《俄国共产党的历史》《列宁的历史》等，在广大青年中产生了广泛影响。湖南俄罗斯研究会还介绍刘少奇、任弼时、萧劲光等16名进步青年到上海学习俄语，然后赴俄国留学。可见，这时的他已把中国和世界的希望寄托在马克思主义指引下的俄国十月革命的榜样上。

文化书社在毛泽东的精心经营下，业务频繁，日趋发达。据《文化书社社务报告（第二期）》载，自1920年9月到1921年3月，书社先后与省内外65家书局及杂志社等单位发生营业关系，包括上海泰东图书馆、广州新青年社、上海亚东图书局、北京大学出版部、上海中华书局、武昌利群书社等。在湖南省内还分别成立了平江、浏西、武冈、宝庆、衡阳、宁乡、溆浦7处分社。书社销售的书籍总计160余种，杂志40余种，报纸3种，均很畅销且总是供不应求。其中，销量在200本以上或100本以上的书有《马克思资本论入门》《社会主义史》《新俄国之研究》《劳农政府与中国》《杜威五大讲演》《晨报小说第一集》等；销量最多的杂志有《劳动界》周刊（5000份）、《新生活》半月刊（2400份）、《新青年》月刊（2000份）等；重要的报纸有《时事新报》（每天75份）、北京《晨报》（每天45份）。②在毛泽东的指导下，文化书社尽最大可能迅速而全面地搜集国内外新文化书籍、杂志和报纸，特别是将共产党早期组织主编的刊物和宣传马克思主义的书刊作为重点推销，将它们传播到湖南广大群众尤其是学生和工人手中，帮助其及时了解中国和世界的革命形势，启发其

---

① 中共中央文献研究室编：《毛泽东年谱（1893—1949）》上卷，人民出版社、中央文献出版社1993年版，第65页。

② 《文化书社社务报告（第二期）》，中国革命博物馆、湖南省博物馆编：《新民学会资料》，人民出版社1980年版，第279—297页。

思想进步。

文化书社由一批怀着社会主义理想的有志青年经营,是一个社会公有而非私人营利的机关,一切社务都公正公开,受到了群众的普遍喜爱和欢迎。毛泽东作为主要创办人事无巨细,以身作则,积极主动带领社员埋头苦干,亲自起草或制定文化书社的缘起、组织大纲和社务报告。他还想方设法为那些无钱购买书报的人提供方便,发动群众阅读进步书刊,设立书报阅览处,陈列各种新书报刊供大家阅览选购。书社还印制一些宣传单,随书社所售书刊附送。在书社出售的《新青年》第8卷第1期中就夹有由毛泽东起草的两份传单《文化书社敬告买这本书的先生》和《读书会的商榷》。作为书社筹备员之一的易礼容后来回忆:"文化书社曾发卖过一种三个铜板一份的新刊物,许多学生、工人、常准确按出版日期,一星期、一个月、一年至几年,一次、十次、百次至几百次,持续不断地来书社购买这刊物,他们对精神食粮的需求是多么如饥似渴呵!我还记得起当年不少先进人物来社买此类刊物时的音容笑貌,真是至可尊敬的形象!因而可以说文化书社在群众中的作用是十分可观的。"[1]

毛泽东曾说:"我在长沙协助创办了文化书社,这是一个研究现代文化和政治趋势的组织。"[2]文化书社不仅仅是一个进步团体,它从1920年9月营业到1927年马日事变以后被查封,在极为困难的条件下坚持存在了近7年之久,"它的创设和发展,是湖南人民文化生活和政治生活上一件大事"[3],为广泛传播马克思主义、推动新文化运动的发展作出了极大贡献。1925年9月的湖南《大公报十周年纪念特刊》评价文化书社"专以介绍新文化书籍为务","销售新出版物最力者为文化书社"。文化书社继

---

[1] 易礼容:《毛泽东创办长沙文化书社》,中国革命博物馆、湖南省博物馆编:《新民学会资料》,人民出版社1980年版,第527页。

[2]《毛泽东谈新民学会》(1936年),中国革命博物馆、湖南省博物馆编:《新民学会资料》,人民出版社1980年版,第363页。

[3] 周世钊:《湘江的怒吼——五四前后毛泽东同志在湖南的革命活动》,中国革命博物馆、湖南省博物馆编:《新民学会资料》,人民出版社1980年版,第430页。

承了《湘江评论》、新民学会的革命精神，得到了社会各界的广泛支持，为冲破长期统治湖南人民的封建势力，发展革命运动奠定了坚实基础。而且，文化书社在建党初期成为党在国内外的秘密联络机关，与建党有着密切关系。

（二）"形势所逼，不能不干"——建党建团

20世纪60年代，毛泽东在接见日本文学代表团时说："……后来是客观环境逼得我同周围的人组织共产主义小组，研究马列主义。"他后来又对英国元帅蒙哥马利说："革命不是哪里想干不想干的问题，我最初就没有想过干革命的问题。我那时当小学教员，当时也没有共产党，是因为形势所逼，不能不干。"[①]所以，创建长沙的共产党早期组织，是毛泽东经过一系列革命实践失败后，在山穷水尽的情况下找到的唯一的希望之光。

1920年下半年，毛泽东在进行传播马克思主义的活动中就已经在考虑和酝酿建党建团的问题。在与新民学会国内外会员的通信中以及新年大会上，毛泽东对这一关系到发展方向的重要问题与会员进行了深入激烈的讨论。1920年5月在上海召开的半淞园会议讨论了新民学会进一步发展问题和会务问题，刚到法国的萧子升等人将会议精神带到法国。根据关于"巴黎等会员较多之处可组织学术谈话会，定期召集"的意见，赴法勤工俭学的新民学会会员于7月在蒙达尼公学召开集会，集中讨论改造中国与世界的问题。但在改造方法上出现了两种完全不同的声音：蔡和森等人主张激烈的革命，组织共产党，实行无产阶级专政，仿效俄国革命，从根本上改造中国社会；相反，萧子升等人则主张温和的革命，即"以教育为工具的革命，为人民谋全体福利的革命——以工会合社为实行改革之方法"，倾向于无政府主义和无强权主义的蒲鲁东式的革命，实质是资产阶级改良主义。由于会前准备不够充分，这一关键问题的争论没有得到充分讨论。会议决定将两种意见写信告诉毛泽东，听取国内会员的建议。

---

① 中共中央文献研究室编：《毛泽东传：1893—1976》（一），中央文献出版社2011年版，第71页。

1920年8月，蔡和森在给毛泽东的信中详述了自己的观点。蔡和森认为："近对各种主义综合审缔〔谛〕，觉社会主义真为改造现世界对症之方"，"阶级战争——无产阶级专政"是"现世革命唯一制胜的方法"。他根据世界革命运动的形势进行了分析："现世界显然有两个对抗的阶级存在，打倒有产阶级的迪克推多，非以无产阶级的迪克推多压不住反动，俄国就是个明证。所以我对于中国将来的改造，以为完全适用社会主义的原理和方法"。对于下一步的具体行动，他进一步明确地提出："我以为先要组织党——共产党。因为他是革命运动的发动者，宣传者，先锋队，作战部，以中国现在的情形看来，须先组织他，然后工团，合作社，才能发生有力的组织。革命运动，劳动运动，才有神经中枢。……我以为现在就要准备。"[①] 这一主张与在国内经过实际的革命实践而打算"另造环境"、寻找"真同志"进行"主义的结合"的毛泽东不谋而合。由于当时国际交通慢，毛泽东几个月后才收到蔡和森和萧子升的信，他看后既激动又兴奋，进行了认真的研究，于12月1日半夜在文化书社完成了数千言的回信。

毛泽东肯定了"改造中国与世界"作为学会新方针的主张，这与他平素主张正好吻合，且与多数会员的主张相一致。他认为这个方针是"世界主义，就是四海同胞主义，就是愿意自己好也愿意别人好的主义，也就是所谓社会主义。凡是社会主义，都是国际的，都是不应该带有爱国的色彩的"，同时他又结合中国的实际现状和特点指出"我们生在中国地方的人，为做事便利起见，又因为中国比较世界各地为更幼稚更腐败应先从此着手改造起见，当然应在中国这一块地方做事；但是感情总要是普遍的，不要只爱这一块地方而不爱别的地方"。[②] 可见，这时的毛泽东对待问题已经看得十分全面，超越了同时代大多数年轻人，他既能从全局从长远着眼，又能够从局部从当下出发。

[①]《蔡林彬给毛泽东》（1920年8月13日），中国革命博物馆、湖南省博物馆编：《新民学会资料》，人民出版社1980年版，第129、130页。

[②]《毛泽东给萧旭东萧〔蔡〕林彬并在法诸会友》（1920年12月1日），中国革命博物馆、湖南省博物馆编：《新民学会资料》，人民出版社1980年版，第146页。

这一思想特征在之前就已有体现。1920年3月，他在给周世钊的信中指出："吾人如果要在现今的世界稍为尽一点力，当然脱不开'中国'这个地盘。关于这地盘内的情形，似不可不加以实地的调查，及研究。"[①]在领导驱张运动和发起湖南自治运动期间，有人认为既然相信世界主义和根本改造，就无需顾及当前的问题。毛泽东则提出更深层次的见解，他认为虽然这两个运动不是根本主张，但却也是应付环境的权宜之计，是达到根本目的的一种手段。青年的毛泽东经过五四运动及革命实践的锻炼，这时的他既不会因为沉陷于具体革命斗争而忘记最终的奋斗目标，也不会仅仅空怀远大理想而放弃在现实中为人民争取利益，这是即将成为坚定的共产主义革命领导者和组织者所应具备的高超智慧和优秀品质。

对于究竟用什么方法达到"改造中国与世界"的目的，毛泽东在信里作出了明确回答。他完全赞同蔡和森的主张，认为"应用俄国式的方法去达到改造中国与世界，是赞成马克思的方法的"。而对于萧子升等人用平和的教育手段来谋全体人类的幸福的主张，毛泽东则表示从理论上是说得通，但事实上实现不了。这是他通过亲身革命的实践而得出的符合斗争实际的正确认知。他先从阶级性质的角度进行了分析："现在世界，钱尽在资本家的手；主持教育的人尽是一些资本家，或资本家的奴隶……教育的方法是不行的。我看俄国式的革命，是无可如何的山穷水尽诸路皆走不通了的一个变计。并不是有更好的方法弃而不采，单要采这个恐怖的方法。"接着，他又从人类心理和惯性思维的角度讲："觉得要资本家信共产主义，是不可能的事"，"用教育之力去改变他"，"正如朱子所谓'教学如扶醉人，扶得东来西又倒'"。他还从历史经验的角度分析："人类生活全是一种现实欲望的扩张。……历史上凡是专制主义者，或帝国主义者，或军国主义者，非等到人家来推倒，决没有自己肯收场的。"而且，他认为现在占人类大多数的无产阶级已开始觉悟，无产阶级专政是世界发展的大趋势，不可阻挡，而且

[①]《致周世钊信》（1920年3月14日），中共中央文献研究室、中共湖南省委《毛泽东早期文稿》编辑组编：《毛泽东早期文稿（一九一二年六月——一九二〇年十一月）》，湖南人民出版社2008年版，第428页。

对于其他主义，例如"绝对的自由主义，无政府的主义，以及德谟克拉西主义"，毛泽东认为这些都只是理论上说得好听，但在事实上无法实现，所以对蔡和森的主张"表示深切的赞同"。①

1950年5月，毛泽东会见新民学会会员邹蕴真时坚定地说："当年我们想把中国搞好，苦于没有办法，东找西找，最后才找到马克思主义。"②从空想社会主义走向科学社会主义，真正认识阶级斗争、接受无产阶级专政、以唯物史观观察社会是关键。毛泽东1920年12月给蔡和森等人的回信是其世界观彻底转变的标志，我们从中已然鲜明看到青年的毛泽东经过长期的寻找和徘徊，终于找到了真理——马克思主义。这面在他心中高高竖起的旗帜，正如一把熊熊燃烧的火炬，指引着他在革命的道路上不断向前。

为了讨论新民学会会务和"改造中国与世界"的问题，新民学会于1921年1月1日至3日在长沙召开新年大会。与会者重点围绕以"改造中国与世界"为学会方针以及改造的方法和目的问题进行了热烈讨论。讨论前，毛泽东在会上报告了蒙达尼会议关于三大问题的讨论结果：对于"新民学会应以甚么作共同目的"，主张以"改造中国与世界"为共同目的；对于以什么改造方法达到目的则有激烈争论，一部分会友主张用急进的方法，一部分则主张用缓进的方法；对于方法应如何着手，一部分会友主张组织共产党，一部分会友主张实行工学主义及教育改造。

毛泽东报告完毕后，关于第一个问题，会友熊瑾玎认为新民学会素来都抱有"改造中国与世界"的主张，不必多讨论。毛泽东不以为然，认为确有讨论的必要，发言指出："因为现在国中对于社会问题的解决，显然有两派主张：一派主张改造，一派则主张改良。前者如陈独秀诸人，后者如梁启超张东荪诸人。"接着，彭璜表示，"无论怎样的力量大，总只

---

① 参见《毛泽东给萧旭东萧〔蔡〕林彬并在法诸会友》（1920年12月1日），中国革命博物馆、湖南省博物馆编：《新民学会资料》，人民出版社1980年版，第147、148、149、150页。

② 邹蕴真：《新民学会成立会和一九二一年新年会议概况》，中国革命博物馆、湖南省博物馆编：《新民学会资料》，人民出版社1980年版，第545页。

能及于一部分,中国又嫌范围小了,故我主张改造东亚",遂有会友表示赞同。对此,毛泽东明确提出了自己的主张:"改良是补缀办法,应主张大规模改造。至用'改造东亚',不如用'改造中国与世界',提出'世界'所以用吾侪的主张是国际的;提出'中国',所以明吾侪的下手处;'东亚'无所取义。中国问题本来是世界的问题;然从事中国改造不着眼及于世界改造,则所改造必为狭义,必妨碍世界。至于方法,启民主用俄式,我极赞成,因俄式系诸路皆走不通了新发明的一条路,只此方法较之别的改造方法所含可能的性质为多。"[1]经过讨论,大部分会友都主张以"改造中国与世界"作为新民学会的共同目的。李维汉后来在谈到新民学会共同目的变化时如此评价:"学会的宗旨由开始的'革新学术,砥砺品行',到后来修改为'改造中国与世界',其间有一个发展过程。……这个宗旨的变化是新民学会历史发展的一个转折,是新民学会大多数会员在五四运动以后,接触到马克思主义和劳动运动,因而在思想上发生重大变化的一个标志。"[2]这个评价是符合历史实际的。

关于第二个问题,毛泽东具体报告了留法会友蔡和森和萧子升的提议,并列举了世界解决社会问题的五种主要方法:社会政策、社会民主主义、激烈方法的共产主义(列宁的主义)、温和方法的共产主义(罗素的主义)、无政府主义,以做参考,从而决定自己的方法。何叔衡认为:"主张过激主义。一次的扰乱,抵得二十年的教育,我深信这些话。"毛泽东接着发言:"我的意见与何君大体相同。社会政策,是补苴罅漏的政策,不成办法。社会民主主义,借议会为改造工具,但事实上议会的立法总是保护有产阶级的。无政府主义否认权力,这种主义,恐怕永世都做不到。温和方法的共产主义,如罗素所主张极端的自由,放任资本家,亦是永世做不到的。急〔激〕烈方法的共产主义,即所谓劳农主义,用阶级专

---

[1] 《新民学会会务报告(第二号)》,中国革命博物馆、湖南省博物馆编:《新民学会资料》,人民出版社1980年版,第17、18页。

[2] 李维汉:《回忆新民学会》,中国革命博物馆、湖南省博物馆编:《新民学会资料》,人民出版社1980年版,第458页。

政的方法,是可以预计效果的,故最宜采用。"①毛泽东全面而深刻地剖析和批判了各种非马克思主义思想,最后多数会友赞成布尔什维主义。

关于第三个问题,毛泽东最后作了归纳并提出自己的主张:"诸君所举各种着手办法:研究,组织,宣传,联络,经费,事业,我都赞成。惟研究底下,须增'修养'。联络可称'联络同志',因非同志,不论个人或团体,均属无益。……我们须做几种基本事业:学校,菜园,通俗报,讲演团,印刷局,编译社,均可办。文化书社最经济有效,望大家设法推广。"会友相互讨论,对于所举各种方法认为"以必要而且切实可行者为主"。②

三天的讨论热烈而欢畅,会期虽长又正值寒风飘雪的天气,但会员的精神始终是饱满而兴奋的,可谓"寒光绚烂,景象簇新",仿如已经投身于改造中国与世界的大潮中。这次新年大会的意义是极为深远的,大多数会员在毛泽东的引导和启发下,在关于学会会务和发展的重要问题上达成了一致意见,提高会员的思想觉悟,澄清各种错误的想法,明确了正确的前进方向。从此,长沙出现了一批赞同俄国十月革命、初具共产主义思想的先进青年,他们紧紧跟随革命形势发展,为实现改造中国、改造世界的远大理想而不懈奋斗。毛泽东在大会上的精辟发言,也成为他确定选择马克思列宁主义革命道路的宣言书。大会结束后不久,1921年1月21日,毛泽东给蔡和森写了一封简短的回信,对蔡和森1920年9月关于共产党重要讨论的来信进行了答复。毛泽东在信中明确表示:"唯物史观是吾党哲学的根据,这是事实,不象惟理观之不能证实而容易被人摇动。……你这一封信见地极当,我没有一个字不赞成。"毛泽东在信中向蔡和森介绍了国内建党的一些情况:"党一层陈仲甫先生等已在进行组织。出版物一层上海出的《共产党》,你处谅可得到,颇不愧'旗帜鲜明'四字(宣言即仲

---

① 《新民学会会务报告(第二号)》,中国革命博物馆、湖南省博物馆编:《新民学会资料》,人民出版社1980年版,第23页。

② 《新民学会会务报告(第二号)》,中国革命博物馆、湖南省博物馆编:《新民学会资料》,人民出版社1980年版,第28页。

甫所为）。"①毛泽东所言"唯物史观是吾党哲学的根据"点出了建设马克思主义政党的核心问题，这也是他通过亲身实践得出的，将马克思主义的唯物史观作为中国建党的指导思想，将其与中国革命实际初步结合，是毛泽东接受马克思主义过程中的鲜明特点，也是他从事理论创造和革命实践的新起点。

实际上，新年大会已经暴露了新民学会成员之间的思想分歧，尤其在萧子升回湘后，毛泽东、彭璜等多次和萧子升进行谈论，希望他放弃无政府主义，但始终无果。他们之间信仰的分歧致使新民学会活动停止。1921年初，毛泽东编辑《新民学会会务报告（第二号）》时还对接下来的编辑工作抱着极大兴趣，但在2月底学会的活动基本上全部结束。新民学会虽在形式上消亡，但学会内部已出现了新的革命火苗，学会中的核心成员在毛泽东的影响下逐渐认识和接受了马克思主义，并选择信仰马克思主义，他们在实际上形成了一个"秘密组织"——长沙共产主义小组。

随着马克思主义在中国的广泛传播并且日益同中国工人运动相结合，陈独秀等人的目光已经逐渐从青年学生转向工农大众，他们深入到工人中，了解工人的疾苦并将其组织起来开展劳动运动。马克思主义与工人运动相结合，必然会产生无产阶级的政党。经过周密的酝酿和准备，在陈独秀主持下，上海的共产党早期组织于1920年8月成立，这是中国第一个共产党组织。上海的共产党早期组织通过写信联系、派人指导或具体组织等方式，积极推动各地共产党早期组织的建立。毛泽东离开上海时，陈独秀就嘱咐他在长沙做建党准备。李达回忆：上海共产党早期组织成立后，陈独秀等人找关系在各地发起组织共产党，其中"在湖南由毛泽东同志负责"②。张国焘回忆："陈先生与在湖南长沙主办《湘江评论》的毛泽东等早有通信联络，他

---

① 《毛泽东给蔡和森》（1921年1月21日），中国革命博物馆、湖南省博物馆编：《新民学会资料》，人民出版社1980年版，第162、163页。

② 李达：《中国共产党的发起和第一次、第二次代表大会经过的回忆》（1955年8月2日），中国社会科学院现代史研究室、中国革命博物馆党史研究室选编：《"一大"前后：中国共产党第一次代表大会前后资料选编》（二），人民出版社1980年版，第8页。

很赏识毛泽东的才干，准备去信说明原委，请他发动湖南的中共小组。"[1] 毛泽东返湘后，与陈独秀一直保持着书信往来，他还多次邀请陈独秀到湘参加活动，但因故陈独秀赴湘一事始终未能成行。1936年秋在保安，毛泽东曾对斯诺说："一九二〇年冬天，我第一次从政治上把工人们组织了起来，在这项工作中马克思主义理论和俄国革命史的影响开始对我起指导作用。"[2] 应陈独秀函约，在毛泽东的筹划下，长沙共产主义小组于1920年冬在新民学会先进分子中秘密诞生。1945年4月21日毛泽东在中共七大预备会议上的讲话中回忆道："我们中国《庄子》上有句话说：'其作始也简，其将毕也必巨。'现在我们还没有'毕'，已经很大。《联共党史》开卷第一页第一行说，苏联共产党是由马克思主义的小组发展成为领导苏维埃联邦的党。我们也是由小组到建立党，经过根据地发展到全国，现在还是在根据地，还没有到全国。我们开始的时候，也是很小的小组。这次大会发给我一张表，其中一项要填何人介绍入党。我说我没有介绍人。我们那时候就是自己搞的，知道的事也并不多，可谓年幼无知，不知世事。但是这以后二十四年就不得了，翻天覆地！整个世界也是翻天覆地的。中国是翻天覆地的二十四年，世界是翻天覆地的二十八年。"[3]

而同样也是这个冬季，27岁的毛泽东迎来了个人生活的重大变化，他与恩师杨昌济的女儿杨开慧通过自由恋爱结成有着共同理想和信仰的革命伉俪。他们新组成的小家庭，同新的伟大的事业共同起步，向光明的未来昂首前进。

在筹建长沙共产主义小组的同时，毛泽东积极进行着湖南社会主义青年团的组建工作。1920年10月，毛泽东在接到北京、上海寄来的社会主义青年团章程后，便立即着手建立团的组织。他积极在湖南第一师范、商业

---

[1] 张国焘：《我的回忆》第1册，东方出版社1991年版，第98页。
[2] ［美］埃德加·斯诺：《西行漫记》，董乐山译，生活·读书·新知三联书店1979年版，第131页；《毛泽东一九三六年同斯诺的谈话》，人民出版社1979年版，第39页。
[3] 《中国共产党第七次全国代表大会的工作方针》（1945年4月21日），中共中央文献研究室编：《毛泽东在七大的报告和讲话集》，中央文献出版社1995年版，第6页。

专门学校、第一中学的学生中寻找发展对象,建立团的组织。湖南的进步分子彭平之、易礼容、杨开慧、陶斯咏、郭亮、张文亮、毛泽覃等都加入了长沙社会主义青年团。11月,毛泽东还给湖南一师附属学校的张文亮送了十份青年团章程,请其帮忙"代觅同志"。毛泽东对发展团员工作极为负责,十分谨慎,他主张"青年团此时宜注重找真同志,只宜从缓,不可急进"①,认为发展团员应分两个步骤:一是研究,二是实行,多次强调要多找"真同志"。毛泽东所谓的"真同志"就是确立了马克思主义信仰的先进分子,在他看来,"因非同志,不论个人或团体,均属无益"②。在毛泽东的努力下,1921年上半年,长沙青年团员已发展到近40人,是全国团员较多的地区之一。

在建党建团过程中,毛泽东注意将马克思主义灌输到工人群众中去。1920年秋,他开办了一所工人夜校,还办了一个工农子弟补习班。除学习文化外,还重点向工人传播马克思主义的基本常识。1920年10月,毛泽东等以新民学会会员为骨干,组织长沙工人、学生举行游行,庆祝俄国十月革命三周年。在毛泽东、何叔衡等人的支持和帮助下,湖南劳工会成立。劳工会的领导人黄爱、庞人铨曾受无政府主义影响,后来在毛泽东影响下,接受马克思主义并参加了社会主义青年团。据李达回忆,在党的一大召开期间,各地代表在住所互相交换意见,当时党的主要工作是进行马克思列宁主义宣传与工人运动两项,"北京小组在长辛店做了一些工人运动,武汉方面,京汉铁路工人运动及其他各工厂的工人运动也是刚才开始。长沙小组,宣传与工运都有了初步成绩。看当时各地小组的情形,长沙的组织是比较统一而整齐的,其他各地小组的组织却比较散漫些"③。

---

① 《张文亮记毛泽东谈建团问题》(1920年11月21日),中共中央文献研究室、中共湖南省委《毛泽东早期文稿》编辑组编:《毛泽东早期文稿(一九一二年六月—一九二〇年十一月)》,湖南人民出版社2008年版,第629页。

② 《新民学会会务报告(第二号)》,中国革命博物馆、湖南省博物馆编:《新民学会资料》,人民出版社1980年版,第28页。

③ 李达:《中国共产党的发起和第一次、第二次代表大会经过的回忆》(1955年8月2日),中国社会科学院现代史研究室、中国革命博物馆党史研究室选编:《"一大"前后:中国共产党第一次代表大会前后资料选编》(二),人民出版社1980年版,第12页。

可见，长沙的共产党早期组织和团组织在毛泽东的英明领导下取得了良好效果。

在李大钊、陈独秀等人联络推动下，各地共产党的早期组织纷纷建立起来，他们所努力开展的工作进一步促进了马克思主义同工人运动相结合。革命的知识分子学习马克思主义，深入工人群众，进行实际斗争，逐步锻炼成为无产阶级的先锋战士，而工人群众中也逐渐涌现出一批具有共产主义思想的先进分子。正式成立中国共产党的条件已具备。1921年6月，上海的共产党早期组织向北京、武汉、长沙、济南、广州和旅日的共产党早期组织发出约函，各派代表两人到上海开会。6月29日，毛泽东和何叔衡作为湖南的共产党早期组织代表赴上海参加党的一大。时隔31年后谢觉哉回忆了那天看见毛泽东和何叔衡动身的场景："一个夜晚，黑云蔽天作欲雨状，忽闻毛泽东同志和何叔衡同志即要动身赴上海，我颇感到他俩的行动'突然'，他俩又拒绝我们送上轮船。后来知道：这就是他俩去参加中国共产党第一次代表大会——伟大的中国共产党诞生的大会。"[1]

1921年7月23日，中国共产党第一次全国代表大会在上海秘密开幕。参加会议的代表有：上海的李达、李汉俊，北京的张国焘、刘仁静，长沙的毛泽东、何叔衡，武汉的董必武、陈潭秋，济南的王尽美、邓恩铭，广州的陈公博，旅日的周佛海；包惠僧受陈独秀派遣，出席了会议。他们代表着全国50多名党员。共产国际代表马林和尼克尔斯基出席了会议。陈独秀和李大钊因事务繁忙未出席会议。由于会场受到暗探注意和法租界巡捕搜查，最后一天的会议转移到浙江嘉兴南湖的游船上举行。

党的一大确定党的名称为"中国共产党"。大会通过了中国共产党第一个纲领，明确"以无产阶级革命军队推翻资产阶级"，"采用无产阶级专政，以达到阶级斗争的目的——消灭阶级"，"废除资本家私有制"，以及联合第三国际。纲领提出要把工人、农民和士兵组织起来，并确定党

---

[1] 谢觉哉：《第一次会见毛泽东同志》（1952年7月1日），《谢觉哉杂文选》，人民文学出版社1980年版，第330—331页。

的根本政治目的是实行社会革命。党一经成立，就旗帜鲜明地把社会主义和共产主义规定为自己的奋斗目标，坚持用革命的手段实现这个目标。

大会期间，毛泽东担任记录，并在会上报告了长沙的共产党早期组织成立的情况。他不像其他一些与会者一样精通外文，饱读马克思列宁主义著作。与会代表对他的印象是稳重老成，沉默寡言。毛泽东虽不多发言，但十分注重听取别人发言的内容。他特别注重思考大会讨论的内容和问题，经常在住所里"走走想想，搔首寻思"，以至于"同志们经过窗前向他打交道的时候，他都不曾看到，有些同志不能体谅，反而说他是个'书呆子'、'神经质'"①。殊不知，毛泽东正在"苦心思索"如何将大会的精神和湖南革命的实际充分结合起来，以推动中国革命事业的发展。

亲历中共一大，毛泽东感触很深，对此，他后来进行了多次回忆和评述。1936年接受斯诺采访的时候，他讲："在上海这次具有历史意义的会议上，除了我以外，只有一个湖南人。其他出席会议的人有张国焘、包惠僧和周佛海。我们一共有12个人。"1945年，党的七大预备会议上毛泽东感慨："一九二一年，我们党开第一次代表大会。……本来是在上海开的，因为巡捕房要捉人，跑到浙江嘉兴南湖，是在船上开的。发了宣言没有？我不记得了。当时对马克思主义有多少，世界上的事如何办，也还不甚了了。……什么经济、文化、党务、整风等等，一样也不晓得。当时我就是这样，其他人也差不多。……我们开始的时候，也是很小的小组。这次大会发给我一张表，其中一项要填何人介绍入党。我说我没有介绍人。我们那时候就是自己搞的，知道的事也并不多，可谓年幼无知，不知世事。"②1949年，他对党的创建进行了高度凝练而精辟的评价："一九一七年的俄国革命唤醒了中国人，中国人学得了一样新的东

---

① 李达：《中国共产党的发起和第一次、第二次代表大会经过的回忆》（1955年8月2日），中国社会科学院现代史研究室、中国革命博物馆党史研究室选编：《"一大"前后：中国共产党第一次代表大会前后资料选编》（二），人民出版社1980年版，第12页。

② 《中国共产党第七次全国代表大会的工作方针》（1945年4月21日），中共中央文献研究室编：《毛泽东文集》第3卷，人民出版社1996年版，第291页。

西，这就是马克思列宁主义。中国产生了共产党，这是开天辟地的大事变。""从此以后，中国改换了方向"①，这也是对中国革命的总结。诚然，中国共产党的成立给近代饱受战乱和灾难深重的中国人民带来了光明和希望，深刻改变了近代以后中华民族发展的方向和进程，深刻改变了中国人民和中华民族的前途和命运，深刻改变了世界发展的趋势和格局。

美国学者罗斯·特里尔对建党前后，毛泽东在行与知上的变化作了恰当总结："毛泽东已经从一个小村庄的孤立状态发展到开始信仰一种世界革命的学说，正是在这一学说的名义下，俄国革命已震撼了世界。在他寻求改造社会的知识的过程中，他兴致勃勃地研读西方思想。在1919年，无政府主义曾对他产生极大地吸引力。在那些形成他基本思想的年代里，为了服务于更大范围的社会，他常常让人觉得像个自由主义的个人主义者。然而，从第一次世界大战开始到1921年中国共产党在上海成立这几年间，他逐渐从主张自上而下地由一位强人促成变革，转而主张自下而上地通过革命进行变革。"②毛泽东指出："思想上政治上的路线正确与否是决定一切的。"③在历史转折关头，青年毛泽东选择了正确的航向，怀着对马克思主义的无上信仰，一往无前地走上迎着狂风巨浪的红色航船，没有徘徊，不再回头，毅然扬帆，奔向梦想。

（三）组织中共湖南支部和自修大学

毛泽东回到长沙后，根据中共一大决定，立即开始筹建中共湖南支部，开展工人运动。当时，毛泽东担任湖南第一师范中学部国文教员，住在船山学社。他经常在文化书社和清水塘同何叔衡、易礼容等人讨论在湖南成立共产党支部的问题以及如何在学生和工人中进行革命宣传活动，对

---

① 《唯心历史观的破产》（1949年9月16日），《毛泽东选集》第4卷，人民出版社1991年版，第1514页。

② ［美］罗斯·特里尔：《毛泽东传》（典藏本），何宇光、刘加英译，中国人民大学出版社2013年版，第65页。

③ 中共中央文献研究室编：《毛泽东传：1893—1976》（六），中央文献出版社2011年版，第2552页。

此，萧三后来详细地记述道："一个秋凉的日子，在长沙城外协操坪旁边的公共坟墓场里，有几个人在散步。他们一时沉默地站在坟墓堆子和墓碑地中间，一时在坟墓中间的小路上走动，彼此热烈地谈论。在高高身材背略有点躬的毛泽东同志的旁边，走着宽眉膀，矮矮身材，一口黑胡子的何叔衡同志。此外还有三个人，内中有异常热诚朴实的湘乡人彭平之同志，这五个人这一天在这里讨论组织共产党的问题。"①

10月10日，中国共产党湖南支部正式成立，毛泽东任书记，何叔衡、易礼容等为成员。关于支部办公地址，毛泽东等认为不宜设在公共场合，于是他们选择离船山学社不太远而又不易引起人注意的清水塘22号，租了几间屋子作为办公和联络点，同时也是毛泽东的生活住所。清水塘这里当时属于长沙野郊，青砖黛瓦，绿塘碧水，清幽雅致，潋滟如画，既是毛泽东和妻子杨开慧温馨的家，更是中共湖南支部及之后成立的中共湘区执行委员会秘密活动阵地，也是毛泽东开展中共革命活动的起点。从1921年冬到1923年4月，毛泽东经常往来于船山学社、第一师范、文化书社和工人群众之间，直到深夜才回到清水塘。在外人看来这是一座普通的住宅，而实际上这里成了领导湖南革命斗争的核心指挥部。

1921年11月，中共中央局发出关于建立与发展党团工会组织等工作的通告，要求上海、北京、广州、武汉、长沙5区最低限度必须在当年内或最迟翌年7月党的二大召开前，发展到30人并成立区执行委员会；同时要求尽全力组织铁路工会、开展青年和妇女运动。根据要求，毛泽东努力开展湖南地方党团工作，推进湖南革命事业的发展。毛泽东先在原有革命组织新民学会和社会主义青年团中慎重、个别地吸收先进分子入党。并在湖南第一师范、商业专门学校、省立一中等学校开展动员，发展了一批党员。毛泽东特别注重发展工人中的先进分子入党，分别在长沙第一纱厂、电灯公司、粤汉铁路，以及泥木、缝纫、印刷等行业工人中发展党员，还

---

① 萧三：《毛泽东的青少年时代和初期革命活动》，[美]斯诺等著，刘统编注：《早年毛泽东：传记、史料与回忆》，生活·读书·新知三联书店2011年版，第99—100页。

多次赴长沙以外的安源、衡阳等地考察情况，积极发展工人党员。1921年10月，毛泽东与夏明翰到衡阳三师与进步教师和学生开座谈会，亲自作演讲，分析历代农民起义之所以失败，是因为没有先进阶级和政党的领导，并以俄国十月革命的伟大胜利为例说明工人阶级的领导和无产阶级革命的必要性，在师生们心中埋下希望的火种。1922年4月，毛泽东再到衡阳，为师生们深入分析社会主义是最好最正确的理想，马克思主义是科学的社会主义，并介绍马克思生平及奋斗经历。在毛泽东的动员下，衡阳三师中有许多进步青年加入共产党和青年团组织。其间，中共安源支部、中共湖南第一师范学校支部、衡阳湖南省立第三师范学校支部等相继成立，统一由中共湖南支部领导。

在毛泽东领导下，湖南地区的党员数量逐渐增加，5月底发展至30多人，根据中央局要求，中共湘区执行委员会成立，毛泽东任书记，区委机关设在清水塘22号。对毛泽东在清水塘的活动，周世钊回忆道："为了开展建党建团工作和工人罢工运动，毛主席常约集有关的同志在这里开会。开会时间，一般都在晚上。到会的人，有工人，有农民，有学生，有教师，也有店员、学徒和机关干部……住在清水塘的一段时间，他的工作比以前任何时期都要忙。一师附小、自修大学、湘江中学的工作要抓；文化书社的工作要抓；建党建团的工作更要抓。这些工作都要付出很多的时间和精力。"[1]

在发展和壮大党组织的同时，毛泽东领导中共湖南支部继续积极发展青年团员，为党的发展不断准备力量。1922年6月，毛泽东主持召开中国社会主义青年团长沙执行委员会改组大会。大会通过由毛泽东修改定稿的《长沙S.Y执行委员会细则》，规定执委会下设书记部、经济部、宣传部三个部门，还组织学生、劳工、社会教育、妇女、农民等特别委员会。大会推选毛泽东为书记。毛泽东注重将党组织和团组织开展的革命活动结合起来，在斗争中培养团员的同时亦能使团组织自觉置于同级党组织领导之下，避免某地曾出现过的只知团而不知有党的现象。至1923年12月，湘区

---

[1] 周世钊：《毛主席青年时期的故事》，中国少年儿童出版社1977年版，第82—83页。

的青年团员发展至近800人。

建党建团伊始,毛泽东十分重视党的制度和纪律建设。面对个别党员对党费交纳制度质疑或因年纪较大不参加组织生活,如1866年出生的贺民范,毛泽东便对其进行严厉批评,耐心教育。毛泽东极度注重发扬党的民主作风,坚持批评和自我批评。他经常深入群众,倾听各种呼声,认真进行调查研究,撰写地方向中央或省委的报告和负责组织之间的通信联系。他从一开始就十分注重保持同人民群众的密切联系,常对身边的党员讲小组织、大运动的道理:精干有力的党组织同大规模的群众运动、群众组织相结合,两者才能互相依存,互相发展。周世钊对毛泽东此间的状态这样描述:"他日里到外面联络、开会,常常忙得吃不上饭;夜里写文章,往往写到天亮。头发长了,衣服破了,也没有时间去料理。他的精力完全用在对军阀、资本家的尖锐、复杂的斗争上。"[1]这时,年近30岁的毛泽东已笃定了信念,为了实现美好的理想始终兢兢业业,不辞劳苦,勤奋好学,艰苦朴素,谦虚勤恳,一心致力于党和团的长远发展。

建党建团必须有干部,必须发现和培养具有一定理论水平和实践能力的得力干部。毛泽东出席党的一大后返回长沙,便立即同何叔衡、贺民范为聚英才而谋事,利用船山学社的经费和社址,于1921年8月间创办了一所宣传马克思主义和培养革命干部的学校——湖南自修大学,可以说是中共第一个党校,也是中共在湖南地区的活动场所之一。毛泽东实际领导负责学校的一切事务。船山学社是一座三进四合院,宁静幽深,早先是曾国藩祠,民国初年长沙出现了一批以刘人熙为代表的以保存国粹、弘扬国学为己任的知识分子,他们为纪念明末清初思想家王船山,在祠堂的基础上建立船山学社,是研究王船山思想、弘扬爱国精神的一个学术团体,在湖南教育界产生了很大影响。从湖湘学派集大成者王船山到近代湖湘文化的代表人物曾国藩的活动遗迹,毛泽东选择此处办学,颇有深意。

其实,创办自修大学是毛泽东多年以来的夙愿。他早先就在湖南图书

---

[1] 周世钊:《毛主席青年时期的故事》,中国少年儿童出版社1977年版,第84页。

馆度过了一段美好的自修时光。就读第一师范时，便对学校刻板的教育颇为不满，因为他向来提倡学生进行独立思考、自主钻研和共同讨论。1917年8月，毛泽东在给黎锦熙的信中讲："弟对于学校甚多不满之处……弟久思组织私塾，采古讲学与今学校二者之长，暂只以三年为期……怀此理想者，四年于兹矣。"[1]1920年2月，他又在给陶毅的信中谈："我一己的计划……湘事平了，回长沙，想和同志成一'自由研究社'（或径名自修大学）。"[2]3月，他在给周世钊的信中说："我们在长沙要创造一种新的生活，可以邀合同志，租一所房子，办一个自修大学（这个名字是胡适之先生造的）。……如果自修大学成了，自修有了成绩，可以看情形出一本杂志。（此间的人，多以恢复《湘江评论》为言。）"[3]6月，他在信中又对黎锦熙言："我一生恨极了学校，所以我决定不再进学校。自由研究，只要有规律，有方法，未必全不可能。"[4]到了1921年8月，这时已完全接受马克思主义、以共产主义为最高目标且已成为湖南革命青年一面旗帜的毛泽东，在形式上延续了过去办自修学校的愿景，而在实质上已摆脱了之前受新村主义的影响，将马克思主义融入办学理念之中，有了比过去更为明确而远大的目标和内容。

毛泽东亲自为自修大学起草《组织大纲》和《创立宣言》。《组织大纲》第一章第一条规定："本大学鉴于现在教育制度之缺失，采取古代书

---

[1]《致黎锦熙信》（1917年8月23日），中共中央文献研究室、中共湖南省委《毛泽东早期文稿》编辑组编：《毛泽东早期文稿（一九一二年六月——一九二〇年十一月）》，湖南人民出版社2008年版，第76页。

[2]《致陶毅信》（1920年2月），中共中央文献研究室、中共湖南省委《毛泽东早期文稿》编辑组编：《毛泽东早期文稿（一九一二年六月——一九二〇年十一月）》，湖南人民出版社2008年版，第420页。

[3]《致周世钊信》（1920年3月14日），中共中央文献研究室、中共湖南省委《毛泽东早期文稿》编辑组编：《毛泽东早期文稿（一九一二年六月——一九二〇年十一月）》，湖南人民出版社2008年版，第429页。

[4]《致黎锦熙信》（1920年6月7日），中共中央文献研究室、中共湖南省委《毛泽东早期文稿》编辑组编：《毛泽东早期文稿（一九一二年六月——一九二〇年十一月）》，湖南人民出版社2008年版，第431页。

院与现代学校二者之长,取自动的方法,研究各种学术,以期发明真理,造就人才,使文化普及于平民,术学周流于社会。"①点明了自修大学的办学宗旨、目的和特点,终极目的是"发明真理,造就人才",本质上就是积极探索怎样将马克思主义与中国的具体实际相结合,寻找适合中国的正确革命道路。在组织机构方面,该大学设有校董事会,主要负责筹措经费,把握办学大纲,由船山学社社员推荐。校董事会推举驻校校董作为校长(1922年毛泽东邀请李达出任校长),管理学校日常事务,学校的组织机构成员还包括学长、办事员、通信员等。

毛泽东全面分析了古代书院和官办学校的优缺点,指出"自修大学乃取其利去其弊",自修大学最大特点是坚持平民主义。入学不受学历限制,"凡中等以上学校毕业学生,不分男女长少,具有自修能力,志愿用自修方法以研究高深学术者:经本大学证明认可,得报名入学。非中等以上学校毕业,而具有与之相等之学科根柢者:经本大学证明认可,亦得入学"②。这样完全打破了旧式书院和官式学校"极严峻的程限"和神秘感,使"无产阶级"的人"不须多钱"就可以求学,让"人人都有机会得到一份高深学问"。③

虽然降低了入学的门槛,但对于具体招收什么样的学生,对于每一个新招入的学生,自修大学都持十分谨慎的态度。《湖南自修大学入学须知》明确写道:"我们求学不是没有目的的,我们的目的在改造现社会。我们的求学是求实现这个目的的学问。我们不愿意我们同学中有一个'少爷'或'小姐',也不愿意有一个麻木或糊涂的人。"④为此,学生

---

① 《湖南自修大学组织大纲》,湖南省图书馆校编:《新时代》,湖南人民出版社1980年版,第82页。

② 《湖南自修大学组织大纲》,湖南省图书馆校编:《新时代》,湖南人民出版社1980年版,第85页。

③ 《湖南自修大学创立宣言》,湖南省图书馆校编:《新时代》,湖南人民出版社1980年版,第80、81页。

④ 《湖南自修大学入学须知》,湖南省图书馆校编:《新时代》,湖南人民出版社1980年版,第90页。

在入校前先要以通信的方式详细答复以下问题："(1)以前进过什么学校？做过什么事？家庭和个人的经济情形怎样？(2)要研究那几科？为什么要研究这几科？(3)以前学过什么学科？(4)愿来研究几个学期？以后再作什么办法？(5)对于人生观的主张。(6)对于社会的批评。"经学长评阅后"再行当面接洽决定"。[①]已入学的学生在校期间，若发现没有自修能力，对选定的学科不能尽心研究，没有论文；或假名自修，分心校外事务；不能自治，不积极向上；妨害公共秩序等，随时会被责令退学。因为自修大学的学生不但要修学，而且要有积极向上的人生态度，要"养成健全的人格，煎涤不良的习惯，为革新社会的准备"[②]，其任务就是"自完成自发展自创造他们各个及全体特殊的个性和特殊的人格"，自修大学设立的目的也是"窃取此意"。[③]

自修大学的学习内容分为文、法两大类，包括中国文学、西洋文学、英文、论理学、心理学、伦理学、教育学、社会学、历史学、地理学、新闻学、哲学、法律学、政治学和经济学。学生以学科为单位选择其中一科或数科都可以，其成绩考核主要根据平时表现以及记录和论文进行综合评定。学习方法主要为单独研究，"自己看书，自己思索"，打破过去灌输式的教育方式，由被动学变为自主学，充分发挥自身主观能动性。自修大学将船山学社的藏书楼改为图书馆，采购中外各种重要图书、杂志和报纸供学生研究参考。

自修大学的学生还要进行团体研究，将个人研究和集体研究充分结合起来。为此，学校组织了各种研究会，如马克思学说研究会、文学研究会、哲学研究会、经济学研究会等，定期开展研究讨论，交流学习心得，

[①]《湖南自修大学入学须知》，湖南省图书馆校编：《新时代》，湖南人民出版社1980年版，第90、91页。

[②]《湖南自修大学创立宣言》，湖南省图书馆校编：《新时代》，湖南人民出版社1980年版，第81页。

[③]《湖南自修大学创立宣言》，湖南省图书馆校编：《新时代》，湖南人民出版社1980年版，第82页。

拓宽加深学习成果。同时，特设三种补助学习法：通函指导、特别授课、特别讲座。当时自修大学经常请一些著名的革命家进行通函指导或到校讲学，李大钊、陈独秀、邓中夏、李达等都被邀请过（有些未能成行）。有时，毛泽东和何叔衡主动召集学生开展座谈会，讨论马克思列宁主义和中国革命的各种问题。无论是冬夜围炉向火还是夏夜月下乘凉，学生们时常围绕在毛泽东身边，聆听他分析国际国内形势，解释一些理解不透的理论问题。有次，学生们坐在院子里，听毛泽东讲述俄国十月革命斗争的过程，毛泽东一直讲到深夜两点钟后。大家都听得入神，不觉疲倦，更不觉蚊子叮扰、夜露沾衣。

自修大学还十分重视教育与生产相结合，要求学生"破除文弱之习惯"，"注意劳动"，以实现"脑力与体力之平均发展，并求知识与劳力两阶级之接近"，开设了艺园、印刷、铁工等课程。[①]为了满足一般工人的求学需求，1922年9月，毛泽东等还开办自修大学附设补习学校，提高工人觉悟，组织工人斗争。可以说，湖南自修大学是当时一所敢破敢立、锐意创新的具有现代化特征的大学。

为了继续扩大马克思主义的影响和研讨中国革命问题，毛泽东同李达等人于1923年4月创办自修大学校刊《新时代》。对这一刊物的创办，毛泽东三年之前就已有计划："如果自修大学成了，自修有了成绩，可以看情形出一本杂志。（此间的人，多以恢复《湘江评论》为言。）"[②]毛泽东专门为该刊撰写了《发刊词》，他写道："本刊和普通校刊不同，普通校刊兼收并列，是文字的杂货店，本刊却是有一定主张有一定宗旨的。同人自信都有独立自强的精神，都有坚苦不屈的志气，只因痛感着社会制度的不良和教育机关的不备，才集合起来，组织这个学问上的亡命之邦，努

[①]《湖南自修大学组织大纲》，湖南省图书馆校编：《新时代》，湖南人民出版社1980年版，第88页。

[②]《致周世钊信》（1920年3月14日），中共中央文献研究室、中共湖南省委《毛泽东早期文稿》编辑组编：《毛泽东早期文稿（一九一二年六月——一九二〇年十一月）》，湖南人民出版社2008年版，第429页。

力研究致用的学术,实行社会改造的准备。"①

创刊号登载的第一篇文章是毛泽东撰写的《外力、军阀与革命》。他初步运用马克思主义阶级分析方法,阐明了当时中国社会各阶级的主要政治势力和发展趋势。毛泽东从国际资本帝国主义的反动本质、国内派系林立的政治状况、中国社会落后的农业经济和落后的文化环境有利于军阀的割据统治三个方面分析指出:在革命的民主派、非革命的民主派、反动派这三派之中,由于反动派势力太大,前两派在"稍后的一个期内是会要合作的",而且必将建立以急进的共产党和较急进的国民党合作为中心的,包括缓进的非革命的民主派的大的民主派队伍,断定将来中国政治的结局必定是"民主派战胜军阀派",但这需要比较长的一个时期。也就是说,毛泽东虽没有参加党的二大,但科学地预见了国共两党将成立统一战线的趋势。他阐明了当时国内外形势,深刻分析了在近一段时期内反动派必会对中国进行黑暗统治的理由和基础,指出帝国主义和反动军阀勾结为恶,"是必然成功一种极反动极混乱的政治的。但政治愈反动愈混乱的结果,是必然要激起全国国民的革命观念,国民的组织能力也会要一天进步一天"。②他号召革命民主派和广大人民要在这个混乱的时代里积极行动起来,和帝国主义、封建军阀进行坚决斗争。可以看出,这时的毛泽东实际上主张的是国共两党进行党外合作,也包含着革命的民主派与非革命的民主派暂时建立合作的思想,是他最早关于国共合作建立民主联合战线的论文。

《新时代》共刊出四期,除毛泽东的文章外,先后发表了李达的《何谓帝国主义》《马克思学说与中国》等文章,以及李维汉的《观念史观批评》、罗学瓒翻译的《共产主义与经济的进化》等宣传马克思主义理论,阐述唯物主义思想,探讨改造社会方法的文章,对于帮助青年党员提高理论水平、指导中国革命实践具有重要意义。《新时代》继承了《湘江评

---

① 《发刊词》,湖南省图书馆校编:《新时代》,湖南人民出版社1980年版,第3页。
② 《外力、军阀与革命》(1923年4月10日),中共中央文献研究室编:《毛泽东文集》第1卷,人民出版社1993年版,第10、11、12页。

论》的革命特色,以鲜明的观点、战斗的风格、犀利的文笔受到进步人士的广泛关注和欢迎。

在毛泽东用心经营下,自修大学已有一定规模并发展壮大,在社会上引起了强烈反响。著名教育家蔡元培专门撰写《湖南自修大学的介绍与说明》,指出湖南自修大学注重研究,注重图书馆与实验室,"全与我的理想相合,我欢喜得了不得",赞扬"自修大学的组织可以为各省的模范。……他们的主义,实在是颠扑不破的"。[①]还有教育界人士称其创办是"新教育制度之纪元""高等教育普及之先导"。[②]但也有不少守旧的人认为它是不伦不类、无根无叶的组织。而这一切引起了湖南反动军阀赵恒惕的不安。1923年11月,赵以"该校所倡学说不正,有关治安"为由,下令封闭自修大学及附设补习学校,《新时代》被迫停办。湖南自修大学开办了两年多,培养了来自湖南34个县和外省4个县的200多名革命青年,为中共培养了一大批革命干部,成为湖南革命的大本营,李维汉、罗学瓒、夏明翰、毛泽民、毛泽覃、陈赓等革命家都曾在这里留下足迹。

四、湖南特色的工运之路

(一)劳工是社会的台柱子——改组湖南劳工会和首倡劳动立法

中共一大根据共产国际的指导和各地共产党早期组织开展工人运动的经验,认为中国工人阶级已进入有组织有目地进行政治斗争和经济斗争的阶段,通过了党的第一个决议,规定党的基本任务是成立产业工会,加强党对工会的领导,用阶级斗争精神武装工人。一切产业部门均要成立工人学校,使其变成工人政党的中心机构,提高工人的阶级觉悟,从而培养

[①] 蔡元培:《湖南自修大学的介绍与说明》,湖南省图书馆校编:《新时代》,湖南人民出版社1980年版,第93—94页。

[②] 李石曾:《祝湖南自修大学之成功》,湖南省图书馆校编:《新时代》,湖南人民出版社1980年版,第95—96页。

大批革命力量。会后，中国劳动组合书记部于1921年8月在上海成立，这是中共公开领导全国工人运动的总机关，接着北京、武汉、长沙等地分部纷纷成立，毛泽东任湖南分部主任。从上海返回长沙后，毛泽东以比以前更大的精力"猛烈地"投入到湖南工人运动之中。

建党以前，湖南地区的工人无论在思想上还是组织上都处于比较混杂的状态，存在一些工会组织：有封建色彩浓厚的行会、会馆、帮口等；有资产阶级立宪派组织的湖南工业总工会；也有一些政客建立的中华工会湖南分会；还有受各种改良主义、无政府主义影响的工人团体，如湖南劳工会。湖南劳工会在工人和青年学生中影响很大，是黄爱、庞人铨二人于1920年11月在长沙创办的劳工团体，受无政府主义影响颇深。自成立起，毛泽东就十分关注它的发展，在上海时还与当时在《新青年》编辑部任缮写的黄爱讨论湖南建设问题。基于湖南的实际情况，毛泽东决心从争取和改造湖南劳工会入手，推动湖南工人运动。

湖南劳工会成立初期的成员多数是工业学校的学生，其发展路径是以一个大团体的形式去吸收各种职工，包括铁路、矿工、电气、机械、土木、印刷、缝纫、纺纱等多种职业的工人。短短两年内，会员增加到7000余人。它和大多数近现代工人运动的性质一样，主要任务是将工人组织起来，增进工人知识，改善物质条件，谋求工人福利。组织形式采取合议制，提倡打破领袖观念和男女界限，但它并没有明确的政治方向和严密的组织。1921年春，湖南劳工会发起收回湖南第一纱厂公有运动，遭到赵恒惕镇压，这次失败令黄爱、庞人铨意识到军阀和财阀相互勾结，劳资之间的矛盾不可调和，劳工会需要寻找新的出路。毛泽东抓住时机，深入劳工会内部，运用马克思主义辩证唯物论的基本原则进行了具体分析，将真正的工人群众跟其中上层分子区别开来；在上层分子中又将黄爱、庞人铨等纯洁、正直、勇敢和具有一定反帝反封建思想的人，跟混入劳工会内部的野心家区别开来；对一般会员，则弄清进步的和落后的；对进步工人，则重点培养，紧紧依靠。毛泽东多次找黄爱、庞人铨等人谈心，赞扬他们反抗资本家和军阀的勇敢斗争精神，同时对他们只作经济斗争，组织和章法不够完备且没有远大的政治目标进行批评。

1921年11月21日，湖南劳工会成立周年纪念时，毛泽东在劳工会的刊物《劳工周刊》发表《所希望于劳工会的》一文。他对劳工会一年来的斗争予以充分肯定："劳工会现在已周年了，我同情于劳工会也一周年了。……劳工会这一年来的艰难缔造，在湖南劳动运动史上已写完了头一叶，现在要开始写第二叶了。"他认为劳工会在湖南近现代工人运动史上具有开创性意义，并针对劳工会存在的问题和弱点进一步提出了三项建议：其一，从阶级斗争角度提出劳动组合的目的，不仅在于团结工人以罢工手段获得应有的劳动福利，最根本的还在于要使工人"养成阶级的自觉，以全阶级的大同团结，谋全阶级的根本利益"。其二，从组织机构角度指出劳工会应学习西洋工会组织，由代表会议产生一定名额的委员，组织委员会全权负责会务。其三，从长远发展上提出工人应该自己养活工会，准备罢工基金和选举基金，按月缴纳会费，以推动劳工会的健康壮大发展。最后提出"不劳动的不得食""劳工神圣""各尽所能，各取所值""全世界劳动者团结起来"等口号鼓励劳工会员进行新的斗争。①

在毛泽东的争取和影响下，黄爱、庞人铨接受了建议，对劳工会进行了改组，把工团合议制改为书记制，将过去的八个部门集中为书记、宣传、组织三个部门，并请毛泽东助理会务。劳工会刊物《劳工周刊》宣布：今后的任务是提高劳工知识，申诉劳工痛苦，目的是促进劳工的阶级斗争觉悟，倡导劳动组合大同盟。黄爱、庞人铨等逐渐摆脱无政府主义影响，开始接受马克思主义，加入社会主义青年团。12月中旬，共产国际代表马林受邀前往桂林访问准备北伐的孙中山，路经长沙时会见了毛泽东、黄爱、庞人铨等。他们请马林花了一个晚上向湖南工人群众讲阶级斗争、俄国革命的情况和经验。对于毛泽东的才干，黄爱这样高度赞扬："润之大智若愚，我则锋芒太露。润之是将才，我不过是过河卒子而已。"毛泽

---

① 《所希望于劳工会的》（1921年11月21日），《毛泽东文集》第1卷，人民出版社1993年版，第6、7页。

东后来也对劳工会的活动进行了回顾:"许多斗争中,我们都是支持他们的。……但是我们同无政府主义者达成妥协,并且通过协商,防止了他们许多轻率和无益的行动。"①

12月25日,在毛泽东和中共湖南支部指导下,湖南劳工会和学联发动长沙工人及各界群众近万人,举行反对华盛顿会议的盛大集会和游行,高呼"打倒帝国主义""我们的朋友在俄国"等口号,散发传单,揭露帝国主义和中国军阀政客勾结的恶行,向帝国主义侵犯中国主权表示严重抗议。后来,陈独秀在总结全国反对华盛顿会议游行示威活动时表示除上海外"长沙工人最猛烈"②。然而,黄爱、庞人铨因反对太平洋会议(即华盛顿会议)、鼓吹承认苏维埃的示威游行及参加纱厂罢工被湖南军阀赵恒惕阴谋杀害。劳工会遂被武力解散,《劳工周刊》也被查封。毛泽东极为悲愤,立即召开会议,筹划对赵恒惕的斗争和稳定工人情绪。他专门赴上海组织反对赵恒惕的运动,出席追悼黄、庞大会。黄、庞二人的牺牲令毛泽东等人明白面对手里有政权有军队的敌人,无产阶级必须要有强大的组织力和战斗力,必须由强大的共产党做指导,必须将无产阶级联合团结起来进行斗争,夺取政权,实行无产阶级革命与专政。李大钊为《黄庞流血记》作序道:"黄、庞两位先生的死……乃是为救助他的劳动界的同胞脱离资本阶级的压制而死,为他所信仰的主义而死。……最后的阶级争战,在世界、在中国均已开始了。黄、庞两先生,便是我们劳动阶级的先驱。……我们的目的,在废除人类间的阶级,在灭绝人类间的僭擅……中国社会运动史的首页,已由黄、庞两先生用他们的血为我们大书特书了一个新纪元!以下的空白怎样写法?要看我们的努力了!"③

---

① [美]埃德加·斯诺:《西行漫记》,董乐山译,解放军文艺出版社2002年版,第118页。

② 《中共中央执行委员会书记陈独秀给共产国际的报告》(1922年6月30日),《陈独秀文集》第2卷,人民出版社2013年版,第257页。

③ 《〈黄庞流血记〉序》(1922年3月23日),《李大钊全集》第4卷,人民出版社2013年版,第73页。

在改组劳工会的同时，为争取工人的正当权益，毛泽东积极参与领导劳动立法运动。毛泽东在接受马克思主义的过程中，通过一系列政治斗争，在实践中逐渐形成了马克思主义法律思想，最突出的是提倡人民立法。在领导湖南自治运动期间，毛泽东就建议由人民选出代表组织宪法会议来起草湖南省宪法。他指出："俄国的政治全是俄国的工人、农人在那里办理。……大战而后，政治易位，法律改观。从前的政治法律，现在一点都不中用。以后的政治法律，不装在穿长衣的先生们的脑子里，而装在工人们农人们的脑子里。他们对于政治，要怎么办就怎么办。他们对于法律，要怎么定就怎么定。"①这充分突出了毛泽东人民当家作主的法律思想。湖南军阀赵恒惕挤走谭延闿取得对湖南的统治权后，1921年4月公布《湖南省宪法草案》，而在毛泽东看来，这个草案第一个缺点是对人民权利规定不足，第二个缺点是规定无正当职业之人也有被选举权。他提出对省宪草案作根本性修改的建议，尤其主张要规定人民有求得正当职业的自由权，实现利于平民的政治局面。然而，次年元旦，赵恒惕不顾人民反对颁布了《湖南省宪法》，两个月后改造省议会，上演了一场"民选省长"的丑剧。

对此，毛泽东一方面发表文章揭露赵恒惕"全民政治"的欺骗和伪装，另一方面充分利用赵恒惕制造的假民主倡议劳动立法。1922年为纪念五一国际劳动节，毛泽东在湖南《大公报》上发表《更宜注意的问题》，公开指出："自治省的湖南，以全民政治相号召的湖南，若全然撇开劳工，岂非笑话？"②毛泽东提出希望"自治省的湖南"更加注意劳工的这三项重要权利：一是生存权，即在老年和少年不能做工的阶段应享有保障基本生活的权利；二是劳动权，即工人有要求做工并获得相应工资的权

---

① 《释疑》（1920年9月27日），中共中央文献研究室、中共湖南省委《毛泽东早期文稿》编辑组编：《毛泽东早期文稿（一九一二年六月——一九二〇年十一月）》，湖南人民出版社2008年版，第466页。

② 《更宜注意的问题》（1922年5月1日），《毛泽东文集》第1卷，人民出版社1993年版，第8页。

利；三是劳动全收权，即工人制作出来的东西应完全归工人自己所有的权利。实际上，劳动全收权的提法是不科学的，以往历史上不存在，即使在共产主义社会也不可能实现，但他所强调的生存权和劳动权是完全正确的，符合马克思主义工人运动的基本主张。毛泽东在文中还尖锐地批评省宪法是"冠冕堂皇"的，"实际抛弃了至少百分之九十九的劳工"，不要对省宪法抱有幻想。

毛泽东的这些立法思想比后来中国劳动组合书记部提出的《劳动立法大纲十九条》要早一年多，是中国劳动立法运动的首倡者。1922年6月，中央第一次发表《对于时局的主张》，把劳动立法作为党"目前奋斗的目标"之一。中共二大进一步提出："工会进行劳动者的经济改良运动，必须进行劳动立法运动。"中国劳动组合书记部贯彻中央决定，于8月向全国各地工会发出开展劳动立法运动的通告。接到通知后，毛泽东积极参与领导劳动立法运动，并同总部和负责人联名向众议院递呈"请愿书"及劳动法案大纲十九条，并将这些内容发表在湖南《大公报》上。

同年9月，他还领导中国劳动组合书记部湖南分部、长沙土木工会、新河粤汉铁路工人俱乐部、工友协进社、长沙理发工会、安源路矿工人俱乐部等团体举行劳动立法运动大会，组织湖南劳动立法大同盟、湖南各公团联合会，并以各工会、各公团的名义致电北京参众两院，要求从速通过劳动法案大纲十九条。通电告诫议员们：若劳动法案未能通过，则"诸君不啻自绝于民众，我全国劳动者不得不奋其神圣之威权，起为一致之团结，为自由而战，为生存而战，为取得应有之权利而战"。为扩大影响，湖南分部还将电文发送给外地的多个报刊，请报界、工界和各界"办事公道，大加赞助"。

中共一大以后，毛泽东比以前更加注重工人运动，在争取劳工会和倡导劳动立法的过程中，注重利用法律来维护工人的合法权利，努力为工人争取权益，更加深刻地意识到劳工是社会的台柱子，是无法抛弃的，工人运动必须由经济斗争向追求工人权利的政治斗争方向发展，将经济斗争同政治斗争结合起来。毛泽东所提出的工人生存权和劳动权成为当时湖南工人的奋斗目标，紧接着，在湖南地区一场大规模工运高潮即将到来。

（二）领导工人大罢工与工运策略

1922年下半年，以毛泽东为首的中共湘区委员会、中国劳动组合书记部湖南分部，在组织工人运动中始终贯穿一条红线，即将马克思主义同工人运动相结合，与中国社会实际相结合，领导和发动安源路矿工人大罢工、粤汉铁路工人大罢工、长沙泥木工人大罢工和铅印工人大罢工等10多处4万余工人的罢工斗争，形成了湖南第一次工人运动高潮。毛泽东在组织和领导湖南工人运动中，及时总结工人运动的历史经验，形成了正确的斗争策略，并注重运用这些策略从思想上行动上对工人加以指导。

其一，以革命知识分子与工人广泛相结合的形式，加强对工人的教育，提高工人思想觉悟，促其养成阶级自觉，为壮大党组织奠定坚实的政治基础。

打破知识分子和工人阶级之间的隔阂和界限，其本身在当时的旧中国就具有革命性意义。知识分子要真正走入劳农群众之中，与他们打成一片，了解他们，获得其信任，不是一件容易的事。早在第一师范时，毛泽东就倡导开办工人夜校，他还亲自进行管理教学。1920年，毛泽东在担任湖南第一师范附小主事时创办补习班，招收附近工厂工人，积极宣传马克思主义，为工人讲授马克思的剩余价值和社会发展史。毛泽东在担任中国劳动组合书记部湖南分部书记后，专门派党的干部设法联系群众，开办工人夜校。毛泽东先后派遣郭亮、杨开慧等赴粤汉铁路；李立三、蒋先云、刘少奇、毛泽民等到安源；蒋先云、彭平之等到水口山；夏明翰、罗学瓒等到长沙土木、铅印活板等行业办工人补习学校或工人夜校，为工人灌输马克思主义思想，激发其阶级斗争的觉悟。据萧三回忆："毛泽东同志最初接触工人的办法是煞费苦心的。他曾作工人打扮，到工人聚集的地方和他们接近，到茶馆去和工人们一块喝茶，谈心，交朋友。"[1]

---

[1] 萧三：《毛泽东同志在"五四"时期》，《青年运动回忆录》第2集，中国青年出版社1979年版，第26页。

其二，注重调查研究，发挥党组织堡垒作用，产业工人与行业工人运动并举，以全阶级的大团结谋求全阶级的根本利益。

从1921年冬到1923年春，毛泽东先后七次来到安源。李立三后来回忆："我们党建立不久，毛泽东同志很快就到安源做了一段调查研究工作。"① 第一次到安源，毛泽东是一个人，亲自下到井矿，同工人亲切交谈，走入工人中间，体验他们的生产情况，了解他们的生活疾苦。他用通俗生动、深入浅出的语言为工人讲道理，举例说：路上有点小石子，大老板抬脚随便一踢，就踢开了，要是把许多小石子掺上沙子、石灰和成团，大老板搬也搬不动，鼓励工人团结起来，组织工会，打倒帝国主义、官僚买办和封建地主，为自己应有的政治和经济权利而斗争。毛泽东陆续派李立三、刘少奇、蒋先云等人来到安源开展工作，创办安源平民学校，开办工人补习学校。1922年五一劳动节，安源路矿工人俱乐部宣告成立，在此基础上安源党支部建立，这是中共第一个产业工人党支部。这年9月初，毛泽东到安源，对罢工进行部署。接着，湖南党组织又派刘少奇来此工作。安源党支部根据形势发展和工人需求，采取"哀兵必胜"的策略，争取社会的广泛同情，分化孤立路矿当局，组织工人于1922年9月举行大规模的罢工运动，提出要求保障政治权利、改良待遇等条件。由于工人的英勇斗争和社会各界的声援，路矿当局被迫承认工人提出的大部分条件，罢工取得胜利。紧接着，毛泽东又发动和领导了长沙6000多名泥木匠工人和铅印工人的罢工斗争等。

实际上，湖南是一个内陆省，产业并不发达，为数不多的厂矿都掌握在帝国主义、封建地主、买办官僚的手中。然而，湖南的手工业发展却比较发达，尤以泥木、人力车、纺织等工人居多。毛泽东经过认真调查，根据实际情况，创造性地将产业工人运动和行业工人运动充分结合起来，相互呼应，形成了湖南工人运动区别于其他省份的一大亮点。这段实践经历，成为毛泽东在1939年写作《中国革命和中国共产党》论述中共的阶级

---

① 李立三：《看了〈燎原〉以后》，《人民日报》1963年8月4日。

基础时,"现代产业工人大约有二百五十万至三百万,城市小工业和手工业的雇佣劳动者和商店店员约有一千二百万,农村的无产阶级(即雇农)及其他城乡无产者"那段论述的缘起。

早在1919年7月,毛泽东就在《民众的大联合》中明确指出了工人做工的各种问题,认为工值的多少、工时的长短、红利的均否、娱乐的增进等问题"均不可不求一个解答。不可不和我们的同类结成一个联合,切切实实章明较著的去求一个解答"①,他认为工人的联合是"狠大很笼统",像铁路工人的联合、矿工的联合、电报司员的联合、电话司员的联合、造船业工人的联合、航业工人的联合、五金业工人的联合、纺织业工人的联合、电车夫的联合、街车夫的联合、建筑业工人的联合等都是小联合,提出要"由许多小的联合,进为一个大的联合。由许多大的联合,进为一个最大的联合"。②两年之后,毛泽东的这一重要思想在湖南工人运动中得到了充分的实践。

在毛泽东领导下,湖南党组织不仅在各产业、行业中建立了工人俱乐部或工会,为了便于统一领导和更大规模地开展湖南地区的工人运动,1922年11月,毛泽东还组织成立全省统一的工人组织——湖南全省工团联合会,这是全省统一的工人组织,也是当时中共领导的全国"两大地方组合"之一(另一为湖北全省工团联合会)。毛泽东被选举为干事局总干事。自此,湖南工人阶级紧密地团结在以毛泽东为总干事的全省工团联合会周围,实现了全省各行业工人组织空前的大联合。同月,毛泽东率领11个工团的代表23人会见省长赵恒惕,就政府对工界的态度、工人集会与结社等问题,同赵恒惕等进行面对面的说理,迫使赵恒惕承认"宪法当然完

---

① 《民众的大联合》(二)(1919年7月28日),中共中央文献研究室、中共湖南省委《毛泽东早期文稿》编辑组编:《毛泽东早期文稿(一九一二年六月——一九二〇年十一月)》,湖南人民出版社2008年版,第343页。

② 《民众的大联合》(二)(1919年7月28日),中共中央文献研究室、中共湖南省委《毛泽东早期文稿》编辑组编:《毛泽东早期文稿(一九一二年六月——一九二〇年十一月)》,湖南人民出版社2008年版,第345页。

全有效"。这次说理斗争是毛泽东和湖南工人阶级进行合法斗争的一个典范。到1923年底,参加湖南全省工团联合会的有32个工会组织,会员达4万人。

其三,主张"弯弓待发"策略,注重把工人运动、农民运动以及学生运动结合起来。

1923年京汉铁路工人大罢工被血腥镇压后,全国工人运动转入低潮,而湖南工人运动可谓独树一帜,代表了工人运动的新趋向。获悉"二七惨案"消息后,毛泽东和中共湘区委员会立即研究应对措施,采取"弯弓待发"的策略,及时整顿工会组织,巩固工运成果,加强对工人的思想教育,继续发展党团员,保存积蓄革命力量,并将工人运动和反帝斗争、学生运动、农民运动结合起来,促使湖南工人运动得到继续发展。铜官陶业、湖南造币厂、汉冶萍公司株洲转运局第一纱厂,以及常德泥木、缝纫、长沙人力车、衡阳染织业等或建立工会,或要求提高工资,或举行罢工。其中,安源党组织和安源路矿工人俱乐部充分贯彻"弯弓待发"的策略,使整个矿区秩序井然,有"小莫斯科"之称,被邓中夏在《中国职工运动简史》中誉为"硕果仅存"。

毛泽东后来回忆:"到1922年5月,湖南党——我那时是书记——已经在矿工、铁路工人、市政职员、印刷工人和政府造币厂工人中组织了二十多个工会。那年冬天,展开了蓬蓬勃勃的劳工运动。那时共产党的工作主要集中在学生和工人身上,在农民中间工作做得非常少。大部分大矿的工人都组织起来了,学生几乎全数组织了起来。在学生战线和工人战线上,进行了多次的斗争。"[1]"二七惨案"后,毛泽东认识到工人阶级不能孤军奋战,必须将农民运动发动起来,建立巩固的工农联盟。1923年4月,毛泽东派水口山工人、共产党员刘东轩和安源路矿工人谢怀德回衡山岳北白果乡开展农民运动。在水口山工人运动的鼓舞和党的领导下,湖南

---

[1] [美]埃德加·斯诺:《西行漫记》,董乐山译,解放军文艺出版社2002年版,第118页。

衡山县白果地区农民成立了衡山岳北农工会——湖南第一个农会,开展一系列斗争,树起湖南农民运动第一面旗帜。工人运动与农民运动的结合,是湘区工运的又一大特色。

毛泽东和中共湘区委员会及中国劳动组合书记部湖南分部领导的湖南工人运动取得了很大成绩且极富特色,"引起社会之注目"。1923年6月,陈独秀在中共三大报告中,在批评上海、北京、湖北工作有疏漏的同时,对湖南地区的工作予以充分肯定和高度评价:"湖南几乎所有拥有三万人以上的工会,都在我们的影响之下","只有湖南的同志可以说工作得很好"。①在中共一大后各地成立省级以上的党组织中,形成稳定的领导核心并持续发挥出重要作用的,只有李大钊负责的北方区委和毛泽东牵头的湘区委员会(亦称湘区执行委员会),这种先进状况一直持续到1927年大革命失败。1923年1月,陈独秀着手筹备党的三大,便调毛泽东到中共中央工作,由李维汉接替中共湘区执行委员会书记职位。

建党初期,毛泽东领导湖南工人运动虽然不到两年,却直接改变了湖南工人的状况,使广大工人群众紧密团结在中共领导的俱乐部或工会周围,成为组织严密、队伍纯洁、纪律性好、战斗力强的社会力量,对湖南地区的革命产生了深刻影响,在中国革命史和工人运动史上写下了光辉的一页。这一重要经历为毛泽东进一步探索中国革命的规律和道路奠定了重要的实践基础,积累了丰富的工人运动经验。他逐步了解了中国无产阶级的先进性,认识到无产阶级在中国革命中的地位和作用,无产阶级领导权实现的关键是必须调动广大农民的积极性,建立工农联盟。同时,他还认识到加强党的建设、建立统一战线的重要性。这一切,对他之后的人生道路、革命道路都起到了非常重要的帮助作用和积累了宝贵的经验。

---

① 陈独秀:《在中国共产党第三次全国代表大会上的报告》(1923年6月),《建党以来重要文献选编(1921—1949)》第1册,中央文献出版社2011年版,第245、246页。

第三章　在国共合作的洪流中

一、与上海、广州的不解之缘

（一）参加中共三大和推动第一次国共合作

青年毛泽东与上海和广州有着不解之缘，20世纪20年代，他曾为了革命工作，数次往返于上海和广州两座城市之间。1922年8月，共产国际建议中国共产党同国民党实行党内合作、建立国共合作统一战线。根据这一意见，中共中央在杭州西湖举行特别会议，决定同国民党开展党内合作。西湖会议后，中共领导人李大钊、陈独秀、瞿秋白等陆续以个人身份加入国民党，开始从事帮助国民党改组和建立统一战线的工作。毛泽东在1923年4月秘密离湘赴沪进入中共中央工作后，也以个人名义加入国民党。

这时的中国共产党人从"二七惨案"的血的事实中，认识到当前的革命力量远不如帝国主义和封建势力强大，认识到应争取一切可能的同盟者结成最广泛的统一战线。孙中山此时因依靠军阀打军阀屡遭挫折而陷于苦闷之中，看到中国共产党领导工人运动所产生的影响，认识到中国共产党是一支新兴的、生机勃勃的革命力量，表示愿意与中国共产党进行合作。1923年1月，共产国际执委会正式作出《关于中国共产党与国民党的关系问题的决议》，对国共合作起了推动作用。

1923年6月，中国共产党第三次全国代表大会在广州举行。会前，毛泽东已会同共产国际代表马林等先期到达广州，与陈独秀、李大钊等人为中共三大的召开做充分的准备工作。毛泽东以湘区党的代表的身份出席会议的主要议题是讨论国共合作、共产党员加入国民党的问题。会上大多数代表赞成国共合作，但在具体的组织形式上争论十分激烈。

陈独秀在大会上作报告，着重报告了党的二大以来的革命形势和党的发展情况。关于国共合作，他指出："起初，大多数人都反对加入国民党，可是共产国际执行委员会的代表说服了与会者，我们决定劝说全体党员加入国民党。从这时起，我们党的政治主张有了重大的改变。以前，我们党的政策是唯心主义的，不切合实际的，后来我们开始更多地注意中国社会的现状，并参加现实的运动。"①在后来讨论阶段，他分析当前共产党员不多、力量不强，工人没有文化，觉悟不高，不懂革命，甚至还有些不良习气。他指出，"只有国民党才能容纳那些半革命的资产阶级，小资产阶级，农民和无产阶级，没有其他途径"，共产国际执委会的决定不是联合战线，而是共产党员加入国民党，在国民党内工作。

同时也有不少代表指出，国民党内部存在消极因素，担心在合作中会丧失共产党组织的独立性。其中尤以张国焘的意见最为尖锐。张国焘认为，发展共产党唯一的途径是进行独立行动，而不是在国民党内开展活动。共产党要打出自己的旗帜独立开展工人运动，若加入资产阶级性质的国民党组织不免会有混乱无产阶级思想的危险，强调"宁可保持左，左的错误比右的错误容易改正"②。张国焘反对共产党员加入国民党，也反对在工人中发展国民党组织。在讨论中，多数代表着重批评了张国焘等不愿积极与国民党合作的错误意见，也不同意马林、陈独秀等主张一切工作归国民党的观点。

毛泽东在会上认真倾听各位代表的意见，提出许多理由赞成党内合

---

① 陈独秀：《在中国共产党第三次全国代表大会上的报告》（1923年6月），中共中央党史研究室、中央档案馆编：《中国共产党第三次全国代表大会档案文献选编》，中共党史出版社2014年版，第4页。

② 《斯内夫利特笔记——中国共产党第三次代表大会关于国共合作问题的讨论》（1923年6月12日至20日之间），中共中央党史研究室、中央档案馆编：《中国共产党第三次全国代表大会档案文献选编》，中共党史出版社2014年版，第56页。

第三章 在国共合作的洪流中

作，共产党员以个人身份加入国民党。他结合革命形势分析了实行联合阵线的必要性，提出"我们不应该害怕加入国民党"。根据以往组织湖南工人运动的丰富经验，毛泽东指出工人觉悟高，战斗力强，工人是国民革命的中坚力量。大批工农加入国民党，可以改造国民党的阶级成分，和资产阶级建立联合阵线，共同完成民族民主革命。他赞成在工人中发展国民党员，建立国民党的基层组织。他的观点赢得多数代表的支持，也得到马林的欣赏。会议期间，毛泽东还利用休息时间，经常在谭延闿居住的简园与其耐心谈国共合作问题。因为谭手里有兵权且在孙中山大元帅府担任建设部长，毛泽东想把他争取过来，以推动孙中山接受国共合作。

实际上，毛泽东的联合战线思想是有深厚基础且是一贯的。五四时期他就提出了民众大联合的思想主张。1923年4月，他在湖南自修大学主办的《新时代》创刊号上发表《外力、军阀与革命》一文中指出：中国反动势力过于强大，这个时期外力和军阀勾结为恶，科学预见"非革命的民主派"将和暂时放弃急进主张的共产党一样，同"革命的民主派"国民党合作，联合成为"一个大的民主派"。中共三大召开之后，毛泽东根据革命形势再次强调：半殖民地半封建的中国政治是军阀、外力相互勾结钳制中国国民的二重压迫政治，中国国民深受痛苦，所以"中国现在的政治问题，不是别的问题，是简单一个国民革命问题；用国民的力打倒军阀并打倒和军阀狼狈为奸的外国帝国主义，这是中国国民历史的使命"。只有"建立严密的联合阵线，这个革命才可以成功"。[①]

值得注意的是，毛泽东在会上特别强调农民革命的重要性，提出要注重农民运动。他讲道，湖南地区的工人数量少，国民党员和共产党员更少，可漫山遍野都是农民，任何革命，农民都是最重要的。他分析，中国历代的造反与革命，每次都是以农民暴动为主力，历史上农民的力量是巨大的。中国国民党在广东有基础，无非是有些农民组成的军队，如果中共

---

① 《北京政变与商人》（1923年7月11日），中共中央文献研究室、新华通讯社编：《毛泽东新闻作品集》，新华出版社2014年版，第89、91页。

也注重农民运动,把农民广泛发动起来,也不难形成像广东这样的局面,指出"中共不应只看见局处广州一隅的国民党,而应重视全国广大的农民"。据张国焘回忆,"只有农民运动,是一个新提出来的问题。在中共的历次讨论中,直到第三次代表大会,代表才注重这个问题,尤以毛泽东为然",这种看法是"毛泽东这个农家子对于中共极大的贡献"。①

毛泽东关于农民问题的意见得到了大会的重视,根据他的提议通过了《农民问题决议案》,这是中共第一个关于农民问题的文件。决议指出,鉴于"种种压迫农民自然发生一种反抗的精神,各地农民之抗租抗税的暴动",决议认为"有结合小农佃户及雇工以反抗宰制中国的帝国主义者,打倒军阀及贪官污吏,反抗地痞劣绅,以保护农民之利益而促进国民革命运动之必要"②。大会宣言更是强调"拥护工人农民的自身利益,是我们不能一刻疏忽的;对于工人农民之宣传与组织,是我们特殊的责任;引导工人农民参加国民革命,更是我们的中心工作"③。

中共三大接受了共产国际关于国共合作的决议,决定共产党员以个人身份加入国民党,明确了现阶段"应该以国民革命运动为中心工作",建立各民主阶级的革命统一战线。规定加入国民党时,必须在政治上、思想上、组织上保持自己的独立性。毛泽东被选为由九人组成的中央执委会委员和由五人组成的中央局成员。随后被推为中央局秘书,协助中央局委员长陈独秀处理中共中央日常事务。中共三大通过的《中国共产党中央执行委员会组织法》规定:"秘书负本党内外文书及通信及开会记录之责任,并管理本党文件。本党一切函件须由委员长及秘书签字。"④

---

① 张国焘:《我的回忆》第1册,东方出版社1991年版,第293—294页。

② 《农民问题决议案》(1923年6月),《建党以来重要文献选编(1921—1949)》第1册,中央文献出版社2011年版,第263页。

③ 《中国共产党第三次全国代表大会宣言》(1923年6月),《建党以来重要文献选编(1921—1949)》第1册,中央文献出版社2011年版,第277页。

④ 《中国共产党中央执行委员会组织法》(1923年6月),《建党以来重要文献选编(1921—1949)》第1册,中央文献出版社2011年版,第268页。

就这样，迈入而立之年的毛泽东首次进入中共中央领导的核心层，负责中央秘书工作。次年5月，毛泽东又在中央执委会扩大会议上被任命为中央组织部部长，负责全党的组织工作。为了方便指导全国工作，中央决定将中央执委会机关搬到工业发展中心区上海。7月下旬，毛泽东离开广州到上海工作。

其实，中共三大召开之前，毛泽东就已开始注重在国民党中扩大中共的影响。1923年春，国共合作尚处酝酿阶段，时任中共湘区委员会书记的毛泽东就派夏曦、刘少奇赴上海，请示在国民党本部总务部任副部长的共产党员林伯渠有关国共合作的问题，打算利用国民党湖南省党部的空壳，从产业工人中发展国民党员，以国民党的名义去开展工作，从而发展共产党的组织与事业。大会召开期间，毛泽东让人捎口信给中共湘区执行委员会书记李维汉，注意发展安源工人加入国民党。[1]中共三大以后，中共湘区执行委员会根据毛泽东建议，专门派何叔衡、刘少奇等人与国民党元老覃振、邱维震联系商议，组织国民党湖南筹备组。

为在湖南建立国共合作联合战线，毛泽东根据中央决定和陈独秀指示，1923年9月从上海返回到长沙，指导中共湘区执行委员会在湖南发展国民党组织。对于如何筹建湖南国民党组织，毛泽东有着十分周全明确的考虑。28日，毛泽东在给国民党本部总务部部长彭素民、副部长林伯渠的信中说："关于本党[2]在湘发展，虽在军事时代仍应努力进行，昨与夏希[3]同志（夏希极能做事，在学生界有力量）商议分三步办法：第一步组织长沙支部；第二步组织常德衡州及其他可能的分支部；第三步再组织湖南总支部。关于长沙支部，现决定即日租定房子成立筹备机关（秘密的），多邀信仰三民主义及有活动能力的人入党，然后开成立会推出候补支部长，

---

[1] 李维汉：《回忆与研究》（上），中共党史资料出版社1986年版，第47页。
[2] 指中国国民党。
[3] 指夏曦。

呈请本部①委任。"②

在毛泽东的推动下，10月初，国民党长沙支部成立。接着在宁乡、安源等地建立国民党分支部和湖南总支部。根据中央第13号通告关于全体共产党员积极参加国民党工作的要求，1923年底，长沙等地共产党员均以个人名义加入国民党，并推选毛泽东为出席国民党一大的湖南国民党地方组织的代表之一。次年4月，国民党湖南临时省党部成立。1925年10月，国民党湖南省党部正式建立。在毛泽东和中共湖南区委的领导下，以共产党员为骨干的湖南各级国民党党部从无到有地发展起来，湖南省的各级国民党党部大都是由中共和国民党左派所掌握。正如中共中央给湖南省委的信中所指出："湖南国民党左派的下级党部比任何省要有基础，十五万到二十万的左派党员及其组织曾在我们指导之下奋斗到现在。"③

1923年下半年，毛泽东和杨开慧仍住在长沙小吴门外的清水塘22号。杨开慧既要照顾老母亲，又要照顾她和毛泽东的长子毛岸英和次子毛岸青，生活清贫，负担很重。可是，这次毛泽东返湘回家住了还不到三个月，就接到中央通知，要他赴上海，然后再去广州参加国民党一大。其实，这一次毛泽东在家时间比任何一次因承担政治任务而待在家里的时间都要长。临行前，毛泽东强抑不舍之情，写下《贺新郎·别友》赠予与他共同赞襄革命事业、不离不弃的妻子杨开慧："挥手从兹去。更那堪凄然相向，苦情重诉。眼角眉梢都似恨，热泪欲零还住。知误会前番书语。过眼滔滔云共雾，算人间知己吾和汝。人有病，天知否？今朝霜重东门路，照横塘半天残月，凄清如许。汽笛一声肠已断，从此天涯孤旅。凭割断愁

---

① 指中国国民党当时的最高领导机关。
② 《致林伯渠、彭素民》（1923年9月28日），中共中央文献研究室编：《毛泽东书信选集》，中央文献出版社2003年版，第19页。
③ 《中共中央给湖南省委的信——对于湘省工作的决议》（1927年8月9日），中共湖南省委党史资料征集研究委员会《湘赣边界秋收起义》协作组：《湘赣边界秋收起义》，湖南人民出版社1987年版，第48页。

丝恨缕。要似昆仑崩绝壁，又恰像台风扫寰宇。重比翼，和云翥。"[①]

1923年12月底到次年1月中旬，毛泽东奉中央通知离开长沙取道上海，再次到达广州。

（二）出席国民党一大和巩固发展统一战线

中共三大后，国共合作步伐大大加快。在共产国际和中国共产党的帮助下，国民党一大于1924年1月在广州召开。大会审议通过的宣言对三民主义作出新解释，即"新三民主义"，成为第一次国共合作的政治基础。大会确认共产党员以个人身份加入国民党的原则和联俄、联共、扶助农工的三大革命政策，标志第一次国共合作正式形成。毛泽东作为湖南地方组织代表出席大会。

其间，毛泽东被大会主席团指定为《中国国民党章程草案》审查委员会委员之一。他分别就《组织国民政府之必要》《出版及宣传问题》《本党设立研究会》《比例选举制》等议案作了多次发言申明自己的立场和观点，推动大会在国共合作问题上朝正确方向发展。在关于《本党设立研究会》提案讨论上，提案人指出：凡关于本党策略和对于国内外各种政治经济社会诸重要问题，在本党决定态度及进行方针之前，应聘定有关专门知识者组织研究部进行研究；已确定应研究的问题，未经研究部研究就不得执行，已经研究之问题其执行与否由执行部决定。毛泽东认为该提案将理论与实践相脱离，提出明确的反对意见：本案根本意思是把实行与研究分开；但本党为革命党，不能如此。本席意思，本案精神可以成立，条文不能成立。

关于国共合作问题，代表们始终充满争议。其中，尤以"比例选举制为大会政纲之一"最为激烈。针对提案人提出比例选举制能打破现代选举制弊端、使各方势力发展毫无冲突之处，毛泽东从中国当时各派力量对比和是否有利革命出发，立即反驳："现时比例选举制系少数党所运动出来

[①]《贺新郎·别友》（1923年），中共中央文献研究室编：《毛泽东诗词集》，中央文献出版社1996年版，第1—2页。

的结果。本党为革命党，凡利于革命的可采用，有害于革命的即应摈弃。比例制有害于革命党，因少数人当选即有力量可以破坏革命事业，是予少数派以机会也。本席根本反对本案，以为不能讨论，不能表决。"又说："比例选举制虽为社会党所赞成，但当其未成功时固是如此，若成功后即不尽然。此制很有害于革命之本身，盖以自由给与反对党，革命事业便十分危险。"①由于毛泽东等人的"根本反对"，这一提案未能通过。

张国焘回忆："在这次的大会中，两个刚加入国民党的青年共产党员毛泽东与李立三发言最多。……许多老国民党员大都以惊奇的眼光注视着他们两人，似乎有'哪里来的这两个年轻陌生人？意见何如此之多？'的疑问，少数老国民党员又似乎在欣赏他们这样的青年精神。"②毛泽东在大会上的表现，给孙中山和一些国民党人士留下了深刻印象。1月30日，毛泽东是由孙中山亲手书列进名单的人之一，被选为国民党候补中央执行委员。

自此，毛泽东的政治生涯进入了新的阶段。会后，毛泽东出席孙中山主持召开的国民党一届一中全会。会议决定设立中央机构，组成国民党中央党部，还决定派中央执行委员分赴上海、北京、汉口等地组织执行部，指导监督党务工作。毛泽东被派到国民党上海执行部，主要从事党务整理方面的工作。2月中旬，毛泽东从广州返回上海，住在闸北香山路三曾里中共中央机关内。1923年6月中共三大，毛泽东成为中共中央执行委员会委员，并担任中央局成员和秘书，是中共党内的"第一助手"和"大管家"；1924年5月在扩大的中央执行委员会上，又兼任中央组织部部长。1924年1月国民党一大，毛泽东成为国民党候补中央执行委员，之后担任国民党上海执行部组织部秘书，代理文书科主任。这时刚刚30岁出头、初出茅庐的毛泽东在全国政治舞台上一人分饰多角，在两党的领导机构内均占据比较重要的地位，负责一个方面的工作，毛泽东殚精竭虑，尽职尽责。

---

① 中共中央文献研究室编：《毛泽东年谱（1893—1949）》上卷，人民出版社、中央文献出版社1993年版，第122页。

② 张国焘：《我的回忆》第1册，东方出版社1991年版，第319页。

从现存史料看，作为陈独秀的得力助手，从1924年4月到年底，毛泽东配合陈独秀共同签发多个中共中央文件，包括《中共中央通告第十三号——关于开展五一、五四、五五、五七纪念和宣传活动》《第十四号——关于一致戮力申讨卖国殃民的直系军阀吴佩孚》《第十五号——关于反对国民党右派反共排共的措施》《第十七号——关于揭露江浙军阀战争的反动性质》《第二十一号——关于加强党内组织工作》等。从文件内容上看，其主要工作就是致力于国民革命，坚决反对帝国主义和封建军阀，始终坚持国共合作的基本原则，反对右倾，反对一切分裂国共合作的活动。不仅如此，他还经常受陈独秀委托，代表中共中央签发文件，出席指导地方工作，参与中共四大的筹备工作。而且在任中央局秘书期间，毛泽东还分管社会主义青年团工作，经常出席团中央的会议，指导团的工作，坚持党对团的领导，积极发展团组织，为中共储备骨干力量。

为实现国共两党的圆满合作，中共中央决定，自1923年7月起，在组织上由陈独秀代表中共出席国民党最高会议。中共组织自中央到省市各级按照系统派遣党员分别协助国民党进行改组工作，包括在全国范围内建立国民党党部及基层党组织，培养训练干部，整顿宣传机构，协助国民党工作，扭转国民党在民众中的不良影响，帮助国民党改善军事教育训练，建立革命军队等。同时，提出在国共合作过程中要注意：中共要保持独立自主的原则，中共党报及中共各级刊物对国民党的施政自由批评，不受限制；中共领导的工农群众组织不受国民党及其政府干涉，工会、农会享有集会、结社、罢工、纠察自卫之自由；中共党员（包括团员）加入国民党，负责群众工作，但一般不做国民政府官吏。工人运动领导者及中共所属工会会员，不得加入国民党。

据毛泽东后来回忆："1923年，共产党第三次代表大会在广州举行，大会作出了有历史意义的决定：参加国民党，和它合作，建立反对北洋军阀的统一战线。我到上海去，在党中央委员会中工作。第二年（1924年）春天，我前往广州，出席国民党第一次全国代表大会。3月，我回到上海，在共产党执行局工作的同时，兼任国民党上海执行部的委员。其他执行委员，有（后任南京政府行政院长的）汪精卫和胡汉民。我和他们共事，协调共产党和国民党的行动。"① 在整个国共合作的时期，毛泽东不仅竭诚拥护国共合作——他在中共三大上就赞成中共党员以个人身份加入国民党，并主张在产业工人中发展国民党员，而且一直都在中共党内力主保持中共的独立性和坚持争取中共领导地位，遵循孙中山新三民主义精神，坚持独立自主、又联合又斗争的原则，在国民党上海执行部工作，一直到1924年12月。

国民党上海执行部第一次执委会于1924年2月下旬召开，标志国民党上海执行部正式成立。会议通过了胡汉民、叶楚伧、汪精卫为执行部常委的决议，后胡、汪回广东国民党中央执行部，改任戴季陶、邵元冲、叶楚伧为常委。毛泽东担任组织部秘书，代理文书科主任，国共两党活跃分子包括汪精卫、恽代英、于右任、邵力子、叶楚伧等；中共的罗章龙、施存统、沈泽民、邓中夏、向警予等都在该执行部有任职，人们称国民党上海执行部是"国共群英会"。

其间，毛泽东以国家民族利益为重，努力实干，相忍为国，注重国民党组织的发展，耐心地组织了对国民党员进行重新登记这项烦琐的工作。上海各区的国民党区党部、区分部也在毛泽东的指导下相继成立。毛泽东注重对国民党员的教育培训，主持了平民教育运动，还专门邀请瞿秋白为现代政治班宣讲国民党宣言和章程等内容。根据执行部决定，毛泽东具体负责了黄埔军校在上海的招生和复试事宜，他鼓励优秀的共产党员、青年团员积极参加黄埔军校。然而，毛泽东在这里的工作不是一帆风顺的，在复杂而充满对峙气氛的环境下，他在积极团结国民党左派的同时，对叶楚伧等人为首的国民党右派破坏国共合作的行径，进行了坚决斗争。

叶楚伧是执行部三个常委之一，担任上海《民国日报》主编。他反对国共合作，企图破坏国共合作。在国民党上海第四区分部成立时，国

---

① ［美］埃德加·斯诺：《西行漫记》，董乐山译，解放军文艺出版社2002年版，第119页。

民党右派为争取领导权，获得更多的选票，纠集了一帮流氓打手混入会场，企图破坏选举。毛泽东得知后，立即动员共产党员、青年团员和国民党左派出席会议，组织纠察队，严格控制会场，制止了武斗，保证会议的顺利进行。7月，汪精卫、胡汉民回到广东，国民党上海执行部增选戴季陶、邵元冲为常委。他们二人和叶楚伧都是国民党新老右派，他们的到来加剧了执行部内共产党员和国民党右派的斗争，毛泽东被迫辞去组织部秘书一职，只保留了文书科主任。后来在叶楚伧等人的策划下，8月初，国民党右派在上海南方大学召开代表会议，讨论所谓"处置共产分子问题"。当即激起左派的反对，造成武斗。第二日，右派分子又闯入上海执行部机关内，殴打兼具共产党员身份的邵力子。他们还制造天宫事件，在一次大会上打着"国民大会"旗号声援皖系军阀，却遭到了与会学生和各界人士的强烈反对。于是，国民党右派冲入会场，打死了共产党员黄仁。

　　国民党右派制造的一系列破坏活动，使一些同志对国共合作的信心递减。面对有人提出不必花这么多力量搞统一战线，毛泽东耐心地讲：我们要认真地对待，不要瞧不起他们。对合作大小事都要做，每次会都要参加，要多动脑筋搞好两党合作。毛泽东还亲自给罗章龙谈过一桩事，开始建立执行部时，中共内部认为不要都去，有的同志不想去。但毛泽东认为应认真对待这项工作。孙中山当时是欢迎中共派人去的，认为多多益善。虽然我们中有些人在社会上并不知名，孙中山还是完全信任的。①

　　天宫事件发生后，共产党员和国民党左派等进步人士团结在毛泽东周围，在毛泽东的带领下，恽代英、施存统、邓中夏、沈泽民等14人联名上书孙中山，控告叶楚伧"主持不力，迹近纵容"，制造混乱蓄意破坏国共合作。此后，毛泽东和叶楚伧等国民党新老右派的斗争公开化。叶楚伧宣称"毛泽东是共产党在上海执行部的中心人物"，用拖欠薪金的办法，企

---

① 罗章龙：《回忆中共三大》（1980年2月），《中国共产党第三次全国代表大会档案文献选编》，中共党史出版社2014年版，第136页。

图将毛泽东等共产党员和异己分子驱逐。而毛泽东不卑不亢,在合作中坚持斗争立场,及时揭露以叶为代表的国民党右派推行反苏反共反工农政策的分裂行径。

在毛泽东致力于竭诚与国民党开展合作时,1924年5月,中共中央执行委员会扩大会议在上海召开,毛泽东缺席。会议重申要坚持共产党在工人运动中的独立作用。会议通过的《工会运动问题议决案》指出:"凡在可能的范围内我们不必帮助国民党组织上的渗入产业无产阶级,不然,就是一个很大的错误。这不但是使先进的无产阶级内心搀入混乱的种子——产业的无产阶级,是我们党的基础——而且使无产阶级自己的阶级斗争要发生很大的困难……在中国的情状看来,更使工人阶级在国民革命运动里的力量减杀。"①会议强调在国共合作中,在工人问题上要放松与国民党的联系。这与毛泽东的一贯主张,利用与国民党联合的形式,发动社会各界人民,包括工人农民参加国民革命,是共产党最佳的可行政策,完全相悖。毛泽东的主张引起不赞成这种工作方式的中共党内同志的误解。由于叶楚伧的排挤打击、独断专行,也因在国共合作的联合战线策略上与一些党内同志的观点存在分歧,加上工作劳累,身体虚弱,失眠严重,1924年12月底,经中共中央同意,毛泽东请假回湘疗养,直到1925年9月。

随着国共合作的深入和大革命的蔓延,中国共产党人逐渐认识到无产阶级在民主革命中的领导权问题和工农联盟问题的重要性。为加强对日益高涨的革命运动的领导,迎接大革命高潮的到来,1925年1月,中共四大在上海召开。大会指出,民主革命"必须最革命的无产阶级有力的参加,并且取得领导的地位,才能够得到胜利";农民"天然是工人阶级之同盟者",中国革命需要"工人农民城市中小资产阶级普遍的参加";大会还对民主革命的内容作了更加完整的规定。

这时的毛泽东在湖南老家,没有出席中共四大。大会结束不到两个

---

① 《工会运动问题议决案》(1924年5月),《建党以来重要文献选编(1921—1949)》第2册,中央文献出版社2011年版,第66—67页。

月，孙中山逝世。国共两党组织各界群众广泛传播孙中山三民主义精神，形成大规模的宣传活动。1925年上海五卅惨案激起人民的极大愤怒，全国范围的大革命高潮到来。同时，国民党左派和右派也进一步分化，国民党内部逐渐形成以蒋介石、戴季陶、胡汉民为代表的新右派，国共关系的局面更加复杂。其间，毛泽东则充分利用"养病"契机领导发动了韶山等地的农民运动，深入进行农村阶级结构调查，为中共日后开展农民运动开辟道路。

实际上，1924年5月的中共中央执行委员会扩大会议对共产党在国民党内的工作问题，作出了决议："照现在的状况看来，国民党的左派是孙中山及其一派和我们的同志——我们同志其实是这派的基本队。因此所谓国民党左右派之争，其实是我们和国民党右派之争。所以假使现在我们因为巩固扩大国民党起见而取调和左右派的政策，那就是一种错误。……共产党的责任，就是使国民党不断的有规划的宣传'宣言'里的反对帝国主义及军阀，要求民权的原则。……应当对于国民党证明：一个政党的扩大，只能在经常不断的普遍全国的反对帝国主义及军阀的宣传及行动的过程里……要达这一目的，必须我们能在事实上参加国民党的宣传部——每次不要放过反帝国主义的宣传机会，使国民党真正形成代表那次大会（宣言）的国民党。无论怎么样好的组织系统不能代替这种宣传。"[①]这一决议为颇具宣传才干的毛泽东返回国民党内全面主持国民党宣传系统工作埋下伏笔。

二、谁是我们的敌人，谁是我们的朋友

（一）整饬宣传系统和《政治周报》的批判

根据中共中央指示，毛泽东奉命于1925年9月上旬从湖南到达广州。

[①]《共产党在国民党内的工作问题议决案》（1924年5月），《建党以来重要文献选编（1921—1949）》第2册，中央文献出版社2011年版，第60—62页。

在国民党中央执委会兼任宣传部部长并以左派自居的汪精卫很欣赏毛泽东的才能，推荐毛泽东任国民党中央代理宣传部部长。在国民党二大召开前，国民党中央党部常务会议于10月5日推举毛泽东代行汪精卫国民党中央宣传部部长一职。12月5日，为了反对国民党右派的反共宣传，巩固国共合作统一战线，毛泽东又创办了《政治周报》并担任主编。宣传部本应是一个政党内最活泼、最敏捷的机关，然而毛泽东到任不久，就发现国民党原来的宣传工作存在诸多问题，例如无计划、不敏捷、不普遍等等。为纠正这些缺陷，他采取多种措施以改变国民党宣传系统这种糟糕的局面。

一是完善和健全宣传工作体制。通过报刊和交通工具向各省市宣传部布置宣传要点，要求定期向中央宣传部报告工作，极大增强了国民党中央宣传部同广东以外各省市党部宣传部门的联系。同时，通过设立宣传委员会、检阅会议制度、设立上海交通局、增办党报、支持地方办报、接办上海国民通讯社、编印国民运动丛书等措施，不断加大宣传力度。到1926年5月，向中央宣传部报告工作的省市已达12个，国民党宣传工作很快出现生气勃勃的局面。

二是确定实事求是的工作方针。毛泽东要求宣传部的工作人员每遇国内外大事件发生，要先广泛地搜集材料，撰写文章和通讯，给本党和全国民众参阅。同时，要分析事件发生的原因、实质和产生的影响，学会有效地利用社会事件来广泛宣传本党的思想主张。毛泽东强调宣传工作的成效不只表现在它的规模和数量方面，更重要的是它贴近时事的深刻内容和战斗风格。在这一方面，毛泽东自己就是一个标杆，他善于及时抓住重大事件进行有理有据的深刻分析，从而反对军阀混战，揭露反动派本质，引导广大民众参加和支持国民革命。

1925年10月，直系军阀孙传芳带兵反奉。在直系将领冯玉祥策划下，奉系将领郭松龄倒戈，这引发了北京等各地群众团体举行反对奉系军阀扶植的段祺瑞临时执政府的大示威。11月27日，毛泽东受国民党中央党部委托，向国民党中央执行委员、监察委员、各部部长第123次联席会议提交了起草的《中国国民党之反奉战争宣传大纲》（简称《大纲》）。毛泽东在《大纲》开篇即点明反奉战争的性质实际上是反英反日帝国主义的民族革命运动，指示国民党各地各级党部对此作广泛宣传，使得全国民众知晓这次战争的原因及目的。

接着，毛泽东对帝国主义、军阀、政派、国民军、国民政府、民众各方面势力进行了深刻分析，揭穿了美、英、日帝国主义和中国军阀以及各政治派别的阴谋，阐明了直奉战争爆发的根本原因，强调人民群众在反奉战争中的主体地位和斗争主张。毛泽东指出，"此次反奉运动的主体，应该是全国的革命民众，直系之发动，仅仅是一支先发队，不能算作主体"。而且，他在《大纲》第二部分"我们的宣传及准备"中，提出了一条区分敌我的根本政治标准，即"人民敌友之分辨，全看其与帝国主义有无关系。无论何人何时一与帝国主义发生关系，人民即不认之为友"，进而强调"被压迫的中国全体民众，乃一切中国问题的主宰。此次反奉战争，人民应该是总指挥。人民应该赶快组织起来"。①毛泽东依靠人民、根植人民，以人民为主体进行革命战争的思想初步展现。

毛泽东起草的《大纲》在联席会议上顺利通过，刊载于《政治周报》创刊号，发行2万份，另印发单行本2万份，分送各地国民党党部，广州《国民新闻》等报刊都以醒目标题转载。同时，发出《中央宣传部对反奉宣传之通告》，要求"全国各地高级党部亟宜指挥所属全体同志为广大之宣传，引起民众之革命高潮"，以夺取"中国国民革命"的"部分成功进而至于全部成功"。②《大纲》与该通告发出后，全国各地掀起了反奉高潮。

三是毛泽东亲自出席国民党各级党部的代表大会，参加和组织各种纪念活动，进行革命宣传。1925年10月，毛泽东出席中国国民党广东省第一次代表大会并发表演说，参与起草大会宣言，还为这次会议的日刊撰写"发刊词"。他指出，国民党改组以来反帝反军阀斗争的高涨不是"个

---

① 《中国国民党之反奉战争宣传大纲》，《政治周报》第1期，1925年12月5日。
② 《中央宣传部对反奉宣传之通告》，《国民新闻》第3期，1925年12月13日。

人主观的突现或一时事变的偶然"，而是"察观环境的必然，和历史事实的推进"。他强调："已故领袖孙中山先生看清楚我们主要的敌人是帝国主义，于是定下了革命的民族主义。又看清楚帝国主义借以剥削中国人民的重要工具，是军阀、大商买办阶级和地主阶级，又定下了革命的民权主义与民生主义。革命的民族主义叫我们反抗帝国主义，使中国民族得到解放。革命的民权主义叫我们反抗军阀，使中国人民自立于统治地位。革命的民生主义叫我们反抗大商买办阶级，尤其是那封建宗法性一切反动势力根本源泉之地主阶级，使中国大多数穷苦人民得享有经济幸福。"①这既是对新三民主义的精炼概括，也是对中国共产党人初心和使命的科学阐释。毛泽东号召广东的革命同志积极发展各界人民组织，尤其是广东2000多万的农民群众组织，以实现三民主义的革命目标。此外，他还参加国民党政治讲习班第一期开学典礼并发表演说，呼吁革命分子忍苦耐劳、团结起来，努力开展国民大革命等。毛泽东通过这些活动，很好地宣传和巩固了国共合作的统一战线，抨击了国民党右派的丑恶行径。

在毛泽东的主持下，国民党的宣传工作得到了很大改善。时任国民党中央常务委员会秘书长的林伯渠，在1926年国民党二届二中全会上指出：有一件事可以乐观，就是本党在海内外的宣传工作很有进步，"本党在以前对于指导民众运动的宣传工作不很统一，现在说可以比较的统一了"，在深入民众宣传反帝反军阀方面，"本党也都可以指导而有成效"。

然而，革命运动的发展总是迂回曲折的。随着国民革命的深入发展，革命阵营内部资产阶级和无产阶级争夺领导权的斗争日益尖锐。国民党内部发生新的分裂，除原有的老右派外，又出现新的右派。戴季陶主义的出现，就是这种新分化的标志。在孙中山逝世后，国民党新老右派粉墨登场，变本加厉开展分裂活动，破坏国共合作。为了巩固和发展统一战线，毛泽东对他们进行了坚决反击和激烈斗争。

---

① 《〈广东省党部代表大会会场日刊〉发刊词》（1925年10月20日），《毛泽东文集》第1卷，人民出版社1993年版，第15—16页。

戴季陶是国民党新右派的重要理论家,时任国民党中央常委和广州国民政府委员。对于新三民主义,他一开始就是反对的。孙中山逝世后,他便积极宣传自己的主张。1925年5月,他在国民党一届三中全会上提出,要以建立"纯正的三民主义"作为国民党的"最高原则"。接着又连续发表《孙文主义之哲学的基础》《国民革命与中国国民党》等小册子,打着信仰、研究、宣传孙文主义的旗帜,反对马克思主义的阶级斗争学说,反对孙中山的新三民主义,要求加入国民党的共产党员退出国民党,或脱离一切党派只做单纯的国民党员。戴季陶主义实际上是资产阶级反共、破坏统一战线和国民革命的重要表现,为蒋介石日后篡夺革命领导权在舆论上做准备。

戴季陶主义的出现立即引起中共高度警惕,为反击国民党右派的疯狂进攻,按照中共中央要求,中国共产党人联合国民党左派从理论上予以坚决回击。毛泽东在国民党中央宣传部对戴季陶主义的反动谬论进行了彻底批判,揭露其反动本质。1925年10月,毛泽东以国民党候补中央执行委员和代理宣传部部长的身份,在国民党广东省党部代表大会闭幕会上发表了关于"中间派"这一重要问题的演说,这也是他第一次提出这一概念。他指出,一部分国民党员似乎要造成中间派的样子,"以为右也不好,左也不好,只有不左不右所谓中庸之道才是好的","依我的观察,这中间派是不能存在的"。[①]他从国内外历史发展的情状分析:一方面,第一次世界大战以后,世界分为两个大本营——大资产阶级领袖的反革命大本营和无产阶级领袖的革命大本营,一旦短兵相接,中间派的基础就会动摇。另一方面,中国自辛亥革命以来,自命为中间派的人,诸如政学系、研究系等所谓的"中间派"最后都成了帝国主义、军阀的走狗,完全成了反革命派。所以在革命高潮中,革命与反革命决斗,中间派是不能立足的,必然发生两极分化,所以,只有革命的理论策略才是国民党的理论策略。

---

① 中共中央文献研究室编:《毛泽东年谱(1893—1949)》上卷,人民出版社、中央文献出版社1993年版,第140页。

随后，毛泽东在填写《少年中国学会改组委员会调查表》时明确表态："本人信仰共产主义，主张无产阶级的社会革命。惟目前的内外压迫，非一阶级之力所能推翻，主张用无产阶级小资产阶级及中产阶级左翼合作的国民革命，实行中国国民党之三民主义，以打倒帝国主义，打倒军阀，打倒买办地主阶级（即与帝国主义军阀有密切关系之中国大资产阶级及中产阶级右翼），实现无产阶级小资产阶级及中产阶级左翼的联合统治，即革命民众的统治。"[1]他还专门对国民党右派分离的原因及其对革命前途的影响进行了深入分析，指出："中国的资产阶级（除开其左翼即中产阶级中历史和环境都有特别情况的人，可与其余阶级合作革命，但人数不多），到现在还在梦想前代西洋的民主革命，还在梦想国家主义之实现，还在梦想由中产阶级一阶级领袖、不要外援、欺抑工农的'独立'的革命，还在梦想其自身能够于革命成功后发展壮大的资产阶级，建设一个一阶级独裁的国家。……我们料定在不远的将来情况之下，中间派只有两条路走：或者向右跑入反革命派，或者向左跑入革命派（其左翼有此可能），万万没有第三条路。"[2]毛泽东关于中产阶级右翼提出的所谓"独立"政治路线的论断为此后中国革命实践所证明是完全正确的马克思主义观点。

随着革命形势的发展，共产党力量的不断壮大，统一战线内部革命与反革命的斗争日趋激化，国民党右派势力公开走向反动。1925年11月23日，以林森、邹鲁、谢持、张继为首的西山会议派在北京西山非法召开所谓"国民党一届四中全会"，作出取消共产党员在国民党中的党籍，解除共产党员谭平山、李大钊、林伯渠、毛泽东等中央执行委员和候补中央执行委员的职务，取消政治委员会等一系列反动决议，反对国民党左派和广州国民政府，反对联俄联共扶助农工的政策，公开打出分裂旗帜。

---

[1] 中共中央文献研究室编：《毛泽东年谱（1893—1949）》上卷，人民出版社、中央文献出版社1993年版，第140—141页。

[2]《国民党右派分离的原因及其对于革命前途的影响》，《政治周报》第4期，1926年1月10日。

西山会议派的分裂活动遭到大多数国民党中央部门和地方组织的反对和斥责,中国共产党人也展开了尖锐的批判斗争。其中,毛泽东是反对西山会议派的主将。12月4日,国民党第125次联席会议通过毛泽东起草的《中国国民党对全国及海外全体党员解释革命策略之通告》。通告对西山会议派进行了针锋相对的直接反击,以历史和现状说明国民党一届四中全会只能在革命根据地广州开会,西山会议派反对联俄联共、分裂国民党、离间各阶级联合战线,是叛党行为,阐明联俄联共扶助农工是国共合作的政治基础,必须采取联合国际及国内各派革命势力,坚持实行国共合作的统一战线策略。

为了彻底打破西山会议派的反共宣传,毛泽东在广州创办国民党中央机关报《政治周报》,并担任主编,专门开辟"反攻"专栏对西山会议派的反共活动和破坏国共合作的行径进行坚决斗争。毛泽东在发刊词开篇就说明创办该报理由是为了革命,是"为了使中华民族得到解放,为了实现人民的统治,为了使人民得到经济的幸福"[①]。他明确指出,我们的敌人是"全世界帝国主义,全国大小军阀,各地买办阶级、土豪劣绅,安福系、研究系、联治派、国家主义派等一切反动政派",责任是"向反革命派宣传反攻,以打破反革命派宣传",方法是"并不多用辩论,只是忠实地报告我们革命工作的事实",鲜明地提出了向反革命派的宣传进行反攻的战斗任务。

从1925年12月5日创刊至1926年6月5日,《政治周报》共出版14期,每期发行达4万份。毛泽东因公务繁忙,从第5期起先后交给沈雁冰、萧楚女等人主编。毛泽东在《政治周报》上发表的文章主要分为两大类。一类是在"反攻"专栏中发表的短小精悍的杂文。如在第1期,毛泽东针对反革命派在宣传中的"反共产""反赤色帝国主义"两面黑旗,写了《三三三一制》《杨坤如的布告与刘志陆的电报》《如果讨赤志同仇亦吾良友》《颂声来于万国》《反共产中国国民军大同盟万岁》《共产章程与

[①] 《〈政治周报〉发刊理由》,《政治周报》第1期,1925年12月5日。

实非共产》《邹鲁与革命》共7篇杂文,明确指出"反共产"的实质是:"一般反革命党以国民革命指为共产革命,以国民党指为共产党,以国民政府指为共产政府,以国民革命军指为共产军,无非承了帝国主义意旨,制造几个简单名词散布出来,企图打破国民革命中各阶级合作的联合战线。"①

另一类是分析政治形势包括资产阶级各派等方面的策论文。这些文章阐述了毛泽东关于在革命与反革命的斗争中中间派必然要分化、西山会议派是资产阶级右翼的政治代表、国民党右派分离出去的必然性且不足以妨碍国民党的发展、中国民族资产阶级具有革命和妥协的两面性且不能建立一个阶级独裁的国家等基本观点。比如,毛泽东在《政治周报》第3期上发表《上海〈民国日报〉反动的原因及国民党中央对该报的处置》,分析了上海《民国日报》被西山会议派操纵走向反动的必然性。《北京右派会议与帝国主义》《帝国主义最后的工具》《右派的最大本领》则是从政治上揭露西山会议派与帝国主义、封建军阀的关系。

再如,毛泽东在《政治周报》第4期上发表批判国民党右派的文章,其中《国民党右派分离的原因及其对于革命前途的影响》一文精辟分析了十月革命后世界历史发生的根本变化,指出现实中国的革命与18世纪末至19世纪中期欧洲、美国、日本的资产阶级反抗封建贵族阶级的民主革命是"性质完全不同"的,就是与辛亥革命"性质也不相同"。文章认为,现在的局面与辛亥时期完全两样:"革命的目标已转换到国际资本帝国主义;党的组织逐渐严密完备起来,因为加入了工农阶级的分子,同时工农阶级形成了一个社会的势力;已经有了共产党;在国际又突现了一个无产阶级国家的苏俄和一个被压迫阶级革命联合的第三国际,做了中国革命有力的后援。"现在的革命"其结果是要达到建设各革命民众统治的国家;其终极是要消灭全世界的帝国主义,建设一个真正平等自由的世界联盟"。毛泽东从国内外资产阶级革命性质、对象、任务、目的、结果、时

---

① 《共产章程与实非共产》,《政治周报》第1期,1925年12月5日。

代特征及国民党自身的历史发展等方面剖析了国民党右派分离的原因，认为国民党右派从革命队伍中分离出去，是基于阶级性和现在特殊的时局，是历史发展的必然趋势，"是一种必然的现象"。他还通过对比革命民众、敌人、中间派三方势力所占的比重多少，分析指出国民党右派之分裂"并不足以妨碍国民党的发展，并不足以阻挠中国的国民革命"。[1]

毛泽东还将各地反对西山会议派的文章、电文近50篇冠以《革命派党员群起反对北京右派会议》《反对右派会议者遍于全国》的标题汇总并加上按语："中国国民党第四次全体中央会议地址之争，实乃继续革命与放弃革命之争。"指出西山会议派在事实上成为帝国主义的工具，警示广大党员"现在的中国除了革命，决无路走。凡属革命性强固的党员，决不愿附和右派抛弃光荣的革命地位，以助帝国主义军阀张目"[2]。《政治周报》在毛泽东的主编下，从理论上和事实上揭露了西山会议派分裂统一战线的阴谋，教育了国民党左派、争取了中间派，维护了国共合作的统一战线，迎来了北伐战争的胜利进军和轰轰烈烈的农民运动。

1926年元旦，国民党二大在广州召开，毛泽东作为湖南代表出席，并再次当选为国民党候补中央执行委员。会上，毛泽东和其他共产党人一起团结国民党左派，积极进行反对西山会议派的斗争。1月8日下午，毛泽东向大会作《宣传报告》，分别从文字宣传、图画宣传、口头宣传、两年来的重大事件、敌人的宣传和宣传工作中存在的缺点等六个部分进行了全面总结。他在结束语中说："两年来在革命宣传与反革命宣传相对抗之中，革命宣传确是取一种攻势；这种攻势，在五卅运动中特别地表现出来。反革命宣传却始终是一种守势，为了招架不住，才抬出'反共产''赤色帝国主义'这两块挡箭牌来。这种对抗攻守的现象，乃中国革命势力日益团

---

[1] 《国民党右派分离的原因及其对于革命前途的影响》，《政治周报》第4期，1926年1月10日。

[2] 《革命派党员群起反对北京右派会议》《反对右派会议者遍于全国》，《政治周报》第3期，1925年12月13日。

结进取，而反革命势力日益动摇崩溃的结果。"①会议顺利通过了进一步贯彻联俄、联共、扶助农工的三大政策，还通过了《弹劾西山会议决议案》《处分违犯本党纪律党员决议案》等，指出西山会议"纯属违法，并足以危害本党之基础，阻碍国民革命之前途，非加以严重之处分，不足以伸党纪而固吾党之团结"②，将谢持、邹鲁"永远开除党籍"，对其他西山会议分子提出书面警告，责其改正，严肃处理了西山会议派的问题，予其以沉重打击。

对国民党二大，1943年11月毛泽东在中共中央政治局会议上评价："在革命中，资产阶级采取暴力政策，革命队伍容易出'左'倾机会主义；资产阶级采取改良政策，革命队伍容易出右倾机会主义。……大革命时，我们第一个失败的关键是国民党第二次全国代表大会。当时我主张反击，因我们有三分之一，左派三分之一，其他三分之一，左派很赞成，结果我们自动退却。"由于当时党的领导人担心同国民党右派进行斗争会导致国共关系破裂，使广东革命局面陷于孤立以致失败，因而主张采用妥协退让的方法来缓和国民革命阵营内的矛盾，共产国际也持这种意见，从而丧失了国民党二大中左派占优势的大好形势。国民党二大后，右派势力逐渐壮大，中间派更加理直气壮，而左派陷入孤立的境地。

（二）与蒋介石和国民党新右派的斗争

蒋介石作为国共合作中后期统一战线内出现的新右派的代表，在国民党二大上尚未暴露真实面目，他进入国民党中央执委会，并成为委员。在担任国民革命军第一军军长、黄埔军校校长的同时，又被任命为国民革命军总监，其地位得到大大加强。为进一步扩张自己的权力，争夺革命领导权，1926年3月，蒋介石突然采取严重的反共行动，制造一起重大的反革命阴谋——中山舰事件。毛泽东立即意识到蒋介石此举是排挤共产党，打击国民党左派，分裂国共合作，共产党决不能示弱，须以武力进行坚决的对抗。

---

① 《宣传报告》，《政治周报》第6、7期合刊，1926年4月10日。
② 《弹劾西山会议决议案》，《政治周报》第6、7期合刊，1926年4月10日。

事发第二天，毛泽东听到消息就马上去找苏联顾问团代理团长季山嘉和中共广东区委书记陈延年商议对策。毛泽东建议："应当动员所有在广州的国民党中央执、监委员，秘密到肇庆集中，驻防肇庆的是叶挺的独立团。"他从蒋介石的军事力量和各方的矛盾出发进一步分析道："目前就广州一隅而言，蒋介石的武力占优势。……然而就两广而言，蒋介石这点兵力就居于劣势。第一军的士兵和中下级军官都是要革命的，蒋介石的反革命面目一旦暴露，第一军就会反对他。况且，第二军谭延闿，第三军朱培德，第四军李济深，第五军李福林，都与蒋介石面和心不和……我们可以争取他们，至少可以使他们中立。……中央执、监委员到了肇庆以后，就开会通电讨蒋，指责他违犯党纪国法，必须严办，削其兵权，开除党籍。"[1]然而，毛泽东的这一建议遭到季山嘉的反对，没有达成一致意见，陈延年最后决定请示党中央再决定。

随后，毛泽东又到国民革命军第二军副党代表（国民革命军第一至第六军的党代表名义上均由汪精卫兼任）李富春那了解情况，正好第一军副党代表兼政治部主任周恩来也在，交换了意见，一致主张反击。但是面对突如其来的事变，中共中央既缺乏精神准备，也没有应对的经验，只能采取妥协退让的政策。从黄埔军校和第一军退出的共产党员有250多人，蒋介石顺利控制国民革命军第一军和黄埔军校的领导权，为在国民党内夺取最高权力扫清了障碍。毛泽东、周恩来建议将这批退出的党员派到军队中，建立叶挺独立团式的革命军队，却又遭到中共领导人的拒绝。在此前后，毛泽东就郑重告诫："各同志要鉴往知来，惩前毖后，千万不要忘记'我们不给敌人以致命的打击，敌人便给我们以致命的打击'这句话。"[2]据时任国民党中宣部秘书的沈雁冰回忆，当时毛泽东同他谈政局形势，指出蒋介石向共产党突然进攻，一是威胁，一是试探；如果我们示弱，他就会得

---

[1] 茅盾：《中山舰事件前后》，《新文学史料》1980年第3期。
[2] 《纪念巴黎公社的重要意义》（1926年3月18日），中共中央文献研究室编：《毛泽东文集》第1卷，人民出版社1993年版，第35页。

寸进尺；我们强硬，他就会缩回去。①

果不其然，一个多月后，蒋介石又在5月召开的国民党二届二中全会上以避免"党内纠纷"等借口提出所谓的《整理党务案》，规定共产党在国民党中央及省、市以上高级党部任执行委员的人数不得超过总数的三分之一，共产党员不得担任国民党中央各部部长等。这是蒋介石企图限制和削弱中共在统一战线中的领导地位，阴谋篡夺国民党党权的又一个严重步骤。中共中央派张国焘、彭述之去指导出席这次会议的中共党团成员，在党团会议上讨论《整理党务案》时，大家意见很不一致。最后，张国焘按照他同陈独秀商定的让步方针，劝大家签字接受。毛泽东拒绝签字，主张"坚决顶住"，在表决此案时也没有举手，以示反抗。但是，由于陈独秀等的退让方针，《整理党务案》被通过。于是，担任国民党中央党各部部长的共产党员被迫全部辞职。6月22日，国民党中央宣传委员会改组，毛泽东及其他共产党人被免去委员职务，毛泽东也离开了国民党中央宣传部。此后，他将自己的主要精力转向农民运动，研究农民问题。

中山舰事件后，蒋介石的立场已转到大地主大资产阶级方面，随着北伐战争的胜利进行，蒋介石欲建立独裁统治的面目暴露无遗。为反对蒋介石军事独裁，1927年1月，共产党人和国民党左派在武汉开展"提高党权运动"，最高峰是3月中旬在武汉召开的国民党二届三中全会，毛泽东出席会议。他在会上主张坚决反对以蒋介石为首的右派势力。鉴于蒋介石和张静江曾在南昌召集会议，擅自决议中央党部和国民政府暂住南昌，挑起"迁都之争"的事实，为防止他们故伎重演，毛泽东提议在大会期间，政治委员会会议停止开会，如有重大事故发生由主席团全权办理，得到多数通过。毛泽东在会上还主张取消蒋介石操纵的黄埔同学会，亦获全体通过。在共产党人和国民党左派共同努力下，全会通过多项具有积极意义的决议案，极大提高了党权，在一定程度上限制了蒋介石的权力。

当轰轰烈烈的大革命如火如荼展开时，洪流中包裹的暗流、胜利中暗

---

① 茅盾：《中山舰事件前后》，《新文学史料》1980年第3期。

藏的危机也在发展。羽翼日渐丰满的蒋介石与帝国主义列强互相勾结，制造反共事件。在四一二反革命政变前夕，1927年3月，蒋介石制造赣州惨案，公开枪杀工运领袖、共产党员陈赞贤。3月15日，毛泽东在阳新、赣州死难烈士追悼会上明确指出："在这革命的范围内，竟不断演出惨杀农工的事实，由此可证明封建的残余势力，正准备着秣马厉兵，向我们作最后的挣扎啊！从今日起，我们要下一决心，向那些反动分子势力进攻，务期达到真正目的。"①毛泽东号召革命人士下定决心，准备迎头痛击反动势力的猖狂进攻。在共产党人和国民党左派的领导下，武汉地区掀起规模巨大的反蒋运动。

（三）社会各阶级的分析和革命策略的确定

第一次国共合作建立后，在中共的推动领导下，反帝反封建的国民大革命风起云涌，中国社会各阶级异常活跃。随着五卅运动后中国革命高潮的到来和广东革命根据地的巩固和统一，国内的阶级关系和阶级斗争日益尖锐复杂。尤其是帝国主义、封建军阀以及买办资产阶级等反动势力与国民党右派勾结，开始一步步扼杀蓬勃发展的革命事业。严峻的革命形势迫切要求中共对民主革命的许多基本问题作出正确回答，迫切需要中共正确分析中国社会各阶级的状况和把握各阶级间的相互关系，来确定革命路线、敌我划分、领导力量等一系列重大问题。

中共四大虽提出了中国无产阶级在民主革命中的领导权问题和工农联盟问题，但对如何实现无产阶级的领导权，特别是如何正确处理在同资产阶级争夺领导权中的种种复杂问题，并没有作出具体的回答。当时党内存在两种倾向：第一种倾向是以陈独秀为代表，认为中国无产阶级还不是独立的革命势力，农民难以加入革命，是只注意同国民党合作而忘记农民、放弃无产阶级领导权的右的倾向。第二种倾向是以张国焘为代表，在口头上承认无产阶级领导权，但否认农民在革命中的重大作用，是只注意工人运动同样忘记农民的"左"的倾向。

---

① 汉口《民国日报》1927年3月31日。

为了回击国民党右派篡夺革命领导权的阴谋，反对当时中共内部存在的两种错误倾向，毛泽东在总结革命实践经验的基础上，通过调查各阶级和各阶层人士的状况，吸收和借鉴陈独秀、蔡和森、瞿秋白等人研究的成果，撰写发表《中国社会各阶级的分析》等文章，用马克思主义的阶级分析方法，比较系统地考察中国社会各阶级的经济地位及其对革命的态度，用思想和政治多重标准判断革命的敌人和朋友，对一些重大问题进行了多方面的思考、探索和论述，初步提出了中国新民主主义革命的基本思想。

毛泽东认为革命最关键的策略是找准真正的朋友，瞄准真正的敌人，分清敌、我、友关系，分清楚依靠谁、团结谁、打击谁，从而确定正确的革命策略，实现革命的成功。他用极富战斗性的话语开宗明义："谁是我们的敌人？谁是我们的朋友？这个问题是革命的首要问题。中国过去一切革命斗争成效甚少，其基本原因就是因为不能团结真正的朋友，以攻击真正的敌人。"①为了避免作为"群众的向导"的革命党（实际上指共产党）在复杂的战斗中迷失方向，认敌为友或将友作敌，革命党首先要分清楚敌人和朋友，那么就必须对"中国社会各阶级的经济地位及其对于革命的态度"作分析，掌握各阶级政治动向，掌握革命主动权，将无产阶级领导权落到实处，确定正确的革命策略。

毛泽东运用马克思主义关于阶级分析的方法，从各阶级的经济基础和阶级意识的形成发展来认识中国社会的阶级状况。他创造性地分析了中国资产阶级的特殊状况，明确地将中国的资产阶级划分为大资产阶级（地主阶级和买办阶级）、中产阶级（民族资产阶级）两部分。对于大资产阶级，毛泽东指出他们"完全是国际资产阶级的附庸"，代表中国最落后的生产关系，"附属于帝国主义"，是帝国主义对中国进行经济盘剥和政治统治的工具，他们与民族革命的目的完全不相容，是"极端的反革命

---

① 《中国社会各阶级的分析》（1925年12月1日），《毛泽东选集》第1卷，人民出版社1991年版，第3页。

派"，是革命的敌人，即革命的对象。①中山舰事件发生后，蒋介石的立场已转到大地主大资产阶级方面。然而，中共一些领导人在阶级关系上却犯了"定型化"等错误，不懂得人是会变的，仍把蒋当作中间派对待，不敢斗争，怕导致破裂。毛泽东则看清了蒋的真面目，主张同蒋进行坚决斗争，对其予以武力制裁。

对于中产阶级即民族资产阶级，毛泽东将其划分为左翼和右翼，全面精准地论述了其两面性，否定了其对中国新民主主义革命的领导资格。毛泽东指出，民族资产阶级的本性和目的是要达到大资产阶级的地位的，所以对中国革命具有"矛盾的态度"：当受外资打击、军阀压迫不能发展而感觉痛苦时，则需要革命；但是，当革命在国内有本国无产阶级勇猛参加，在国外有国际无产阶级积极援助，对于其欲达到大资产阶级地位的发展感到威胁时，又怀疑革命。毛泽东专门引用戴季陶曾发表在报纸上的评论："举起你的左手打倒帝国主义，举起你的右手打倒共产党"，鲜活展现了民族资产阶级的矛盾态度。他们企图实现民族资产阶级一个阶级统治的国家"完全行不通"。在革命和反革命作最后斗争时，这个中间阶级必定很快分化，"或者向左跑入革命派，或者向右跑入反革命派，没有他们'独立'的余地"。②毛泽东对民族资产阶级的分析，较为客观地反映了当时阶级斗争的实际状态，认为他们蕴含着革命的力量，但却不是我们依靠的力量。这一认识为他在国共合作中积极有为，努力实干，竭诚与以孙中山、廖仲恺为首的国民党左派合作；又基于民族资产阶级的两面性、软弱性和妥协性，在必要时坚决斗争，批评西山会议派和戴季陶主义提供了重要的思想理论基础。

对于小资产阶级，如自耕农、手工业者、小知识阶层等都属于这一阶级，毛泽东将其分为有余钱剩米的、经济上大体自给的、生活下降的三个

---

① 《中国社会各阶级的分析》（1925年12月1日），《毛泽东选集》第1卷，人民出版社1991年版，第3—4页。

② 《中国社会各阶级的分析》（1925年12月1日），《毛泽东选集》第1卷，人民出版社1991年版，第4页。

不同的部分,即右翼、中间、左翼三派,认为这个阶级"在人数上,在阶级性上,都值得大大注意"。毛泽东从1925年五卅运动和各地农民运动的经验认定:小资产阶级"对于革命的态度,在平时各不相同;但到战时,即到革命潮流高涨、可以看得见胜利的曙光时,不但小资产阶级的左派参加革命,中派亦可参加革命,即右派分子受了无产阶级和小资产阶级左派的革命大潮所裹挟,也只得附和着革命"。[①]理论上的清醒,带来行动上的坚定。毛泽东不仅认为小资产阶级由其阶级地位所决定,而且即使是民族资产阶级也一样,只要无产阶级力量大,他们都是可以参加革命的。

毛泽东提出"半无产阶级"的概念,包括绝大部分的半自耕农、贫农、小手工业者、店员、小贩等。他指出绝大部分半自耕农和贫农是农村中一个数量极大的群众,农民问题主要就是他们的问题。通过对他们经济情况的分析,毛泽东指出半自耕农的革命性优于自耕农而不及贫农,贫农中佃农的革命性优于半自耕农而不及另一部分贫农,所谓另一部分贫农是农民中极艰苦者,极易接受革命的宣传。小手工业者、店员、小贩等和贫农地位不相上下,都"需要一个变更现状的革命"。此外,我们可以看到,毛泽东对农民的各个阶层进行了初步的界定,对其所处的经济地位和革命态度进行了比较全面的阐述,他把农民分为自耕农、半自耕农、贫农、雇农,中共后来在农村划分阶级大体上与这一分法是吻合的。

对于无产阶级,毛泽东指出,中国现代工业无产阶级人数虽然不多,却是中国新的生产力的代表者,是近代中国最进步的阶级。他们比任何阶级都更为集中,而且经济地位低下,失去了生产手段,绝了发财的念头,又受着帝国主义、军阀、资产阶级的极残酷剥削,因此他们特别能战斗,是"革命运动的领导力量",在斗争中比任何别的阶级都坚决彻底,最富于革命性。与此同时,毛泽东特别指出,农村中的无产阶级——雇农,没有占有任何生产资料,在乡村中是生活最感困难者,"在农民运动中和贫农处于同一

---

① 《中国社会各阶级的分析》(1925年12月1日),《毛泽东选集》第1卷,人民出版社1991年版,第5、6页。

紧要的地位"，是革命的坚定者。此外，毛泽东还提到游民无产者，他们多为失去土地的农民和失去工作机会的手工业者，"很能勇敢奋斗，但有破坏性"，必须加以正确的引导，使之成为一种革命的力量。

通过对各阶级及其革命态度的分析，毛泽东得出了符合中国革命实际的正确的革命策略，即"一切勾结帝国主义的军阀、官僚、买办阶级、大地主阶级以及附属于他们的一部分反动知识界，是我们的敌人。工业无产阶级是我们革命的领导力量。一切半无产阶级、小资产阶级，是我们最接近的朋友。那动摇不定的中产阶级，其右翼可能是我们的敌人，其左翼可能是我们的朋友——但我们要时常提防他们，不要让他们扰乱了我们的阵线"[①]。毛泽东从经济社会结构关系的角度出发，宏观上将中国社会各阶级分为地主阶级和买办阶级、中产阶级、小资产阶级、半无产阶级、无产阶级和游民等几个部分，区分了革命要依靠的主体、团结的朋友和斗争的对象。他还根据各阶级内部不同群体占有生活资料的多寡进行了进一步的划分，剖析了各个不同部分对于中国革命的态度。这是他在反对国民党右派和中国共产党内错误思想的斗争中，把马克思主义普遍真理与中国革命具体实践相结合的初步尝试，集中了当时共产党人探索中国新民主主义革命理论的最初成果。毛泽东在马克思主义唯物史观的基础上，充分立足于中国国情，从整体上对中国的社会性质和社会构成及其阶级状况和政治倾向进行了深入考察和科学分析，初步理清了中国民主革命的对象、任务、动力、领导、性质和前途等一系列基本问题，揭示了农民是无产阶级最广大最重要的同盟军，从而初步阐述了关于中国新民主主义革命的基本理论，对中国新民主主义革命思想的形成和发展作出了突出贡献。

关于中国社会各阶级的分析，其实当时党的主要领导人陈独秀早两年就撰写了《中国国民革命与社会各阶级》，由于缺乏马克思主义理论的深厚积淀，疏于对中国社会进行全面深入的剖析，对中国革命的认识出现

[①] 《中国社会各阶级的分析》（1925年12月1日），《毛泽东选集》第1卷，人民出版社1991年版，第9页。

严重偏差，其结论与毛泽东大相径庭。陈独秀错误地认为中国工人阶级太幼稚，而资产阶级力量比农民集中，比工人雄厚。中国革命既然是资产阶级的民主革命就应由资产阶级领导，无产阶级只能站在消极的帮助地位，民主革命的胜利，自然是资产阶级握得政权，发展资本主义，无产阶级只不过"获得若干自由及扩大自己的能力之机会"。只有等到资本主义发达起来了，无产阶级才可能进行本阶级的社会主义革命，即第二次革命。他的口号是"统率革命的资产阶级，联合革命的无产阶级，实现资产阶级的民主革命"。基于此，陈独秀作为党的领袖却在如何对待资产阶级、对待领导权问题、对待农民及其土地问题，以及是否发展中共独立领导的武装等一系列重大实践中，出现严重的右倾偏颇。这是导致轰轰烈烈的大革命失败的重要内因之一。毛泽东后来指出："然而这时的党终究还是幼年的党，是在统一战线、武装斗争和党的建设三个基本问题上都没有经验的党，是对于中国的历史状况和社会状况、中国革命的特点、中国革命的规律都懂得不多的党，是对于马克思列宁主义的理论和中国革命的实践还没有完整的、统一的了解的党。因此，党的领导机关中占统治地位的成分，在这一阶段的末期，在这一阶段的紧要关头中，没有能够领导全党巩固革命的胜利，受了资产阶级的欺骗，而使革命遭到失败。"[①]

三、毛家祠堂燃起的星星之火

（一）开展韶山农民运动的真知

关注和致力于中国现代农民运动，毛泽东不是中国共产党内的第一人，但是就农民问题的理论建树和实践而言，他是立场最坚定、理论研究最深入和取得成效最突出的。

毛泽东从小生长在农村，多年的农民生活经历决定了他20世纪20年代

[①]《〈共产党人〉发刊词》（1939年10月4日），《毛泽东选集》第2卷，人民出版社1991年版，第610页。

初思想的形成和发展。早在1919年，毛泽东在其庞大的"新村"计划中号召学生到农村中去，"养成乐于农村生活之习惯"。1922年，毛泽东在创办湖南自修大学附设补习学校时，将首次论述农村各阶级的经济地位和政治状况的《告中国的农民》选入国文讲义，列为必读教材。1923年，他派水口山工人、共产党员刘东轩和安源路矿工人谢怀德回家乡衡山岳北农村开展农民运动。同年，在毛泽东等人关于注意农民运动的提议下，中共三大通过了党内第一个关于农民问题的文件——《农民问题决议案》。毛泽东对农民问题在中国革命中地位的认识虽经历了一个发展过程，但他始终未忽视过农民。

中共三大后，农民问题引起党内人士越来越多的讨论，但对于推动国共合作而言，中央认为农民运动不是焦点，也不是眼前最紧要的任务。当时，党内关于农民问题的探讨也多停留在理论层面，实施性和可操作性不强，很少涉及农民的根本利益，但仅有这些为毛泽东研究农民问题提供了一定的思想基础。1925年2月到8月，作为国民党上海执行部委员的毛泽东回乡休养，善于利用一切机会开展革命工作的他在自己的家乡韶山，进行了一场将农民组织发动起来的革命实践。

1924年12月底，毛泽东从上海回到长沙，与中共湘区委书记李维汉交流了情况，对于国民运动、农民运动"作了详细的谈话和讨论"。次年2月初，毛泽东偕妻子杨开慧和两个儿子毛岸英、毛岸青回到韶山，并带回100多斤重的书籍。毛泽东经常到朋友、同学、亲戚和左邻右舍农家走访，或邀请亲友到韶山南岸家中，谈家常、讲时事。其间，来往较多的有从安源煤矿回来的共产党员、贫苦知识分子、小学教员以及韶山的一些知名人士。经过同各种人的接触和调查，毛泽东了解到韶山地区农民的生产和生活情况，农村的阶级状况和各种社会情况。同时，毛泽东注重用通俗易懂、生动形象的语言向他们讲述国家的政治形势，说明农民遭穷受苦并非命定，而是"洋财东"和"土财东"互相勾结剥削、压迫所致，分析农民穷苦的原因和摆脱贫困的办法等，以启发他们的阶级觉悟。

为了宣传革命思想，加强对农民的思想启蒙教育，毛泽东和杨开慧等人发动进步教师，吸取办工人夜校的经验，利用赵恒惕为装饰门面而搞"平民教育"的合法形式，在祠堂、族校等处创办夜校。除了教识字，教珠算外，还宣讲三民主义，讲述国内外大事，向农民灌输革命道理。到7月间，夜校发展至20余所。在深入的思想发动基础上，毛泽东团结了一批清贫农民与贫苦知识分子，决定把他们组织起来，秘密组织农民协会。夜校的学员大部分发展成为农协的骨干，夜校的场所一般也是秘密农协的会址。从1925年2月至3月间即开始组织乡秘密农协，不久便发展到20余个。

1925年5月，五卅惨案的发生激起中国人民的极大愤怒，反对帝国主义的民族运动浪潮以不可遏止的浩大声势迅速席卷中国。湖南许多地方成立了雪耻会。毛泽东等人以秘密农协为中心，以"打倒列强、洗雪国耻"为口号，在韶山一带成立了20多个乡雪耻会。在湘潭西二区上七都雪耻会成立大会上，毛泽东发表演讲，揭露帝国主义的侵略罪行，号召大家联合起来共同反对帝国主义。在毛泽东的领导下，雪耻会作为公开合法的群众组织，积极组织进步教师和学生以及有觉悟的农民成立宣传队，广泛开展演讲、散发传单、举行游行示威、检查洋货等反帝爱国活动。

在组织农民的过程中，毛泽东十分注重在农村建立中共的基层组织。在毛泽东的指导和带领下，毛新梅、庞叔侃、李耿侯、钟志申等人很快成长为韶山农民运动的骨干。经过几个月培养和了解，6月中旬，毛泽东同毛福轩介绍他们加入中国共产党，发展他们为韶山第一批中共党员，秘密举行了新党员入党仪式，成立中共韶山支部，委派毛福轩为党支部书记。至年底，韶山、银田一带发展党员近百人。毛泽东还在韶山秘密发展共产主义青年团，建立团的组织。韶山建立党组织后，毛泽东领导韶山人民开展了政治、经济和文化教育方面的初步斗争。1925年7月，韶山大旱，粮食奇缺。当地的地主乘机囤积居奇，高抬谷价。毛泽东便召集中共党支部和农协骨干发动农民展开了一场韶山历史上有名的"平粜阻禁"的斗争。同时，他还领导了韶山地区夺取教育权的斗争。

毛泽东这次回乡养病，从1925年2月6日抵达韶山，到8月28日离开韶山，共住了半年多。这段时间，毛泽东名为休养，实际上是全力投入发动韶山地区的农民运动，十分艰苦。当时，湘区青年团委派来韶山工作的贺尔康在日记中记载：7月12日，毛泽东在汤氏祠主持开会，从白天到夜晚一连开了几个会，至深夜一时一刻，会才完毕。毛泽东要动身回家去歇。他说，因他的神经衰弱，今日又说话太多了，到此定会睡不着。月亮也出了丈多高，一行三人就动身走，走了两三里路时，在半途中就都越来越走不动了，疲倦极了，后就到汤家湾歇了。

毛泽东在韶山从事农民运动时间虽不长，却很有章法，即使是在偏僻山村，这里的农民运动也开展得有声有色，颇具影响。1926年12月，湘潭县农会在《湘潭县农民运动报告》中介绍情况："湘潭农运，为湖南全省之中心。其地域为全省之要塞，故其发展亦在各县之先。"韶山初期的农民运动是毛泽东在农村中开展艰苦细致工作的成果，是中共领导农民斗争、坚持统一战线中的领导权的局部尝试。毛泽东从而对开展农运的意义和如何开展农运有了比较全面的切身体会，积累了第一手的经验。他还进行了深入细致的调查研究工作，写下大量的调查研究笔记，从而使他对中国农村的了解和对中国农民的认识大大前进了一步。这也为他后来撰写《中国社会各阶级的分析》提供了宝贵素材，为以后中共领导全国农民运动提前探索了道路。

这一段经历让毛泽东看到农民巨大的革命潜力。1936年，毛泽东谈道："那年冬天我回到湖南休养——我在上海生了病。但在湖南期间，我组织了该省伟大的农民运动的核心。以前我没有充分认识到农民中间的阶级斗争的程度，但是，在（1925年）'五卅'惨案以后，以及在继之而起的政治运动的巨浪中，湖南农民变得非常富有战斗性。我离开了我在休养的家，发动了一个把农村组织起来的运动。在几个月之内，我们就组织了20多个农会，这引起了地主的仇恨，他们要求把我抓起来。赵恒惕派军队追捕我，于是我逃到广州。"①

---

① ［美］埃德加·斯诺：《西行漫记》，董乐山译，解放军文艺出版社2002年版，第119页。

途经长沙时,毛泽东于1925年8月底向中共湘区委员会报告韶山农民运动的情况,就农民问题与湘区委同仁交换意见,建议多派同志前往广州学习,并多派优秀同志到各县农村秘密组织农民协会和发展党组织。不久,毛泽东到湘江边上,重游橘子洲,回想当年风华正茂的师范生活,慨然写下《沁园春·长沙》:"独立寒秋,湘江北去,橘子洲头。看万山红遍,层林尽染;漫江碧透,百舸争流。鹰击长空,鱼翔浅底,万类霜天竞自由。怅寥廓,问苍茫大地,谁主沉浮?携来百侣曾游。忆往昔峥嵘岁月稠。恰同学少年,风华正茂;书生意气,挥斥方遒。指点江山,激扬文字,粪土当年万户侯。曾记否,到中流击水,浪遏飞舟?"[①]在危乱的时局下,忧国忧民、壮志难酬、前途未卜的毛泽东望见湘江沙洲之景,不由追思往昔,寄怀将来,抒发了对人生、社会和国家命运的无限感慨。

(二)国民革命就是农民革命——主办广州农讲所

国共合作实现后,工农运动迅速发展。中共制定农运政策,同时因国民党改组后认定农民运动是革命工作之一,中共便用国民党中央农民部名义工作,从1924年7月到1925年底,在广州开办了五届农民运动讲习所,培养农民运动人才,扩大中国的农民运动,以"唤醒农民觉悟和提高其利益"[②]。

毛泽东在广州期间,农讲所的创办人彭湃就多次邀请他到农讲所教授中国社会各阶级的分析及其对于革命的态度、介绍农民运动经验等课程。毛泽东讲道:组织农民乃系组织自耕农、半自耕农、贫农、雇农及手工业工人于一个组织之下;"对于地主阶级在原则上用斗争的方法";对于反动的土豪劣绅,"则须完全打倒他";"对于游民无产阶级则劝他们帮忙农民协会一边,加入革命的大运动,以求失业问题的解决,切不可逼其跑

---

① 《沁园春·长沙》(1925年),中共中央文献研究室编:《毛泽东诗词集》,中央文献出版社1996年版,第6—7页。

② 林祖涵:《中国国民党农民部两年来工作状况》,《中国农民》第6、7期合刊,1926年7月。

入敌人那一边，做了反革命派的力量"。①他对农民革命策略的精辟阐释令学生深受教育和启发。

1926年1月，国民党二大通过《农民运动决议案》，其间毛泽东受大会主席团委托参加对《农民运动决议案》的修改拟定工作。该决议案指出："中国尚在农业经济时代，农民生产占全生产百分之九十……中国之国民革命，质言之，即是农民革命。……为巩固国民革命之基础，惟有首先解放农民，无论政治的或经济的运动，均应以农民运动为基础。党之政策，首须着眼于农民本身之利益，政府之行动，亦须根据于农民利益而谋其解放。因农民苟得解放，即国民革命大部分之完成，而为吾党三民主义实现之根据。"②从中可以窥见毛泽东对国民革命和农民问题的认识已上升到新的高度。

为适应全国农民运动发展之要求，国民党二大后，以林伯渠为部长的国民党中央农民部提议设立农民运动委员会。2月5日，国民党中央常委会决定继续开办农讲所，设立农民运动委员会，以"研究农民运动之理论与实施计划之指导"。同日，毛泽东成为国民党农委会首届委员之一。鉴于毛泽东在领导农运方面的成就，又对农民问题作了大量的调查和研究，3月中旬，农委会决定由毛泽东担任第六届广州农讲所所长。随后，毛泽东在农委会第二次会议上提议，农民运动与政治关系密切，目前各省农运应全力注意将来革命军北伐时经过之区域，如赣、鄂、直、鲁、豫诸省。毛泽东的建议得到通过。

1926年2月6日，农民部发出通告，招生条件是："1．决心做农民运动，并无他项异想；2．中学程度，文理通顺；3．年龄十八岁以上，

---

① 《中国农民中各阶级的分析及其对于革命的态度》，《中国农民》第1期，1926年1月1日。
② 《农民运动决议案》（民国15年1月19日第二次全国代表大会通过），荣孟源主编，孙彩霞编辑：《中国国民党历次代表大会及中央全会资料》上册，光明日报出版社1985年版，第133页。

二十八岁以下，身体强健无疾病；4．富勇敢奋斗精神。"[①]第六届农讲所设在番禺学宫。3月底，来自全国20个省区的学生陆续到广州，4月举行入学考试，5月开学，前后共收录学生327人，学习训练4个多月，于9月参加毕业考试，截至10月5日，所有学生学成后返回原籍深入农村，做实际的农民运动。第六届农讲所是国民党内"第一次大规模之农所"[②]，也就是历届中学生人数最多、学生来源最广的一届。5月15日，第六届农讲所正式开学那天，蒋介石在国民党二届二中全会上提出《整理党务案》，毛泽东被迫辞去国民党中央宣传部代理部长，根据以往创办湖南自修大学的经验，全力投入到农讲所的工作之中。

在讲授革命理论和方法上，第六届农讲所实际授课13个星期，4个多月，共授课252个小时，包括三民主义、中国农民问题、农村教育等课程共计25门。该所聘请一批理论素养高，革命斗争经验丰富的专职教员授课，如周恩来讲授军事运动与农民运动，萧楚女讲授帝国主义、中国民族革命运动史、社会问题与社会主义，恽代英讲授中国史，李立三讲授中国职工运动，彭湃讲授海丰及东江农运状况，彭述之讲授中国政治状况等。身为所长的毛泽东，除了负责处理日常事务之外，一直坚持为学生上课，以丰富的革命理论和革命实践经验讲授中国农民问题、农村教育、地理3门课程，共达36个小时。

农民问题是新民主主义革命的中心问题，关系到无产阶级的领导权和同盟军，关系到革命的成败。大革命时期，毛泽东最具创造性的就是关于农民运动问题的理论，这一时期他对农民问题的认知也充分反映在讲授的中国农民问题这一课程。毛泽东将该课程分为中国农民问题与中国革命，帝国主义、军阀、地主阶级对中国农民的剥削，地主阶级与中国政治等专题进行讲授。他将农民问题具体阐释为12个问题：土地问题、地租问题、田赋问题、高利贷问题、苛税问题、苛捐问题、昂贵的工业品和低廉的农

---

① 《国民党中央农民部第一、二号通告》，广东农民运动讲习所旧址纪念馆编：《广州农民运动讲习所资料选编》，人民出版社1987年版，第32页。

② 《第六届农民运动讲习所办理经过》，《中国农民》第9期，1926年11月。

产品、天灾问题、资本匮乏、政治问题、文化问题、失业问题。他强调，"农民问题，就是革命问题"①，革命需要联合大多数才能成功，"农民一支军，占全人口百分之八十以上，尤不可抛掉"，应注意农运，为农民而奋斗，做实际民众的运动从而得到人民的支持和拥护。毛泽东根据中国历史和实际，从农民人口比重、农业生产、革命力量、战争关系、革命目的等方面论述中国农民在国民革命中的重要地位，进而指出"国民革命的目标是要解决工农商学兵的各阶级问题。设不能解决农民问题，则各阶级问题也无由解决。故国民革命的大部【分】是解决农民问题，其余问题皆不如农民问题的重要。可以说中国国民革命是农民革命"②。他还认为农村教育是当时一个很大的、不得不注意的社会问题，提出"现在的农民，已到了革命时期……所需用〔要〕的教育是经济上的要求——经济的解放"。农民所需要的教育是"适合于农民经济之发展，并使农民得到解放之教育，即适合于解决农民问题之教育"。③

实际上，中国革命发展证实了毛泽东关于农民在中国革命中作用分析的正确性。北伐战争因有农民的参加而取得巨大胜利。马日事变时，湖南省数十万农民包围长沙，但因中央领导人的妥协退让，放弃了对农民运动的领导权，下令撤回包围长沙的农民军，助长了反动派的嚣张气焰。八七会议后，中共的工作重心由城市转到广大农村，依靠农民坚持了十年土地革命战争和八年全面抗战并取得伟大胜利；依靠农村的人力物力进行三年多的解放战争，打退蒋介石的军事进攻，解放全中国。因此，农民问题在中国革命中占有极重要的地位，农民对中国革命作出了巨大贡献，是一支强大的主力军。

---

① 《农民问题（一）》，广东农民运动讲习所旧址纪念馆编：《广州农民运动讲习所资料选编》，人民出版社1987年版，第181页。

② 《农民问题（一）》，广东农民运动讲习所旧址纪念馆编：《广州农民运动讲习所资料选编》，人民出版社1987年版，第188页。

③ 《农村教育》，广东农民运动讲习所旧址纪念馆编：《广州农民运动讲习所资料选编》，人民出版社1987年版，第206、207页。

毛泽东关于以武装的革命反对武装的反革命的战略思想，在农讲所的教育活动中也鲜明地体现出来。为了将学生培养成既遵守革命纪律又懂得武装斗争的农民运动骨干，毛泽东加大军事训练的比重，设置的军事训练课占到全部课程的三分之一，军事训练持续10个星期，学生上操共128个小时。毛泽东认为，搞革命就是刀对刀，枪对枪，要推翻地主武装团防局，必须建立农民自己的武装，刀把子不掌握在自己人手里，就会出乱子。他指出：农民占全国人口的大多数，但是却没有土地，没有教育，没有武装，中国革命还不能成功。通过严格的军事管理和紧张的军事训练，学生掌握了托枪放枪、卧倒跃进、利用地形地物潜伏隐蔽、夜间演习、班排进攻、野外演习、实弹射击、指挥作战等军事知识和动作，培养了学生吃苦耐劳的精神和英勇顽强的意志，为日后从事复杂艰辛的农民运动打下基础。大革命失败后，从1927年下半年到1928年春，中共在各地发动一系列农民武装起义反击国民党反动派，其中有些农民武装的领导骨干就是这届农讲所毕业的学生，尤其是1927年著名的三大起义，都有农讲所师生参加。

　　"没有调查，没有发言权"，这是毛泽东后来的著名论断。在毛泽东主持下，农讲所十分注重理论联系实际，坚持课堂教学与社会实践相结合，让学生在校内外参加调查研究、农运实习和现实斗争。毛泽东按省籍将学生们编成安徽、江西、湖南、湖北、四川、云贵、两广、福建、江浙、山东、奉直、豫陕、三个特别区（察哈尔、绥远、热河）等13个农民问题研究会。每一个研究会推举干事一人、书记一人至八人主持其事。各研究会每周开会一两次，专门研究本地区实际的农民问题。毛泽东自拟36个调查项目，引导学生调查研究经济、政治、军事状况，包括地主的来源、主佃的关系、租率、田赋、厘金杂税杂捐及临时捐、抗租减租平粜等风潮、地方政治组织、贪官污吏及其影响、团防情形、会党及土匪、兵祸及其影响、妇女的地位、农民的观念及感想、教育状况、农村组织状况等。学生通过调查研究，不仅培养了研究分析能力，也提高了解决问题的能力。为加强理论与实际相结合，1926年7月，毛泽东组织50多名学生到粤北韶关学习一星期。8月，又组织全体师生赴海丰实习两星期，参加当地农民斗争，深入农村社会进行广泛的革命宣传，调查了解农民需求和思想感情，增加学生开展农民运动工作的经验和感性认识，使学生们"亲入革命的农民群众中，考察其组织，而目击其生活，影响学生做农民运动之决心极大"。① 而且，与往届相比，第六届农讲所学生参加社会活动是最多的，毛泽东组织学生参加五四运动纪念会、马克思诞辰一〇七周年纪念大会、援助英国工人大罢工大会、纪念六二三沙基惨案一周年反帝示威游行、北伐誓师大会等活动。通过组织学生参加农运实习和社会活动，既促进了国民革命，又教育了学生，使他们在实际斗争中提高了政治思想觉悟和独立工作能力，毕业后成为出色的农运干部。

为了总结和推广国内外特别是广东农民运动的经验，指导和促进全国农民运动的发展，毛泽东把有关政策、策略、论著以及农讲所的教材和师生调查研究成果等编入由他主编的《农民问题丛刊》并正式出版，从而供全国从事农民运动的同志参考。该丛刊原计划出版52种，至1926年11月，已出版17种，后来还陆续出版了一些。毛泽东为该丛刊撰写序言《国民革命与农民运动》，这是一篇关于农民问题的重要理论著作。毛泽东在开篇就点出核心观点："农民问题乃国民革命的中心问题，农民不起来参加并拥护国民革命，国民革命不会成功；农民运动不赶速地做起来，农民问题不会解决；农民问题不在现在的革命运动中得到相当的解决，农民不会拥护这个革命。"② 这几句话有力阐明了农民问题、农民运动在国民革命中的重要地位。这时的毛泽东认为国民革命的进展和成功必须以农民运动为转移，揭示中共当前革命工作的重心应为农民运动。然而，当时很多革命人士并没有毛泽东看得透彻，不明白这个道理。他们不明白在半殖民地半

---

① 《第六届农民运动讲习【所】办理经过》，广东农民运动讲习所旧址纪念馆编：《广州农民运动讲习所资料选编》，人民出版社1987年版，第81页。

② 《国民革命与农民运动——〈农民问题丛刊〉序》（1926年9月1日），中共中央文献研究室编：《毛泽东文集》第1卷，人民出版社1993年版，第37页。

封建且经济落后的中国，最大的革命对象是地主阶级。地主阶级是帝国主义和封建军阀压迫榨取中国广大农民的"唯一坚实的基础"。因此，不动摇这个坚实的基础——地主阶级，"便万万不能动摇这个基础的上层建筑物"——帝国主义和封建军阀。所以，毛泽东指出如果革命仅仅打倒封建地主阶级的首领——封建军阀，而不打倒中国广大乡村的封建地主阶级，就是本末倒置。

针对当时共产党内和国民党左派人士将注意力依然放在城市而忽视乡村，完全将"买办阶级之猖獗于都市"和"地主阶级之猖獗于乡村"相提并论的观点，毛泽东犀利地进行了反驳："买办阶级集中的区域，全国不过香港、广州、上海、汉口、天津、大连等沿海沿江数处，不若地主阶级之领域在整个的中国各省各县各乡。"他进一步指出："进步的工人阶级尤其是一切革命阶级的领导，然若无农民从乡村中奋起打倒宗法封建的地主阶级之特权，则军阀与帝国主义势力总不会根本倒塌。"[①]也就是说，打倒帝国主义和封建军阀，就必须摧毁他们赖以生存的基础。毛泽东极富先见地看清楚了农民运动与城市工人运动之间的区别，这一点明显超越了当时党内一些论述农民运动的其他人。

毛泽东在文中还进一步阐明了农民运动的特性，指出农民运动实际上是政治斗争和经济斗争两者结合的阶级斗争运动，最大的特色是彻底推翻那几千年来压榨农民的被封建地主、土豪劣绅等所把控的政权，从而使广大农民获得真正的政治地位和经济地位，实际上也揭示了中国革命最直接的目标就是夺取政权。他在文中高度赞扬了彭湃领导的海陆丰农民运动，说明在农民运动逐步开展起来的地区，封建军阀的势力就相应被削弱。他强烈呼吁，要有大批革命同志立刻下决心去做组织农民工作，要立刻下决心把农民问题开始研究起来，要立刻下决心跑到熟悉的或不熟悉的乡村中间去，从农民的痛苦与需要中引导农民，将农民组织

---

① 《国民革命与农民运动——〈农民问题丛刊〉序》（1926年9月1日），中共中央文献研究室编：《毛泽东文集》第1卷，人民出版社1993年版，第38、39页。

起来，引导他们向土豪劣绅斗争，引导他们与城市的工人、学生、中小商人合作建立起联合战线，参与反对帝国主义和反对封建军阀的国民革命运动中。

第六届农讲所学生于1926年9月结业。毛泽东在毕业典礼上勉励学生要拜农民为老师，同农民做朋友，脱掉知识分子的衣服，放下臭架子；敢于同反动势力作斗争，不怕艰苦、不怕牺牲，为农民求解放，为农民谋利益，这才是我们的好学生。次月，第六届农讲所大部分学生奔赴各地，深入农村，宣传和发动农民，领导成立农民协会，组织农民自卫军，开展反帝反封建斗争，有力推动了农民运动的迅猛发展，支援了北伐战争，促进了国民革命。

曾作为第六届广州农讲所学生的王首道对这段学习经历曾这样总结道："在党和毛泽东同志亲自培育下，接受革命的启蒙教育和马克思主义的基本训练，使我开始懂得什么叫帝国主义和封建势力；社会上为什么存在着阶级压迫；被压迫阶级痛苦的来源和自求解放的道路；农民问题在中国革命中的重要性；学到了如何做宣传组织和武装农民的工作，也学到了建党的基本知识等等。"[1]对于毛泽东这一时期在农民运动上作出的卓越贡献，周恩来高度评价："一九二五年五卅运动以后，工人运动、农民运动在全国得到空前的大发展，规模之大是过去所从来没有的。从这个运动中，能看到革命的发展是走向农民的革命战争，能看到革命发展这个全局的，在我们党内的代表是毛泽东同志。他接办农民运动讲习所，进行农民土地问题的调查研究，出了二十几种小册子。历届讲习所的学生后来分散到湖南、湖北和其他各地，发动了广大的农民运动。"[2]

---

[1] 王首道：《革命的摇篮（节录）——回忆广州农民运动讲习所》，广东农民运动讲习所旧址纪念馆编：《广州农民运动讲习所资料选编》，人民出版社1987年版，第315页。

[2] 《关于一九二四至二六年党对国民党的关系》（一九四三年春），《周恩来选集》上卷，人民出版社1980年版，第117页。

四、黄鹤楼看茫茫九派流中国

(一) 领导全国农民运动和对土地问题的探索[①]

毛泽东是党内最早从事农民运动的领导人之一。1925年回乡养病的半年间,毛泽东亲自发动和领导韶山地区农民运动。他从进行农村调查到办农民夜校启发农民觉悟,再到组织雪耻会、农民协会,进而成立中共农村支部,发展党员,对开展农运的意义和如何开展农运有了比较全面的切身体会,积累了第一手经验。此后,他主办第六届广州农民运动讲习所,撰写并发表《中国社会各阶级的分析》《中国农民中各阶级的分析及其对于革命的态度》《国民革命与农民运动》等理论文章,编印《农民问题丛刊》,对农民问题和农民运动的认识更加全面、深刻、清晰。中共中央于1925年10月召开四届一次执委会扩大会议,决定在中央执委会之下设立职工运动、农民运动及军事运动委员会。1925年10月,中共中央发表《告农民书》,将土地问题的解决和建立革命政权结合起来,第一次提出"耕地农有",号召农民组织起来,建立农民协会,组织农民自卫军。这表明中共开始将农运作为其首要工作。随着北伐军的胜利进军,全国农民运动得到迅速发展,大有"一日千里之势"。为进一步指导农民运动,中央政治局和共产国际远东局拟定《中国共产党关于农民政纲草案》,提出推翻农村中劣绅政权,武装农民,没收大地主、军阀、劣绅的土地给农民等政纲,建立民主制国家,实现平民民主革命的完全成功。同时指出,国民党和国民政府对于劣绅地主时常表现软弱,所以中共应成为指导这场农民运动的革命先锋,领导农民为夺取乡村政权而奋斗。

在这一背景下,毛泽东在第六届农讲所结束后不久,便接到中央通知,要他离开广州赴上海,出任中央农民运动委员会书记。中央农民运动委员会原已设立,但组织尚未完备,实际上没有专人负责,直到1926年11

[①] 蒋建农:《独立自主探索中国革命道路的开端——大革命失败之际的毛泽东》,《苏区研究》2018年第1期。

月，毛泽东到任后才正式办公。自此，毛泽东从对中国农民问题的研究，转入对全国农运进行指导和部署。他制定了《目前农运计划》（简称《计划》），于11月15日得到中央局议决通过。《计划》规定目前农运发展的重点、原则及与国民党左派的协作关系。《计划》指出根据当前情况，农民运动发展应采取集中原则，强调重点抓好基础较好、意义较大的地方的农民运动，即大力发展北伐军经过的湘、鄂、赣、豫四省的农民运动，同时在陕西、四川、广西、福建、安徽、江苏、浙江以相当的力量去做。《计划》提出："省城及其他重要城市之近郊农民，须特为组织'近郊农民协会'。此等城市之国民党市党部或特别市党部，均须设立农民部指导近郊农运。"[①]《计划》还决定在武昌开办农民运动讲习所。当时，毛泽东虽从理论上认识到农民运动最本质的问题是推翻现政权，但在出任中央农委书记之初制定全国农运计划时，却没把夺取政权列入农民运动的重点，他是在考察湖南农民运动时，从农民自发的行动中，才感受到这一问题的紧迫性。

毛泽东大革命后期不仅是中共中央农民运动委员会书记（从1926年11月到中共五大），而且还被聘请为国民革命军总政治部农民问题讨论委员会委员、国民党中央农民部农民运动委员会常务委员、国民党中央土地委员会委员、中华全国农民协会临时执委会常务委员（兼组织部部长），并且是武昌中央农民运动讲习所的三位常委之一，主持日常工作。这时的毛泽东已成为全国农民运动的领军人物，他为发展各地农会组织、培训农民干部、扩大农民武装、建立农民革命政权、着手解决土地问题等，付出了巨大而艰苦的劳动。

为了进一步推动农村大革命，毛泽东于11月下旬亲赴长江一带视察农运情况，联络江西、湖南、湖北三省的中共组织和国民党省党部，拟在武昌合办农讲所，得到三省党部的支持。1927年春，毛泽东考察湖南农民

---

① 《目前农运计划》（1926年11月15日中共中央局议决），《建党以来重要文献选编（1921—1949）》第3册，中央文献出版社2011年版，第462页。

运动结束后，对农村大革命更有信心。他在国民革命军总政治部农民问题讨论会上作《中国各地农民运动状况》报告，指出农民运动已席卷湘、鄂、赣、粤四省，波及黄河流域，为进一步巩固和发展农民运动，急需继续主办中央农民运动讲习所，大力培养农运人才。1927年4月初，毛泽东在武昌出席中央农讲所开学典礼。和在广州前六届农讲所不同，名义上同是隶属于国民党中央农民部，但武昌农讲所的学员来自全国各地，毛泽东后来对斯诺讲甚至有来自内蒙古的。陈克文回忆该所"实际是完全独立的""所里一切训练工作全在毛周两人手上（指毛泽东和周以栗——引者注）"。他说，毛泽东"一方面调查农村实况，了解农民生活，找寻他的农运理论根据，创造他的革命策略。又一方面指示他的党徒组织农民，鼓动农民，布置共产党的势力，准备农村暴动。讲习所的农运理论，便全以老毛的调查所得和他的意见为张本"[①]。6月，中央农讲所举行毕业典礼，毛泽东精心培育的800多位农运骨干成为大革命失败后中共在广大农村掀起土地革命高潮的重要骨干。

随着全国农民运动高涨，各地农民协会纷纷成立，急需一个统一的农民协会组织来领导。1927年3月，湘、鄂、赣、豫四省农协共同发起联席会议，讨论筹建全国农民协会问题，并得到国民党中央农民部部长邓演达的支持。4月9日，中华全国农民协会临时执行委员会委员发表就职通电，宣布"就职视事"，互推邓演达为宣传部部长，毛泽东为组织部部长，彭湃为秘书长。由于邓演达肩负国民革命军总政治部主任、国民党中央农民部部长、湖北省政务委员会主任等多重重任，全国农协临时执委会的日常工作主要由毛泽东负责。

全国农协临时执委会刚组成就面临严峻形势。羽翼丰满的蒋介石在上海突然发动四一二反革命政变。国民党反动派以"清党"为名大肆屠杀共产党员和革命群众。面对命悬一线的紧迫形势，全国农协临时执委会在毛泽东的领导下克服重重困难开展工作。毛泽东和国民党中央农民部、国民

[①] 陈克文：《回溯前尘：国共两党及农民运动忆述》，陈方正编辑、校订：《陈克文日记》，社会科学文献出版社2014年版，第1332页。

革命军总政治部组织"战区农民运动委员会",指导战区农民运动。毛泽东还以全国农协临时执委会名义连续发布《对湘鄂赣三省农协重要训令》《临字第四号训令》等训令,要求发展农协、创设区乡县的自治机关、武装农民和没收土豪劣绅及大地主的土地,要求各级农协一致请求国民政府:明令保护工农组织及其自卫武装,惩办一切屠杀工农的反动派。在全国农民运动蓬勃发展的重要时刻和蒋介石集团叛变革命的危急关头,中共五大于4月27日至5月9日在武昌召开。毛泽东在会上提出支持农民开展土地革命,猛烈发展农民武装,建立农民民主自治政权的提案。但是大会在陈独秀、彭述之把持下,毛泽东的意见没有引起大会注意。中共五大没有能够挽救蒋介石叛变革命后造成的险恶局势,更没有回答人们最焦虑的如何从危机中挽救革命的问题。

中共五大后,武汉国民政府所辖地区的危机越来越严重。随着夏斗寅、许克祥相继叛变革命,毛泽东对如何进一步开展农运提出了指导性意见,号召武装保卫革命。在毛泽东的指导下,全国农民运动又有深入发展。据1927年6月武汉政府农民部调查,全国有统计的农民协会会员已超过1000万人,其中湖南600余万人,河南24万人,湖北250万人,陕西70万人,广东70万人,江西38万人,四川、福建、山西、广西、安徽、热河等省农协会员也日益增多。在毛泽东为代表的共产党人和国民党左派邓演达等共同努力下,珠江流域、长江流域,乃至黄河流域的广大农民,为了一个共同的目标被组织起来。上千万的农民参加农协,并且有了他们自己的全国性组织——中华全国农民协会,其声势和规模远远超过历史上的任何一次农民起义。组织起来的农民爆发出他们所蕴藏的巨大能量,正如毛泽东在《湖南农民运动考察报告》中所指出的那样:"孙中山先生致力国民革命凡四十年,所要做而没有做到的事,农民在几个月内做到了。这是四十年乃至几千年未曾成就过的奇勋。"大革命后期轰轰烈烈的农民运动高潮的兴起,是国共合作在军事领域之外最重要的成果,也是国共合作发动的大革命具备前所未有的革命彻底性的具体写照。然而这时,也就是在四一二反革命政变发生后三个月,被共产国际和中共中央仍视为国民党左派的汪精卫迅速走向反动,制造七一五反革命政变,以"分共"名义正式同共产党决裂。至此,国共合作全面破裂,由国共两党合作发动的大革命宣告失败。

毛泽东在领导全国农民运动期间,最大的特色就是独立自主地探索农运道路。在这一左右中国革命全局的农民问题上,毛泽东与陈独秀、与中共临时中央政治局产生了分歧,集中地体现在是否解决农民的土地问题和如何解决农民的土地问题上。

1926年12月初,毛泽东从南昌到达武汉。同月中旬,中共中央特别会议在汉口召开(十二月会议)。会上,毛泽东赞同中共湖南区委书记李维汉关于应着手解决农民土地问题,实现"耕地农有"的主张,而陈独秀等则反对把赞成与不赞成解决农民土地问题视为区分左右派的标准,认为湖南农民运动"过火""幼稚""动摇北伐军心",妨碍统一战线,目前农运的主要任务是满足农民减租减息和废除苛捐杂税的要求,马上解决土地问题的条件还不成熟。这次会议错误地根据陈独秀的意见作出了决议:当前"各种危险倾向中最要的严重的倾向是一方面民众运动勃起之日渐向'左',一方面军事政权对于民众运动之勃起而恐怖而日渐向右。这种'左'右倾倘继续发展下去而距离日远,会至破裂联合战线,而危及整个的国民革命运动"[①]。也就是党的主要策略是限制工农运动发展,反对"耕地农有",以换取蒋介石由右向左;同时扶持汪精卫取得国民党中央、国民政府和民众运动的领导地位,用以制约蒋介石的军事势力。对此分歧,毛泽东后来说"我素以为领袖同志的意见是对的,所以结果我未十分坚持我的意见"。他说:"当我未到长沙之先,对党完全站在地主方面的决议无由反对,及到长沙后仍无法答复此问题,直到在湖南住了三十多天,才完全改变了我的态度。"[②]

1926年12月3日,湖南全省第一次农民代表大会电报邀请毛泽东与会

[①] 中共中央文献研究室编:《毛泽东传:1893—1976》(一),中央文献出版社2011年版,第123页。

[②] 《在中央紧急会议上的发言》(1927年8月7日),《毛泽东文集》第1卷,人民出版社1993年版,第47、46页。

指导工作。1927年2月16日，毛泽东在《视察湖南农民运动给中共中央的报告》①（以下简称《视察》）中明确，他于17日由汉口赴长沙与会，发表演讲并指导相关工作；大会闭幕后，毛泽东同中共湖南区委商定，召集与会代表举办一短期训练班，他本人三次在训练班上作关于农民问题和调查方法的报告；1927年"一月四日起往乡下去考察，至二月五日止，共考察三十二天，经过湘潭、湘乡、衡山、醴陵、长沙五县"；考察期间，"在湘潭、湘乡、衡山三县调查后回到区委向负责同志做了一次详细的报告，在党校团校各做了一次报告；在醴陵、长沙二县调查后又在区委做了一些报告"；2月12日，"由长沙到武昌"。我们从《视察》陈述内容中，可以得出两点新的认识：

其一，毛泽东考察湖南农民运动不只是32天间对湘潭、湘乡、衡山、醴陵、长沙5个县的农村，行程700多公里的考察，应该分为在参加湖南全省第一次农民代表大会期间的调查和到5个县的调查两个阶段。湖南一次农大是12月1日至30日在长沙召开的。出席大会的代表170人，代表52个县（当时湖南全省共75个县）、2个特别区、136万多名会员。毛泽东作为国民党候补中央执行委员和国民党中央农民部农民运动委员会常务委员（"毛委员"的称呼就是由此而来），出席了后半段的大会，会议期间除在20日和27日两次发表演讲外，还参与了大会宣言和40个决议案的讨论与定稿，这实际是对湖南全省农民运动状况的一次全面调查。而他随后对湘潭等5个县的考察，则是更深入的调查与剖析。两个阶段的调查形成"面"与"点"、广泛与纵深的交错。②

其二，毛泽东当时在中共党内的身份是中共中央农民运动委员会书

---

① 《视察湖南农民运动给中共中央的报告》（1927年2月16日），中共中央党史和文献研究院、中央档案馆编：《中国共产党重要文献汇编》第10卷（1927年1月—1927年5月），人民出版社2022年版，第59—62页。

② 原计划还要考察宁乡、新化、宝庆、攸县、武冈、新宁等县的农运，后因时间的关系，未成行；有回忆材料说：2月在衡山考察后曾到衡阳进行短暂的调查，夏明翰、陈佑魁等参加座谈，见《访问张琼同志记录》（1974年8月13日上午），黄仲芳、罗庆宏主编：《井冈山斗争口述史》（下），江苏人民出版社2015年版，第529页。

记,他这次来湘期间对中共湖南区委和整个湖南农民运动的指导,根据《视察》记载,包括:一是参加湖南一次农大期间的演讲、指导起草文件、短训班的三次讲话,以及和湖南区委同志的交流;二是在5个县考察期间与基层农运干部和有经验的农民群众的谈话;三是在考察湘潭、湘乡、衡山三县后回到长沙短暂逗留期间,给湖南区委和党校团校的报告;四是考察全部结束后,"又在区委做了一些报告",可以想见,从5日考察结束返长沙,到12日回武汉的一周间,毛泽东与湖南区委成员之间,肯定还会有一些小范围的交流。

概括起来,毛泽东的这些指导工作可分为两个方面的内容,在到各县考察前,主要是传达中共中央的指示精神和他本人既往对农运工作的见解和意见,这从湖南一次农大的宣言和决议案中可以窥略其大概;到各县考察后的指导,则是毛泽东从考察中获得的新观点和新思路的阐述与运用。比如,他在考察中指示湖南区委要大力发展农村的中共地方组织。《视察》根据湖南的斗争形势,指出:"准备不久要来的革命,我们党都需要一个大大的发展,至小数目湖南党在六个月内要发展到两万人(现才六千),有农协会员二万以上的县均须成立地方(指组织——引者注),这样才有办法。"此后,按照毛泽东的指示,湖南区委大力在农村发展中共党员,仅仅三个月,到长沙马日事变发生时已经发展农村党员2万人[1],占全国中共党员人数的三分之一。这成为后来湘赣边界秋收起义和湘南暴动,乃至平江起义后湘鄂赣苏区发展的重要组织条件。

在目睹和切身感受了其势如暴风骤雨的湖南农民运动后,经过冷静思考,毛泽东在给中央的报告中写道:"农民问题只是一个贫农问题,而贫农的问题有二个,即资本问题与土地问题。这两个都已经不是宣传的问题而是要立即实行的问题了。"[2]此后,毛泽东积极地为解决农民的土地

---

[1] 《湖南组织报告(五月—八月)》(1927年9月5日),《湖南革命历史文件汇集》甲5,中央档案馆、湖南省省档案馆1984年编印,第126页。

[2] 《视察湖南农民运动给中共中央的报告》(1927年2月16日),中共中央党史和文献研究院、中央档案馆编:《中国共产党重要文献汇编》第10卷(1927年1月—1927年5月),人民出版社2022年版,第61页。

问题奔走呼号。在撰写和发表《湖南农民运动考察报告》的同时，他和邓演达、陈克文联名向国民党二届三中全会提交《土地问题草案》（通过时改为《农民问题决议案》）和《对农民宣言》，力图"确定一个实行分给土地与农民的步骤"；他多次参加农民问题讨论委员会、土地委员会、全国农民协会临时执委会和中共中央农民运动委员会的会议，积极发言，并起草《解决土地问题的意义》等文件草案。他认为土地没收的标准和分配的方法，是解决土地问题的中心问题。他主张"所谓土地没收，就是不纳租，并无须别的办法。现在湘、鄂农民运动已经到了一个高潮，他们已经自动地不纳租了，自动地夺取政权了。中国土地问题的解决，应先有事实，然后再用法律去承认他就得了"。[1]1927年4月中旬，他召集中央农民运动委员会连续三天开会，讨论如何解决农民土地问题。他指出农民政权与农民武装是解决农民土地问题的基本前提和保障，提出"要没收全部出租的土地""进而彻底消灭土地私有制"[2]，准备提交中共五大讨论，但是被陈独秀拒绝。[3]不仅如此，中共五大还改组中央农民运动委员会，撤销毛泽东的书记职务，改由谭平山接任，毛泽东只保留委员职务。

共产国际关于要深入土地革命等内容的"五月指示"下达后，要不要解决农民土地问题，在中共内部已无大的争议。但是该如何解决农民的土地问题和没收地主土地的标准问题，成为一个新的议题。中共五大的《土地问题议决案》提出没收公共土地和地主租与农民的土地，但是又明确"属于小地主的土地不没收"。[4]中共五大认为："无产阶级应非常注意

---

[1] 中共中央文献研究室编：《毛泽东年谱（1893—1949）》上卷，人民出版社、中央文献出版社1993年版，第191、193页。

[2] 中共中央文献研究室编：《毛泽东年谱（1893—1949）》上卷，人民出版社、中央文献出版社1993年版，第194页。

[3] 毛泽东后来和斯诺谈道："因为中央委员会也在陈独秀支配之下，拒绝把我的意见提交大会考虑。"出自［美］埃德加·斯诺：《西行漫记》，董乐山译，解放军文艺出版社2002年版，第121页。

[4]《土地问题议决案》（1927年4月27日—5月9日），《建党以来重要文献选编（1921—1949）》第4册，中央文献出版社2011年版，第194页。

小资产阶级,否则,他将与资产阶级一路走。上海暴动之失败,最大原因是无产阶级没有得到小资产阶级群众的赞助。"①当时中共党内包括陈独秀等都认为小地主是小资产阶级,因此必须向他们作某些让步。这种观点反映了共产国际的指示精神,也迎合了当时国民党左派的意见。毛泽东则在八七会议讨论关于农民运动的决议案时提出不同的意见。他一方面赞同中央关于没收大中地主土地的主张,并强调"大中地主标准一定要定,不定则不知何为大地主中地主。我意以为可以五十亩为限,五十亩以上不管肥田瘦田通通没收";另一方面,他又依据对中国农村状况的透彻了解,非常明确地指出:"小地主问题是土地问题的中心问题。困难的是在不没收小地主土地,如此,则有许多没有大地主的地方,农协则要停止工作。所以要根本取消地主制,对小地主应有一定的办法,现在应解决小地主问题,如此方可以安民。"不仅如此,毛泽东还进一步指出:"自耕农问题,富农中农的地权不同。农民要向富农进攻了,所以要确定方向。"②毛泽东的这次发言和他在《中国社会各阶级的分析》中的有关论述,与陈独秀为代表的对中国农村各界的认识,有个原则的区分。陈独秀等把小地主认定为小资产阶级;毛泽东则是把自耕农(包括富农中农)认定为农村的小资产阶级(这一时期毛泽东对农村各阶级的分析还不是十分精确,他已经注意到"富农往往与小地主利害联在一起",但对他们之间的原则区别还把握不准。他在《井冈山的斗争》中将二者并列为农村的中间阶级,认为"富农土地在土地总额中占少数,但与小地主土地合计,则数量颇大。这种情形,恐全国亦差不多"③)。显然,毛泽东的划分更符合中国农村的实际,他实际上是将小地主归为"要根本取消的地主制"范畴,并

---

① 《政治形势与党的任务议决案》(1927年4月27日—5月9日),《建党以来重要文献选编(1921—1949)》第4册,中央文献出版社2011年版,第179页。

② 《中共中央紧急会议(八七会议)记录》(1927年8月7日),《建党以来重要文献选编(1921—1949)》第4册,中央文献出版社2011年版,第402页。

③ 《井冈山的斗争》(1928年11月25日),《毛泽东选集》第1卷,人民出版社1991年版,第69页。

与对待富农、中农采取不同的政策。随后的斗争实践也证明，毛泽东"现在应解决小地主问题，如此方可以安民"的主张，比中央关于只没收大中地主土地的政策，更能受到多数农民的拥护。后来中共中央在总结南昌起义失败的教训时写道：南昌起义"关于土地问题提出'没收二百亩以上地主土地'的主张。这是非常大的错误，这证明没有土地革命之决心，这种政纲可以使叶贺暴动根本上丧失其意义。广东一个农民听见这一主张便说道：'这叫做耕者无其田！'这句批评是再正确也没有"①。

    8月中旬，毛泽东回到湖南进行秋收起义的发动准备。他又召集了两次调查会，然后草拟出《土地纲领数条》交湖南省委讨论，并呈报中央。其中规定："没收一切土地，包括小地主自耕农在内，归之公有，由农协按照'工作能力'与'消费量'（即依每家人口长幼多寡定每家实际消费量之多寡）两个标准，公平分配于愿得地之一切乡村人民。"②这个规定相比毛泽东在八七会议上的发言有所退步，主要因为它混淆了小地主与自耕农的界限，实施起来会侵犯中农的利益，引起中农的不满。对此，学术界的看法几乎是一致的。这里笔者不想引用彭公达在给中央的报告中记录的毛泽东在湖南省委讨论此问题时的发言③，为毛泽东辩解，因为那个发言与毛泽东在八七会议上发言的精神是一致的。笔者认为，毛泽东当时确实有过没收一切土地的设想，这在他后来主持制定的井冈山《土地法》中可以得到印证。问题是"没收一切土地，包括小地主自耕农在内"与"只没收大中地主的土地或没收二百亩以上大地主的土地"这两个政策，哪一个更能吸引广大农民群众投身土地革命呢？哪一个对推动当时的土地革命

---

① 《中央通告第十三号——对叶贺失败事件》（1927年10月24日），南昌起义八一纪念馆编：《南昌起义》，中共党史出版社2009年版，第54页。
② 《中共湖南省委给中共中央的信》（1927年8月20日），中共湖南省委党史资料征集研究委员会《湘赣边界秋收起义》协作组编：《湘赣边界秋收起义》，湖南人民出版社1987年版，第51页。
③ 参见《彭公达同志关于湖南秋暴经过的报告》（1927年10月8日于武汉），中共湖南省委党史资料征集研究委员会《湘赣边界秋收起义》协作组编：《湘赣边界秋收起义》，湖南人民出版社1987年版，第96—97页。

更有力呢？毛泽东后来在《井冈山的斗争》中断言："在上述土地状况之下，没收一切土地重新分配，是能得到大多数人拥护的。"①的确，在土地革命发动之初，为了鼓动最大多数无地和少地的农民参加，有瑕疵的前者肯定更能搅动这一潭沉寂了两千多年的死水。毛泽东关于小地主的土地也要一并没收的主张，如同他坚持打出共产党旗帜的主张一样，在一个月后得到中共中央的认可和赞同。中共中央在指导发动广州起义的过程中纠正了自己过去的意见，批评南方局和广东省委的政纲，指出保留一部分小地主的土地不没收，"便保留一部分地主制度"，"可以妨碍革命发展的"②。

需要指出的是，毛泽东关于"没收一切土地，包括小地主自耕农在内"的设想，不是凭空想象或是根据上级的指示（共产国际或中共中央），而是源于他的调查。他在8月20日给中央的信中有明确的说明："我这回从长沙清泰乡（亲到）、湘潭韶山（有农民五人来省）两处乡村的农民调查中，知道湖南的农民对于土地问题一定要全盘解决。昨日与乡下来几位农民同志会商，征询他们意见的结果，拟出土地纲领数条。"③一切从群众中来，注重调查研究，已经成为毛泽东显著的工作作风。不仅如此，他关于"没收一切土地，包括小地主自耕农在内"的设想，还和他在考察湖南农民运动过程中及其以后一段时间里，对贫农问题的认识有直接关系。他根据长沙的调查得知："乡村人口中，贫农占百分之七十，中农占百分之二十，地主和富农占百分之十。"因此，他认为合共占乡村人口百分之七十的贫农群众，乃是农民协会的中坚，打倒封建势力的先锋。

---

① 《井冈山的斗争》（1928年11月25日），《毛泽东选集》第1卷，人民出版社1991年版，第69页。

② 《中共中央给南方局并转广东省委的信——对〈暴动后各县市工作大纲〉、〈工农军作战方法〉的意见》（1927年9月23日），《建党以来重要文献选编（1921—1949）》第4册，中央文献出版社2011年版，第509页。

③ 《中共湖南省委给中共中央的信》（1927年8月20日），中共湖南省委党史资料征集研究委员会《湘赣边界秋收起义》协作组编：《湘赣边界秋收起义》，湖南人民出版社1987年版，第51页。

"没有贫农,便没有革命。若否认他们,便是否认革命。若打击他们,便是打击革命。他们的革命大方向始终没有错。"①与充分肯定贫农的重要作用相比较,前文已述,毛泽东对包括自耕农(含中农)在内的小资产阶级对革命作用的评价就淡化了许多。这可能是左右他制定"没收一切土地,包括小地主自耕农在内"政策的思想因素之一。无论如何,必须看到,毛泽东这一时期为解决农民土地问题的不懈努力以及他对没收和分配土地标准问题的探索,尽管尚存缺陷,但毕竟是运用马克思主义阶级分析的方法认真分析中国农村和中国社会得出的(他在撰写并发表《中国社会各阶级的分析》《中国农民中各阶级的分析及其对于革命的态度》的基础上,通过考察湖南农民运动和领导全国的农民运动,对农村的阶级、阶层又有进一步的调查和分析),毕竟是在农村斗争的第一线向广大农民群众和基层党员干部调查研究得出的,诚如他自己所言,"这个意见是农民指挥着我成立的"。他针对当时"广大的党内党外的群众要革命,党的指导却不革命"这种反常现象,发人深省地指出"以后上级机关应尽心听下级的报告,然后才能由不革命的转入革命的"。②这是毛泽东在八七会议上继"须知政权是由枪杆子中取得的"之外的另一句至理名言,实际反映的是中共的群众观。

必须强调的是,毛泽东关于如何解决农民土地问题的探索,尽管有这样或那样的不足,但当时,无论在中共党内还是在党外,其成就尚无人能及。他在秋收起义前湖南省委讨论土地纲领时发言的精神被彭公达概括在给中央的报告中,即"现在的土地革命到了根本取消地租制度,推翻地主政权的时期,此时党对农民的政策,应当是贫农领导中农,拿住富农,整个推翻地主制度的土地革命。对地主阶级不是在没收他们的土地的时候让步,应在土地没收之后去救济土地已被没收的普通平民,并且只要他们能

---

① 《湖南农民运动考察报告》(1927年3月),《毛泽东选集》第1卷,人民出版社1991年版,第20、21页。

② 《在中央紧急会议上的发言》(1927年8月7日),《毛泽东文集》第1卷,人民出版社1993年版,第46、47页。

耕种，仍须拿与农民同等之土地给他们耕种，以消灭地主阶级"①。这是中共第一个完整的土地革命路线，是一个在刚刚要起步的阶段就拿出来准备实施的土地革命路线，但是，和后来成熟的土地革命路线相比，其基本精神和大体轮廓已具雏形。更重要的是运用马克思主义阶级分析的方法研究和解剖中国农村成为毛泽东革命生涯的常态。此后，他在井冈山革命根据地和中央苏区，依据他在大革命后期已经运用的方式、方法，开展了更大规模和更深入的农村调查，经过不断地完善和修正，终于制定出一条切合中国实际的土地革命路线及相应配套的标准和办法，在中国农村掀起了轰轰烈烈的农村大革命。

（二）《湖南农民运动考察报告》和农民问题

随着北伐战争胜利推进，在中共领导下，以湖南为中心的农民运动如暴风骤雨般开展起来。湖南本身也是党的力量较强的地区，农民运动也最有基础。北伐出师前，湖南全省已有农协会员约40万人，受党直接影响的群众100多万人。北伐军进入湖南后，到1926年底和1927年1月，农协会员就激增到200万人，能直接领导的群众达1000万人。1926年12月汉口特别会议后，在农民运动形成高潮却又受到各方责难的情况下，为了支持和推动农民运动的发展，驳斥国民党反动派对农民革命的造谣，澄清一些党内同志对农民运动的模糊认识，毛泽东打算实地考察湖南农运。时正值湖南全省第一次农民代表大会召开，邀毛泽东回湘指导，电文称："敝会已于东日开幕，现在讨论各案。先生对于农运富有经验，盼即回湘，指导一切，无任感祷！"②

12月17日，毛泽东由汉口回到长沙，参加湖南全省第一次农民代表大会，同湖南的同志商讨起草各种决议案。其间，毛泽东作了两次重要报

---

① 《彭公达同志关于湖南秋暴经过的报告》（1927年10月8日于武汉），中共湖南省委党史资料征集研究委员会《湘赣边界秋收起义》协作组编：《湘赣边界秋收起义》，湖南人民出版社1987年版，第100页。

② 中共中央文献研究室编：《毛泽东年谱（1893—1949）》上卷，人民出版社、中央文献出版社1993年版，第173页。

告，指出国民革命是各阶级联合革命，其中核心问题就是农民问题，无论是打倒帝国主义，打倒军阀、土豪劣绅，或者是要发展工商业，都必须依靠农民问题的解决。毛泽东又指出反革命方面已有国际、全国和全省的联合战线的组织，革命方面也应该有同样的联合战线来抵抗它。毛泽东特别斥责了"惰农运动"之类的诬蔑和所谓"帝国主义没有打倒以前，我们内部不要闹事"等宣传，指出那种只准地主向农民压榨，不准农民向地主争斗的人，就是站在帝国主义、反革命方面，就是破坏革命的人。在毛泽东指导下，大会成立了湖南省农民协会，并通过了铲除贪官污吏和土豪劣绅，减租减息，建立农民自卫武装和农民政权等40个决议案，确定了今后与一切反动派斗争的方针，极大地推动了湖南农民运动的发展。

会后，毛泽东在国民党湖南省监察委员戴晓云的陪同下于1927年1月4日至2月5日亲自在湖南农村进行了32天的实地考察，主要考察了湘潭、湘乡、衡山、醴陵、长沙五个县的农民运动情况。先是考察湘潭、湘乡、衡山三个县。4日，毛泽东从长沙启程到湖南农村考察农民运动，4日到9日在湘潭县的县城，韶山、银田一带考察。9日到14日在湘乡县考察，15日到23日到衡山县考察，24日返回长沙。之后，将考察情况向湖南区委作了详细报告，并在党校、团校作了报告。然后考察了醴陵、长沙两县。27日到次月3日到醴陵县考察，2月4日回到长沙，在长沙县郊区邀请农协负责人进行座谈，了解长沙农运情况。2月5日，历时32天，行程700多公里的五县考察结束。通过这次考察，毛泽东广泛接触了农民群众和有经验的农运干部，普遍走访了农、工、青、妇各种群众组织的积极分子和负责人，召开了各种类型的调查会，获得了极其丰富的大量的准确的关于湖南农村大革命的第一手材料。

1927年2月12日，毛泽东离开长沙回到武汉。16日，毛泽东就视察湖南农民运动问题给中共中央写了一个简要的报告，扼要叙述了他的基本观点，并说将在三四日内写一个详细的报告。随后毛泽东在短短几天内完成了长达2万余字的《湖南农民运动考察报告》（简称《报告》）。在这篇报告中，毛泽东用生动具体的事实、热情洋溢的语言，歌颂了当时的农村大革命，讴歌了广大农民的革命功绩，有力驳斥了党内怀疑和指责农民运动的论调，根据客观历史发展实际，高度总结了农民运动和农民革命斗争的丰富经验，提出了解决中国民主革命各方面重要问题的原则。其重要价值是：

其一，《报告》再次充分估计了农民运动在中国革命中的重要地位和巨大作用。毛泽东指出："宗法封建性的土豪劣绅，不法地主阶级，是几千年专制政治的基础，帝国主义、军阀、贪官污吏的墙脚。打翻这个封建势力，乃是国民革命的真正目标。孙中山先生致力国民革命凡四十年，所要做而没有做到的事，农民在几个月内做到了。这是四十年乃至几千年未曾成就过的奇勋。"[1]毛泽东指出，湖南农民仅仅几个月的斗争"把几千年封建地主的特权，打得个落花流水。地主的体面威风，扫地以尽"，真正做到了"一切权力归农会"，"简直是急风暴雨，顺之者存，违之者灭"。[2]强调一切革命同志需要知道"国民革命需要一个大的农村变动。辛亥革命没有这个变动，所以失败了。现在有了这个变动"，就是民主革命成功的重要因素。[3]

毛泽东始终站在无产阶级的革命立场，代表几万万农民的利益斥责一切反动派所谓"糟得很"的谰言，称赞农民运动"好得很"，完全不是什么"糟"，更不是什么"糟得很"。毛泽东从阶级利益的角度特别指明："'糟得很'，明明是站在地主利益方面打击农民起来的理论，明明是地主阶级企图保存封建旧秩序，阻碍建设民主新秩序的理论，明明是反革命的理论。"[4]所以，一切革命同志要拥护这个变动，否则就站在反革命立

---

[1] 《湖南农民运动考察报告》（1927年3月），《毛泽东选集》第1卷，人民出版社1991年版，第15—16页。

[2] 《湖南农民运动考察报告》（1927年3月），《毛泽东选集》第1卷，人民出版社1991年版，第14页。

[3] 《湖南农民运动考察报告》（1927年3月），《毛泽东选集》第1卷，人民出版社1991年版，第16页。

[4] 《湖南农民运动考察报告》（1927年3月），《毛泽东选集》第1卷，人民出版社1991年版，第16页。

场上。在艰巨而复杂的革命斗争中,毛泽东挺身而出,运用马克思列宁主义探索中国农民运动,歌颂农民势如狂风暴雨的革命行动。毛泽东在《报告》中科学地预言:"很短的时间内,将有几万万农民从中国中部、南部和北部各省起来,其势如暴风骤雨,迅猛异常,无论什么大的力量都将压抑不住。他们将冲决一切束缚他们的罗网,朝着解放的路上迅跑。一切帝国主义、军阀、贪官污吏、土豪劣绅,都将被他们葬入坟墓。"①

其二,《报告》明确指出了在农村建立农民政权和农民武装的极端重要性,为解决政权、武装、土地问题提出全面的行动纲领。革命的根本问题就是政权问题。他指出:"农村革命是农民阶级推翻封建地主阶级的权力的革命。"②打倒地主政权,建立农民政权,实现新的阶级权力代替旧的阶级权力,是"极严重极紧要的斗争"③。湖南农民在斗争中建立农民协会,推翻封建统治,实现了农民专政,"农会在乡村简直独裁一切"④。毛泽东认为"必须建立农民的绝对权力。必须不准人恶意地批评农会。必须把一切绅权都打倒"⑤,不然"一切减租减息,要求土地及其他生产手段等等的经济斗争,决无胜利之可能"⑥。

为了推翻地主政权、击败地主武装的攻击,为了建立和巩固农民政

---

① 《湖南农民运动考察报告》(1927年3月),《毛泽东选集》第1卷,人民出版社1991年版,第13页。

② 《湖南农民运动考察报告》(1927年3月),《毛泽东选集》第1卷,人民出版社1991年版,第17页。

③ 《湖南农民运动考察报告》(1927年3月),《毛泽东选集》第1卷,人民出版社1991年版,第23页。

④ 《湖南农民运动考察报告》(1927年3月),《毛泽东选集》第1卷,人民出版社1991年版,第14页。

⑤ 《湖南农民运动考察报告》(1927年3月),《毛泽东选集》第1卷,人民出版社1991年版,第17页。

⑥ 《湖南农民运动考察报告》(1927年3月),《毛泽东选集》第1卷,人民出版社1991年版,第23页。

权，毛泽东特别强调必须"推翻地主武装，建立农民武装"①，建立在农民政权的乡村自治机关管理下的农民武装。他在总结当时湖南农民武装梭镖队击败地主武装的经验时，指出农民武装"是使一切土豪劣绅看了打颤的一种新起的武装力量"，主张"应使这种武装力量确实普及于七十五县二千余万农民之中，应使每个青年壮年农民都有一柄梭镖，而不应限制它"②。

在土地问题上，2月16日毛泽东在给中央的报告中明确提出农民土地问题。这个问题早在1925年10月中共中央扩大会议上毛泽东就提出过，后来到了1926年12月汉口特别会议上被陈独秀否定。毛泽东在2月16日报告中认为："农民问题只是一个贫农问题，而贫农的问题有二个，即资本问题与土地问题。这两个都已经不是宣传的问题而是要立即实行的问题了。"③随着革命形势发展，许多地方已经发生严重的土地问题，贫农对土地的要求极为迫切。所以，只有解决这两个问题，特别是实行土地革命，才能争取可靠的同盟军。后来，毛泽东在国民党二届三中全会和中央土地委员会的会议上，进一步强调"每一个农村里都必须有一个大的变革"，论述了中国农民问题的中心是土地问题，土地问题的解决，可以使农民得到解放。

其三，《报告》通过分析农村各阶层及其经济地位与在革命中的表现，提出中共在农村革命中依靠贫农、团结中农的阶级路线。毛泽东指出，"革命大业，革命重要工作，是不是农民全体做的呢？不是的"④，因为各阶层农民经济状况不同，那么，他们对革命的态度和观感也各有区

---

① 《湖南农民运动考察报告》（1927年3月），《毛泽东选集》第1卷，人民出版社1991年版，第28页。

② 《湖南农民运动考察报告》（1927年3月），《毛泽东选集》第1卷，人民出版社1991年版，第29页。

③ 《视察湖南农民运动给中共中央的报告》（1927年2月16日），中共中央党史和文献研究院、中央档案馆编：《中国共产党重要文献汇编》第10卷（1927年1月—1927年5月），人民出版社2022年版，第61页。

④ 《湖南农民运动考察报告》（1927年3月），《毛泽东选集》第1卷，人民出版社1991年版，第19页。

别。根据湖南农村革命经验，毛泽东认为：富农的态度始终是消极的；中农的态度是游移的，但不同于富农，到革命潮流高涨时也能参加革命；而贫农则是"一向苦战奋斗的"，是农民中最革命的力量，"最听共产党的领导"。贫农在乡村中占绝大多数。毛泽东指出："据长沙的调查：乡村人口中，贫农占百分之七十，中农占百分之二十，地主和富农占百分之十。"① 贫农中的许多人"上无片瓦，下无插针之地"，是农民协会的中坚力量，是打倒封建势力的先锋，是"成就那多年未曾成就的革命大业的元勋"。② 湖南农民协会中所有最下一级的委员长、委员几乎全是贫农，因为最富革命性，所以取得了农会的领导权。如果没有贫农的领导"决不能造成现时乡村的革命状态，决不能打倒土豪劣绅，完成民主革命"。所以毛泽东认为："贫农领导，是非常之需要的。没有贫农，便没有革命。若否认他们，便是否认革命。若打击他们，便是打击革命。"③

其四，《报告》着重强调了发动群众、组织群众、依靠群众首创精神的历史唯物主义观点。农村的反封建斗争，是一场激烈的阶级斗争，要摧毁农村中历经几千年根深蒂固的封建势力，就必须在农村中掀起一个大的革命热潮，鼓动成千成万的群众形成磅礴伟力，就是要放手发动群众。毛泽东指出："革命不是请客吃饭，不是做文章，不是绘画绣花，不能那样雅致，那样从容不迫，文质彬彬，那样温良恭俭让。革命是暴动，是一个阶级推翻一个阶级的暴烈的行动。"他继续阐述："所有一切所谓'过分'的举动，在第二时期（指革命时期——引者注）都有革命的意义。质言之，每个农村都必须造成一个短时期的恐怖现象，非如此决不能镇压农村反革命派的活动，决不能打倒绅权。矫枉必须过正，不过正不能矫

---

① 《湖南农民运动考察报告》（1927年3月），《毛泽东选集》第1卷，人民出版社1991年版，第20页。

② 《湖南农民运动考察报告》（1927年3月），《毛泽东选集》第1卷，人民出版社1991年版，第20、21页。

③ 《湖南农民运动考察报告》（1927年3月），《毛泽东选集》第1卷，人民出版社1991年版，第21页。

柱。"他鲜明批判了那些所谓"过分""未免太不成话"等指责农民运动的议论，是"拥护特权阶级利益的地主理论"，阻碍了农民运动的兴起，破坏了革命，必须坚决反对。①毛泽东呼吁要将农民广泛地组织起来，在农民协会的领导下行动起来，"造成一个空前的农村大革命"②。

毛泽东的这篇报告最早刊登在1927年3月出版的中共湖南区委机关刊物《战线》周刊，《湖南民报》、汉口《民国日报》副刊均先后连载。中共中央机关报《向导》周刊在发表这篇报告前七个部分之后却不再发表。4月，刚从上海来到武汉担任中共中央宣传部部长的瞿秋白以《湖南农民革命（一）》为题，出版了毛泽东这篇考察报告的单行本，他完全赞同毛泽东关于农民问题的主张，并为此写序："中国革命家都要代表三万万九千万农民说话做事，到战线去奋斗，毛泽东不过开始罢了。中国的革命者个个都应当读一读毛泽东这本书，和读彭湃的《海丰农民运动》一样。"1927年5月、6月，共产国际执委会机关刊物《共产国际》先后用俄文和英文转载了《湖南农民运动考察报告》，也是该杂志反映中国人自己观点的第一篇论文。

中国新民主主义革命的基本内容就是土地革命，革命的中心问题就是农民问题。中共和无产阶级能否正确领导农民土地革命，从而解决政权问题和武装斗争问题、扩大和巩固反帝反封建的民族民主革命的统一战线，是中国革命的根本问题和当时的紧急问题。毛泽东的《湖南农民运动考察报告》充分体现了当时中共党内对于农民问题的最符合中国革命实际的认识，以高度的革命和科学的精神概括了农民斗争的丰富经验，进一步肯定了农民问题在中国革命中的极端重要性，着重提出建立无产阶级领导的农村革命政权和农民武装的战略思想，是马克思列宁主义理论在以农民为主体的中国的具体运用。毛泽东的这一正确思想得到当时中共党内一部分同

---

① 《湖南农民运动考察报告》（1927年3月），《毛泽东选集》第1卷，人民出版社1991年版，第17页。

② 《湖南农民运动考察报告》（1927年3月），《毛泽东选集》第1卷，人民出版社1991年版，第14页。

志、湖南广大共产党员和革命群众的支持，在实际斗争中起了极大的推动作用，但却被陈独秀所压制，没有被中央领导机关采纳，这时陈独秀右倾机会主义错误路线正在全党贯彻执行，大革命终未能克服当时所面临的严峻危机。自此以后革命历史发展的进程充分证明了毛泽东这一思想的科学性，为他开创农村革命根据地、创造工农武装割据局面、提出走农村包围城市道路的理论奠定了基础。

（三）率先高举共产党旗帜，提出"上山"思想[①]

在国共关系破裂的情况下，毛泽东最早在中共党内提出要打出共产党的旗帜。1927年8月20日，他在代表湖南省委给中共中央的信中写道："我们应高高打出共产党的旗子，以与蒋、唐、冯、阎等军阀所打的国民党旗子相对。国民党旗子已成军阀的旗子，只有共产党旗子才是人民的旗子。"[②]23日，中央复信批评湖南省委和毛泽东抛弃国民党旗子的主张，强调"此时我们仍然要以国民党名义来赞助农工的民主政权"。收到中央复信后，毛泽东立即于30日召集湖南省委会议进行讨论。在发言中他对中央复信的内容，有的表示坚决执行，有的进行了解释，但对是否抛弃国民党旗子问题，他表示仍要坚持高举共产党的旗帜，抛弃国民党的黑旗，秋收起义要由共产党独立自主地进行。因为要去安源召开发动秋收起义的军事会议，毛泽东让彭公达代表他和湖南省委去武汉当面向中央汇报和解释。

在举什么旗的问题上毛泽东之所以旗帜鲜明并一再坚持自己的主张，这首先如他在8月20日给中央的信中所说："这一点我在鄂时还不大觉得，到湖南来这几天，看见唐生智的省党部是那样，而人民对之则是这样，便

[①] 蒋建农：《独立自主探索中国革命道路的开端——大革命失败之际的毛泽东》，《苏区研究》2018年第1期。

[②] 《中共湖南省委给中共中央的信》（1927年8月20日），中共湖南省委党史资料征集研究委员会《湘赣边界秋收起义》协作组编：《湘赣边界秋收起义》，湖南人民出版社1987年版，第50页。

可以断定国民党的旗子真不能打了,再打则必会再失败。从前我们没有积极的取得国民党领导权,而让汪、蒋、唐等领导去,现在即应把这面旗子让给他们,这已经完全是一面黑旗。我们则应立刻坚决的树起红旗。"①可见,高举共产党的旗帜是毛泽东在第一线的实践斗争中得出的结论。

其实,在整个国共合作的时期,毛泽东不仅竭诚地拥护国共合作,而且他一直都是中共党内力主保持中共的独立性和坚持争取中共领导地位的代表人物之一,他在中共三大上就赞成中共党员以个人身份加入国民党,并主张在产业工人中发展国民党员。毛泽东后来在八七会议上批评中共党内有许多同志尚对是否允许产业工人乃至农民加入国民党等问题争论不已的现象说:"当时大家的根本观念都以为国民党是人家的,不知它是一架空房子等人去住。其后像新姑娘上花轿一样勉强挪到此空房子去了,但始终无当此房子主人的决心。我认为这是一大错误。"②而他本人早在1923年就安排夏曦和刘少奇向林伯渠请示利用国民党湖南省党部的空壳从产业工人中发展国民党员。正是在毛泽东和中共湘区委员会的领导下,湖南省的各级国民党党部大都是由中共和国民党左派所掌握。1927年1月,毛泽东在考察湖南农民运动过程中,不仅进一步主张在湖南农民中大力发展国民党的基层组织,而且前瞻性地提出要在农村大力发展共产党员。他在考察湖南农民运动结束后给中共中央的报告中写道:"无论为应付目前的环境或准备不久要来的革命,我们党都需要一个大大的发展,至小数目湖南在六个月内要发展至两万人(现才六千),有农协会员二万以上的县均须成立地方,这样才有办法。"③毛泽东的未雨绸缪表现出他在政治上的高

---

① 《中共湖南省委给中共中央的信》(1927年8月20日),中共湖南省委党史资料征集研究委员会《湘赣边界秋收起义》协作组编:《湘赣边界秋收起义》,湖南人民出版社1987年版,第50页。

② 《在中央紧急会议上的发言》(1927年8月7日),《毛泽东文集》第1卷,人民出版社1993年版,第46页。

③ 《视察湖南农民运动给中共中央的报告》(1927年2月16日),中共中央党史和文献研究院、中央档案馆编:《中国共产党重要文献汇编》第10卷(1927年1月—1927年5月),人民出版社2022年版,第61页。

瞻远瞩，其实质是基于他对中共及其所代表的中国工人阶级在国民革命中领导地位的深刻认识。他在1926年9月指出，"进步的工人阶级尤其是一切革命阶级的领导"①。因此，他在国共合作破裂之初之所以能够第一个提出要高高地打出共产党的旗帜，是他一贯坚持中共对国民革命领导权思想发展的必然结果。

再者，中共中央当时坚持不同意抛弃国民党的旗帜，除了因不加分析而无条件地贯彻共产国际的指示以外，一个重要原因是认为蒋介石集团和汪精卫集团叛变革命，标志着民族资产阶级已经全部叛变，为了抓住小资产阶级继续革命，还要用国民党的旗子，否则有着革命传统的国民党的旗号就会被蒋汪之流篡夺。而毛泽东早已在《中国社会各阶级的分析》中对中国小资产阶级左、中、右三翼的经济地位和对国民革命的态度进行过科学的分析。对此问题，湖南省委书记彭公达在按照毛泽东的要求向中央解释为什么一定要抛弃国民党旗子改打共产党旗帜的原因时，转达了毛泽东对国民党左派的分析，即：他们"大抵系小资产阶级出身的人，他们对于革命只是同情，决不会自己开步走，且他们的行动是要看风转舵，无产阶级领导力量大，他可以站在无产阶级方面来附和革命，在资产阶级方面也是一样。取消国民党只要无产阶级的力量大，左派小资产阶级仍然可以来革命。取消国民党并不成什么问题，因此，湖南对于此次暴动，是主张用共产党名义来号召"②。

毛泽东力倡改用共产党旗帜号召革命，既是出于现实斗争的需要，又有革命经验的积淀，还有理论的准备，更是顺应了广大工农群众的意愿。旗帜问题是一个最核心的问题。如果继续用国民党的旗帜反对打着国民党旗号叛变革命的蒋介石、汪精卫和其他大小军阀，既不足以号召小资产阶

---

① 《国民革命与农民运动》（1926年9月1日），《毛泽东文集》第1卷，人民出版社1993年版，第39页。

② 《彭公达同志关于湖南秋暴经过的报告》（1927年10月8日于武汉），中共湖南省委党史资料征集研究委员会《湘赣边界秋收起义》协作组编：《湘赣边界秋收起义》，湖南人民出版社1987年版，第99页。

级，更无法代表广大工农群众的利益和要求；如果继续使用国民党的旗帜，势必难以脱开孙中山用核定地价、国家收购的办法平均地权学说的窠臼，土地革命会裹足不前；如果继续用国民党的旗帜，其必然的逻辑就是还要用"国民政府"的牌子（当时共产国际和中共中央主张先建立革命委员会），"国民政府"的旧瓶容不下"工农民主专政"的新酒。历史的发展证明了毛泽东主张的正确，在他提出此问题一个月后，中共中央根据南昌起义以来的实践，于9月19日发布《关于"左派国民党"及苏维埃口号问题决议案》指出："现在群众看国民党的旗帜是资产阶级地主反革命的象征，白色恐怖的象征，空前未有的压迫与屠杀的象征。"[1]明确宣布抛弃国民党的旗子并成立苏维埃。从此，中共必须独立行使对中国革命的领导权成为全党的共识。从严格的意义讲，这是中共独立领导革命的开始，标志着中国革命进入一个新的阶段，其意义影响深远。

在提倡高举共产党旗帜的同时，毛泽东也很早地提出武装反抗的问题。在大革命高潮时期，毛泽东在领导农民运动的火热斗争中，开始着手推动建立农民武装。和以往向国民革命军派遣政治工作人员和选调共产党员、青年团员到军校学习与充实基层部队的做法不同，他是从夺取地主土地、防御地主反抗的角度提出武装农民问题的。他在考察湖南农民运动时要求把农民武装"确实普及于七十五县二千余万农民之中，应使每个青年壮年农民都有一柄梭镖"[2]。在他的号召和湖南区委的领导下，当时湖南省有45个县组织起农民自卫军或工农义勇队。毛泽东另辟中共组织武装力量的蹊径。

毛泽东在大革命的危急关头首倡"上山可以造成军事势力的基础"，并明确"须知政权是由枪杆子中取得的"思想。四一二事变和马日事变

---

[1] 《关于"左派国民党"及苏维埃口号问题决议案》（1927年9月19日中共中央临时政治局会议通过），《建党以来重要文献选编（1921—1949）》第4册，中央文献出版社2011年版，第507页。

[2] 《湖南农民运动考察报告》（1927年3月），《毛泽东选集》第1卷，人民出版社1991年版，第29页。

后，6月中旬毛泽东同从湖南到武汉请愿的共产党员和工农骨干开会时强调：长沙站不住，城市站不住，就到农村去，下乡组织农民。要发动群众，恢复工作，山区的人上山，滨湖的人上船，拿起枪杆子进行斗争，武装保卫革命。①不久，他奉命到湖南出任湖南省委书记，针对危急形势进行应变部署，强调各县工农武装一律迅速集中，不要分散，要用武力对付反动军队，以枪杆子对付枪杆子，不要再徘徊观望。7月4日，他在中央政治局常委会第三十四次会议上发言，提出"上山"和"投入军队中去"，认为"不保存武力则将来一到事变我们即无办法"。②这一时期，毛泽东不仅多次与蔡和森商议做一军事计划，以备万一（其建议后由任中央政治局常委的蔡和森致信中央提出），并指示湖南省委拿出详细的军事报告，而且他本人也受中央的委托起草了《湘南运动大纲》，准备以汝城为中心组织工农武装，发动土地革命。这一计划得到新组成的中共临时中央常委会的批准，他被任命为中共湘南特委书记。随后，他在中共八七会议上发表"枪杆子里面出政权"的著名论断。毛泽东是中共中央确定武装反抗国民党反动派总方针的重要推动者。

毛泽东在大革命失败前后如何推动开展武装斗争方面，有其独到之处。

其一，以农民为建立共产党领导的武装力量的主力，以农村为开展对国民党反动派武装斗争的广阔天地。面对四一二事变以来国民党反动派的叛变和屠杀，越来越多的共产党人像毛泽东一样看到了开展武装斗争的紧迫性。远在莫斯科的联共（布）中央和共产国际也清醒地看到此问题的重要性。在斯大林精辟地概括"中国革命的特点和优点之一是武装的革命反对武装的反革命"一年之后，共产国际执委会终于改变过去不让中共发展武装力量的态度，讨论制定并向中共中央发出紧急应变的"五月指

---

① 中共中央文献研究室编：《毛泽东年谱（1893—1949）》上卷，人民出版社、中央文献出版社1993年版，第204页。

② 中共中央文献研究室编：《毛泽东年谱（1893—1949）》上卷，人民出版社、中央文献出版社1993年版，第205页。

示"。其中就要求中共动员两万共产党员,再加上湖南、湖北的五万革命工农,组建自己可靠的军队。①但是共产国际方面当时坚决反对中共退出国民党,并寄希望于从汪精卫为首的武汉政府能与中共合作执行"五月指示"。这造成陈独秀和鲍罗廷等害怕建立中共自己的武装会影响与武汉政府的关系,而无从执行。而毛泽东则不同。他始终在第一线领导开展农民运动,不仅从理论上对农民在中国革命中的主力军作用有深刻的认识,而且目睹了湖南农民建立的各种农民武装在动摇封建统治基础方面的巨大威力,他对广大农民群众建立自己武装的迫切要求及其所蕴藏的巨大能量有切身的感受。因此,他虽然也执行夺取长沙的中央指示,但是和当时中共中央一方面强调依靠农民深入土地革命但却把着力点放在南昌、长沙、广州等中心城市的矛盾做法不同,他把发展工农武装的着眼点放在广大农村和亿万农民群众身上,提出山区的人上山,滨湖的人上船,独辟蹊径。在八七会议讨论制定《党的组织问题议决案》时,毛泽东没有随大流一味地要求加强领导机关的工人成分,而是切实从中国的实际出发,强调应该是工人、农民共同参与指导工作。他要言不烦,只是提议在第七条中加一个"农"字。②于是,八七会议将第七条改为:"工会机关的指导,应由各级党部从速审查,换有经验的工人(农民)同志担任这种指导。"③这反映出毛泽东以农民为中国革命主力军的一贯主张。他的上述意见和作为,是其在领导秋收起义的队伍攻打长沙计划受挫后,能够率部转向敌人统治薄弱的农村勇闯新路的思想基础和实践基础。

其二,在发动武装起义地点的选择上,也体现出毛泽东独立自主的立

---

① 《联共(布)中央政治局会议第107号(特字第85号)记录》(1927年6月2日),中共中央党史研究室第一研究部编译:《共产国际、联共(布)与中国革命档案资料丛书》第4卷,北京图书馆出版社1998年版,第309页。

② 《中共中央紧急会议(八七会议)记录》(1927年8月7日),《建党以来重要文献选编(1921—1949)》第4册,中央文献出版社2011年版,第404页。

③ 《党的组织问题议决案》(1927年8月7日),《建党以来重要文献选编(1921—1949)》第4册,中央文献出版社2011年版,第449页。

场和精神。蒋介石叛变革命后,武汉政府一度在是继续北伐,还是东征讨蒋问题上,举棋不定。这时,陈独秀和鲍罗廷曾设想把革命的重心向西北发展,一方面是想借重当时尚支持国民革命的冯玉祥势力,同时也有背靠苏联和蒙古再图发展的意图。后来,因为郑州会议和徐州会议后冯玉祥转向蒋介石而作罢。汪精卫集团叛变革命后,中共中央组织发动南昌起义和广州起义,不仅要通过占领中心城市重建广东革命根据地,同时也有保持出海口以接受苏联援助的计划。中共中央发动湘鄂粤赣四省秋收起义的目的,起初在很大程度上也是呼应南昌起义军重建广东革命根据地的计划。当时,设法获取苏联的援助和支持,以重振革命的理念,在中共党内根深蒂固。毛泽东则有所不同。他和蔡和森等非常看重两湖地区的作用。马日事变后,他们在多次听取湖南来的同志介绍情况、部署准备反击的同时,蔡和森连续给中央写了七次信,阐述以两湖为依托进行反击的建议,并起草了暴动计划;毛泽东也向中央和陈独秀提出要求回湖南发动工会和农民协会,组织武装反击许克祥和何健的挑衅。在他们的一再要求和建议下,中共中央于6月7日和24日,两度决定改组湖南省委,由毛泽东出任临时省委书记和省委书记,他因此有机会于6月下旬短暂地回湖南进行开展武装斗争的准备和发动。尽管他很快就被陈独秀召回武汉,但他在湖南的紧急部署,特别是集中保存工农武装的安排,为后来湘赣边界秋收起义和1928年初的湘南暴动准备了基础力量。8月9日,他在中共中央临时政治局第一次会议上发言指出:湖南省委要组织一个师的武装去广东是很错误的。大家不应只看到一个广东,湖南也是很重要的。湖南民众组织比广东还要广大,所缺的是武装,当前处在暴动时期更需要武装。他说:"前不久我起草经常委通过的一个计划,要在湘南形成一师的武装,占据五六县,形成一政治基础,发展全省的土地革命,纵然失败也不用去广东而应上山。"[1]

---

[1] 中共中央文献研究室编:《毛泽东年谱(1893—1949)》上卷,人民出版社、中央文献出版社1993年版,第209页。

毛泽东提出并坚持以湖南为中心开展武装斗争,既表明了自力更生独立革命的决心,也是以湖南已经形成的雄厚的革命力量基础为支撑和保障的。首先,在国共合作之初,毛泽东就写信给彭素民(国民党中央总务部部长)、林伯渠商量在湖南国民党组织的事宜,并亲自担任国民党湖南省党部的筹备员,以后又多次指导相关筹备事宜。在他和湖南区委的领导下,以共产党员为骨干的湖南各级国民党党部从无到有地发展起来。正如中共中央给湖南省委的信中所指出:"湖南国民党左派的下级党部比任何省要有基础,十五万到二十万的左派党员及其组织曾在我们指导之下奋斗到现在。"①其次,湖南的农民运动当时是最发达的,到1927年5月,农民协会的会员已达600万,占全国农民协会会员总数的一半以上。再者,按照毛泽东在考察湖南农民运动时给湖南区委的指示,他们大力在农村发展中共党员,到大革命失败时已经发展农村党员2万人,②占全国中共党员人数的三分之一。求真务实的工作作风和在湖南省卓有成效的工作实绩,使毛泽东得以坚持以湖南为中心、依靠中共和工农的力量开展武装斗争和土地革命。这既是他在秋收起义队伍受挫后不再徒劳地攻打中心城市的原因所在,也是他后来选择在湘赣边界的罗霄山脉中段独立自主探寻中共革命之路的组织条件和实力依托。

　　其三,在发起武装反抗国民党反动派的过程中,如何对待受中共领导或影响的一部分国民革命军并促成他们与工农力量的结合,是摆在中国共产党人面前的新课题。共产国际和新的中共临时中央常委会特别强调要建立中共自己的武装,强调发动工农的力量,强调要深入土地革命,其大方向无疑是正确和非常必要的。但是,蒋介石发动四一二反革命政变以来,广州的四一五事变、武汉的夏斗寅部叛乱、长沙的马日事变、在郑州的冯

---

① 《中共中央给湖南省委的信——对于湘省工作的决议》(1927年8月9日),中共湖南省委党史资料征集研究委员会《湘赣边界秋收起义》协作组编:《湘赣边界秋收起义》,湖南人民出版社1987年版,第48页。

② 《湖南组织报告(五月—八月)》(1927年9月5日),《湖南革命历史文件汇集》甲5,中央档案馆、湖南省档案馆1984年编印,第126页。

玉祥部与蒋介石的合流，以及唐生智、张发奎、朱培德等相继反共的严酷现实，使他们对一部分深受中共影响包括直接在中共领导下继续坚定地投入新的武装斗争的军队，都心存疑虑。比如南昌起义发动时，他们不得不倚重叶挺和贺龙所部，甚至虚位以待张发奎的加入。可是在南昌起义军刚刚南下就发生蔡廷锴率部叛离事件后，他们就主观地认定叶挺和贺龙所部都不可靠，"仍旧是旧式的雇佣军队，不加入工农分子使之改组，是不能担负革命任务到底的"。①但迫于起义军在南下行军中无法遥控，只好寄希望于侥幸他们能够成功进抵广东，然后再行彻底改造。因此，后来对叶挺、贺龙部队的指责成为中共中央研判南昌起义失败原因的一项重要内容。在这种心态下，他们只能一味地鼓动各地的农民自卫队等暴动，期望出现登高一呼、群起响应、一战而定的奇迹。结果是那些没有经过军事训练又几乎没有枪械的农民起义队伍，与敌人的正规军碰撞，造成惨重的牺牲，基本上一一失败。毛泽东则有所不同。他不仅一贯强调并在实践中注重发挥工农的主力军作用，而且同时，他从马日事变时长沙附近10万工农队伍的反击却不抵许克祥、王东原两个团的正规军的失败教训中认识到，革命发动时必须有正规部队参加。他在8月初起草并经中央批准的《湘南运动大纲》中就提出从江西革命军中调一团人赴汝城，他认为"以革命军一团做中坚，至少有占领五县以上的把握"②。8月18日，他在召集湖南省委沈家大屋会议讨论秋收起义计划时，进一步明确提出"要发动暴动，单靠农民的力量是不行的，必须有一个军事的帮助。有一两团兵力，这个就可起来……暴动的发展是要夺取政权。要夺取政权，没有兵力的拥卫或去夺取，这是自欺的话"③。毛泽东把拟调一两个团的兵力作为暴动"发火

---

① 《中共中央最近政治状况报告》（1927年10月），《建党以来重要文献选编（1921—1949）》第4册，中央文献出版社2011年版，第599页。
② 《毛泽东提出的湘南运动大纲》（1927年8月），《建党以来重要文献选编（1921—1949）》第4册，中央文献出版社2011年版，第456页。
③ 《彭公达同志关于湖南秋暴经过的报告》（1927年10月8日于武汉），中共湖南省委党史资料征集研究委员会《湘赣边界秋收起义》协作组编：《湘赣边界秋收起义》，湖南人民出版社1987年版，第97页。

药"的想法写进给中共中央的报告。但却受到中央23日回信的批评，认为其暴动计划"偏重于军力，好像不相信群众的革命力量，其结果只是一种军事冒险"。收到中央回信后，毛泽东和湖南省委进行了认真的讨论，并于30日由毛泽东复信中央，再次强调要把军事力量与工农群众的暴动结合起来，并解释说明暴动的主要战斗者是工农，调两个团是辅助工农力量之不足，中央的批评是因为不了解此间情形，是不要注意军事，又要民众武装暴动的一个矛盾政策。毛泽东对受中共影响的正规军参加暴动问题的重视，既是汲取马日事变血的教训，也是基于他对国共合作时期中共主持国民革命军政治工作巨大成效的了解和信任。在大革命时期，他和担任总政治部主任的国民党左派邓演达在共同领导开展农民运动中结下深厚的友谊和互信关系，与中共从事军队政治工作的主要领导周恩来、恽代英等有密切的合作，与担任国民革命军第六军和第二军副党代表的湘籍共产党人林伯渠、李富春，以及担任其所辖各师党代表的方维夏、萧劲光、包惠僧等往来频繁，并曾兼任过第二军军官学校的教官，他的《中国社会各阶级的分析》一文就是在第二军的刊物《革命》上首发。因此，他深知中共在北伐军部分军队中的影响和作用。对那时的政治工作制度和政治工作，毛泽东曾予以高度评价，认为："那时军队有一种新气象，官兵之间和军民之间大体上是团结的，奋勇向前的革命精神充满了军队。"[1]正是因为上述原因，毛泽东十分珍惜在国民革命军中保留的革命火种。在领导秋收起义的过程中，他对指挥第二方面军警卫团的卢德铭非常倚重，对该团的多数官兵也很信任，并以贺龙"两把菜刀闹革命"已经发展为一个军队事例鼓舞官兵们的士气，特别是为促进警卫团官兵与起义军中工农武装力量的结合，他通过在三湾改编中把支部建在连上和设立士兵委员会，大大加强了中共对军队的领导，夯实了新型人民军队的基础。后来毛泽东在井冈山的斗争实践也印证了他当初这一决策的正确，他在《中国的红色政权为什么

---

[1]《和英国记者贝特兰的谈话》（1937年10月25日），《毛泽东选集》第2卷，人民出版社1991年版，第380页。

能够存在？》中指出："至于此刻的红军，也是由经过民主的政治训练和接受过工农群众影响的国民革命军中分化出来的。"①在毛泽东领导的湘赣边界秋收起义队伍中，既有原国民革命军第二方面军警卫团，又有安源路矿的工人和平浏等地区的农民自卫军，真正是"工农兵"的结合，这在当年的100多次中共领导的武装暴动中可能不是唯一的，但肯定是最突出的，并且具有重要的示范和引领意义。

尤为难得和值得关注的是，毛泽东在筹划发动秋收起义之初就注意到绿林武装的问题。他在八七会议的讨论发言中特地指出："土匪问题是非常大的问题。因此种会党土匪非常之多，我们应有一策略，有些同志以为只可以利用他们，这是中山的办法，我们不应如此。只要我们实行土地革命，那一定是能领导他们的。我们应当他们是我们自己的弟兄，不应看作客人。"②而当时的临时中央虽然一再强调"必须依靠真正的农民的群众力量"，但没有具体的措施支撑，反而指责"坐待军队与土匪的行动，或许纯全依靠军队的行动而忽略农民之本身之组织力量与行动，这也是机会主义的一种形式的表现"③。对此问题，后来中共中央有所改变，并且还更明确地指出："土匪是失业的农民，有些还是未失业的农民，我们要领导他们来参加土地革命是对的，而且他们的问题也只有在土地革命成功之下才能解决。"④

在大革命失败之际，全国先后爆发了100多次中共领导的武装起义。当各支起义队伍都在强敌的进攻下一一失败的时候，各路起义军的领导人

---

① 《中国的红色政权为什么能够存在？》（1928年10月5日），《毛泽东选集》第1卷，人民出版社1991年版，第50页。

② 《中共中央紧急会议（八七会议）记录》（1927年8月7日），《建党以来重要文献选编（1921—1949）》第4册，中央文献出版社2011年版，第402页。

③ 《中共中央关于两湖暴动计划决议案》（1927年9月12日发表于《中央通讯》），中共湖南省委党史资料征集研究委员会《湘赣边界秋收起义》协作组编：《湘赣边界秋收起义》，湖南人民出版社1987年版，第62页。

④ 《中共中央关于工农运动的路线和策略给江苏省委的指示》（1927年10月19日），《建党以来重要文献选编（1921—1949）》第4册，中央文献出版社2011年版，第560页。

除了都必须继续坚持土地革命和武装斗争外，还必须有一些独特的途径以保存力量东山再起。朱德是利用过去与云南将领范石生的同僚关系，保存了南昌起义军的余部；贺龙则是凭借他深厚的血缘、地缘关系，后来在湘鄂边重振旗鼓；毛泽东没有拉杆子和在旧军队工作的经历，但是，他有对中国社会各阶级和各阶层的科学分析，有对原国民革命军部分官兵高度政治觉悟的深刻认识，有对会党、土匪成分的深入了解，因此，他能表现出不同凡响的政策水平。这是他后来引兵上井冈山，成功团结袁文才和王佐武装的思想基础。毛泽东从实际出发，以独立自主的精神作出并坚持实施了引入受中共领导的正规部队作为秋收起义"发火药"的决策，以及团结改造以破产农民为主要成分的会党、土匪武装的主张，壮大了革命阵营的力量，促进了革命武装与工农群众的融合，保留了秋收起义的火种，指明了新型人民军队建设的方向。

如果没有大革命失败之际以毛泽东为代表的中国共产党人对中国革命道路的探索和实践，就没有井冈山革命道路的开辟。毛泽东在大革命失败的风云变幻关头，高举中共独立领导中国革命的旗帜，把他在考察湖南农民运动时提出的发展农民武装、建设乡村自治政权和没收地主土地分配给农民的主张，与大革命失败后的新形势、新任务相结合，升华和演变为有理论、有方向、有政策、有措施的行动，开启了中国革命由失败走向复兴的探索之路，奠定了"武装斗争、土地革命、根据地建设（以政权建设为核心）三位一体的工农武装割据理论"的雏形，成为井冈山斗争的前奏曲。

第四章　井冈霹雳

一、"枪杆子里面出政权"

武汉市江岸区鄱阳街139号，是一栋有着百年历史的三层西式公寓。拾级而上，二楼左转即到一个房间，三屉桌、方凳、圆凳、长凳和靠背椅，错落安放，这就是八七会议会址。当时这里是苏联驻国民政府农业顾问拉祖莫夫的住所。屋子前后有楼梯，后门通小巷，屋顶凉台与邻居凉台相通，便于发生意外情况时撤离。

1927年8月7日，毛泽东以候补中央委员的身份出席了八七会议。一起参会的还有部分中央委员、候补中央委员、中央监察委员，中央军委、共青团中央、中央秘书处，湖南、湖北两省党组织的代表和负责人，以及共产国际驻中国代表罗米那兹和纽曼。由于出席的中央委员不到半数，既不是中央全会，也不是中央政治局会议，故称为中央紧急会议。

当时的中国南部腥风血雨，国民党突然实行严厉的反共、"清党"政策，大肆屠杀共产党员和革命群众，武汉作为全国革命的中心，笼罩在白色恐怖之中。在这样的紧迫形势下，会议仅召开了一天。

然而，就是这短暂的一天，使中国共产党和中国革命绝处逢生。八七会议纠正和结束了党内的右倾机会主义错误，总结了第一次大革命失败的经验教训，确定了土地革命和武装反抗国民党反动派的总方针，选举产生了新的党中央领导机构。中国革命由此开始了从大革命失败到土地革命战争兴起的历史性转变。多年以后，毛泽东这样写道："一九二七年，大革命失败的前夕，心情苍凉，一时不知如何是好，这是那年的春季。夏季，八月七号,党的紧急会议,决定武装反击,从此找到了出路。"

根据邓小平留下的八七会议记录,当天会上讨论时发言的有14人共56次,从会议记录看,第一个发言的是毛泽东,发言次数最多的也是毛泽东,一共7次。他在发言中,深刻总结了幼年时期的中国共产党在大革命失败中的教训:一是在与国民党的合作中始终没有当房子主人的决心(就是把领导权拱手相让)。二是在农民革命问题上,党内外的广大群众要革命,"党的指导却不革命,实在有点反革命的嫌疑"。他不无懊悔地说道,"我素以为领袖同志的意见是对的,所以结果我未十分坚持我的意见"。三是在军事方面,他说:"我们骂孙中山专做军事运动,我们则恰恰相反,不做军事运动,专做民众运动。"他强调全党"以后要非常注意军事,须知政权是由枪杆子中取得的"。毛泽东关于军事问题的一席话,后来被概括为"枪杆子里面出政权"的著名论断。

毛泽东的发言,尤其是关于武装斗争的问题,引起了与会者的共鸣。据陆定一回忆:"关于武装斗争问题……讲得比较透彻的是毛泽东。"

武装斗争,本是暴力革命的应有之义。中国共产党成立伊始,即确立以俄为师的革命斗争道路,"以无产阶级革命推翻资产阶级",以暴力革命实现社会主义、共产主义。但是,这时候的中共并没有从根本上认识到武装斗争是中国革命的主要斗争形式,而是将工作重心放在组织发动工人和学生运动上。在中共的认识逻辑里,应该先有强大的革命的政党,然后才能有革命的军队。甚至由于饱尝军阀混战的恶果,中共党内尤其警惕纯军事主义。但随着工人运动的失败,国共合作的开展,中共日益感受到进行武装斗争的迫切性。1925年10月,中共在中央委员会之下设立了军事运动委员会。1926年7月,中共通过了建党以来的第一份《军事运动议决案》。但此时,中共的重点还是在建设国民党的军事力量,而没有重视建设中共自己的军事力量。

大革命的失败给中共狠狠一击。昔日盟友的背叛,让中共深刻认识到掌握自己的武装的极端重要。正如后来毛泽东回忆这段历史时说:"我是一个知识分子,当一个小学教员,也没学过军事,怎么知道打仗呢?就是由于国民党搞白色恐怖，把工会、农会都打掉了，把五万共产党员杀了一大批，抓了一大批，我们才拿起枪来，上山打游击。"现实教育了中共党员，也让一贯重视武装的毛泽东进一步强化了自己的认识。毛泽东在大革命时期就热情支持湖南的农民运动，并较早提出了武装问题。在大革命失败前夕，他极力主张发动群众、武装群众，针锋相对地进行斗争。1927年5月马日事变后，毛泽东任常委的全国农协发出声讨通电，要求到武汉的湖南工农干部拿起武器，武装保卫革命。6月24日，毛泽东到湖南任省委书记，面对唐生智公开打出反对共产党的旗帜，毛泽东毫不退让地提出推翻唐生智在湖南的统治。毛泽东的举动吓坏了陈独秀，在长沙工作仅10天便被召回。回到武汉后，毛泽东多次提出"上山"和武装反抗敌人的屠杀。

形势的发展证明了毛泽东的高瞻远瞩，7月13日，新的中共中央改变退让政策，公开谴责国民党中央和政府。随后，刚组成的中共中央政治局临时常委会为了挽救革命，毅然决定了三件大事：将党所掌握和影响的部队向南昌集中，准备发动武装起义；组织工农运动基础较好的湘、鄂、赣、粤四省农民发动秋收起义；召集中央紧急会议，讨论和决定大革命失败后的新方针。

在八七会议上，毛泽东不仅指出要以"枪杆子"来反抗，更难能可贵的是，毛泽东特别明确地指出："以后上级机关应尽心听下级的报告，然后才能由不革命的转入革命的。"这就是说党的领导必须倾听下级组织关于人民群众要求的报告，从基层群众中汲取正确的主张和力量，也就是必须要站稳工农群众的立场。因此，当蔡和森、李维汉、陆沉等提议毛泽东为中共中央临时政治局委员时，毛泽东以"我现在担任土匪工作不能加入"和"自己非外面去做工不可"的理由婉拒。[①]他不仅谢绝担任中共中央临时政治局委员的提议，而且谢绝了瞿秋白要他去上海参加中央

[①]《中共中央紧急会议（八七会议）记录》（1927年8月7日），《建党以来重要文献选编》第4册，中央文献出版社2011年版，第405页。

工作的邀请，表示不愿去大城市住高楼大厦，愿到农村去，上山结交绿林朋友。

但具体怎么上山？怎么开展武装斗争？毛泽东并没有实践经验，周围也并没有太多的经验可供借鉴。一切还需探索。

这时，毛泽东将革命的希望放在了湖南。8月9日，毛泽东出席中共中央临时政治局第一次会议，在讨论秋收暴动时发言指出，湖南省委要组织一个师的武装去广东是很错误的。大家不应只看到一个广东，湖南也是很重要的。湖南民众组织比广东还要广大，所缺的是武装，当前处在暴动时期更需要武装。"前不久我起草经常委通过的一个计划，要在湘南形成一师的武装，占据五六县，形成一政治基础，发展全省的土地革命，纵然失败也不用去广东而应上山。"当时，广东可谓革命的重心所在，毛泽东将湖南放到与广东同等甚至更重要的位置，可见对湖南革命寄予厚望。

而据罗章龙回忆：蒋介石、汪精卫叛变后，"党中央有个部署，就是把在武汉的中共中央委员调到一些重要省份，以加强地方工作。中央本来决定毛泽东到四川，毛泽东认为四川没有基础，坚持要回湖南，中央同意了"[①]。

毛泽东对湖南的重视，并不仅仅因为自己是来自湖南的"石三伢子"，更由于他对湖南农民运动的深入了解和亲身实践。大革命时期，湖南可谓全国农民运动的中心。从1923年9月开始，湘区委员会即开始注意开展农民运动。毛泽东也曾于1925年夏，在湖南韶山、银田寺一带组织过农民协会。到1926年11月，湖南全省有30多个县成立了县农民协会，近20个县成立了县农民协会筹备处，共有农民协会会员130余万人。在此基础上，1926年12月1日成立了湖南省农民协会，标志着湖南农民运动进入全盛时期。1927年1月4日至2月5日，毛泽东历时一个多月考察了湖南湘潭、

---

① 罗章龙：《回忆湖南省委领导秋收起义》，罗章龙、何长工等：《亲历秋收起义》，江西人民出版社2007年版，第1页。

湘乡、衡山、醴陵、长沙等5个县的农民运动，深切感受到湖南农民运动的猛烈。随后发表了著名的《湖南农民运动考察报告》。

八七会议后，毛泽东以特派员的身份回湖南传达会议精神，并准备秋收暴动。省委经过研究，组织成立了以毛泽东为书记的湖南省委前敌委员会，并组成行动委员会，易礼容为书记。毛泽东一边着手整顿湖南省的党组织，"改组省委和县委，如浏阳、平江、衡阳、郴州等都重新派人组织起来"①，一边筹划秋收起义的军事计划。在讨论秋收暴动时，毛泽东提出：秋收暴动的发展是要夺取政权、解决农民的土地问题。要发动暴动和夺取政权，没有军事武装单靠农民力量是不行的。他强调"现在应以百分之六十的精力注意军事运动，实行在枪杆上夺取政权，建设政权"。

当时党内军事斗争干部比较缺乏，主要有三个来源：一是地方武装锻炼出来的干部，这种干部经验较丰富，军事理论水平则有限。二是出自黄埔军校、参加了北伐战争的国民革命军军事干部，他们经验和理论都具备，但数量稀少。三是地方部队，包括国民党军或绿林土匪投诚过来的干部，这不仅人数稀少，还需要与中共党内和地方实际进一步磨合。毛泽东筹划秋收起义，首先关注的就是军事干部问题。他离开武汉前就嘱咐罗章龙"找一个有作战经验的军事干部一道来湖南"。然而，罗章龙认为"这里很难找到既熟悉湖南情况又有武装斗争经验的军事干部"②。

人才既不可得，毛泽东在具体筹划秋收起义的时候，唯有遵循党内既有的起义路径，即攻打中心城市，进而获得工农兵的响应占领城市，夺取政权。本来在工人阶级聚集的大城市举行武装暴动是欧洲社会主义革命的传统，并有俄国圣彼得堡十月革命胜利的先例可循；而在中国共产党为数不多的军事斗争经验中，最值得借鉴的是参加北伐战争那种以占领重要城市为目标的正规军作战。秋收起义部队也将自己类比为北伐军。何长工回

---

① 罗章龙：《回忆湖南省委领导秋收起义》，罗章龙、何长工等：《亲历秋收起义》，江西人民出版社2007年版，第1—2页。

② 罗章龙：《回忆湖南省委领导秋收起义》，罗章龙、何长工等：《亲历秋收起义》，江西人民出版社2007年版，第1页。

忆说："那时我们这支部队还很骄傲，动不动一开口就是叶挺独立团的，胜利进行第二次北伐凯旋而归的功勋部队。"①"这时，毛泽东还没有到部队来，打仗还是按照黄埔军校的思想体系来的。"②

因此，以夺取和占领中心城市为主要目标的"城市中心论"，成为中共中央的首选和许多共产党人的共识。同时期的南昌起义、广州起义均呈现出这样的特征，秋收起义也不例外。罗章龙回忆："毛泽东和我们共同研究了前方、后方的作战部署，他对我说：把浏阳打下来，就向长沙进军，部队打到离长沙只有40里的黄花市时，我就派人送信给你们；再往前打，就是离长沙10多里的东屯渡。这时，你们就动员近郊农民和城里的工人、居民暴动响应。"③"关于攻打长沙的计划，是湖南省委和行委作出的决定，当时，毛泽东同意打长沙，大家满怀信心要把长沙拿下来。在这个问题上没有争论。"④

1927年8月19日，湖南省委将秋收暴动计划汇报中央。改变中央原定的湘南暴动计划，决定以长沙暴动为起点，湘南、湘西等亦同时暴动，坚决地夺取整个的湖南，实行土地革命，建立工农兵苏维埃的政权。20日，毛泽东再以湖南省委名义写信给中央，提出："在工农兵苏维埃时候，我们不应再打国民党的旗子了。我们应高高打出共产党的旗子，以与蒋、唐、冯、阎等军阀所打的国民党旗子相对。国民党旗子已成军阀的旗子，只有共产党旗子才是人民的旗子。这一点我在鄂时还不大觉得，到湖南来这几天，看见唐生智的省党部是那样，而人民对之则是这样，便可以断定国民党的旗子真不能打了，再打则必会再失败。"我们应该"立刻坚决的

---

① 何长工：《秋收起义和引兵井冈》，罗章龙、何长工等：《亲历秋收起义》，江西人民出版社2007年版，第7—8页。

② 何长工：《秋收起义和引兵井冈》，罗章龙、何长工等：《亲历秋收起义》，江西人民出版社2007年版，第10页。

③ 罗章龙：《回忆湖南省委领导秋收起义》，罗章龙、何长工等：《亲历秋收起义》，江西人民出版社2007年版，第3页。

④ 罗章龙：《回忆湖南省委领导秋收起义》，罗章龙、何长工等：《亲历秋收起义》，江西人民出版社2007年版，第4页。

树起红旗",小资产阶级也必定在红旗领导之下。信里并将"土地纲领"草案录上,提供中央讨论。

但正如陆定一回忆指出的,八七会议"虽然提出土地革命和武装斗争是我们的总方针,实际上党的工作重心还没有放在武装斗争上面,城市中心论的错误观点没有受到批判,党内多数领导同志也缺乏武装斗争的经验"。因此,毛泽东和湖南省委关于秋收起义的暴动计划并没有被中央批准,中央意见是纯粹依靠群众力量,以军事力量为帮助。8月23日中央复信湖南省委,指出"靠外面军事力量夺取长沙,这样偏重于军力……其结果只是一种军事冒险",指责湖南省委抛弃国民党旗帜的主张,说"此时我们仍然要以国民党名义来赞助农工的民主政权"。对土地问题,也认为现时主要口号是"没收大地主土地",在策略上不提出没收小地主和自耕农的土地,但革命发展的结果"仍是没收一切土地"。由此可以看出,当时中央领导虽然在现实面前已经看到了武装斗争的必要性和重要性,却由于缺乏实际的武装斗争经验,仍然难以放弃过去发动工农所带来的历史成就,寄希望于工农民众自发武装起来反抗,"是不要注意军事又要民众武装暴动的一个矛盾政策"。而实际上,工农武装如果未经专门的军事训练,战斗力是非常弱的。曾参加秋收起义的陈树华回忆:"我们的部队没有作战经验,当敌人迫近我阵地时,双方相隔几十公尺,都眼睁睁地看着,连枪也不知道放,真是吓呆了。"[①]

虽然中央与湖南省委对秋收起义的具体军事计划有不同意见,但起义的步伐已经不可阻挡地在推进。8月31日晨,毛泽东乘火车离开长沙前往安源部署武装起义。由于起义在湘赣两省交界地域,毛泽东需要了解这一带情况。途经株洲时,他会见了中共株洲镇委宣传委员朱少连、湘潭县东一区委书记陈永清等。听取他们的情况介绍后,毛泽东说在秋收起义中,株洲是个重要的地方,要抓紧恢复工作,首先要解决团防

[①] 陈树华:《秋收起义的片断回忆》,罗章龙、何长工等:《亲历秋收起义》,江西人民出版社2007年版,第64页。

局，同时要破坏白石港的铁路桥。①朱少连随即按照毛泽东的指示抓紧准备。

9月初，毛泽东到达安源。作为安源工人运动的播火人，毛泽东熟知安源工人的战斗力和组织状况。早在1927年初，毛泽东在考察湖南农民运动期间，曾经翻过衡山去衡阳，在与夏明翰、陈佑魁等交流开展农运意见时，就曾表示，一旦形势右转，他就带安源工人到江西搞游击去。②毛泽东出任湖南临时省委书记、省委书记后，强调各县工农武装一律迅速集中，不要分散，要用武力对付反动军队，以枪杆子对付枪杆子，不要再徘徊观望。根据毛泽东和湖南省委的指示，为保存精干，中共安源市委改造矿警队，派了许多党员、团员和工会骨干到矿警队任职，实际控制了矿警队。据7月23日湖南省委给毛泽东并转中共中央的报告称："安源可借矿警局练兵二百名，而一两股兵力可以上山。"③

事实上，安源工人也的确成为秋收起义的重要力量。在蒋介石发动四一二反革命政变、夏斗寅5月17日发动进攻武汉的叛乱和5月21日许克祥长沙屠杀工农事件的冲击下，叶挺奉命组建第二方面军警卫团，以增强保卫武汉的兵力。中共决心将警卫团组建为党领导下的军队。在这种背景下，杨立三作为国民革命军第二十四师的新兵招募委员来到安源，顺利地从安源招募了100多名矿工组成一个连，连长黄赞，成为叶挺正在负责筹

---

① 陈永清：《毛泽东在株洲部署秋收起义的情况》，中共湖南省委党史资料征集研究委员会《湘赣边界秋收起义》协作组编：《湘赣边界秋收起义》，湖南人民出版社1987年版，第146页。

② 《访问张琼同志记录》（1974年8月13日上午），黄仲芳、罗庆宏主编：《井冈山斗争口述史》（下），江苏人民出版社2015年版，第529页。

③ 《中共湖南省委给润兄并转中央信（节录）》（1927年7月23日），中共萍乡市委《安源路矿工人运动》编纂组编：《安源路矿工人运动》（上），中共党史出版社1991年版，第625页。

第四章　井冈霹雳

建的警卫团新兵营的一部分,后来这个营被编为警卫团第三营。①秋收起义前夕,该营与警卫团的第一营、第二营连同平江的农军,被编为工农革命军第一师第一团,参加了秋收起义。

此外,以安源工人纠察队、矿警队和萍乡等地的农民自卫军组建了秋收起义军第二团。据王耀南回忆:"我们安源路矿的矿警队,工人纠察队和临时用梭标、大刀等武装起来的安源矿工共3000多人,同萍乡、安福、永新、莲花、醴陵等地农民自卫军一起合编为第二团。"②刘先胜的回忆更为具体:"中秋节前的几天,接三大队(指安源路矿矿警队——引者注)通知:工人纠察队六百多人,矿警队二百多人,和临时用梭标、大刀、竹竿武装起来的工人,一共三千多人,加上萍乡的农民自卫军,合编为工农革命军第一师第二团,我们三个大队就扩编为三个营,党决定我在第三营第八连当连长。"③如果刘先胜、王耀南的回忆无误的话,安源矿工参加秋收起义的人数当在3000人以上,这一数字与任弼时在秋收起义后不久给中央报告的人数不尽相符,据9月27日任弼时就湖南秋收起义情况给中央的报告记载:秋收起义爆发后,"安源矿警及王新(亚)部(系江西的农军)五百余人会同工人炸弹队、宣传队将近二千人于十一号清晨进攻萍乡不遂,乃弃萍攻老关,十二号破醴陵城","十五号占浏城",报

---

① 杨立三:《秋收起义中的第一团》,张泰城等选编:《井冈山的红色回忆》,江西人民出版社2016年版,第373—374页。另见刘型在1951年7月14日的《人民日报》发表的《秋收起义前后有关史实的片段回忆》:警卫团有200多名安源工人,内有党员10多名,由高自立率领,"到武昌后编为一连,由伍中豪同志任连长"。见刘型:《黄洋界保卫战》,湖南人民出版社1988年版,第12页。

② 王耀南:《安源爆破队上井冈山》,井冈山革命根据地党史资料征集编研协作小组、井冈山革命博物馆编:《井冈山革命根据地》(下),中共党史资料出版社1987年版,第125页。

③ 刘先胜:《武装起来的安源工人》,中共萍乡市委《安源路矿工人运动》编纂组编:《安源路矿工人运动》(下),中共党史出版社1991年版,第1068页。

195

告特别写道:"在此次战斗中,安源工人表现极勇敢。"①也就是说,有1400人以上的安源工人,②作为工人阶级的代表参加了秋收起义军。这个问题还有待进一步研究,暂以任弼时的报告为准。

八七会议后,毛泽东和湖南省委书记彭公达,奉命组织包括安源在内的湘赣边界7个县的秋收起义。安源路矿的党团工会,在蔡以忱的领导下,修造枪支,制造土炸弹,集结队伍,积极筹备。与此同时,萍乡、衡山白果区的农军和王新亚率领的安福、莲花、永新等地的农军,齐聚安源。

正是在这样的背景下,毛泽东来到安源,以中共中央特派员和湖南省委秋收起义前敌委员会书记的身份,主持召开了著名的"张家湾会议"。蔡以忱、王新亚和浏阳县委书记潘心源等参加会议。会议确定了武装暴动的编制和行动计划。决定把分别驻修水、安源和铜鼓的起义队伍编成中国工农革命军第一军第一师,下辖三个团,兵分三路,进攻长沙。这是中国共产党第一次公开打出自己的旗帜。

张家湾军事会议决定军队行动和民众暴动相互配合,先从安源、修水、铜鼓三路一齐发动,夺取平江、浏阳、醴陵、萍乡等县城,然后分三路合攻长沙。会上,正式组成以各路军主要负责人为委员、毛泽东为书记的湖南省委前敌委员会,统一领导湘赣边界秋收起义。

安源张家湾会议是毛泽东军事生涯的重要转折点。此前他虽然关注到了武装斗争的问题,但从这次军事会议开始,毛泽东才开始了创建人民军队的伟大实践,这是他组织和领导革命军队的开始。

9月5日,毛泽东把在安源的各路力量组成第二团,以王新亚为团长,

---

① 《任弼时报告(节录)——关于秋收暴动的情况与计划》(1927年9月27日),中共萍乡市委《安源路矿工人运动》编纂组编:《安源路矿工人运动》(上),中共党史出版社1991年版,第630页。

② 任弼时在《秋暴前后湖南和安源路矿工人的状况》中记载"约有一千二三百人参加"。见任弼时:《秋暴前后湖南和安源路矿工人的状况》,中共萍乡市委《安源路矿工人运动》编纂组编:《安源路矿工人运动》(上),中共党史出版社1991年版,第632页。

蔡以忱为党代表，下辖3个营9个连，另有团部直属爆破队、侦察队、看护队、宣传队等，共2100余人，占整个秋收起义部队的40%。[①]

随后，毛泽东前往铜鼓去指挥进攻长沙的军事行动。9月9日，在张家坊被团防局"清乡队"抓住，毛泽东机智脱险，死里逃生。也就在这一天，湘赣边界秋收起义爆发。工农革命军第一军第一师第一团和师部在驻地江西修水县城宣布起义。

毛泽东9月10日到达铜鼓县城第三团驻地萧家祠。11日，他第一次带兵打仗，首战告捷，攻下浏阳白沙，获得了人生中的第一场战役胜利。次日，再克东门市。

也就是在这前后，毛主席心潮澎湃，挥笔写下了《西江月·秋收起义》。

军叫工农革命，旗号镰刀斧头。

匡庐一带不停留，要向潇湘直进。

地主重重压迫，农民个个同仇。

秋收时节暮云愁，霹雳一声暴动。

二、红色政权为什么能够存在

毛泽东连胜两战后，很快迎来了第一次败仗，1927年9月14日，东门失守，毛泽东率第三团撤退到白沙上坪。而与此同时，秋收起义的另外两支部队第一团、第二团也相继失败。对此，毛泽东召开上坪会议，果断地改变原有部署，决定停止夺取浏阳、会攻长沙的计划，下令各路起义部队退到浏阳文家市集中。

9月19日，秋收起义部队第一团、第三团及第二团余部会师浏阳文家市，尚有1500余人。当晚，毛泽东在文家市主持召开前委会议，会议开了

[①] 萍乡市史志工作办公室：《中国共产党江西省萍乡市历史》第一卷（1921—1949），中共党史出版社2019年版，第106页。

一晚上，争论激烈。"余洒度等人坚持打长沙，他认为不打长沙就没有出路。毛泽东同志不同意，他坚决反对打长沙，主张将部队转向山区和农村。在农村中发动农民群众，深入土地革命，坚持武装斗争，保存发展革命力量。他分析了形势后说，情况变了，我们的计划也要变，不变就要吃亏。……当时有些人不同意毛泽东的意见，觉得革命革命，革到山上做大王去了，这叫什么革命。毛泽东同志耐心地说服大家，他说，我们这个山大王是特殊的山大王，是共产党领导的有主义、有政策、有办法的山大王，是代表人民利益的工农武装。中国政治不统一，经济发展不平衡，矛盾很多，我们要找敌人统治薄弱的地方。……多数同志都支持毛泽东同志的意见"。①

文家市会议最终否定了"取浏阳直攻长沙"的主张，决定把起义军向南转移到敌人统治力量薄弱的农村山区，寻找落脚点，以保存革命力量，再图发展。

从进攻大城市转到向农村进军，这是中国人民革命发展史上具有决定意义的新起点。周恩来在总结南昌起义的教训时就指出："当时武装暴动的思想，不是马上就地深入农村，发动土地革命，武装农民。"在这以前，中国共产党只有参加北伐战争那种以占领重要城市为目标的正规军作战的经验（并且是为数很少同志有此经验），广大农村的革命武装只被看作是配合的力量。在国际共产主义运动历史上，也不曾有过先夺取农村的先例。而正如罗荣桓所指出的，"毛泽东同志最先从行动中正确地解决了依靠农村、坚持长期游击战争的革命战略问题"②。

为什么毛泽东能够在党内率先把目光转向农村？

这主要是由于毛泽东对农村的革命力量和斗争环境极为熟悉、了解。毛泽东出身农民，在家乡农村生活了17年，他不仅对农民有较深的感情，

---

① 何长工：《秋收起义和引兵井冈山》，罗章龙、何长工等：《亲历秋收起义》，江西人民出版社2007年版，第11页。

② 罗荣桓：《秋收起义和我军初创时期》，罗章龙、何长工等：《亲历秋收起义》，江西人民出版社2007年版，第23页。

而且对农民问题重要性有着最真切的感性认识。同时可以说，毛泽东是中共党内从事农民运动立场最坚定、理论研究最深入和取得成效最突出的领导人。正是在他的倡议下，中共三大通过了中共第一个《农民问题决议案》。1925年他用大半年的时间在家乡韶山从办农民夜校启发农民觉悟开始，开展系统的农民运动。此后，他主持广州第六届农民运动讲习所，并从事农民问题理论研究和宣传。大革命后期他是中共中央农民运动委员会书记，主办武昌农讲所和主持全国农协临时筹委会。北伐战争开始后，农民运动蓬勃兴起，党内有一部分人指责农民运动"过火""幼稚""妨碍统一战线"等，毛泽东则态度鲜明地肯定农民运动"好得很"。1927年初他历时一个多月考察了湖南5个县的农民运动，发表著名的《湖南农民运动考察报告》，明确地把废除封建地主统治作为中国民主革命的最基本内容，充分肯定了农民在中国革命中的重要地位和作用，提出"一切权力归农会"，这实际有建立新型农村政权的意思；提出必须"推翻地主武装，建立农民武装"；提出"彻底推翻地主权力。并随即开始经济斗争，期于根本解决贫农的土地及其他经济问题"。随后，他制定了没收地主土地分配给农民的具体方案。

瞿秋白看了毛泽东的报告后说"我赞成毛泽东这篇文章的全部观点"，并将他和彭湃并列称为"农民运动大王"。毛泽东这篇考察报告也是他第一篇被介绍到国外的文章，被共产国际执委会机关刊物《共产国际》先后用俄文和英文翻译转载，加深了共产国际对中国农民问题的了解。

正是出于对中国农村社会实际情况、农民特性以及农民运动的深刻了解，毛泽东在秋收起义失败后，果断率领秋收起义余部转向农村。而井冈山因其自身条件成为中国革命新征程的起点：这里地处湘赣边界的罗霄山脉中段，远离国民党统治中心，敌军控制力量比较薄弱，这里地势险要，易守难攻，周围各县有自给自足的农业经济，便于部队筹粮。加上该地群众基础比较好，大革命时期曾建立过党组织和农民协会，当地农民武装首领袁文才、王佐都受过大革命的洗礼，愿意同工农革命军联合。

毛泽东到达井冈山后，在深入农村调查和全面分析把握中国国情的基础上，把《湖南农民运动考察报告》中一切权力归农会、建立农民武装、解决农民土地问题的三项主张一一付诸实践。

1927年11月中旬，毛泽东利用国民党新军阀李宗仁对唐生智发动战争、江西敌军大部卷入和茶陵敌军调离之机，决定攻打茶陵。18日，工农革命军攻克茶陵县城。茶陵城是工农革命军进军井冈山之后占领的第一座县城。毛泽东因脚伤未愈而没有随军参加这次行动。当时工农革命军没有管理经验，第一师第一团团长陈浩等不发动群众、不筹款，仍旧按旧县府一套办法进行工作，群众对此十分不满。

团政治部主任宛希先对新政府的旧衙门做法非常忧虑，立即写信向毛泽东汇报，信中透出对"红色政权怎么建"的疑问。毛泽东在宁冈立即给茶陵去信，批评陈浩等人的错误，明确指出由部队派人当县长是不对的，不能按国民党那一套办，主张打碎旧的县政权机构，充分发动群众，建立真正代表人民群众利益的工农兵政权。

遵照毛泽东的指示，11月28日，进驻茶陵的工农革命军成立了茶陵县工农兵政府，通过自下而上的层层推举，工人出身的谭震林当选为政府主席。同时还建立了县赤卫大队、县工会、县农会等组织。

茶陵县工农兵政府是第一个经民主推选、真正代表人民利益的湘赣边界红色政权。最高权力机关是工农兵代表大会，由工农兵代表集体决策后，交给政府执行，人民群众真正实现了当家作主的愿望。工农兵政府成立后，在经济、政治上对地主豪强实行制裁，打土豪分田地，10多个区、乡工农兵政府相继建立，全县出现了轰轰烈烈的革命景象。

12月26日，国民党反动派攻打茶陵城。因敌众我寡，工农革命军主动撤离茶陵县城。茶陵县工农兵政府施政虽然只有短短的29天，却开创了井冈山根据地建立工农革命政权的先河。随后，毛泽东又相继在湘赣边界的遂川、宁冈、永新、酃县（今湖南省炎陵县）、莲花等地建立了工农兵政府，星星之火迅速向周围500里范围的20多个县蔓延，红色政权燃遍井冈山，逐步开创了工农武装割据的新局面。

民主建政的同时，毛泽东还开始了在井冈山的土地革命斗争。进驻井冈山之后，毛泽东组织党员干部对湘赣边界地区的土地状况和阶级关系进行了深入和全面的系统调查。经过广泛的调查，毛泽东了解到，湘赣边界和全国其他地区一样，土地占有情况也极不合理，只占边界人口5%的地主豪绅阶级，却占有67%以上的土地；而占边界人口90%以上的农民，只占40%以下的土地。地主豪绅凭借着土地所有权，以50%以上的租利率，残酷地剥削广大贫苦农民。

1927年11月上旬，前敌委员会在宁冈茅坪象山庵召开有宁冈、永新、莲花三县党组织负责人参加的联席会议。会上，毛泽东指示各县党组织的负责人要大力开展土地革命，并根据边界的具体情况，指示各地在旧历年前，迅速开展一场以打土豪分浮财、废债毁约为主要内容的年关斗争。

1928年3月中旬，毛泽东率领工农革命军进驻酃县中村时，亲自召开群众大会，向到会的2000多名群众讲述富人为什么会富，穷人为什么会穷的道理，用事实说明，依靠工农革命军的支持与帮助，农民群众开展了分田地的斗争。毛泽东还从军队中抽调一批干部，会同当地党组织，协助农民插牌分田。4月上旬，毛泽东又到桂东沙田一带，发动群众打土豪，进行分田试点工作。

5月20日，毛泽东在宁冈茅坪主持召开中共湘赣边界第一次代表大会，并在大会上讲话。在讲话中，毛泽东阐述了深入土地革命对于开展武装斗争、建立红色政权、巩固革命根据地的重要性和迫切性，号召开展全面分田。会后，在湘赣边界特委的具体领导下，一个声势浩大的全面分田高潮，在边界各地迅速掀起。

分配土地时，首先碰到的一个问题，是以什么区域为单位进行分配，边界各地的做法极不统一。像莲花以区为单位分配；宁冈多数以乡为单位分配，个别地方以区为单位分配；遂川多数以乡为单位分配，只有黄坳区以区为单位分配，小江区以三四个乡为单位分配，也有些地方以村为单位分配。实践证明，以村为单位分田是不好的。因为村有大有小，地主往往集中在大村，土地也多集中在大村。以村为单位分配土地，小村的农民不仅田分得少，而且还是分差田。另外，边界地区往往是一村一姓，以村为单位分田，豪绅地主阶级易于利用封建宗族观念制造矛盾，挑起姓氏冲突，破坏分田。而以区为单位分田也有缺点，因为区域过大，互不了解，有的人乘机瞒田，有的因所分之田在他乡，不便耕种。毛泽东等在总结群众实践经验的基础上，后来确定以乡为单位分配，作为分田的主要办法。另外，是按劳力分配土地还是按人口分配土地，也是争论得很激烈的问题，边界各地也有多种做法。开始时，多数地方按劳力进行分配，但自从毛泽东在永新塘边村进行分田调查，制定了分田临时纲领17条以后，各地基本上又改为按人口平均分田。方法上多以原耕为基础，抽多补少。

通过一系列调查研究和分配土地的实际工作，毛泽东起草了井冈山《土地法》。1928年12月，以湘赣边界工农兵政府名义正式颁布。这个土地法规定，"没收一切土地归苏维埃政府所有"，以乡为单位、以人口为标准平均分配土地作为主要办法，男女老幼平均分配，"一切土地，经苏维埃政府没收并分配后，禁止买卖"。

由于缺乏经验，井冈山《土地法》有三个重要缺陷，即：提出没收一切土地而不是只没收地主的土地；土地所有权属政府而不属农民，农民只有耕种权；禁止土地买卖。尽管如此，毛泽东亲自制定的井冈山《土地法》，仍然是中国共产党领导的新民主主义革命中第一部比较系统的土地政纲，第一次从法律上保证了农民对土地的使用权。因而，不仅为边界土地革命运动的继续深入开展创造了条件，而且充分调动了广大农民群众参加土地革命的热情和积极性，也成为中国共产党第一部付诸实践的土地法，为中共土地革命的路线和政策的最终形成奠定了基础。

对于这个土地法，毛泽东在1941年延安出版的《农村调查》中指出："这是一九二七年冬天至一九二八年冬天一整年内土地斗争经验的总结，在这以前，是没有任何经验的。这个土地法有几个错误：（一）没收一切土地而不是只没收地主土地；（二）土地所有权属政府而不是属农民，农民只有使用权；（三）禁止土地买卖。这些都是原则错误，后来都改正了。"

第四章 井冈霹雳

井冈山革命根据地，是马克思主义与中国革命实践相结合的典范，是开辟农村包围城市最后夺取全国胜利的正确道路的起点。毛泽东在井冈山一共战斗、生活了一年零三个月。他是井冈山斗争时期的前委书记、红四军党代表。一年多的井冈山斗争，内容是十分丰富的，是毛泽东和他的战友们，在极端复杂的环境中，坚持在实践中顽强探索的结果。其中，有成功的经验，比如井冈山的土地革命和民主建政；也有失败的教训，比如"八月失败"。对于在农村创建根据地这样一件国际国内都没有成功经验的新事物，时人难免缺乏信心。当时，党内还有人对上井冈山这件事有非议，跟随上山的也有人对红军能不能站住脚有怀疑，产生"红旗到底打得多久"的疑问。

对此，毛泽东在1928年10月为中共湘赣边界第二次代表大会起草的《政治问题和边界党的任务》决议案和1928年11月25日代表中共红四军前委写给中共中央的报告（《井冈山的斗争》）中，阐明了以农业为主要经济的中国革命，以军事发展暴动，是一种特征；论证了红色政权能够长期存在并发展的主客观条件，提出了工农武装割据的思想。他还科学地阐述了共产党领导的土地革命、武装斗争和建立工农民主政权三者之间的关系，强调工农武装割据的思想，是共产党和割据地方的工农群众必须具备的。这是湘赣边界斗争的主要经验。

在《政治问题和边界党的任务》一文中，毛泽东着重分析了中国红色政权能够发生、存在的原因和条件，回答了"红旗到底打得多久"的问题。他指出：第一，中国是一个政治经济发展极不平衡的半殖民地半封建的大国，反革命营垒内部不统一并充满矛盾，因而使许多农村小块革命根据地能够在反革命政权的包围下产生、坚持和波浪式地向前扩大。第二，经过第一次大革命影响和锻炼的工农兵士，为建立革命军队和红色政权准备了良好的群众基础。第三，中国革命形势是向前发展的，这就为小块红色区域的长期存在和发展，提供了客观依据。第四，相当力量的正式红军的存在，是红色政权存在的必要条件。第五，共产党组织的有力量及其政策的正确，是红色政权长期存在和发展的关键条件。

这篇文章实际上初步回答了中国革命的具体道路问题，首次提出了工农武装割据的重要思想。毛泽东非常重视这篇文献，延安整风时期，这个决议被收入他先后主持编辑的《六大以来》和《两条路线》，供党的高级干部阅读学习。1950年，毛泽东对决议的第一部分进行修改润色，然后拟题为《中国的红色政权为什么能够存在？》，收入《毛泽东选集》第1卷，作为第二次国内革命战争时期的开篇。

《井冈山的斗争》作为给中央的报告，更为全面、详细地总结了井冈山工农武装割据的经验，进一步阐明了工农武装割据的思想，阐述如何把党的领导、武装斗争、土地革命和根据地建设紧密联合为一体，指明党的领导是进行武装斗争、土地革命和根据地建设的保障，没有革命的武装斗争就不能进行有效的土地革命和发展革命根据地，没有土地革命红军战争就得不到群众的支持、革命根据地也就不能巩固和发展，不建设革命根据地武装斗争就没有后方的依托、土地革命成果就无法保持。

在《井冈山的斗争》中，毛泽东具体介绍分析了井冈山根据地的军事、土地、政权、党的组织、革命性质、割据地区等方面的问题。其中包括根据地创建中遇到的各种基本问题，比如，土地革命中如何争取中间阶级的问题，政权建设中如何推行民主制度的问题，建党问题上如何纠正非无产阶级思想的问题。毛泽东相当突出地提出了"中间阶级"的问题，指出"全国革命低潮时，割据地区最困难的问题，就在拿不住中间阶级"，主要原因在于中间阶级"受到革命的过重打击"，这使贫农阶级成为孤军。在当时党内"左"比右好的普遍趋势下，毛泽东能认识到这个问题，正是从实际斗争生活中经过冷静观察和深入思考得来的。

对政权问题，毛泽东也提出了一个值得重视的见解。他看到边界各地"党在群众中有极大的威权，政府的威权却差得多。这是由于许多事情为图省便，党在那里直接做了，把政权机关搁置一边"。对此，毛泽东认为"以后党要执行领导政府的任务；党的主张办法，除宣传外，执行的时候必须通过政府的组织"。

对军事问题，毛泽东深刻意识到："所谓割据，必须是武装的。哪一处没有武装，或者武装不够，或者对付敌人的策略错了，地方就立即被敌人占去了。"实际军事斗争的险恶让他不断思考提高红军战斗力的方法。"普通的兵要训练半年一年才能打仗，我们的兵，昨天入伍今天就要打仗，简直无所谓训练。军事技术太差，作战只靠勇敢。长时间的休息训练是不可能的，只有设法避开一些战斗，争取时间训练，看可能否。"毛泽东还关注到红军的成分，一部是工人、农民，一部是游民无产者。游民成分太多，当然不好，但游民分子却有战斗力。"在此种情形下，只有加紧政治训练的一法。"而正是由于红军的政治训练到位、支部建在连上以及党代表制度、军队内的民主主义制度，红军历经"艰难奋战而不溃散"。但他也敏锐地发现，"感觉无产阶级思想领导的问题，是一个非常重要的问题。边界各县的党，几乎完全是农民成分的党，若不给以无产阶级的思想领导，其趋向是会要错误的"。

实践出真知，《井冈山的斗争》是毛泽东对自己在井冈山亲身实践的思考与反馈。他所提出的问题非亲身经历是很难关注到的，而毛泽东不仅关注到了，还进一步作出了明确的解释和解决。

《中国的红色政权为什么能够存在？》以及《井冈山的斗争》，表明毛泽东工农武装割据的思想逐步走向成熟和立体，他在井冈山实际的复杂斗争中迅速地成长起来，对党的建设、政权的建设、军队的建设等都有了更直接、具体的体会，也有了更为宏观、远大的构想。这是从井冈山的实际斗争中得出的宝贵经验，是凭借任何文献或报告等书面文字都不可能获得的。这在当时，也是最完整、最成熟的根据地斗争经验。这无疑帮助毛泽东在同时代的共产党人中脱颖而出。

井冈山工农武装割据的经验，毛泽东多次向中共中央作了报告。中央通过多种方式，向各地红军和革命根据地介绍了井冈山的斗争经验。从1928年夏季起，中央主办的《红旗》《中央政治通讯》等刊物经常登载关于井冈山斗争内容的文章。11月28日，中央在给共产国际的报告中说："惟朱毛在湘赣边境所影响之赣西数县土地革命确实深入了群众。"这些都扩大了井冈山根据地的经验以及毛泽东的影响，加快了全国农村革命根据地创建的进程,推动了各地革命形势的发展。

三、建设新型人民军队的开端

1965年5月下旬,72岁高龄的毛泽东回到了阔别38年的井冈山,他感慨万千,挥笔写下《水调歌头·重上井冈山》《念奴娇·井冈山》两首词,一方面欣慰于"千里来寻故地,旧貌变新颜。到处莺歌燕舞,更有潺潺流水,高路入云端";另一方面,却"犹记当时烽火里,九死一生如昨"。

九死一生,道出了上井冈山路途之险。这一险,并不仅仅是秋收起义失败这一军事上的失利,更有因军事失利带来的士气颓废、人心涣散。

何长工的回忆清楚地勾勒了当时的实际情况:"起义部队在向罗霄山脉中段转移时,正是秋天,天气很炎热,秋季传染病痢疾在部队中流行,使战斗力大大减弱。后面又紧跟着敌人的追赶,我们既没有休整和补充能量的地方,又不能急速行军。加上敌情不明,又缺乏战斗经验,特别是芦溪战斗牺牲了一些同志,牺牲了我们的总指挥卢德铭,这是党在大革命失败后留下来的精华,在这紧张危急情况下,一般干部和战士的思想情绪是相当混乱的。参加这次起义的人们,最初并没有想到革命处在低潮时期,只是出于对叛变革命屠杀工农群众的反革命分子的愤怒和仇视,恨不得一口气把这些人斩尽杀绝,充分表现了小资产阶级的一种急躁情绪。而另一方面,一遇到挫折,随之产生了一种悲观情绪,认为革命前途无希望了,当时大家都感到彷徨无依,如果我们不改变这种颓丧的思想情绪,挽回士气,克服当前的困难,其前途简直难于设想。"[①]

敏锐的毛泽东比何长工观察得更深入、透彻,他找到了队伍存在的问题症结所在。"战斗中我观察到这支队伍在战斗中有不听指挥,纪律松懈,不会做群众工作的现象。有的人还有旧军队的不良习气,乱拿群众的东西;有的人有农民意识,爱占小便宜。另外,还有官兵关系不平等、缺

---

① 何长工:《秋收起义和引兵井冈山》,罗章龙、何长工等:《亲历秋收起义》,江西人民出版社2007年版,第13页。

第四章 井冈霹雳

乏民主空气等问题。"

有问题就立即解决问题。于是，当秋收起义的部队于1927年9月底至10月初转战至江西省永新县三湾村时，毛泽东提议在此整编，这就是著名的"三湾改编"。三湾处在湘赣边界的九陇山区，是茶陵、莲花、永新、宁冈4县交界的地方，有50多户人家，在山区是较大的村庄。

三湾改编包括了三个方面的内容：

首先是缩编，将已不足千人的部队由原来的一个师缩编为一个团。部队到三湾村时，实际只剩下两个营，七个连，不足千人。但仍是起义前的编制，有的团、营官多兵少，枪多人少。这样的组织显然不利于作战。因而前委决定将三个团一个师部缩编为一个团，称工农革命军第一军第一师第一团，下辖一营、三营两个营。另设一个特务连、一个卫生队、一个辎重队。编余军官组成一个军官队。毛泽东同时宣布：凡不愿意留队者，根据路途远近，发3至5元钱的路费，并开具介绍信允许离队，希望你们回到本地继续革命，将来如愿回来时，还可以回来。对伤病员，统由卫生队管理，以利战斗。通过缩编，人虽然少了，却更精简了。

其次，建立和健全部队各级党的组织，确立党对军队的领导。秋收起义部队沿用北伐军时建立的政治工作制度，党支部建在团上，营、连只设党代表。毛泽东根据一路上的调查与思考，决定将支部建在连上，班、排设党小组，营、团以上设党委，各级党组织由前敌委员会统一领导。同时规定，重要问题都要经党委讨论决定。这将党代表制度进行了一次伟大的创造，使人民军队中各层级逐步形成了双首长负责制。"党代表制度，经验证明不能废除。特别是在连一级，因党的支部建设在连上，党代表更为重要。他要督促士兵委员会进行政治训练，指导民运工作，同时要担任党的支部书记。事实证明，哪一个连的党代表较好，哪一个连就较健全，而连长在政治上却不易有这样大的作用。"[①]这样，毛泽东第一次为工农革

---

① 《井冈山的斗争》（1928年11月25日），《毛泽东选集》第1卷，人民出版社1991年版，第64页。

命军建立了党委集体领导制度,从而确立了党对军队的绝对领导,由此奠定了政治建军的基础。

最后,为了废除军阀军队的旧制度及其影响,毛泽东决定在部队中实行民主制度:官长不许打骂士兵,废除烦琐的礼节,建立新的带兵方法,开会时士兵有说话的自由,经济公开,官兵待遇平等,吃饭穿衣都一样,并在连以上建立士兵委员会。士兵委员会的主席和委员由全体士兵民主选举产生。官长也参加士兵委员会,也有选举和被选举权,但官长被选者不得超过委员会人数的1/3。士兵委员会在党代表指导下进行宣传、组织群众的工作,组织领导士兵的文娱生活,监督部队的经济开支和伙食管理等。罗荣桓回忆说:"那时,士兵委员会有很大的权力,军官要受士兵委员会的监督,做错了事,要受士兵委员会的批评,甚至制裁。表面看来,这样做似乎是会鼓励极端民主化和平均主义的思想,但当时的主要问题是必须坚决反掉旧军队的一套带兵方法,奠定新型的官兵关系——阶级的团结。部队的实际情况是民主不够,而不是什么极端民主化和平均主义的问题。因此,只有这样做,才能更有效地肃清军阀主义的残余。"①

在军队中实行民主制度,是增强团结、提高部队战斗力的重要措施。正如毛泽东自己后来在《井冈山的斗争》中所说:"红军的物质生活如此菲薄,战斗如此频繁,仍能维持不敝,除党的作用外,就是靠实行军队内的民主主义。"②1965年毛泽东重上井冈山时,曾问陪同者:井冈山的革命传统是什么?时任湖南省委书记的张平化说是艰苦奋斗,汪东兴说是支部建在连上,毛泽东说是民主。三湾改编中士兵委员会的设立,成为新型人民军队与白军区别的重要标志,对推广军内民主、反对军阀主义、克服官僚主义、密切官兵关系、加强党的威信,对瓦解敌军、粉碎敌人的军事和经济"会剿"发挥了重要的作用。

---

① 罗荣桓:《秋收起义和我军初创时期》,罗章龙、何长工等:《亲历秋收起义》,江西人民出版社2007年版,第19页。

② 《井冈山的斗争》(1928年11月25日),《毛泽东选集》第1卷,人民出版社1991年版,第65页。

第四章　井冈霹雳

三湾改编是建军史上非常重要的一笔。毛泽东创造性地确立了"支部建在连上""官兵平等"等一整套崭新的治军方略，由此开始改变起义军中旧军队的习气和不良作风，从组织上确立了党对军队的领导，这是建设无产阶级领导的新型人民军队的重要开端。

罗荣桓曾说："三湾改编，实际上是我军的新生，正是从这时开始，确立了党对军队的领导。当时，如果不是毛泽东同志英明地解决了这个根本性的问题，那么，这支部队便不会有政治灵魂，不会有明确的行动纲领，旧式军队的习气，农民的自由散漫作风，都不可能得到改造，其结果即使不被强大的敌人消灭，也只能变成流寇。"[1]经过三湾改编，起义军精神面貌焕然一新。一位连长在写给妻子的信中说："我天天行军打仗，钱也没有用，衣也没有穿，但是精神非常的愉快，较之从前过优美生活的时代好多了，因为是自由的，绝不受任何人的压迫；同志之间亦同心同德，团结一致。"[2]

三湾改编后，重获新生的队伍继续向井冈山前进。10月3日，毛泽东率领起义军到达井冈山北麓的宁冈县古城，在这里召开了为期两天的前委扩大会议。

当时在井冈山有两支绿林式农民武装，一是驻在井冈山上茨坪和大小五井等处的王佐部，一是驻在宁冈茅坪的袁文才部，两部各有一百五六十人、六十支枪，互相配合、互相呼应。袁文才和王佐是井冈山本地人，他们是拜把兄弟，大革命时期都受过革命风暴的洗礼。袁文才还在1926年加入了中国共产党。两人的队伍人数虽然不多，但在当地有着不小的影响，工农革命军要在井冈山落脚，不得到他们的允许是根本不可能的。前委扩大会议认为井冈山是理想的落脚场所，对原在井冈山的袁文才、王佐部队要从政治上、军事上进行团结和改造。

---

[1] 罗荣桓：《秋收起义和我军初创时期》，罗章龙、何长工等：《亲历秋收起义》，江西人民出版社2007年版，第20页。

[2] 中共中央文献研究室编：《毛泽东年谱（1893—1949）》（修订本）上卷，中央文献出版社2013年版，第221页。

在此期间，毛泽东派人和袁文才部建立了联系。对于工农革命军的到来，袁文才虽然表示可以接济一些给养，但面对比自己力量大得多的部队，他难免心存疑虑，怕鸠占鹊巢，于是请工农革命军"另择坦途"。当时军中有人提议，解除他们的武装，把他们解决，他们那几十支枪，一包围缴械就完了。毛泽东则认为这样做"太狭隘了，度量太小啦"。"不能只看到几十个人、几十杆枪的问题，是个政策问题；对他们只能用文，不能用武，要积极地争取改造他们，使他们变得跟我们一道走的真正革命武装。"①

对旧式农民武装采用改造而非缴械的方式，是毛泽东对党的统一战线的灵活运用，也根源于他对绿林武装的一贯看法。早在八七会议的讨论发言中，毛泽东就特地指出："土匪问题是非常大的问题。因此种会党土匪非常之多，我们应有一策略，有些同志以为只可以利用他们，这是中山的办法，我们不应如此。只要我们实行土地革命，那一定是能领导他们的。我们应当他们是我们自己的弟兄，不应看作客人。"②毛泽东先后派徐彦刚、游雪程、陈伯钧、金蒙秀等干部去袁文才部队中，派何长工去王佐部队中，对部队进行改造和训练。这两次改造是党对改造旧部队的探索，既为以后留下了不少成功经验，也可以从中看出毛泽东领导军队、把控局势的智慧。

首先，因材施教，挑选合适的改造人选。袁文才和王佐虽同为绿林，但在性格和政治倾向上仍有差异。袁文才毕竟是党员，主动提出让毛泽东派干部帮助他训练，因而毛泽东一开始就派了4名干部去袁文才部队中。王佐则更为敏感小心，毛泽东开始只派了何长工一个人去，"我们派人多了，他会说我们要夺他的枪，夺他的权"。何长工和王佐慢慢接触，帮助

---

① 何长工：《改造袁、王与"双枪兵"》，井冈山革命根据地党史资料征集编研协作小组、井冈山革命博物馆编：《井冈山革命根据地》（下），中共党史资料出版社1987年版，第247页。

② 《中共中央紧急会议（八七会议）记录》（1927年8月7日），《建党以来重要文献选编（1921—1949）》第4册，中央文献出版社2011年版，第402页。

他除掉死对头尹道一,赢得了他的信任。后来毛泽东根据袁文才、王佐的要求,才陆续增加了派去的人数。

其次,动之以利,以切实的利益拉近双方的心理距离。毛泽东与袁文才第一次见面,就赠送袁文才100支枪。袁文才本就爱枪如命,而毛泽东赠枪也让他认识到毛泽东不是来吞并自己的。对王佐,毛泽东则让部队打了胜仗,要经常送点东西给他。打下宁冈县新城,活捉了反动县长张开阳,部队把缴获的张开阳的皮袄给了王佐。打了杨如轩,给了王佐一匹马。部队打到南雄,还给王佐买了一个留声机,王佐都非常高兴。毛泽东说,我们可以送东西给他,但不能要他们的东西。

最后,晓之以理,以朴素的革命道理进行教育引导。毛泽东知道绿林人物的性格特点,"这些人重义气,讲情面,自尊心强,疑心重",因此,嘱咐改造的同志"和他们讲话时,一方面要讲策略,要灵活,同时要坦率"。他自己也常常亲自找袁文才谈话,做他的工作。毛泽东和王佐接触相对较少,但有一次从茨坪路过,和王佐谈了大半夜,事后王佐兴冲冲地向何长工说:"毛委员是最有学问的人,跟他谈上一次,真是胜读十年书啊!"他不仅要求袁、王的部队上政治课,自己也亲自给部队上政治课,让广大官兵明确为什么要革命,为谁扛枪打仗的基本道理。

在毛泽东的具体指导下,袁、王部队获得了政治上的新生。1928年2月上旬,在宁冈大陇举行了庆祝合编大会。袁、王这两支农民武装升编为工农革命军第一军第一师第二团(朱、毛会师成立工农革命军第四军后,改叫第三十二团),成为中国共产党领导下的一支正规的革命军队。袁文才为团长,王佐为副团长,何长工为团党代表。在此前后,应袁、王两人的要求,还从第一团派20多名干部到袁、王部队工作,在部队建立党的组织,加速对部队进行改造和训练。王佐后来也入了党。1929年部队扩编为红军第五纵队,王佐做了副司令。

袁文才、王佐部队的新生,为后来改造旧军队创造了一个好的范例,积累了宝贵经验。这是毛泽东无产阶级建军路线的一个重大胜利,也是党内较早将统一战线的方针、策略运用到农民武装的成功实践,为井冈山革命根据地得以顺利创建奠定了坚实的基础。

在改造袁、王武装的同时，毛泽东尤为注重工农革命军的队伍建设，努力在开辟农村革命根据地的斗争中摸索一条新型的建军道路。1927年12月，他在江西宁冈砻市总结中国工农革命军攻打茶陵县城战斗经验时，一反旧军队只管单一作战的习惯，根据当时所面临的任务，向部队提出三大任务：一是打仗消灭敌人，二是打土豪筹款子，三是做群众工作。这是毛泽东对人民军队学说的巨大贡献。

自古以来，人们总认为军队的任务就是打仗。无疑，要以革命的武装反对武装的革命，打仗是军队的第一任务。但是，中国工农革命军不同于以往的任何一支军队，他是人民子弟兵，"是一个执行革命的政治任务的武装集团"。因此，在毛泽东看来，工农革命军绝不是单纯打仗的，还肩负着宣传群众、组织群众、武装群众，帮助群众建立革命政权以至于建立共产党的组织等重大的任务。这样一种认识，使初创的人民军队一开始便在这样明确的指导思想下进行建设，影响十分深远。毛泽东之所以能不受历来旧观念的束缚，提出新的学说，不仅是因为他原来就有丰富的群众工作经验和独立见解，更重要的是，他在探索中能够密切关注实践中遇到的新情况和新问题，坚持从实际出发，大胆地作出新的概括。

三大任务的制定，既进一步明确了工农革命军的建军宗旨，正确地解释了工农革命军的任务，又密切了军队与人民群众之间的血肉联系，对于工农革命军的成长与壮大、革命根据地的建立与巩固，起到了十分重要的作用。根据毛泽东制定的三大任务的要求，工农革命军每打一仗之后，全军便分成几路奔赴各地，广泛开展群众工作。每一路又分连、排、班深入到各个乡村，根据敌我双方的形势、当地工作的基础，决定和力争按质按期完成十天、半个月或稍长时间的工作任务。

执行三大任务，必须有严明的群众纪律来保证。在1927年10月24日将要登上井冈山前，毛泽东在遂川荆竹山的村边向部队讲话，要求大家一定要和山上的群众搞好关系，如果没有群众的支持，根据地是建立不起来的。他宣布工农革命军三项纪律：第一，行动听指挥；第二，打土豪要归公；第三，不拿老百姓一个红薯。

上井冈山后，由于冬天异常寒冷，为了解决部队的冬衣、粮食和拓宽根据地，毛泽东决定攻打敌人守备薄弱的遂川县。1928年1月4日，毛泽东率领两个营的兵力占领遂川城，遂川的地主豪绅、反动派对工农革命军造谣诽谤，使遂川城的居民一度信以为真。工农革命军通过积极宣传扭转了局面，但部队分散活动，出现有的战士借了老百姓的门板和稻草没有主动归还，在借来的许多同样的门板中，又往往弄错，睡过的地方也没打扫干净等问题。于是，1月25日，毛泽东在遂川县城宣布了工农革命军的"六项注意"：上门板，捆铺草，说话和气，买卖公平，借东西要还，损坏东西要赔。

同年3月底，部队到达湖南省桂东县沙田村。由于各种原因，有一次工农革命军烧土豪家的房子时，殃及旁边老百姓家的房子；打土豪时，错把老百姓嫁娶的聘礼当做土豪财产予以没收等。为此，4月初，毛泽东总结部队做群众工作的经验，规定部队必须执行三大纪律（当时称"三条纪律"）、六项注意。三大纪律是：第一，行动听指挥；第二，不拿工人农民一点东西；第三，打土豪要归公。六项注意是：（1）上门板；（2）捆铺草；（3）说话和气；（4）买卖公平；（5）借东西要还；（6）损坏东西要赔。这是毛泽东创建井冈山根据地以来第一次比较系统、完整地颁布工农革命军的"三大纪律、六项注意"。

"三大纪律、六项注意"后来根据形势的发展和部队的实践经验，又增加了两项注意——洗澡要避女人、不搜俘虏的腰包，形成了最初的"三大纪律、八项注意"。1930年9月25日，红一方面军总政治部印发的《红军士兵会章程》正式收入了"三大纪律、八项注意"。1947年10月，才以中国人民解放军总部的名义重新颁布了"三大纪律、八项注意"。

这些规定增强了军队纪律，密切了军民关系，体现了新型人民军队的本质，对于加强人民军队建设、正确处理军队内部的关系特别是军民之间的关系、瓦解敌军等，都起了重大作用。

1928年4月下旬，朱德、陈毅率领南昌起义保留下来的部队和湘南起义农军1万余人陆续转移到井冈山地区，与毛泽东领导的部队会师，成立工农革命军第四军，朱德任军长，毛泽东任党代表和军委书记。

此时，全国各地党领导的部队都还不称红军。井冈山和各地起义军大多称工农革命军。1928年5月25日，中共中央发布《中央通告第五十一号——军事工作大纲》，才明确提出"为保障暴动的胜利与扩大，建立红军区为目前的要义"，正式规定："在割据区域所建立之军队，可正式定名为红军，取消以前工农革命（军）的名义。"6月4日，中共中央又给毛泽东、朱德并转前委诸同志的信里，进一步明确指示第四军："关于你们的军队，你们可以正式改称红军。"据此，中国工农革命军第四军改称为中国工农红军第四军，简称为红四军，这是当时战斗力最强的一支红军。

四、游击战争"十六字诀"

井冈山革命根据地的建立，特别是在毛泽东、朱德的队伍会师以后，其影响波及湖南、江西乃至湖北诸省。这就逐渐引起敌人的不安，开始频繁地对井冈山根据地发动"进剿"和"会剿"，妄图将这支革命队伍扼杀在摇篮里。

在山区开展游击战争，对于毛泽东或是当时的许多军事干部来说，是新鲜的经验，如朱德之前经历的大都是正规的阵地战、城市攻打作战。想要在山区生存下来，如果说做好根据地建设、努力赢得群众拥护是根基，那么军事斗争则是生存关键。所谓"枪杆子里面出政权"，没有军事斗争的胜利，其他的也只能是空中楼阁，无从谈起。而在此之前，毛泽东直接领导军队作战的经验仅限于秋收起义，如何在井冈山这样狭窄的山区环境下与敌作战，是一个新课题。毛泽东开始研究井冈山现有农民武装袁文才、王佐的作战方式，发现在与国民党军的交锋中，王佐率领的部队每次损失极少，打击力度却更大。他由此了解到，王佐对付官兵"进剿"的法宝是"不要会打仗，只要会打圈"的战术，出自20世纪20年代，井冈山一个叫朱孔阳的绿林首领。毛泽东受到启发，研究了朱孔阳的战术后，把这两句话改成"既要会打圈，更要会打仗"。1927年12月，他对攻打茶陵的部队说："战无常法，要善于根据敌我情况，在消灭敌人，保存自己的原则下，抛掉旧的一套，来个战术思想的大转变。"他还告诉大家："从前，井冈山有个'山大王'，叫朱聋子（朱孔阳绰号），和官兵打了多年交道，总结的'打圈圈'是个好经验。当然，土匪'打圈圈'是消极的。我们工农革命军既要会打圈，更要会打仗。打圈是为了避实击虚，歼灭敌人，使根据地不断巩固扩大。""总之，打得赢就打，打不赢就走，赚钱就来，蚀本不干，这就是我们的战术原则。"

随着战斗的增多，毛泽东对游击战术也逐渐开始了从实战到理论的升华。朱德率部上井冈山以后，红军的战术更加不断地丰富完善。朱德毕业于云南讲武堂，学习了中国传统的军事理论，在川滇同北洋军阀打仗，积累了不少的实战经验。后来又在欧洲留学，学习了西方的军事思想。来到井冈山后，从1928年1月至6月，毛泽东和朱德指挥红军同优势的敌人作战，连续取得新城、五斗江、草市坳、龙源口等战斗的胜利，粉碎赣敌对井冈山根据地的四次"进剿"。游击战术也在这些战役战斗中进一步成熟。

1928年5月，毛泽东在永新城召开干部会议，会上他广引古今中外战例，结合红军这次战法，再次谈到了战术问题，并首次正式提出了"十六字诀"。他说："白军强大，红军弱小，我们以弱斗强，只能采用游击战术。什么叫游击战术？简单说，就是'敌进我退，敌驻我扰，敌疲我打，敌退我追'。"

这是毛泽东第一次完整提出"十六字诀"。而最早见诸文字记载的"十六字诀"，是毛泽东1929年4月5日起草的《红四军前委关于目前形势闽赣斗争情况和红军游击战术向中央之报告》。该报告说："我们三年来从斗争中所得的战术，真是和古今中外的战术都不同。用我们的战术，群众斗争的发动是一天比一天扩大的，任何强大的敌人是奈何我们不得的。我们的战术就是游击的战术。大要说来是：'分兵以发动群众，集中以应付敌人。敌进我退,敌驻我扰,敌疲我打,敌退我追'……'固定区域的割据,用波浪式的推进政策。强敌跟追,用盘旋式的打圈子政策'……'很短的时间,很好的方法,发动很大的群众。'"

游击战争"十六字诀",是毛泽东和朱德总结1927年秋季以来红军和赤卫队的作战经验、吸收绿林武装的游击战术思想,而提出来的红军游击战争的基本原则。这是土地革命战争前期红军游击战争的基本指导原则,是红军全部作战原则的基础。它不仅对井冈山、赣南、闽西的游击战争起了重要的指导作用,而且得到党中央的赞同和推广,对其他革命根据地的红军作战也产生重大的影响。1936年12月,毛泽东在陕北的窑洞里写下著名的《中国革命战争的战略问题》,站在理论的高度总结了游击战术:从1928年5月开始,适应当时情况的带着朴素性质的游击战争基本原则,已经产生出来了,那就是所谓"敌进我退,敌驻我扰,敌疲我打,敌退我追"的"十六字诀"。

1928年6月23日,红四军再次重创"进剿"的敌军,取得龙源口大捷,歼敌一个团,击溃两个团,这是井冈山根据地创建以来最大的一次胜利。此后,井冈山革命根据地发展到宁冈、永新、莲花三个整县,吉安、安福各一小部,遂川北部,以及酃县东南部,使边界进入全盛时期。毛泽东在总结这一段时期的斗争经验时说,4月以后,井冈山根据地之所以能不断地得到胜利和发展,除边界地形有利于斗争、湘赣两省之敌不尽一致外,就在于边界共产党(地方的党和军队的党)的政策是正确的。当时党的边界特委和军委的政策是:"坚决地和敌人作斗争,造成罗霄山脉中段政权,反对逃跑主义;深入割据地区的土地革命;军队的党帮助地方党的发展,军队的武装帮助地方武装的发展;对统治势力比较强大的湖南取守势,对统治势力比较薄弱的江西取攻势;用大力经营永新,创造群众的割据,布置长期斗争;集中红军相机迎击当前之敌,反对分兵,避免被敌人各个击破;割据地区的扩大采取波浪式的推进政策,反对冒进政策。"[1]

---

[1] 《井冈山的斗争》(1928年11月25日),《毛泽东选集》第1卷,人民出版社1991年版,第59页。

第四章 井冈霹雳

毛泽东及其在井冈山的斗争并非一帆风顺，也曾遭遇两次严重的挫折。一次是1928年3月湘南特委军事部长周鲁上山，误传中共中央指令，开除毛泽东的党籍。事实上是瞿秋白牵头的临时中央在1927年11月9日开会总结湘赣边界秋收起义的教训，鉴于毛泽东不执行攻打长沙的命令，决定"开除"毛泽东的中央临时政治局候补委员职务。但这一决定辗转到井冈山后变为"开除毛泽东的党籍"，追根溯源，很大程度上可能是由于中央的命令没有用"撤销"或"免去"，而比较奇怪地用了"开除"。毛泽东在新中国成立后曾自嘲说：被开除了党籍，不能做政委了，我就转任师长，成了民主人士。好在不到一个月，正式的文件到了井冈山，毛泽东的党籍自然也就恢复了。

另一次是同年6月，湖南省委特派员杜修经上山，传达省委指示要求红四军开赴湘南，并指定杨开明接替毛泽东任湘赣边界特委书记。毛泽东于6月30日在永新召集联席会议，经过讨论用集体决定的形式抵制了去湘南的指示。会后，红四军分兵行动。7月12日，由湘南籍组成的红二十九团士兵委员会开会决定开赴湘南，政委龚楚和团长胡少海，一个是积极推波助澜，一个是默许。朱德、陈毅劝阻未果，只能与二十八团同行。结果造成二十九团覆没，王尔琢牺牲，井冈山根据地只保留大小五井的中心区域，其他各县沦陷。史称"八月失败"。"八月失败"的原因主要是湖南省委的盲动主义，红四军内的小生产观念和极端民主化也是内在的因素。毛泽东在给中共中央的报告中指出"我们感觉无产阶级思想领导问题，是一个非常重要的问题"。在接应朱德、陈毅和二十八团回到井冈山后，毛泽东召集红四军前委会议，决定建议湖南省委给杜修经处分，同时建议任命他为湘南特委书记，并调龚楚去湘南工作。此后，毛泽东和朱德指挥红军又先后打破湘赣敌军发动的两次"会剿"，扭转了因湖南省委代表杜修经的错误指挥造成的湘赣边界"八月失败"，井冈山根据地在"八月失败"中被敌占领的地区基本于1928年11月恢复。

1928年12月10日，彭德怀、滕代远率领的平江起义队伍红五军主力700余人到达宁冈，同红四军会师，井冈山根据地的革命武装力量进一步壮大，成为全国各根据地中人数最多、力量最强的一支红军。为避免地方主义对红四军建设的影响，1929年4月，毛泽东在给中央的报告中提出红四军应直接由中共中央指挥，不再由湖南、江西省委及湘南特委等调遣、指挥。

大革命失败后，全国革命形势处于低潮。毛泽东、朱德领导的井冈山工农武装割据取得了显著成绩，创造了比较完整的经验，一方面为处境艰难的广大革命者带来了新的希望，另一方面却震惊了江西、湖南两省国民党当局，使国民党中央政府逐渐感到它已成为心腹之患。

1928年12月，湘赣两省国民党军成立"剿匪"总指挥部，以何键为总指挥兼湖南省"剿匪"军总司令，以金汉鼎为副总指挥兼江西省"剿匪"军总司令，纠集了25个团约3万人的兵力，对井冈山革命根据地发动第三次"会剿"。国民党方面集中这样庞大的兵力向井冈山进攻，在以前还从来不曾有过。

对此严峻的军事形势，以毛泽东为书记的红四军前委，也在考虑红军的发展方面问题。

当时的井冈山，其实经济状况已经十分困难。陈毅在1930年给中央的报告中说："在九月至一月，四月中，红军经过空前的艰难，在隆冬之际，边界崇山中积雪不消，红军衣履饮食非常困难。又因敌人封锁，红军未能到远地游击，以致经济没有出路。"井冈山革命根据地本身就有其弱点：第一，井冈山虽然地势险峻，易守难攻，但"人口不满两千，产谷不满万担"。随着红军人数的激增，加上国民党军队反复"进剿"和经济封锁，军民生活极端困难，有时连最低限度的食品也供应不足。第二，井冈山位于湘江和赣江之间的狭长地区，这两条大江无法徒涉，南北又难以发展，在军事上缺乏足够的回旋余地。这两个弱点，在初期并不明显，随着红军力量的不断扩大便逐渐暴露出来。当时在第二十八团当连长的粟裕评论道："这个地方作为一个后方是可以的，从战略发展观点来看，作为大发展的基地不够理想。"

毛泽东后来向中央坦陈："我们自一月十四日离开井冈山，主因是经济无出路。"①

但往哪个方向走？毛泽东和红四军前委不顾湖南省委的一再反对，决定不去湘南或湘东，而是率红四军向赣西南发展。其原因：

一是湘南和湘东的敌我力量发生变化。在湘南，1928年初，朱德、陈毅等领导湘南暴动，波及20余个县，振奋百万民众，成为三大起义之后影响最大的武装起义，但由于强大敌军的压迫和党内"左"倾烧杀政策错误的干扰，不得不转移到井冈山；7月，红四军第二十八团和二十九团，按照湖南省委的指示出击湘南的行动，更是造成红四军和井冈山根据地的"八月失败"，教训惨重。显然，再出湘南，此路不通。

在湘东，一度蓬勃发展的安源路矿工人运动，使那里聚集了雄厚的革命力量，曾经被中共中央赞誉"安源是无产阶级的大本营"②。但是，在毛泽东率领有安源工人参加的秋收起义军上井冈山之后，以安源为中心的湘东工农运动趋于消沉。根据临时中央和湖南省委的指示，1927年12月中旬，安源市委组织萍乡安源总暴动，但很快就失败了，市委书记郭炳坤等牺牲，1000多名工人被开除。1928年2月，为配合醴陵暴动，安源市委又组织了第二次萍安总暴动，也很快失败。8月16日，国民党军从长沙调兵突袭安源，中共湖南省委、湘东特委、安源市委、萍乡县委等机关均被破坏，一大批党员干部被捕或牺牲，湖南省委被迫移驻上海，直到1929年2月，迁移到武汉的湖南省委才再度派人恢复安源的工作。可见，湘东地区的党组织和工农群众基础已被破坏，红四军再向那里发展，也不是明智之举。

二是朱德和红四军中的第二十八团等对赣南地区比较了解。南昌起义军失败后，朱德率领南昌起义军余部，绕行闽西，脱离敌人重兵堵截的地区，进入敌人统治薄弱的赣南地区，得以喘息和休整。这一行动方向

---

① 《中共红四军前委给中央的信》（1929年3月20日），《建党以来重要文献选编（1921—1949）》第6册，中央文献出版社2011年版，第89页。

② 《中共中央给朱德、毛泽东并红四军前委的信》（1928年6月4日），《建党以来重要文献选编（1921—1949）》第5册，中央文献出版社2011年版，第237页。

的变化，不是误打误撞，而是有意为之。10月7日在饶平茂芝召开的会议上，朱德说："湘粤赣边界地区，是敌人兵力薄弱的地方，是个三不管的地带，这一带农民运动搞得早，支援北伐最得力，我们应当以此为立足点。"①于是，朱德、陈毅率领的部队在赣南的安远、大庾、信丰、上犹、崇义等地盘旋逗留了二十来天，进行了"赣南三整"，熟悉这一带的地理、民情。

三是井冈山根据地的主要区域宁冈、永新、遂川、莲花等都在江西境内，江西的国民党军比湖南的更积极于进攻井冈山根据地。与此相应，在反"进剿""会剿"的斗争中，朱毛红军对湘敌强和赣军弱的情况了然于胸，并且多次重创赣敌。毛泽东在《井冈山的斗争》中概括他们的斗争策略是"对统治势力比较强大的湖南取守势，对统治势力比较薄弱的江西取攻势"。"八月失败"后，二十八团经崇义、上犹向井冈山回军之际，会同毛泽东率领来接应的三十一团，于9月13日在遂川合击赣军追兵独立第七师刘士毅部，击败刘士毅，缴枪数百，占领遂川。这表明，即使是在红四军力量受到严重挫折的情况下，仍能战胜赣敌。因此，向赣西南发展，更具取胜的把握和信心。

四是在下山之前，红四军前委就知道东固根据地的存在。东固根据地的老战士刘岱曾撰文《东固送信到井冈》，回忆他在1928年初春、农历六月和农历十月，三次送信上井冈山给毛泽东，并带回回信的情况。②另有卓雄回忆毛泽东在红四军与红二团、红四团会师大会上讲话："我们从井冈山出发，天天讲到东固见红二、四团，过去我们四军有的同志说没有二、四团，现在见到了，没有吹牛吧！""东固山是我们走出井冈山又到了新的革命根据地，现在，东固山与井冈山终于联结起来了，最终要联结

---

① 《一次重要的军事决策会议》，《饶平党史资料》1982年第1期，第4页。转引自中共中央文献研究室编：《朱德传》（修订本），中央文献出版社2006年版，第103页。
② 刘岱：《东固送信到井冈》，中共江西省委党史研究室等编：《东固·赣西南革命根据地史料选编》第一册，中央文献出版社2007年版，第267页。

全中国，中国革命一定要胜利。"①可见，不仅在下山之前，毛泽东等就知道有东固根据地，而且在下山之后，还曾把到东固根据地去作为鼓舞红四军指战员斗志的动员口号。

1929年1月初，带着中共六大文件的中央信使来到永新，毛泽东后来描述当时收到中共六大文件的心情："六次大会的决议案非常正确，我们欢跃地接受。"②这是红四军和毛泽东在井冈山斗争期间，第二次收到来自中共中央的指示和文件，毛泽东立即进行了传达。中共六大文件不仅使红四军前委了解了国际国内的形势，而且六大的政治报告专门针对已有的几个苏维埃区域，指示"它们不能单独的保存，它们必须要向外发展。在不可能的状态的时候，有被敌人消灭的危险的时候，则应该避开，采取游击战争的方式，保持自己的实力"③。姗姗来迟的六大文件，对于正在筹划下山发展的红四军和毛泽东而言，则是"及时雨"，更坚定了他们下山发展的决心。

这样，在接到中共六大文件后，1929年1月4日红四军前委召开"柏露会议"，正式决策，毛泽东和朱德率领红四军主力3600余人离开井冈山，实行"围魏救赵"，"出发赣南游击向吉安一带推进"④，以粉碎国民党军对井冈山根据地的第三次"会剿"；以红四军副军长彭德怀率三十团（即红五军）和王佐带领三十二团留守井冈山。

会上毛泽东还传达了才收到不久的中共六大文件。中共六大通过的《苏维埃政权的组织问题决议案》有这么一段话："与土匪或类似的团体联盟，仅在暴动前可以适用，暴动之后宜解除其武装并严厉的镇压他们。

---

① 卓雄：《回顾东固革命根据地斗争历史》，中共江西省委党史研究室等编：《东固·赣西南革命根据地史料选编》第一册，中央文献出版社2007年版，第245—246页。

② 《中共红四军前委给中央的信》（1929年3月20日），《建党以来重要文献选编（1921—1949）》第6册，中央文献出版社2011年版，第91页。

③ 瞿秋白：《在中国共产党第六次全国代表大会上的政治报告》（1928年6月20日），《建党以来重要文献选编（1921—1949）》第5册，中央文献出版社2011年版，第296页。

④ 陈毅：《关于朱毛红军的历史及其状况的报告》（1929年9月1日），《建党以来重要文献选编（1921—1949）》第6册，中央文献出版社2011年版，第452页。

这是保持地方秩序和避免反革命死灰复燃之必要的先决的前提。他们的首领应当作反革命的首领看待，即令他们帮助暴动亦应如此。"当时，会中有王佐在场，袁文才率部担任警戒未参加会议。毛泽东看到这段内容时，机智地提议休息一下，跳过了对这部分内容的传达，并在休会期间召开了一个小范围会议，就此决议内容征求大家看法。有小部分人主张杀掉袁、王，毛泽东则发言认为，对土匪武装一律采取"严厉镇压"、对其首领"完全歼除"的政策是不妥的，实际上是一种"左"倾政策。袁、王虽然出身绿林，但部队在改编前就已经是党领导的农民自卫军，改编后已经成为红军的一支重要武装，而不是什么"土匪武装"。而且袁、王都加入了党的组织，都是党内同志，袁、王不能杀。

1929年1月14日，红四军主力部队3600余人，在毛泽东、朱德率领下，从茨坪、小行洲出发，分兵两路离开井冈山，一路走下庄、黄坳，一路走荆竹山。进入遂川境内，两路又会合，之后，一起进军赣南。部队沿途粘贴毛泽东起草的《红军第四军司令部布告》，宣布红军的宗旨是：民权革命，打倒列强，打倒军阀，统一中华。宣传党的各项基本政策："地主田地，农民收种，债不要还，租不要送。""增加工钱，老板担任，八时工作，恰好相称。""城市商人，积铢累寸，只要服从，余皆不论。""地方官兵，准其投顺，以前行为，可以不问。"毛泽东起草的布告和宣言，阐明了共产党建立农村革命根据地的政治纲领和具体的政策措施，用群众习惯和明白的语言进行"共产主义宣传"，内容又切合广大人民群众的切身利益。所以它得到广大人民群众的热烈拥护，起到发动群众起来开展革命斗争的号召书的作用。布告以红四军军长朱德、党代表毛泽东共同署名，"朱毛红军"的名声在更广泛的范围内传开了。

由毛泽东、朱德率领的红四军，就这样离开井冈山，踏上新的征途，向着广阔的赣南地区进军了。

第五章　赣水苍茫闽山碧

一、起草古田会议决议

　　朱德和毛泽东自从率领红四军离开井冈山，转战赣南，沿途多次陷入险境。直到1929年2月11日，红四军在赣南瑞金的大柏地伏击，一举歼灭追敌，这才扭转了被动局面。随后，挥师北上，到达东固，同李文林等领导的江西红军独立第二团、第四团会师，开始在赣南站住脚跟。

　　赣南地区的条件更便于红四军发展。这里山峦起伏，林木繁茂，物产比较丰富，并同闽西、粤北山区连接，回旋余地宽广，适宜于发展游击战争。加上党和群众的基础较好，反动驻军力量薄弱，战斗力不强，而且主要是外省军队，同本地地主豪绅的关系不那么密切。此外，这里距离大城市远，交通不便，敌军往来聚集困难。

　　红四军分析周围的实际情况，灵活使用兵力。他们先利用闽西敌军兵力空虚的机会，向闽西急进，占领闽西重镇长汀城，缴获大批武器和给养后，又回师赣南。4月1日在瑞金同从井冈山突围的红五军主力会合。此后，红四军再次入闽，于5、6月间获得三打龙岩的重大胜利，震撼了闽西地区的反动统治基础，土地革命的烈火也随之熊熊燃起，初步形成以龙岩、永定、上杭为中心，包括连城、长汀、武平等县的闽西革命根据地。

　　此时龙岩环境较为安定且优越，具备召开会议的条件。而红四军也急需一次会议来解决党内、军内存在的分歧。

　　红四军自下井冈山以来，经过半年转战各地，指战员特别是中下级军官及各级政治工作人员伤亡较大，红四军内党的组织状况也有问题。1929年5月，全军约4000人，党员有1329人，占33.2%，其中工人成分311人，仅占23.4%；农民、小商人、学生等成分则占70%，尤以农民成分为最多。这种状况，在高度分散的农村游击战争环境中，是不可避免的。但也正因为频繁的转战，无产阶级思想教育不够，使上述状况衍生为各种非无产阶级思想倾向的泛起，单纯军事观点、军阀主义残余、极端民主化等思想，与毛泽东自三湾改编以来所创造和规定的党和军队建设的原则和政策发生了矛盾，并经常引起党和军队领导层内的争论。这时，刚从苏联回国的刘安恭，由中共中央派到红四军工作，担任临时军委书记兼政治部主任，对毛泽东从实际出发的一些正确主张任意指责。这就引发了红四军党内关于建军原则的一场争论。

5月底，毛泽东在福建永定县湖雷主持召开中共红四军前委会议。会上，以毛泽东和刘安恭为代表的双方就要不要设立军委的问题产生激烈争论。争论中意见未能统一，前委书记难以继续工作。6月8日，毛泽东在上杭县白砂召开的红四军前委扩大会议上一度以书面形式提出辞职。会议虽然以36票赞成、5票反对集体通过了撤销红四军临时军委的决定，但一向默契的朱毛在此事上存在明显分歧，争论的根本问题仍未解决。会后，陈毅开始代理红四军前委书记，为了尽快解决分歧，他代表红四军前委，要求毛泽东和朱德各作一篇文章，详细陈述自己的观点。

6月14日，经过深思熟虑的毛泽东，根据前委的要求，以给林彪复信的方式写了一封很长的党内通信。在这封长信中，毛泽东把红四军党内的"毛病"概括为14条，而最主要的"毛病"是党的领导问题。他认为单纯军事观点、流寇思想等错误的时常发作，都与党的领导的削弱有关。个人主义与小团体主义的滋长，又对这些错误思想和问题起了推波助澜的作用。毛泽东在信中指出这场争论的一个重要的社会思想根源，在于红四军党内显然有一种建立在农民、游民小资产阶级之上的不正确思想，这是红军从旧式军队脱胎而来、党内成分复杂、长期处于农村环境中等"大气候"所造成的，遇着一定的"小气候"必然要发作起来。当然，"一种形式主义的理论从远方到来"也是这场争论的一个重要原因。即中央派到红四军来工作的某些同志，不察实际情况，硬搬教条，照抄"本本"，焉能不出问题？毛泽东在信中回答了某些同志的具体指责，指出，前委领导中没有"家长制倾向"，党的领导的加强是必要的，明确表示现阶段仍有成立军委的必要。毛泽东在信中没有一概否定这场争论，而是肯定说，党内有争论是党的进步，不是退步，红四军的改造工作由此可以完成，红四军的党由此可以得到极大的进步。同时，他也严正告诫：红四军党内的不正确思想是不利于党的团结和革命前途的，有离开无产阶级革命立场的危险，必须毫不犹豫地反对之。

这封信，是总结中国共产党领导的人民军队建设经验的重要文献，系统地提出了党对红军的绝对领导和红军建设的一系列根本原则，为半年后起草古田会议决议打下了初步基础。毛泽东在信中流露出伤感的情绪："对于与党内错误思想奋斗，两年以来已经既竭吾力了。"

翌日，朱德也以给林彪复信的形式写了一封信。陈毅把两封信同时刊登在前委机关刊物《前委通讯》第3期上。朱毛之间的不同意见由此在全军公开化，党内、军内的争论不仅没有随着长信的刊出而停止，反而更加广泛和激烈了。

为了统一思想、团结对敌，1929年6月22日，红四军党的第七次代表大会在龙岩城公民小学召开。会议由陈毅主持，号召"大家努力来争论"。代表们围绕从井冈山斗争以来的各方面问题进行讨论，对一些具体问题做出了正确的结论，但错误否定了毛泽东提出的党对红军的领导必须实行集权制（当时对民主集中制的称谓）和必须反对不要根据地的流寇思想的正确意见。会议认为，毛泽东是前委书记，对争论应多负些责任，给予"严重警告处分"。大会改选了红四军前敌委员会，选举毛泽东、朱德、陈毅等13人为新的前委委员。在选举前委书记时，原由中共中央指定的前委书记毛泽东没有当选，陈毅被选为前委书记。毛泽东在会上最后发言仍然坚持要"加强党对红军的领导，军队要做群众工作，要打仗，要筹款；毛泽东表示至于会议对我个人有许多批评，我现在不辩，如果对我有好处，我会考虑，不正确的，将来自然会证明他这个不正确"①。

红四军党的七大后，毛泽东心情低落，提出申请去莫斯科留学兼休息一个时期，得到了红四军前委的批准。在等待中央的批准之前，前委决定让身体时好时坏的毛泽东先到闽西地方养病并指导中共闽西特委工作。7月8日，毛泽东带领谭震林、蔡协民、江华、曾志、贺子珍等，离开部队去蛟洋指导闽西特委召开闽西党的第一次代表大会。

陈毅则于7月奉命离开苏区，经厦门赴上海向党中央汇报工作。陈毅走后，前委工作由朱德代理。为稳定官兵情绪，整顿部队，9月下旬，朱德主持的前委决定在上杭召开红四军党的八大。由于放手让群众讨论，事先缺乏必要的意见准备，所以这次大会只是"无组织状态地开了三天"，争论不休，"毫无结果"。

会前红四军曾捎信让毛泽东回来参加红四军党的八大，但毛泽东到闽西后因疟疾病倒了，从上杭转移到苏家坡，后到永定县金丰山区养病。他回信说自己不能像陈毅那样"八边美人四面讨好"，"红四军党内是非不解决，我不能够随便回来；再则身体不好，就不参加会了"。结果前委又给了毛泽东党内"警告"处分，责令他马上赶来参加八大。毛泽东只得坐担架被抬到上杭，赶到时会议已结束。大家看他面黄肌瘦，一副病入膏肓的样子，确实病重，就让他继续养病。此后毛泽东留在上杭临江楼继续治病，经过一位名医十多天的治疗，病情明显好转。因为误传以及国民党方面的造谣，共产国际听闻毛泽东已经于1929年10月病逝，于1930年3月间，误发讣告，称"中国共产党的奠基者，中国游击队的创立者和中国红军的缔造者之一的毛泽东同志，因长期患肺结核而在福建前线逝世"。

红四军党的八大会后，朱德和很多政治工作人员等毛泽东回来复职，主持前委工作。他们写信给毛泽东，都被毛泽东回信拒绝了。

在闽西的四个月里，毛泽东同闽西特委一起，领导闽西的革命斗争。

---

① 中共中央文献研究室编：《毛泽东传：1893—1976》（一），中央文献出版社2011年版，第204页。

在根据地军民的艰苦努力下，闽西革命根据地进一步发展和巩固。到了1929年11月，闽西根据地已由3个县扩大为包括龙岩、永定、上杭、武平、长汀、连城6县，纵横数百里的红色区域。

陈毅到上海后，在9月中央召开的各地区军事联席会议上，除向党中央写了书面的《关于朱毛红军的历史及其状况的报告》外，还口头向党中央客观地汇报了红四军党的七大上的争论，部队存在的不良倾向以及毛泽东已离开部队等情况。身兼中央组织部部长和中央军委书记二职的周恩来，以及向忠发、李立三、关向应等听取了汇报。事后，周恩来和李立三等认真研究了红四军党的七大的决议及其附件（包括6月14日毛泽东的信），几次召开会议讨论，9月28日，陈毅按照周恩来多次谈话和中央会议的精神，代中央执笔起草后经周恩来审定的《中共中央给红军第四军前委的指示信》，即有名的中央"九月来信"。

"九月来信"肯定了毛泽东关于"工农武装割据"的思想并指出，中国革命的道路，是先有农村红军，后有城市政权，这是中国革命的特征，这是中国经济基础的产物。红军的基本任务是发动群众斗争，实行土地革命，建立苏维埃政权，实行游击战争，武装农民，并扩大本身组织，在全国扩大游击区域及政治影响。红军要克服单纯军事观点，以免使根据地一切行动成为单纯的军事活动。来信指示红四军全体指战员，要维护毛泽东、朱德的领导，提高他们在群众中的威信，以团结全体同志努力向敌人作斗争，实现红军所担负的任务，并指示毛泽东仍为前委书记。中央九月来信，吸收和肯定了毛泽东一系列基本观点，作为中央指示，它又反过来直接促成了古田会议的顺利召开和指导、帮助了古田会议决议的诞生。

根据中央指示，陈毅迅即绕道香港返回闽西，并在11月18日的前委上杭官庄会议上，忠实地传达了中央九月来信和周恩来的指示。党中央的九月来信和周恩来的指示代表中央的指示精神，对全军指战员特别是领导干部起了很大的鼓舞和教育作用。11月23日，红四军再占汀州，前委即决定由陈毅去请毛泽东回来主持工作。

毛泽东于11月26日偕中共福建省委巡视员谢汉秋从蛟洋到达汀州，与红四军会合。毛泽东与朱德、陈毅会合后，各自进行了自我批评。毛泽东并向中央报告"四军党内的团结，在中央正确指导下，完全不成问题"。为了进一步统一全军党内的思想，28日，毛泽东和前委在汀州召开扩大会议，决定召开红四军党的第九次代表大会。

为了开好红四军党的九大，毛泽东随即开展调查研究工作。他先后在汀州召开工人座谈会、在新泉邻近的村庄召开农民座谈会，征求他们对红军的意见。他还多次召开各级党组织的书记、组织委员、宣传委员会议和各级党代表联席会议。通过调查研究，为起草党代表决议准备材料。

12月中旬，红四军进驻上杭县东北部的古田，这是一个被梅花山南麓群山怀抱着的一个狭长形的集镇。红四军进驻古田后，前委、政治部和司令部设在八甲村。四个纵队分别布防于周围的赖坊、竹岭、溪背、菜屋等村庄。在八甲，毛泽东主持召开各支队、各纵队、部分大队的党代表和支队以上的书记、组织委员和宣传委员参加的联席会议，进一步为红四军党的第九次代表大会进行准备工作。

联席会议之后，代表们便回到各纵队、支队、大队去召开党委或支部会议，传达党代表联席会议的精神，并对本单位存在的问题作初步检查。毛泽东则利用这段时间，在政治部二楼的住房里，最后完成《中国共产党红军第四军第九次代表大会决议案》的起草修订工作。

1929年12月28日，一切准备就绪的红四军党的第九次代表大会在古田曙光小学（原为廖氏宗祠）隆重开幕。出席大会的代表有120多人，大会秘书长陈毅主持会议。会上，毛泽东代表红四军前委，作关于政治决议案的报告，并多次讲话，朱德作军事报告。陈毅传达党中央"九月来信"，同时作反对枪毙逃兵的讲话。全体代表们热烈地讨论了中央的指示和毛泽东的政治报告，并通过批评和自我批评的方式，共同总结了经验教训，统一了思想认识，一致通过《中国共产党红军第四军第九次代表大会决议案》（通称古田会议决议）。大会改选前委，选举毛泽东、朱德、陈毅等11人为前委委员，毛泽东为前委书记。

毛泽东主持起草的古田会议决议全文长达2万多字，分为9个部分：

（1）纠正党内非无产阶级意识的不正确倾向问题；（2）党的组织问题；（3）党内教育问题；（4）红军宣传工作问题；（5）士兵政治训练问题；（6）青年士兵的特种教育问题；（7）废止肉刑问题；（8）优待伤兵问题；（9）红军军事系统与政治系统关系问题。其中心思想就是用无产阶级思想建设党，建设红军。

古田会议确立了思想建党、政治建军原则。

关于党的建设问题。毛泽东指出，所谓党内的非无产阶级思想，就是"小资产阶级、资产阶级甚至地主阶级思想，而主要是小资产阶级的思想"，它们在红四军党内的具体表现是：单纯军事观点、极端民主化倾向、绝对平均主义、唯心观点、非组织意识、个人主义、流寇思想、盲动主义。"红军党内最迫切的问题，要算是教育的问题。为了红军的健全与扩大，为了斗争任务之能够负荷，都要从党内教育做起。不提高党内政治水平，不肃清党各种偏向，便决然不能健全并扩大红军，更不能担负重大的斗争任务。因此，有计划地进行党内教育，纠正过去之无计划的听其自然的状态，是党的重要任务之一。"毛泽东在决议中严肃指出："红军党的组织问题，现在到了非常严重的时期，特别是党员的质量之差和组织之松懈，影响到红军的领导与政策之执行非常之大。同志们应站在大会的精神之上，努力去改造党的组织，务使党的组织确实能担负党的政治任务，才算得成功。"为此，决议具体规定了解决办法，主要如："以新分子入党的条件：1.政治观念没有错误（包括阶级觉悟）；2.忠实；3.有牺牲精神，能积极工作；4.没有发洋财的观念；5.不吃鸦片，不赌博。"这5个条件"完备的人，才能够介绍他进党"；各级党部要"严格地执行纪律，废止对纪律的敷衍现象"；"党的纪律之一是少数服从多数，少数人在自己的意见被否决之后，必须拥护多数人所通过的决议"；"上级对下级要有详细的报告，上级对于这些报告要有详尽的讨论和答复，并尽可能派人出席下级会议，不能借口工作人少，工作能力薄弱和工作时间不够，来掩护自己的不积极，而把这些工作疏忽起来"。

关于军队的建设问题。毛泽东认为，红军不是也不能是其他样式的军队,它必须是服从于无产阶级思想领导的,服务于人民斗争和根据地建设的工具。这是毛泽东关于军队建设的根本思想。从这一根本思想出发,决议中强调指出:"军队只是完成政治任务的工具之一";"红军是一个执行革命的政治任务的武装集团";"红军决不是单纯打仗的,它除了打仗消灭敌人军事力量之外,还要负担宣传群众、组织群众、武装群众、帮助群众建立革命政权以至于建立共产党的组织等项重大的任务"。为了保证红军上述任务的实现,必须坚持党对军队的绝对领导。决议批判了那种认为军事和政治是对立的,军事不要服从政治,或以军事来指挥政治的单纯军事观点。他指出:"这种思想如果发展下去,便有走到脱离群众,以军队控制政权、离开无产阶级领导的危险,如像国民党军队所走的军阀主义的道路一样。"

决议规定在军队中实行民主主义制度,着重提出举行废止肉刑运动,由最高军政机关会衔发布废止肉刑的通令,并颁布新的红军惩罚条例。此外,古田会议决议中强调了要重视宣传工作,要坚持三大纪律八项注意,要优待俘虏,要优待伤病员,等等。

古田会议总结了中国共产党建军方面的经验教训,划清了无产阶级军队和一切旧式军队的界限,解决了在农村环境下如何把以农民和其他小资产阶级为主要成分的中国红军,建设成为党领导下的新型人民军队的根本问题。大会所通过的决议,不仅为红四军党和军队的建设指明了方向,而且也为中国红军的建设制定了一条马克思列宁主义的路线,决议的基本精神是中国人民军队建设的伟大纲领。

古田会议期间,蒋介石策划闽粤赣三省军队"围剿"闽西革命根据地。对此,前委决定红四军全部"离开闽西"转战江西,以求达到粉碎敌之"围剿"而后"巩固闽西"之目的。1930年1月5日,红四军开始向赣南转进。到赣南后,红四军掀起了贯彻古田会议决议的热潮,各部队都认真组织了对会议决议的学习,并且按照决议逐条地检查了本部队各支部存在的问题,自上而下地掀起了一个反对不良倾向的群众运动。同时,还在部队中建立了许多重要制度,加强了政治工作。

古田会议决议是中国共产党和红军建设的纲领性文献，是党和人民军队建设史上的重要里程碑。古田会议确立了马克思列宁主义建党建军原则，确立了军队政治工作的方针、原则、制度，提出了解决把以农民为主要成分的军队建设成为无产阶级性质的新型人民军队这个根本性问题的原则方向，使军队实现了浴火重生、凤凰涅槃。古田会议奠基的军队政治工作对军队生存发展起到了决定性作用。

二、《星星之火，可以燎原》

古田会议后不久，1930年元旦前夕，红四军第一纵队司令员林彪给毛泽东写了一封新年贺信。林彪在信中描述了红军中存在的一些观点，认为中国革命高潮未必很快到来，提出应用比较轻便的流动游击方式去扩大红军的政治影响，流露出对时局和革命前途比较悲观的看法。

毛泽东接林彪贺信后，认为林彪反映的思想有一定的代表性，为了教育全军，经过深思熟虑，于1930年1月5日，在古田赖坊的协成店住地，给林彪写了一封题为《时局估量和红军行动问题》的长篇复信（收入《毛泽东选集》第1卷时改为《星星之火，可以燎原》），并以党内通信形式将复信油印发至红四军各大队党的支部和地方党组织。

信的开头，毛泽东写道："新年已经到来几天了，你的信我还没有回答。一则因为有些事情忙着，二则也是因为我到底写点什么给你呢？有什么好一点的东西可以贡献给你呢？搜索我的枯肠，没有想出一点什么适当的东西来，因此也就拖延着。现在我想得一点东西了，虽然不知道到底与你的情况切合不切合，但我这点材料是现今斗争中一个重要的问题，即使于你的个别情况不切合，仍是一般紧要的问题。所以我就把它提出来。"紧接着，毛泽东针对林彪信中反映的种种悲观论调指出："我要提出的是什么问题呢？就是对于时局的估量和伴随而来的我们的行动问题。我从前颇感觉至今还有些感觉你对于时局的估量是比较悲观。去年五月十八晚上瑞金的会议席上，你这个观点最明鲜。我知道你相信革命高潮不可避免的要到来，但你不相信革命高潮有迅速到来的可能，因此在行动上你不赞成一年争取江西的计划，而只赞成闽粤赣交界三区域的游击；同时在三区域也没有建立赤色政权的深刻观念，因之也就没有由这种赤色政权的深入与扩大去促进全国革命高潮的深刻观念。"毛泽东写道："你认为在距离革命高潮尚远的时期的建立政权的艰苦工作为徒劳，只有用比较轻便的流动游击方式扩大政治影响，等到全国各地争取群众的工作做好了，或做到某个地步了，然后来一个全国暴动，那时把红军的力量加上去，就成为全国形式的大革命。你的这种全国范围的、包括一切地方的、先争取群众后建立政权的理论，我觉得是与中国的形势不适合的。你的这种理论的来源，据我的观察主要是没有把中国是一个许多帝国主义国家互相争夺的半殖民地这件事认清楚。"

毛泽东在这封信中，从中国社会的基本特点出发，在总结井冈山和赣南、闽西革命斗争经验的基础上，把他关于红色政权的理论又大大地向前推进了一步，从理论上论证了中国革命应当走什么道路的问题。

第一，毛泽东指出，"中国是一个许多帝国主义国家互相争夺的半殖民地"，而国内各派反动军阀为了维护他们自身及其帝国主义主子的利益，互相之间长期混战，始终不能有一个真正统一的政权的现状，就是这种争夺的必然的直接反映，这就是中国社会的基本特点。在这个基本特点之下产生了两种情况：一是各派军阀混战都以大中城市或包括县城在内的中心城市为目标。他们的军队豢养在城市，他们的反动统治以城市最为恐怖。这就使得中国共产党领导的革命力量难以在城市立足。二是城市以外的广大乡村，特别是偏远乡村和各省之间的边界地区，就成为反动统治的薄弱地带。因此，就产生了一件除中国以外而没有的"怪事"，"即红军和游击队的存在和发展，以及伴随着红军和游击队而来的，成长于四周白色政权中的小块红色区域的存在和发展"。这种"四周白色政权中的小块红色区域"，就是中国共产党领导红军开辟的乡村工农民主政权。所以，中国社会的基本特点，决定了中国革命必须事先在农村积蓄和发展革命力量，建立乡村革命政权，逐步推进直至取得城市，取得全国范围的胜利，即走农村包围城市的道路,是历史所显现出来的不可移易的中国革命的客观规律。为此,毛泽东在信中批评了"城市中心"的思想。他指出,"城市中心"的思想,"是与中国革命的实情不适合的"。毛泽东在信中特地引用他1929年4月5日代表红四军前委给中共中央复信内容,以阐明自己的观点,即:"抛弃城市斗争,是错误的;但是畏惧农民势力的发展,以为将超过工人的势力而不利于革命,如果党员中有这种意见,我们以为也是错误的。因为半殖民地中国的革命,只有农民斗争得不到工人的领导而失败,没有农民斗争的发展超过工人的势力而不利于革命本身的。"

第二,毛泽东指出,中国共产党领导的红军战争是中国农民革命斗争的最高形式。在半殖民地半封建的社会特点之下,中国农民遭受的压迫与苦难尤为深重,农民起义因而具有全国规模的发展,中国农民是愿意积极地参加革命战争,并愿意使战争得到彻底胜利的,他们是革命战争的主力军。但是,小生产的生产方式限制了他们的政治眼光,导致其狭隘性、散乱性和无政府状态的自发认识浓厚,所以他们不能成为革命战争的正确领导者,而只能由无产阶级政党来领导,组织起自己的武装力量——红军和游击队,建立起自己的红色政权,才能使革命战争走上胜利的道路。所以,毛泽东在信中指出:"红军、游击队和红色区域的建立和发展,是半殖民地中国在无产阶级领导之下的农民斗争的最高形式,和半殖民地农民斗争发展的必然结果。"

第三,毛泽东指出,中国社会矛盾的向前发展,决定了中国革命高潮不可避免地要到来。然而,"现时的客观情况,还是容易给只观察当前表面现象不观察实质的同志们以迷惑。特别是我们在红军中工作的人,一遇到败仗,或四面被围,或强敌跟追的时候,往往不自觉地把这种一时的特殊的小的环境,一般化扩大化起来,仿佛全国全世界的形势概属未可乐观,革命胜利的前途未免渺茫得很"。为此,毛泽东分析道:"如问中国革命高潮是否快要到来,只要详细去察看引起革命高潮的各种矛盾是否真正向前发展了,才能作决定。既然国际上帝国主义相互之间、帝国主义和殖民地之间、帝国主义和它们本国的无产阶级之间的矛盾是发展了，帝国主义争夺中国的需要就更迫切了。帝国主义争夺中国一迫切，帝国主义和整个中国的矛盾，帝国主义者相互间的矛盾，就同时在中国境内发展起来，因此就造成中国各派反动统治者之间的一天天扩大、一天天激烈的混战，中国各派反动统治者之间的矛盾，就日益发展起来。伴随各派反动统治者之间的矛盾——军阀混战而来的，是赋税的加重，这样就会促令广大的负担赋税者和反动统治者之间的矛盾日益发展。伴随着帝国主义和中国民族工业的矛盾而来的，是中国民族工业得不到帝国主义的让步的事实，这就发展了中国资产阶级和中国工人阶级之间的矛盾，中国资本家从拼命压榨工人找出路，中国工人则给以抵抗。伴随着帝国主义的商品侵略，中国商业资本的剥蚀和政府的赋税加重等项情况，便使地主阶级和农民的矛盾更加深刻化，即地租和高利贷的剥削更加重了，农民则更加仇恨地主。因为外货的压迫，广大工农群众购买力的枯竭和政府赋税的加重，使得国货商人和独立生产者日益走上破产的道路。因为反动政府在粮饷不足的条件之下无限制地增加军队，并因此而使战争一天多于一天，使得士兵群众经常处在困苦的环境之中。因为国家的赋税加重，地主的租息加重和战祸的日广一日，造成了普遍于全国的灾荒和匪祸，使得广大的农民和城市贫民走上求生不得的道路。因为无钱升学，许多在学学生有失学之忧；因为生产落后，许多毕业学生无就业之望。如果我们认识了以上这些矛盾，就知道中国是处在怎样一种皇皇不可终日的局面之下，处在怎样一种混乱状态之下。就知道反帝反军阀反地主的革命高潮，是怎样不可避免，而且是很快会要到来。中国是全国都布满了干柴，很快就会燃成烈火，'星火燎原'的话，正是时局发展的适当的描写。只要看一看许多地方工人罢工、农民暴动、士兵哗变、学生罢课的发展，就知道这个'星星之火'，距'燎原'的时期，毫无疑义地是不远了。"同时，毛泽东又特别强调："所谓革命高潮快要到来的'快要'二字作何解释，这点是许多同志的共同的问题。马克思主义者不是算命先生，未来的发展和变化，只应该也只能说出个大的方向，不应该也不可能机械地规定时日。但我所说的中国革命高潮快要来到，决不是如有些人所谓'有到来之可能'那样完全没有行动意义的、可望而不可及的一种空的东西。它是站在海岸遥望海中已经看得见桅杆尖头子的一只航船，它是立于高山之巅远看东方已见光芒四射喷薄欲出的一轮朝日，它是躁动于母腹中的快要成熟了的一个婴儿。"

第四，毛泽东指出，建立红色政权是促进全国革命高潮最重要的因素。他在信中肯定地说："单纯的流动游击政策，不能完成促进全国革命高潮的任务，而朱德毛泽东式、方志敏式之有根据地的，有计划地建设政权的，深入土地革命的，扩大人民武装的路线是经由乡赤卫队、区赤卫大队、县赤卫总队、地方红军直至正规红军这样一套办法的，政权发展是波浪式地向前扩大的，等等的政策，无疑义地是正确的。必须这样，才能树立全国革命群众的信仰，如苏联之于全世界然。必须这样，才能给反动统治阶级以甚大的困难，动摇其基础而促进其内部的分解。也必须这样，才能真正地创造红军，成为将来大革命的主要工具。总而言之，必须这样，才能促进革命的高潮。"这里，毛泽东重申了他在《中国的红色政权为什么能够存在？》一文中关于"工农武装割据"的思想，即无产阶级领导的农民土地革命、武装斗争和农村革命根据地的政权建设这三个方面实行有机结合。

在信的末尾，毛泽东再次向林彪指出："我所不赞成你的是指你缺乏建立政权的深刻的观念，因之对于争取群众促进革命高潮的任务，就必然不能如你心头所想的完满地达到。我这封信所要说的主要的就在于这一点。"

《星星之火，可以燎原》这封信，深刻阐述了"有计划地建设政权的，深入土地革命的，扩大人民武装的路线"，充实发展了毛泽东在井冈山时期形成的"土地革命、武装斗争和根据地建设"三位一体的红色政权理论，进一步纠正了红四军主力下井冈山后一部分人中滋长起来的单纯流动游击的错误观念，要求大家毫不动摇地确立"建立赤色政权的深刻观念"，从而把更大的精力投入开辟和巩固赣南闽西革命根据地的工作中去，逐步形成"农村包围城市，武装夺取政权"的新格局。如果没有树立起这样的深刻观念，就不可能有以后的中央革命根据地和四次反"围剿"的胜利，也不可能使中国革命能在符合本国实际国情的条件下胜利发展。《星星之火，可以燎原》不仅进一步回答了中国的红色政权为什么能够存在和发展的问题，而且在古田会议正确地解决了党对农民的领导和党长期在农村发展情况下无产阶级化问题的基础上，提出中国革命无法以城市为中心取得全国性胜利，而必须以"乡村为中心"的光辉思想，标志着毛泽东关于以农村包围城市，最后夺取全国胜利的革命道路理论的初步形成。

此时，鉴于蒋介石策动了江西的金汉鼎、福建的刘和鼎和广东的陈维远等所率领的反动军队组织了对闽西革命根据地的三省"会剿"的形势，古田会议决定红四军进行战略转移，由地方武装留下闽西坚持斗争，毛泽东和朱德率领红四军分头向江西方向进军。毛泽东率领红四军一部从古田出发，向北经连城以东的古田、宁化、清流、归化等地，越过武夷山到江西去。在这次行军途中，毛泽东写下《如梦令·元旦》，描述了这次进军的情景，并表现了诗人对未来光明前景的憧憬和革命必胜的坚定信心：

宁化、清流、归化，路隘林深苔滑。

今日向何方，直指武夷山下。

山下山下，风展红旗如画。

三、《寻乌调查》和反对本本主义

坚持从实际出发，是毛泽东在湖南一师读书时就养成的习惯，也是他一生立事的根本。从秋收起义到井冈山斗争，再到开辟赣南和闽西革命根据地，不管局势怎样恶化，他从不放松调查研究，努力按照不断变化着的实际情况来决定行动方针，并且十分注意通过实践的检验来修正或充实原有的想法。

古田会议后，红四军回师赣南，分兵发动群众，深入土地革命，在赣南逐步形成一块比较巩固的根据地。1930年4月底，毛泽东率红四军按前委原定计划到达寻乌,消灭了寻乌澄江的地主武装,并于5月上旬指导召开寻乌县第一次工农兵代表大会,正式成立县工农民主政府。同时红军部队分兵在寻乌、安远、平远等地做发动群众的工作,逐步地扩大红色区域的范围。红四军在寻乌停留了一个多月,这样在一个地方长时间的停留,在红四军主力离开井冈山后是少见的。

毛泽东仔细研究寻乌的情况,认为寻乌地处闽、粤、赣三省交界处,是江西赣州、广东梅县之间的商品、物资的一个集散地,只要明了这个县的情况,对三省交界各县的情况就可以基本明了,而它对于全盘了解工商业状况和中国的富农问题,特别是解决党在土地革命中对中间阶级、中小工商业者的政策问题,以防止出现机会主义和盲动主义的错误等都有重大的意义。因此,毛泽东决定选择寻乌亲自进行调查。

在这个过程中,毛泽东还写出《调查工作》,即《反对本本主义》,这是毛泽东多年来从事调查研究的理论总结。

毛泽东在这篇文章中提出了一个极其重要的论断:"中国革命斗争的胜利要靠中国同志了解中国情况。"这自然是针对以往许多人机械执行共产国际指示或盲目照搬俄国革命经验的状况提出的。他提出要坚持"从斗争中创造新局面"的思想,教育党员干部要从"本本主义"的束缚中解放出来。他说:"共产党的正确而不动摇的斗争策略,决不是少数人坐在房子里能够产生的,它是要在群众的斗争过程中才能产生的,这就是说要在实际经验中才能产生。因此,我们需要时时了解社会情况,时时进行实际调查。"毛泽东指出,本本主义者不根据实际情况决定工作方针,只知道照章办事,"开口闭口,'拿本本来'",根本拒绝实际调查。然而,"离开实际调查就要产生唯心的阶级估量和唯心的工作指导,那末,它的结果,不是机会主义,便是盲动主义"。他说,即使是对上级的指示,也决不能采取本本主义的态度,"我们说上级领导机关的指示是正确的,决不单是因为它出于'上级领导机关',而是因为它的内容是适合于斗争中客观和主观情势的,是斗争所需要的"。因此,不管实际情况如何,"一味盲目执行上级指示是很不对的","这不是真正在执行上级的指示,这是反对上级指示或者对上级指示怠工的最妙方法"。同时，毛泽东还批评了"本本主义的社会科学研究法"。他说："我们说马克思主义是对的，决不是因为马克思这个人是什么'先哲'，而是因为他的理论，在我们的实践中，在我们的斗争中，证明了是对了。"我们对于马克思主义的"本本"是要学习的，但是这种学习，"必须同我国的实际情况相结合。我们需要'本本'，但是一定要纠正脱离实际情况的本本主义"。他告诫说，本本主义者认为"只要遵守既定办法就无往而不胜"的想法，"是完全错误的"，这"完全是一种保守路线。这种保守路线如不根本丢掉，将会给革命造成很大损失"。

毛泽东说，"只有向实际情况作调查"，"调查就是解决问题"，"一切结论产生于调查情况的末尾，而不是在它的先头"。而调查工作又必须有正确的方法，他明确提出："我们调查工作的主要方法是解剖各种社会阶级"，通过这种解剖，"明了社会各阶级的政治经济情况"，了解"各阶级现在的以及历史的盛衰荣辱的情况"，"明了各种阶级的相互关系"，从而"得到正确的阶级估量"，以便据此定出我们正确的斗争策略，即"确定哪些阶级是革命斗争的主力，哪些阶级是我们应当争取的同盟者，哪些阶级是要打倒的"。这就是我们进行社会调查的主要目的。

根据自己在革命斗争实践中的亲身体会，毛泽东提出"没有调查，没有发言权"这个振聋发聩的响亮口号，并尖锐地批评道，一事当前，不去调查它的实际情况，"成天地闭着眼睛在那里瞎说，这是共产党员的耻辱"。

作为毛泽东思想活的灵魂的三个基本点：实事求是、群众路线、独立自主，在这篇文章中可以说已初步形成。毛泽东十分重视这篇文章。20世纪60年代初，发现丢失已久的《调查工作》后，他非常高兴，立即印发用以指导当时正在全党蓬勃开展的"大兴调查研究之风"活动，1964年再将其收入《毛泽东著作选读》（甲种本），发表时改名为《反对本本主义》。毛泽东还为它写了一段说明，特别指出："这是一篇老文章，是为了反对当时红军中的教条主义思想而写的。那时没有用'教条主义'这个名称，我们叫它做'本本主义'。"

《反对本本主义》的写成，反映出毛泽东在认识过程中出现了一个"飞跃"，这个"飞跃"，确实是他在实践中引起感觉和印象的东西反复了多次后才产生的，反过来又使他更自觉地用来指导以后的实践。

在写作《反对本本主义》的同时，毛泽东在寻乌县委书记古柏的协助下，对寻乌城的概况和知情人士作了一番深入的调查。

经常参加毛泽东召集的调查会的，有县苏维埃的委员，有在旧衙门管过钱粮的小官吏，有商人，也有塾师、店员、穷秀才，以及乡区干部等。开调查会时，毛泽东坐在中厅的一张八仙桌旁，其他人都聚在宝盖灯下，围坐成一个半圆。毛泽东亲切、谦逊地接二连三发问：寻乌城里有几家工商业？商业、手工业店铺各多少？各个行业老板的姓名？是土商还是客商？雇了店员没有？本钱多少？对革命的态度怎样？到会人员一边屈着手指报名计数，一边同别人小声商议，努力把毛泽东的提问回答得更准确些。毛泽东始终口问手写。一条条、一件件细细地问，静静地听，认真地记，碰到听不懂的土话就请古柏翻译一下，遇有疑异的就给时间让大家讨论。调查会开了10多天，调查的内容非常广泛：从寻乌的历史到现在的盛衰荣辱，从寻乌的地理环境到政治区划，从社会各阶级的状况到政治经济，从旧有土地关系到土地革命，以至妇女在土地斗争中的表现……

结合开调查会，毛泽东还深入到商店、作坊、集市，找商人、工人、小贩、游民谈话，到城郊农村，同农民一边干活，一边调查，广泛了解各行各业群众的生活和思想状况，做了20多天的实际调查，收集到许多闻所未闻的材料。及至端午节后的第二天，又召开了有50多人参加的调查总结会。这个大型会议整整开了2天。毛泽东问了大家100多个条目，政治、经济、文化教育、风俗习惯……都问到了。问得最多、最细致的还是寻乌的商业、农村各阶级的状况和土地斗争情况。其次是水陆交通、山林特产、进出口货、市场店铺、人口成分、土地占有、田租债利、店员和雇农的家庭、婚姻等等。

这是毛泽东在苏区时期做的一次"最大规模"的调查。通过调查，毛泽东主要解决这样几个问题：

第一，制定限制富农的政策。中国的富农是一个特殊的阶级，一般带有很重的半封建的性质。他们大多出租土地，兼营商业和放高利贷、雇佣劳动的条件也是半封建性的。因此，在反对封建剥削的土地斗争中，广大贫苦农民主张同时废除富农的半封建的剥削，是可以理解的。但是，富农和地主是有区别的，在经济上对待富农应采取削弱而不是消灭的政策。怎样限制富农？在寻乌调查中，毛泽东了解到在土地斗争中富农往往把持好田，抽多不抽肥的土地分配原则，有利于富农而不利于贫雇农。在对比分析寻乌南半县、北半县土地分配的快慢情况以后，他指出，土地分配"实际的斗争就是在抽多补少里头。这种斗争是农民对地主富农的斗争，抽多的不愿抽肥，补少的不愿接瘦，要调配妥当，故需要相当时间"。在考察了"抵抗平田的人"的情况以后，他还发现，在分配土地时，"群众中成为问题的，就是一个肥瘦分配的斗争，这是土地斗争的中心，也即是富农与贫农的斗争"。这里，毛泽东已经提出了"抽肥补瘦"的问题，但还未作为政策规定下来。他后来说："提出解决富农问题的办法，不仅要抽多补少，而且要抽肥补瘦，这样才能使富农、中农、贫农、雇农都过活下去。假若对地主一点土地也不分，叫他们去喝西北风，对富农也只给一些坏田，使他们半饥半饱，逼得富农造反，贫农、雇农一定陷于孤立。当时有人骂我是富农路线，我看在当时只有我这办法是正确的。"[①]

第二，制定和检验土地革命各方面的政策。关于土地没收标准问题，寻乌土地没收标准比较明确，即没收一切地主阶级的土地和地主阶级把持的"公共土地"，对于富农的土地则实行"抽多补少"和"抽肥补瘦"。关于土地分配的数量标准问题，寻乌已经分配土地区域的80%是照人口平分的，即以人口总数除土地总数去分配。这种照人口平分土地的"平田主义"，得到多数农民的拥护，只有地主、富农反对。因这样分配土地对于

---

① 《关于农村调查》（1941年9月13日），《毛泽东农村调查文集》，人民出版社1982年版，第22页。

贫苦农民有利，只对于地主、富农不利。关于土地分配的区域标准问题：是以区为单位分配土地，还是以乡或村为单位分配土地，这是寻乌土地分配中讨论较多的又一个问题。寻乌的农民以两个理由反对以大的区域为单位分配土地，欢迎以小的区域为单位分配土地。一是怕把自己区域的土地分出去。为了这个，他们不但反对以区为单位分田，有些连乡为单位都不赞成。所以寻乌县85%是以乡为单位分田，还有15%是以村为单位分田，以区为单位的则没有。二是不赞成移民。不但是这区移到那区农民自己不赞成，就是这乡移到那乡也不赞成。毛泽东生动地描述："'上屋搬下屋，都要一箩谷'，说的是搬家要受损失。""摸熟了的田头，住惯了的房屋，熟习了的人情，对于农民的确是有价值的财宝，抛了这些去弄个新地方，要受到许多不知不觉的损失。"还有因为地理的原因，如交通便利，商业发达地方的农民不肯移到闭塞的地方去，这也同样是经济理由。毛泽东说，那种以为农民的地方主义是由于农民的思想陈旧，即承认是心理的原因，不承认是经济的原因，是不对的。关于非农民分田问题，井冈山《土地法》和兴国县《土地法》都规定："乡村手工业工人，如系自己愿意分田者，得分每个农民所得田的数量之一半。"毛泽东在寻乌调查中考察研究"非农民是否分田"的问题，肯定了寻乌的做法，即"流氓在县城方面，略有耕种能力的准许分田，毫无耕种能力的不分；在县城以外各区，因流氓人数少，一概分田。工、商、学无可靠收入的准许分田，县城及大市镇有可靠收入的不分，不足的酌量补足一部分"。对于游民，除了纯粹的流氓和完全没有耕种能力的娼妓不分田外，大多数都是要分田的。寻乌城郊游民分了田的占60%，毫无耕种能力不分田的占40%。调查研究这些情况，为完善党对农村手工业工人、游民等非农民的土地政策提供了依据。

第三，解决对城市工商业和城市贫民的政策。毛泽东用阶级分析方法剖析了寻乌县城的人口构成，了解城镇居民的阶级关系和政治态度。寻乌城共有农民1620人，占全城人口的60%；手工业者292人，占全城人口的11%，这两者共占71%，表明寻乌城"还完全是个农业手工城市"。城市贫民（包括娼妓、游民）432人，占全城人口的16%；商人135人，仅占全城人口的5%。商人中有5家是商人兼地主，他们的政治态度，有2家是反动的，有3家是"不话事"的。其余商人能向政界"话事"的也仅有4家。寻乌城的商店和手工业店铺多数不雇人或只雇少数几个店员、徒工，多数是小手工业者和中小商人。这些调查材料说明，这时寻乌城并没有资产阶级，商人人数不多，经济力量很弱，政治上没有什么权力，即使有点权力的商人也是处于地主阶级帮手的地位。而城市贫民，社会地位极其低下，是"苦群众"，"在革命中得到了很大利益……与贫农所得到利益差不多"。因此一般都是欢迎革命的，应该争取他们参加革命，成为无产阶级在城市的同盟军。

关于这次调查的详细情况，1931年2月，毛泽东在宁都小布整理出《寻乌调查》。它共分5章、39节、104个纲目，长达8万余字，分门别类记载了寻乌县的政治、经济、交通、文化、商业贸易、旧有土地占有、土地斗争及妇女在土地斗争中的表现等情况。寻乌调查为毛泽东制定和完善土地革命政策、更好地解决对城市贫民和工商业政策起了重要的作用。

1930年6月，乘蒋、冯、阎中原大战爆发之机，毛泽东、朱德依照3月赣州楼梯岭分兵最后会师闽西的计划，率红四军从寻乌出发，北入武夷山南端，再次到达闽西境内武平县，胜利地解放武平县城，接着进驻长汀、上杭县境内。这是红四军第三次入闽西。

6月11日至13日，毛泽东在长汀南阳乡龙田书院主持召开红四军前委和闽西特委的联席会议，即南阳会议。前委、红四军和闽西的党政军领导人朱德、邓子恢、张鼎丞、谭震林等出席会议。邓子恢代表闽西特委在会上作关于土地问题、粮价问题、流氓无产者问题的报告。他在报告中介绍了闽西特委和工农民主政府为解决分配土地中肥瘦不均、富农占便宜、贫雇农吃亏和谷贱伤农等问题，实行"抽多补少、抽肥补瘦"的分田原则和创办粮食合作社、建立工农银行的措施，同时实行奖励开荒、增产粮食的政策。毛泽东对闽西的斗争经验十分重视，在讲话中高度赞扬闽西党组织在分配土地中创造的"抽肥补瘦"的新鲜经验。经过认真讨论，联席会议通过了邓子恢起草、毛泽东审阅修订的《富农问题》《流氓问题》决议案。

《富农问题》决议案，在原来的"抽多补少"原则外，增加规定"抽肥补瘦"的原则，从而解决了分田当中，"不利于贫民有利于富农的根本问题"。针对当时农村的地主豪绅阶级被打倒后，贫农、雇农同富农之间发生争多分田、分好田的尖锐斗争的新情况，《富农问题》决议案指出："分配土地不按人口平分，而以劳力为标准分配对于富农有利。以劳力为标准分配土地，劳力多的多分，劳力少的少分，这只于富农有利。因为中国的富农主要还是半地主性的和初期性的两种，纯粹资本主义的农场和农业公司是很少的，南方各省中简直看不见几个。中国的富农既是以自己劳力为主体的占绝大多数，那么以劳力为标准分配土地，这于富农很有利的，因为他们不但有劳力还伴随着充足的牛力、农具与资本，不比贫农虽有劳力，但伴随的牛力、农具、资本很不充足甚至没有。"因此，《富农问题》决议案接着又指出："争取群众是目前策略的第一标准，发展生产不是目前策略的第一标准"；"只有按人口平分土地才能争取广大贫农群众。即就发展生产来说也是按人口平均分较劳力差别分为有利。闽西就是很好的证据。闽西是按人口平均分配土地的，今年田禾非常茂盛，估计要比去年年末分配时多收百分之二十"。

这些正确规定，进一步丰富和完善了党的土地革命路线，更符合农村土地革命实际斗争的需要，推进了农村土地革命斗争的深入。但是，必须指出：《富农问题》决议案对什么是富农和富农阶级性的分析方面不尽确切，因而提出反富农的过左政策。

南阳会议后，毛泽东又乘战争的间隙，做了一系列的社会调查，包括对兴国八个家庭的调查，着重调查了各阶级在土地斗争中的表现，这是他过去从来没有做过的，而没有这种调查，就不能有农村的基础概念。这是在寻乌调查中做了而没有做得完全的。随后他写下《兴国调查》《东塘等处调查》等重要著作，回答了许多政策问题。同时发现了由于地权不稳而产生的农民"不安的耕种"的严重现象。毛泽东指出：过去田归苏维埃政府所有，农民只有使用权，并且四次五次分了又分，使得农民感觉田不是他自己的，自己没有权来支配，因此不安心耕田。他认为这种情况是很不好的。因此，1931年2月27日毛泽东以中央革命军事委员会总政治部主任的名义给江西省苏维埃政府主席曾山写了一封题为《民权革命中的土地私有制度》的信，指示江西省苏维埃要发布一个布告，"要说明过去分好的田（实行抽多补少，抽肥补瘦）……即算分定得田的人……这田由他私有，别人不得侵犯"，"生的不补，死的不退；租借买卖，由他自由；田中出产，除交土地税于政府外，均归农民所有。吃不完的，任凭自己出卖，得了钱来供零用，用不完的，由他储蓄起来，或改良土地，或经营商业，政府不得借词罚款，民众团体不得勒捐"，"农民一家缺少劳力，田耕不完，或全无劳力，一点不能自耕的，准许出租"。这样，毛泽东就解决了从八七会议以来一直没有解决的土地所有权的问题，认为这"是民权革命时代应有的过程"。他特别强调："共产主义不是一天做得起来的，苏联革命也经过许多阶段，然后才打到现在社会主义的胜利。只有实行现在的民权革命时代所必要的政策，才是真正走向共产主义的好办法。"

毛泽东在领导根据地人民进行土地革命斗争中，注意调查研究，从中国的实际出发，克服来自"左"的、右的干扰，集中全党的智慧，到1931年初，就形成了一条符合中国实际的马克思列宁主义的土地革命路线。这条路线的内容概括起来，就是："依靠贫农、雇农，联合中农，限制富农，消灭地主阶级，变封建土地所有制为农民土地所有制。"

毛泽东在长期残酷的革命实践中，在与党内存在的教条主义等错误的斗争中，锤炼出一整套科学的工作方法：极端重视对实际情况的周密调查，坚持从当时当地的具体情况出发，充分考虑到客观事物方方面面的复杂因素和变动状况，集中群众智慧又经过审慎的深思熟虑，找出切实可行的解决问题的办法，用来指导工作。这种科学的工作方法，始终贯穿在他日后领导中国革命的全过程，并在实践中继续丰富和发展，这为中国革命最终取得胜利作出了巨大贡献。

四、打破三次"围剿"

古田会议确立建党建军原则后,红军迎来了大发展的好时机。1930年6月,赣西南、闽西地区的红军合编为红一军团,共有2万余人。8月,红一军团同彭德怀、滕代远领导的红三军团共3万余人合编为红一方面军,朱德任总司令,毛泽东任总前委书记兼总政治委员,成为全国红军中战斗力最强的一支部队。

红军与根据地的顽强存在和迅速发展,使国民党统治集团感到震惊。蒋介石集中兵力向各根据地和红军发动了多次大规模"围剿"。

国民党军队"围剿"的重点是中央革命根据地和毛泽东、朱德率领的红一方面军。

1930年10月起,刚刚获得蒋、冯、阎中原大战胜利的蒋介石调集10万多人,发动对中央革命根据地的第一次"围剿"。蒋介石亲自为这次"围剿"制定了"长驱直入,外线作战,分进合击,猛进猛出"的作战方针。

针对敌人即将发动的大规模"围剿",毛泽东在10月26日罗坊会议上提出,在红军和苏区还不巩固、全国范围内敌强我弱的基本情况还未改变的条件下,对于敌人的大规模"围剿",红军应先向苏区内退却,依靠苏区人民的支援和有利的地形条件,发现和造成敌人的弱点,使敌我力量对比发生有利于我不利于敌的变化,然后实施反攻,各个歼灭敌人于运动中,以粉碎敌之"围剿"。根据敌军企图在赣江西岸的白区一带包围消灭红军主力的诡计,毛泽东主张红军应东渡赣江向根据地中心地带作"最后退却",把敌人引到根据地内部去打。

11月1日,红一方面军总部于罗坊园前村发布《移师赣江东岸工作筹款的命令》,实际上开始了"诱敌深入"的撤退计划。11月5日,敌人开始进攻。7日,各路敌军分别进到清江、新淦、黄土街、罗坊、新余、分宜等地。由于红军已先期转移,敌人扑空。敌总指挥鲁涤平发觉红军主力东渡赣江后,深恐红军夺取樟树、临川,急忙调整部署:他的第三纵队继续在赣江西岸进攻,第一、二纵队集中到赣江以东,寻求红军主力作战。

11月18日至20日，各路敌军分别进到吉安、吉水、永丰、乐安、宜黄、南城等地，结果又一次扑空。此后，敌人即在上述各地进行"清剿"，为继续进攻苏区的中心区做准备。

11月19日，毛泽东由吉安来到永丰藤田，与总部和红三军团会合。在这段时间里，总前委再次召集会议，研究战略退却的终点问题。毛泽东、朱德等经过反复考虑，决定集结方面军主力由右翼出击次第歼灭敌军，红军依令于12月1日到达退却终点——宁都西北之黄陂、小布地区，完成了反"围剿"的战略退却任务。12月25日，总前委在小布召开盛大的"苏区军民歼敌誓师大会"。毛泽东亲笔写了一副对联，挂在主席台两侧："敌进我退，敌驻我扰，敌疲我打，敌退我追，游击战里操胜算"；"大步进退，诱敌深入，集中兵力，各个击破，运动战中歼敌人"。毛泽东在会上作动员报告，他说："目前局势是严重的，敌人大兵压境。可是，我们有足够胜利的条件。"毛泽东对形势的分析，大大地鼓舞了苏区全体军民反"围剿"胜利的信心。

国民党军这次"围剿"的主力是原国民革命军第二军。毛泽东对这支部队非常了解，北伐时期共产党人李富春是该军的副党代表（汪精卫当时兼第一到第六军的党代表），该军下属各师的党代表分别是萧劲光、方维夏、包惠僧，毛泽东的《中国社会各阶级的分析》就是在该军政治部编的《革命》半月刊上首发的。并且，毛泽东在长沙和广州期间，就与该军的老长官谭延闿及其继任者鲁涤平，以及下属师长谭道源等都有交往。12月28日，鲁涤平命令其已经深入苏区的5个师向黄陂、小布、麻田地区之红军实施总攻。敌前线总指挥兼第十八师师长张辉瓒以第五十四旅留守东固，率领师部和第五十二、五十三旅于29日进占龙冈，并决定次日晨向君埠前进。红军总部得知这一情况，29日连夜召开紧急军事会议，决心抓住这一有利战机，在龙冈及君埠之间的黄岭设伏，在敌人前进中予以歼灭。当晚8时，总部下达攻击命令，求歼敌人第十八师主力于运动之中或立足未稳之际。

12月30日清晨，细雨浓雾。敌第十八师第五十二旅为先锋，师部及第五十三旅随后，由龙冈出发前进。上午9时许，该敌在龙冈以东、小布以西登山时，突然遭到居高临下的红三军团先头部队第七师的迎头痛击。敌人逐步展开2个团，向红军猛攻，均被击退。到下午3时许，张辉瓒孤注一掷，亲自指挥4个团多路向红军猛攻，又被击退。此时红十二军已沿龙冈北侧迅速插到张家车，完全截断了龙冈敌人同东固、富田等地敌人的联系，并从背后向龙冈敌人发起猛烈攻击，红三军团主力已进到上固及其附近地区占领阵地，切断了敌军从西北方向增援和龙冈敌军向西北方向突围的道路；红三十五师也迂回到敌后，切断了敌军从西方向增援和龙冈敌军向西方向突围的道路。这样，敌人第十八师主力被红军四面包围。下午4时左右，红军发起总攻。敌人向西北突围未逞，随即溃散，到处窜逃。赤卫军、少先队也和红军战士一起冲杀，一起搜索敌人。黄昏前，战斗全部结束。这次战斗，红军歼敌第十八师师部和2个旅近1万人，缴获各种武器9000余件，活捉其前线总指挥兼师长张辉瓒。

红一方面军乘胜挥师东进，抄近路翻越高山，直取谭道源部第五十师。1931年1月3日晨，红军进抵东韶附近，向第五十师发起攻击，经过激烈战斗，共歼该师3000多人。其他各路国民党军队仓皇退走。

红军在5天内两战两胜，俘敌逾万，胜利地打破了敌人的第一次"围剿"。毛泽东以十分兴奋的心情，写下了脍炙人口的《渔家傲·反第一次大"围剿"》，生动地记录这场以少胜多的战例："万木霜天红烂漫，天兵怒气冲霄汉。雾满龙冈千嶂暗，齐声唤，前头捉了张辉瓒。"

蒋介石对中央革命根据地第一次军事"围剿"的失败，并没有使他放弃彻底摧毁红军和根据地的企图。1931年2月，蒋介石派军政部长何应钦兼任"陆海空军总司令南昌行营"主任，开始组织对红一方面军和中央革命根据地的第二次大规模"围剿"。为此，蒋介石增调王金钰第五路军、孙连仲第二十六路军以及第五十二师和第五师一部（4个团）到江西参加"围剿"，连同第一次"围剿"失败后继续留在中央苏区周围的军队，总兵力达20万人。

毛泽东在第一次反"围剿"战争胜利之后，就已经和朱德等领导人一起，积极为第二次反"围剿"战争做准备。1931年1月上旬，中共六届三中全会后的中央所派代表项英到达中央苏区，根据中央的决定，于1月15日撤销了以毛泽东为书记的红军第一方面军总前委，在宁都小布宣告成立中共苏区中央局，同时成立归中央局领导的"中央革命军事委员会"，主席项英，副主席朱德、毛泽东。朱德、毛泽东仍分别兼任红一方面军总司令和总政治委员。2月17日，中革军委设总政治部，毛泽东兼任主任。

3月18日，苏区中央局举行第一次扩大会议，就战略问题进行讨论。一些同志认为，在20万敌军严密包围的形势下，只有将红军分散到苏区外去打游击战，把敌人引出苏区，从而达到既保存红军又保全苏区的目的。毛泽东坚决不同意退出中央苏区，主张就地打仗，并认为，只要我们充分发动群众，军民团结一致，是能够在根据地内打破敌人的"围剿"的。这次讨论未能达成一致意见。4月17日，苏区中央局在宁都青塘继续召开扩大会议，就反"围剿"的战略问题又进行了热烈的讨论。主张退出苏区的同志，进一步提出要转移到云、贵、川去建立新的苏区；另有一些同志提出一种"分兵退敌"的主张。毛泽东仍然坚持自己的意见，既反对红军撤离中央苏区的主张，也反对"分兵退敌"的主张，力主集中兵力，就地打仗，打破敌人的"围剿"。严重的意见分歧，使苏区中央局无法作出决定。毛泽东建议把会议扩大，让各军的军长、政委都参加。几天之后，会议继续进行。经过两天会内会外的激烈争论，毛泽东又利用各种机会、运用各种方式耐心进行说服，赞成毛泽东积极防御战略的同志越来越多，红军中的高级干部几乎全部主张就地打仗。

4月30日，苏区中央局扩大会议第四次召开。这次会议，意见已趋一致。中央局先请毛泽东作报告。首先，毛泽东在报告中指出：敌人包围我们的军队虽多，但它有许多致命的弱点，如敌人虽然号称20万，但和第一次"围剿"时一样，全部都是蒋介石的非嫡系部队；他们内部不统一，官兵不一致，没有群众支持，地形不熟；远离后方，兼之到了山区，补给非常困难等。我军数量虽少，技术装备虽弱，但有3个条件："第一红军好"，上下团结一致，求战情绪高；"第二群众好"，得到土地革命利益而又遭到敌人严重摧残的苏区人民，对红军热烈拥护，对敌人极端仇恨；"第三是地势好"，红军可以占领优越而又熟悉的地形，去打击敌人。我们有这些有利条件，是能够以少胜多，以弱胜强，粉碎敌人"围剿"的。井冈山以来武装斗争的经验告诉我们：愈是恶劣环境，队伍愈须集中，领导者愈须坚决奋斗，方能团结内部，应付敌人。其次，毛泽东分析了第一仗打谁的问题。第三次会议上，多数同志提出先打蒋光鼐、蔡廷锴的第十九路军，还有的同志提出先打第六路军朱绍良、毛炳文、胡祖玉各部。对此，毛泽东分析指出：蒋、蔡的十九路军是各路敌军中最强的，而且在兴国时间较久，完成了工事，它的两个师合在一起，不容易分割。所以，打蒋、蔡是攻坚战而不是运动战。如果打不下来，北边的敌人压过来，红军就要吃大亏。第六路军朱、毛、胡的兵力亦较强，且打它就得向西扫，西边为赣江所限，打完后，无发展余地。因此，毛泽东提出先打王金钰的第五路军。王金钰部5个师中的罗霖师防守吉安，其余的4个师在"围剿"军中虽然也可算是主力，但它从北方新到，士兵不服水土，不习惯爬山作战，士气不振，对我们表示恐怯，因而又是弱兵。且打垮他们之后，"向东横扫，可在闽赣交界之建宁、黎川、泰宁地区，扩大根据地，征集资财，便于打破下一次'围剿'"。经过争论与说服，会议终于再次肯定了"诱敌深入"的战略方针，决定在苏区进行"坚决的进攻，艰苦的奋斗，长期的作战以消灭敌人"。同时，也同意了毛泽东的战役设想，第一仗求歼由富田出动之敌王金钰部第四十七师和第二十八师。

按照战役设想，毛泽东将部队开到东固，迫敌而居，依山设伏，隐蔽待机，并领导各部队在深谷丛林中加紧进行临战训练。红军当时伏击的阵地，处于蔡廷锴、郭华宗两敌之间，北面距离郭约5公里，南面距蔡20余公里，靠王金钰部也很近。对于这个阵势，有人总放心不下，说这是"钻牛角尖"，但毛泽东丝毫不为所动，3万主力红军似雄踞丛林的一只猛虎，继续等待敌人离开巢穴。一直等了25天，终于捕住了战机。

5月13日，王金钰第五路军之右翼第二十八师和第四十七师的一个旅，脱离富田阵地，分两路向东固进犯。富田与东固之间相距40里，中间横着一座大山,有两条大路相通:一条经九寸岭,一条经观音崖,都是险隘路程。据此情况,总司令朱德、总政委毛泽东下达攻击命令,全军主力从郭华宗师和蔡廷锴师之间的空隙中隐蔽西进,钻过这个"牛角尖",突然以两翼包抄的方式攻击王金钰部的后背。

5月15日拂晓,各路红军奉命出发。为了确保打胜第一仗,毛泽东于当晚赶到红三军,同黄公略军长一起,找向导调查道路,在东固至中洞大道的南侧找到一条小路,随即确定第三军主力改由这条小路前进,从沿大道东犯之敌右侧实施攻击。这一改变,使红三军缩短行程,争取了时间,对于歼灭敌第二十八师起到重要的作用。

5月16日拂晓前,毛泽东带着电台和警卫排登上白云山。接着朱德带着总部少数人,在同行进中的公秉潘师先头部队发生遭遇性的接触战后,也登上白云山,他们一起在白云山指挥所指挥全线战斗。

近午时分,由小道秘密前进的红三军主力已进到中洞的南侧,乘敌第二十八师的后尾全部离开中洞时,突然从山上猛攻下来。敌人遭此突如其来的侧面攻击,顿时陷入混乱,迅速被歼大部。与此同时,红军右路军第四军抢占观音崖、九寸岭两隘口,并在追击中歼敌第四十七师一个旅大部。担任迂回任务的红三军团,于16日进占固陂,歼灭敌第二十八师的兵站后,当即进占富田。

中洞大捷后,红军依照毛泽东的"由西向东横扫,求得各个击破"的运动作战方针,集中红军主力,于5月17日上午由富田向水南追击郭华宗之第四十三师。5月19日,红军在白沙截住逃敌,经激战,歼灭郭华宗第四十三师一个旅和第四十七师第一旅残部,敌第五十四师闻讯星夜撤往永丰。

白沙战斗结束后,红军继续向东扩张战果。这时,高树勋第二十七师受命经中村向沙溪增援第五十四师,其先头部队一个旅于5月21日抵达中村。红军前锋正进至中村附近,与其接触。毛泽东、朱德决定歼灭进到中村之敌,乘势直下南团。5月22日,红军发起攻击,于当日下午1时占领中村,歼敌第二十七师近一个旅,余敌窜回乐安。当晚,红军追至南团,敌军第二十五师仓皇撤回宜黄。

红军进到南团后，中共苏区中央局即留驻龙冈，另组成以毛泽东为书记的红一方面军临时总前委，负责指挥前线作战和领导战区地方工作。

红军在临时总前委指挥下，按预定计划，日夜兼程向东急进。这时，敌人第六路军慌忙经广昌向南丰撤退。临时总前委得知敌人意图后，决定乘敌第五师4个团未及撤离广昌之机，攻歼该敌，夺取广昌城。

5月27日晨，红军直逼广昌城下。守敌第五师负隅顽抗。打了整整一个上午，红军部队仍被挡在城外，伤亡很大。下午2时许，毛泽东、朱德率领总预备队第三军团来到广昌城外。毛泽东听说攻城战斗打得十分艰苦，就和朱德等一道登上距城西4里的乌石岗，站在这个制高点上观察战场形势。毛泽东俯视了一会儿，又沉思片刻后，叫传令兵命令各部队暂停攻击。接着，毛泽东召集军以上干部在乌石岗指挥所开战地紧急会议，重新研究攻城策略。

毛泽东对大家说：为了使下一步的战斗能够顺利进行，我们必须立刻变更攻城的策略和方法。于是，紧急会议根据毛泽东的主张，决定用声势浩大的总攻势迫退（而不是全部吃掉）敌人，把敌人歼灭一部、击溃一部，并放其逃跑一部，从而尽快为红军下一步行动打开通路……过不多久，红军部队向敌人发动总攻击。至当晚9时，红军冲进城内，歼敌一部，敌师长胡祖玉受重伤后死去，余敌向南丰逃窜。

红军攻占广昌后，鉴于国民党军朱绍良部的3个师向南丰退却，桥梁又遭破坏，已追赶不上，决定不攻南丰城，改为向东打国民党军刘和鼎的第五十六师，夺取建宁城。5月31日，红军出敌意外突袭建宁城，总计歼敌3个多团，并缴获了红军所急需的大批药品。

这样，红军从5月16日开始至31日结束，15天中横扫700余里，从赣江之畔一直打到闽北山区，连打5个胜仗，共歼敌3万余人，缴枪2万余支。所谓"七百里驱十五日，赣水苍茫闽山碧，横扫千军如卷席"，痛快淋漓地打破了敌人的第二次"围剿"。

1931年6月，在第二次"围剿"中刚刚遭受惨败的蒋介石，又很快组织起第三次更大规模的"围剿"。为了彻底消灭红一方面军，摧毁中央苏区，蒋介石把他的嫡系第十四、第十一、第六、第九、第十师共10万人调到江西担任"围剿"主力军，连同原在中央苏区周围的和新调来的非嫡系部队，总兵力达23个师又3个旅，共30万人。蒋介石亲自担任"围剿"军总司令，何应钦为前线总司令，均驻南昌，并聘请英、日、德等国军事顾问随军参与策划。这次"围剿"，蒋介石采取"长驱直入"的战略，企图先击破红军主力，捣毁苏区，然后再深入"清剿"。

6月下旬，蒋介石把在宜黄、南丰以南地区的红三军第九师和红四军第十二师误认为红军主力，下令迅速对之发起进攻，7月1日起，各路"围剿"军开始行动。此时，距红军第二次反"围剿"结束仅一个月。红军苦战之后，没有得到充分的休息和补充，全军只有3万人，而且部队远离根据地中心区近700里，还处于分散状态，一时尚来不及集中。这就给第三次反"围剿"作战带来很大困难。

在这样严峻的形势面前，毛泽东、朱德十分沉着冷静，有条不紊地指挥部队收缩集中。当他们发现敌人"围剿"规模之大和来势之猛后，决定继续实行"诱敌深入"的方针，集中主力，绕道千里，回师赣南，在具有良好群众条件的根据地内部，"避敌主力，打其虚弱"，打破这次大规模"围剿"。

7月10日前后，红一方面军主力相继从建宁等各自工作区域出发，急行军回师赣南，于28日到达兴国西北的高兴圩地区，完成了回师集中的战略任务，为转入反攻创造了条件。

敌军进入中央苏区后，奔波20余日，一直找不到红军主力。7月底，敌人终于发现红军主力集中在它侧背的兴国地区，并判断红军有西渡赣江之可能，于是以其主力分路向西南急进，企图压迫红军于赣江而消灭之。

这时，双方主力云集兴国附近，形势十分严峻。红军从什么地方突破敌军围攻？毛泽东、朱德召开军事会议进行研究，决定北出富田作为反攻的突破口。但当红军主力开始北上时，突然发现敌"进剿"军中最精锐的部队陈诚、罗卓英两师已先于红军赶到富田。毛泽东、朱德断然改变计划，率部重返高兴圩，另寻战机。

8月上旬，国民党各路军队纷纷向高兴圩地区逼近，重兵密集，把红一方面军主力压缩在狭小范围内。红一方面军处在北、东、南三面受敌和西临赣江的危险境地。毛泽东、朱德经冷静分析后，决定从东面战斗力较弱的上官云相的第三路进击军（由王金钰部改编而成）突破。8月5日晚，红军主力从崇贤、兴国两地敌军之间40里的空隙中，沿着崇山峻岭秘密东进，6日到达莲塘、官田地区，跳出了敌军主力的包围圈。

红军一到莲塘，就发现上官云相的第三路进击军第四十七师第二旅正毫无戒备地开向莲塘，决定迅速歼灭该敌。下午，毛泽东在有团长以上干部参加的战前动员会上说：这次千里回师，走得并不冤枉，为的正是暂时忍耐折回，集中优势兵力，然后再狠狠地打击回去。我们不打就不打，一打就要将敌人置于死地。说完之后，他和朱德就具体部署了莲塘战斗。当晚，红三军团（指挥第七军）和红三、红四、红十二军（欠第三十五师），秘密向敌接近，于7日拂晓突然发起猛攻，经过2个小时的战斗，将敌第四十七师之第二旅及由良村向西侦察的一个多营全部歼灭，毙敌旅长谭子钧。

莲塘战斗后，红军继续向离莲塘30里之良村急进，途中同由良村向莲塘增援之敌郝梦龄第五十四师第一六〇旅遭遇，迅速歼其一个团，毙敌旅长张銮诏。残敌向良村溃逃，红军衔尾猛追，直逼良村。刚由龙冈撤回良村之敌第五十四师师部和2个旅，喘息未定，就陷入红军包围中，红军就势发起猛攻，一举突入圩内，歼敌一部，毙敌副师长魏我威、参谋长刘家祺等，余敌逃向龙冈。莲塘、良村两仗，红军共歼敌两个多旅，俘敌3500余人，缴获各种枪3100多支，迫击炮14门。8月11日晨，红军主力进到黄陂附近，总部确定以第四军、第十二军由黄陂南侧实施主攻，第三军团并指挥第七军迂回到黄陂东面，断敌退路。当天中午，第四军和第十二军主力冒大雨发起攻击，一举突入黄陂，迅速歼敌两个团。第三军团和第七军也从东面发起攻击。午后3时，敌师长毛炳文率余部向洛口、宁都突围。红军乘胜追击20多里，又歼敌一部。从8月7日至11日，红军连打三个胜仗，共毙伤俘敌1万余人，从原来的被动局面中夺得主动权。随后，红军主力转到君埠以东尖岭垴山区，得到用战斗间隙进行休整的机会。

8月15日，红军主力2万余人，在毛泽东、朱德亲自率领下，乘夜暗由尖岭垴山地出发，偃旗息鼓，悄悄西进，硬是从正在东进的敌人第一军团和第二路进击军之间一个10公里间隙的大山中偷越过去，回到兴国东北的白石、枫边地区隐蔽休整，并同中共苏区中央局和中央革命军事委员会会合。红十二军主力则大张声势地向东北方向行进，并以一部兵力攻占乐安县城。蒋介石误认为红十二军是红军主力，并判断红军将进攻宜黄，夺取临川。因此，急调第十师赶回临川，加强防守；同时下令第一、第二路进击军等部对红十二军主力追击。红十二军主力同敌军保持一定的距离，紧紧牵住敌人的鼻子，并利用自己轻装灵便的长处和敌人笨重不灵的弱点，翻山越岭，走崎岖难走的路，进一步消耗敌人的精力。就这样把敌人一部分主力拖了近半个月，出色地完成了掩护红军主力西移和休整的任务。

8月底，蒋介石发觉红军主力已由君埠以东地区西去，随即下令其第一军团为先头，其他各部随后，再次西进，寻求红军主力决战。毛泽东等总部领导为了进一步调动敌人，使其疲惫，于9月初率领主力继续西移，转到兴国、万安、泰和之间以均村、茶园冈为中心的山区隐蔽待机。

这时，敌军在中央苏区来回奔波已达两月，除第四十九、第五十四、第八师等部遭到歼灭性的打击以外，其余部队也受尽苏区军民的不断袭扰和坚壁清野的困苦，"肥的拖瘦，瘦的拖死"，士气急剧下降。于是，敌第一军团进到兴国高兴圩地区同原在兴国的第四军团会合后，即停止了前进。和敌军情况相反，红军三战三捷之后，又经过半个多月的休整，士气更加旺盛。战场上红军主动、敌军被动的形势愈益明显。与此同时，两广军阀利用蒋军主力深陷中央苏区之际，正向湖南衡阳进兵，对蒋介石造成了很大的威胁。在此情况下，蒋介石不得不下令结束"围剿"，实行总退却。9月6日晚，红一方面军总部得悉兴国地区敌人正沿高兴圩大道向北撤退。毛泽东等当即决定首先抓住兴国北撤之敌一部歼灭之，尔后视机扩张战果。9月7日，敌人第四军团正沿黄土坳、老营盘之线北撤，红三军和独立师迅速出击，首先攻占黄土坳，切断了敌人先头独立旅同其后续部队的联系，接着从北、南、西三面向敌独立旅发起攻击，从拂晓打到下午，终将该旅全部歼灭。

与此同时，红三军团、红四军、红三十五军也向高兴圩地区之敌第一军团第六十、第六十一师发起攻击；红七军则向兴国之敌第五十二师压迫，保障红军主力在高兴圩作战。由于战前侦察不细，低估了敌军的战斗力，攻击高兴圩的红军各部经过两天激战，毙伤敌2000余人，终因敌人占据有利地形，红军兵力不够集中，且徒涉高兴圩以西河流时遭到较大伤亡，结果打成对峙。红军为争取主动，即撤出战斗，主力转移到茶园冈、均村、永丰圩地区待机，而以红三军及独立第五师位于老营盘阻敌北撤。高兴圩之敌亦因伤亡较大，且对红军情况不明，也就加修工事，固守整顿。

9月13日，敌人改变退却路线：第四军团余部和第一军团第二十二师经崇贤、东固向吉安撤退；第一军团主力先掩护上述部队北撤，尔后经兴国向赣州撤退。

红军侦知这一情况后，立即集中全力对北撤之敌实施追击。9月15日拂晓，在敌第四军团大部已通过方石岭隘口后，红军追击部队赶到，迅速抢占了方石岭，截住了敌第五十二师及第四军团的一个多团，将其包围于方石岭以南地区。激战至上午9时，全歼该敌。敌第四军团已经到达东固的部队匆忙经富田逃至吉安，其他各路敌军也纷纷撤到永丰、宜黄、南越、南丰、广昌、宁都、赣州等地。

此时，红军因各次战役特别是高兴圩一役损伤过大，已无力再对敌人作战，亦决定结束战争。对退却之敌，只命地方部队追击。主力红军移瑞金整顿。

第三次反"围剿"历时3个月，红军6战歼敌3万余人。蒋介石不得不实行总退却，第三次反"围剿"宣告结束，红军取得最后胜利。第三次反"围剿"胜利后，中央革命根据地进一步扩大，包括21个县，250万人口，进入全盛时期。

三次反"围剿"作战的胜利，同毛泽东、朱德等红军领导者正确的战略战术指导是分不开的。在这三次以弱胜强的残酷战争中，毛泽东同红一方面军所有将士一起，受到了前所未有的大规模战争的锻炼，积累了丰富的作战经验，创造出一整套具有中国红军特色的战略战术。这些战略战术的基本原则是：以反"围剿"为主要形式，依托根据地作战；实行战略退却，诱敌深入；集中兵力实行运动战，"打得赢就打，打不赢就走"，在运动中发现敌军弱点，打速决战、歼灭战；不失时机地实行进攻，扩大战果。在这个过程中，实行正规军、游击队和赤卫队相结合，使主力红军的战争与人民的游击战争互为左右手。这些战略战术思想建立在人民战争的基础之上，解决了红军如何以劣势兵力和落后的装备去战胜强大的敌人的问题，是对马克思列宁主义军事学说的杰出贡献。毛泽东在《中国革命战争的战略问题》中，系统地总结了红军在这三次反"围剿"中的丰富经验，作出重要的理论概括。他写道："等到战胜敌人的第三次'围剿'，于是全部红军作战的原则就形成了。"

　　对于毛泽东个人来说，三次反"围剿"战争的胜利大大提升了毛泽东在党和红军中的威望，也提高了毛泽东在共产国际中的知名度和认可度。自上井冈山以来，毛泽东以马克思列宁主义为指导，在复杂、艰险的环境中，严格遵循从实际出发的原则，坚持在实践中顽强探索，形成了对于红军建军思想和作战原则、土地改革政策、根据地建设等一系列明确的主张，在这个过程中，毛泽东已经成长为一名卓越的党和军队的领导、军事家、理论家，他所开辟的"农村包围城市，武装夺取政权"这条独特的中国革命道路，也被实践证明是中国革命的成功之路。

第六章　孤独的中华苏维埃临时中央政府主席

一、与"左"倾错误路线的斗争

1936年，毛泽东曾对斯诺谈起："从1933年10月起，直到长征西北开始，我本人几乎用全部时间处理苏维埃政府工作，军事指挥工作交给了朱德和其他的人。"

从一个成功指挥了三次反"围剿"的优秀军事将领，转而专任政府工作，这期间，是毛泽东与"左"倾错误路线的艰难抗争。

早在第一次反"围剿"战争之前，毛泽东就已经开始在实践中自觉抵制"左"的错误。1930年6月，中共中央政治局召开会议，通过李立三起草的《目前政治任务的决议》（即《新的革命高潮与一省或几省的首先胜利》），制定了以武汉为中心的全国中心城市起义和集中全国红军攻打中心城市的冒险计划，使"左"倾冒险错误在中共中央取得统治地位。

对于李立三的"左"倾冒险主义错误，毛泽东一开始即存疑虑。在随后率领红军执行中央关于攻打南昌的决定时，他采取了极其谨慎的逐步推进方针。当获悉敌军在江西的兵力配置情况后，他坚持从实际情况出发，灵活机动使用兵力，没有机械执行中央关于进攻南昌、九江的命令，先是西渡赣江北上，再视情况向南昌对岸推进；而后围攻长沙，两次总攻失败后及时撤退至株洲；此后攻占吉安城，连续攻克附近许多县城，使赣江两岸几十个县的红色政权连成一片。最后，在强大的敌人进攻面前，毛泽东明确提出："红军绝不能去冒险攻打南昌。南昌是敌人重兵驻守的地方，红军还没有足够的力量去攻打大城市。"

在数月时间里，经曲折反复的斗争实践，毛泽东等终于胜利地抵制了李立三要主力红军强攻敌人中心城市的"左"倾错误，使红一方面军和湘赣两省的农村革命根据地避免了大的损失，而且壮大了红军力量，扩大了革命根据地，从而为迎接即将到来的反"围剿"作战创造了良好条件。对此，1945年4月党的六届七中全会通过的《关于若干历史问题的决议》指出："特别是毛泽东同志，他不但始终没有赞成立三路线，而且以极大的忍耐心纠正了红一方面军中的'左'倾错误，因而使江西革命根据地的红军在这个时期内不但没有受到损失，反而利用了当时蒋冯阎战争的有利形势而得到了发展，并在一九三〇年底到一九三一年初胜利地粉碎了敌人的第一次'围剿'。"

然而，1931年1月在上海召开的中共扩大的六届四中全会，王明等人借助共产国际的支持，逐步取得中央领导权，以王明为代表的"左"倾教条主义错误在党的领导机关内开始了长达4年的统治。王明等为推行其"左"倾教条主义错误，对各级党组织实行所谓"改造"与"充实"，并向全国各地都派出他们的"钦差大臣"。在中央苏区，他们把矛头指向了毛泽东。

1931年4月初，中共中央派出的中央代表团——由任弼时、王稼祥、顾作霖三人组成，来到中央革命根据地。中央代表团带来六届四中全会的文件，毛泽东与王明"左"倾教条主义的斗争由此拉开序幕。

1931年4月17日，在宁都的青塘召集了一次苏区中央局扩大会议，会议听取关于中共扩大的六届四中全会和中央对目前形势估量的报告，通过了《接受国际来信及四中全会决议的决议》等五项决议。这些决议标志着王明"左"倾教条主义方针政策开始在中央苏区传达贯彻，并开始对毛泽东所代表的一系列正确方针政策的攻击和否定。

由于初到苏区，也因为是要修正"立三路线"的缘故，中央代表团除去关于富田事变提出极左的处理意见外，对毛泽东及其为首的红一方面军总前委的工作予以一般性的肯定。但是会后不久，中央代表团就发现以毛泽东为代表的一整套正确主张与他们推行的"国际路线"格格不入，开始斥之为"狭隘经验论"。

8月30日,在上海由王明把持的中共中央在《给苏区中央局并红军总前委的指示信》中除一般性地肯定中央苏区的斗争成绩外,着重指责中央苏区存在的"严重的错误",即"缺乏明确的阶级路线与充分的群众"。这些指责主要是:在巩固和扩大中央苏区的问题上,指责"中央苏区至今还没有建立起巩固的根据地,以至于红军在长期作战中便是'疲于奔命'",造成红军"长期的内线作战,很难向外发展"。要求"红军在冲破三次'围剿'后,必须向外发展,必须占领一个、两个较大的城市"。在分配土地的问题上,指责中央苏区"对于消灭地主阶级与抑制富农政策还持着动摇态度",要求苏区中央局"对待地主残余的办法,只能是分配他们做苦工。必须加紧雇农、贫农与富农的对抗,而抓紧对中农的联盟……必须变更富农的土地所有,给他坏田耕种,富农的剩余工具要没收"。在红军的训练、编制和战略战术等问题上,指责"红军直到现在还没有完全抛弃游击主义的传统与小团体的观念,这与红军已进行大规模战争与担负着争取一省几省的首先胜利的任务是不相称的"。要求"红军的编制要开始适应于大规模作战的组织,红军的战斗力亦着重于技术能力的增进,特别要有堡垒战、街市战、射击飞机等等的演习"。

此外,还指责全苏大会至今未能召开;指责苏区工人运动不发展,没组织工人反雇主的斗争,没实行8小时工作制,没组织反帝同盟等;指责中央苏区"在党内和群众中缺乏思想斗争的教育工作"。

11月1日至5日,在中央代表团的主持下,中央苏区党的第一次代表大会即赣南会议在江西瑞金叶坪开幕。

在这次大会上,王明"左"倾错误的积极拥护者,凭借中央8月30日的指示信,对大会施加压力。他们自诩为"百分之百的布尔什维克主义",讥笑"山沟里没有马列主义",站在强烈的宗派主义立场上,不顾事实地批评毛泽东和红一方面军的领导干部执行了"立三路线",指责毛泽东等的正确观点和主张为政治上的非无产阶级观点、军事上的单纯防御和游击主义、实际行动中的狭隘经验主义等等。赣南会议实际上是王明

"左"倾教条主义者有计划有步骤地全盘否定毛泽东的正确主张、改变中央根据地正确领导的一次会议,是实现王明"左"倾中央"改造"各级机关的一次行动。大会最后决定:撤销毛泽东的中央局代书记职务,由项英以及任弼时等主持中央局工作。同时决定设立中央革命军事委员会,"取消红一方面军总司令和总政委的名义及其组织",由此,毛泽东的红一方面军总政委职务被撤销,这实际免除了他在红军中的领导职务。

赣南会议前,苏区中央局曾致电中共临时中央,"望派一政治局委员,最好是工人同志来苏区主持中央政府工作"。由于毛泽东在党内和国际共产主义运动中已享有很高的威望,中共临时中央经过讨论后致电苏区中央局:"人民委员会主席一人,决定毛泽东;副主席二人,张国焘与江西苏维埃政府主席(后改为项英)。"

1931年11月7日至20日,中华苏维埃第一次全国代表大会在瑞金召开,选举产生中华苏维埃共和国中央执行委员会,宣布成立中华苏维埃共和国临时中央政府。毛泽东当选为中央执行委员会主席和人民委员会主席。毛泽东是在遭受严厉批评的情况下出任中华苏维埃共和国临时中央政府主席的,他的处境日益艰难。

一苏大后的近一年时间里,毛泽东的主要精力仍用于在前线指挥打仗。

1932年1月9日,中共临时中央作出《关于争取革命在一省与数省首先胜利的决议》。中央红军为贯彻这一方针,于2、3月间攻打赣南重镇赣州。

毛泽东既不赞成"左"倾中央对形势的估计,也不赞成打赣州。他认为,现在提出夺取中心城市的口号为时过早,以争取中心城市为目标的发展路线是错误的。他主张红军此时一方面要抓紧时间进行休整,肃清根据地内的地主豪绅土围子,巩固苏区,为粉碎敌人新的"围剿"做准备,另一方面可采取有阵地的波浪式的形式向敌人力量薄弱、群众基础较好的赣东北方向发展,打通中央区与赣东北区的联系,然后再向外发展。就攻打赣州来说,赣州是敌人必守的坚城,红军技术装备差,很可能久攻不克,于我不利,不能打这一仗。毛泽东提出,即使要打,也只能采取围城打援的战术。但是，中央局和中革军委的一些领导人却坚决主张打赣州，并批评毛泽东等人的意见是"不了解夺取中心城市的意义"，是"对中心城市之夺取的过分恐惧而产生的右倾机会主义观念"。他们说，只要打下了赣州城，把中央工农民主政府迁移到那里，就可以说是实现了"一省与数省的首先胜利"。最终，支持毛泽东意见的在苏区中央局里只居少数。于是决定打赣州。

红军在做好一切战斗准备后，从2月上旬至3月初，先后4次挖地道爆破进攻，在付出了重大伤亡的情况下，虽然破开了城墙，但始终未能攻进三面环水、城高两丈的"铁赣州"。同时，敌人援兵陈诚、罗卓英部队所属之第十一师、第十四师、第五十二师和两个独立旅，已从吉安经遂川到达赣州外围的赤主岭，粤敌亦北上至大庾、九渡水一线，对红军攻城部队取反包围之势。红军在战略上已处于十分不利的地位，只是由于采纳毛泽东的建议派红五军团帮助才使得围城的红三军团等脱困，于3月7日撤至赣州城东的江口地区集结。

3月中旬，中共苏区中央局在江口召开扩大会议，被紧急从瑞金招来的毛泽东与周恩来、朱德、王稼祥、彭德怀及中央局成员等出席会议。会议着重讨论红军的行动方针问题。毛泽东提出向赣东北方向发展，以求在赣江以东、闽浙沿海以西、长江以南、五岭山脉以北的广大农村建立苏区，发展革命战争的战略方针。当时红军向这个方向发展，可以汇合赣东北苏区和闽北苏区的革命力量，取得人民群众的有力支援；可以依托武夷山、仙霞岭、天台等山区有利地势，稳步向外扩展；还可以同上海和全国正在兴起的抗日反蒋的民族民主运动取得密切的配合。毛泽东还严正批评"左"倾冒险主义者攻打赣州的错误主张给红军造成严重损失，认为即使赣州打下，也无法坚守。但是，在赣州城下遭受重大损失的教训面前，苏区中央局仍拒绝毛泽东的正确意见，坚持"以赣江流域为中心，向北发展"的方针。

对此，彭德怀回忆说："我没有支持毛泽东的正确意见，而同意了中央局多数人的意见。当时我如支持毛泽东的意见，中央局可能会重新考虑。"为什么彭德怀没有支持毛泽东？除了军事上的考虑，彭德怀提及，还有"我当时并没有认识四中全会（王明路线）实际是立三路线的继续。当时四中全会的中央，把它称为国际路线，是布尔什维克化的。至于它同样是反毛泽东人民战争思想的，是反对农村包围城市的战略方针的，也即是依靠红军打天下的单纯军事路线，我当时完全没有这样去想。一个共产党员凡事要问一个为什么，而当时自己仅仅是服从中央决定，带有极大的盲从性"。彭德怀尚且如此，可知要大家在当时认识到中央路线的问题是相当困难的。毛泽东前进的道路，显然十分曲折艰难。

中革军委根据苏区中央局的决定，于3月18日发出中央红军今后行动方向的训令，以红一军团和红五军团组成中路军，在赣江东岸活动；红三军团组成西路军，到赣西岸活动，尔后两路军"夹赣江而下"向北发展。

毛泽东随中路军行动。走到半路，他一再建议中路军要改向闽西发展。当时福建是国民党军事力量的薄弱环节，除张贞的第四十九师外都是地方保安部队。闽西的红十二军刚占领了上杭、武平两县，守城的地方部队被击溃后退往广东。毛泽东的主张获得红一军团领导人林彪、聂荣臻的支持，上报后得到苏区中央局批准，决定中路军改称东路军，同意毛泽东以临时中央政府主席身份率领东路军攻打闽西龙岩，并向东南方向发展。

毛泽东到达闽西长汀后，进一步了解福建境内情况，他于3月30日致电苏区中央局书记周恩来，提出了一个大胆的设想：远离根据地，以东路军夺取漳州。周恩来接受了毛泽东的建议。

4月10日拂晓，红军先向龙岩发起进攻，并于当天攻占龙岩，歼灭张贞部一个多团，给张贞以迎头痛击。4月14日，红五军团到达龙岩与红一军团会合。19日东路军即按预定计划进攻漳州，20日占领漳州。此战，红军歼敌第四十九师大部，俘敌1600余人，缴获飞机2架等大批军用物资和给养，毛泽东本人也在漳州的龙溪中学找到几箩筐的书籍，成为他宝贵的精神食粮。

同样是城市，为什么打赣州是错的，打漳州是正确的？原因就在于这两个城市的具体条件不同。亲历两次战役的聂荣臻回忆："打赣州，没有打下来，吃了个大苦头。打漳州，打下来了，吃了一个甜头。两者相距一个多月。两相比较，究其原因，赣州，是敌人的强点……毛泽东同志一开始就不主张打。漳州，是敌人的薄弱点，毛泽东同志就赞成我们打，并且亲自指挥我们打，取得了胜利。"

不打赣州打漳州，是毛泽东从实际出发、实事求是做出的正确决定。

然而，"左"倾冒险主义者认为毛泽东的主张不符合他们的"积极进攻路线"，继续要求红军去攻占中心城市；立即扩大红军，改组红军，开展城市战、堡垒战的演习。同时，对毛泽东的主张进行了攻击。临时中央连续在4月14日和5月20日发出文件，指责苏区中央局召开的赣南会议仅批评毛泽东的"狭隘经验论"是不够的，必须提到反对"机会主义"的高度。指责毛泽东在三次反"围剿"中所采取的战略是"纯粹防御路线"，是"游击主义"，认为毛泽东及其纯粹防御路线的拥护者们的"消极态度"，"将削弱我们的防御力量与不能扩大与巩固苏区"，"可以引出极大的危险结果与苏区土地之丧失"，认为这种"过分估计与夸大敌人力量"的"纯粹防御路线"和"红军中游击主义的坏的残留"，是当前"极大的危险""主要的危险"。对于与毛泽东的分歧，指示电中提出："以说服的态度，设法争取他赞成积极斗争的路线，使他在红军及群众中宣传积极路线，争取党和红军的干部说服他的纯粹防御路线的错误与危险，公开讨论泽东的观点。"

这时蒋介石发动的第四次"围剿"开始了。他们先集中兵力进攻鄂豫皖和湘鄂西两个苏区，企图得手后再大举进攻中央苏区。6月初，在中央苏区周围，国民党集中了40个师以上的兵力，粤军已向北进攻赣南。毛泽东率东路军撤离漳州、龙岩地区，回师赣南。

东路军回师后，红军编制作了调整，恢复红一方面军总部，仍辖红一、红三、红五这三个军团，由朱德兼任总司令，王稼祥兼任总政治部主任。毛泽东仍以临时中央政府主席身份随红一方面军总部行动。

红一方面军总部根据临时中央"解决入赣敌军"的意图，组织了南雄水口战役，使入侵赣南的粤军退回南雄。7月21日，周恩来以中央局代表身份到信丰前线,鉴于中央局提议周恩来兼任红一方面军总政委,周恩来两次写信建议由毛泽东担任。"泽东的经验与长处,还须尽量使他发展而督促他改正错误。"8月8日,中央局接受周恩来等的提议,任命毛泽东为红一方面军总政委。中革军委主席朱德、副主席王稼祥、彭德怀联名签发了《红一方面军总政委毛泽东已到军工作的命令》。同时,决定在前方组织军事最高会议,由周恩来、毛泽东、朱德、王稼祥组成,以周恩来为主席,负责处理前方的行动方针和作战计划。

同日,中革军委按照毛泽东一再坚持的主张发布《关于发起乐安、宜黄战役的训令》。红一方面军随即佯作向西行动,主力却隐蔽地急行北上。红军连续行军一星期,开抵同敌军相持的乐安附近,对方还毫无察觉。8月15日,红军出其不意,突然向乐安县城发动攻击。17日攻占乐安。20日攻克宜黄。23日乘胜占领南丰。这一仗打得异常迅猛,速战速决,一周内连克三城,俘敌5000多人,缴获了包括山炮、迫击炮、机关枪等在内的大批武器、弹药和物资。南昌、抚州大震。

乐安、宜黄战役后,苏区中央局在前方和在后方的成员之间发生了严重分歧。前方指挥作战的周、毛、朱、王从实际出发,没有按照苏区中央局原定计划向国民党重兵集结的地区推进——西取吉安或北攻抚州,而是挥师东进,攻打南城,准备打开赣东局面。然而,当8月24日,毛泽东随军抵达南城近郊时,发现南城守敌有3个师的兵力,已有作战准备,地形于我方不利,敌方的攻势又很坚固,且有援军赶来。根据这些新的情况,红军当机立断地改变预定计划,主动撤退至东韶、洛口一带休整,寻找战机。

但临时中央和苏区中央局却一再催促红一方面军继续向北出击,威胁南昌,认为这样才能减轻敌人对鄂豫皖、湘鄂西、湘鄂赣根据地的压力,给这些根据地以直接支援,并且指责红一方面军"不宜在南丰、南城、宜黄间久待","这给群众以十二分不好影响"。此后,前方的红军指挥者们和后方的苏区中央局信电来往不断,意见争执不下。

9月26日,前方军事领导人根据战场实际,不顾中央局的反对,以红一方面军总司令朱德、总政治委员毛泽东的名义发布《在敌人尚未大举进攻前部队向北工作一时期的训令》（以下简称《训令》）。《训令》中大胆地预定了未来和敌人决战的战场是在乐安、宜黄、南丰一带地区，《训令》中是这样说的："为要坚决执行胜利的北上任务，必须迅速地肃清宜黄、乐安、南丰一带拦阻着我军北上的白匪与地主武装，使我军可以巩固和迫近宜黄、乐安、南丰各城市。有把握的夺取据点，消灭援敌，胜利的北上"，"当敌军实行对中央苏区与红军总攻时，要有把握的在宜黄、乐安、南丰一带地区，粉碎敌军四次'围剿'，即以猛烈追击夺取抚州、吉安，开展江西局面，因此决心在宜黄、乐安、南丰之间以战备姿势布置目前的战场"。后来的第四次反"围剿"的进程与战场分别表明，这是一个英明的预见，正确的战略计划，它实际上已经勾画出第四次反"围剿"的战略蓝图。在第四次反"围剿"中，周恩来、朱德正是根据这个《训令》的基本思路，指挥红军粉碎了敌人的"围剿"的。

苏区中央局对这个《训令》十分生气，致电周、毛、朱、王，认为"这完全是离开了原则，极危险的布置。中央局决定暂时停止行动，立即在前方开中央局全体会议"。

1932年10月3日至8日，苏区中央局在江西宁都召开全体会议。会议名为总结1932年攻打赣州以来7个月的工作，实际上是为了解决和毛泽东的严重分歧。会上展开了激烈的争论。与会的大多数人在"会议中特别指出要及时和无情地打击一切对革命胜利估计不足、对敌人大举进攻的恐慌动摇、失去胜利信心、专去等待敌人进攻的右倾主要危险"。认为前方军事领导人"有以准备为中心的观念，泽东表现最多"。他们把矛头突出地指向毛泽东，提出要把毛泽东召回后方，专职负责中央政府工作，而由周恩来担负战争领导的总责。会议最后通过周恩来提议中的毛泽东"仍留前方助理"的意见，同时批准毛泽东"暂时请病假，必要时到前方"。

宁都会议结束后，被彻底剥夺军事指挥权的毛泽东从前线回到瑞金，在瑞金的东华山稍事休息后，便于1932年10月间来到汀州，住在傅连暲主持的福音医院，一面养病，一面深入基层搞调查，以事实同"左"倾错误作斗争。毛泽东找到也在福音医院住院的中共福建省委代理书记罗明，给罗明详细地介绍了中央红军取得三次反"围剿"胜利的经验，然后指出，福建和江西一样，应加紧开展广泛的地方游击战争，以配合主力红军的运动战，使主力红军能集中优势兵力，选择敌人的弱点，进行各个击破，消灭敌人的有生力量，粉碎敌人的第四次"围剿"。他还指出，在杭、永、岩等老根据地，应加紧进行政治、军事、经济的动员，支援边区的斗争；在边区主要应是开展游击战争，牵制和打击广东、闽南两方面的敌军，这对于粉碎敌人的"围剿"、保卫中央根据地是十分重要的。

根据毛泽东谈话的精神，罗明在出院后，立即召开省委会议作传达，大家一致表示完全接受毛泽东的意见，并决定由罗明任省特派员去杭、永、岩进一步开展游击战争，省委由刘晓暂时主持工作。会后罗明和谭震林、方方等在杭、永、岩前线成立"中共前线委员会"，深入边缘区，具体领导政治动员和军事行动。1933年1月21日，罗明根据他在长汀、新城和连泉等县的工作情况，向省委写了《对工作的几点意见》的报告，就如何巩固发展闽西根据地、扩大红军主力和打破敌人的第四次"围剿"等重大问题，提出自己的意见，其内容是同毛泽东的"工农武装割据"思想和反"围剿"的战略战术相符合的。罗明把《对工作的几点意见》送交福建省委（当时亦称闽粤赣省）后，又根据实际情况，接着写了《关于杭永岩情形给闽粤赣省委的报告》，进一步坦率地阐明自己的看法和意见。

罗明的两份报告是公开写给省委和党中央的，提出自己对工作的意见，在组织形式上是合法的，是党纪允许的；在意见内容上，也基本上是实事求是的，正确的。但是，刚刚被迫从上海撤到中央苏区的博古却抓住这两个报告不放，蛮横地将罗明的意见打成为"机会主义路线"，并在全党上下和各根据地内开展了一场反对所谓"罗明路线"的大斗争。其中，在江西发动了所谓反对以邓小平、毛泽覃、谢唯俊、古柏为代表的"江西罗明路线"的斗争。当时领导开展这场反对所谓"罗明路线"的中共临时中央负责人博古，后来在党的七大上发言诚恳地检讨说："苏区中反对罗明路线，实际是反对毛主席在苏区的正确路线和作风，这个斗争扩大到整个中央苏区和周围各个苏区，有福建的罗明路线，江西的罗明路线，闽赣的罗明路线，湘赣的罗明路线，等等。""更沉痛的是由于路线的'左'倾错误，宗派主义的干部政策，再加上一个错误的肃反政策，而使得许多同志，在这个时期中，在这个肃反下面被冤枉了，诬害了，牺牲了。这是无可补救的损失。"

反对"罗明路线"的矛头实际指向毛泽东，这是许多人都看得清楚的。但当时临时中央并没有公开批判毛泽东，这主要是因为毛泽东在国内外都有很大影响力，共产国际曾经有过一个电报，要求"对毛泽东必须采取尽量忍让的态度和运用同志式的影响，使他完全有可能在党中央或中央局领导下做负责工作"。正是因为共产国际的态度，才使毛泽东能够继续主持临时中央政府的工作。然而他处境之艰难以及前行道路上的孤独感可想而知。

二、查田运动与《怎样分析农村阶级》

土地问题的彻底解决，在当时是做好一切工作的中心环节。毛泽东从井冈山时期开始，就一直在思考解决农民的土地问题，并在实践中不断修正土地政策。从井冈山《土地法》到兴国《土地法》，再到南阳会议上通过《富农问题》决议案等，毛泽东在1931年已经形成了一条符合中国实际的马克思列宁主义的土地革命路线。这条路线的内容概括起来，就是："依靠贫农、雇农，联合中农，限制富农，消灭地主阶级，变封建土地所有制为农民的土地所有制。"

临时中央迁入中央苏区后，开始推行"地主不分田""富农分坏田"的"左"倾土地政策。他们推行查田运动，旨在把冒称贫农、中农的地主和富农都查出来。1933年2月1日，中央政府土地人民委员部发布训令号召苏区会昌、石城等八县"重新分田"和"查田"，"限二月内全县田园，必须彻底分好，要使豪绅地主分不到一寸土地，富农分不到一丘好田"。毛泽东当时还在长汀，他回到瑞金主持工作后，立即开展了相关调查。3月，他派中央政府土地人民委员部副部长王观澜带工作队到瑞金叶坪乡做试点工作。他还亲自到叶坪乡视察，把叶坪乡查田运动的经验推广到全县。6月1日，毛泽东、项英等发布临时中央政府《关于查田运动的训令》，要求在中央苏区内普遍深入地开展查田运动，"责成各级政府主席，用最大注意去领导整个查田运动"。规定"没收地主阶级的一切土地财产，没收富农的土地及多余的耕牛、农具、房屋，分配给过去分田不够的及尚未分到田的工人、贫农、中农，富农则分与较坏的劳动份地"。翌日，苏区中央局作出《关于查田运动的决议》，特地指出："党和苏维埃政权过去对于土地问题解决的不正确路线（如'抽多补少，抽肥补瘦'，'小地主的土地不没收'等），在许多区域中土地问题还没有得到彻底的解决。"这就定下了查田运动的基调，即过去毛泽东等领导建立的土地政策是不正确的，需要纠正。

在这样的情况下，毛泽东领导开展了查田运动。1933年6月17日至21日，毛泽东在叶坪主持召开瑞金、会昌、于都等八县的区以上苏维埃负责人查田运动大会；旋即于6月25日至7月1日又在叶坪召开八县贫农团代表大会，具体布置了查田运动的策略与方法。

毛泽东肯定查田运动的必要性，他指出：只有在党的领导下，解决土地问题，把农村中阶级斗争的火焰烧到最大程度，才能发动广大农民群众起来参加革命斗争，建设巩固的根据地，争取革命更大的发展和胜利。毛泽东认为农村中阶级斗争发展大致有三个阶段："一，没收分配土地的阶段；二，检查土地的阶段；三，土地建设的阶段。"当时中央苏区第一个阶段的土地没收分配工作已经告一段落，但还存在不彻底的问题。"有的地区群众充分发动起来了，土地分配比较彻底，有的地区群众还未充分发动，存在假分或者不分的现象"，"同时还发现了地富隐瞒成分或隐瞒土地"[①]，因此发动群众来进行一次全面的土地检查，既是正常的也是必

---

① 王观澜：《中央苏区的土地斗争和经济情况》，《回忆中央苏区》，江西人民出版社1986年，第317页。

要的。这与临时中央试图通过查田运动来推行"左"的土地政策目的显然不同。

毛泽东首先强调：查田运动是查阶级，不是按亩查田。查阶级是查地主富农阶级，查剥削者，绝不是查中农、贫农、工人的阶级。他特别强调要严格区分中农和富农，也要区分富农和地主。他说："富农与地主有分别。富农自己劳动，地主自己不劳动，所以对地主取消灭的政策，对富农则取削弱的政策。因此消灭富农的倾向是错误的，同时不应该把富农成分当做地主待遇。"他着重指出："联合中农是土地革命中最中心的策略。中农的向背，关系土地革命的成败。""侵犯中农利益是绝对不许可的。"阶级区分是一个相当复杂的问题，毛泽东为了尽最大可能地联合中农、不侵犯中农，提出了"富裕中农"的概念，"要着重说明富农与中农交界地方，使富裕中农稳定起来"。这显然是具有深远意义的创见。

毛泽东要求特别重视通过阶级的环节。他说，"通过阶级就是决定阶级成分，是对这个人决定生死的时候"，"一定要查清楚了的才能提出去通过"，"如有疑问，移到下次讨论，此次不要通过"；"如果过去有通过错了的，如把中农当富农，富农当地主，地主当富农，应该推翻原案"；"如果将错就错，不肯改正，那是完全不对的"。

毛泽东还限定查田运动的范围，指出在所有的苏区都有三种区域，在斗争深入区域的中心问题是土地建设，改良土地与发展生产；斗争落后地区的中心问题是查田查阶级；新发展区域的中心问题是以武力推翻地主阶级的政权，没收地主阶级的土地财产和富农的土地，分配给贫农、中农。

从毛泽东确定的策略和方法可以看出，他一开始就以十分慎重的态度，在大力推进查田运动的同时，力求减少查田运动中"左"的危害。王观澜回忆说："对查田运动，毛泽东同志从来就是主张争取百分之九十五以上的人，地主也要分田，富农的财物不动，多余的部分（房子、田地）分给农民；不超过百分之二十五剥削的不划富农；保护地主兼工商业；以缩小打击面，缩小敌人的队伍，争取和扩大团结力量。"

但是，群众一旦发动起来，在运动中容易出现偏差，尤其还是在当时"左"倾路线在中央占据统治地位的情况下。查田运动开展后，土地分配状况部分得到改善，但也出现了侵犯中农利益和把富农当地主对待的偏向。比如于都县，全县划了1500家地主、富农，没收了地富的房地财产，导致全县出现地富反攻、要回土地财产的现象。[①]瑞金城区的查田，一开始就按家按亩去查，使得中农恐慌，竟要求把成分改为贫农，说："中农危险得很，挨上去就是富农，改为贫农咧，隔富农就远了一点。"[②]这一方面是因为以往的文件中缺乏具体规定或规定不明晰，另一方面则是有的工作人员对已有规定的解释不正确或执行有偏差。

毛泽东迅速根据实际情况进行政策调整。8月，他发表《查田运动的初步总结》，在肯定查田运动成绩的基础上，他指出：侵犯中农的倾向是最严重的危险，是"左"的机会主义倾向。同时也批评有些地方把富农当地主来对待，"对富农的不正确观点，也无疑要影响到中农上去"。为了正确解决土地问题，纠正查田运动中发生的"左"的错误，毛泽东于10月发表《怎样分析农村阶级》，并主持制定了《关于土地斗争中一些问题的决定》。他依照马克思主义阶级分析的方法，对农村的阶级关系进行了科学的划分，即：地主占有土地，自己不劳动，或只有附带的劳动，而靠剥削农民为生；富农一般占有土地，占有比较优裕的生产工具和活动资本，自己参加劳动，但经常地依靠剥削为其生活来源的一部或大部；中农一般不用出卖劳动力，贫农一般要出卖小部分的劳动力，这是区别中农和贫农的主要标准；富裕中农则对别人有轻微的剥削，但非经常的和主要的；工人（雇农在内）一般全无土地和工具，工人完全或主要地以出卖劳动力为生。知识分子不应该看作一种阶级成分，其阶级成分依其所属阶级确定。知识分子是一种使用脑力的劳动者，应受到苏维埃法律的保护。这两个文件切合根据地农村阶级关系的状况和土地斗争的实际，因而深得广大干部

[①] 王观澜：《中央苏区的土地斗争和经济情况》，《回忆中央苏区》，江西人民出版社1986年，第323页。

[②] 中共中央文献研究室编：《毛泽东传：1893—1976》（一），中央文献出版社2011年版，第319页。

第六章　孤独的中华苏维埃临时中央政府主席

和群众的拥护，对于纠正查田运动中错划阶级成分的错误，起了积极的作用，并成为后来制定土地革命政策的基本遵循。

这两个文件发布后，查田工作发生了很大的转变。胜利县原来划定的2116家地主、富农，10月间复查后有1300多家改为中农和贫农。会昌县乌径区，由富农改划为中农的有35家，改划为贫农的有4家，由地主改划为富农的有18家。于都县段屋区由地主、富农改划为中农和贫农的有40家。

然而，毛泽东正确的土地路线受到"左"倾路线的攻击。1934年1月中旬，中共中央在瑞金召开六届五中全会。在毛泽东缺席的情况下，会议把毛泽东在土地问题上的一系列主张指责为"富农路线"。并在随后召开的中华苏维埃共和国第二届中央执行委员会第一次会议上，免去了毛泽东的人民委员会主席职务，改由张闻天代替。至此，毛泽东仅剩中央执行委员会主席这个头衔，政府工作实际上由张闻天主持。[①]3月15日，第二届人民委员会发布第一号训令，提出，"在继续开展查田运动中，必须坚决反对拿'算阶级'来代替查阶级，拿百分数的计算来代替阶级斗争"，"必须坚决打击以纠正过去'左'的倾向为借口，而停止查田运动的右倾机会主义"，"右倾机会主义是目前的主要危险"。这显然都是针对毛泽东的主张来说的。训令还规定："在暴动后查田运动前已经决定的地主与富农，不论有何证据不得翻案。已翻案者作为无效。"这使得查田运动中"左"的错误又进一步发展起来，扩大了打击面，增加中央苏区内的社会混乱。

查田运动在毛泽东领导下，起到了促进深入解决土地问题、深入进行土地斗争的作用。到1933年秋，中央苏区分配土地人口达到450多万。苏区土地运动的广泛有序开展，让广大农民得到了自己的土地，实现了祖祖辈辈梦寐以求拥有土地的愿望，不但激发了农民的革命热情和生产积极性，也大大改善了农民的生活条件。1934年1月，毛泽东在第二次全国苏维埃代表大会的报告中总结道："土地革命不但使农民得到土地，而且要使农民发展土地上面的生产力，由于苏维埃的领导与农民劳动热

---

① 王观澜：《关于查田运动的一些回忆》，《回忆中央苏区》，江西人民出版社1986年，第323页。

忧的提高,苏区的农业生产在广大的地方是恢复了,有些并且更加发展了。""在这个基础之上,农民的生活是有了很大的改良。农民推翻了地主与国民党的剥削,生产结果落在自己的手里,因此现在农民的生活比较国民党时代是至少改良了一倍。农民的大多数,过去一年中有许多时候吃不饱饭,困难的时候有些竟要吃树皮、吃糠秕,现在则一般不但没有饥饿的事,而且生活一年比一年丰足了。过去大多数农民每年很少吃肉的时候,现在吃肉的时候多起来了。过去大多数农民衣服穿得很烂,现在一般改良,有些好了一倍,有些竟好了两倍。"

三、长冈乡调查和才溪乡调查

毛泽东一贯重视调查研究,每当他面对自己不熟悉的领域时,他都习惯从实际工作中去发现问题、寻找答案。对于1930年5月开展的寻乌调查,他说"我对于商业状况是完全的门外汉,因此下大力来做这个调查"①。1930年11月做东塘调查,他说:"在李家坊调查中,使我明白了这些地方的村乡两级苏维埃在土地斗争中的组织和活动情形。在这次调查前,我对于那些情形的观念是模糊的。在这次调查中,使我发现以村为单位分配土地的严重性。"②1930年10月底,他进行兴国调查,说"这次调查,一般说来仍不是很深入的,但较之我历次调查要深入些。第一,做了八个家庭的调查,这是我从来没有做过的,其实没有这种调查,就没有农村的基础概念。第二,调查了各阶级在土地斗争中的表现,这是我在寻乌调查中做了而没有做得完全的。"③可见,他每次开展调查都并非随机

---

① 《寻乌调查》(1930年5月),《毛泽东文集》第1卷,人民出版社1993年版,第118页。

② 《〈东塘等处调查〉前言》(1930年11月),《毛泽东文集》第1卷,人民出版社1993年版,第246页。

③ 《〈兴国调查〉前言》(1931年1月26日),《毛泽东文集》第1卷,人民出版社1993年版,第254—255页。

的，而是有明确的目标和方向。

1933年11月，毛泽东率中央政府调查团到长冈乡、才溪乡调查，整理出著名的《长冈乡调查》《才溪乡调查》等报告。从这两个调查报告内容，可以看出毛泽东此时的关注重点。他在《长冈乡调查》的开头就指出："一切苏维埃工作的实际执行都在乡苏与市苏，这是人人了解的，但乡苏、市苏应该怎么样进行他们的工作，却有很多人不了解。而不了解乡苏与市苏的工作，简直就不能真正领导苏维埃工作，就不能真正去解决'一切苏维埃工作服从革命战争的要求'这个问题。"[①]通过这一番话，毛泽东身为中华苏维埃共和国临时中央政府主席的形象跃然纸上。正因为他深入思考如何去领导苏维埃工作，如何指导乡苏、市苏开展工作，才会想到去进行这两个基层苏维埃政权的调查。从中也可以看到，毛泽东并没有因"左"倾冒险主义者的排挤、打击而消沉，仍以党和人民的利益为重，不顾疾病缠身，全身心地投入领导根据地的政权建设和经济建设，以及临时中央政府的日常工作。

《长冈乡调查》和《才溪乡调查》，实际上讲的都是一个问题，即苏维埃政权的建设问题。

对于苏维埃政权建设，毛泽东并非全无经验。早在井冈山斗争时期，毛泽东先是指导红军在茶陵成立了第一个湘赣边界红色政权。随后于1928年建立遂川工农政权时，他对制定《遂川工农县政府临时政纲》提出具体意见并逐条修改。该政纲首先规定，工人、农民、士兵和其他贫民，都有参与政治的权利和集会、结社、言论、出版、居住、罢工的绝对自由；进而明确"全县工会、农民协会和工农革命军的组织到了全县以上的时候，应立即召集全县工农兵代表大会，并选举正式人民委员会，为全县执掌政权的机关"，这就把茶陵工农兵政府的实质和框架具体化，并以具有地方性法规意义的施政纲领的形式予以公布。

[①]《长冈乡调查》（1933年11月），《毛泽东文集》第1卷，人民出版社1993年版，第276页。

在井冈山根据地各县、区、乡和湘赣边界工农兵政府普遍建立、工农民主专政已具备基本形态之后，毛泽东在给中共中央的报告中曾系统地总结了创建工农民主政权过程中的经验。他列举了几种存在的问题：一是乡级政权初创时被小地主富农钻营把持的问题；二是一些县区的工农兵代表会走形式或被群众大会代替的问题；三是工农兵代表会与经其选出的政府委员会之间的权力脱节问题，以及其权力被政府机关和其组成人员滥用的问题；四是以党代政的问题。毛泽东逐一阐述了解决这些问题的方法。其实，此时毛泽东的精力主要集中在军事斗争方面，他所关注的政权问题主要是较大的、方向性的问题，以及政权建设中的阶级斗争问题。对于具体执行层面的细节并未给予过多关注。

但是，当他专任中华苏维埃共和国临时中央政府主席之后，情况发生了改变。《长冈乡调查》开宗明义："现在上级苏维埃工作人员中我们遇得到这样的情形：发得出很多的命令与决议，却不知道任何一个乡苏、市苏工作的实际内容。""问题是怎样动员群众去完全地实际地实行这些任务与计划。"[①]毛泽东开始考虑实际执行问题而并非仅仅是目标任务的制定、大方向的指引。当他真正接触执行细节之后，他发现："这个问题的解决，不是脑子里头想得出来的，这依靠于从动员群众执行各种任务的过程中去收集各种新鲜的具体的经验，去发扬这些经验，去扩大我们动员群众的领域，使之适合于更高的任务与计划。"[②]他开始重视试点工作、典型的示范作用，注重从实践中总结经验，并发扬经验。他选择江西省兴国县长冈乡、福建省上杭县才溪乡两个点进行实地调查，召开有各方面人士参加的调查会，走访贫苦农民家庭和红军家属，同农民一起劳动，在劳动过程中了解乡苏工作和群众生产、生活的情况。随后，通过《长冈乡调查》和《才溪乡调查》这两篇调查报告进行经验总结，把它们作为"乡苏

---

① 《长冈乡调查》（1933年11月），《毛泽东文集》第1卷，人民出版社1993年版，第276页。

② 《长冈乡调查》（1933年11月），《毛泽东文集》第1卷，人民出版社1993年版，第276页。

工作的模范"材料印发给第二次全苏大会,希望"发扬这些经验,收集更多的经验,供给一切落后的乡苏、市苏以具体的榜样,使他们的工作提高到先进乡苏、市苏的地位"①,来推动全局工作。

长冈乡和才溪乡的苏维埃政权,都是最基层的苏维埃政权。毛泽东仔细考察两个乡的行政区划、代表会议、选举、经济、文化、群众生活等方面,把他们的具体做法进行归纳总结之后,再逐一进行点评,具有强烈的操作示范意义。

毛泽东在《长冈乡调查》报告中指出:苏维埃是群众自己管理自己生活的政权,选举苏维埃代表是群众最重要的权利。长冈乡的村委员会,使苏维埃联结了更广大的群众,这是苏维埃工作发展到一定高度时的很好的创造。苏维埃是群众生活的组织者,只有苏维埃用尽它的一切努力解决了群众的问题,切切实实改良了群众的生活,取得了群众对于苏维埃的信仰,才能动员广大群众加入红军,帮助战争,为粉碎敌人的"围剿"而斗争。一切青年壮年的劳动群众都应组织到赤卫军或少先队中去,并且加以好的军事训练与政治训练,一方面保卫地方,另一方面准备上前线,这是苏维埃在国内战争中的重要任务。他肯定长冈乡动员妇女参加生产,领导革命竞赛等做法,并强调长冈乡工作的特点,在于能用全力去动员群众,用极大的耐心去说服群众,结果能完全实现他们的任务。

毛泽东在《才溪乡调查》报告中指出:"乡的中心在村,故村的组织与领导成为极应注意的问题。将乡的全境划分为若干村,依靠于民众自己的乡苏代表及村的委员会与民众团体在村的坚强的领导,使全村民众像网一样组织于苏维埃之下,去执行苏维埃的一切工作任务,这是苏维埃制度优胜于历史上一切政治制度的最明显的一个地方。"②他认为乡苏维埃下

---

① 《长冈乡调查》(1933年11月),《毛泽东文集》第1卷,人民出版社1993年版,第277页。

② 《才溪乡调查》(1933年11月),《毛泽东文集》第1卷,人民出版社1993年版,第325页。

许多委员会的组织及其领导，成为乡苏工作的重要一部分。这一制度的明确的统一的建立，将使苏维埃与民众的关系更加密切，将使一切苏维埃工作的执行得到雄厚的力量。他清醒地认识到在战争条件下，苏维埃政权是围绕军事斗争开展，服务、服从于军事斗争这一核心任务的，因此强调：只有经济建设配合了政治动员，才能造成扩大红军的更高的热潮，推动广大群众上前线去。

从这两个报告可以看出，毛泽东正在全心投入、深入思考苏维埃政权的领导和建设。而他亲自开展农村调查研究，本身就是对王明大搞唯心主义、形而上学的有力批判。

在这两个调查报告的基础上，毛泽东于1934年4月总结撰写了《乡苏怎样工作？》，文章系统、全面地梳理了乡村苏维埃工作的工作标准和原则。

毛泽东首先确定乡村苏维埃工作的目标，是要"能够完全适合发展革命战争与改善群众生活的要求"，因此改善乡苏工作的方向"应该朝着最能够接近广大群众，最能够发挥群众的积极性与创造性，最能够动员群众执行苏维埃任务，并且最能够争取任务完成的速度，使苏维埃工作与革命战争、群众生活的需要完全配合起来，这是苏维埃工作的原则"。

然后他具体规定了乡苏主席团的工作、代表会议的工作、村的组织与工作、乡与村的委员会、乡苏与群众团体的联系、革命竞赛与突击队、区苏对乡的领导，内容涵盖了乡苏工作的方方面面，且对每一项内容，毛泽东都进行了极为具体、极具实际操作意义的阐述。如要求乡苏主席团五天开一次会，甚至还详尽到"主席团会议最好在吃晚饭后，开会时间不要多过两点钟"。要求代表会议十天开一次，"农忙时候应在晚上开"。会议讨论问题要实际化，比如讨论春耕问题，可以拆分为"发展劳动互助社""发展犁牛合作社"等具体项目来讨论……文中基本全是类似这种具体行动指导，从中可见毛泽东对基层苏维埃政权的具体运作已经相当熟悉，对农民的日常生活、思想动向也有相当的把握，这与他长期重视并亲自进行农村调查工作是分不开的。

毛泽东此时进行的长冈乡调查、才溪乡调查与之前寻乌调查、兴国调查等不一样,他这时候主要考察的并非阶级关系,而是解决苏维埃政权执行层面的问题。这样俯下身来观察、参与最基层的苏维埃政权运作,为毛泽东进一步思索苏维埃政权建设提供了丰富的材料和可贵的经验。他从实践中总结出来的苏维埃政权建设的经验,对苏维埃政权的早期建设起到了积极的促进作用。

四、对苏维埃政权的思索

毛泽东是中国共产党根据中国国情从理论和实践探索建立苏维埃政权的卓越领导人。他从井冈山时期开始领导、践行工农武装割据,指挥军事斗争的同时在农村探索建立苏维埃政权。从1931年11月一苏大当选为中华苏维埃共和国临时中央政府中央执行委员会主席和中央执行委员会人民委员会主席,到1934年二苏大被免去人民委员会主席职务,毛泽东有了一段较长的集中从事政府工作的时间,尤其在1933年被剥夺军权后,他几乎专门从事政府工作,集中很大精力指导苏区政权建设和根据地建设,积累了丰富的经验,也促使他对苏维埃政权建设有了进一步的深入思考。他在政权建设的具体实践和两次全苏大会所作的报告,以及在《今年的选举》《乡苏怎样工作?》《才溪乡调查》《长冈乡调查》等著作中,就国家政权建设提出了一系列重要思想和理论阐述,有力指导了中华苏维埃代表大会制度的初创和运转。这对他后来系统提出新民主主义革命理论有很大的帮助。

一是关于工农兵代表大会制度。在一苏大召开前夕,中国共产党即发表告全国工农劳苦民众书,指出即将成立的中华苏维埃共和国,"将一定成为中国工农民主专政在全国范围内胜利和奠定的先声,创造中国新社会的序幕"。一苏大制定的《中华苏维埃共和国宪法大纲》,明确中华苏维埃共和国的性质"是工人和农民的民主专政的国家"。它的"全部政权是属于工人农民红军士兵及一切劳苦民众的";宪法大纲规定按照民主集中制原则组织人民政权，全国工农兵代表大会是最高权力机关，大会闭会期间，中央执行委员会是最高权力机关。在中央执行委员会下设人民委员会，处理日常政务。

因此，为了保证和巩固政权的工农民主专政性质，选举是极为重要和关键的一环。毛泽东高度重视选举工作。1933年6月8日，中央执行委员会规定在二苏大召开前，"应改选各级地方苏维埃"。7月21日，中央执行委员会又重新划分行政区域，本着"尽量接近群众，为群众谋一切利益"的原则，行政区域"都不应过大"。划分完行政区域后，毛泽东旋即于8月9日签署并发布了中华苏维埃共和国中央执行委员会关于选举运动的训令。训令指出：这次选举是从乡苏、市苏一直到中央执行委员会完全实行改选，这是工农劳苦群众自己参加政权、巩固政权的伟大运动。作为工农民主专政的政府，在选举上，一方面剥夺一切剥削分子的选举权，另一方面吸引尽可能多数的工人农民积极参加选举。要选民尽量发表意见，使革命的民主精神充分表现出来。

为了指导选举的顺利进行，毛泽东于9月6日在瑞金主持召开中央苏区南部十八县选举运动大会，并在大会上作《今年的选举》报告。再次强调工农民主专政的职能时指出：苏区的工农群众已经夺取了政权，我们要时时刻刻保护这个政权，发展这个政权，使之能尽打击内外反革命势力、增进工农福利的重大作用。

从1931年11月到1934年1月，中央革命根据地进行三次民主选举并颁布选举法细则，许多地方参加选举的人占选民总人数的80%以上，一些地方达到了90%。其他根据地也相继召开各级工农兵代表大会，选举产生各级苏维埃政府。毛泽东盛赞："苏维埃政权的民主发展到了这样的程度，实在是历史上任何政治制度所不曾有的。"

在1934年1月下旬召开的第二次全国苏维埃代表大会上，毛泽东肯定上杭才溪乡选民在候选人名字下写上"好""不好""同意""消极"甚至注上"官僚"字样的做法，认为"所有这些，都使民众对于行使管理国家机关的权利的基本步骤——苏维埃的选举，有了完满的办法，保证了苏维埃政权巩固的基础"。他在二苏大上作长篇报告，其中进一步明确阐述工农民主专政的职能：苏维埃政权需要使用强力去对付一切阶级敌人，但对于自己的阶级——工农劳苦群众，则不能使用任何强力，而他表现出来的只是最宽泛的民主主义。为了巩固工农民主专政，苏维埃必须吸引广大民众对于自己工作的监督与批评。这一观点成为毛泽东人民民主专政思想的基本内核。

同时，他也非常注重发挥"集中"的决策效率，在《乡苏怎样工作？》一文中写道：主席自然是主持全乡工作，主席团会议上当主席，出席上级召集的会议，处理日常事务……主席还应与别人分工……副主席常驻的要帮助主席处理日常事务。早在井冈山斗争时期，毛泽东就提出，党的正确领导是红色政权得以存在和发展的"一个要紧的条件"，主张严格划分党与苏维埃政权的职能和工作关系，强调"党要执行领导政府的任务"。在一苏大召开前，毛泽东又强调要严格按照党组织事先讨论通过的方案，确定苏维埃代表大会的内容和议程，坚持在党的领导下开展各项选举活动。漳州战役期间，毛泽东旗帜鲜明地指出，各级党支部要彻底转变工作方式，真正成为党与群众联系的主要渠道，坚决反对党支部不管或忽视人民群众工作，或者将苏区党支部看成简单的教育机关。

二是关于经济建设。中央苏区本来的经济基础是较为薄弱的。王观澜回忆："在苏区，打土豪，分田地，大土豪大地主已经打了，别的生产门路还未搞起来，经济很困难。那时毛泽东同志曾写过一篇文章，题为《必须注意经济工作》。"[①]当时中央苏区时常处在国民党部队的不断"围剿"和严密经济封锁之下，造成苏区盐、布等生活必需品极为紧缺，苏区军民生活十分困难。发展经济，改善群众生活，成为党和苏维埃政府打破敌人"围剿"和解决民生问题的首要任务。

1933年8月，中华苏维埃共和国临时中央政府召开中央革命根据地南

---

① 王观澜：《中央苏区的土地斗争和经济情况》，《回忆中央苏区》，江西人民出版社1986年，第316页。

部十七县经济建设大会,毛泽东在会上作题为《粉碎五次"围剿"与苏维埃经济建设任务》的报告(《毛泽东选集》第1卷中《必须注意经济工作》是这个报告的一部分),他深刻阐述了经济建设在粉碎敌人军事"围剿"和经济封锁、改善民生、支持红军军备、巩固工农民主专政等方面的重要作用。指出当前开展经济建设事业的必要性:其一是"为着革命战争的胜利,首先是粉碎敌人第五次'围剿'的战争的彻底胜利",其二是"为着争取物质上的条件去保障红军的给养和供给",其三是"为着改善人民群众的生活,由此更加激发人民群众参加革命战争的积极性",其四是"为着在经济战线上把广大人民群众组织起来,并且教育他们,使战争得着新的群众力量",其五是"为着从经济建设去巩固工人和农民的联盟,去巩固工农民主专政,去加强无产阶级的领导"。

报告批评了将经济建设和革命战争对立起来的两种错误观点,毛泽东说"以为革命战争的环境不应该进行经济建设的意见,是极端错误的",原因在于,战争条件下,工农群众对生活不满意,必然影响我们扩大红军、动员群众参加革命战争等积极性。毛泽东强调各级苏维埃政府"必须注意经济工作","只有开展经济战线方面的工作,发展红色区域的经济,才能使革命战争得到相当的物质基础,才能顺利地开展我们军事上的进攻,给敌人的'围剿'以有力的打击;才能使我们有力量去扩大红军,把我们的战线开展到几千里路的地方去,使我们的红军毫无顾虑地在将来顺利的条件下去打南昌,打九江,使我们的红军减少自己找给养的这一部分工作,专心一意去打敌人;也才能使我们的广大群众都得到生活上的相当的满足,而更加高兴地去当红军,去做各项革命工作。"

毛泽东强调:那种"认为在革命战争环境中没有进行经济建设的可能,要等战争最后胜利了,有了和平的安静的环境,才能进行经济建设"的观点是不对的;那种"以为经济建设已经是当前一切任务的中心,而忽视革命战争,离开革命战争去进行经济建设,同样是错误的观点"。他认为"只有在国内战争完结之后,才说得上也才应该说以经济建设为一切任务的中心"。而在现在的阶段上,经济建设必须环绕着革命战争这个中心

第六章 孤独的中华苏维埃临时中央政府主席

任务。

从1933年9月下旬开始,蒋介石集中了100万军队、200多架飞机,对中央苏区进行第五次也是规模最大的一次"围剿"。毛泽东切身关心群众的实际困难。他看到苏区广大群众获得土地后,生产积极性高涨,但为了支援前线,苏区百分之八九十的青壮男子都参加了红军,农业生产面临巨大困难。为此,毛泽东提出:"我们在这一方面,应该有进一步的注意和努力。关于农业生产的必要条件方面的困难问题,如劳动力问题,耕牛问题,肥料问题,种子问题,水利问题等,我们必须用力领导农民求得解决。"

翌年1月,毛泽东在第二次全国苏维埃代表大会上代表中华苏维埃共和国中央执行委员会作两年来的工作报告(其中经济政策问题部分,以《我们的经济政策》为题收入《毛泽东选集》第1卷)和结论报告(其中一部分以《关心群众生活,注意工作方法》为题,收入《毛泽东选集》第1卷)。毛泽东在这些报告中,提出根据地经济建设的理论,制定了根据地经济建设的方针和政策。

他规定开展经济建设的根本指导思想是:从根据地农村的实际出发,正确处理革命战争和经济建设的关系。他从根据地经济的特点出发,说明经济建设对于支援革命战争、发展革命根据地的重要意义,指出:"我们的经济政策的原则,是进行一切可能的和必须的经济方面的建设,集中经济力量供给战争,同时极力改良民众的生活,巩固工农在经济方面的联合,保证无产阶级对于农民的领导,争取国营经济对私人经济的领导,造成将来发展到社会主义的前提。"毛泽东针对根据地经济以农业经济为主这一基本情况,强调要把发展农业生产放在第一位,认为这是根据地经济建设的重要前提。他指出,红色区域经济政策的基本原则是,发展国营经济和合作社经济,与保护私人经济同时并进。

毛泽东阐明了关心群众生活,注意工作方法,是顺利开展经济建设的重要问题。他说:"我们是革命战争的领导者、组织者,我们又是群众生活的领导者、组织者。组织革命战争,改良群众生活,这是我们的两大任务。"他教导政府和红军中的干部,要坚持把人民群众的困难和问题作为自己的头等大事,作为自己工作的出发点和落脚点。"我们要胜利,一定还要做很多的工作。领导农民的土地斗争,分土地给农民;提高农民的劳动热情,增加农业生产;保障工人的利益;建立合作社;发展对外贸易;解决群众的穿衣问题,吃饭问题,住房问题,柴米油盐问题,疾病卫生问题,婚姻问题。总之,一切群众的实际生活问题,都是我们应当注意的问题。假如我们对这些问题注意了,解决了,满足了群众的需要,我们就真正成了群众生活的组织者,群众就会真正围绕在我们的周围,热烈地拥护我们。"

同时,他还告诫干部要注意工作方法,克服官僚主义。"如果仅仅提出任务而不注意实行时候的工作方法,不反对官僚主义的工作方法而采取实际的具体的工作方法,不抛弃命令主义的工作方法而采取耐心说服的工作方法,那末,什么任务也是不能实现的。"

在毛泽东关于根据地经济建设的理论和政策指导下,中央革命根据地的经济建设在艰难困苦的战争环境下得到很大的发展,有力地支援了革命战争,改善了群众生活,巩固了红色政权。

三是关于廉政司法建设和文化教育事业。苏维埃政府重视廉政建设和司法建设。1933年12月,中央执行委员会发布惩治贪污浪费行为的训令,严肃查处腐败案件;1934年,建立审计监督制度,在规范财政财务收支、查处贪污浪费、促进廉政建设方面发挥了重要作用。苏维埃政府严厉惩治贪腐行为,特别是依法判处胜利县苏维埃政府主席钟铁青、于都县苏维埃政府军事部部长刘仕祥等腐败分子死刑,有力遏制了腐化风气,极大推动了苏区干部作风建设和苏区反腐败斗争的开展。

毛泽东深入实际进行调查研究,总结群众创造的经验,亲自起草和领导制定了一系列苏维埃法律政策,要求所有苏维埃工作人员都必须依法开展工作。临时中央政府颁布120多部法律、法令,初步建立起具有鲜明阶级性和时代特征的法律体系。

毛泽东高度重视文教工作,他认为:"用文化教育工作提高群众的政治和文化的水平,这对于发展国民经济同样有极大的重要性。"[①]苏维埃政府在条件极为艰苦的情况下,还努力发展文化、教育事业,根据地普遍建立各种学校,着力培养各方面的干部和专门人才。

四是关于党的自身建设。在领导根据地建设的过程中,毛泽东也日益注意到党的自身建设问题,对党员干部的工作方式、工作作风提出了要求。

毛泽东认为:"我们不但要提出任务,而且要解决完成任务的方法问题。""不解决方法问题,任务也只是瞎说一顿。"要采取"每一个工人、农民所喜欢接受的方式",反对官僚主义的领导方式。"官僚主义的领导方式,是任何革命工作所不应有的","要把官僚主义方式这个极坏的家伙抛到粪缸里去"。"一切工作,如果仅仅提出任务而不注意实行时候的工作方法,不反对官僚主义的工作方法而采取实际的具体的工作方法,不抛弃命令主义的工作方法而采取耐心说服的工作方法,那么,什么任务也是不能实现的。"

中央苏区时期,兴国县苏维埃政府干部创造了第一等的工作,各方面工作都走在全苏区前列,多次受到苏维埃临时中央政府、江西省委、省苏维埃政府的表扬和毛泽东的称赞,成为苏区学习的模范。在第二次全国工农兵代表大会期间,毛泽东亲笔为兴国县苏维埃政府题写了"模范兴国"四个字,予以褒奖,并号召苏区干部要向兴国县学习,要造成"几十个兴国县",作为我们"巩固的阵地"。毛泽东分析"模范兴国"等苏区典型形成的缘由,认为在于这些地方的苏区干部是"值得我们称赞他们为模范工作者",他们注意工作方法,处处起模范带头作用,"他们把群众生活和革命战争联系起来了,他们把革命的工作方法问题和革命的工作任务问题同时解决了。他们是认真地在那里进行工作,他们是仔细地在那里解决问题,他们在革命面前是真正负起了责任,他们是革命战争的良好的组织

[①]《必须注意经济工作》(1933年8月12日),《毛泽东选集》第1卷,人民出版社1991年版,第125—126页。

者和领导者,他们又是群众生活的良好的组织者和领导者"。

在毛泽东的领导下,党的自身建设也得到加强,党员队伍不断扩大,各级党组织得到健全,培育了艰苦奋斗、廉洁自律、密切联系群众的优良作风,铸就了以坚定信念、求真务实、一心为民、清正廉洁、艰苦奋斗、争创一流、无私奉献等为主要内涵的苏区精神。"苏区干部好作风,自带干粮去办公。日穿草鞋干革命,夜走山路访贫农。"这首民歌在苏区广为传唱,流传至今,正是苏区精神的真实写照。

毛泽东曾说:"党开辟了人民政权的道路,因此也就学会了治国安民的艺术。党创造了坚强的武装部队,因此也就学会了战争的艺术。所有这些,都是党的重大进步和重大成功。"中华苏维埃共和国是中国历史上第一个全国性的工农民主政权,是中国共产党在局部地区执政的重要尝试。它在一定程度上加强了对处于被分割状态的各根据地的中枢指挥作用,扩大了党和红色政权的影响,开创了土地革命战争新局面,也为我们党在抗日战争和解放战争时期的根据地建设以及新中国的政权建设,提供了宝贵的历史经验,培养了一大批领导骨干和组织、管理人才。美国记者斯诺谈到瑞金建政时感慨:"在没有港口,没有码头,没有铁路的山林里建立起一个共和国,这是建国中的奇迹!"

历史雄辩地证明,以毛泽东同志为主要代表的中国共产党人,没有简单机械地模仿苏联的苏维埃模式,而是把马克思主义基本原理同中国革命具体实际相结合,探索了一条把苏维埃制度中国化的具体实践之路,在此期间形成的关于中国苏维埃政权建设的一整套政策主张、理论成果和思想体系,闪耀着马克思主义中国化的思想光芒。

第七章　漫漫长征路

一、从赣粤边到贵州遵义

　　1933年下半年，蒋介石先后调集100万军队、200多架飞机，向各革命根据地发起最大规模的第五次"围剿"。"围剿"的重点是中央革命根据地。此时，毛泽东已被迫离开红军指挥岗位，仍在红军指挥岗位的周恩来、朱德在决策上也没有多少发言权，中央苏区的军事行动方针完全由临时中央政治局决定。临时中央政治局的负责人博古年仅20多岁，不懂军事的他把红军指挥大权完全交给了共产国际派来的军事顾问——奥托·布劳恩，中文名李德。博古和李德放弃过去反"围剿"行之有效的积极防御方针，反对"诱敌深入"，而是主张"御敌于国门之外"，命令红军全线出击，"两个拳头作战"。进攻受挫后又采取消极防御的战略方针和"短促突击"的战术，同装备优良的敌人打阵地战、堡垒战，同敌人拼消耗，战局的发展对红军日渐不利。1934年9月上旬，国民党军队加紧对中央革命根据地腹地发动进攻，红军已无在原地扭转战局的可能。10月，中共中央、中革军委率中央红军主力等8.6万多人，踏上战略转移的漫漫征程，开始了世界历史上前所未有的壮举。

　　长征开始时，中共中央政治局常委会由王明、博古、张闻天、周恩来、张国焘、陈云、项英组成，博古负总责；长征前夕，军事指挥权由新设立的"三人团"博古、李德、周恩来全权负责。毛泽东虽然是中央政治局委员和中华苏维埃共和国临时中央政府主席，但实际被隔离在军机大事的决策圈之外，连他在政府工作方面的权力也被大大地削弱，甚至差一点连参加长征的资格也被博古等人剥夺。

长征开始后,毛泽东随由中革军委系统改编成的军委纵队(代号"红星纵队")一起行动。当时,他正患重病,身体十分虚弱,每天都躺在担架上行军。但他的大脑却在不停地思考着和判断着。他看到,长征开始以后,"左"倾领导者一改第五次反"围剿"中所奉行的进攻中的冒险主义,转而实行防御中的保守主义和退却中的避战主义。本来,中央红军从内线作战转到外线作战,可以抓住这个有利时机,出敌不意,集中优势兵力,打几个歼灭战,以便扭转被动挨打的局面。然而,由于李德、博古等人僵化而错误地认为:红军一定要到达指定地区(湘西),放下行李后,再开始反攻来消灭敌人。因而,他们只是一味地行军、突围,只求到湘西与红二、六军团会师,而不顾一切。在军事部署上,将三军团放在右翼,其后为八军团;一军团任左翼,其后为九军团;五军团殿后,护卫着中央纵队和军委纵队以及负担着大量辎重物资的后勤机关。

1934年10月21日夜,突围战役开始。在江西的信丰、安西和安远三点一线的封锁线上,担任防守的粤军余汉谋纵队在得到陈济棠的示意后,只是稍事抵抗。这场突围战实际上是假打,为瞒蒋介石耳目,双方都做出攻防之势,枪弹却是朝天放的。23日,红军大部越过赣州、南雄间的公路,进入粤北,突破了蒋介石吹嘘的第一道"钢铁封锁线"。突破这道封锁线没有经过大的战斗,使红军保存了实力,争取了时间。红军在通过了第一道封锁线之后,即向湖南、广东边境前进。敌军又沿着湖南汝城、广东城口一线部署了第二道封锁线。不过,由于陈济棠执行秘密协议,没有派重兵阻截红军,只图自保;蒋介石的嫡系远在湘赣边,鞭长莫及;湖南军阀何键率领的湘军不敌红军。这样,没有经过严重的战斗,敌人的第二道封锁线又被红军突破了。蒋介石连忙以重兵在粤汉铁路湘粤边界湖南境内的良田到宜章之间,设立了第三道封锁线。除湘军刘建绪、李觉、王东原、陶广等部外,蒋介石的嫡系部队薛岳、周浑元部也从江西赶到了。鉴于当时敌我双方的实际状况,毛泽东于11月6日在广东仁化的城口提出建议:红军不要向文明司前进,不要在坪石过粤汉铁路,不要取宜章、临武,而应该向北越诸广山,沿耒水北上,在水口山一带休整,仍到永丰、蓝田、宝庆等地摆开战场,消灭"围剿"之敌。毛泽东的这一建议,对于彻底打破敌人的"围剿",从根本上摆脱被动挨打的境地,十分有意义,但"左"倾领导者还是拒绝了。这样,为突破第三道封锁线,红军被迫同敌军展开激战。在付出较大的伤亡代价后,终于突破敌人的第三道封锁线。蒋介石又迅速调集40万大军依据湘江天险,部署了第四道封锁线。中央红军处于前有湘江阻拦,后面和左右两侧有数十万敌军围追堵截的危险处境。

面对当时险恶的形势,毛泽东在反复研究敌情之后,提出改变进军方向的建议:主张红军主力不要过潇水,不要攻道县和江华,应沿潇水东岸经保和圩、雷家坪等地,攻占零陵的栗山铺,再向东北攻祁阳,过湘江,在两市镇或宝庆一带与敌决战,然后再返回中央革命根据地去。但这一具有战略眼光的建议,又一次被"左"倾教条主义领导者拒绝了。尽管自己的多次建议未被理睬,但毛泽东始终以革命利益为重,抛开个人所蒙受的委屈和压抑,密切关注着党和红军的命运与前途。

突破敌人的第四道封锁线,是长征以来最紧张激烈的一次战斗,激战达一个星期之久。由于"左"倾领导者的错误指挥,湘江之战使中央红军付出极其惨痛的代价。在此次战役中发挥"铁拳"作用的红一军团减员不少;红三军团一个团被敌人切断,未能过江;红五军团第三十四师负责湘江之战总掩护任务,正要过江时,被数十倍敌人包围,最后全师覆没;红八军团,这支诞生于长征前夕的部队,在渡江之后仅剩1000余人。经过连续突破前三道封锁线的行军与作战,湘江之战后,中央红军由长征出发时的8.6万余人,只剩下3万多人。湘江之战的惨痛牺牲,使把持红军指挥权的李德、博古等也遭受了严重的信任危机。正如刘伯承在《回顾长征》中所指出:"广大干部眼看反五次'围剿'以来,迭次失利,现在又几乎濒于绝境,与反四次'围剿'以前的情况对比之下,逐渐觉悟到这是排斥了以毛泽东同志为代表的正确路线,贯彻执行了错误的路线所致,部队中明显地滋长了怀疑不满和积极要求改变领导的情绪,这种情绪,随着我军的失利，日益显著，湘江战役，达到了顶点。"惨痛的现实教育了全党和全军，毛泽东成为他们心目中替代已经走投无路的"左"倾教条主义者、指挥红军重新走向胜利的唯一恰当人选。正如萧华后来在《长征组歌》所唱吟的那样："全军想念毛主席，迷雾之中盼太阳。"这反映了红军将士共同的心声。

踏上长征路的毛泽东，一直在思索第五次反"围剿"失败的原因和红军的出路何在。他和一同行军宿营的张闻天、王稼祥等倾心交谈，向他们分析红军军事失利的原因和李德、博古等的指挥错误，并提出要讨论军事上的得失问题。毛泽东的意见首先得到张闻天、王稼祥的赞同和支持，进而又得到朱德、周恩来，以及聂荣臻等红军将领的支持。在经历湘江之战的惨痛损失之后，毛泽东的主张得到党内高层和众多红军将领的普遍共鸣。从翻越老山界起，毛泽东和张闻天、王稼祥就开始批评中央的军事路线，指出第五次反"围剿"以来的失败主要是军事路线的错误所致。这引发了中央领导层的激烈争论。

中央红军突破敌人第四道封锁线，渡过湘江之后，继续向西转移。而蒋介石看到他精心部署的第四道封锁线被突破，把红军消灭于湘江以东地区的计划宣告破产之后，立即重新调兵遣将，部署新的追堵计划，蒋介石最怕中央红军北上与红二、六军团会合，因此他把"追剿"的兵力重点摆在湘西地区。当中央红军跨过老山界，离开广西地界，进入湖南境内时，敌人便把防堵中央红军北上与红二、六军团会合作为兵力布置的重点，并在这个方向上，摆放了五六倍于红军的兵力，布置好口袋，等着红军去钻。特别是鉴于中革军委二局破译国民党军之间的电报，得知：国民党军已确悉红军将"循萧匪故道，向西急窜"，并紧急在湘西构筑了四道碉堡封锁线，张网以待，企图围歼中央红军。[1]面对这种危难形势，毛泽东等人积极主张中央红军绝不能被敌人牵着鼻子走，绝不能往敌人的口袋里钻，绝不能自动"入瓮"，自取灭亡。但"左"倾领导者不顾敌人的重兵

---

[1] 参见曹冶、伍星：《红军破译科长曹祥仁》，时代文献出版社2014年版，第80页。

堵截，仍坚持到湘西与红二、六军团会合的方针。毛泽东的建议虽然没有被采纳，但还是引起中革军委主席兼红军总司令朱德的重视，他在进入通道的当天（1934年12月11日）下午6时就致电红一军团的林彪、聂荣臻，要他们派出侦察部队带电台去"侦察入黔的道路"①。正是在毛泽东的力主下中央的主要负责同志在通道召开紧急会议。为了解决战略方向问题，当红一军团第二师第五团打下了湖南的通道县城后，12月12日，有关的中央领导在通道召开一次重要会议。会议主要讨论战略方向问题，争论异常激烈。李德、博古仍坚持同红二、六军团会合的方针，李德还提出"是否可以让那些在平行路线上追击我们的或向西面战略要地急赶的周部和其它敌军超过我们，我们自己在他们背后转向北方，与二军团建立联系。我们依靠二军团的根据地，再加上贺龙和萧克的部队，就可以在广阔的区域向敌人进攻，并在湘黔川三省交界的三角地带创建一大片苏区"②。这是一个关系红军生死存亡的紧急关头。毛泽东挺身而出，极力说服博古等主要领导人，放弃同红二、六军团会合的计划，以免投入敌人已布置好的罗网。他主张改向敌人力量薄弱的贵州前进，这一正确主张得到大多数人的赞同，会议最后决定西进贵州。这是自第五次反"围剿"开始以来，毛泽东的意见第一次得到中央多数同志的尊重，第一次对中央的战略决策发生重大的影响。毛泽东西进贵州的主张得到通过，不仅挽救了处于危难之中的党和红军的命运，也表明人们越来越认清毛泽东的正确主张。这也是红军自长征开始以来战略转变的一个开端。

根据通道会议的决定，中央红军开始西进贵州。1934年12月15日，中央红军占领黎平城。红军这一举动，一下子把敌人摆在湘西的重兵置于无用之地，而敌人要调整部署又需时间，中央红军自10月份开始长征以来，第一次获得休整的可能。12月18日，中共中央政治局在黎平城内召开会议，讨论战略方针问题。可以说，黎平会议是一次十分重要的会议，是从

---

① 中国人民解放军历史资料丛书编审委员会：《红军长征·文献》，解放军出版社1995年版，第170页。

② ［德］奥托·布劳恩：《中国纪事》，李逵六等译，东方出版社2004年版，第124页。

湘南就开始的红军战略方向问题争论的继续，是通道会议进行的两种战略方针问题争论的继续。会上，博古和李德坚持从黎平北上去湘西与红二、六军团会合，创建新根据地的方针。他们不顾敌人的重兵仍在湘西的实际情况，不愿按照已经变化了的情况来改变自己的行动方针。毛泽东则主张继续向贵州西北部进军，在川黔边建立新根据地。经过毛泽东摆事实、讲道理、深明大义的努力说服，与会不少人改变了自己原来的观点，绝大多数人同意毛泽东放弃北上方针的正确意见。更为重要的是，黎平会议作出并通过《中共中央政治局关于战略方针之决定》（即黎平会议决议）。决议明确指出："鉴于目前所形成之情况，政治局认为过去在湘西创立新的苏维埃根据地的决定在目前已经是不可能的，并且是不适宜的。"为使中央红军在今后能与红四方面军和红二、六军团更密切地协同动作，为求得在政治、经济及群众等方面更有利于彻底粉碎第五次"围剿"的条件，利于今后苏维埃运动及红军的发展，"政治局认为新的根据地应该是川黔边地区，在最初应以遵义为中心之地区，在不利条件下应该转移至遵义西北地区"。这个决议不仅用中央政治局正式决定的形式否定了博古、李德等坚持北上湘西与红二、六军团会合的错误主张，肯定了毛泽东关于改变进军方向的正确主张，也是红军长征以来的重大战略转折。同时也表明，最高"三人团"的最高决策权正在减弱，博古、李德的最高军事指挥权正在消失。此外，黎平会议还作出了一个重大决定，即在适当时机召开中共中央政治局扩大会议，以解决从湘西及通道开始的党内关于战略方针的各种争论。

二、遵义会议与毛泽东领导地位的确立

黎平会议后，中央红军即按照中央军委的部署，兵分两路，向遵义方向前进。到1935年元旦前夕，中央红军各路大军已云集在乌江南岸，正在紧张而有秩序地进行强渡乌江的各项准备工作。1934年12月31日，军委纵队到达瓮安县的猴场。鉴于中央红军即将渡过乌江，进入黔北，也由

于"左"倾领导者对于黎平会议决议尚有争论，对于下一步的行动方针还有不同意见，1935年1月1日中央政治局在猴场召开一次会议。在会上，"左"倾领导者主张中央红军不过乌江，回头东进，与红二、六军团会合，仍坚持过去错误方针。毛泽东则再次重申在黎平会议上所阐明的正确主张，与会的绝大多数人都赞同毛泽东的建议，再次否定"左"倾领导者的错误主张。会议还做出《关于渡江后新的行动方针的决定》（亦称猴场会议决议）。在这个决议中，明确指出要"建立川黔边新苏区根据地。首先向以遵义为中心的黔北地区，然后向川南发展，是目前最中心的任务"。在这次会议上，为了能够把握住取得胜利的有利时机，使红军不失时机地在运动中各个击破敌人，中央政治局还决定："关于作战方针，以及作战时间与地点的选择，军委必须在政治局会议上做报告。"这一决定实质上就是在组织上对第五次反"围剿"以来李德、博古等把持的军事指挥权作出的剥夺。

在黎平会议和猴场会议上，中央政治局提出夺取遵义，进军黔北，开创以遵义为中心的川黔边革命根据地的方针，并准备反攻，以彻底粉碎敌人的第五次"围剿"。特别是猴场会议提出的"打到遵义去，创造新苏区"的口号，使广大红军指战员人心振奋，斗志倍增。在强渡形势险要的乌江天险之后，1935年1月7日中央红军第一军团第二师智取遵义。军委纵队于1月9日进驻遵义。

在中央红军占领遵义期间，中共中央政治局于1935年1月15日至17日在遵义召开了具有伟大历史意义的扩大会议。这次会议的召开，其本身就是毛泽东正确主张的胜利。

1935年1月15至17日，中共中央政治局扩大会议在遵义召开。参加会议的人员有：

政治局委员：毛泽东、周恩来、朱德、陈云、张闻天、博古。

政治局候补委员：王稼祥、邓发、刘少奇、何克全（凯丰）。

中央秘书长：邓小平。

红军总部和各军团负责人：刘伯承、彭德怀、杨尚昆、聂荣臻、林彪、李富春、李卓然。

军事顾问：李德。

翻译：伍修权。

会议在贵州军阀柏辉章的公馆、一座二层楼建筑的楼上举行。因为中央政治局和军委白天要处理战事和日常事务，所以会议一般都是晚饭后开始开，一直开到深夜。会议的主要目的是要集中全力解决当时具有决定意义的军事问题和组织问题。具体地说，即：（1）决定和审查黎平会议所决定的暂时以黔北为中心，建立苏区根据地的问题；（2）检查在五次反"围剿"中与西征中军事指挥上的经验与教训。

会议开始，是由博古主持。首先，博古作总结第五次反"围剿"的主报告。在报告中，他虽然对军事指挥上的错误作了一定的检讨，但是，由于他对所推行的王明"左"倾教条主义路线的错误及严重危害缺乏认识，对长征以来军事指挥上的严重错误缺乏认识，所以，他强调许多客观原因，为临时中央和自己的错误作辩护和解释。接着，周恩来作关于第五次反"围剿"军事问题的副报告。周恩来在报告中详细分析了第五次反"围剿"失败、离开中央革命根据地的原因，重点指出主观因素上的错误，对李德、博古进行不点名的批评。他在报告中还以坦荡的胸怀，对军事指挥上的错误进行了诚恳的自我批评，主动承担责任。张闻天根据毛泽东、王稼祥和他商定的意见，作"反报告"。

随后，毛泽东作重要发言，讲了一个小时左右。他在发言中指出，当前首先要解决军事问题。他系统地批判了"左"倾错误军事路线及其表现，如防御时的保守主义，进攻时的冒险主义和转移时的逃跑主义。他还尖锐地批评李德的错误指挥，只知道纸上谈兵，不考虑战士要走路，也要吃饭，也要睡觉；也不问走的是山地、平原还是河道，只知道在地图上一划，限定时间打，当然打不好。毛泽东还用一、二、三、四次反"围剿"胜利的事实，批驳了用敌强我弱的客观原因为第五次反"围剿"失败作辩护的观点。毛泽东还指出，正是在军事上执行"左"倾冒险主义的错误主张，才导致第五次反"围剿"的失败，造成红军在长征中的重大牺牲。毛泽东特别分析了"左"倾教条主义战略战术上的错误,他指出:"左"倾教条主义战略战术上的第一个错误是堡垒对堡垒,使敌人的堡垒主义持久战的战略战术达到目的。在战争指挥上,不依靠正确的战略指导战役,并正确运用战术,而是靠战术制胜。这是军事领导、军事理论上的绝大错误。第二个错误是分散兵力。对"左"倾领导者在战略转移和突围行动方面的错误,毛泽东也作了批评:正因为惊慌失措,战略大转移这么重大的行动既未在政治局讨论,又未做充分政治动员,也未能在转移前给红军以必要的休整而仓促行动。针对李德"包办了军事委员会的一切工作","把军委的集体领导完全取消",在军事问题上对不同意见"不但完全忽视,而且采取各种压制的方法","下层指挥员的机断专行与创造性被抹杀了",军委内部及各军团首长"不止一次提出了正确的意见,而且曾经发生过许多剧烈的争论",但这对于博古、李德却是"徒然的"。毛泽东的发言,反映了大多数与会同志的共同想法和正确意见,获得多数人的热烈拥护。

继毛泽东发言以后,第一个发言支持毛泽东正确意见的是王稼祥。他旗帜鲜明拥护由毛泽东出来领导和指挥红军,严厉地批判李德和博古等在军事指挥和军事理论上的错误。由于王稼祥是从教条宗派集团转变到正确路线方面来的第一人,是提议召开遵义会议的第一人,是在遵义会议上继毛泽东之后紧接着发言支持毛泽东正确主张的第一人,作用很大,所以,后来毛泽东多次赞扬王稼祥这一功绩,说王稼祥在遵义会议上投了"关键的一票"。

王稼祥发言后,张闻天也明确地表示支持毛泽东的意见,对博古和李德等在军事上的错误作了深刻的批判,并在发言中说,现在必须由毛泽东同志出来领导。由于张闻天当时是中央政治局委员、常委、书记处书记,所以他的态度对遵义会议的胜利产生重大影响。

正因为如此,毛泽东后来曾说过:"遵义会议是一个关键,对中国革命的影响非常之大。但是,大家要知道,如果没有洛甫、王稼祥两个同志从第三次'左'倾路线分化出来,就不可能开好遵义会议。同志们把好的账放在我的名下,但绝不能忘记他们两个人。当然,遵义会议参加者还有别的好多同志,酝酿也很久,没有那些同志参加赞成,光他们两个人也不行;但是,他们两个人是从第三次'左'倾路线分化出来的,作用很大。"

此外,担任政治局常委、军委副主席、红军总政委、"三人团"成员之一的周恩来,在会上也坚定地站在毛泽东一边。正是周恩来的鲜明态度,极大地促进了会议的最后成功。

李德、博古等人对人们的批评坚持己见,也不同意毛泽东出来领导,他们的追随者凯丰甚至在会上对毛泽东嚷道:"你懂得什么是马列主义?你顶多是看了些《孙子兵法》!"毛泽东反问他:"你读过《孙子兵法》没有?你知道《孙子兵法》一共有几章?"问得凯丰无言以对。

遵义会议正式开会的会期只有三天,主题是总结第五次反"围剿"的经验教训和确定红军今后的行动方针。其主要成就有三:

其一,会议全面总结了第五次反"围剿"以来军事指挥的得失,集中批判了"左"倾教条主义的错误军事路线,重新肯定了毛泽东所代表的正确军事路线及其战略战术,并将其确定为红军今后的作战方针。这在张闻天会上的"反报告"和毛泽东以及绝大多数与会者的发言中,得到充分的体现。

其二,会议剥夺了"左"倾教条主义者的军事指挥权,取消了"三人团"的军事指挥体制,决定仍由红军总司令朱德和总政委周恩来为军事指挥者,而周恩来是党内委托的对指挥军事上下最后决心的负责者;"扩大会完毕后中央常委即分工,以泽东同志为恩来同志的军事指挥上的帮助者"。这标志着军事指挥体制的转变和毛泽东重新回到军事指挥的最高决策圈。

其三,会议增选毛泽东为中央政治局常委。这是党的六届五中全会召开整整一年后,党中央领导核心的又一次重要变动。一年前召开的党的六届五中全会决定设立中央书记处(又称中央政治局常委会),由博古、张闻天、周恩来、项英、陈云等为书记处书记。遵义会议上作为正式的组织决定，增选毛泽东为中央政治局常委，标志着他进入中央领导核心。不仅如此，在遵义会议进行中，毛泽东的长篇发言，得到绝大多数与会者的赞同和支持，周恩来发言时就全力推举毛泽东来领导红军的今后行动。他的倡议得到多数人的拥护。杨尚昆也回忆："会上，许多同志要求毛主席代替博古领导全党工作，这是众望所归。但毛主席不愿意，说他身体不好，有病。"因此，遵义会议决定俟后"常委中再进行适当的分工"。在随后酝酿更换党的"总负责人"时，据周恩来回忆：中央红军一渡赤水向云南扎西行军途中，洛甫首先提出中央要变换领导，他说"博古不行"。毛泽东找周恩来商量，把洛甫要求变换中央领导的意见告诉了他。周恩来毫不犹豫地说："当然是毛主席，听毛主席的话。"毛泽东说："不对，应该让洛甫做一个时期。"可见，毛泽东当时就是党的最高领导职位的主要人选，只不过是因为他个人坚决不同意而作罢。

1935年2月3日至5日，在四川叙永召开的石厢子会议（即"鸡鸣三省会议"）上，在毛泽东的提议和积极说服下，根据遵义会议精神，中央政治局常委进行分工，由张闻天代替博古负总责。同年3月12日在贵州苟坝成立了由毛泽东、周恩来、王稼祥组成的三人军事小组，全权指挥军事。在当时险恶的战争条件下，在漫长艰辛的长征途中，军事问题是决定党的生死存亡的重要问题，因此三人军事小组是党中央最重要的领导机构。毛泽东参加三人军事小组，表明毛泽东在全党全军的领导地位得到进一步的确认。

有的论者以毛泽东并未在遵义会议上担任党和军队的最高职务而质疑他在遵义会议上成为党中央和军队领袖的传统观点。我们认为，不能简单地因为毛泽东没有担任党中央和军队的最高领导职务，而否定遵义会议已经确立了他在党中央和红军的领导地位。反过来问，遵义会议并没有立即改变博古在党内负总责的地位，那么，他在遵义会议后还没有移交职务给张闻天以前的那段时间里所发挥的作用，能够和毛泽东相比吗？我们分析，毛泽东在遵义会议上及其以后一段时间里之所以谢绝担任最高领导职务，说自己身体有病，应该是推托之辞。究其原因：一是因为自党的二大确立了与共产国际的组织隶属关系后,我们党主要领导人的更迭和重大的决策都要听取,甚至是完全秉承共产国际的意见。虽然在长征出发前夕,党中央和红军总部与共产国际的电讯联络意外中断,客观上使得遵义会议能够由我们党自主召开并决定各项事宜,但是,能否立即全面更换原来经共产国际批准的党中央和军队最高领导人选,是毛泽东和中央其他领导人不能不顾虑的问题。二是因为遵义会议是在党和红军生死攸关的危急时刻召开的,当时最紧迫的是军事问题。为集中解决军事路线问题,同时也是为避免更多的争论和分歧,毛泽东等在遵义会议上依然肯定"党中央的政治路线无疑义的是正确的";会议虽然对博古等人进行了严厉的批评,但是并没有撤销他们的职务;会议采用恢复红军总司令和总政委领导体制的办法,替代"三人团"的指挥机制,显得更顺理成章,便于人们接受。三是从操作层面看,毛泽东不担任党中央和红军的最高领导职务,能更好地发挥民主集中制的作用,使领导决策更科学,更易于贯彻实施。上述做法,避免或减轻了因人事变动造成的震动和影响,从而极大地维护了全党与全军的紧密团结和高度统一。在后来反对张国焘分裂主义的斗争中,博古、凯丰等一些在遵义会议上受到批评并仍然坚持自己错误观点的同志,包括被剥夺军事指挥权的李德,全部都坚定站在党中央一边,同张国焘的分裂主义行径进行斗争。这充分体现了毛泽东等中央领导同志在遵义会议上所展示的高超的斗争艺术和政治智慧。

遵义会议确立了毛泽东在全党和全军的领导地位,是这段历史所有亲历者的共识。陈云,中央政治局常委之一,他非常清楚地知道遵义会议并没有推举毛泽东担任党和红军的最高领导职务,但是,他第一时间(几乎是在中央红军长征抵达陕北的同时),在向共产国际执行委员会书记处报告遵义会议情况时就表明:"我们撤换了'靠铅笔指挥的战略家',推选毛泽东同志担任领导。"张闻天,遵义会议后接替博古"在党内负总责",他在遵义会议召开8年后的1943年12月,也就是毛泽东终于正式担任中央政治局和中央书记处主席之后,也明确指出:"遵义会议改变了领导,实际开始了以毛泽东同志为领导中心的中央的建立。"邓小平,在遵义会议前夕刚刚任中央秘书长,他在40多年后审阅《关于建国以来党的若干历史问题的决议》草稿时,明确要求删掉原稿中"遵义会议实际上确立了毛泽东同志在红军和党中央领导地位"一语中的"实际上"三个字。他说他当时是党的秘书长,是遵义会议的与会者。会后的行军中,他和毛泽东、周恩来、张闻天等是在一起的,每天住下来,要等各个部队的电报,一直等到深夜,再根据这些电报确定红军的行动。在重要问题上,大都是毛泽东同志出主意,其他同志同意的。尽管名义上他没有当什么总书记或军委主席,他实际上对军队的指挥以及重大问题上的决策,都为别的领导人所肯定。遵义会议确立了毛泽东的领导地位的这一事实,也被载入中国共产党的历史。1945年4月20日,党中央通过的《关于若干历史问题的决议》这样评价遵义会议:"这次会议开始了以毛泽东同志为首的中央的新的领导,是中国党内最有历史意义的转变。"1981年6月27日中共十一届六中全会通过的《关于建国以来党的若干历史问题的决议》认为遵义会议,"确立了毛泽东同志在红军和党中央的领导地位,使红军和党中央得以在极其危急的情况下保存下来,并且在这以后能够战胜张国焘的分裂主义,胜利地完成长征,打开中国革命的新局面。这在党的历史上是一个生死攸关的转折点"。2021年11月11日,党的十九届六中全会通过《中共中央关于党的百年奋斗重大成就和历史经验的决议》,指出:遵义会议"事实上确立了毛泽东同志在党中央和红军的领导地位,开始确立以毛泽东同志为主要代表的马克思主义正确路线在党中央的领导地位,开始形成以毛泽东同志为核心的党的第一代中央领导集体,开启了党独立自主解决中国革命实际问题新阶段,在最危急关头挽救了党、挽救了红军、挽救了中国革命,并且在这以后使党能够战胜张国焘的分裂主义,胜利完成长征,打开中国革命新局面。这在党的历史上是一个生死攸关的转折点"。

  伟大的遵义会议,是中国共产党独立自主地运用马克思主义基本原理解决中国革命问题的开始。中共成立初期,即成为共产国际的一个支部,党的纲领、路线、方针和政策,在很大程度上依靠共产国际的指导,"先生讲,学生听,由先生抓着手学写字",纲领和中央全会的决议都依赖共产国际起草，这是党处在幼年时期的特征。而遵义会议，则是在失掉和共产国际无线电联系的情况下，我们党运用马列主义普遍原理，从中国革命战争的实际出发，独立自主地解决自己的问题。共产国际派来的军事顾问李德，虽然参加了遵义会议，但他在会议上处于被批判的地位，再也不能对中国共产党发号施令了。中国共产党把马列主义与中国革命实际相结合，独立自主地决定自己的问题，这是中国共产党从幼年走向成熟的标志。而毛泽东则是最早实践这个结合的伟大旗手。毛泽东说："我们得到一条经验，任何一个党的纲领或文件，只能由本国党来决定，不能由外国党决定。"又说："中国人不懂中国情况，这怎么行！真正懂得独立自主是从遵义会议开始的。这次会议批判了教条主义。"

遵义会议，胜利地结束了统治中国共产党达4年之久的王明"左"倾教条主义路线，开始了以毛泽东为代表的新的中央的领导，在最危急的关头，挽救了党和红军，挽救了中国革命。遵义会议是中国共产党从幼年走向成熟的标志，实现了中共和红军乃至中国革命的伟大转折。

长征最直接的战略目标是重建新的革命根据地。第五次反"围剿"的失败，是以中央苏区的丧失为标志的；长征要达到最后的胜利也必须是以找到新的立脚点为终结。这一点在遵义会议后愈加明确。1935年3月8日中共中央发布的《为粉碎敌人新的围攻赤化全贵州告全党同志书》即指出："用一切努力来粉碎敌人新的围攻，来建立苏区根据地，是目前每个共产党员最中心最神圣的任务。"和"左"倾教条主义者的指挥根本相反，毛泽东不同意要先到达新根据地放下包袱再回过头来粉碎敌人"围剿"的观点，而是以运动战调动敌人，在粉碎敌人围追堵截的过程中寻求和创造新的根据地。

遵义会议后，党内的正确路线开始确立，但是中央红军所面临的敌情依然十分严峻。蒋介石为了阻止中央红军北进与红四方面军会合，或东出湘西与红二、六军团会合，实现围歼红军于黔北川南地区的战略目的，调兵遣将，在中央红军周围组织了一个大包围圈。四渡赤水战役正是在这一背景下发生的。为了摆脱十余倍于己的敌人，彻底冲破敌人的围追堵截，

第七章 漫漫长征路

改变红军被动挨打的局面，毛泽东指挥和领导红军神出鬼没，巧妙周旋，避敌之长，击敌之短，穿插迂回，相机歼敌，在蒋介石调兵遣将之际，敌人合围形成之前，胜利转移。

1935年1月20日，中革军委在发布的《关于渡江的作战计划》中提出："我野战军目前基本方针，由黔北地域经过川南渡江后转入新的地域，协同四方面军，由四川西北方面实行总的反攻，而以二、六军团在川、黔、湘、鄂之交活动，来钳制四川东南'会剿'之敌，配合此反攻，以粉碎敌人新的围攻，并争取四川赤化。"1月21日中央红军分三路纵队向赤水方向前进。1月24日，右路纵队红一军团进占土城，随后继续北进。1月25日到猿猴（元厚），以图占领赤水县城，为全军打开向川南进军的通路。中路红九军团于1月24日进抵东皇殿，后归入右路纵队。军委纵队从遵义出发后，经桐梓，于1月25日抵达东皇殿。这时，已侦悉四川军阀刘湘的"模范师"——郭勋祺师已渡过长江，正从綦江方向南下，企图阻击红军北上。1月27日下午，中革军委到达土城。同一天，左路纵队红三军团也进抵土城。这时，得到的情报表明尾追之敌是2个旅4个团，正向土城方向前进。战斗在1月28日凌晨打响。中央红军连续激战三四个小时，未能扩大战果。随即，红军迅速发现对敌情判断有误。原来以为敌军有六七千人，但实际上，敌人共有4个旅8个团，共1万多人。再加上红一军团已沿河右岸北上，奔袭赤水城，分散了兵力，没有形成打歼灭战的拳头，情况相当危急。

毛泽东当机立断，立即通知红一军团急速返回增援。在红一军团未返回的两三个小时内，战斗打得仍十分激烈。红五军团阵地被敌军突破，红军遭到很大伤亡。敌人抢占山头，向土城镇步步进逼，甚至打到了中革军委指挥部前沿所在的镇东面的白马山。山后就是赤水河，若不能顶住敌人进攻，将导致极其严重的后果。在这紧急关头，毛泽东命令干部团发起反冲锋。干部团是长征出发时，由公略、彭杨两个步兵学校及其他一些机构合并组成的，成员均为富有战斗经验的连排干部。他们在团长陈赓、政委宋任穷率领下，发起了猛烈的反冲锋。敌人被打得仓皇溃退。当日下午，跑步返回增援的红一军团第二师赶到白马山阵地,与干部团协同作战,敌受重创,退却固守。同时,红三军团牢固控制了道路以南的观山高地。

当阵地完全巩固以后,毛泽东立即召集政治局几位主要领导开会。根据当时的敌情,原定由赤水北上,从泸州至宜宾之间北渡长江的计划不行了。在会上,毛泽东果断地指出:为了打乱敌人的尾追计划,变被动为主动,不应再与敌恋战,作战部队与军委纵队应立即轻装,从土城渡过赤水西进。与会者都赞同毛泽东的这一主张。根据会议精神,1月29日凌晨,中革军委向各军团发布关于一渡赤水河的行动部署。

1月29日,中央红军及中央纵队、军委纵队分成左、中、右三路,利用在极其困难的条件下搭起的浮桥,在红一军团第四团的掩护下,轻装前进(三军团把笨重的山炮丢进河里;陈云率领卫生、供给部的人员,也将一些笨重的物资推入河中),全部渡过赤水河。当追敌来到赤水河边时,只见到被破坏掉的浮桥和被毁掉的船只,他们也只能望河兴叹,目送红军远去。

中央红军一渡赤水后,进入了四川南部,并随即分成左右两路,进抵川南古蔺县境。2月7日,中革军委电告各军团:根据目前情况,原定的渡河计划已不可能实现,现党中央及军委决定应以川滇黔边境为发展地区,以战斗的胜利来开展局面,并争取由黔西向东的有利发展。这表明中央红军已明确决定转变战略方针,暂时放弃北渡长江,在成都的西南或西北建立根据地的打算,而改在取得川滇黔边境发展后,由黔西向东发展的方针。

2月6日,中央红军各部主力先后到达滇东北扎西地区集结。2月9日,中革军委进驻扎西县城。在扎西,中革军委召开扩大会议,讨论战略方针等问题。毛泽东在会上作重要发言。他精辟地分析了当时的形势,并深刻指出要用敌变我变的原则来指导红军的行动。他明确指出:我们的作战路线是服从于红军的作战方向的,这个方向受了限制,就应转移到另一个方向上去。现在转移到黔北去,这是由于我军的北上,使敌人的主力和注意力都调到川南一线来了,黔北比较空虚,我们应该利用敌人的过失,寻找有利的战机，集中优势兵力，发挥我军运动战的特长，去主动消灭敌人。毛泽东的这些观点和主张，使与会者茅塞顿开，被深深地折服了。毛泽东又接着提出"回师东进，再渡赤水，重占遵义"的战略方针，得到大家的一致赞同。

根据党中央和毛泽东新的战略意图，中革军委于1935年2月10日开始部署东进。2月11日，中央红军开始向东南转移。当晚，根据敌情变化，中革军委决定"各军团向赤水河东发展，争取渡河先机"。从2月18日起至19日，中央红军第二次渡过赤水河。这次东渡赤水河后，中央红军便进到当时敌人力量最薄弱的黔北地区。2月24日，红一军团先头部队突然攻击桐梓，号称"双枪兵"的黔军弃城而逃，援敌退守娄山关。娄山关位于遵义、桐梓两县交界处，雄踞大娄山山脉的最高峰，是川、黔交通的要道，地势险要，易守难攻。经过激战，2月26日，中央红军攻上娄山关。中央红军在占领娄山关之后，就开始向遵义方向猛追残敌。鉴于当时敌军吴奇伟率2个师的增援部队即将到达遵义，军委决定要迅速解决遵义守敌，然后再歼灭援敌。2月27日，中央红军经过英勇战斗，再次解放遵义城。2月28日，在老鸦山战斗中，中央红军对前来遵义增援的吴奇伟的2个师给予沉重的打击，吴奇伟最后仅率少数残兵逃过乌江。至3月1日，整个遵义战役胜利结束。自2月11日由扎西出发，中央红军在18天的时间里，由西向东，从北到南，行程达550余公里，歼灭和击溃敌人2个师8个团，毙伤敌2400余人，俘敌3000余人。这是长征以来最大的胜利，是毛泽东和中革军委正确指挥的结果。这次胜利，极大地鼓舞了全军的士气，获得物资补充，严厉地打击了敌人，特别是蒋介石嫡系部队的气焰，连蒋介石也不得不承认这是国民党追击以来的奇耻大辱。

为了加强作战指挥，对付蒋介石新的围攻，3月4日，中革军委发布命令，决定成立前敌司令部，任命朱德为司令员，毛泽东为政治委员。命令中说："为了加强和统一作战起见，兹于此次战役特设前敌司令部，委托朱德同志为前敌司令员，毛泽东同志为前敌政治委员，特令遵照。"这是毛泽东自1932年被排挤出红军领导岗位后，再次获得对红军的具体指挥权。3月12日在贵州苟坝附近成立由毛泽东、周恩来、王稼祥组成的三人军事小组，他们根据当时具体的敌情，决定红军仍以黔北为主要活动地区，控制赤水河上游，以消灭薛岳所部和王家烈残军为主要目标。据此，3月15日，中央红军主力向驻守鲁班场的敌周浑元纵队发起进攻。由于敌人3个师集结在一起，红军攻击未能奏效，而且损失较大，同时敌人援军也即将到达。毛泽东等人当机立断，决定放弃对鲁班场的进攻，撤出战斗，转兵西进，从贵州茅台附近西渡赤水河（即三渡赤水），以调动敌人，寻求新的战机。这充分显现了毛泽东战略战术的机动灵活性。

三渡赤水后，中央红军佯作北渡长江姿态，以迷惑和调动敌人。果然，蒋介石以为红军要渡江北上，急忙调整部署，将重兵向川南调动，企图围歼红军于古蔺地区。因为蒋介石最害怕的就是中央红军北上与红四方面军会合，毛泽东正是要利用蒋介石的这种心理。

当各路敌军纷纷赶往川南。在围歼中央红军的部署还未完成之时，毛泽东当即决定"秘密、迅速、坚决、出敌不备折而向东"。"渡过赤水东岸，寻求机动"。3月21日晚至22日，中央红军主力在二郎滩、太平渡等地东渡赤水河，再次进入黔北。当时正是蒋介石调中路大军纷纷向古蔺前进之时，中央红军十分巧妙地从敌人重兵之间分路与其相向而行。这样，红军又一次跳出蒋介石精心策划、严密部署但尚未完成的包围圈，将敌人几十万大军甩在古蔺周围赤水河沿岸地区。

中央红军四渡赤水后，即决定迅速挥师南下，南渡乌江。3月28日，红军主力由鸭溪、白腊坎之间突破敌人封锁线，3月31日，经江口大塘、梯子岩等地南渡乌江，进至息烽西北地区，把蒋介石又一次召集起来准备在遵义地区将红军"一网打尽"的集团重兵甩在乌江北岸。

中央红军南渡乌江后，以一部兵力佯攻息烽，主力进至扎佐，前锋直逼贵州省会贵阳。当时，蒋介石正在贵阳督战，敌人在贵阳及其周围只有正规军4个团。蒋介石一面命令各部队火速增援贵阳，一面下令地方部队死守机场，并准备了轿子、马匹、向导，随时准备逃跑。当时，滇军离贵阳较近，蒋介石对滇军十分倚重。3月31日，蒋介石连发两份"限即刻到"的十万火急的电报给滇军孙渡,让滇军前来贵阳增援。蒋介石这一着,其实是听从了毛泽东的"指挥"。还在部署威逼贵阳的作战行动时,毛泽东就曾说过:"只要能将滇军调出来,就是胜利。"

为了继续调动滇军,中央红军在毛泽东指挥下,向东佯攻。同时,采取声东击西的战术,4月5日,佯装东渡清水江,摆出要与红二、六军团会合的姿势。蒋介石又一次上当,他除命令孙渡率滇军追击中央红军外,还电令湘军到黔东防堵,桂军在平越线防堵,吴奇伟纵队尾追。一时间,各路敌军齐向黔东奔集。

毛泽东和中革军委看到调出滇军的目的已达到,西进云南的道路已敞开,便决定:西进云南,抢渡金沙江,北上抗日。为迷惑敌人,中央红军大造要进攻昆明的舆论,并到处张贴"打倒云南军阀龙云""打到昆明去,活捉龙云"的标语。红一军团第四团和红五军团一部奉命佯攻昆明,到达昆明近郊,大造进攻昆明声势。当时,昆明周围敌人兵力空虚,敌人"追剿军"都距离红军3天以上路程。龙云感到昆明危在旦夕,急电在曲靖以东的孙渡所部取捷径直开昆明,同时调集各县民团防守昆明。这样一来,敌人在滇北各地和金沙江南岸的防御力量进一步削弱,为红军北渡金沙江创造了很有利的条件。4月28日晚,毛泽东与周恩来、朱德、王稼祥、洛甫、刘伯承等中央和军委的领导召开会议,研究讨论如何部署兵力、抢占渡口、北上四川等问题。毛泽东在会议最后讲了三条意见:第一,自遵义会议后,我军由于大胆穿插,机动作战,已把蒋介石的尾追部队甩在后侧,现在已经取得西进北渡金沙江的最有利时机。但蒋介石在贵阳已发现我主力从贵州西南向云南的东北方向急速前进,因而正调集近70个团的兵力向我尾追,其先锋部队离我军后卫部队仅有两三天路程。不过,金沙江两岸目前尚无敌人正规部队防守,比较空虚对我有利。第二,昆明东北地区是一块比较大的平原,不像湖南、贵州两省有良好的山区可以利用,我军现在不宜在平川地带同敌人进行大的战斗,尤其以避开省城昆明为好。第三,过去决定红一方面军北上进入四川西部,同红四方面军会合,创造革命根据地的方针,已有实现的可能了。因此,我军应趁沿江敌军空虚,尾追敌人距我军尚有三四天的行程，迅速抢渡金沙江，以争取先机。

围绕上述作战方针，毛泽东还就具体的兵力部署阐述了自己的见解。他主张：一军团为左纵队，从现驻地出发，经嵩明、武定一线西进至元谋，然后急速北进，抢占龙街渡口；三军团为右纵队，从现驻地出发，经寻甸然后北进，抢占洪门渡口；军委直属单位为军委纵队，提议由刘伯承率领，干部团为前锋，经石板河、团街直插皎平渡口。以上三路，从翌日拂晓起，均应日夜兼程前进，先头部队每天必须行程50公里以上，沿途不与敌人恋战，更不要费时强攻县城，务必在5月3日前抢占上述渡口，搜集船只。北渡之后，要不惜一切牺牲巩固与坚守阵地，为后续部队渡江北进创造有利条件。毛泽东又进一步分析说：我军在5月3日前若能抢占龙街、皎平、洪门三个渡口是上策，万一敌人先我烧船，能占领其中的一个到两个我军亦有办法。最忌的是，龙云先我通风报信，下令把各渡口船只在我军到达以前烧毁或撤到北岸。所以，务必限定在4天之内赶到江边抢占渡口，这是全军胜败最关键的一着棋，一定要把这步棋走活！九军团作为钳制部队，独立行动，以分散尾追之敌。该军团应在会泽、巧家之间自行选择渡江的地点，渡江以后再同主力会师。会议一致同意毛泽东提出的上述战略方针和军事部署。

刘伯承按照毛泽东的部署，率先头部队昼夜行军，迅速抢占皎平渡口。在皎平渡口，中央红军主力凭借6条渡船（干部团在俘获2条后，又找到4条）昼夜抢渡，从5月3日至5月9日，全部渡过了金沙江。当追敌到达江边时，已没有了船只和渡江材料，只好望江兴叹了。

至此，敌人几十万"追剿军"全被抛在金沙江以南，行程相距一个多星期。红军跳出数十万敌军围追堵截的圈子，终于取得战略上的主动权。

遵义会议后的四渡赤水之战是决定党和红军命运之战，是在中央红军士气最低落、身心最疲惫、处境最艰难的情况下进行的一场生死攸关的绝地反击；对于被推到历史大潮浪尖上的毛泽东来说，则是对其军事指挥才能和军事思想的最直接的检验。毛泽东和他的战友们面临着如何维系党和红军的团结、如何肃清"左"倾教条主义错误军事路线的影响、如何把因无根据地依托所造成的困难降到最低、如何克服高山大河等恶劣自然环境，特别是如何突破十倍于己的国民党军队的重重包围等一系列严峻情况的挑战。从军事学角度看，指挥四渡赤水之战不同于在井冈山和中央苏区毛泽东领导粉碎敌人"进剿""会剿"和"围剿"时的战役指挥，而是具有重要战略意义的战役指挥，牵一发而动全身，事关红军的生死和中国革命的兴亡。当时形势之危急、问题之复杂、压力之巨大、任务之艰险，在毛泽东的军事生涯中可以说是空前绝后的。从1935年1月下旬离开遵义到5月9日全军渡过金沙江，长达4个月时间。在整个令人窒息和倍感煎熬的战斗过程中，毛泽东的战略成果并不是一下子就显现的，其战术安排是随着战场形势的变化而不断地调整。不要说红军作战部队的基层干部和普通战士，就是在中央决策层的领导和高级红军将领中，能够完全理解毛泽东战略意图的也为数很少。特别是在当时的危急形势下，客观上也不允许把全局的作战计划悉数告知分路行军的各军团首长。因此，质疑甚至是责难在所难免。打鼓新场之争是当时大大小小诸多争论之一，相对于过去"三人团"的独断专行而言，这是遵义会议以来军事民主和党内民主健康发展的新气象，也是毛泽东重新肩负军事指挥重任后的一个插曲。在自己的意见被否决，并被免去前敌司令部政委职务的当天晚上，一切以革命利益为重的毛泽东，又打着灯笼找周恩来，反复陈述利害，打动了周恩来，继而说服了朱德。第二天中央政治局继续开会，大家又都赞成了毛泽东的意见，放弃了进攻打鼓新场的计划。

必须强调的是，即使是毛泽东也无法立即改变敌强我弱这一基本事实，他在指挥四渡赤水之战时，只能在客观条件许可的范围内去争取最大的胜利。因为对敌情判断不明，他也有过指挥土城战斗和鲁班场战斗失利的事例。但是，和"左"倾教条主义者不同，毛泽东把打破敌人围追堵截的现实任务和重建根据地的既定目标，有机地统一起来。他不为寻找新根据地所束缚，而是依据战场实际，时而向北摆出同红四方面军会师的态势，时而又回头显露出要与红二、六军团会合的趋向，把包袱甩给敌人，机敏地调动敌人，在赤水河两岸与强敌周旋。其中，至为重要的是采取了灵活机动的战略战术和正确的军事路线。正如2月16日，中共中央和中革军委发布的《告全体红色指战员书》所指出："为了有把握地求得胜利，我们必须寻求有利的时机与地区去消灭敌人。在不利的条件下，我们应该拒绝那种冒险的没有胜利把握的战斗。因此红军必须经常地转移作战地区，有时向东，有时向西，有时走大路，有时走小路，有时走老路，有时走新路，而唯一的目的是为了在有利条件下求得作战的胜利。"他根据敌情变化，率领中央红军反复往返于赤水河两岸，佯攻贵阳，威逼昆明，巧渡金沙江。在十倍于己的国民党几十万大军中往来穿插，彻底改变了遵义会议前红军的被动局面，牢牢掌握了战场主动权，在惊涛骇浪中杀出一条生路，最终摆脱敌人重兵的围追堵截。

三、南下与北上之争

中央红军渡过金沙江后，继续北上。1935年5月29日，红军强渡大渡河，飞夺泸定桥，翻越终年积雪的夹金山。6月16日，中央红军一部与红四方面军一部在达维镇会师。由于中央红军长征出发时的目标是与红二、六军团会师，后调整为北渡长江到川西与红四方面军形成呼应。因此当时许多红军指战员都认为，与红四方面军会师，就是西征（后来才有长征的概念）的胜利。会师后两个方面军加起来有十万之众。下一步究竟在哪里建立新的根据地作为落脚点，是毛泽东和中共中央首要考虑的问题。这时，毛泽东和党中央提出新的战略设想，即："今后我一、四两方面军总的方针应是占领川陕甘三省，建立三省苏维埃政权，并于适当时期以一部组织远征军占领新疆。"[①]而当时把持着红四方面军领导权的张国焘，出于对革命形势的悲观判断和他个人篡夺党权、军权的野心，坚决反对党中央北上川陕甘的方针，主张南下川康边，转而西进打通苏联。

---

① 《应在川陕甘三省建立苏维埃政权》（1935年6月16日），《毛泽东军事文集》第1卷，军事科学出版社、中央文献出版社1993年版，第358页。

第七章 漫漫长征路

长征开始后各路红军在长征途中都曾进行过创建新根据地的斗争，其中有一个重要的特点，那就是由南向北、向西逐次推进。起初的重点是旨在粉碎国民党军对老根据地的"围剿"，保存和发展红军的有生力量。因此创建新根据地的区域主要是在长江流域，并试图与传统的革命根据地形成呼应。其中特别突出的是中央红军根据敌情变化，先后选择湘西、川黔边、川西或川西北、川滇黔边等地创建新根据地。但是，这些努力都一一落空。这使得毛泽东和党中央在与红四方面军会师后，开始系统地分析和研究中国革命的形势、敌我力量的对比和分布、民族状况和各区域的经济发展水平、中国革命的发展方向和复兴之路等全局性的问题，从而提出在川陕甘地区创建新根据地的战略取向。主要有三个原因。

首先，20世纪30年代，中国革命的中心发生转移。在传统的革命中心——中国南方，自叛变国民革命后建立起南京国民党新军阀政权的蒋介石集团，由于得到英美帝国主义和江浙财阀的支持，在与新旧军阀的混战中逐渐胜出，并在1928年12月从形式上完成了对全国的统一，其反动统治日渐巩固；而北方的反动封建统治势力自辛亥革命起，迭遭资产阶级民主革命力量的打击，并在与国民党新军阀的混战中彻底落败，渐成土崩瓦解之势。与此同时，在日本侵略军发动九一八事变后，东北沦陷，华北危机，中国北方抗日救亡运动风起云涌，成为新的革命高潮的风暴眼。与此相关，一个不争的事实是，随着国民党蒋介石集团反动统治势力的加强，中国共产党不仅在白区的上海、广州、武汉等中心城市无法立足，而且在大革命失败之初，利用蒋介石政权立足未稳和国民党新军阀混战的间隙，陆续建立的海陆丰、湘赣、湘鄂赣、湘鄂西、闽浙赣、鄂豫皖、川陕、黔东，包括中央革命根据地等，都被国民党军队占领，成为游击区。这反映出南京国民政府的统治势力由南向北不断渗透和拓展，日趋强化。以毛泽东为代表的中国共产党人，亲身经历了南方各路红军反"围剿"的失败与各根据地的丧失，以及遵义会议后在川西和川滇黔建立根据地的努力落空等痛苦历程，使他们切身体会到中国革命中心自南向北转移的历史大趋势。中国革命的领导核心和中国革命的骨干力量必须适时北移，长征在事实上成就了这一历史过程。

其次，1931年九一八事变后，日本帝国主义对华侵略的步步深入造成中华民族空前的生存危机。这实际造成中国革命主要任务的变化，即由反对一切帝国主义对华侵略变为主要反对日本帝国主义侵略中国，由反帝、反封建变为团结一切可以团结的力量反抗日本帝国主义的侵略。面对日本帝国主义的侵略，蒋介石南京政府顽固坚持"攘外必先安内"的反动政策，奉行不抵抗主义，致使大片国土沦丧，人民饱受欺辱，国难日益加重；九一八事变也给中国共产党人提出新的命题：他们一方面不得不同顽固坚持"攘外必先安内"政策的大地主、大资产阶级发动的全面"围剿"进行殊死的阶级搏斗，另一方面必须进行抵抗日寇侵略的全民动员和准备，肩负起拯救民族危亡的历史责任。1931年九一八事变后，中国共产党通过发表一系列的宣言和号召，表达了誓死抵抗日本侵略，坚决捍卫国家主权和领土完整的决心。同时，表示愿意在立即停止进攻苏维埃区域、保证民众的民主权利和武装民众三个条件下同任何武装部队订立共同对日作战的协定。但是自日本侵略中国的华北事变发生以来，日本的侵略蔓延整个中国北方，其独占中国为其殖民地的野心已经昭然若揭，中华民族的危机进一步加剧。在这种情况下，对于中国共产党人来说，如果不能立即停止"左"倾教条主义者奉行的"要兵不要官"的关门主义统战政策，如果只是在远离抗日前线的中央苏区一般性地发宣言和号召，肯定是很难得到全国民众的积极拥护并实现自己的抗日救亡主张的。

拯救因日本侵略造成的民族危机一直是毛泽东关注的焦点。在中央苏区他领导发动宁都起义时一个很重要的旗号就是"联合抗日"；以他为主席的中华苏维埃共和国临时中央政府不仅在1932年4月就发表宣言，正式对日宣战，还曾与爱国抗日的国民革命军第十九路军签订了抗日停战协定；作为配合主力红军战略转移重要棋子的红七军团和红二十五军，都是以"中国工农红军抗日先遣队"的名义踏上战略转移征途的；长征途中召开的遵义会议，因独立自主地依据中国的实际解决中国革命的问题而成为中国共产党由幼年走向成熟的标志，它为中共在民族矛盾渐次成为中

第七章 漫漫长征路

国社会主要矛盾的历史背景下，适时转变自己的政治路线（建立抗日民族统一战线）提供了重要的思想基础和组织条件。正是在这种情况下，在刚刚摆脱国民党军的围追堵截后，1935年6月29日毛泽东就在中央政治局常委会会议上明确提出："要在部队中宣传反对日本帝国主义，反对放弃华北"，并认为"这最能动员群众"。[①]这样，他就把北上抗日与建立川陕甘革命根据地的进军方向联系起来，实际就是把革命低潮时的退却（被迫寻找立足的新根据地），同迎接革命新高潮的进攻联系起来了。于是，拯救民族危亡和北上抗日，由中国共产党人的夙愿，化为各路红军鼓舞士气和团结动员沿途各族人民群众的旗帜，成为红军将士战胜千难万险取得长征最终胜利的强大动力。

再者，鉴于敌我力量悬殊和国民党的统治力量呈现出由北向南逐次强盛的客观实际，为了得到更可靠、更有力的战略依托与支持，毛泽东和他的战友们把进军的方向指向与社会主义国家——苏联接壤的中国北方和西部地区，设想背靠苏联、蒙古，依托陕西、宁夏、甘肃、青海、新疆，然后向东发展，实现直接对日作战。向西北进军和"打通国际线"，已经成为当时确定战略发展方向的另一个重要因素。总之，在陕甘地区开创中国革命新局面的奋斗目标，不再是且战且走迫不得已的选择，而是建立在对全国局势准确把握基础之上的，是基于对中国革命未来发展趋势的科学预判。其实质是对中国革命任务、路线和前途的规律性认识问题，是关于长征道路的问题。亲身经历党中央与张国焘"北上"与"南下"方针激烈争锋过程的徐向前后来指出：党的北进方针，不是随心所欲的决定，而是基于一定的历史环境和党所面临的任务而形成的马克思主义的方针。他认为："党中央和毛泽东同志从粉碎蒋介石的灭共计划，保存和发展红军力量，使党和红军真正成为全民族抗日斗争的领导力量和坚强支柱这一基本目的出发，确定北进川陕甘地区，创建革命根据地，进而发展大西北的革

[①] 中共中央文献研究室编：《毛泽东年谱（1893—1949）》（修订本）上卷，中央文献出版社2013年版，第460页。

命形势，是完全正确的。"①正因为如此，党中央在尚不知道陕甘根据地和陕甘红军现状的情况下就选择陕甘地区作为红军战略转移的目的地，说明中共中央对实现这一目标矢志不移。

1935年3月底，红四方面军为了向四川、甘肃边界发展，配合中央红军在川黔边的作战，发起强渡嘉陵江战役。经过激烈的战斗，取得强渡嘉陵江成功的重大胜利，部队也发展到8万多人，并控制了川康边地区，为红一、四方面军会师创造了极为有利的形势。为探讨红一、四方面军会师后的战略发展方向，党中央、中革军委与红四方面军领导人之间的电文往来频繁。6月16日，毛泽东、周恩来、朱德、张闻天联名致电张国焘、徐向前、陈昌浩指出："为着把苏维埃运动之发展放在更巩固更有力的基础之上，今后我一、四两方面军总的方针应是占领川陕甘三省，建立三省苏维埃政权，并于适当时期以一部组织远征军占领新疆。"②6月24日，毛泽东等和军委纵队一起到达懋功县两河口。

为了消除分歧，统一认识，6月26日，党中央在两河口召开政治局扩大会议。会上，周恩来代表党中央和军委作报告，分析了红一、四方面军会合后的形势，指出在岷江西岸的懋功、松潘、理番地区不宜建立根据地，向大西北，向东、向南进攻，均不可能，今后的战略方针应是向北发展，在岷山山脉以北地区建立川陕甘根据地。红军应迅速前进，在松潘与胡宗南作战，首先占领甘南。张国焘反对北上建立川陕甘根据地，也不同意先打松潘向甘南发展，理由是南有雪山草地，气候严寒，行动不利，部队长途行军，减员必大；北面有胡宗南部20余个团兵力，即便到了甘南也站不住脚。主张依托懋功地区，避开胡宗南部，先向南打成都，然后向川、康边发展。

针对张国焘的错误主张，毛泽东指出，我们战争性质，不是决战防御，不是跑，而是进攻。根据地的建立是依靠进攻的。他说，在川陕甘建

---

① 徐向前：《历史的回顾》，解放军出版社1998年版，第304页。
② 《应在川陕甘三省建立苏维埃政权》（1935年6月16日），《毛泽东军事文集》第1卷，军事科学出版社、中央文献出版社1993年版，第358页。

立根据地有它的好处：把苏维埃运动放在更加巩固的基础上，并要求"在四方面军应作解释，因为他们是要打成都"。他主张红军必须高度机动，集中兵力，迅速地打破胡敌向前。他特别强调：今天决定，明天即须行动。这里条件太坏，后退不利，应力争在6月底突破岷江以北地区，经松潘到决定地区去。

与会人员都同意北上建立川陕甘根据地的战略方针，张国焘陷于孤立，只好表示赞成。张国焘后来在《我的回忆》中也不得不承认：两河口会议上"大多数表示支持毛的主张"。

6月28日，中央政治局正式通过了《关于一、四方面军会合后的战略方针的决定》，主要内容是：

（1）在一、四方面军会合后，我们的战略方针是集中主力向北进攻，在运动战中大量消灭敌人，首先取得甘肃南部，以创造川陕甘苏区根据地，使中国苏维埃运动放在更巩固更广大的基础上，以争取中国西北各省以至全中国的胜利。

（2）为了实现这一战略方针，在战役上必须首先集中主力消灭与打击胡宗南军，夺取松潘与控制松潘以北地区，使主力能够胜利地向甘南前进。

……

（5）为了实现这一战略方针，必须坚决反对避免战争、退却逃跑以及保守偷安、停止不动的倾向。这些右倾机会主义的动摇，是目前创造新苏区斗争中的主要危险。

这样，中央政治局从党的组织原则上，否定了张国焘的错误主张，正式确定了建立川陕甘根据地的方针。

毛泽东把在川陕甘建立根据地的方针同北上抗日的目标联系在一起。针对华北事变和日本对华侵略的深入，毛泽东在6月29日召开的中共中央政治局常委会会议上明确提出："要在部队中宣传反对日本帝国主义，反对放弃华北，这最能动员群众。"[1]随后，他在同徐向前等红四方面军指

---

[1] 中共中央文献研究室编：《毛泽东年谱（1893—1949）》（修订本）上卷，人民出版社、中央文献出版社2013年版，第460页。

挥员的谈话中进一步指出，北上抗日，建立川陕甘革命根据地，就是为了促进全国抗日高潮的发展。

两河口会议后，中央政治局考虑到，必须尽快解决红一、四方面军会合后的集中领导和统一指挥问题，决定增补张国焘为中革军委副主席，徐向前、陈昌浩为军委委员。

但张国焘回到杂谷脑红四方面军总部后，即对两河口会议决定采取阳奉阴违、口是心非的态度。6月30日，竟又致电中央，公然违反他刚刚举手赞成的两河口会议决定，重新提出退却方针，同时，进一步向党中央伸手要权。

毛泽东等中央领导再次拒绝张国焘的错误主张。同时本着大敌当前、革命利益为重的精神，7月18日，中革军委任命张国焘为红军总政委，任命博古为总政治部代理主任（王稼祥自第五次反"围剿"以来伤情一直未愈），并规定"一、四方面军会师后，一切军队均由中国工农红军总司令、总政委直接统率指挥"。对此，彭德怀在其自述中说："毛主席在同张国焘的斗争中，表现了高度的原则性和灵活性。在黑水寺开中央会议时（我没参加），张国焘要当总政委，洛甫提议把总书记交给张国焘，毛主席不同意。宁愿交出总政委，不能交总书记。张国焘当时不要总书记，他说，总书记你们当吧，现在是打仗呗。如果当时让掉总书记，他以总书记名义召集会议，成立以后的伪中央，就成为合法的了。这是原则问题。"[①]

7月底，毛泽东和红军总部来到毛儿盖地区。这时，由于张国焘的拖延，已经失去进取松潘的有利时机。8月初，毛泽东等军委成员举行会议，决定放弃松潘战役计划，改为执行夏洮战役计划，即以红军主力出阿坝，北进夏河地区，突击敌包围线之右侧背，争取在洮河流域消灭敌主力，创造甘南根据地为作战目的。

军委关于夏洮战役的计划确定后，张国焘又节外生枝，要求中央召开政治局会议，解决"政治路线"问题。于是，中央8月4日至6日在毛儿盖

---

① 彭德怀：《彭德怀自述》，人民出版社2019年版，第173页。

的沙窝召开政治局会议。针对张国焘要求清算中央政治路线的观点，会议重申遵义会议对这个问题所作的结论，即中央的政治总路线是正确的，没有粉碎敌人第五次"围剿"的主要原因是军事路线上的错误，经遵义会议已得到纠正。8月5日，会议通过《中央关于一、四方面军会合后的政治形势与任务的决议》。在重申在川陕甘建立根据地方针的同时，决议突出强调"必须在一、四方面军中更进一步的加强党的绝对领导，提高党中央在红军中的威信"，指出"一切有意无意的破坏一、四方面军团结一致的倾向，都是对于红军有害，对于敌人有利的"。会议同意把在红四方面军工作的一些同志补为候补中央委员，或中央委员，或政治局委员。鉴于周恩来肝病严重，为了制约张国焘夺取最高军事指挥权的野心，8月19日，中央政治局常委会召开沙窝会议调整常委们的分工，正式决定毛泽东负责军事工作。①这表明毛泽东在遵义会议前后的军事指挥得到党中央的充分肯定，他成为党内"在军事指挥上最后下决心的负责者"。

沙窝会议后，为了执行夏洮战役计划，全军分左右两路军共同北上。右路军由党中央、毛泽东直接率领，由徐向前、陈昌浩指挥；左路军由朱德指挥，实际上由张国焘率领。但张国焘一离开沙窝，便又公然违反会议决议，提出西出阿坝，北占夏河，向青海、甘肃边远地区退却的错误主张，拖延红军主力的北上行动。

因此，中央政治局于8月20日在毛儿盖召开扩大会议，以克服张国焘的阻力，贯彻沙窝会议精神。会上，毛泽东首先作关于夏洮战役计划的报告。报告指出：我们的行动方向，一是向东（陕西），一是向西（青海、新疆）。红军主力应向东，向陕、甘边界发展，不应向黄河以西。目前我们的根据地应以洮河流域为基础，将来向东发展，后方移至甘肃东北与陕西交界地区。毛泽东作会议总结，进一步指出：向东还是向西是一个关键问题，应采取积极向东发展的方针。夏洮战役应采取由包座至岷州

---

① 中共中央文献研究室编：《毛泽东年谱（1893—1949）》（修订本）上卷，中央文献出版社2013年版，第466页。

（今甘肃省定西市岷县）的路线，可集中三个军，甚至全部集中走这条路线。左路军应向右路军靠拢。阿坝要迅速打下来。应坚持向东打，不应以一些困难转而向西。毛泽东在分析敌我形势之后，提出红军应出敌不意，横跨草地，北出陕甘。会议通过了毛泽东为中央政治局起草的《关于目前战略方针之补充决定》。在这个文件中，毛泽东特别区分了张国焘关于红军主力西进的主张和党中央关于打通苏联的设想之间的区别。他指出："政治局认为，在目前将我们的主力西渡黄河，深入青、宁、新僻地，是不适当的，是极不利的（但政治局并不拒绝并认为必须派遣一个支队到这个地区去活动）。""政治局认为目前采取这种方针是错误的，是一个危险的退却方针。这个方针之政治的来源是畏惧敌人夸大敌人力量，失去对自己力量及胜利的信心的右倾机会主义。"①

　　毛儿盖会议后，左、右路军终于又迈上北上的征途。8月26日，右路军胜利通过草地，并取得包座战斗的胜利，打开了红军向甘南进军的门户。8月29日，中央政治局开会，毛泽东等领导抓住有利时机，制定了北出甘南的行动计划，决定右路军以主力向东推进，待左路军到达后，用小部队向南坪、文县佯动，集中主力从东北方向的武都、西固、岷州间打去。9月1日，毛泽东和徐向前、陈昌浩联名把这一计划电告张国焘。但是，张国焘接到电报后，拒绝执行中央的指示，又提出南下川康边境的计划，要把右路军和左路军全部拉回到天全、芦山、丹巴地区，并且擅自下令左路军停止北上，强迫已前进到墨洼的红五军返回阿坝。9月3日，张国焘竟以红军总司令部的名义，发电要求党中央和右路军南下："右路军即乘胜回击松潘敌，左路军备粮后亦向松潘进，时机迫切，须即决即行。"

　　张国焘要求南下的错误主张和行动，党中央当然不能同意。毛泽东等按照预定计划，部队坚决北上，并派前锋红一军（即红一军团，一、四方面军会师后统一番号，取消了军团建制）于9月4日出发北进俄界。在巴

---

① 中共中央文献研究室编：《毛泽东年谱（1893—1949）》（修订本）上卷，人民出版社、中央文献出版社2013年版，第467页。

第七章 漫漫长征路

西,毛泽东等中央领导人多次同陈昌浩、徐向前等商谈,争取张国焘北上。9月8日,徐、陈致电张国焘,说明"我们意以不分散主力为原则,左路速来北进为上策,右路南进为下策"。

当天,张国焘来电,命令徐、陈率右路军南下。因周恩来当时患病未愈,起不了床。晚上,毛泽东等人即在周住地开会。会前,毛泽东等已拟好一份要张国焘执行中央北进指示的电文,会上念了一下,要求徐、陈表态,两人均表示同意电报内容。于是,中央当晚即以毛泽东等7人的名义致电左路军:"目前红军行动是处在最严重关头,须要我们慎重而又迅速地考虑与决定这个问题。""左路军如果向南行动,则前途将极端不利。""望兄等熟思慎虑,立下决心,在阿坝、卓克基补充粮食后,改道北进。""甘南富庶之区,补充有望,在地形上、经济上、居民上、战略退路上均有胜利前途。"

张国焘不但不听劝告,反而在9月9日密电陈昌浩,"彻底开展党内斗争",命令右路军南下,企图分裂和危害中央。担任右路军参谋长的叶剑英看到电报,立刻报告毛泽东。毛泽东、周恩来、洛甫、博古当即在周恩来住处开会。为了贯彻北上方针,避免红军内部可能发生的冲突,会议决定立即率领红一、三军和军委纵队连夜转移,脱离险境。并指定右路军统归军委副主席周恩来指挥。还决定委托毛泽东起草《为执行北上方针告同志书》。夜12时后,部队先后从巴西及其附近出发。红三军在山上警戒,担任后卫。红三军又以红十团为后卫。为了及时处理可能出现的情况,毛泽东和彭德怀随红十团一起在后尾前进。他俩边走边谈,彭德怀问毛泽东:"如果他们扣留我们怎么办?"毛泽东回答说:"那就只好跟他们南进吧!他们总会觉悟的。"

9月10日,党中央发表毛泽东连夜起草的《为执行北上方针告同志书》指出:"南下的出路在哪里?南下是草地、雪山、老林,南下人口稀少,粮食缺乏,南下是少数民族的地区,红军只有减员,没有补充,敌人在那里的堡垒线已经完成,我们无法突破,南下不能到四川去,南下只能到西藏、西康,南下只能是挨冻挨饿,白白的牺牲生命,对革命没有一点利益，对于红军南下是没有出路的。南下是绝路"；"只有中央的战略方针是唯一正确的，中央反对南下，主张北上"。号召红军指战员"坚决拥护中央的战略方针，迅速北上，创造川陕甘新苏区去"。

党中央率领中央红军主力北进后，四方面军副参谋长李特带一队骑兵追赶中央，"劝说"中央率军南下。李特把陈昌浩写的一封信送给彭德怀，要他停止北进，回头南下，遭到彭德怀的严词拒绝。毛泽东也来会见李特，对他说了一些很感动人的话，让他转告张国焘、陈昌浩，北上方针是正确的，南下川康十分不利，希望张、陈能认清形势，率部跟进。如果一时想不通，过一段时间想通了再北进，中央也欢迎，望以革命大局为重，有何意见，可随时电商。

9月11日，北上部队陆续到达俄界后，党中央再次致电张国焘，令其立刻率部北上。张国焘又一次抗拒中央的命令，并于9月12日直接发电给红一、三军，攻击北上"将成无止境的逃跑""不拖死也会冻死"；还命令说，"望速归来"，"南下首先赤化四川，该省终是我们的根据地"。

9月12日，党中央在俄界召开政治局扩大会议，毛泽东等21人出席。会上，毛泽东首先作《关于与四方面军领导者的争论及今后战略方针》的报告。毛泽东在报告中揭露张国焘反对北上方针的错误，接着说，不管张国焘等人如何阻挠破坏，中央坚持过去的方针，继续向北。他指出，红军总的行动方针是北进，但考虑到目前党中央是率领红一军、红三军单独北进，力量是削弱了，从当前的敌我形势出发，行动方针应该有所变化，首先打到甘肃东北或陕北，以游击战争来打通国际联系，靠近苏联，在陕甘广大地区求得发展。毛泽东甚至做了最坏的打算：即使给敌人打散，我们也可以做白区工作。这次会议虽然改变了在川陕甘建立根据地的设想，但仍然将陕甘地区视为中国革命的希望所在，计划在靠近苏联的地区建立根据地后，再向陕甘发展。关于张国焘错误的性质和处理办法，毛泽东指出：我不同意开除张国焘的党籍的做法。因为我们同张国焘的斗争，目前还是党内的两条路线斗争，组织结论是必要的，但不一定马上就做，因为它关系到团结和争取整个四方面军的问题。你开除他的党籍，他还是统率几万军队,还蒙蔽着几万军队,以后就不好见面了。我们应尽一切可能争取四方面军北上,向南是没有出路的。

会议经过讨论,一致同意毛泽东的报告,通过《关于张国焘同志的错误的决定》(只传达到中央委员)。决定批评张国焘向西南地区退却的逃跑主义错误,指出:"四方面军的领导者张国焘同志与中央绝大多数同志的争论,其实质是由于对目前政治形势与敌我力量对比估计上有着原则的分歧。"因其对形势的分析与态度是悲观的,因而"以致丧失了在抗日前线的中国西北部创造新苏区的信心,主张以向中国西南部的边陲地区(川康藏边)退却的方针,代替向中国西北部前进建立模范的抗日的苏维埃根据地的布尔什维克的方针";决定还揭露和批判了张国焘的军阀主义与反党行为。

会议讨论了北上部队的组织问题,决定把红一军、红三军和军委纵队改编为中国工农红军陕甘支队,由彭德怀任司令员,毛泽东任政委。同时成立由毛泽东、周恩来、王稼祥、彭德怀和林彪组成的"五人团",作为全军的最高领导核心。

根据俄界会议决定的方针,为了继续争取张国焘北上,9月14日,党中央率领陕甘支队从俄界出发的时候,又致电张国焘,恳切地说明"中央先率领一、三军团北上,只是为着实现中央自己的战略方针,并企图以自己的艰苦斗争,为左路军及右路军之三十军、四军开辟道路,以便利于他们北上"。再次要求张国焘立即取消南下的决心,服从中央命令、率军北上。9月19日,陕甘支队到达甘南的哈达铺后,又等待了7天之久,因为张国焘已拉着四方面军南下,才继续北上。9月27日,在榜罗镇召开的中央政治局常委会会议上,毛泽东根据新近了解到的陕北还保存有相当大的一片苏区和相当数量的红军这一新情况,把在川陕甘地区建立根据地的战略构想进一步具体化,确定把中共中央和陕甘支队的落脚点放在陕北。在9月28日陕甘支队连以上干部会议上毛泽东充满激情地讲道:"现在,同志们,我们要到陕甘革命根据地去。我们要会合二十五、二十六、二十七军的弟兄们去。……陕甘革命根据地是抗日的前线。我们要到抗日的前线上去！任何反革命不能阻止红军去抗日！"毛泽东的演讲极富鼓动性，他指出："同志们！努力吧！为着民族，为着使中国人不做亡国奴，奋力向前！红军无坚不摧的力量，已经表示给全中国、全世界的人们看了！让我们再来表示一次吧！同志们，要知道，固然，我们的人数比以前少了些，但是我们是中国革命的精华所萃，我们担负着革命中心力量的任务。从前如此，现在亦如此！我们自己知道如此，我们的朋友知道如此，我们的敌人也知道如此！"①10月19日，毛泽东率领陕甘支队到达吴起镇。

对于中共中央率部抵达陕甘地区的重要意义，当时就被有识之士所洞悉。1936年1月4日的《大公报》发表正在实地考察红军长征情况的著名记者范长江的《松潘战争之经过》（指歼灭国民党军第四十九师的包座战役）一文，特别指出这场战役的后果之一"是中央苏维埃已由长江流域移到黄河流域，中央红军的主力，亦由中国的东南转到西北的陕北上来"②。当然，最能够体味决策落脚陕北重要意义的莫过于决策者毛泽东了，他说："有人说，陕北这地方不好，地瘠民贫。但是我说，没有陕北那就不得下地。我说陕北是两点，一个落脚点，一个出发点。"③

四、奠基西北

中共中央率中央红军经过长途跋涉抵达陕甘根据地后，全体将士虽然革命斗志依然昂扬，但是身体已经是疲惫不堪，并且几乎到了弹尽粮绝的境地。陕甘人民以极大的热情欢迎红军，倾其所有帮助中央红军。中央红军的全体将士，体力得到恢复，伤病得到救治，身心得到彻底的休整，特别是摆脱了一年间无根据地作战的痛苦，感受到了回家的温暖。以找到新的根据地为标志，中央红军的战略转移终于取得了胜利，艰苦的万里长征

---

① 人民出版社编：《中国工农红军第一方面军长征记》，人民出版社1955年版，第413、414页。
② 《范长江新闻文集》上册，新华出版社2001年版，第338页。
③ 《中国共产党第七次全国代表大会的工作方针》（1945年4月21日），中共中央文献研究室编：《毛泽东在七大的报告和讲话集》，中央文献出版社1995年版，第12页。

终于结束了，中国革命又揭开了新的一页。

另一方面，硕果仅存的陕甘革命根据地弥足珍贵，但它当时基本偏于陕北一隅，红二十五军与陕甘红军会合时根据地发展到20多个县，人口有90余万；[①]这里是单一的个体农业经济（少部分区域是农牧结合），几乎没有工业，而且土地贫瘠、交通困难，经济发展水平极其低下；更为严重的是它正遭受着国民党中央军、东北军、十七路军、晋绥军和陕北地方军阀井岳秀、高双成、高桂滋，以及宁夏、甘肃军阀武装的20余万大军的包围和"围剿"。当时，国民党军对陕甘根据地的第三次"围剿"气焰正盛，之后也一直没有放弃对中共的进攻，直到1936年6月，国民党军高双成部还趁红军主力西征之机，突袭占领了中共中央所在地瓦窑堡，张闻天、毛泽东、周恩来等匆忙撤离瓦窑堡，被迫进驻保安。可见陕甘根据地的外部生存环境的恶劣、艰险。这里作为陕甘支队和红二十五军的落脚点已经难以为继，更不足以承载中国革命骨干力量的适时北移和中国革命新的大本营的历史重任。

更为严重是在根据地内，仍在顽固执行王明"左"倾教条主义的中共北方局驻陕北苏区代表团书记（亦称中共北方局代表），罔顾九一八事变以来国内政治形势的巨大变化，提出了与党中央"北上抗日"方针背道而驰的进军方向，要求红十五军团向西南发展，与陕南、川陕苏区连成一片（他不知道当时川陕苏区已经因红四方面军的撤离而不复存在）。并全面否定刘志丹等在陕甘根据地执行的正确路线，致使用残酷的肉刑等逼供信手段，开展错误的肃反。刘志丹、高岗、张秀山、习仲勋、汪锋、马文瑞等一大批陕甘根据地的创建者和领导骨干被抓（有的已经被开除党籍），红二十六军营级以上的干部和地方的党政骨干200多人被错杀。导致陕甘苏区的党组织和干部队伍被严重削弱，军心动摇，民心不稳。习仲勋后来回忆："白匪军乘机挑拨煽动，以致保安、安塞、定边等几个县都反水

[①] 中共中央文献研究室：《关于建国以来党的若干历史问题的决议注释本》（修订），人民出版社1985年版，第124页。

了，根据地陷入严重危机。"①

中共中央长征抵达陕北伊始，得知这些情况后，毛泽东立即下令，停止逮捕、停止审查、停止杀人，果断停止了在陕甘根据地进行的肃反，释放了刘志丹、高岗、习仲勋等一大批领导骨干，并恢复了他们的职务。同时对主持错误肃反的人员，给予撤职、警告等组织处理，并撤销朱理治任书记的中共陕甘晋省委，改组以聂洪钧为主席的西北革命军事委员会，分别成立陕甘、陕北省委和关中、三边、神府特委，恢复红一方面军的番号（下辖以陕甘支队组成的红一军团和以陕甘红军与红二十五军组成的红十五军团），并设立以毛泽东为主席的新的西北革命军事委员会。鉴于肃反造成的红二十五军和陕甘红军之间的隔阂，党中央要求对红二十五军和红一军团调到红二十六军、红二十七军工作的干部进行一次普遍教育。对陕甘红军"不得发生任何骄傲与轻视的态度"，对陕甘红军干部的"不安与不满应进行诚恳的解释"，"使十五军团全体指战员团结如一个人一样"。②这样，遵义会议以来所确立的正确的组织路线在陕甘根据地得到贯彻。从而迅速扭转和稳定了局势，化解了陕甘根据地的危机。后来这被习仲勋喻为"红日照亮了陕甘高原"。

吴起镇是陕北革命根据地保安县属地。当中央红军即将进入陕北的时候，蒋介石即命令东北军和马鸿逵、马鸿宾的骑兵进行堵截并歼灭红军。当中央红军到达吴起镇后，敌人骑兵也跟踪而来。根据敌情，毛泽东认为，若让敌人的骑兵一直跟进陕北，对己十分不利，总是十分被动。为此，他嘱咐一纵队的首长：要想办法打它一下。在听取有关的情况汇报后，毛泽东定下打击尾追之敌的决心。他在为此而集合的支队干部会上说道：后面的敌人是条讨厌的"尾巴"，一定要把这条"尾巴"斩断在根据地门外，不要把敌人带进根据地。他号召大家坚决打好这一仗，作为与陕

---

① 习仲勋：《红日照亮了陕甘高原》（1978年12月20日），中共中央党史研究室编：《习仲勋文集》上卷，中共党史出版社2013年版，第427页。

② 中共中央文献研究室编：《毛泽东年谱（1893—1949）》上卷，人民出版社、中央文献出版社1993年版，第501页。

北红军会师的见面礼。10月21日晨，中央红军主力与尾追之敌交火。这一仗，中央红军击溃尾追之敌2000余人，其中彻底消灭了敌人一个骑兵团，打垮了敌人三个骑兵团，缴获了大批轻重武器和战马，抓获了大批俘虏。这次战斗，迫使国民党"追剿"部队停止了对中央红军的追击。

10月22日，中共中央政治局在吴起镇举行扩大会议，毛泽东、张闻天、周恩来等出席会议。会上，毛泽东作关于目前行动方针的报告。会议指出：党中央和陕甘支队已经完成长途行军，开始了新的有后方的运动战。会议决定党和红军今后的战略任务是："建立西北的苏区，领导全国大革命"；陕西、甘肃、山西三省是红军发展的主要区域。具体计划是先用约20天时间在以吴起镇为中心的地区整顿部队，扩大红军，进行群众工作，以后向南寻机歼敌，待黄河结冰后再向东发展。

陕甘支队在吴起镇经过短期休整，10月30日，所有非战斗单位前往陕北苏区中心瓦窑堡，战斗部队则向甘泉前进。11月初，在甘泉南边的象鼻子湾，中央红军与由徐海东领导的红二十五军和刘志丹领导的陕北红军合编成的红十五军团胜利会师。

11月3日，中共中央政治局常委在甘泉县的下寺湾，听取陕甘晋省委副书记郭洪涛、西北军委主席聂洪钧关于陕甘边苏区政治、军事情况的汇报。接着召开政治局常委会会议。参加会议的有毛泽东、张闻天、周恩来、博古等人。会议着重研究党政军工作分工问题。毛泽东被确定负责军事。同日，中华苏维埃共和国中央政府决定成立中国工农红军西北革命军事委员会，毛泽东任主席。

中央红军到达陕北并与红十五军团胜利会师，对国民党是一个巨大威胁，陕甘苏区成了革命的中心，也成了敌人"围剿"的重点。国民党军"西北剿总"决定重新调整部署，以5个师，首先构成沿葫芦河的东西封锁线，并打通洛川、富县与延安之间的联系，构成沿洛水的南北封锁线，尔后采取南进北堵，逐步向北压缩的方针，将红军消灭于洛水以西、葫芦河以北地区。

毛泽东分析了当时的形势和所面临的敌情，拟定了一个大的歼灭计划，决定在直罗镇布下口袋阵以歼灭敌人。11月5日，毛泽东召集红一军团和红十五军团首长研究制定直罗镇战役计划。决定：将敌放进直罗镇，乘敌立足未稳，集中红军主力，采取包围侧击战术，歼灭敌人，得手后，继续歼灭敌人后续部队。同时，派出兵力牵制敌人，阻敌增援，以保证在直罗镇胜利歼敌。

11月20日下午，敌一〇九师在红军警戒部队节节抗击下被诱入直罗镇。21日拂晓，红一军团由北向南，红十五军团由南向北，对被包围之敌展开猛攻。战斗打响后，毛泽东亲临前线指挥，他的指挥所就设在离直罗镇不远的山坡上。他一再叮嘱："要的是歼灭战！"激战到下午2时，敌已大部被歼灭。此时，敌东西两路援军迫近。红军遂以少数兵力继续围攻敌一〇九师残部，并阻击由富县西援之敌一〇六师，集中主力向西迎击由黑水寺向直罗镇增援的敌第五十七军的主力2个师。第五十七军见势不妙，惧怕被歼，于23日下午沿葫芦河西撤，红军跟踪追击，在张家湾地区歼其1个团，余敌仓皇退回太白镇。敌一一五师见第五十七军主力后撤，亦急忙逃回富县城内。敌一〇九师见待援无望，便收拾残兵败将500余人，于23日晚向东突围，被全歼。

直罗镇战役，全歼敌一〇九师和一〇六师1个团，毙伤敌师长以下1000多人，俘敌5300人，缴枪35000余支，轻机枪176挺，迫击炮8门，无线电台2架，子弹22万多发。这一切，大大补充和改善了红军的武器装备。红军教育和释放了这次战役中的俘虏，对争取东北军建立抗日民族统一战线，起了良好作用。

直罗镇战役的胜利，粉碎了敌人的"围剿"，巩固和扩大了陕北苏区，有力地配合了全国红军的行动，为党中央把全国革命大本营放在西北，举行了奠基礼。

进而，毛泽东和中共中央全面开展苏区建设，夯实陕甘宁根据地的物质基础。1935年11月，中共中央为加强陕甘苏区的建设和统一领导，设立中华苏维埃共和国中央政府西北办事处，全面领导苏区建设。发布《关于发展苏区工商业的布告》，取消一切工商业的捐税；帮助设立消费合作社；组织劳动互助社，优待红军家属；开发延长油矿、组织贩运盐池的盐、派部队保护贸易运输和帮助苏区群众开垦荒地；开办各种群众文化福利设施，发展苏区经济文化事业。鉴于宁夏甘肃边界地区回民聚居，加强民族政策教育，争取回民同胞拥护党的抗日救国主张。同时，积极展开对哥老会群众的宣传，使其团结在中共抗日民族统一战线的旗帜之下。瓦窑堡会议后，中共中央以调整阶级政策和富农政策为突破口，改变过去把富农与地主、豪绅同样对待，全部没收富农土地财产的政策，"保障富农扩大生产（如租佃土地，开辟荒地，雇用工人等）与发展工商业的自由"①。以后又将没收地主土地的政策改变为减租减息，团结爱国乡绅共同抗日。这些举动壮大了红军，扩大了中国共产党的影响，充实了物质基础，这是使陕甘宁根据地能够成为八路军出征抗日的出发点和战略后方，并长期成为中国革命大本营的重要条件。

与此同时，大力扩红，培养和训练干部，为迎接新的革命高潮做好干部和组织准备。中共中央鉴于长征中兵力的锐减，积极扩大红军武装队伍，动员地方游击队担负扩大苏区的任务。1936年初，在新扩红军和收编地方武装的基础上，重建了红一军团第一师，新组建了红二十八军、红二十九军。东征中更是扩红8000余人。这些武装力量后来都发展成为抗日的重要力量。此后，为巩固抗日后方，又将苏区划分为5个清剿区，将军事打击与政治争取结合起来，抽出兵力清剿和肃清土匪，至全国抗战爆发前基本肃清了匪患，巩固了苏区内部的稳定安宁。

在长征以来党和部队干部严重减员情况下，毛泽东认为"干部问题是一个有决定作用的问题"，应该"从发展北方以至全国的革命武装力量出发"予以重视。他要求清查降级使用人员，把他们提升起来，同时提拔老战士开办教导营。②他在给红军主要将领的电报中曾明确要求："凡属同

---

① 《建党以来重要文献选编（1921—1949）》第12册，中央文献出版社2011年版，第502页。

② 中共中央文献研究室编：《毛泽东年谱（1893—1949）》上卷，人民出版社、中央文献出版社1993年版，第511页。

意党的纲领政策而工作中表现积极的分子,不念其社会关系如何,均应广泛地吸收入党,尤其是陕甘支队及二十五军经过长征斗争的指战员,应更宽广地吸收入党。""凡属经过长征的分子,一律免除候补期。"①1936年6月,中国人民抗日红军大学在瓦窑堡创办(后迁至延安,改称"中国人民抗日军事政治大学",即"抗大"),党中央和军委主要领导人都前往授课。毛泽东亲自为学员们讲授《中国革命战争的战略问题》。他指出:"我们不但需要一个马克思主义的正确的政治路线,而且需要一个马克思主义的正确的军事路线。"②他明确反对那种照搬苏联内战经验的做法,重申列宁关于马克思主义活的灵魂是"具体地分析具体的情况",号召全党和全军研究中国革命战争的规律。全国抗战爆发前,抗日红军大学共培训军政干部3800余人,输送了大批人才。此外,中革军委还创办了红军摩托学校,红军总司令部二局开办了无线电侦察和谍报训练班,三局开办了红军通信学校,总供给部开办了红军供给学校,总卫生部开办了卫生学校,以及各军团和师、团单位主办的多个学兵队。这些专业技术训练班、学校,培养了大批专业技术人才,为迎接全国抗战准备了骨干力量。

鉴于陕北土地贫瘠和人口稀少又处在各路强敌的围困之中,毛泽东提出"以发展求巩固"的方针。12月1日他在给张闻天的电报中就提出"用战争、用发展、用不使陕北苏区同我们脱离的方针"③,1935年12月17日,中共中央政治局举行瓦窑堡会议,讨论党在新形势下的军事战略问题,特别是红一方面军的行动方针问题。毛泽东在会议上作报告时指出:第一步,在陕西的南北两线给进犯之敌以打击,巩固和发展陕北苏区,从政治上、军事上和组织上做好渡黄河去山西的准备。第二步,到山西去,

---

① 中共中央文献研究室编:《毛泽东年谱(1893—1949)》上卷,人民出版社、中央文献出版社1993年版,第500—501页。

② 《中国革命战争的战略问题》(1936年12月),《毛泽东选集》第1卷,人民出版社1991年版,第186页。

③ 中共中央文献研究室编:《毛泽东年谱(1893—1949)》上卷,人民出版社、中央文献出版社1993年版,第493页。

准备击破阎锡山的晋绥军主力,开辟山西西部五县以至十几县的局面,扩大红军一万五千人,并保证必要时返回陕西所需要的物质条件。第三步,根据日军对绥远进攻的情形,适时地由山西转向绥远。[1]战略方针应是坚决的民族革命战争,首先把国内战争与民族战争相联系,一切战争都在民族战争的口号下进行。他主张,红军应利用当前蓬勃发展的抗日形势,积极向山西发展,在发展中求得苏区的巩固。根据这个会议的决定,毛泽东、周恩来在12月24日拟定了《关于四十天准备行动的计划》,开始进行东征的准备。

为了进行东征,军委决定将红一方面军主力部队组成"中国人民红军抗日先锋军",彭德怀为总司令,毛泽东为总政委。下辖红一军团、红十五军团和红二十八军。1936年2月20日晚8时,红军开始东渡黄河,一举突破敌军黄河防线,渡河成功。至23日,红军全部控制辛关至三交镇之间各渡口,占领了包括三交、留誉、义牒各镇在内的横宽50余公里、纵深35公里的地区。2月24日,毛泽东与彭德怀为打破敌军的封堵,建立作战根据地,又决定:除以一部兵力继续围攻石楼以外,主力迅速进占柳林、离石、中阳、孝义、隰县、永和这一弧线以内的有利阵地,并大力开展群众工作,争取群众的支持;然后集中兵力消灭敌军一路至二路,取得在山西发展抗日根据地的有利条件,作为东征第二步任务。按照这一部署,东征军英勇奋战,于3月上旬粉碎了阎锡山组织的4个纵队的第一次反击。随即,毛泽东与彭德怀根据敌情变化,指挥东征部队展开北上南下作战,纵横于晋中、晋西南、晋西北广大地区。在此期间,中共中央政治局于3月20日至27日在晋西地区举行扩大会议,进一步分析了国际国内形势,特别是华北的形势,讨论政治、军事和开展抗日民族统一战线等三个方面的问题。毛泽东在会上作报告。他指出:过去提"巩固向前发展"是对的,今天则是"以发展求巩固"。现在,只有发展才能求得巩固。为此,战略上

---

[1] 中共中央文献研究室编:《毛泽东年谱(1893—1949)》上卷,人民出版社、中央文献出版社1993年版,第498页。

必须采取大胆的方针，因客观的形势好，战役上要采取谨慎的方针，在有利地形上以多胜少，力求减少错误。会议决定"争取迅速对日作战为党与红军的重要任务"，"以发展求巩固"为全党全军的战略方针，党和红军当前的方针是经营山西；当前在山西已占区域的主要工作"是普遍摧毁反动基础，普遍发动群众，猛烈扩大红军，各个消灭敌人"。

4月间，蒋军、阎军共同以重兵跟踪围攻东征红军，并采取堡垒推进的战法，以主力在晋西由南向北进击，企图围歼红军于黄河东岸。这样一来，就大大增加了红军机动作战的困难。4月28日，毛泽东、彭德怀在进一步分析了山西和陕西、甘肃的敌情之后，致电周恩来和各军团首长，指出：目前，山西方面，阎军和蒋军共51个团，采取堡垒主义，稳步向我推进。陕西方面，蒋介石强令东北军、西北军向北进攻，企图封锁黄河；神府地区、三边（即陕北的靖边、安边和定边）地区和环县、合水及其以西地区均较空虚。"根据上述情况，方面军在山西已无作战的顺利条件，而在陕西、甘肃则产生了顺利条件，容许我们到那边活动，以执行扩大苏区，锻炼红军，培养干部等任务。另一方面则粉碎卖国贼扰乱抗日后方计划，亦是当前的重要任务。"因此，"我军决定西渡黄河，第一步集结于延长地域"。

5月2日，彭德怀、毛泽东下达渡河命令，规定全军利用夜晚，分批从铁罗关、清水关西渡黄河。当晚，东征军开始西渡，至5月5日全部渡完。同日，中共中央以中华苏维埃人民共和国中央政府主席毛泽东、中国人民红军革命军事委员会主席朱德的名义，发表了《停战议和一致抗日通电》，重申停止内战、一致抗日的主张。至此，东征战役结束。东征历时75天，消灭敌人7个团，扩红8000余人，提高了部队的战斗力，同时筹款和物资价值50万元，改善了部队装备，并迫使"进剿"陕北的晋绥军撤回山西，使陕北革命根据地得到进一步的恢复和发展。同时，这次东征开展了群众工作，宣传了党的抗日主张，充分展示了中国共产党人为挽救民族危亡与自己的敌人血战到底的英雄气概。红军东征使得全国民众切实地认识到红军长征的"北上抗日"不是口头的宣传而是实实在在的行动，"在事实上证明了，（只有红军）才敢勇敢地打起鲜明的抗日大旗，打到日本帝国主义势力范围的华北五省中去"[1]；红军东征使中共"将国内战争和民族战争结合起来"战略初见成效，推动了红军由内战向抗战的伟大战略转变；红军东征使全国人民初步看到"共产党和红军不但在现在充当着抗日民族统一战线的发起人，而且在将来的抗日政府和抗日军队中必然要成为坚强的台柱子"[2]；东征掀起全国抗日救亡运动的新高潮。

结束东征回师陕北以后，毛泽东和中共中央根据当时的政治、军事形势，以及与东北军、西北军统一战线工作的进展情况，确定党在今后的政治任务是：保卫西北，扩大和巩固西北抗日根据地；扩大红军，努力争取西北抗日力量大联合，进而推动全国国防政府和抗日联军的建立，实现全国性的对日抗战。据此，规定红一方面军和陕北苏区的战略任务是：向西面进攻，以造成广大的陕甘宁根据地，并向北打通与苏联、蒙古的联系，向南打通红四方面军和红二、六军团的联系；东面坚持游击战争；南面争取东北军和其他可以争取的国民党军队走向抗日。执行这三项任务的目的，是争取时间，争取空间，争取力量，为将来的大发展准备条件。

1936年5月13日，红一方面军在延川县大相寺召开团以上干部会议，会议的主要任务是：总结东征，动员西征。毛泽东作了形势与任务的报告，他指出，西征的任务是：扩大新根据地，扩大红军；打击马鸿逵、马鸿宾的封建势力，以促进陕北根据地的巩固和发展，促进与东北军、西北军抗日民族统一战线的形成。

5月18日，毛泽东、周恩来、彭德怀在大相寺联名发布西征战役命令，决定以红一方面军第一、第十五军团和第八十一师、骑兵团等共1.3万余人组成西方野战军，由彭德怀任司令员兼政委，进行西征。

---

[1] 红一方面军政治部：《东征的胜利和目前任务（讨论大纲）》（1936年5月16日），中共山西省石楼县委宣传部编：《红军东征——影响中国革命进程的战略行动》（上），中共党史出版社1997年版，第276页。

[2] 《论反对日本帝国主义的策略》（1935年12月27日），《毛泽东选集》第1卷，人民出版社1991年版，第157页。

5月20日前后，西方野战军分左右两路相继从延长、延川地区西进。左路军红一军团经蟠龙、安塞到达吴起镇集结；右路军红十五军团经永坪、蟠龙之间到达新城堡集结。

敌人发觉红军有"进攻宁夏"的迹象，立即调其第三十五师一部由庆阳经曲子、环县、洪德城回援，遗防由东北军派部接替。这时，毛泽东一面致电东北军不要妨碍红军去占领曲子、环县、洪德城；一面致电彭德怀，要红一军团立即由吴起镇进至元城镇，派一部向庆阳方向游击，阻止东北军由庆阳北进，相继占领曲子及其南北一线，并指出，在执行此项任务时，"以不与东北军正式作战为原则，对马鸿宾则坚决打击之"。据此，西方野战军于6月间相继取得曲子、阜城等战斗的胜利，占领了陕甘宁边境的广大地区，完成了西征作战的第一阶段任务。

6月14日，西方野战军领导提出下一阶段的基本任务为："以最大努力赤化占领区域，摧毁定边、安边、豫旺（堡）及豫旺城（等）支点，打击敌出扰部队，肃清民团。"据此，西方野战军各部先后攻占定边、盐池、豫旺等城，歼灭敌军和民团千人以上。7月上旬，东北军的骑兵军军长何柱国，在张学良去南京参加国民党五届二中全会时，执行蒋介石的命令，指挥东北军步、骑兵4个师和第三十五师残部，集结于固原、庆阳之间，准备分两路夹清水河向北进攻。7月14日，毛泽东电示彭德怀："对何柱国指挥'进剿'（之）全部东北军，宜决定消灭其一部，这样做不会妨碍大局，反有利于大局。"7月17日，何柱国以骑六师向红军作试探性的进攻。红一军团一举将其击溃。此后，何柱国鉴于红军已有充分准备，加之张学良从南京回到西安，遂停止了进攻。

7月27日，毛泽东同周恩来、杨尚昆联名致电西方野战军及各军团、各军首长，指出："两个月来，西方野战军以其坚决机动的指挥与英勇牺牲的战斗，完成了在西方创造根据地的任务。"开辟了纵横200余公里的新根据地。西征战役胜利结束。

红军的东征和西征不仅巩固和扩大了陕甘革命根据地，而且其最重要的成果就是有力地配合了红二和红四方面军的北上，促成三大主力红军会师西北，完成了中国革命骨干力量由南向北的大转移。此后，中国的各路红军第一次纳于中共中央和中革军委的直接统一指挥之下。西安事变发生后，为抵御国民党军可能的进犯，应张学良和杨虎城之邀，中共中央进驻延安，红军主力则南下关中，与东北军、十七路军形成相互策应，从而使陕甘根据地由陕北一隅发展为陕甘宁革命根据地，地域扩大为20余个县近13万平方公里，人口增加到150多万，成为三大主力红军长征的落脚点和中国革命长期稳定的大本营。

第八章　初到陕北

一、扎根立足

1935年6月，中央红军与红四方面军会师，毛泽东和中共中央确定在川陕甘地区创建新根据地的战略取向。在经历张国焘分裂主义造成的空前严重的党内危机之后，单独北上的红一方面军主力从俄界（高吉）出发，走完了二万五千里长征的最后两千里路程，榜罗镇会议正式确定的长征落脚点——陕北，已经近在眼前。

有理由推论当时毛泽东的心情是既高兴又忐忑。长征胜利在望，当然要兴奋；可是陕北的情况究竟如何？毛泽东所知非常有限。他的消息来源原来只有1933年中共陕西省委被破坏前到中央苏区参加二苏大的贾拓夫对既往情况的介绍，以及在哈达铺找到的一些旧报纸上关于陕北苏区刘志丹及红二十五军情况的只言片语。10月18日，即在到达吴起镇的前一天，中共中央政治局常委会会议召开。毛泽东在发言中特别指出：我们需要了解红二十五军和红二十六军的情况，以及陕北苏区的情况。我们可以与他们联系见面，确定我们的方针。现在我们已到陕西，去保安尚有五天路程。到保安，如无特别敌情，把保安变成苏区。①毛泽东之所以强调要了解红二十五军的情况，是因为9月9日，因与张国焘的红四方面军在重大方针问题上发生严重分歧，中央红军为避免更大悲剧发生而被迫单独北上。可是

---

① 中共中央文献研究室编：《毛泽东年谱（1893—1949）》上卷，人民出版社、中央文献出版社1993年版，第481页。

第八章 初到陕北

现在，他们又不得不与曾经隶属于红四方面军的红二十五军密切相处。那么，中央红军应当如何对待红二十五军呢？反过来说，先一步抵达陕北的红二十五军，又会如何对待中央红军呢？没有可靠、准确的信息，就无法作出正确的判断；没有正确的判断，就无法作出合乎实际的决策。这是直接关系到中央红军能否在陕北站稳脚跟的重大全局性问题。

陕甘根据地（包括陕北）是自大革命失败起，以刘志丹、谢子长为代表的共产党人，在中央八七会议总方针的指引下，在一次次失败和挫折中奋起，经过七、八年的努力，才建立和发展起来的一块红色根据地。在土地革命战争后期，当中国南方各苏区陆续丢失时，陕甘根据地却得以"硕果仅存"，有其独特的经验与条件。其一，坚持党的领导，始终维护党的团结统一。以刘志丹、谢子长、习仲勋等为代表的陕甘根据地领导人，努力排除"左"、右倾错误的干扰，在内部意见分歧和争论面前，不计较个人荣辱得失，坚定维护革命大局，维护根据地党的统一和红军的团结，最大限度地保存和发展了革命力量。其二，坚持从实际出发创建根据地，在巩固中求得生存和发展。陕甘的共产党人深入调查研究，坚持实事求是，创造性地开展了武装斗争和土地革命。以陕北安定、陇东南梁和关中照金为中心创建的"狡兔三窟"式多区域战略布局，为粉碎敌人的多次"围剿"提供了有利条件，后来还得到毛泽东的称赞。其三，坚持贯彻统一战线的策略方针，团结社会各方面人士，扩大了根据地建设的同盟军。根据地采用"红色""白色""灰色"三种斗争方式，注重发动组织工农群众，积极开展兵运工作，竭力争取、教育和改造绿林武装，使革命武装不断发展壮大。其四，坚持群众观点和群众路线，始终与人民群众血肉相连。党员干部依靠群众、宣传群众、组织群众、武装群众，与群众同甘苦、共命运，坚持廉政勤政，切实维护群众利益，为根据地赢得了坚实的群众基础。

在中央红军到达陕北以前，红二十五军就于1935年9月15日率先到达陕西延川永坪镇，成为第一支完成长征的队伍。16日，刘志丹率领西北红军到达永坪镇，两军胜利会师。会师后，红二十五军、红二十六军、红二十七军合编为红十五军团。红十五军团组建后,在徐海东、程子华、刘志丹的指挥下,立即投入反击国民党军第三次"围剿"西北苏区的斗争中,先后发起劳山战役和榆林桥战役,消灭国民党东北军六十七军一个师又一个团的兵力,巩固和扩大了陕甘革命根据地,为迎接中共中央和中央红军到达陕北奠定了基础。

中央红军长征到达陕甘地区时,这里已经在连成一片的20多个县建立了工农民主政权,游击区所及达30多个县,根据地面积6万多平方公里;这里有红二十六军和红二十七军两支主力红军4000多人,另有相应人数的游击队,加上新近抵达的红二十五军,陕甘根据地共有红军7000余人,与陕甘支队的人数大体相当;更为重要的是,这里有人口150余万人,长时期以来,共产党人的发动和影响,使群众的斗争觉悟普遍提高,特别是多数地区已经进行了没收地主土地分配给农民的土地革命,并形成了刘志丹、谢子长、高岗、张秀山、习仲勋等在群众中享有崇高威望的领导骨干和干部队伍。

但当时毛泽东对陕甘苏区所知甚少,印象最深的是知道那里的群众领袖是刘志丹。出乎他意料的是到达陕北了解到的第一件事竟然是刘志丹被抓起来了。10月19日,毛泽东率领以"陕甘支队"名义行动的中央红军,终于抵达陕甘苏区根据地的西部边境——保安县吴起镇。第二天,陕甘支队通过陕甘红军游击支队秘密联络员刘兴汉的鸡毛信,找到了赤安县游击队第一支队队长兼政委的张明科。张明科曾是刘志丹家的长工,后追随刘志丹闹革命。毛泽东问张明科:刘志丹现在哪里?你知道他在什么地方吗?张明科为难地说出真相:刘志丹10月初被关押起来了,关押原因不知道。周恩来又问关押在什么地方,张明科答:听说关在瓦窑堡,那里关了几百人。毛泽东再问:谁能知道详细情况?张明科说:只有红二十六军骑兵团政委龚逢春知道详细情况。龚逢春于22日上午见到了毛泽东。[①]龚逢春是级别较高的干部(有的资料说他是"陕甘边游击队第二路政委"),了解更多内情。与

---

① 张明科:《毛主席问我刘志丹在哪里?》,《刘志丹纪念文集》编委会编:《刘志丹纪念文集》,军事科学出版社2003年版,第412—414页。

第八章 初到陕北

他谈话，使毛泽东、周恩来等中央高层领导人知晓了整个陕北根据地的危局及其产生危机的原因。①当天，中共中央在吴起镇召开了政治局会议，会议决定了落脚陕北的一系列大政方针和政策策略。这个会议，也是化解陕北根据地危局的重大决策会议。

当时陕北苏区的危局非常严重：一是陕甘苏区本土派中层以上干部绝大部分被抓。刘志丹、高岗、习仲勋、杨森、张秀山、马文瑞、黄罗斌、张策、郭宝珊等五六十个高级干部和陕北本地发展起来的红二十六军营以上干部与陕甘边县以上主要干部，200多人都被逮捕，分别囚禁在瓦窑堡和下寺湾一带，还有200多名干部已惨遭杀害。实际上，边区基层政权已基本瘫痪或瓦解。习仲勋回顾这段惨痛经历时，曾经说过：他们已经为志丹和我挖好了坑，准备活埋我们。是党中央、毛主席到达陕北得知这一情况后，立即指示"刀下留人"。如果毛主席晚到四天，就没有刘志丹和我们了。②二是陕北苏区基础动摇，岌岌可危。《马文瑞传》描述得很细致："农村形势不稳，反动民团和地主豪绅，准备反攻倒算。党政军内部都引起很大的恐惧和不安，干部听说省委来人就上山'打游击'，老百姓听到外地口音的红军就往山上跑。东地区群众听到他们的领导人马文瑞被捕，纷纷向白区跑反，宜川南塬靠近白区一带就跑了七百多户。一些地区党组织瘫痪，游击队离散。保安、安塞、定边和靖边等几个县的群众'反水'，有些沿边苏区变成白区。"③三是本土的红二十六军与外来的红二十五军矛盾严重。时任红二十六军师长的贺晋年见到杨尚昆时就说过：如果中央不来，我们就要同二十五军他们打起来了。杨尚昆不禁感慨："如果十五军团两部分红军内部发生严重冲突，陕甘苏区就完了。"④深知内情的习仲勋也多次说过类似的话：当时如果党中央、毛主席不来，这

---

① 《马文瑞传》编写组：《马文瑞传》，当代中国出版社2005年版，第93页。
② 《怀念习仲勋》编辑组编：《怀念习仲勋》，中共党史出版社2005年版，第14页。
③ 《马文瑞传》编写组：《马文瑞传》，当代中国出版社2005年版，第93页。
④ 《杨尚昆回忆录》，中央文献出版社2001年版，第155页。

个根据地也不复存在了。①

陕甘苏区危机完全是错误路线下的肃反所致。1935年7月初，中共北方局代表朱理治来到陕北；8月中旬，聂洪钧从上海以中央代表的名义来到陕北。二人的使命一样，就是在陕北反对所谓的右倾机会主义。他们罔顾九一八事变以来国内政治形势的巨大变化，提出了与党中央"北上抗日"方针背道而驰的进军方向，要求红十五军团向西南发展，与陕南、川陕苏区连成一片，并全面否定刘志丹等在陕甘根据地执行的正确路线。但他们的行为遭到了刘志丹、张秀山等当地同志的抵制，"这个期间，他们要对陕甘和红二十六军进行肃反，也只是有其心，而无其力。因为没有人支持他们"②。

然而，情况很快出现了逆转。9月15日，曾经隶属红四方面军的红二十五军长征来到陕北延川县永坪镇，成为第一支完成长征的红军队伍，到达陕北时有3400余人。会师后，红二十五军与本地的红二十六军、红二十七军整编为红十五军团，红二十五军军长徐海东任军团长，程子华任军团政委，刘志丹任副军团长，高岗任军团政治部主任。红二十五军的到来壮大了陕甘苏区的红军力量，但初来陕北，由于情况不明，很快就听信并坚定地站在中共北方局代表朱理治等人一边，这就迅速改变了西北根据地内部力量的对比，肃反的发生不但有了理论的支持、政治上的准备，而且拥有了有力的军事后盾。

陕北肃反来势异常凶猛，主要操作者是时任红十五军团参谋长兼政治保卫局局长戴季英。戴季英是在张国焘主持红四方面军工作氛围下成长起来的"肃反专家"，即使在艰苦转战的环境中，他也一直不停地肃反，甚至连徐海东也曾一度遭受怀疑，红二十五军到达陕北时还关押着300多名长征路上一路走来的所谓有问题的官兵。陕北肃反的起始时间大约在1935年10月1日的劳山战役后和10月25日的榆林桥战役前。虽然时间不长，但

---

① 《怀念习仲勋》编辑组编：《怀念习仲勋》，中共党史出版社2005年版，第14页。
② 张秀山：《我的八十五年——从西北到东北》，中共党史出版社2007年版，第83页。

这场肃反风暴的杀伤力和破坏力几乎是致命的,以至于有人怀疑红二十五军是不是红军。"当时陕北军民已对红二十五军失去信任,认为红二十五军是白军,是假扮红军来消灭陕北红军的。陕北红军感到自己上当了,整连整排地脱离红十五军团。有人已在准备劫狱救刘志丹。地方军政组织也回避红二十五军,不再配合支持他们。陕北两派红军一触即发。"①

对于毛泽东和中共中央来说,如何使长征保留下的革命火种在陕甘根据地生根、发芽、开花、结果,是抵达陕北后的当务之急。毛泽东认真反思了第五次反"围剿"失败而丢失中央根据地的原因,认为,"五次反'围剿'失败,敌人的强大是原因,但战之罪,干部政策之罪,外交政策(指中共与外界的一切交往,而不是专指与外国的交往——引者注)之策(罪),军事冒险之罪,是主要原因。机会主义,是革命失败的主要原因"②。有鉴于此,毛泽东当时主要从组织路线、军事路线和政治路线等方面领导进行了巩固与发展陕甘根据地、迎接中国新高潮的艰苦努力。其中最主要的是通过彻底纠正错误的肃反,促进陕甘苏区和各路红军的亲密团结。

见过张明科和龚逢春后,毛泽东对陕北苏区状况有了比较清晰的大致了解。他深刻认识到必须避免当年率红四军下山后井冈山根据地错杀王佐、袁文才的教训,坚决制止陕北肃反;必须避免同红四方面军会师后又分裂的惨痛教训,处理好同红二十五军的关系,决不能造成再度失和,这样才能保住陕北苏区,保住中央红军,保住中国革命的未来。因此,在10月22日于吴起镇召开的中央政治局会议上,在正式宣告中央红军长征结束的同时,毛泽东提出了会后的行动方针:一是转战一年的中央红军需要休整,以提高战斗力;二是与当地群众建立很好关系,要极大地注意同西北同志的关系,应以快乐高兴的态度和他们见面;三是要尊重地方群众的意

---

① 强铁牛:《转折关头——党中央在瓦窑堡》,中共中央党校出版社2006年版,第66页。

② 毛泽东读《辩证法唯物论教程》(中译本第三版)时的批注,阅读的时间是1936年11月到1937年4月4日,见《毛泽东哲学批注集》,中央文献出版社1988年版,第106—107页。

见，不要自高自大地压制他们；四是解决衣服等物资问题。会议还有一个重要的举措，就是立即派白区工作部部长贾拓夫和李维汉携带电台，作为先遣队去寻找陕北红军和刘志丹。①实际上，毛泽东是为慎重起见，让他们进一步调查情况，核实信息。

贾拓夫和李维汉遵从中央指示沿东南而下，几天后来到陕甘边区特委（一说是陕甘边区政府）所在地的甘泉下寺湾。贾、李二人在这里碰到了陕甘晋省委副书记郭洪涛，经过交谈，确认了红二十六军和陕甘边党组织正在遭受错误肃反，确认了刘志丹等主要干部已被拘捕。贾、李二人当即将核实的信息电告毛泽东等人，毛泽东等立即下令：停止逮捕，停止审查，停止杀人，一切听候中央来解决。②

10月30日，毛泽东和彭德怀率陕甘支队离开休整了11天的吴起镇，行军南下，于11月2日到达甘泉下寺湾。毛泽东特意告知中央方面的高级干部：要认真准备回答沿途群众热烈欢迎的口号；要打草鞋，洗衣，洗澡，补充粮食，力求部队清洁、整齐、有礼节；最重要的一点是，注意与红十五军团见面时应说的话。这也是汲取了几个月前中央红军同红四方面军会师的教训，当时红四方面军以逸待劳，军服整齐，军容威武，反观中央红军，长途跋涉转战之后，伤病累累，面黄肌瘦，破履烂衫，给红四方面军留下不好印象，甚至是有些瞧不起中央红军。所以，毛泽东提出休整几天，是为了洗去征尘，给陕北红军和红二十五军一个好印象。

11月3日，中共中央在甘泉下寺湾先后举行政治局常委会会议和政治局会议，听取了郭洪涛和西北军委主席聂洪钧关于陕北苏区、陕北红军及其作战情况的汇报，作出一系列事关陕北苏区大局的方针和措施：一是成立新的西北革命军事委员会，毛泽东为主席，周恩来、彭德怀为副主席，成员有王稼祥、林彪、程子华、徐海东、聂洪钧、郭洪涛。这实际是在俄界会议形成的"五人团"基础上，扩展吸收了红十五军团和陕甘苏区的四

---

① 中共中央文献研究室编：《毛泽东年谱（1893—1949）》上卷，人民出版社、中央文献出版社1993年版，第482页。

② 李维汉：《回忆与研究》（上），中共党史资料出版社1986年版，第371页。

第八章 初到陕北

位骨干。会议确定，大的战略问题，军委向中央提出讨论；至于战斗指挥问题，由军委全权决定。① 这个决定的高明之处在于，党中央由此掌握了整个陕北苏区的军事大权，包括红二十五军在内都必须服从和听命党中央指挥；错误肃反由此失去了军力后盾。二是恢复红一方面军番号，陕甘支队编成红一军团，与红十五军团同属红一方面军。三是立即派中央保卫局局长王首道和刘向三等同志作为先遣队，带一部电台和一个排兵力，前往瓦窑堡，接管戴季英控制的陕甘边区保卫局工作，先把事态管控下来，避免进一步恶化。② 临行前，毛泽东对他们语重心长地说：杀头不能像割韭菜那样，韭菜割了还可以长起来，人头落地就长不拢了。如果我们杀错了人，杀了革命的同志，那就是犯罪的行为，大家要切记这一点，要慎重处理。③

会后，中共中央分两路行动，一路由毛泽东、周恩来、彭德怀率红一军团南下，同红十五军团会合；一路由张闻天、秦邦宪（博古）和李维汉等率中央机关前往瓦窑堡。从那时起，瓦窑堡成为中共中央和中华苏维埃中央政府的所在地，成为瑞金之后新的红色首都。

11月7日，毛泽东和红一军团到达道佐铺红十五军团部，与红二十五军和陕甘红军胜利会师。会师前，中央考虑到，徐海东是从红四方面军成长起来的将领，他当然很关心红四方面军主力的情况，双方见面后，徐海东和红二十五军的其他干部都会问一些敏感的问题。杨尚昆回忆：徐海东"原是红四方面军的人。当然很关心四方面军主力的情况。其他同志也问：为什么四方面军没有一起来啊，为什么张国焘没有来啊？所以，同十五军团会师前，毛主席嘱咐我们，先不要对十五军团的同志讲张国焘的事。我第一次见到徐海东，他就问我张国焘的情况，我只好说我也不大

---

① 中共中央文献研究室编：《毛泽东年谱（1893—1949）》上卷，人民出版社、中央文献出版社1993年版，第484页。

② 《刘志丹纪念文集》编委会编：《刘志丹纪念文集》，军事科学出版社2003年版，第570页。

③ 《刘志丹纪念文集》编委会编：《刘志丹纪念文集》，军事科学出版社2003年版，第407—408页。

清楚,以后毛主席会对你讲的。程子华和我们原来相识,他是从中央苏区调到鄂豫皖苏区去的。他也来问张国焘的情况,也由毛主席直接同他讲。毛主席怕原红二十五军的同志对张国焘的问题一下子思想转不过弯来,所以,不是马上把分裂的全部情况告诉他们,而是让他们有个思想准备过程,慢慢了解真相"①。杨尚昆的这段回忆,反映了当时的真实状况,也让人领略到毛泽东的全局意识与领导技巧的高度统一。

在11月7日与徐海东会面这天,毛泽东还与徐海东等人一起商定了由红一军团和红十五军团共同发起直罗镇战役的作战计划。徐海东无条件服从中央的态度,让毛泽东等人深感欣慰。毛泽东主动地提出:送徐海东一部电台。徐海东说不会使用。毛泽东索性连人带电台一起交给徐海东,以方便他指挥和联络。

对毛泽东慷慨相送电台及其操作人员的行为,徐海东也用行动支持了中央红军。当毛泽东派人送来2500银元的借条时,徐海东毫不含糊,当即要求手下从全部家底的7000元中,拿出5000元送给中央,自己只留2000元。不仅如此,当他知道中央红军缺枪少弹时,他马上要求红十五军团每个连队抽出3挺机枪和若干枪支,以及部分衣物、布匹、医药用品等,一并送给中央红军。②与此同时,中央派出周士第、陈奇涵、王首道、冯文彬等同志到十五军团工作,加强军团建设。对此,徐海东没有任何不同意见,照单全收。③徐海东还要求红二十五军要向中央红军学习,说:虽然我们是红四方面军的部队,但现在已属红一方面军麾下,我们要保证不发生张国焘分裂党和红军那样的错误。④徐海东认为,结识毛泽东,是他自己人生的重大转折点,他曾在自传中表示:"到了陕北,走向毛主席身边以后,许多问题,使我有了很大提高。在此较长的一段时间内,我跟毛主席一路行军,一块住,他的思想、言行,以身作则的伟大榜样,科学的工

---

① 《杨尚昆回忆录》,中央文献出版社2001年版,第156页。
② 曲爱国、张从田:《长征记》,华夏出版社2016年版,第436页。
③ 《程子华回忆录》,中央文献出版社2005年版,第80页。
④ 曲爱国、张从田:《长征记》,华夏出版社2016年版,第435页。

第八章 初到陕北

作方法等等，都给自己很深影响。"①徐海东对中央红军的真诚态度和追随真理的坚定信念以及他对革命的忠诚及无私奉献，令毛泽东由衷地赞叹道：徐海东是对中国革命有大功的人！

张闻天、博古等于11月4日送毛泽东、周恩来、彭德怀等南下后，第二天即率中共中央机关北上，于11月7日到达安定县（今陕西省子长市）瓦窑堡。率领先遣队先期抵达瓦窑堡的王首道等，严格按照中央"刀下留人，停止捕人"的指示，深入调查研究，仔细审阅档案，反复查证辩驳，查明陕北肃反确实是一场错案。11月10日，张闻天等听取了王首道等的汇报后，决定推倒强加在刘志丹等人身上的莫须有罪名，首批释放了刘志丹、习仲勋、张秀山、马文瑞、杨森、杨琪、刘景范、高岗及刘志丹警卫员等18人；②在博古的指导下，组建了以董必武为主任，王首道、张云逸、李维汉、郭洪涛为成员的负责解决肃反问题的五人委员会，以后陆续释放了120多位被关押干部，并重新分配他们的工作。刘志丹先后被任命为西北革命军事委员会后方办事处副主任、中国人民红军北路军总指挥、红二十八军军长等职；习仲勋被安排在关中特委工作，1936年任中共环县委书记。由于当时陕北党组织中"左"倾路线还没有得到清算，陕甘边苏区的一些地方干部和军队干部仍然戴着"右倾机会主义"的帽子，对他们的工作分配并不公正，但这批领导骨干能够重新被任用，对于陕甘根据地的巩固、发展具有积极意义。

刘志丹等陕北方面高层干部获释的消息很快就传遍了整个陕甘苏区，陕北群众奔走相告，欢欣鼓舞。"老刘得救了！""陕北得救了！"的欢呼声此伏彼起，不绝于耳。③习仲勋获释后对他的战友说："是党中央毛主席挽救了陕甘苏区根据地。再晚几天，老刘和我都会被他们活埋，中央

---

① 张麟：《徐海东大将》，解放军文艺出版社2005年版，第247页。
② 《刘志丹纪念文集》编委会编：《刘志丹纪念文集》，军事科学出版社2003年版，第571页。
③ 《刘志丹纪念文集》编委会编：《刘志丹纪念文集》，军事科学出版社2003年版，第547页。

红军不来，根据地也会被他们搞垮。今后，我们陕甘边区的同志，要一心跟紧党中央毛主席，任何时候都不能有二心。"①直罗镇战役结束后，毛泽东从甘泉前线赶回后方的瓦窑堡，亲切接见了刘志丹，毛泽东安慰刘志丹说：你和陕北同志受委屈了。你们创造和保存了这块革命根据地，才使党中央有了落脚地。刘志丹听了后，难以抑制激动之情，真诚地说："是党中央和毛主席挽救了陕北、挽救了我们。中央来了，以后的事情就好办了。"②刘志丹、习仲勋也是同样心情，他们从牢狱出来时，个个泪流满面，对党中央、毛主席和中央红军充满了无限的感激之情，是党中央挽救了西北革命。张秀山曾回忆："毛泽东说：是中央救了陕北，也是陕北救了中央。但对我们西北的同志来说，心中永远不可忘怀的是党中央救了陕北。如果不是党中央及时赶到，采取正确果断措施，西北（包括陕甘边和陕北）根据地和西北红军还能存在吗？当然，如果连我党这块唯一仅存的根据地也被葬送掉的话，中国革命的历史又将会是什么状况？"③

  刘志丹等获释后，陕北民众踊跃支前。中央红军都是南方人，陕北民众听不懂南方话，而陕北干部一般都比较懂，他们就当翻译，做群众工作。当地干部还组建支前工作团，组织了数百人的运输队、向导队和担架队，完成了及时运输军需给养、带路和转运伤员的任务；根据地群众不仅对敌军封锁消息，坚壁清野，而且还帮助隐蔽红军，传递敌人的动态情报；有的群众宁愿自己受冻，也把仅有的被褥给伤员盖上，甚至把自己的口粮都献给了红军。④尽管直罗镇战役的歼敌主力是红一军团和红二十五军，但是，如果没有成千上万全力以赴展开后勤保障的陕北民众，这两支外来军队要取得胜利，恐怕是很困难的。陕北民众积极而真诚的合作态

---

  ① 《怀念习仲勋》编辑组编：《怀念习仲勋》，中共党史出版社2005年版，第126页。
  ② 《刘志丹纪念文集》编委会编：《刘志丹纪念文集》，军事科学出版社2003年版，第547—548页。
  ③ 张秀山：《我的八十五年——从西北到东北》，中共党史出版社2007年版，第83页。
  ④ 《怀念习仲勋》编辑组编：《怀念习仲勋》，中共党史出版社2005年版，第127页。

度，表明"中央红军在陕甘宁站住脚了"①。

解决陕北肃反问题的同时，毛泽东还解决了鄂豫皖苏区肃反中遗留下来的问题。红二十五军长征到达陕北的3000多人中，还有300多名在鄂豫皖苏区肃反中被定为"反革命嫌疑"的人尚未做结论，毛泽东询问了情况后说："他们长征都走过来了，这是最好的历史证明，应该统统释放；党员、团员要一律恢复组织生活，干部要分配工作。"②

11月30日，党中央作出《关于戴季英、聂洪钧二同志在陕甘边区肃反工作中所犯错误处分的决议》，指出陕北肃反错误的"主要责任，应由当时主持全部肃反工作的戴季英（当时的保卫局局长）及在前方主持肃反工作的聂洪钧（当时的西北军委主席）二同志负责之，戴季英同志在保卫局工作上犯了许多严重错误，本应受到党的最严重的处分，因估计到他长期参加国内战争，为党工作很久，特决议从轻予他以最后警告，对聂洪钧同志以严重警告"③。并撤销朱理治任书记的中共陕甘晋省委及聂洪钧为主席的西北革命军事委员会，分别成立陕甘、陕北省委和关中、三边、神府特委及新的西北革命军事委员会。这是在纠正错误肃反的第一时间做出的一个有限度的处理决定，充分考虑了团结红二十五军和陕甘地方组织的因素。

鉴于肃反造成的红二十五军和陕甘红军之间的隔阂，毛泽东要求对红二十五军和红一军团调到红二十六军、红二十七军的干部进行一次普遍教育，对陕甘红军"不得发生任何骄傲与轻视的态度"，对陕甘红军干部的"不安与不满应进行诚恳的解释"，"使十五军团全体指战员团结如一个人一样"。④

鉴于长征以来党和部队干部严重减员的情况，毛泽东认为"干部问题

---

① 《怀念习仲勋》编辑组编：《怀念习仲勋》，中共党史出版社2005年版，第128页。
② 中共中央文献研究室编：《毛泽东年谱（1893—1949）》上卷，人民出版社、中央文献出版社1993年版，第489页。
③ 李维汉：《回忆与研究》（上），中共党史资料出版社1986年版，第372页。
④ 中共中央文献研究室编：《毛泽东年谱（1893—1949）》上卷，人民出版社、中央文献出版社1993年版，第501页。

是一个有决定作用的问题",应该"从发展北方以至全国的革命武装力量出发"予以重视。他要求清查降级使用人员,把他们提升起来,同时提拔老战士开办教导营。[①]他在给红军主要将领的电报中曾明确要求:"凡属同意党的纲领政策而工作中表现积极的分子,不念其社会关系如何,均应广泛地吸收入党,尤其是陕甘支队及二十五军经过长征斗争的指战员,应更宽广地吸收入党。""凡属经过长征的分子,一律免除候补期。"[②]

中央对地方组织机构的调整,对其他各路红军中存在的错误干部政策的纠正,在全党端正和树立了正确的组织路线,从而迅速扭转和稳定了局势,化解了陕甘根据地的危机。并转化为直罗镇战役的齐心协力,共同杀敌,取得歼敌6000余人的重大成果,敌人对陕甘苏区的第三次"围剿"彻底被粉碎。毛泽东以遵义会议以来形成的正确的思想路线与组织路线为指导,运用高超的政治智慧和卓越的领导技巧,稳定了红二十五军军心,化解了陕甘红军与红二十五军的矛盾与误解,收获了陕北民众人心,用伟大目标鼓舞斗志,用精诚团结凝聚共识,最终成功化解了陕北危机,进一步巩固和扩大了陕北苏区根据地;全国仅存的陕甘苏区既没有重蹈南方各根据地丢失的覆辙,也没有出现中央红军与红二十五军分裂的痛心局面。这一切通过直罗镇战役的胜利,"给党中央把全国革命大本营放在西北的任务,举行了一个奠基礼"[③]。

二、率军东征与迎接抗日救亡运动新高潮

错误肃反的纠正和直罗镇战役的胜利,使陕甘根据地得到巩固,中共

[①] 中共中央文献研究室编:《毛泽东年谱(1893—1949)》上卷,人民出版社、中央文献出版社1993年版,第511页。

[②] 中共中央文献研究室编:《毛泽东年谱(1893—1949)》上卷,人民出版社、中央文献出版社1993年版,第500—501页。

[③] 《论反对日本帝国主义的策略》(1935年12月27日),《毛泽东选集》第1卷,人民出版社1991年版,第150页。

中央和远道而来的红军得以立足。但是，更深层次，同时也是非常现实的问题，摆在了毛泽东的面前。

长征初到陕北的红军将士印象最深的是，那里地域狭小、人口稀少、地瘠人贫。以致10年过后毛泽东仍深有感触地说："有人说，陕北这地方不好，地瘠民贫。但是我说，没有陕北那就不得下地。我说陕北是两点，一个落脚点，一个出发点。"① 但是，客观地讲，硕果仅存的陕甘革命根据地虽然弥足珍贵，但当时基本偏于陕北一隅，极盛时期北迄长城沿线，南抵淳耀，东临黄河，西接环县，包括25个县，人口90多万。这里是单一的个体农业经济（少部分区域是农牧结合），几乎没有工业，而且土地贫瘠、交通困难，经济发展水平极其低下。更为严重的是几乎与中央红军到达陕北的同时，1935年9月，蒋介石在西安成立西北"剿总"，自兼总司令，以张学良为副总司令代行，把"围剿"的重点转向西北，陕甘根据地周围屯扎着10倍于红军的国民党军队。南面有杨虎城的十七路军主力，位于宜川、韩城、白水地区；西南有张学良的东北军主力，据守延安、洛川之线，阻隔陕北与关中地区的联系；北面的榆林、三边，有井岳秀的八十六师盘踞；东北方的绥德、米脂在高桂滋的八十四师控制之下；阎锡山晋绥军的正太护路军司令兼陕北"剿共"总指挥孙楚指挥4个步兵旅和1个骑兵旅占据着陕北吴堡、义和镇和神木、府谷等地，严重威胁着陕甘根据地的东部，另外在黄河东岸还有25个旅的晋军主力虎视眈眈。敌军大兵压境，根据地区域狭小，不利于红军的机动，与外界联系的唯一通道延安至西安的大路也被敌军封锁。这里作为陕甘支队和红二十五军的落脚点已经难以为继，更不足以承载全国革命骨干力量的适时北移和中国革命新的大本营的历史重任。

从全国形势看，日本帝国主义组织"冀东反共自治政府"制造华北事变，平津危急，华北危急；与此同时，全国抗日民主运动不断出现新的

---

① 《中国共产党第七次全国代表大会的工作方针》（1945年4月21日），中共中央文献研究室编：《毛泽东在七大的报告和讲话集》，中央文献出版社1995年版，第12页。

高潮,在中共北平地下组织的领导下平津地区爆发了大规模的一二·九抗日爱国运动。然而,蒋介石集团顽固坚持推行"攘外必先安内"的政策,在加紧发动对红军新的围攻的同时,全面镇压全国人民的抗日救亡运动,对日妥协投降风气甚嚣尘上。华北危亡和中华民族亡国灭种的危机空前严重。

面对时局,中国共产党人既肩负着率领全国民众抵抗日本侵略拯救民族危亡的历史使命,又要同武装到牙齿的阶级敌人的"围剿"进行殊死搏斗,而后者中的许多力量在客观上都有可能成为共同抵御日寇的同盟军,是中共新确定的政治路线——抗日民族统一战线策略的团结争取对象。这使得中共处于两难境地,对下一步战略发展方向的抉择颇费踌躇。中共中央和红军将领的意见莫衷一是。在中共中央政治局瓦窑堡会议研究军事战略问题时,有些同志痛感丢失根据地后在长征路上饱尝各种艰难牺牲之痛,提出不急于向外发展,而是先在陕北巩固和稳定一个时期;还有些人认为当时主要的军事压力来自国民党中央军、东北军和十七路军,主张向南逐步推进;也有同志主张为打通与苏联的联系,取得国际支援,应首先向宁夏北出绥远内蒙古。会议召开前,中央曾向红一方面军各军团首长征求对战略问题的意见。这时,林彪正式向中央提出到陕南打游击的意见。12月9日,林彪在给毛泽东写的信中说:"我对脱离现任职务改作游击战争已具不移之决心,一周来虽数次向军委请求,而卒未获准,致我非常不安。目前实为我脱离部队之惟一良机,故决不因任何障碍而改变决心。且准备于不得已时,宁可忍受处分。"他要毛泽东支持他的建议。从信中看,这显然不是他第一次提出去陕南,而是在此前一周内就多次向军委提出过。在发出给毛泽东的信后,他又于12月12日、15日连电中央,继续坚持自己的意见。林彪陈述要到陕南打游击的理由主要是:第一,对搞游击战争"素具志愿"。过去因为环境关系没有提出,现在的情况已经缓和,部队能离得开。第二,现在部队不大,干部有余。与其将干部堆集,不如散开分任工作。第三,陕南地区和游击战争在战略上具有重要地位。"不论主力红军的行动如何,我们对陕北苏区应当采取继续巩固与发展的方针，对陕南及陇东北、陇东南都应发展游击战争与创造苏区。"

毛泽东的意见与众不同。他在红一、红四方面军会师后，针对日本帝国主义对华北侵略步伐的加剧和民族危机的加重，提出把国内战争与民族战争结合起来的战略方针。这是一个蕴涵着深刻辩证法思想的重要举措，也是摆脱当时困扰中共两难处境的唯一正确的方针。自经过草地进入甘南后，在甘肃陕西两千里的跋涉和来到吴起后两个月间的行军、作战、调研，毛泽东对陕甘苏区的民情地貌和周边形势，以及面临的主要问题，已经有了比较透彻的了解和认识，形成"以发展求巩固"的战略思想。他不同意现时就向西北出宁夏的意见，也不赞成林彪以红军的主要干部率兵出陕南开展游击战争的提议。他认为根本方针应是南征与东讨（山西）。但他把南征界定为旨在粉碎敌军的"围剿"，而不主张把战略进攻的方向定为南下（只是在西安事变后，为打破蒋介石的威逼和对红军、东北军和十七路军的分而治之的阴谋，他曾一度在党内酝酿过出兵陕南的策略），他把下一步进军的重点定位在东征山西。他在瓦窑堡会议前从直罗镇战役前线发给张闻天的电报中就指出："目前不宜即向宁夏，根本方针仍应是南征与东讨。东讨之利益是很大的。"[①] 12月17日，毛泽东在瓦窑堡会议所作军事报告中提出：第一步，在陕西的南北两线给进犯之敌以打击，巩固和发展陕北苏区，从政治上、军事上和组织上做好渡黄河去山西的准备。第二步，到山西去，准备击破阎锡山的晋绥军主力，开辟山西西部五县以至十几县的局面，扩大红军一万五千人，并保证必要时返回陕西所需要的物质条件。第三步，根据日军对绥远进攻的情形，适时地由山西转向绥远。[②] 同日，瓦窑堡会议讨论通过了毛泽东起草的《中央关于军事战略问题的决议》。正式明确"在以坚决的民族战争反抗日本帝国主义进攻中国总任务之下，首先须在一切政治的军事的号召上与实际行动上，确定

---

① 中共山西省石楼县委宣传部编：《红军东征——影响中国革命进程的战略行动》（上），中共党史出版社1997年版，第36页。

② 中共中央文献研究室编：《毛泽东年谱（1893—1949）》上卷，人民出版社、中央文献出版社，1993年版，第498页。

'把国内战争同民族战争结合起来'的方针"①,并提出:"把红军行动和苏区发展的主要方向放到东边的山西和北边的绥远等省去。"②

针对林彪的固执己见,12月19日,瓦窑堡会议期间,毛泽东与在党内负总责的张闻天联名致电红一方面军司令员彭德怀并转林彪。电报一方面肯定了林彪过去的贡献,另一方面严肃指出:近日接他许多关于请求调动工作的信及电报,我们认为拿出他这样的干部离开主力红军去做游击战争是不能同意的。但他心中存在着问题,他来中央一个时期,使他的意见能够同中央各同志交换,对他的不安心的问题,并且使他对于政治问题能够更好地研究一番,他的职务以左权同志暂时代理。林彪21日复电,仍强调陕南工作和游击战争如何重要,并表示:中央现尚未正式批准我改换工作的建议,则目前我无来中央之必要。毛泽东、张闻天于当日急电彭德怀转林彪,尖锐批评了林彪。毛泽东指出:在日本进占华北的形势下,陕南游击战不能把它提到比陕北等处的游击战争还更加重要的地位,实际上后者是更重要的。尤其不能把游击战争提到似乎比主力红军还更重要的地位(把红军主要干部去做游击战争),这样的提法是不妥当的。这封电报的口气比起前一封来严厉得多:"林在某些问题上的观点是同我们有些分歧的,中央认为有当面说明之必要。现在前方军事不紧张,因此仍望林来中央一行,并在此一个时期,这于林是有好处的。"③23日林彪致电中央进行辩解并强硬声言:我如继续在一方面军中工作,对工作上没有丝毫的好处,我坚决不干,也决不应当勉强我干。到26日,林彪在给中央的电报中仍然表示期待中央批准他打游击战争。鉴于林彪的顽固态度,党中央和军委于29日晚11时明令林彪接电立即动身来中央讨论他的工作问题,其职交

---

① 中共山西省石楼县委宣传部编:《红军东征——影响中国革命进程的战略行动》(上),中共党史出版社1997年版,第37页。

② 中共山西省石楼县委宣传部编:《红军东征——影响中国革命进程的战略行动》(上),中共党史出版社1997年版,第38页。

③ 中共中央文献研究室编:《毛泽东年谱(1893—1949)》上卷,人民出版社、中央文献出版社1993年版,第499页。

第八章　初到陕北

左权暂代。在中央一再严令督促下，林彪才在1936年1月1日电告中央表示明日动身。林彪到中央后最终放弃了到陕南打游击的想法。1月17日，毛泽东在中共中央政治局常委会会议上指出：我们向南、向西、向西北，文章不好做。山西的发展，对陕北有极大的帮助，我们要下大决心到山西。[①]根据毛泽东的安排，林彪于1936年1月中旬带领少数侦察人员，赶赴黄河沿岸清涧到延长一带侦察敌情和地形，为大军渡河东征做准备。2月20日，林彪根据毛泽东、彭德怀的东征命令，带领红一军团由沟口强渡黄河进入山西。毛泽东与林彪关于是东征还是南下的争论遂告一段落。这是继会理会议后毛泽东与林彪在军事问题上的又一次严重分歧。学界对毛、林间的这次分歧，一般是语焉不详。按照那种总是习惯于把中共党内的争论简单归于权力斗争的思维方式是有失偏颇的。有人会把分歧的原因归结为俄界会议后将红一、红三军团合并，成立陕甘支队，以及后来恢复红一方面军番号，均安排彭德怀而不是林彪担任司令员，使林彪不满。我们不能排除林彪有意气用事的可能，但更看重的是分歧的关键，是将为拯救民族危亡开赴抗日前线摆在第一位，还是把红军和中共的安危摆在首位的问题。这与长征途中，党中央与张国焘关于是北上陕甘抗日，还是"南下成都坝子吃大米"的争论，其实质是相近的。关于东征的目的，在毛泽东和周恩来、彭德怀共同签发的《西北革命军事委员会东进抗日及讨伐卖国贼阎锡山的命令》中有明确的阐释，即：命令英勇的抗日主力红军，即刻出发，打到山西去，开通抗日前进道路，同日本直接开火……命令黄河两岸的抗日红军、游击队和民众奋勇过河东去，在河东发展抗日根据地，配合红军主力打大胜仗。这与前述林彪要到陕南打游击的理由，高下之分，非常分明。

长征完驻足陕北两个月后，毛泽东再次出征。1936年1月19日，签署"东征出师令"之后，26日他和中共中央离开瓦窑堡，经延川到达延长县城红一方面军司令部。31日在延长主持召开西北革命军事委员会会议，再

---

① 中共中央文献研究室编：《毛泽东年谱（1893—1949）》上卷，人民出版社、中央文献出版社1993年版，第506页。

次强调"在发展中求巩固"的方针,并要求一定要保证黄河各渡口在我手中,使东征红军能够进退有据。2月4日,毛泽东到达清涧县双庙河村,5日到达袁家沟村。8日,在清涧袁家沟了解渡口情况,督促渡河准备。这期间遇大雪,毛泽东饱览陕北高原黄河两岸的万千气象,借景抒怀,作《沁园春·雪》:

北国风光,千里冰封,万里雪飘。
望长城内外,惟余莽莽;
大河上下,顿失滔滔。
山舞银蛇,原驰蜡象,欲与天公试比高。
须晴日,看红装素裹,分外妖娆。

江山如此多娇,
引无数英雄竞折腰。
惜秦皇汉武,略输文采;
唐宗宋祖,稍逊风骚。
一代天骄,成吉思汗,只识弯弓射大雕。
俱往矣,数风流人物,还看今朝。

毛泽东是2月21日,从陕西清涧县的河口渡河,在山西石楼县的东辛关渡口上岸,进入山西。根据他5月1日和彭德怀给张闻天、周恩来关于部署红一方面军于3日前完成西渡黄河的电报及"我们即赴清水关指挥"判断,毛泽东是2日渡河回到陕西的。东征是毛泽东第一次到山西,他在那里转战驰骋70余日。东征期间,虽然毛泽东足迹所至仅有石楼、交口、隰县、永和等几个县,但是,在他的指挥下,红军抗日先锋军东征山西,在75天的时间内横扫53个县城和县域,其影响深入整个山西和晋绥地区。也就是说,在筹措和具体指挥东征的过程中,毛泽东的目光遍及山西及其周边地区,对那里的山川地理、人文物产和社会形势,以及在即将爆发的全面抗战中的战略地

第八章　初到陕北

位和可能发挥的重要作用，有了全面深入的了解和预判。毛泽东的精心指挥和全体东征军将士奋勇拼搏，使斗争取得了辉煌的成就。

第一，红军东征渡河和在山西的斗争迅速展开，并取得歼敌7个团，俘敌4000余人的重大战果，迫使盘踞在陕甘苏区东部的晋绥军4个步兵旅和1个骑兵旅急忙撤回山西参加围堵红军，"吴、佳、神、府广大区域的恢复与占领，使红军战略后方增加了力量"①。正是得力于东征的深刻影响，全面抗战爆发后，中共迅速开辟晋绥抗日根据地成为拱卫河西的屏障，陕甘宁根据地东部的安全得到根本的保证。不仅如此，红军东征期间扩红8000余人，几乎是东征红军的一半多，壮大了主力红军的力量。而且东征期间，红军缴获和募集了50万元的钱款和物资，使陕甘根据地的经济困难得到极大的缓解。

第二，红一方面军倾其全力东征和中共中央离开立足未稳的根据地随军渡河的英勇壮举，充分展示了中国共产党人为挽救民族危亡与自己的敌人血战到底的英雄气概。这不仅给分不清"剿共"与"抗日"孰重孰轻的晋绥军等国民党军政界以极大的震慑，也给山西乃至华北的8000万人民以极大的鼓舞，而且给全中国一切不愿做亡国奴的人民以前所未有的激励。抗日先锋军的旗帜和率先开赴抗日前线的实际行动与决心，振奋了全国的军心民心，中共的抗日救亡主张第一次真正地在全国各界民众中产生了广泛的影响和呼应。正如毛泽东和林育英、张闻天等1936年5月20日在给红二、六军团和红四方面军将领的电报中所描述的那样："红军的东征引起了华北、华中民众的狂热赞助，上海许多抗日团体及鲁迅、茅盾、宋庆龄、覃振等均有信来，表示拥护党与苏维埃中央的主张，甚至如李济深亦发表拥护通电，冯玉祥主张抗日与不打红军，南京内部分裂为联日反共与联共反日两派，正在斗争中。上海拥护我们主张的政治、经济、文化之公开刊物多至三十余种，其中《大众生活》一种销数达二十余万份，突破历史总纪录，蒋介石无法制止。马相伯、何香凝在上海街上领导示威游行，

---

① 中共山西省石楼县委宣传部编：《红军东征——影响中国革命进程的战略行动》（上），中共党史出版社1997年版，第125页。

349

许多外国新闻记者赞助反日运动,从蓝衣社、国民党起至国家主义派止,全国几十个政治派别在联共反日或联日反共问题上,一律起了分裂、震动与变化。我党与各党各派的统一战线正在积极组成中。所有这一切都证明,中国革命发展是取着暴风雨的形势。"①红军东征使中共"将国内战争和民族战争结合起来"战略初见成效,推动了红军由内战向抗战的伟大战略转变;红军东征使全国人民初步看到"共产党和红军不但在现在充当着抗日民族统一战线的发起人,而且在将来的抗日政府和抗日军队中必然要成为坚强的台柱子"②;东征掀起全国抗日救亡运动的新高潮。

第三,东征展示了中共与红军的强大力量及坚决抗日的决心和联合抗日的诚意,推动了与阎锡山方面统一战线关系的建立。在被迫撤离山西西渡黄河后,毛泽东并没有放弃经营山西的既定方针,特别注重对山西上层人士特别是阎锡山的统一战线工作。5月25日,毛泽东通过被俘的晋绥军团长郭登瀛带去他给晋绥军第七十二师师长李生达和第六十六师师长杨效欧,以及阎锡山本人的亲笔信,促其觉悟,再次表达中共方面停战议和一致抗日的诚意。27日,张学良应中共之请飞抵太原,对外宣称商讨"剿共",实际是帮助中共沟通与阎锡山的联系。除多次直接写信给阎锡山、傅作义表示合作意向外,毛泽东还一再致电新任中共北方局中央代表的刘少奇,强调统一战线工作要以宋哲元、傅作义、阎锡山等各派军队为第一位。中共北方局委托中华民族革命同盟华北办事处主任朱蕴山三次去山西劝说阎锡山与中共合作抗日。8月下旬,刚刚从北平草岚子监狱出狱的山西籍共产党人薄一波接到阎锡山的邀请,要薄回晋帮助其开展抗日民运工作。薄顾虑自己作为共产党员却接受阎锡山的邀请是否合适,就请示北方局。北方局向他传达了毛泽东关于把对晋绥军等华北地方实力派的统战工作放在第一位的电报内容,指示

---

① 《林育英等关于目前政治形势及与张国焘关系问题给朱德等的电报》(1936年5月20日),《建党以来重要文献选编(1921—1949)》第13册,中央文献出版社2011年版,第125—126页。

② 《论反对日本帝国主义的策略》(1935年12月27日),《毛泽东选集》第1卷,人民出版社1991年版,第157页。

他必须去。①此后，经过薄一波和中共山西公开工作委员会及秘密的山西工委的积极工作，阎锡山为保全自己在山西的统治地位，最终确定联共拥蒋，"守土抗战"。中共以山西牺牲救国同盟会等为载体与阎锡山建立起特殊形式的统一战线。在此前后，中共中央和毛泽东还先后直接派南汉宸、彭雪枫、周小舟与阎锡山会晤，商定在太原建立中共驻晋秘密联络站。12月，彭雪枫作为中共中央和红军的代表在太原建立办事处与电台。中共与阎锡山抗日统一战线关系的确立，是中共以西北统一战线带动全国统一战线战略，继形成与张学良、杨虎城"三位一体"关系之后的又一重要成就，大大加重了中共与南京政府蒋介石方面谈判合作抗日的砝码。由于阎锡山还具有国民政府军事委员会副委员长的身份，是地方实力派的代表人物，因此这一统战关系的影响不止晋绥两省，而且波及整个华北，乃至全国。它对推动西安事变的和平解决，对促进国共第二次合作的实现，对全面抗战爆发后八路军三个师开赴山西抗日前线和中共领导的抗日武装在华北敌后的战略展开，都产生了不可替代的重要作用。

第四，东征红军以自己的实际行动打破了阎锡山等对红军和共产党的诬蔑，使山西人民以及晋绥军的官兵们对中共和红军的性质、宗旨及抗日救亡主张与决心有了深刻的认识与感受；东征期间中共在中阳、石楼、灵石等地建立了党的组织，在赵城、洪洞、汾西、蒲县、临汾等地组建中共临时县委，在中阳县建立了中共中阳县工委和县苏维埃政府，在石楼、永和、隰县、灵石、蒲县、汾阳等县建立了一批区、乡、村苏维埃政权，并成立了河东独立团和20多支地方游击队，一大批抗日救亡群众团体和群众性抗日救亡运动在山西蓬勃兴起；东征中吸收了8000多名山西籍青年参加红军，加强了红军与三晋父老的血肉联系。这些都为全面抗战爆发后八路军主力开赴山西，并在那里创建抗日根据地形成向华北敌后开展抗日游击战争的战略支点，奠定了坚实的思想和组织基础。在东征影响下中共与阎锡山建立的抗日统一战线关系，是全面抗战爆发后八路军三个师的主力得

---

① 薄一波：《七十年奋斗与思考》上卷，中共党史出版社1996年版，第200页。

以全部开赴山西抗日前线的前提条件。与同其他地方实力派和军事力量统战关系的不同，中共与阎锡山的统战关系不仅有固定的区域为活动空间，而且有相对稳定的统一战线组织——山西牺牲救国同盟会和战地动员委员会为载体，并且持续时间最长（初期关系很密切，在1939年因"晋西事件"一度几乎中断又重新恢复后，虽然双方戒心重重和小摩擦不断，但始终没有完全破裂，一直维持到抗战结束），因而是最富成效的统战关系，这在中共与其他地方实力派和军事力量的统战关系中是仅有的。凭借着这种关系，抗战初期八路军总部和中共北方局机关得以在山西公开活动，八路军及其地方武装也因此顺利地迅速壮大，并创建了实际在中共领导下的山西新军决死队。还是凭借着这种关系，太原失守后，根据毛泽东关于开展独立自主山地游击战的指示，八路军在晋东北、晋西北、晋东南、晋西南四个地区实行战略展开。在晋东北地区，聂荣臻率一一五师一部，依托恒山山脉创建晋察冀抗日根据地；林彪、罗荣桓率一一五师三四三旅，到晋西南地区依托吕梁山脉，创建晋西南抗日根据地；贺龙、关向应率一二〇师，到晋西北地区，依托管涔山脉创建晋西北抗日根据地；刘伯承、张浩率一二九师及一一五师三四四旅，到晋东南地区创建晋冀豫抗日根据地。山西成为中共和八路军在华北敌后开展抗日游击战争唯一的战略支点，发挥了至关重要的作用。

　　长征抵达陕北后，毛泽东领导的东征，促成陕甘苏区的巩固和发展，完成了中共及其领导的武装力量由国内战争到抗日民族战争的伟大转变。可谓：上承红军万里长征未竟之业，下启中共八年抗战亘古之功。

三、"洞中一日，世上十年"——《中国革命战争的战略问题》

　　保安，一座处于汉族农耕文明与少数民族畜牧区域交界处的边塞小城。1936年6月21日，国民党军高双城部趁红军主力西征之机，突袭占领了中共中央所在地瓦窑堡，张闻天、毛泽东、周恩来等匆忙撤离，被迫进驻保安。从此，中华苏维埃中央政府"定都"保安县城，直到1937年1月10日，毛泽东和中共中央离开保安开赴延安，保安都是继瓦窑堡之后新的"赤色京都"。

位于保安城南的半坡上，有红沙石窑洞3孔、土木结构房子2间，占地2108.2平方米，是"中国人民抗日红军大学"的旧址。中国人民抗日红军大学（简称"红大"）是1936年6月1日在陕北安定县瓦窑堡宣布创立的。在创建革命根据地和发展红军的过程中，各路红军都曾创办过红军大学或其他类型的红军学校。中央红军长征出发前，将原来的红军大学、彭杨步兵学校、公略步兵学校、特科学校，合编为干部团。1935年6月，中央红军和红四方面军会师后，干部团与红四方面军的红军大学合并组成新的红军大学。9月10日，红一、红三军先行北上后，原干部团的特科营等随行。部队整编为陕甘支队时，他们与红一军教导营合并组成陕甘支队随营学校。1936年2月，随营学校与陕甘红军的陕甘宁红军军政学校合组为西北抗日红军大学。在此基础上，5月20日中共中央召开政治局常委会会议讨论决定建立红军大学。毛泽东具体规定了红大的学制、学时和各科的教学内容，明确"文化、政治与军事各半，着重于军事，军事着重于战术问题"，并特别突出"军事是中国革命战争中基本问题"。其中他规定教育方法是"高级及上级科，指导自动研究为主，讲授为辅"。[①]毛泽东提议，红大以林彪任校长，他自兼任政治委员，罗瑞卿任教育长，周昆任校务部主任、何涤宙任教务部主任、袁国平任政治部主任。由林彪、罗瑞卿、毛泽东、周恩来、杨尚昆、周昆组成教育委员会，毛泽东兼任教育委员会主席。6月1日，中国人民抗日红军大学正式成立。毛泽东在一次给红大学员讲课时，针对红大在窑洞里上课的简陋条件，开玩笑说：你们是元始天尊的弟子，在洞中修行。你们什么时候下山啊？天下大乱时下山。他还特别讲到"洞中一日，世上千年"的典故。毛泽东为红大学员讲授《中

---

① 中共中央文献研究室编：《毛泽东年谱（1893—1949）》（修订本）上卷，中央文献出版社2013年版，第542页。

国革命战争的战略问题》，深刻总结了1927年以来近十年的中国革命战争的经验。从这个意义讲，红大学员在窑洞中的这段短暂"修行"，学到了十年的革命战争经验，可以说是"洞中一日，世上十年"。

长征途中的遵义会议重新确立毛泽东军事路线对红军的主导地位，成为中国人民抗日红军大学最重要的也是最基本的教学内容。这些源自中国革命战争实践又切合中国革命战争实际的战略战术，是红军在历次反对国民党军"进剿""会剿""围剿"中以弱胜强的法宝。从1927年开始领导武装斗争到1936年底《中国革命战争的战略问题》的诞生，毛泽东已经积累了近十年的指挥革命战争的实战经验，国民党军对井冈山根据地的"进剿""两省会剿""三省会剿"和对中央苏区的第一、第二、第三次"围剿"等，他经历过大大小小的战役，他对中国革命战争问题的思考从领导秋收起义和井冈山斗争时就开始了。正如毛泽东在红大讲课中所指出：带有朴素性质的游击战争基本原则从1928年5月开始已经产生；在取得中央苏区第三次反"围剿"胜利以后，全部红军作战的原则就形成了。但是这些战略战术却被把持中央领导权的王明"左"倾教条主义者斥之为"游击主义"而受到批判，并在第五次反"围剿"中被彻底弃之不用。毛泽东本人也被排斥在党和红军领导核心层之外，只担任中华苏维埃共和国临时中央政府执行委员会主席这个虚职，"靠边站"了。这时，毛泽东有比较充裕的时间来系统考虑中国革命战争这个大问题。中央红军是带着第五次反"围剿"失败的沉痛踏上长征路的，而长征初期的机械指挥和湘江之战的惨重损失更加剧了全党和全军对军事路线问题的反思。长征开始后，毛泽东边走边思考红军失败的原因。博古、李德等都是没有中国革命战争经验的人，以为凭着学了些军事上的理论名词或者抽象原理，以为有共产国际的支持，就能领导红军进行中国的革命战争，结果用了错误的军事指导思想指挥作战，这是红军失败的根本原因。经过一番思考，毛泽东开始跟张闻天、王稼祥边行军边交谈，一起分析红军失败的原因，很快就说服了他们。这种正反两方面的对比和思考，不断在党的领袖中和全军上下酝酿、发酵，终于在遵义会议上得到总爆发。遵义会议时，中共和军队面临的主要问题是如何摆脱蒋介石国民党军队的围追堵截，尽快走出困境。所以，当时首先解决的是最具决定意义的军事路线，以及军事指挥和组织问题，还没有解决党的政治路线和思想路线上的问题。因此，遵义会议上所有与会者的发言，无一不是聚焦军事问题。毛泽东在会上的长篇发言，以及张闻天根据会前他和毛泽东、王稼祥商量的意见所作的"反报告"，据陈云和刘伯承回忆，谈的都是中国革命战争的战略问题。遵义会议彻底清算了"左"倾教条主义的错误军事路线，重新确立了毛泽东军事路线在全军的统帅地位。会议通过的决议肯定了毛泽东的军事战略，决议重申了集中优势兵力、运动战、战略的持久战和战役的速决战等作战原则。长征因此转危为安，红军因此从胜利走向新的胜利。遵义会议后的一段时间里，毛泽东也不可能有太多时间去考虑政治路线和思想路线问题，因为每天都要考虑和处理作战中的许多问题。到1935年10月，红军到达陕北后，党和红军的力量得以保存，局面也相对平静，虽然也有敌人的进攻，但回旋余地相对较大，基本上站住了脚。毛泽东和中共中央终于可以腾出手来解决全党、全军，特别是高级领导干部对党的思想政治路线及军事指导思想的认识问题。当时在党和红军的领导骨干中，绝大部分是知识分子，有过留德、留法、留苏经历的不乏其人。有的人觉得自己很有理论造诣，都能讲出一大篇道理，要说服他们不是件容易的事。遵义会议上凯丰就曾当面质问毛泽东，说：你这套东西是从《孙子兵法》中来的。毛泽东反问说：你读过《孙子兵法》吗？那里面有几章几节？1935年1月29日，在遵义会议后第一次重新领兵的毛泽东，就因敌情判断有误而遭受败绩被迫一渡赤水。博古当时就不无嘲讽地说：看来经验主义者也不过如此。后来在关于是否发动打鼓新场战役、在会理会议上关于行军路线的"弓弦"与"弓背"的争论，特别是在与张国焘的斗争中，毛泽东的军事路线和具体指挥，一再受到质疑和挑战。博古、李德打了败仗，已经失去了大家的信任，但还有很多人是从黄埔军校、苏联高等军事学院毕业的，对书本上的军事原理原则知之不少，要统一他们的思想，还需要从马克思主义哲学的原理原则特别是方法论上讲清革命战争的战略问题。1935年12月，毛泽东发表《论反对日本帝国主义的策略》，解决了党在政治路线上的问题；但是尚未能从理论上、政治上解决对中国革命战争战略的认识问题。在红军东征前后和迎接红二、红四方面军之际，中共中央和红军高级将领围绕战略发展方向的争论，即使是对当时形势的认识不同所致，也反映出全党全军对中国革命战争的特点和战略等问题的认识存在模糊性和歧义。要扭转困难局面，要在全党、全军进一步统一思想，进一步树立革命必胜的信心，从思想上、理论（包括军事理论）上说服大家，使大家真正认识到过去博古、李德的军事指导思想是错的和张国焘的南下分裂路线为什么行不通，就必须从马克思主义哲学的认识论、方法论的高度上讲清楚和回答一些基本问题，特别是关于中国革命战争的战略问题。军事斗争的核心问题是军事战略问题，只讲军事战术问题说服不了人。战略思维问题，其实就是哲学思维问题。从战略上看问题，就是从哲学世界观方法论上看问题。要讲清楚军事战略问题，必须有足够的马克思主义哲学分析能力和概括能力。而要运用马克思主义哲学思想系统分析中国革命战争实践，总结形成一套新的理论认识，是一项艰巨的工作。

长征抵达陕北后，痛感教条主义严重危害的毛泽东，为了从理论上总结红军时期关于两条军事路线的大争论，用极大的精力钻研了古今中外的军事学著作。苦于保安闭塞的条件，他想方设法搜集相关的书籍和材料。1936年9月7日，毛泽东致电在西安张学良处的中共代表刘鼎："前电请你买军事书，已经去买否？现红校需用甚急，请你快点写信，经南京、北平两处发行军事书的书店索得书目，择要买来，并把书目付来。"[1]26日，他再电刘鼎："不要买普通战术书，只要买战略学书、大兵团作战的战役学书，中国古时兵法书如《孙子》等也买一点。张学良处如有借用一点。"[2]10月22日，毛泽东又致信叶剑英、刘鼎："买来的军事书多不合

---

[1] 中共中央文献研究室编：《毛泽东年谱（1893—1949）》（修订本）上卷，中央文献出版社2013年版，第576页。

[2] 中共中央文献研究室编：《毛泽东年谱（1893—1949）》（修订本）上卷，中央文献出版社2013年版，第588页。

用，多是战术技术的，我们要的是战役指挥与战略的，请按此标准选买若干。买一部孙子兵法来。"①新中国成立后他回忆："后来到陕北，我看了八本书，看了孙子兵法，克劳塞维茨的书看了，日本人写的军事操典也看了，还看了苏联人写的论战略、几种兵种配合作战的书等。那时看这些，是为了写《中国革命战争的战略问题》，是为了总结革命战争的经验。"②在保安，毛泽东借助当时所能搜集和看到的参考书籍，对红军建军以来的战略战术等进行了系统全面的总结和理论升华，撰写了《中国革命战争的战略问题》，并于10月27日开始为中国人民抗日红军大学一科（上干队）讲授。可以说，这本著作是十年内战经验的总结，是中共党内在军事问题上的一场大争论的结果。1961年3月23日，毛泽东在广州会议上这样说："没有那些胜利和那些失败，不经过第五次反'围剿'的失败，不经过万里长征，我那个《中国革命战争的战略问题》小册子也不可能写出来。"③《中国革命战争的战略问题》的问世，标志着毛泽东军事思想的形成。

《中国革命战争的战略问题》首先是部军事著作。全书共分五章，41000多字。第一章，如何研究战争；第二章，中国共产党和中国革命战争；第三章，中国革命战争的特点；第四章，"围剿"和反"围剿"——中国内战的主要形式；第五章，战略防御。按原计划，尚有战略进攻、政治工作等章节，因为西安事变发生未能写完。毛泽东在文章开篇就提出"战争的规律""革命战争的规律"和"中国革命战争的规律"三个概念，由此引出"我们的革命战争是在中国这个半殖民地的半封建的国度里进行的。因此，我们不但要研究一般战争的规律，还要研究特殊的革命战争的规律，还要研究更加特殊的中国革命战争的规律"。他认为"各个国家各个民族特别是大国家大民族均有其特点，因而战争规律也各有其特

---

① 《毛泽东书信选集》，人民出版社1983年版，第81页。
② 《建国以来毛泽东军事文稿》下卷，军事科学出版社、中央文献出版社2010年版，第113—114页。
③ 中共中央文献研究室编：《毛泽东文集》第8卷，人民出版社1999年版，第263页。

点，同样不能呆板地移用。我们研究在各个不同历史阶段、各个不同性质、不同地域和民族的战争的指导规律，应该着眼其特点和着眼其发展，反对战争问题上的机械论"。他指出"一切战争指导规律，依照历史的发展而发展，依照战争的发展而发展；一成不变的东西是没有的"。

毛泽东分析了中国革命战争四个主要的特点，即：经过了一次大革命的政治经济不平衡的半殖民地的大国，强大的敌人，弱小的红军，土地革命。并由这些特点阐明：中国红军的可能发展和可能战胜其敌人；中国红军的不可能很快发展和不可能很快战胜其敌人；如果弄得不好的话，还可能失败。毛泽东指出：这是中国革命战争的根本规律，许多规律都是从这个根本的规律发生出来的。我们的十年战争史证明了这个规律的正确性。由这个根本性的规律出发，毛泽东深刻总结十年内战中以"围剿"和反"围剿"为主要形式的战争的历史经验，并且就九个问题作了说明：积极防御和消极防御；反"围剿"的准备；战略退却；战略反攻；反攻开始问题；集中兵力问题；运动战；速决战；歼灭战。进而全面阐述了中国革命战争正确的战略战术和人民军队建设的一系列原则，即：正确地规定战略方向，进攻时反对冒险主义，防御时反对保守主义，转移时反对逃跑主义；反对红军的游击主义，却又承认红军的游击性；反对战役的持久战和战略的速决战，承认战略的持久战和战役的速决战；反对固定的作战线和阵地战，承认非固定的作战线和运动战；反对击溃战，承认歼灭战；反对战略方向的两个拳头主义，承认一个拳头主义；反对大后方制度，承认小后方制度；反对绝对的集中指挥，承认相对的集中指挥；反对单纯军事观点和流寇主义，承认红军是中国革命的宣传者和组织者；反对土匪主义，承认严肃的政治纪律；反对军阀主义，承认有限制的民主生活和有威权的军事纪律；反对不正确的宗派主义的干部政策，承认正确的干部政策；反对孤立政策，承认争取一切可能的同盟者；最后，反对把红军停顿于旧阶段，争取红军发展到新阶段。他强调，这些都是"中国革命战争的十年血战史的经验"。

《中国革命战争的战略问题》又是一部哲学著作，是毛泽东致力于中共思想路线建设的一部阶段性的代表作。他明确反对那种照搬苏联内战经验的做法，重申列宁关于"马克思主义的最本质的东西，马克思主义的活的灵魂，就在于具体地分析具体的情况"。而"我们的这些同志恰是忘记了这一点"。在以往的军事著作中，毛泽东只是从革命战争中所遇到的具体问题出发来思考中国共产党领导革命斗争的具体方略，从军队建设、游击战争的战略战术等层面总结中国共产党领导军事斗争的基本方法和基本原则，采用的是从具体到一般的论证方法。但是，《中国革命战争的战略问题》一改过去的论述方法，首先就阐述了关于一般战争的规律的问题，再由此揭示中国革命战争的规律性问题，然后深入分析中国革命战争的基本战略和战术。这种从一般到具体的论述路径，注重对规律的揭示和把握的论述方法，运用马克思主义哲学的唯物辩证法分析具体实际问题而得出科学认识和结论。毛泽东认为，战争的胜负不仅取决于作战双方的军事、政治、经济、自然诸条件，而且取决于双方的主观指导能力。他从思想方法的角度分析了"左"倾教条主义的思想根源，"来源于小资产阶级知识分子的革命急躁病，同时也来源于农民小生产者的局部保守性。他们看问题仅从一局部出发，没有能力通观全局，不愿把今天的利益和明天的利益相联结，把部分利益和全体利益相联结，捉住一局部一时间的东西死也不放"。毛泽东指出："指挥员的正确的部署来源于正确的决心，正确的决心来源于正确的判断，正确的判断来源于周到的和必要的侦察，和对于各种侦察材料的联贯起来的思索。"指挥员要把侦察和搜集来的各种材料"加以去粗取精、去伪存真、由此及彼、由表及里的思索，然后将自己方面的情况加上去，研究双方的对比和相互的关系，因而构成判断，定下决心，作出计划"，努力"把主观和客观二者之间好好地符合起来"。毛泽东特别强化了"实践第一"的观点，要求各级红军指挥员"从战争学习战争"，强调："读书是学习，使用也是学习，而且是更重要的学习。从战争学习战争——这是我们的主要方法。没有进学校机会的人，仍然可以学习战争，就是从战争中学习。革命战争是民众的事，常常不是先学好了再干，而是干起来再学习，干就是学习。"他指出：军事的规律，和其他事物的规律一样，是客观实际在我们头脑中的反映。他把中国古代军事家孙子"知彼知己,百战不殆"解释为"是包括学习和使用两个阶段而说的,包括从认识客观实际中的发展规律,并按照这些规律去决定自己行动克服当前敌人而说的"。他特别强调要学习马克思主义的方法论,认为:我们的眼力不够,应该借助于望远镜和显微镜,马克思主义的方法论就是政治上军事上的望远镜和显微镜。毛泽东指出:"军事家活动的舞台建筑在客观物质条件的上面,然而军事家凭着这个舞台,却可以导演出许多有声有色威武雄壮的活剧来。因此,我们红军的指导者,在既定的客观物质基础即军事、政治、经济、自然诸条件之上,就必须发挥我们的威力,提挈全军,去打倒那些民族的和阶级的敌人,改变这个不好的世界。这里就用得着而且必须用我们的主观指导的能力。我们不许可任何一个红军指挥员变为乱撞乱碰的鲁莽家;我们必须提倡每个红军指挥员变为勇敢而明智的英雄,不但有压倒一切的勇气,而且有驾驭整个战争变化发展的能力。"

《中国革命战争的战略问题》继续致力于中共的政治路线建设。和1925年12月发表的《中国社会各阶级的分析》有所不同,11年后完成的这部新著,第一,增强了参照物针对性,由外延和内涵尚不尽周延的"国民革命",具体化为半殖民地半封建社会的中国革命战争。第二,用更规范、更准确的语言系统地分析中国社会各阶级对待中国革命的态度与地位,即:"中国资产阶级虽然在某种历史时机可以参加革命战争,然而由于它的自私自利性和政治上经济上的缺乏独立性,不愿意也不能领导中国革命战争走上彻底胜利的道路。中国农民群众和城市小资产阶级群众,是愿意积极地参加革命战争,并愿意使战争得到彻底胜利的。他们是革命战争的主力军;然而他们的小生产的特点,使他们的政治眼光受到限制(一部分失业群众则具有无政府思想),所以他们不能成为战争的正确的领导者。"第三,更为明确地指出"只有无产阶级和共产党能够领导农民、城市小资产阶级和资产阶级,克服农民和小资产阶级的狭隘性,克服失业者群的破坏性,并且还能够克服资产阶级的动摇和不彻底性(如果共产党的政策不犯错误的话),而使革命和战争走上胜利的道路"。第四,毛泽东具体论述党内"左"、右倾机会主义,特别是1931—1934年的王明"左"

倾教条主义和长征中张国焘的右倾分裂主义对于中国革命和中国革命战争的严重危害，强调："历史告诉我们，正确的政治的和军事的路线，不是自然地平安地产生和发展起来的，而是从斗争中产生和发展起来的"，"我们不但需要一个马克思主义的正确的政治路线，而且需要一个马克思主义的正确的军事路线。十五年的革命和战争，已经锻炼出来这样一条政治的和军事的路线了"。第五，毛泽东指出："中国共产党以自己艰苦奋斗的经历，以几十万英勇党员和几万英勇干部的流血牺牲，在全民族几万万人中间起了伟大的教育作用。中国共产党在革命斗争中的伟大的历史成就，使得今天处在民族敌人侵入的紧急关头的中国有了救亡图存的条件，这个条件就是有了一个为大多数人民所信任的、被人民在长时间内考验过因此选中了的政治领导者。现在共产党说的话，比其他任何政党说的话，都易于为人民所接受。没有中国共产党在过去十五年间的艰苦奋斗，挽救新的亡国危险是不可能的。"

毛泽东为红大写作和讲授《中国革命战争的战略问题》，绝不只是为了总结过去十年国内战争的得失经验以分辨是非，更是着眼于为夺取即将全面爆发的抗日民族解放战争的胜利做准备。他在红大开学典礼上开宗明义地强调：我们党创办抗日红军大学，就是为准备迎接抗日民族解放战争的到来。毛泽东将"革命战争"划分为"革命的阶级战争"和"革命的民族战争"，就是总结"革命的阶级战争"的经验为即将到来的"革命的民族战争"服务。他明确指出："今后战争的新阶段，我们相信，将使这样的路线（指军事路线——引者注），根据新的环境，更加发展、充实和丰富起来，达到战胜民族敌人之目的。"例如关于"持久战"的战略问题。在毛泽东个人的著作中，《论反对日本帝国主义的策略》第一次涉及中日之间的战争将是"持久战"的观点。《中国革命战争的战略问题》虽然不是谈中日之间的战争，但是已经比较系统地阐述了关于"持久战"的战略。毛泽东从中国革命战争的特点，"经过了一次大革命的政治经济不平衡的半殖民地的大国，强大的敌人，弱小的红军，土地革命"，得出中国革命战争是"持久战"的结论，并认为"如果没有民族战争代替国内战争,那末,直到敌人变成弱小者、红军变成强大者那一天为止,这种形式也是不会变化的"。毛泽东指出:"因为反动势力的雄厚,革命势力是逐渐地生长的,这就规定了战争的持久性。在这上面性急是要吃亏的,在这上面提倡'速决'是不正确的。……因为中国的反动势力,是许多帝国主义支持的,国内革命势力没有聚积到足以突破内外敌人的主要阵地以前,国际革命势力没有打破和钳制大部分国际反动势力以前,我们的革命战争依然是持久的。""在战争问题上,古今中外也都无不要求速决,旷日持久总是认为不利。惟独中国的战争不能不以最大的忍耐性对待之,不能不以持久战对待之。"因此,毛泽东明确地提出"反对战役的持久战和战略的速决战,承认战略的持久战和战役的速决战"的战略战术。事实上,毛泽东在写作《中国革命战争的战略问题》之前三个月,在与美国记者斯诺的谈话中,已经提出并比较系统地阐述了中日之间的战争势必是一场持久战的重要观点。由于中国革命战争与抗日战争在敌强我弱、我正义敌非正义等基本特点方面相通相近,《中国革命战争的战略问题》围绕"持久战"所阐述的一系列战略战术,也完全适用于接下来的抗日战争。再如该书的第五章关于战略防御,从九个方面总结了中国革命战争的战略战术。这一章约占全文三分之二的篇幅。在敌强我弱的形势下,战略防御是作战中最复杂和最重要的问题。这种战略防御是积极的攻势防御,而不是消极的专守防御。战略防御中的反"围剿"必须做好充分准备。战略退却,是先退一步,后发制人,是战略防御的第一阶段。退却中要看一些条件,至少具备两种,才能转入反攻。当条件和形势有利于我不利于敌时,就要以战略决战解决胜败问题,这是战略反攻阶段的任务。反攻开始的第一仗必须打胜;必须照顾全战役计划;必须照顾下一战略阶段。从战略防御中争取胜利,战役和战斗中集中优势兵力是关键一招。在敌强我弱的条件下,红军打的是"打得赢就打,打不赢就走"的运动战;打的是战役和战斗的速决战;打的是歼灭敌人有生力量的歼灭战。这一章的战略上"以一当十",战术上"以十当一","人民的游击战争,从整个革命战争的观点看来,和主力红军是互为左右手"等重要的观点论断,成为毛泽东随后论述抗日战争战略战术的基础性思考,对于争取抗日战争的最终胜利也具有重要的指导意义。

毛泽东1936年12月在保安完成的《中国革命战争的战略问题》,从哲学的高度提出和研究中国革命战争的规律性问题和方法论问题,对过去十年的革命战争经验进行了全面总结,系统地论述了有关中国革命战争战略方面的诸多问题,丰富了中共中央政治局瓦窑堡会议和《论反对日本帝国主义的策略》关于中共政治路线的内涵,强化了从中国的实际出发研究中国革命战争规律的方法论意义,标志着中国共产党人开始将马克思主义军事思想具体化为中国革命的军事哲学,形成具有中国特色的马克思主义军事思想体系,不仅丰富和发展了马克思主义军事思想,而且成为新民主主义理论形成过程中的阶段性代表作。

四、窑洞里的预言家

毛泽东对中国以外世界的了解,是从资本主义列强对中国的瓜分侵略开始的。1910年在湘乡东山学堂,通过萧三借给他的一本世界英杰传,读到拿破仑、叶卡捷琳娜女皇、彼得大帝、华盛顿、格莱斯顿、卢梭、孟德斯鸠和林肯的事迹,对他们的历史功绩深表钦佩,盼望中国也有类似的人物出现,以拯救民族危亡。1912年秋,19岁的毛泽东在长沙定王台湖南图书馆自修期间,他第一次看到一幅世界地图,并怀着极大的兴趣研究了一番:原来世界有这样大!在这个地图上,中国只占这么小的一部分,湖南更小,湘潭县没标出来,韶山更没影子了……世界既然这样大,人就一定特别多,人多问题就多……①毛泽东结识的第一位外国人,从留下的文字记载看,是美国学者杜威。杜威在五四运动爆发的前夜即1919年4月30日抵达上海,在中国讲学访问达两年之久。毛泽东一度受其思想影响。1919年10月23日《北京大学日刊》刊登的毛泽东起草的《问题研究会章程》,

---

① 周世钊:《毛泽东青年时期的几个故事》,《新苗》1958年第9期。

列出要研究的问题144个，其中就有杜威教育学说方面的内容。1920年10月下旬，杜威、罗素和蔡元培、章太炎、张继、吴稚晖等联袂赴湘讲学，毛泽东作为长沙《大公报》的特邀记录员，为后四位的演讲作记录，记录稿陆续在报纸上刊出。只不过这时的毛泽东已经接受了马克思主义。他为新民学会确定了"改造中国与世界"的宗旨，并以很大的精力组织湖南青年赴法勤工俭学。但与众不同的是，毛泽东认为"吾人如果要在现今的世界稍为尽一点力，当然脱不开'中国'这个地盘。关于这地盘内的情形，似不可不加以实地的调查，及研究"①。所以，旅法勤工俭学的组织者自己却留在了国内。此后，毛泽东有过交往的外国人，基本上是苏俄和共产国际的来华人员，如马林、鲍罗廷、加仑、铁罗尼、罗易等。交往最多的当然就是李德了。但真正成为毛泽东"朋友"的外国人士，则首推美国记者埃德加·斯诺。

1936年7月至10月，毛泽东在陕北保安的窑洞同来访的美国记者斯诺畅谈，借斯诺向世界敞开胸怀，是他抗战时期外交活动的开始，也是他整个外交生涯的开端。斯诺的陕北之行，不是偶然的，而是经过精心组织和准备的。斯诺去苏区的想法，首先是通过他所执教的燕京大学的进步学生和地下党员的介绍，得到中共北方局的支持；而后他又到上海得到宋庆龄、董健吾等的帮助。1936年3月，斯诺和马海德曾经赶到西安，想通过在张学良处做地下工作的中共代表刘鼎的关系去陕北，但未果。7月，他们第二次去，终于成行。中共中央则是在1936年4、5月间，曾收到过斯诺提交的一份问题清单，上面所列的11个问题，就是7月15日毛泽东第一次同斯诺谈话时所回答的主要内容。1936年5月15日，中央政治局常委会会议专门讨论了"对外邦如何态度——外国新闻记者之答复"。张闻天、毛泽东、博古，以及王稼祥等参加了会议。中央档案馆保存的档案，记录了这次会议对斯诺所提问题的答复，其主要精神也可在7月15日毛泽东与斯

---

① 《致周世钊信》（1920年3月14日），中共中央文献研究室、中共湖南省委《毛泽东早期文稿》编辑组编：《毛泽东早期文稿（一九一二年六月——一九二〇年十一月）》，湖南人民出版社2008年版，第474页。

诺的谈话中得到充分的体现。可见，双方事先都对这次历史性会见做了充分的准备。毛泽东之所以决定花费大量时间专心致志地与斯诺畅谈，其原因正像斯诺后来所写的："毕竟我是一种媒介，他通过我，第一次得到了向世界发表谈话，更重要的是，向全中国发表谈话的机会。他被剥夺了合法地向中国报界发表意见的可能，但是，他知道，他的看法一旦用英语发表出去，尽管国民党实行新闻检查，也会传回到大多数中国知识分子的耳朵里。"[①]

1936年7月13日，经中共上海地下组织和宋庆龄的安排，以及张学良的帮助，美国在华记者埃德加·斯诺和美籍医生乔治·海德姆（即马海德）冲破国民党的封锁，抵达当时中共中央所在地陕北保安（今陕西省志丹县）县城。斯诺是第一个进入"红色中国"采访的西方记者，中国共产党和红军的领导人毛泽东极为重视，从7月15日到10月12日斯诺离开保安，毛泽东同他进行了数十次谈话。据文献查证：

7月15日，谈外交问题；

7月16日，论日本帝国主义；

7月18日，谈内政问题；

7月19日，继续谈内政问题；

7月23日，谈特殊问题（即中国共产党与第三国际及苏联的关系）；

7月底到9月下旬，斯诺到彭德怀率领的部队进行前线采访，与毛泽东的谈话一度暂停；

9月23日，毛泽东同回到保安的斯诺谈联合战线问题；

9月底至10月上旬，应斯诺的一再要求，毛泽东与斯诺谈了他的个人生平。

其间毛泽东与斯诺谈话所涉及的问题是极其广泛的，归结起来主要是六组问题：苏维埃政府的外交政策、反对日本帝国主义问题、对内政策、中国共产党与共产国际及苏联的关系、联合战线问题、个人历史。其中，

---

① 《复始之旅》，《斯诺文集》第1卷，新华出版社1984年版，第192页。

许多问题是第一次提出。

毛泽东根据共产国际七大和《八一宣言》的精神,第一次阐述建立反对日本侵略的世界联盟问题。毛泽东是作为政治家和军事家的双重身份登上世界外交舞台的,尽管各种问题错综复杂,但他不为具体的外交事务所陷,而总是能从宏观上和战略上考察问题,一开始就显露出非凡的战略眼光。7月15日他同斯诺的第一次谈话就指出:中国人民目前最大的问题是抵抗日本帝国主义。"日本的侵略不仅威胁了中国的和平,而且威胁了世界和平,尤其是太平洋地区的和平。日本帝国主义不仅是中华民族的敌人,而且也是世界上一切爱好和平的人民的敌人,特别是美英法苏等与太平洋地区有利害关系的国家的敌人。"①根据这样一个基本点,他鲜明地提出,除了日本和帮助日本的国家以外,所有的国家,包括苏联和殖民地、半殖民地国家,乃至英美等在太平洋地区有重要利益的国家,可以组成反战、反侵略、反法西斯的世界联盟。他没有计较这些国家历史上与中国的恩怨如何,也没有计较这些国家在现实中的矛盾和差别,而是从反对日本军国主义扩张这一个共同点上,提出建立世界联盟的战略思想,反映出毛泽东作为战略家的深邃眼光。

第一次阐述中共和中华苏维埃政府的对外政策,"当中国真正获得了独立时,外国正当贸易利益就可以享有比从前更多的机会。苏维埃政府是欢迎外国投资的。我们要接受一切合法的外资来完成我们建设的计划,我们否认一切足以影响中国独立主权的外国投资,坚决反对一切政治借款"②。

毛泽东第一次将《论反对日本帝国主义的策略》所阐述的统一战线策略思想系统地对外进行发布,他指出:"反对日本帝国主义的战争,不能只限于任何一个阶级的参加,也不可能在一个单独的战线上进行。一些资本家,一些银行家,甚至许多地主和许多国民党军队中的军官们,已经

---

① 斯诺:《毛施会见记》,《外国记者西北印象记》,陕西人民出版社1937年版。

② 中共中央文献研究室编:《毛泽东年谱(1893—1949)》上卷,人民出版社、中央文献出版社1993年版,第558页。

第八章 初到陕北

表示了他们为民族解放而战的志愿,我们不能拒绝他们在这个斗争中担负一种职务。甚至蒋介石,如果他一旦决定参加反日的抗战,我们也会欢迎他参加的。现在我们的目的,不能是社会主义,更不能是共产主义,我们要求的是全民族的民主共和国的建立。即使实现了民主共和国,我们也不能立即实行社会主义。在中国,实现社会主义,大概不会像苏联那样快,因为中国是一个半殖民地半封建的国家,有着较长的和更困苦的路要走。"①毛泽东7月18日第一次发表欢迎蒋介石参加对日抗战的讲话,较9月1日中共中央发表《关于逼蒋抗日问题的指示》早两个月;第一次表示同意"在他(指蒋介石——引者注)愿意抵抗日本的那一天,把我们的军队放在他的指挥之下";第一次宣布:"我们将支持成立一个有国会的代议制政府,一个抗日救亡的政府———个保护和支持一切人民爱国力量的政府。如果这样一个共和国成立了,苏维埃政府将成为它的一部分。"②第一次回答实行联合战线后,共产党是否放弃没收地主土地的政策时,表示:"这要由反日运动的发展来决定。如果不救济农民,反日纲领是不能实现的。土地革命是资产阶级的性质,它有利于资本主义的发展。我们反对帝国主义,但并不反对现在在中国发展资本主义。"③

第一次正面论证了中国共产党与共产国际及苏联的关系,7月23日,在保安的窑洞里回答斯诺关于外界说"中国共产党是莫斯科的工具"时,毛泽东郑重地说:"中国共产党仅仅是中国的一个政党,在它的胜利中,它必须对全民族负责。决不是为了俄国人民和第三国际的统治。为的仅仅是中国大众的利益,只有与中国大众的利益完全共同的地方,才可以说是'服从'莫斯科的'意志'。当然,一旦中国的大众像他们的俄国兄弟一

---

① 中共中央文献研究室编:《毛泽东年谱(1893—1949)》上卷,人民出版社、中央文献出版社1993年版,第559页。

② 《和美国记者斯诺的谈话》(1936年7月、9月),《毛泽东文集》第1卷,人民出版社1993年版,第408页。

③ 中共中央文献研究室编:《毛泽东年谱(1893—1949)》上卷,人民出版社、中央文献出版社1993年版,第585页。

样，获得了民主权及社会的经济解放以后，这种共同利益的基础将惊人地扩大了。当许多国家已经建立了苏维埃政府，然后苏维埃国际联合的问题才会产生……但是今天我们不能提供什么方式，这是一个尚未解决，不能提前解决的问题。还有最后一点显然是最重要的，即这个世界联盟要成功的话，必须各国依其民众意志有加入或退出的权利，必须各国主权完整，绝非'听命'于莫斯科。共产主义者从未有别的想头，'莫斯科统治世界'的神话，只是法西斯和反革命者的发明罢了。"①

毛泽东通过斯诺向全中国、向全世界表明了中国共产党对团结抗日的急切和赤诚，批驳了国内外反动派对中共和苏区以及红军的种种污蔑。

在系列谈话中，7月16日晚9时至次日凌晨2时，毛泽东同斯诺重点谈了中国抗日战争的形势、方针问题。在这次谈话中，毛泽东对中国抗日战争的发展过程进行了科学预见。从斯诺后来出版《西行漫记》中的记载和《论反对日本帝国主义》的记录，可以知道，毛泽东一共回答了斯诺15个问题。其中《西行漫记》记载了其中12个问题：

（1）如果日本被打败了并被逐出了中国，你是不是以为"外国帝国主义"这个大问题总的来说也就此解决了呢？

（2）你认为在什么条件下，中国人民才能够消耗和打败日本的军队？

（3）你认为这样的战争要打多久？

（4）你对这样一场战争在军事上和政治上的可能发展趋势有什么样的看法？

（5）一旦发生中日战争，你想日本会不会发生革命呢？

（6）你想苏俄和外蒙古是否会卷入这场战争，是否会来帮助中国？在怎样的情势之下，才有这种可能？

（7）中国人民当前的任务是夺回丢给日本帝国主义的全部失地，还是只将日本赶出华北和长城以北的中国领土？

（8）在实际上，苏维埃政府和红军怎样才能跟国民党军队合作抗日

---

① 毛泽东：《特殊问题》，《文献和研究》1986年第5期，第33页。

呢？在对外战争中，所有的中国军队，是必须放在统一的指挥之下的。如果最高军事会议有红军代表，红军是否愿意遵守它的政治和军事的决定？

（9）红军是否同意，除了得到最高军事会议的允许或命令之外，不开入也不进攻国民党军队所驻扎的地区？

（10）共产党对于这样的合作的条件是什么？

（11）怎样才能最好地武装人民、组织人民和训练人民来参加这样的战争？

（12）在这次解放战争中，你看应该主要采取怎样的战略和战术？

根据斯诺《论反对日本帝国主义》的记录，除了上述12个问题之外，毛泽东还回答了3个问题：

（13）中国苏维埃政府发表了许多呼吁和宣言，主张建立一个有各党各派和各方面的军队等组成的统一战线，对日本帝国主义进行誓死斗争，把日本军队从中国赶出去。它是否相信中国目前能单独打败日本——也就是说，在没有任何外国支援的条件下打败日本？

（14）假如战争拖得很长，日本没有完全战败，共产党能否同意讲和，并承认日本统治东北？

（15）为了进行抗日战争，红军需要多大的基地，需要外界的多少支援？

毛泽东在这次谈话中完整地表述了中国共产党的抗日民族统一战线的政治路线。从1935年8月到1937年2月，是中国共产党政治路线转变的关键时期。1935年10月1日发表《八一宣言》，11月中旬张浩奉命回国传达宣言精神，12月中共中央政治局瓦窑堡会议正式确定建立抗日民族统一战线的政治路线，1936年9月"逼蒋抗日"方针确立，12月西安事变发生并和平解决；1937年2月国民党五届三中全会召开，中国共产党提出四项保证，国民党通过名义上仍然是"根绝赤祸"，实际上接受中共抗日的决议案。这一系列历史事件奠定了八年全民族抗战的政治前提。毛泽东在谈话中首先是表达了中国共产党的立场，即如果成立一个统一的指挥机构——最高军事委员会，"只要这样一个委员会是真正抗日的，我们的政府将衷心服从它的决定"①。其次,谈话所涉及的假如达成合作将服从国民党的军事当局统一的对日作战安排,将不在国民党统治区发展等内容:"我们当然不会把我们的军队开进抗日军队占领的任何地区去———一段时期以来,我们也没有这样做过。红军是不会采取机会主义的办法来利用任何战争局势的。"②"共产党会坚持要求对日本的侵略展开决定性的、最后的抗战。此外,它还会要求实施我们在建立民主共和国与国防政府的呼吁中所提出的主张。"③这表明毛泽东已经开始考虑国共合作的具体政策。再次,谈话所表示的世界反日统一战线、国际对华援助等条件是中国抗日战争取得胜利的重要因素,中国国内的团结是抗战胜利的最主要因素,"无论是中国还是日本都不是孤立的国家,东方的和平与战争问题是一个世界性问题。日本有它潜在的盟国——例如德国与意大利。中国想要成功地反对日本,也必须争取别国的支援。但是,这并非说,没有外援,中国就无法和日本进行战争。也不是说,我们必须等到有了同外国的联盟才能开始抗日"④,"在这场斗争中,最后胜利必定属于中国人民。如果中国单独作战,相对地说,牺牲就会大些,战争的时间也会拖得长些,因为日本是一个充分武装的强国,而且还会有它的盟国。为了在尽可能短的时期内以最小的代价赢得对日本帝国主义的胜利,中国必须首先实现国内的统一战线,其次还必须努力把这条统一战线推广到包括所有与太平洋地区和平有利害关系的国家"⑤。中国能战胜并消灭日本帝国主义的三个条件,"第

---

① 《和美国记者斯诺的谈话》(1936年7月、9月),《毛泽东文集》第1卷,人民出版社1993年版,第404页。

② 《和美国记者斯诺的谈话》(1936年7月、9月),《毛泽东文集》第1卷,人民出版社1993年版,第404页。

③ 《和美国记者斯诺的谈话》(1936年7月、9月),《毛泽东文集》第1卷,人民出版社1993年版,第404页。

④ 《和美国记者斯诺的谈话》(1936年7月、9月),《毛泽东文集》第1卷,人民出版社1993年版,第400页。

⑤ 《和美国记者斯诺的谈话》(1936年7月、9月),《毛泽东文集》第1卷,人民出版社1993年版,第400—401页。

一是中国抗日统一战线的完成；第二是国际抗日统一战线的完成；第三是日本国内人民和日本殖民地人民的革命运动的兴起。就中国人民的立场来说，三个条件中，中国人民的大联合是主要的"①；中国将通过抗战收复全部失地，决不中途妥协，"中国的迫切任务是收复所有失地，而不仅仅是保卫我们在长城以内的主权。这就是说，东北必须收复。这一点同样适用于台湾"②，"中国共产党和全国人民一样，不容许日本保留中国的寸土"③；中国民众经过教育和训练将拥有不可战胜的力量，"人民必须享有组织与武装自己的权利。在北平、上海和其他地方，尽管有严厉的镇压，学生们已经开始组织起来，并使自己在政治上有了准备。但学生与革命的抗日群众仍然没有自由，不能得到动员、训练和武装。如果情况与此相反，人民群众能享有经济、社会与政治的自由，那末他们的力量将能成百倍地增长，国家的真正力量将显示出来"④，"红军通过自己的斗争，从军阀手中赢得了自由，成为一支不可战胜的力量。抗日义勇军从日本压迫者手中赢得了自由，并以同样的方式武装了自己。如果中国人民都得到训练、武装和组织，他们也同样能成为一支战无不胜的力量"⑤。这些观点，表明毛泽东正在酝酿重视外援，但更强调自力更生的指导思想。最后，谈话初步阐明了抗日战争是一场持久战的思想，这场战争要延长多久时间。"要看中国抗日统一战线的实力和中日两国其他许多决定的因素如何而定。即是说，除了主要地看中国自己的力量之外，国际间所给中国的

---

① 《和美国记者斯诺的谈话》（1936年7月、9月），《毛泽东文集》第1卷，人民出版社1993年版，第401页。

② 《和美国记者斯诺的谈话》（1936年7月、9月），《毛泽东文集》第1卷，人民出版社1993年版，第403页。

③ 《和美国记者斯诺的谈话》（1936年7月、9月），《毛泽东文集》第1卷，人民出版社1993年版，第403页。

④ 《和美国记者斯诺的谈话》（1936年7月、9月），《毛泽东文集》第1卷，人民出版社1993年版，第405页。

⑤ 《和美国记者斯诺的谈话》（1936年7月、9月），《毛泽东文集》第1卷，人民出版社1993年版，第405页。

援助和日本国内革命的援助也很有关系。如果中国抗日统一战线有力地发展起来，横的方面和纵的方面都有效地组织起来，如果认清日本帝国主义威胁他们自己利益的各国政府和各国人民能给中国以必要的援助，如果日本的革命起来得快，则这次战争将迅速结束，中国将迅速胜利。如果这些条件不能很快实现，战争就要延长。但结果还是一样，日本必败，中国必胜。只是牺牲会大，要经过一个很痛苦的时期。"[①] "在战争的过程中，中国能俘虏许多的日本兵，夺取许多的武器弹药来武装自己；同时，争取外国的援助，使中国军队的装备逐渐加强起来。因此，中国能够在战争的后期从事阵地战，对于日本的占领地进行阵地的攻击。这样，日本在中国抗战的长期消耗下，它的经济行将崩溃；在无数战争的消磨中，它的士气行将颓靡。中国方面，则抗战的潜力一天一天地奔腾高涨，大批的革命民众不断地倾注到前线去，为自由而战争。所有这些因素和其他的因素配合起来，就使我们能够对日本占领地的堡垒和根据地，作最后的致命的攻击，驱逐日本侵略军出中国。"[②]

毛泽东在与斯诺进行这些谈话时，蒋介石国民党还没有停止"剿共"的内战，对于日本帝国主义的进攻还是采取"不抵抗政策"。国内不少人对于能否从内战的局面转变为全民族团结抗日的局面是表示怀疑的，甚至党内也有人怀疑。毛泽东用马克思主义的科学分析方法，从实际出发，明确地指出了形势发展的必然趋势和中国共产党唯一应当采取的正确策略，是马克思主义的科学分析和科学预见的典范。其中，他与斯诺关于持久战的论述，是他1935年12月提出"持久战"的概念和1936年12月系统阐述中国革命条件下的持久战战略的一个重要中间环节，可以说是他关于抗日民族战争持久战战略思想的第一次系统阐述。这一战略思想经斯诺传播后，在海内外产生极大的反响。连一直敌视中共的一些国民党将领，甚至是蒋

[①]《和美国记者斯诺的谈话》（1936年7月、9月），《毛泽东文集》第1卷，人民出版社1993年版，第401页。

[②]《和美国记者斯诺的谈话》（1936年7月、9月），《毛泽东文集》第1卷，人民出版社1993年版，第406页。

介石，也深受影响。他命令国民党将领研究毛泽东的战略思想，甚至在全面抗战爆发后，破天荒地默许国统区公开印行毛泽东后来发表的《论持久战》。他和一些国民党将领如阎锡山、李宗仁、陈诚等曾邀请朱德、周恩来、叶剑英等共产党人为国民党军讲授游击战与持久战战略战术。毛泽东本人也为自己在全面抗战爆发之前，就能那么早、那么准确地科学预见抗日战争的发展进程，而感到自豪。1938年5月，他在《论持久战》中进一步阐述自己观点的同时还特意写道："这些问题的主要论点，还在两年之前我们就一般地提出了。还在一九三六年七月十六日，即在西安事变前五个月，卢沟桥事变前十二个月，我同美国记者斯诺先生的谈话中，就已经一般地估计了中日战争的形势，并提出了争取胜利的各种方针。"接着，毛泽东大段引录了他当年同斯诺谈话的原文，据以为证。

1936年是中国历史转变的一个重要关键时刻，中国共产党由于有了这样有充分科学根据的预见，才能够不为一切偶然的、暂时的因素所迷惑和干扰，稳稳地掌握着历史前进的方向。在谈话后的几个月内，中共中央从全民族的利益出发，采取了正确的方针政策，成功地用和平方式处理了西安事变，实现了"逼蒋抗日"的方针，进而又实现了抗日民族统一战线，共同抗击日本帝国主义的侵略，这些都以无可辩驳的事实显示了毛泽东不同寻常的政治洞察力和非同寻常的科学预见性。

当1936年10月蒋介石平息"两广事变"后，再次把"围剿"的锋芒指向西北的红军时，毛泽东就一再催促斯诺抓紧离开苏区。为了保证斯诺路途的安全，毛泽东曾于10月5日、10月7日、10月10日的中午12时和晚上12时（零点），四次打电报给中共驻西安张学良部的代表刘鼎，要他请张学良安排其所部王以哲军长、刘多荃师长，派车来接斯诺。正是在毛泽东的亲自安排下，斯诺在10月12日离开苏区，经西安于10月底安全地返回北平。斯诺没有辜负毛泽东和中共的期望。回到北平不久，他就驱车到美国领事馆，举行记者招待会，发布了他苏区之行的重要消息。随即，他就成为中外记者追逐的对象。斯诺在最短的时间里写出了多篇报道。以《外国记者西北印象记》和《毛泽东自传》等书名结集出版。他的英文本《红星照耀中国》一书于1937年10月在伦敦出版，1938年上海复社译成《西行漫记》印行。这些书籍和文章，发表和出版后反响巨大，一版再版，先后被翻译成法、德、俄、西、意、葡、日等十余种文字出版，吸引了大批爱国进步青年到延安参加革命。外国医生（包括白求恩大夫）、记者、作家、印度援华医疗队都是看了这本书，在和宋庆龄联系后来到延安的。援华资金和医疗物资也来了。美国华侨出钱在延安城里建立了洛杉矶幼儿园。甚至时任美国总统罗斯福也仔细阅读了全书，并被其中的内容情节深深吸引。

斯诺的文章和著作在国际上产生了极大的影响：中国苏区及其领袖毛泽东等人的情况，以及中共领导人所阐述的各项政策和外交原则，第一次客观地为世界各国政府和人民所了解。接着，这些消息又反馈到中国国内，中国的一部分知识分子（主要是涉外人员和懂英文的）也第一次比较客观、全面地了解到中共及其领导的苏区和军队，特别是了解到中国共产党关于建立抗日民族统一战线的主张和所做的种种努力；通过中国的这批知识分子，中国共产党关于合作抗日的诚意和政策，又为更多的国民党的党、军、政官员和上层人士所知晓。尤其是斯诺当时发表的那些文章，主要地集中在西安事变前后，因而对推动中国抗日民族统一战线的形成，产生了不可低估的影响。

五、创建抗日民族统一战线的真知灼见与特立独行

抗日民族统一战线是中华民族最终取得抗日战争彻底胜利的基本条件和根本保证，而中国共产党则是抗日民族统一战线的倡导者和坚强领导核心；在创建和发展抗日民族统一战线的过程中，中共曾经走过一段弯路。这主要是占据中央领导地位的王明"左"倾教条主义者，积极响应苏联所谓日本侵略中国东三省是进攻苏联的序幕的观点，提出要武装保卫苏联的口号。当时，他们在国内阶级政策上，把民族资产阶级作为革命的对象，把代表城市小资产阶级利益的"第三党"等中间力量当作"最危险的敌

人"，实行"地主不分田、富农分坏田"的土地政策和"要兵不要官"的统战政策。这些错误的理论和实践上的关门主义，使中国共产党和红军错失九一八事变后国内抗日民主运动高涨的良机，陷自己于孤立，并影响了对全国抗战的发动和领导。

这一状况在1935年秋冬之际发生了根本的转变。这年的7月25日至8月20日，在莫斯科召开的共产国际第七次代表大会和季米特洛夫在会上发表的《法西斯的进攻和共产国际为工人阶级的反法西斯主义的统一而斗争的任务》的报告，不仅在宏观上为中国共产党开展统一战线工作提供了政策依据，而且直接催生了代表中国共产党新的政治路线起点的《中国苏维埃政府、中国共产党中央为抗日救国告全体同胞书》即《八一宣言》的发表。《八一宣言》是以王明为团长的中共驻共产国际代表团为适应共产国际的政策转变，在结合中国革命斗争形势的基础上提出的团结一致，共同御敌的政治号召。这篇具有重大意义的宣言于1935年10月1日发表在巴黎《救国报》上，成为中共政治路线开始转变的标志。

但是，仅凭共产国际的一纸号令，建立抗日民族统一战线的主张还很难统一全党的思想和行动。如前文所述，在总的路线方针仍是"左"倾教条主义居于统治地位的情况下，中共同十九路军、同冯玉祥察哈尔抗日同盟军的合作就不欢而散。①即使是在共产国际七大的明确指示和《八一宣言》的系统主张传到国内后，在中共中央政治局瓦窑堡会议上，坚持既往政治路线的博古在发言中，仍引经据典论证"中间势力是最危险的"，激烈反对联合民族资产阶级抗日。②

建立抗日民族统一战线的主张之所以能够被中国共产党全党接受并最终实现，从根本上讲在于它顺应了中华民族共同抵御日本侵略、挽救民族

---

① 王明1936年1月29日在《救国时报》发表《论上海反日战争的教训》，承认在一·二八抗战期间，"因为我们党的个别领导同志认为'工、农、兵、学、商联合'的口号是不能容许的，因此采取了不正确的立场，以致真正广大的反日统一战线没有建立起来"。

② 郭洪涛：《迎接毛泽东到陕北》，张素华、边彦军、吴晓梅编著：《说不尽的毛泽东》（下），辽宁人民出版社、中央文献出版社1995年版，第371页。

危亡这一时代潮流的要求;具体来说,主要归功于遵义会议后以毛泽东为代表的中共中央在国内的探索,归功于他们在实践中对抗日民族统一战线理论的丰富和发展;共产国际和王明则继续赞襄其中,并在一些重要时间节点发出明确的指令和积极的建议。

第一,党中央为确立抗日民族统一战线战略作出重要铺垫。一是自遵义会议起,中国共产党在独立自主地纠正"左"倾教条主义的军事路线和组织路线的同时,也开始纠正其政治路线。几乎与《八一宣言》正式发表同步,在长征抵达陕北伊始,毛泽东、张闻天和党中央就着手调整阶级政策。1935年11月13日,张闻天主持起草中共中央文件《为日本帝国主义并吞华北及蒋介石出卖华北出卖中国宣言》指出:"在亡国灭种的紧急关头,我们的出路,只有坚决的武装起来,开展反对日本帝国主义侵略的民族革命战争,与打倒卖国贼首蒋介石国民党的革命战争,以保卫华北,与保卫中国,以争取中国民族的最后解放。"[①]简而言之就是抗日反蒋。11月18日(有人说是17日),中共驻共产国际代表团的张浩历经千辛万苦,到达中共中央驻地瓦窑堡,立即向张闻天传达共产国际七大精神和《八一宣言》。11月20日,中央政治局召开会议,张浩传达共产国际七大精神。毛泽东因在直罗镇前线而没有出席。会后,张闻天派专人给毛泽东等送去专函,通报会议内容及中央策略的转变。共产国际七大和《八一宣言》的精神,与中共中央树立正确政治路线的方向和内容不谋而合,并提供了最有利的契机。也就是说,建立抗日民族统一战线的主张切合中国共产党纠正"左"倾教条主义政治路线的步骤和要求。二是自第五次反"围剿"失败以来,党内越来越多的同志对"左"倾教条主义在军事上、组织上和政治上的错误有了深刻的认识,而毛泽东和党中央在遵义会议后成功地挽救红军和中国革命的事实,使得全党同志更加坚定地站在毛泽东所代表的正确路线方面。这成为中共适时转变政治路线、确立抗日民族统一战线战

[①] 《中共中央为日本帝国主义并吞华北及蒋介石出卖华北出卖中国宣言》(1935年11月13日),《建党以来重要文献选编(1921—1949)》第12册,中央文献出版社2011年版,第444页。

略的组织条件。三是九一八事变以来，党中央和红军在抗击国民党军"围剿"的同时，也在思索和实践着抗日救亡问题。宁都起义、与十九路军的停战协定、和察哈尔抗日同盟军的合作尝试、红七军团和红二十五军分别以"抗日先遣队"的名义进行战略转移，以及以中华苏维埃临时中央政府等名义发出的诸多宣言和文件等，都是中共中央和广大红军将士贯彻"北上抗日"意愿的具体写照。在1935年6月红一方面军和红四方面军会师之际，毛泽东针对张国焘关于红军主力西进的主张，明确提出红军主力北上川陕甘、迎接革命新高潮的思想。毛泽东之所以要采取这样的方针，一个重要考虑就是基于华北事变以来，由于日本对华侵略的步步深入所造成的空前民族危机。他在6月29日召开的中央政治局常委会会议上就提出，要在部队中宣传反对日本帝国主义，反对放弃华北，这最能动员群众。[1]稍后，他在同徐向前等的谈话中进一步明确，北上抗日，建立川陕甘革命根据地，就是为了促进全国抗日高潮的到来。他们关于民族抗战问题的思索，实际成为国内的中国共产党人接受共产国际关于建立抗日民族统一战线主张的思想条件。

第二，党中央将建立抗日民族统一战线的主张理论化、系统化，正式确立抗日民族统一战线战略。12月17日召开的中共中央政治局会议经过系统讨论，于25日通过由张闻天起草的《关于目前政治形势与党的任务的决议》（即瓦窑堡会议决议），抗日民族统一战线由号召正式成为中国共产党的基本战略。在这个过程中，毛泽东等系统地阐述了抗日民族统一战线的理论。一是正确判断中国革命的新任务，毛泽东指出："日本帝国主义和汉奸卖国贼的任务，是变中国为殖民地；我们的任务，是变中国为独立、自由和领土完整的国家。"[2]因此"党的任务就是把红军的活动和全国的工人、农民、学生、小资产阶级、民族资产阶级的一切活动汇合起来，

---

[1] 中共中央文献研究室编：《毛泽东年谱（1893—1949）》上卷，人民出版社、中央文献出版社1993年版，第461页。

[2] 《论反对日本帝国主义的策略》（1935年12月27日），《毛泽东选集》第1卷，人民出版社1991年版，第152页。

成为一个统一的民族革命战线"①。二是从国内的实际出发,摆正国内战争与民族抗战的关系。1935年10月毛泽东率中央红军长征抵达陕北苏区时,他和他的战友们一方面不得不同顽固坚持"攘外必先安内"政策的蒋介石及其所发动的全面"围剿"进行殊死的阶级搏斗;另一方面还要为抵抗日寇侵略做全民动员和准备,肩负起拯救民族危亡的历史责任。如果不战胜国民党军的"围剿",红军和中国共产党的生存还都是疑问,何谈抗日?但如果不正视中日间的民族矛盾已经成为中国社会最主要矛盾这一严重现实,就会失去民众的支持,不仅难以战胜以"政府"名义来"进剿"的国民党军,而且,即使是能够克服眼前的生存危机,也必然会失去领导神圣的民族抗战的资格。在这个问题上,毛泽东没有像王明那样照搬共产国际所谓"推翻国民党卖国政府是顺利进行民族革命战争的条件",他明确指出:战略方针应是"坚决的民族革命战争",首先"把国内战争与民族战争结合起来"②,一切战争都在民族战争的口号下进行。这就初步明确了国内战争与民族战争的关系,把民族团结抗战摆在了第一位。③三是毛泽东从分析敌我力量的对比和蕴藏在中国各阶层人民中的巨大潜力与积极性,论述了建立抗日民族统一战线的迫切性;进而分析了工人、农民和小资产阶级的政治态度,还特别分析了民族资产阶级在民族危急时刻的动摇和转变,阐明同民族资产阶级在新的条件下重新建立统一战线的可能性和必要性。并特别明确在新的历史条件下革命动力的变化,即:"革命的动力,基本上依然是工人、农民和城市小资产阶级,现在则可能增加一个民族资产阶级。"四是他从理论分析中得出:在半殖民地条件下,当日本帝国主

---

① 《论反对日本帝国主义的策略》(1935年12月27日),《毛泽东选集》第1卷,人民出版社1991年版,第151页。

② 中共中央文献研究室编:《毛泽东年谱(1893—1949)》上卷,人民出版社、中央文献出版社1993年版,第497页。

③ 此前的口号至多是主张把国内战争和民族抗战结合起来,《八一宣言》对此问题也没有明确的改变。参见《中华苏维埃临时中央政府、工农红军革命军事委员会宣言》(1933年1月17日),中共中央党史研究室第一研究部编:《共产国际、联共(布)与中国革命档案资料丛书》第16辑,中共党史出版社2007年版,第507页。

义对中国的侵略触犯英美等帝国主义的在华利益时，中国地主买办阶级中的英美派"是有可能遵照其主人的叱声的轻重，同日本帝国主义者及其走狗暗斗以至明争的"①。毛泽东在阐述"人民共和国"的口号时进一步指出："这个政府的成分将扩大到广泛的范围，不但那些只对民族革命有兴趣而对土地革命没有兴趣的人，可以参加，就是那些同欧美帝国主义有关系，不能反对欧美帝国主义，却可以反对日本帝国主义及其走狗的人们，只要他们愿意，也可以参加。因此，这个政府的纲领，应当是以适合于反对日本帝国主义及其走狗这个基本任务为原则……"②五是毛泽东明确指出：因为有了坚强的共产党和坚强的红军，还有了红军的根据地，"共产党和红军不但在现在充当着抗日民族统一战线的发起人，而且在将来的抗日政府和抗日军队中必然要成为坚强的台柱子"③。

与毛泽东的上述系统理论相对照，《八一宣言》对中国各阶级、各党派的抗日态度，缺少具体深入的阶级分析；在肯定国内某些阶级、阶层和政治派别具有抗日要求时，并没有区别或者说是无视他们在坚定性上的差别；对民族资产阶级等力量的动摇性乃至反动性没有足够的重视；更没有对国民党当局及其所代表的英美派大地主、大资产阶级参加抗战的可能性进行理论上的分析。因而使得《八一宣言》的口号和主张与国内的实际状况有一定程度上的脱节，显得失之泛泛。

第三，党中央适时实现由"反蒋抗日"到"联蒋抗日"的政策转变。以蒋介石为代表的大地主、大资产阶级把持着中央政权，掌握着中国最大多数的军队，对外是中国国家政府的代表。因此，同他们建立统一战线关系，是实现全民族统一战线的核心和关键，也是抗日民族统一战线形成的

---

① 《论反对日本帝国主义的策略》（1935年12月27日），《毛泽东选集》第1卷，人民出版社1991年版，第148页。

② 《论反对日本帝国主义的策略》（1935年12月27日），《毛泽东选集》第1卷，人民出版社1991年版，第156页。

③ 《论反对日本帝国主义的策略》（1935年12月27日），《毛泽东选集》第1卷，人民出版社1991年版，第157页。

标志。这个问题的解决得力于三个方面。

一是从大的历史背景看，苏联和中国国民政府都承受着日本侵略的严重威胁，双方都有合作抗日的强烈愿望。一个强大的苏联的存在，它既与中共有相同的意识形态和通过共产国际建立的纽带联系，又从本国的利益出发采取坚决支持中国政府抗击日本侵略的政策，这不能不对蒋介石政府缓和与中共的敌对关系发挥相应的作用，而蒋介石政府对中共态度和行动的变化，是中共中央能否决心"联蒋抗日"的必要条件。

二是虽然王明和中共驻共产国际代表团早在1935年10月以来，已经认识到蒋介石方面有"溶共抗日"的意向，并积极地进行这方面的宣传鼓动和设法使中共中央在国内直接与蒋介石建立联系。但是，由于与中共中央的电讯联系在1936年6月中旬以前一直没有恢复，毛泽东和中共中央并不了解这方面的情况。他们是根据国内外局势的变化独立自主做出由"反蒋抗日"向"逼蒋抗日"转变的重大决策，这是中共关于抗日民族统一战线战略的一个重大变化。长征抵达陕北后，一直在国内率领红军与国民党军浴血奋战的毛泽东，虽然在理论上已经认识到国内英美派大资产阶级在对日态度上有可能发生转变，但是在行动上却因蒋介石顽固坚持实行反共、"剿"共，而针锋相对地执行"抗日与反蒋"并重的方针。当时，国共两党在国民党统治区和苏联先后通过四条渠道探讨合作抗日的可能性。1936年2月27日，通过宋庆龄介绍、受宋子文委托前往陕北的董健吾（当时化名周继吾）和受上海地下党委派来汇报与国民党陈立夫的代表曾养甫等谈判情况的张子华，一同抵达瓦窑堡，带来蒋介石亦有和红军妥协共同抗日倾向的信息。这印证了毛泽东、张闻天等关于国内英美派大资产阶级在对日态度上有可能发生转变的判断。3月4日，在东征前线的毛泽东等就明确地转告董健吾："弟等十分欢迎南京当局觉悟与明智的表示，为联合全国力量抗日救国，弟等愿与南京当局开始具体实际之谈判"，并提出"停止一切内战，全国武装不分红白，一致抗日"等五项具体意见。[①]随后，

[①] 中共中央文献研究室编：《毛泽东年谱（1893—1949）》上卷，人民出版社、中央文献出版社1993年版，第519页。

第八章　初到陕北

毛泽东和张闻天等在东征前线接待了张子华和李克农，以及中共北方局联络处长王世英，听取他们与国民党中央、与张学良、与十七路军等接触谈判的情况汇报，并召开中央政治局会议就对蒋态度问题等进行了专门的讨论。张闻天在3月20日的政治局会议上明确谈及地主买办集团内部"分化很明显"，"南京政府内部和一些军阀也在和我们接洽谈判"。他在报告中没有再提"反蒋抗日"的口号，而是认为"必要而且可能与各种政治派别进行上层统一战线"。24日张闻天在中央政治局会议所做的结论中提出："反日"与"反卖国贼"二者"亦应区别"，应该"集中力量反对最主要的敌人"[1]。4月9日，在东征前线的毛泽东和彭德怀联名致电张闻天，更加明确地重申"我们的基本口号不是讨蒋令，而是讨日令"。同日，周恩来在延安同张学良会谈合作抗日问题时，张表示希望中共方面改变"反蒋抗日"政策为"联蒋抗日"，这也从一个侧面坚定了中共中央改变既往政策的决心。5月5日，毛泽东等在著名的"停战议和一致抗日"东征回师通电中放弃了在东征出师宣言和其他宣传材料中把蒋介石和阎锡山作为"卖国贼"的提法，采用了"×××氏"的中性提法，提出："为了促进蒋介石氏及其部下爱国军人的最后觉悟，故虽在山西取得了许多胜利，然仍将人民抗日先锋军撤回黄河西岸，以此行动，向南京政府、全国海陆空军、全国人民表示诚意。"[2]东征班师回到瓦窑堡后，毛泽东在6月12日召开的中央政治局会议上更明确地指出："我们的口号，我们的重心是抗日，请蒋出兵，以扫除抗日阻碍。"[3]事后，毛泽东等在向朱德、张国焘等解释这一政策变化情况的电报中指出："中国最大敌人是日本帝国主义，抗日反蒋并提是错误的。我们从二月起开始改变此口号。"[4]16

---

[1] 张培森主编：《张闻天年谱（1900—1976）》上卷，中共党史出版社2010年版，第217页。

[2] 中共山西省石楼县委宣传部编：《红军东征——影响中国革命进程的战略行动》（上），中共党史出版社1997年版，第274页。

[3] 中共中央文献研究室编：《毛泽东年谱（1893—1949）》上卷，人民出版社、中央文献出版社1993年版，第551页。

[4] 中共中央文献研究室编：《毛泽东年谱（1893—1949）》上卷，人民出版社、中央文献出版社1993年版，第576页。

日，中共中央与共产国际的电讯联系恢复。[①]8月15日在接到共产国际关于"联蒋抗日"的最新指示以后，毛泽东和中共中央对这个问题的提法就更为明确、更加具体。他们"认定南京为进行统一战线之必要与主要的对手"[②]，"是我们进行整个统一战线的重心"[③]。8月25日，毛泽东亲自起草《中国共产党致中国国民党书》，倡议实行第二次国共合作，并承诺：在"全中国统一的民主共和国建立之时，苏维埃区域即可成为全中国统一的民主共和国的一个组成部分，苏区人民的代表将参加全中国的国会，并在苏区实行与全中国一样的民主制度"[④]。9月1日，中共中央正式向党内发出《关于逼蒋抗日问题的指示》。可见，从"反蒋抗日"到"逼蒋抗日"的策略转变，是中共中央在酝酿东征和发动东征期间独立自主做出的决策。

三是实行"逼蒋抗日"既要统一中共党内的思想，更要推动蒋介石方面的合作。毛泽东一方面在全党和全军中广泛地开展了统一战线思想的教育，从思想上和组织上肃清了"左"倾关门主义的影响，号召全党都去做统一战线工作；另一方面他也不是一味地、无条件地求和，而是在"逼蒋抗日"政策下采取了一系列具体行动，既联合又斗争。他指挥红军坚决粉碎了国民党军的军事进攻，打破了蒋介石消灭红军和用军事力量压迫中共同意其收编红军的幻想。不斗不逼，"联蒋抗日"就难以实现。但是"斗"是讲究策略的，"逼"也是有各种方式的：对蒋介石国民党"围剿"红军的部队以沉重打击，是逼；发表通电，发动群众掀起抗日救亡运动高潮，制造革命舆论，是逼；利用国民党内部矛盾，进行争取、分化，同样是逼。关于"逼蒋抗日"，毛泽东曾有一个形象的比喻："对付蒋介石，就要象陕北农民赶着

[①] 是日中央书记处致电中共驻共产国际代表团，电文原稿注有"发报第1号"字样，参见张培森主编：《张闻天年谱（1900—1976）》上卷，中共党史出版社2010年版，第233页。

[②] 中共中央文献研究室编：《毛泽东年谱（1893—1949）》上卷，人民出版社、中央文献出版社1993年版，第568页。

[③] 中共中央文献研究室编：《毛泽东年谱（1893—1949）》上卷，人民出版社、中央文献出版社1993年版，第573页。

[④] 《中国共产党致中国国民党书》（1936年8月25日），《建党以来重要文献选编（1921—1949）》第13册，中央文献出版社2011年版，第267页。

毛驴上山，前面要人牵，后面要人推，牵不走还得用鞭子抽两下，不然它就要赖、捣乱。"①10月11日，中共中央在党内发出《国共两党抗日救国协定草案》，表示愿意"停止以武力推翻国民党政权之言论与行动"，愿意"在抗日作战时在不变更共产党人员在红军中的组织与领导之条件下"，与全国军队一致"实行统一的指挥与统一的编制"，在"统一全国的军事指挥机关"中，承认"中国国民党人员在此种机关中占主要领导的地位"。②与此同时，毛泽东既领导全党为广泛建立下层统一战线而积极努力，又以很大的精力亲自开展上层统一战线工作。他尤为重视对东北军张学良和西北军杨虎城的联系，经过耐心细致全面的统战工作，红军与东北军、西北军形成了"三位一体"的合作格局，东征后又建立了与晋绥方面阎锡山的统一战线关系，并形成与中华民族革命同盟李济深、陈铭枢、蔡廷锴，以及地方实力派李宗仁、白崇禧、刘湘等的遥相呼应。这不仅保证了陕甘宁根据地的安全和发展，而且有力地推动了毛泽东关于以西北的统一战线推动全国统一战线建立这一战略设想的实施。可以说，如果没有毛泽东和中共中央已经独立自主地在国内探索建立抗日民族统一战线的实践，如果没有这些理论上的明确认识和组织上、行动上的准备，"联蒋抗日"是不可能由口号变为现实，并最终促成全国的抗日民族统一战线。

第四，西安事变是在中共和共产国际方面都完全不知晓的情况下发生的。有的学者以12月15日毛泽东曾和朱德、周恩来等红军将领联名致电南京国民政府，主张"罢免蒋氏，交付国人裁判"，而共产国际在12月16日曾复电中共中央明确要求和平解决西安事变，因而认为，和平解决西安事变的决策是由共产国际提出的。这与事实有很大出入。

一是毛泽东在事变发生后的第一时间，正确判断了事变的性质，明确了解决事变的努力方向和策略，奠定了和平解决西安事变的基础。1936年12月12日，西安事变发生的当天，毛泽东和中共中央就两次致电共产国

---

① 杨得志：《横戈马上》，解放军文艺出版社1984年版，第204页。
② 《国共两党抗日救国协定草案》（1936年10月），《建党以来重要文献选编（1921—1949）》第13册，中央文献出版社2011年版，第366、367页。

际,介绍事变的情况和中共拟采取的措施。毛泽东在翌日凌晨召开的中共中央政治局会议上就指出:这次事变是革命的,是抗日反卖国贼的,它的行动,它的纲领,都有积极的意义。它们没有任何帝国主义的背景,完全是站在抗日和反对"剿匪"的立场上。我们应以西安为中心,以西北为抗日前线,来影响和领导全国,形成抗日战线的中心。最后毛泽东在会议结束前做结论时,又强调:现在处在一个历史事变新的阶段,前面摆着很多道路,也有许多困难。为了争取群众,我们对西安事变不轻易发言。我们不是正面反蒋,而是具体指出蒋介石个人的错误,不把反蒋抗日并列。[①]会后,中共中央致电共产国际,通报了拟采取的措施,希望共产国际动员世界舆论赞助红军、东北军和西北军的抗日义举,督促苏联大力援助中国抗战。

二是共产国际和苏联对于西安事变,在竭力洗刷自己与事变毫无关系的同时,还提出和平解决事变的重要建议,但其对事变性质的认识与实际情况完全相反。从12月14日起,苏联《真理报》等主要媒体发表大量的报道、评论,把西安事变说成是中国亲日分子的一个阴谋,把张学良和杨虎城说成是"叛徒""强盗"。12月16日,苏联外交人民委员会给苏联驻华代表打电报,要他转送如下声明给南京政府:"(一)苏联政府得悉发生西安事变后立即表示明确而肯定的立场,谴责张学良这一客观上只能有利于企图分裂和奴役中国人民的一切敌人的行为。(二)苏联政府……不仅与西安事变没有任何关系,而且自日军占领满洲之时起,从未与张学良保持任何直接或间接的联系。(三)鉴于各种虚假和诽谤性报道仍不断出现,苏联政府……不能对中国红军的行动负任何责任。"[②]同日,共产国际执委会致电中共中央,针对中共中央对事变性质的分析指出:"张学良的行动,不管出自何种动机,客观上只能有损于中国人民抗日统一战线力量的团结,并鼓励日本对中国的侵略。"来电建议要和平解决西安事变,

---

① 中共中央文献研究室编:《毛泽东年谱(1893—1949)》上卷,人民出版社、中央文献出版社1993年版,第621、622页。

② 马宝华、乌传衮编译:《苏联及共产国际对西安事变的反应》,《文献和研究》1986年第6期。

并在电文的最后强调:"我们建议不要提出与苏联联合的口号。"①可惜,这封电报因电码差错难以译出,中共中央只好于18日要求共产国际重发这封电报。而在19日,中共中央已经独立自主地作出和平解决事变的决策。直到20日,中共中央才终于再次收到并译出了这封来电。21日,中共中央回复共产国际来电:"来电20日才收到,同意你们的意见,我们也已经基本上采取了这种方针。"

三是西安事变发生后,由"审蒋""罢蒋"到确定和平解决,这一决策变化过程是毛泽东和张闻天、周恩来等中共领导人根据错综复杂的形势,审时度势独立自主作出的。12月13日,毛泽东和周恩来致电张学良,"号召西安及西北民众起来拥护义举,对全国亦然,只有将全部行动基础置于民众之上,西安起义才能确定地发展其胜利"②。12月14日,毛泽东同朱德等红军将领联名致电张学良和杨虎城,建议由东北军、西北军和红军组成西北抗日援绥联军。12月15日,毛泽东同朱德等红军将领致电南京国民党和国民政府诸位先生,呼吁他们谋国共之合作,化敌为友,共赴国仇。12月16日,毛泽东致电阎锡山提出,"时局应和平解决,万不宜再起内战,自速覆亡","敢乞周旋宁、陕之间,先停军事行动,再议时局善后"。③12月18日,在接到17日抵达西安的周恩来关于西安情况和国内各派对西安事变态度情况的电报后,中共中央致电国民党中央,指出"武力的讨伐,适足以杜塞双方和解的余地"④,向国民党提出和平解决西安事变的五项前提条件。12月19日,毛泽东在中共中央政治局会议上作结论时强调,"只有内战结束才能抗日。有六种力量可能使内战结束:一是红军,二是东北军,三是西安的友

---

① 中共中央党史研究室第一研究部编:《共产国际、联共(布)与中国革命档案资料丛书》第17辑,中共党史出版社2007年版,第361页。

② 中共中央文献研究室编:《毛泽东年谱(1893—1949)》上卷,人民出版社、中央文献出版社1993年版,第622页。

③ 中共中央文献研究室编:《毛泽东年谱(1893—1949)》上卷,人民出版社、中央文献出版社1993年版,第623页。

④ 中共中央文献研究室编:《毛泽东年谱(1893—1949)》上卷,人民出版社、中央文献出版社1993年版,第625页。

军,四是人民,五是南京的内部分化,六是国际援助。应把六种反内战的力量团结起来,使内战结束,变国内战争为抗日战争"。①会议通过《中央关于西安事变及我们的任务的指示》,提出"主张南京与西安间在团结抗日的基础上,和平解决"②。同日发出的《中华苏维埃中央政府、中共中央对西安事变通电》中,尊称"蒋介石先生"③,重申和平解决西安事变的主张,并提出具体建议:双方军队暂以潼关为界,听候和平会议解决;由南京立即召集和平会议,各党各派各界各军包括共产党和苏维埃政府参加。这实际上就是放弃了以西安为全国抗日中心的原设想。同日,毛泽东致电在外同国民党谈判的中共代表潘汉年,"请向南京接洽和平解决西安事变之可能性,及其最低限度条件,避免亡国惨祸。"④

需要说明的是,苏联和共产国际在西安事变等一系列事件中的态度和行动,并不是完全符合毛泽东和中共的意愿。在某种意义上说甚至是有些令人失望。在长征后期毛泽东和中共中央有"打通国际线"的计划,希望能和苏联连接在一起,依托苏联建立起巩固的根据地。这个计划后来未能如愿,除去国民党强敌的封锁等原因外,得不到苏联的实际援助也是原因之一。西安事变前,中共同东北军、西北军建立统一战线关系,有可能得到苏联的支持是毛泽东在谈判中的重要砝码。但苏联和共产国际对西安事变性质的判断和对张、杨所采取的态度,与中共的期望是根本相反的。进而,在与国民党的谈判中,毛泽东和中共除了在政策上得到若干指导性意见外,很难得到苏联方面实际的甚至是口头的声援或帮助。尽管如此,苏联和共产国际和平解决西安事变的方针与中共的主张是一致的。这坚定了中国共产党和平解决事

---

① 中共中央文献研究室编:《毛泽东年谱(1893—1949)》上卷,人民出版社、中央文献出版社1993年版,第625—626页。

② 中共中央文献研究室编:《毛泽东年谱(1893—1949)》上卷,人民出版社、中央文献出版社1993年版,第626页。

③ 《中共中央关于西安事变及我们的任务的指示》(1936年12月19日),《建党以来重要文献选编(1921—1949)》第13册,中央文献出版社2011年版,第424页。

④ 中共中央文献研究室编:《毛泽东年谱(1893—1949)》上卷,人民出版社、中央文献出版社1993年版,第626页。

变的决心和信心，使中共中央的思想更加趋于统一，促使中共加快了和平解决事变的步伐。从这个角度讲，苏联和共产国际对中共和平解决西安事变起了积极的促进作用。特别值得注意的是，由于苏联与中共的特殊关系，再加上苏联是当时国际上唯一采取实际步骤支持中国国民政府抗日的国家，这不能不对蒋介石在与中共和谈问题上产生一定的影响。

第五，党中央采纳王明和共产国际的建议，确定国共合作的基本方针。1936年12月25日，张学良释放蒋介石回南京标志着西安事变的和平解决和国共内战的停止。但那只是一个象征性的时间节点，最终的结局是在事变后由国共双方及国内各派力量的博弈所决定的，王明和共产国际也提出他们的建议。

西安事变迫使蒋介石允诺停止内战联共抗日，这成为"时局转换的枢纽"（毛泽东语）。但是由其阶级立场所然，刚刚离开西安抵达洛阳的蒋介石发表《对张杨的训词》，只字不提他在西安"以人格保证"作出的允诺。回到南京扣押了张学良，又增兵潼关，使得国内形势骤然紧张。12月28日，毛泽东针锋相对地发表《关于蒋介石声明的声明》，指出："蒋氏应当记忆，他之所以能够安然离开西安，除西安事变的领导者张杨二将军之外，共产党的调停，实与有力。共产党在西安事变中主张和平解决，并为此而作了种种努力，全系由民族生存的观点出发。设使内战扩大，张杨长期禁锢蒋氏，则事变的进展徒然有利于日本帝国主义和中国讨伐派。"[①]他警告说，今后的问题是蒋氏是否"言必信，行必果"，将全部救亡条件切实兑现。毛泽东认为，中共在西安事变之前的主要任务是争取和平；事变和平解决之后的任务是巩固和平，而要巩固和平，就必须发展民主。

这个时期，共产国际十分担心来之不易的中国国内和平的局面，会由于"日本帝国主义及其极力挑动内战的走狗在搞阴谋"以及中国共产党采取"错误的步骤"而不能持久。为此，共产国际于1937年1月19日致电中共中央，要求中共不要就蒋介石在西安的许诺大发议论，不要提出

[①]《关于蒋介石声明的声明》（1936年12月28日），《毛泽东选集》第1卷，人民出版社1991年版，第247页。

立即对日宣战要求,不要有分化蒋介石集团的企图,不宜强调同苏联结盟的口号。20日,王明在共产国际执委会书记处会议上报告中国最近的事态和中共的策略。会议提出要在以下几个方面改变自己的方针:(1)将苏维埃政府改为人民革命政府;(2)将红军改为人民革命军;(3)仅在城市中心区保留苏维埃,并且不作为政权机构,而作为群众组织;(4)放弃普遍没收土地做法。并要求中共中央"极其认真地考虑和讨论这个问题"①。毛泽东和中共中央有保留地吸收了共产国际的指示,1月22日,《毛泽东、周恩来关于同蒋介石交涉问题给潘汉年的电报》中指出:"向蒋说明下列观点:我们是革命政党,自己确定的政策决不动摇。我们的政策是与蒋一道团结全国(即反对分裂与内战)共同对日,以后许多事情均愿与蒋商量,一切有利日本与汉奸而有损国力与两党合作之事,均当与蒋一道坚决反对之。"②2月10日,中共致电国民党五届三中全会,表示国民党五届三中全会"果能毅然决然"在"和平统一团结御侮"方针下将以下五项要求"(一)停止一切内战,集中国力,一致对外;(二)保障言论、集会、结社之自由,释放一切政治犯;(三)召集各党各派各界各军的代表会议,集中全国人材,共同救国;(四)迅速完成对日抗战之一切准备工作;(五)改善人民的生活"③确立为国策,则中国共产党自愿作出如下四项保证:"(一)在全国范围内停止推翻国民政府之武装暴动方针;(二)苏维埃政府改名为中华民国特区政府,红军改名为国民革命军,直接受南京中央政府与军事委员会之指导;(三)在特区政府区域内实施普选的彻底的民主制度;(四)停止没收地主土地之政策,坚决执行抗日民族统一战线之共同纲领。"④"五项要求和四项保证"成为国共谈

---

① 中共中央党史研究室第一研究部编:《共产国际、联共(布)与中国革命档案资料丛书》第15辑,中共党史出版社2007年版,第273—274页。

② 《毛泽东、周恩来关于同蒋介石交涉问题给潘汉年的电报》(1937年1月22日),《建党以来重要文献选编(1921—1949)》第14册,中央文献出版社2011年版,第25页。

③ 中共中央文献研究室编:《毛泽东年谱(1893—1949)》上卷,人民出版社、中央文献出版社1993年版,第652页。

④ 《中共中央致国民党三中全会电》(1937年2月10日),《建党以来重要文献选编(1921—1949)》第14册,中央文献出版社2011年版,第38—39页。

判的基础，也构成国共合作抗日的基础。

毛泽东除在原则上和具体步骤上对谈判工作进行指导外，还从多方面着手，努力推动抗日民族统一战线的形成。他多次致信致电蒋介石、阎锡山、杨虎城、孙蔚如、王以哲、宋哲元、李宗仁、白崇禧、刘湘、何香凝等国民党各派代表人物，力陈抗日救国大义；1937年5月，他亲自布置并接待了十年来第一个负和平使命赴苏区的国民党中央考察团，提出"拥护蒋委员长领导抗日"的口号；继1936年夏秋间同斯诺的谈话之后，他又先后接见史沫特莱、尼姆·威尔斯、范长江、厄尔·利夫、托马斯·阿瑟·毕森、欧文·拉铁摩尔、菲力普·贾菲等中外新闻界人士，广泛地宣传中国共产党关于抗日民族统一战线的主张；他既告诫全党要反对"左"倾关门主义，要求各地的各级干部都去做统一战线的工作，同时，又及时提醒党员干部不能做无原则的让步和联合，注意防止右倾投降主义的倾向；他亲自起草祭黄帝陵文，并派陕甘宁边区政府主席林伯渠与国民党代表张继共同祭扫黄帝陵，表达中国共产党对中华民族始祖的敬仰和团结全民族共赴国难、光大古邦的决心。1937年5月，苏区党的代表会议在延安召开，毛泽东作题为《中国共产党在抗日时期的任务》和《为争取千百万群众进入抗日民族统一战线而斗争》的两个发言。他指出，国民党五届三中全会以后，抗日民族统一战线已经初步建立起来了，因而进入一个新的历史阶段，在新阶段，抗日民族统一战线的任务是巩固和平、争取民主和实现抗战。号召全党加强团结，为争取千百万群众进入抗日统一战线而斗争。在此前后，在毛泽东的具体指导下，中国共产党代表团开始在新的团结方针下与国民党代表谈判，谈判从1937年2月开始，历经西安、杭州、庐山、南京等多个阶段，在七七事变和八一三事变发生后，终于在1937年9月22日，经双方协议，发表《中共中央为公布国共合作宣言》，次日蒋介石在庐山发表谈话，指出团结御侮的必要性，承认了中国共产党的事实地位，标志着中国抗日民族统一战线的正式形成。

第九章 延安十年——凤凰山麓

从1937年1月13日入住延安凤凰山山脚下的几孔窑洞，到1938年11月20日晚，因白天日机轰炸延安城（21、22日又连续轰炸），毛泽东搬到延安城外的杨家岭，他的足迹基本限于延安城内，只是在1937年8月20日至30日，去过洛川县的冯家村参加洛川会议。

一、奠定思想建党的哲学基础——《实践论》与《矛盾论》

以遵义会议为开端，中共在以毛泽东为核心的新的中央领导集体领导下，逐步树立或形成了正确的组织路线、军事路线和政治路线。具体来说，政治路线的形成是以瓦窑堡会议为标志，军事路线的形成是以《中国革命战争的战略问题》的发表为标志，组织路线的形成是以中共六届六中全会的召开为标志的。与此同时，毛泽东还以很大的精力率领全党致力于党的思想路线的建设。《实践论》与《矛盾论》的问世，奠定了中共实事求是思想路线的哲学基础。

在中国共产党内，毛泽东最早也是最坚定地主张把马克思主义与中国革命的实际相结合。他在《反对本本主义》中从哲学的高度鲜明地提出"中国革命斗争的胜利要靠中国同志了解中国情况"。他第一次明确地提出"马克思主义的'本本'是要学习的，但是必须同我国的实际情况相结合"。毛泽东一贯倡导并始终力行的是一条，以辩证唯物主义为指导，力求与中国革命的实际相结合，根本有别于主观主义和教条主义的思想路线，是中共实事求是思想路线的先声。遵义会议后，随着毛泽东在全党领

第九章　延安十年——凤凰山麓

导地位的确立，他得以用"具体问题具体分析"这一马克思主义活的灵魂为准绳，更为有效地开展党的思想路线建设。

与一般军事家不同，毛泽东在研究军事问题时往往不是就军事而言军事，更不是离开辩证唯物主义和历史唯物主义来谈军事问题。相反地，他总是有意识地把军事问题上升到哲学的层面去研究、去解决。通观毛泽东全部著作，可以发现，毛泽东哲学思想的许多基本论点都是首先在其军事著作当中提出并展开论述的，特别是毛泽东为总结第二次国内革命战争的经验而写的《中国革命战争的战略问题》，已经包含了"实践论"和"矛盾论"一系列基本观点——这标志着毛泽东哲学思想已臻成熟。其中就特别强调要学习马克思主义的方法论，说："我们的眼力不够，应该借助于望远镜和显微镜。马克思主义的方法就是政治上军事上的望远镜和显微镜。"这实际上就是在说，不应该只学习或者说只会背诵马克思主义的一些词句。马克思主义方法论最本质的东西，就是具体地分析具体的情况，就是实事求是，从实际出发。

毛泽东在长征到达陕北后，为了从根本上排除"左"倾教条主义对党的干扰和破坏，针对"左"倾路线领导人过去对他所谓"狭隘经验论"的指斥，毛泽东"发愤读书"。他"发愤读书"涉及的面很广，但主要是哲学书。他把当时在保安和延安能够找到的国内外哲学书籍，几乎都找来读了，他如饥似渴地研究哲学。美国记者斯诺在《西行漫记》中曾写道："毛泽东是个认真研究哲学的人。我有一阵子每天晚上都去见他，向他采访共产党的历史，有一次一个客人带了几本哲学新书来给他，于是毛泽东就要求我们改期再谈。他花了三、四夜的时间专门读了这几本书，在这期间，他几乎是什么都不管了。他读书的范围不仅限于马克思主义哲学家，而且也读过一些古希腊哲学家、斯宾诺莎、康德、歌德、黑格尔、卢梭等人的著作。"[①]1938年春，潘梓年寄来他的哲学著作《逻辑与逻辑学》，

[①] ［美］埃德加·斯诺：《西行漫记》，董乐山译，生活·读书·新知三联书店1979年版，第67—68页。

毛泽东对之感觉"颇为新鲜",于是只用3天时间,就读完了该书。后来,毛泽东在给何干之的信中坦承:他正在"作工具的研究,即研究哲学,经济学,列宁主义,而以哲学为主"①。

据统计,在这个时期,毛泽东精读了《资本论》《反杜林论》《谈谈辩证法问题》《从猿到人》《唯物论与经验批判论》等马克思主义经典著作,阅读了苏联哲学家西洛可夫、爱森堡等的《辩证法唯物论教程》,米丁等的《辩证唯物论与历史唯物论》,中外哲学著作如:塔乐海玛的《现代世界观》,河上肇的《马克思主义经济学基础理论》,艾思奇的《哲学与生活》《哲学选辑》和《思想方法论》,李达的《社会学大纲》等,并且对所读的书写了大量批注,毛泽东研读了10本哲学书籍并作了批注,而其中8本书的批注是在延安时期写的。

长征到达陕北后,环境发生了根本性变化。由于实行了抗日统一战线的政策,红军与东北军、西北军达成共同抗日的默契,有了以延安为中心的相对稳定、安定的根据地,可以读书、办学和研究、著述。抗大邀请毛泽东讲哲学直接催生了"两论"的诞生。毛泽东以中国人民抗日军事政治大学为阵地,亲自登台执教,讲授哲学,并以此为点,带动全局,使全党学习哲学活动逐渐进入高潮。1937年4月至8月,毛泽东在抗大以《辩证法唯物论(讲授提纲)》为基础讲授哲学,每星期二、四上午讲授,每次讲三个半小时,下午参加学员讨论。三个月,共讲了一百多个学时。延安的中高级干部,红军初、中、高级干部,知识青年,延安干部学校教职员工,有许多人都聆听和学习了毛泽东的哲学讲授。之后,延安解放出版社出版了该书,并从延安的干部教育、延安理论界对哲学的深入研究、党的高级干部对哲学的深入学习和研究等三个方面迅速推动了中国共产党人对马克思主义哲学的学习与研究。

据郭化若、莫文骅回忆,1938年初,毛泽东约他俩和何思敬、艾思奇、任白戈、徐懋庸等人举行哲学座谈会,"采取的方式是每周讨论一次,晚上七八点钟开始,持续到深夜十一二点钟。每次讨论都是由哲学家

---

① 《毛泽东书信选集》,人民出版社1983年版,第136页。

第九章 延安十年——凤凰山麓

艾思奇等人先讲，然后讨论。毛泽东都是在最后讲自己的看法。议论的中心围绕军事辩证法问题较多。实际上是对红军在10年土地革命战争中的经验教训进行理论上的探讨"①。毛泽东对艾思奇《哲学与生活》中的"差别不是矛盾"的说法提出异议，致信艾思奇说："其中有一个问题略有疑点（不是基本的不同），请你再考虑一下，详情当面告诉。今日何时有暇，我来看你。"②对于陈伯达撰写的《墨子哲学思想》，毛泽东写信告诉他："有几点个别的意见，写在另纸，用供参考"，并且连写两信致张闻天转告陈伯达，详列他的七点意见和三点补充意见，"请转达伯达同志考虑……是否有当，请兄及陈同志斟酌。"③

毛泽东总结党的历史经验和教训时清楚地认识到："一切大的政治错误没有不是离开辩证唯物论的。"④1937年6月5日，他在中共中央政治局会议上分析党建立15年来犯错误特别是"左"的错误、党内存在"左"的传统时，特别强调了"这是由于唯物辩证法思想在党内还没有普及与深入的原故"⑤，他分析说："党还只有十五年历史，马克思主义的理论与实际的传统还不十分深厚，解决问题还不能样样带马克思主义原则性，还没有很早及人人都学好唯物辩证法。"⑥要彻底地克服"左"倾习惯和传统，"在于普及与深入马克思主义的方法论（唯物辩证法）于多数干部中"⑦。陈云后来回忆说："毛泽东同志亲自给我讲过三次要学哲学。"⑧

---

① 陈晋：《毛泽东读书笔记解析》，广东人民出版社1996年版，第535页。
② 《毛泽东书信选集》，人民出版社1983年版，第112页。
③ 《毛泽东书信选集》，人民出版社1983年版，第140、150—151页。
④ 《毛泽东哲学批注集》，中央文献出版社1988年版，第311—312页。
⑤ 《关于十五年来党的路线和传统问题》（1937年6月3日），《毛泽东文集》第1卷，人民出版社1993年版，第510页。
⑥ 《关于十五年来党的路线和传统问题》（1937年6月3日），《毛泽东文集》第1卷，人民出版社1993年版，第508页。
⑦ 《关于十五年来党的路线和传统问题》（1937年6月3日），《毛泽东文集》第1卷，人民出版社1993年版，第510页。
⑧ 《陈云文选（1956—1985）》，人民出版社1986年版，第257页。

针对中日军事力量悬殊、中国抗日战争面临严峻的形势，毛泽东对郭化若说："用唯物辩证法说明军事问题，大有文章可做。"[1]他指示郭化若撰写《军事辩证法之一斑》，运用唯物辩证法探讨战争的本质，战争与政治、经济的关系，战略战术的同一和差别，战略的全局性和战术的局部性等。1938年9月，在毛泽东倡导下成立了新哲学会。1940年在新哲学会第一次年会上，毛泽东指出："理论这件事是很重要的，中国革命有了许多年，但理论活动仍很落后，这是大缺憾。要知道革命如不提高革命理论，革命胜利是不可能的。过去我们注意的太不够，今后应加紧理论研究。"[2]毛泽东积极参加新哲学会和中国古代哲学研究会的活动，以自己的表率作用带动大家深入探讨哲学问题。

艾思奇的《大众哲学》，语言通俗、深入浅出，毛泽东非常重视该书，不仅自己反复阅读，而且把它作为延安干部学习的重要教材。西安事变后，他特意致信在西安红军办事处工作的叶剑英，要求多买一些通俗而有价值的书带回延安，"作为学校与部队提高干部政治文化水平之用"[3]。1937年，毛泽东致信艾思奇，称赞其《哲学与生活》，说"我读了得益很多"[4]。艾思奇倍受鼓励，其后有大量哲学著述发表，成为延安哲学学习的一面旗帜。1940年，范文澜在延安新哲学会上作了一个关于中国经学简史的讲演，毛泽东称赞之，"用马克思主义清算经学这是头一次"[5]。在得知陈伯达在北平中国大学开过先秦诸子课后，毛泽东提议他在延安举办中国古代哲学讲座，并经常去听，许多人也跟着去听，陈伯达在延安理论界的名声由此而起。1939年1月，陈伯达写出《墨子哲学思想》一文，毛泽东致信陈伯达，称赞说："这是你的一大功劳，在中

---

[1] 周尝棕：《郭化若与孙子兵法》，转引自《百年潮》1999年第5期。

[2] 中共中央文献研究室编：《毛泽东年谱（1893—1949）》中卷，人民出版社、中央文献出版社1993年版，第193页。

[3] 《毛泽东书信选集》，人民出版社1983年版，第80页。

[4] 《毛泽东书信选集》，人民出版社1983年版，第112页。

[5] 《毛泽东书信选集》，人民出版社1983年版，第163页。

第九章 延安十年——凤凰山麓

国找出赫拉克利特（赫拉克利特为古希腊唯物主义哲学家——笔者注）来了。"[1]陈伯达受到鼓舞，又写了《孔子的哲学思想》《老子的哲学思想》，毛泽东两次去长信，提出自己的意见以鼓励。

由于毛泽东的倡导和推动，整个延安学哲学蔚然成风，形成规模空前的学习哲学热潮。比如延安新哲学会，从1938年秋成立，一直持续到延安整风运动后期，组织了一系列活动宣传和普及马克思主义哲学，成为在延安颇负盛名的哲学学术团体。中国古代哲学研究会，由毛泽东任组长（会长），陈云任副组长（副会长），参加者有党政军主要负责干部四五十人，也持续到1942年，主要学习中国古代哲学家的哲学思想。1940年初，先后成立了"自然辩证法讨论会"（又叫"《反杜林论》读书会"）和"自然科学研究会"（到1941年底，该研究会会员达到330人）。

毛泽东组织成立了一个哲学小组，开始时成员有艾思奇、吴黎平、何思敬、和培元、杨超、陈伯达。"这个活动，后来被一些高级领导同志知道了，他们也自愿地参加座谈讨论，由于人数增多，又移址于兰家坪中组部的大窑洞。这一活动激起了人们学习研究哲学的浓厚兴趣。"[2]如萧劲光、许光达、陈伯钧、莫文骅等都参加进来。小组每周活动一次，每次总是毛泽东先提出一些问题，让大家准备，然后一起讨论。杨超回忆说：有一次，"当时毛主席在小组中征求对他著作的意见，讨论时毫无拘束，就在他家中开会。……我们在讨论中，有一段主要矛盾和主要矛盾阶段的论述，在会议中大家都畅开思想，发言踊跃。对主要矛盾阶段问题讨论中有人讲：'主席，如果说有主要矛盾阶段，那么非主要矛盾阶段和次要矛盾阶段如何解释。'以后，主席就把这种思想概括在《矛盾论》中矛盾运动的形式、过程、阶段的概念中，充实了矛盾运动过程论的思想"[3]。在毛泽东的带动下，延安各机关纷纷成立哲学研究小组。他们经常举行新哲学

---

[1] 《毛泽东书信选集》，人民出版社1983年版，第140页。

[2] 郭化若：《在毛主席身边工作的片断（节录）》，转引自杨春贵：《毛泽东的哲学活动——回忆与评述》，中共中央党校科研办公室1985年版，第157页。

[3] 卢国英：《智慧之路——一代哲人艾思奇》，人民出版社2006年版，第241页。

报告会、座谈会、讨论会，开展新哲学的学习研究活动。

此前，党的思想路线在很长时间里存在两种严重的偏差，一是教条主义盛行，机械地背诵马克思列宁的原话，机械地照搬照抄苏联的经验，机械地执行共产国际的指示，机械地执行上级的决定；二是形而上学非常严重，"非左即右"，"不革命即反革命"的思维颇为突出，结果造成严重的损失。毛泽东号召学习哲学的目的非常明确，就是在思想战线上清除教条主义的影响，确立实事求是的思想路线，他说："我们要反对主观主义，就要宣传唯物主义，就要宣传辩证法。"[①]通过学习马克思主义哲学，从认识论上、从思想认识根源上清除教条主义，对全党是一次重大的思想武装。

《中国革命战争的战略问题》主要是解决党和红军面临的一个最紧迫的军事路线问题，对党的思想路线问题还没有从理论上加以解决。而思想路线问题必然涉及世界观和方法论问题，因为世界观和方法论是思想路线的根本基础。当时中国革命面临一系列新的问题，对这些新的问题应该怎样认识、怎样分析、怎样得出正确的结论，全党、全军还缺乏一个共同的正确认识方法和思想基础。毛泽东说："马克思主义有几门学问……但基础的东西是马克思主义哲学。这个东西没有学通，我们就没有共同的语言，没有共同的方法，扯了许多皮，还扯不清楚。有了辩证唯物论的思想，就省得许多事，也少犯许多错误。"也就是说，当时在党内对应该如何立足中国的具体实际，运用马克思主义哲学的世界观方法论来观察和处理中国革命中的各种问题，在观察和处理问题中应该掌握马克思主义辩证唯物主义和历史唯物主义哪些基本观点和方法这个根本问题还没有解决。而这个问题不解决，全党同志就不可能确立正确的认识论和方法论，党的思想路线和政治路线也不可能建立在正确的思想基础之上。《实践论》《矛盾论》就是为解决这个马克思主义哲学理论问题应运而生的。

[①]《整顿党的作风》（1942年2月1日），《毛泽东选集》第3卷，人民出版社1991年版，第827页。

第九章 延安十年——凤凰山麓

如果说《中国革命战争的战略问题》是毛泽东将中国共产党领导军事斗争的基本经验和日渐成熟的军事思想进行系统化和理论化的结晶，标志着毛泽东军事哲学思想的正式形成，那么，《实践论》《矛盾论》就使得马克思主义哲学中国化进程从灵活运用阶段进入了自觉创新阶段。《中国革命战争的战略问题》是以战争问题为重点，运用唯物辩证法去加以分析总结，目的是回答什么是中国革命战争的正确战略。而《实践论》和《矛盾论》是通过对中国革命整体实践的研究，重点阐述马克思主义哲学的基本理论，目的是回答什么是马克思主义的唯物辩证法的基本原理、基本规律，什么是马克思主义的认识论、方法论。因此，《实践论》《矛盾论》的诞生，标志着毛泽东哲学思想体系即中国化的马克思主义哲学思想体系已基本形成。

《实践论》和《矛盾论》最初是1937年7月至8月间毛泽东在抗日军政大学的讲演稿，属于《辩证法唯物论（讲授提纲）》中的一部分。在1937年4月至8月的四个月时间内，毛泽东花费了大量时间与精力为抗日军政大学的学员讲授辩证法唯物论，其内容主要由三部分构成，分别为唯心论和唯物论、辩证法唯物论以及唯物辩证法。《实践论》是讲授提纲中的第二章第十一节，即最后一节；《矛盾论》则是其中的第三章第一节，原题目为"矛盾统一法则"。《实践论》《矛盾论》是整个提纲中最精彩的两部分，也是整个讲稿的精华之所在。

《实践论》和《矛盾论》的提出，适值第二次国内革命战争结束，抗日战争全面爆发之际。20世纪20年代后期至30年代前期，中国共产党党内有一股将马克思主义教条化和将共产国际指示神圣化的错误倾向，主观主义，特别是教条主义风气盛行，两次国内革命战争受挫的现实正证明了这一点。两次国内革命战争的失败，问题主要出在党内领导层，一度主导党思想路线的右倾机会主义和"左"倾机会主义，使得革命要么过于妥协，要么过于激进。从思想根源上分析，之所以会出现这样的思想路线，本质是因为将马克思主义思想与中国革命实际割裂开来，机械照搬马克思主义，背离了客观实际。虽然在《实践论》和《矛盾论》提出前，毛泽东已经发表了《中国革命战争的战略问题》和《论反对日本帝国主义的策略》两篇讲话，分别对第二次国内革命战争时期在军事和政治上的经验教训做了总结，特别是《中国革命战争的战略问题》一文，充满了唯物论辩证法，对"左"倾军事路线进行深刻的哲学批判，将军事理论与哲学思想融为一体，已经运用《实践论》和《矛盾论》中详细阐述的辩证唯物主义的诸多原理。在毛泽东看来，要彻底纠正机会主义错误，必须从思想路线的高度对问题进行深入的剖析，必须让全党真正学懂学透马克思主义认识论和马克思主义辩证法。正是基于这种出发点，毛泽东结合中国革命实际和中国传统哲学，对认识论中的实践问题以及辩证法中的矛盾问题进行了特别的诠释，从而形成了《实践论》和《矛盾论》。

需要强调的是，毛泽东不只是中国革命的一般参与者，也是中国革命的主要领导者和中国革命战争的主要指挥者，有同党内错误路线进行直接的、艰难的斗争的丰富经历，因而从中深切地感受到实践问题和矛盾问题是党内思想路线方面两个最基本、最重要的问题，而中国革命正反两方的经验也为阐释理论和实践、主观和客观、矛盾特殊性、主要矛盾和矛盾的主要方面、矛盾的共性和个性、矛盾的斗争性和同一性等理论提供了丰富的材料。因此，《实践论》《矛盾论》虽然从苏联哲学家20世纪30年代集体编撰的三本哲学著作（《辩证法唯物论教程》，西洛可夫、爱森堡等著，李达、雷仲坚合译；《新哲学大纲》，米定、拉里察维基等著，艾思奇、郑易里合译；《辩证唯物论与历史唯物论》上册，米丁等著，沈志远译）中汲取了营养，但绝不是苏联教科书的简单重复，而是中国革命经验的结晶。如果不是亲自参与领导中国革命，如果没有直接同陈独秀、王明等的机会主义路线进行斗争，毛泽东是不可能写出这样杰出的哲学论著的。

在延安时期曾在毛泽东身边工作过的郭化若回忆说："有一次我在毛主席办公室内，看到桌面上放着一本《辩证法唯物论教程》，翻开一看，天头和其他空白处都有墨笔小字的旁批，内容全是中国革命中路线斗争的经验教训。这使我初步了解到毛主席是用马列主义的立场、观点、方法来分析中国革命的实际问题,并把中国革命的实际经验提高到理论水平上来充实和发展马列主义。他这些旁批,后来就逐步发展成为他的光辉著作《实践论》。"[1]"1937年八九月间,我从庆阳到延安,毛主席教哲学的高潮已经过去。我所听到的反映是,主席讲哲学深入浅出,讲得非常生动、活泼、有趣,许多听众不断发出笑声,有时则哄堂大笑。有一次,我到主席处谈到这些反映,并以我不在延安为憾。毛主席幽默地说:'我折本了。'我不大理解,有点诧异。主席解释说:'我花了四夜三天的时间,才准备好了讲课提纲,讲矛盾统一法则,那知只半天就都讲完了。岂不折本了吗?'……毛主席所说的'折本'当然是开玩笑,他历来是把学而不厌和诲人不倦两句成语统一起来,看作教学相长的。他自己学了就向干部讲,把讲课前的准备和上课时的讲解,作为加深研究的方法。在陕北公学讲了哲学课后,又应红军大学(后改为抗日军政大学,简称'抗大')的请求,讲了唯物论和辩证法。总政治部都把讲课的记录稿整理了出来,经过毛主席同意,打印若干份,分给我们学习。后来毛主席根据记录稿,选出辩证唯物论中的《实践论》和唯物辩证法中的《矛盾统一法则》两节,整理加工成为现在我们所看到的《实践论》和《矛盾论》。"[2]

《实践论》是毛泽东当年为讲授辩证唯物主义所写,修改后于1950年末在《人民日报》正式发表。发表稿加上了一个副标题"论认识和实践的关系——知和行的关系"。在中国传统知行观中,"知"主要指道德领域的良知,"行"则是指其践履。毛泽东《实践论》将传统"知"和"行"转化为马克思主义的"认识"和"实践";将"认识"划分为"感性认识"和"理性认识",将"实践"拓展为以无产阶级实践为主体的广义实践,实现了对传统"知"与"行"的超越,为马克思主义中国化奠定了重要的理论基础。

---

[1]《实录毛泽东.2》(1927—1945),长征出版社2013年版,第244页。
[2]《实录毛泽东.2》(1927—1945),长征出版社2013年版,第245页。

知行观是中国传统哲学的重要主题，可以追溯到春秋战国时期，主要讨论的是知行先后、知行分合、知行难易、知行轻重四大问题。中国传统哲学关于这四大问题的观点有："知先行后""行先知后""知行分离""知行合一""知易行难""知难行易"等等。《实践论》既用辩证唯物主义的认识论科学概括和总结中国革命的实践经验，又批判继承了中国古代哲学中的知行观，从而创立了辩证唯物主义的知行统一观。

在知与行孰先孰后的问题上，毛泽东提出科学的认识路线必须遵循"实践、认识、再实践、再认识"[①]的顺序。

在知行分合问题上，《实践论》提出："我们的结论是主观和客观、理论和实践、知和行的具体的历史的统一，反对一切离开具体历史的'左'的或右的错误思想。"[②]

在知行难易问题上，《实践论》既批评"左"倾冒险主义没有充分估计"行"的困难，又批评右倾机会主义过高估计"行"的困难。

在知行轻重问题中，《实践论》提出："实践的观点是辩证唯物论的认识论之第一的和基本的观点。"[③]但"没有革命的理论，就不会有革命的运动"[④]。

《实践论》开创的辩证唯物主义知行观，首次彻底解决了长期争论的知行关系问题。《实践论》在知行观上的理论贡献，不仅在于从具体观点上超越传统知行观，还在于这篇重要哲学著作为超越传统知行观提供的思维平台。《实践论》中的"实践"具有绝对的独立性和优先性，不仅理论活动只是实践活动的构成部分，而且这个实践活动具有自由解放的鲜明政治蕴含。

《实践论》《矛盾论》引起的马克思主义哲学在军事哲学方面变化的具体体现，就是《抗日游击战争的战略问题》和《论持久战》。这两篇

---

① 《实践论》（1937年7月），《毛泽东选集》第1卷，人民出版社1991年版，第296页。
② 《实践论》（1937年7月），《毛泽东选集》第1卷，人民出版社1991年版，第296页。
③ 《实践论》（1937年7月），《毛泽东选集》第1卷，人民出版社1991年版，第284页。
④ 《列宁选集》第1卷，人民出版社2012年版，第311页。

文章表明毛泽东对于具体战争规律的认识和军事方法论的总结变得更加深刻和科学，同时也表明他在军事哲学上的创见达到新境界。相比较《中国革命战争的战略问题》，《抗日游击战争的战略问题》和《论持久战》所论述的范围相对小些，只是针对抗日战争的一般性来讲的，但这种一般性并没有脱离中国革命战争的一般性，而是以抗日战争为具体对象来对无产阶级反抗敌对力量的革命战争进行深入剖析。从研究方法上看，毛泽东在军事哲学的探索上已经从抽象回到了具体，已经能够从相对抽象的一般性领域回到相对具体的一般性领域；从研究意义上看，毛泽东已经将从革命战争的具体实践中总结出的一般性军事哲学，进一步运用于思考中国革命战争发展的特殊性领域，从而使中国共产党能够自觉自如地领导中国革命战争。

这一时期，毛泽东撰写的《论反对日本帝国主义的策略》《中国革命战争的战略问题》《实践论》《矛盾论》《论持久战》等富有哲学思想的论著，往往最先都是在会议和学校讲演的。如《论反对日本帝国主义的策略》是在瓦窑堡党的活动分子会议上讲的，《实践论》《矛盾论》是为抗大学员讲课的内容，《论持久战》是在延安抗日战争研究会上的演讲。通过这些大量的、听众甚多的演讲，强有力地宣传了马克思主义哲学思想。

1938年8月22日，毛泽东在中央党校作《当学生，当先生，当战争领导者》的讲演，进一步号召大家学理论，研究实际。1939年5月20日，毛泽东在延安在职干部教育动员大会上亲自作报告，强调开展马克思主义学习运动的重要性。为了推动全党学习，在他的亲切关怀下，《反杜林论》又重新校正，由延安解放社出版，《哥达纲领批判》也重译出版。马克思的《法兰西内战》、列宁的《哲学笔记》中的《谈谈辩证法问题》、恩格斯的《从猿到人过程中劳动底作用》等都得到充分介绍。《自然辩证法》的学习也受到相当重视。《哲学的贫困》全书也在1942年至1944年再次更准确地译出。在毛泽东指示下，专门选编了《马恩列斯思想方法论》，要求全党学习马克思主义辩证方法论。1941年5月，他在延安干部会议上作了《改造我们的学习》这篇充满马克思主义辩证唯物论精神的重要报告，提出了反对主观主义的斗争任务。7月，毛泽东主持中央政治局会议，通过了《中共中央关于增强党性的决定》。9月，毛泽东又在中央政治局会议上，用辩证唯物论的科学方法分析了党的历史。同月，毛泽东又组织和领导中央研究组及高级研究组学习哲学理论。1942年，毛泽东亲自领导全党干部开展了整风学习运动。这个运动就是从宇宙观的高度反对唯心论和形而上学、宣传唯物论和辩证法的伟大思想解放运动。这是一次马克思主义学习的大竞赛。毛泽东号召大家理论联系实际，刻苦学习马列主义经典著作，包括《资本论》那样的理论巨著。他号召全党都要掌握《资本论》分析问题的辩证方法。在《改造我们的学习》中，他再次要求全党像马克思创作《资本论》那样，运用唯物辩证法"详细地占有材料，加以科学的分析和综合的研究"[①]。为了让全党掌握《资本论》的方法，早在写作《矛盾论》时，他就对《资本论》研究问题的辩证方法作了深刻的阐述。1943年冬到1944年4月，毛泽东领导全党高级干部，集中深入地进行党史的讨论，在组织学习他主持编辑的《六大以前》和《六大以来》两本文献集的基础上，号召全党高级干部用辩证唯物论全面的观点和发展的观点研究党史，认真总结历史经验，清算"左"、右倾机会主义形而上学世界观对革命的危害，提高对唯物辩证法学习和运用的自觉性。

遵义会议上，毛泽东增补为中央政治局常委，进入党的领导核心。但这是针对当时军情紧急的一种选择，主要是对毛泽东军事领导才能的看重。而毛泽东在陕北的大量哲学研读和著述，大幅度地提高了他的理论水准，他的充满唯物论、辩证法的大量论著，展现了他深厚的理论修养，因此得到党的领导层的普遍认同和钦佩，毛泽东在党内的威望空前提高。1941年10月，陈云在中央书记处和政治局会议上发言时说："遵义会议前后，我的认识有一个过程。会前不知道毛主席和博古他们的分歧是原则问题，对毛主席也只是觉得他经验多。遵义会议后，开始知道毛主席是懂军

---

① 《改造我们的学习》（1941年5月19日），《毛泽东选集》第3卷，人民出版社1991年版，第799页。

事的。红军南渡乌江后，方才佩服毛主席的军事天才。到莫斯科及回国后直至十二月会议，在独立自主问题上、徐州会战问题上，对毛主席有了更多的了解，认识到他是中国革命的旗帜。"① "过去我认为毛泽东在军事上很行，因为长征中遵义会议后的行动方针是毛泽东出的主意。毛泽东写出《论持久战》后，我了解到毛泽东在政治上也是很行的。"②

1943年8月2日，周恩来从重庆回到延安，发表演说指出："有了毛泽东同志的领导和指示，这三年来许多紧急时机、许多重要关键上，保证了我们党丝毫没有迷失了方向，没有走错了道路。" "没有比这三年来事变的发展再明白的了。过去一切反对过、怀疑过毛泽东同志领导或其意见的人，现在彻头彻尾地证明其为错误了。" "我们党二十二年的历史证明：毛泽东同志的意见，是贯串着整个党的历史时期，发展成为一条马列主义中国化，也就是中国共产主义的路线。"

任弼时在1943年9月召开的中央政治局会议上说，中央苏区时认为毛泽东"有独特见解，有才干"，"一九三八年到莫斯科及回国后，阅读了毛泽东的《论持久战》、《新民主主义论》、《论革命战争的战略问题》，又看到毛泽东在处理国共关系、领导整风运动以及对各种政策之掌握，对毛泽东则完全'爱戴佩服'，而且'认识到他一贯正确是由于坚定的立场和正确的思想方法'"③。

博古也在中央政治局九月会议上明确表示：武汉时期（1938年）有两条路线，一条是毛泽东为首的党的正确路线——布尔什维克路线；一条是王明在武汉时期的错误路线——孟什维克的新陈独秀主义。

10月6日，从井冈山时期起就和毛泽东患难与共的朱德，在政治局会议上说：毛泽东是一个"有魄力、有能力，遇到困难总能想出办法"的人。有毛泽东领导，各方面都有发展。照毛泽东的方法办事，中国革命一定有把握胜利。"我们这次学习，就要每人学一套本事，主要学好毛泽东

---

① 《陈云年谱》上卷，中央文献出版社2000年版，第330—331页。
② 《陈云年谱》上卷，中央文献出版社2000年版，第328页。
③ 《任弼时年谱》（1904—1950），中央文献出版社2004年版，第452、453页。

办事的本事。"

12月，张闻天在其《反省笔记》中写道，从中央政治局九月会议以来，"给我思想上的转变帮助最大"，"我从党史上发现了毛泽东同志的路线是中国党的真正的布尔什维克的路线，而我从莫斯科带来及四中全会后中央当权时所发挥的一套是完全错误的"，"毛泽东同志，不但是我党的政治家、军事家，而且是理论家的这个观点，也就是这个时候建立的，我对毛泽东同志心悦诚服的感觉，也是从此时发展起来的"。

即使是一直顽固不化的王明，虽然托病没有参加九月会议，但也在12月1日，由其妻子孟庆树代笔为王明写了致毛泽东和中共中央的信，表示："我完全放弃我自己的那些意见"，"重新学起，改造自己的思想意识，纠正自己的教条宗派主义错误，克服自己的弱点"。

1945年4月24日，毛泽东在中国共产党第七次全国代表大会的报告中，又要求全党干部读《共产党宣言》《社会主义从空想到科学的发展》《两个策略》《共产主义运动中的"左派"幼稚病》及《联共（布）党史》等五本书，牢牢掌握辩证唯物主义认识路线，养成实事求是的优良作风。列宁曾经指出，只有成熟的马克思主义政党，才能开展大规模的哲学运动，而"这种哲学上的'清理'"[①]正是先进阶级和政党成熟的标志。毛泽东亲自领导的延安整风运动，标志着中国共产党已经是一个完全成熟的党，一个用马克思主义辩证唯物论宇宙观武装起来的党，这就保证了中国革命从此走上了顺利发展的道路。

二、领导全面抗战之持久战方针与抗日游击战战略

在凤凰山下的窑洞里，以1937年7月7日卢沟桥事变爆发为标志，毛泽东的工作重心转入领导全民族抗日战争。

7月8日，毛泽东同朱德、彭德怀等红军将领领衔致电蒋介石，要求

---

① 《列宁全集》第20卷，人民出版社1989年版，第130页。

立即"实行全国总动员,保卫平津,保卫华北,收复失地"。鉴于华北危急,而蒋介石又迟迟不下达红军改编的命令,7月11日,毛泽东提议红军一部组成抗日先遣队先期赴河北抵抗日军。7月13日,延安全市共产党员与机关工作人员举行紧急会议,毛泽东在会上号召:"每一个共产党员与抗日的革命者,应该沉着地完成一切必需的准备,随时出动,到抗日前线!"与此同时,毛泽东加紧开展对各路红军的改编工作。他就红军改编后的组织序列、各级首长名单、装备等事宜,连电在外谈判的周恩来和布防在各地的军政首长。为了加强领导,他亲自抽调一批干部和抗大学员充实各部队。他坚决回绝了国民党要在红军各级战斗单位中派设副长官、政训主任、常驻代表等无理要求,维护了中国共产党对红军的独立领导。他派郑位三、方方等分赴鄂豫皖、闽浙赣等地,向坚持在南方进行斗争的红军游击队传达中共中央关于建立抗日民族统一战线的指示;又派孟庆山等参加了长征的红军骨干分赴冀中等地在家乡组织发动抗日力量;他还认真研究红军开赴华北抗日前线的行军路线和作战区域,并致函电或派人同有关地区的国民党军政官员协商,以期征得他们的配合。在毛泽东的积极主持下,红军的改编和抗战准备工作得以有条不紊地进行,这为红军早日开赴抗日前线创造了条件。

7月23日,毛泽东发表《反对日本进攻的方针、办法和前途》一文,旗帜鲜明地提出"坚决抗战,反对妥协退让"的正确方针,以及实行全国军队总动员、全国人民总动员,改革政治机构,实行抗日的外交政策,改善人民生活,加强国防教育和实行抗日的财政经济政策,号召全中国人民、政府和军队团结起来,筑成民族统一战线的坚固的长城等几项纲领。文章尖锐地提出在对日问题上的两种方针、两套办法、两个前途。毛泽东认为,实行全面抗战的方针和路线,就一定争得一个驱逐日本帝国主义、实现中国自由解放的前途;而实行相反的方针和办法,就一定得到一个日本帝国主义占领中国、中国人民都做牛马奴隶的前途。8月2日,毛泽东在延安"八一"抗战动员大会上做讲演,再次号召:"现在全国无论何处,都应该紧急动员起来。""我们现在只有一个方针,这个方针就是坚决打日本！立即动员全国民众，工农商学兵，各党各派各阶层，一致联合起来，与日本帝国主义作殊死的斗争！"8月4日，毛泽东又和张闻天打电报给参加国民党召集的国防会议的周恩来、朱德、叶剑英，提出关于国防的意见。电报指出：总的战略方针暂时是攻势防御，应给进攻之敌以歼灭的反攻，决不能是单纯防御；要正规战与游击战相配合，游击战以红军和其他适宜部队及人民武装担任之，在整个战略部署下，给予独立自主的指挥权；担任游击战之部队，原则上应分开使用，而不是集中使用，依现时情况，红军应出三分之一兵力，以冀、察、晋、绥四省交界地区为中心，向着沿平绥路西进及沿平汉路南进之敌实施侧面的游击战。电报特别强调，发动人民的武装自卫战，是保证军队作战胜利的重要一环，对此方针犹豫是必败之道。8月11日，周恩来等将容纳了毛泽东上述思想基本内容的中共中央关于对日作战战略计划及作战原则案提交国防会议，引起与会者的重视。毛泽东关于采取持久战的基本方针等相当一部分建议，实际上被南京国民政府军事委员会所采纳。而他关于全民抗战的全面抗战路线更是深入人心，在伟大的民族抗战中起了重要的指导作用。

在毛泽东和中国共产党以及全国人民的推动下，并迫于日本侵略军的步步进逼，8月22日，南京国民政府军事委员会正式发布命令，将红军改编为国民革命军第八路军（10月至12月间，又将南方八省的红军游击队改编为新编第四军），下辖第一一五师、一二〇师和一二九师。9月22日，国民党被迫公开发表中共中央于7月15日就已提交的《中国共产党为公布国共合作宣言》。23日蒋介石发表了实际承认中国共产党合法地位的谈话。全国抗日民族统一战线正式形成。

8月20日，毛泽东从延安凤凰山驻地出发，前往洛川县冯家村，参加22日至25日中共中央在那里召开的政治局扩大会议。这是中国共产党在抗日战争全面爆发的历史转折关头举行的一次重要会议。毛泽东代表中央政治局在会上作关于军事问题和国共两党关系问题的报告。在军事问题的报告中，毛泽东深刻分析抗日战争中敌强我弱的形势和当时敌人用兵的战略方向（以夺取华北为主），指出抗日战争将是一场艰苦的持久战。红军在国内革命战争中已经发展为能够进行运动战的正规军，但在新的形势下，在兵力使用和作战原则方面，必须有所改变。红军的基本任务是：创造根据地，牵制消灭敌人，配合友军作战（主要是战略配合），保存和扩大红军，争取共产党对民族革命战争的领导权。红军在抗日战争初期的作战地区主要是晋察冀三省边界地区。红军的作战方针是：独立自主的山地游击战争，包括在有利条件下集中兵力消灭敌人兵力以及向平原发展游击战争。独立自主是相对的，是在共同抗日的统一战略目标下独立自主的指挥。游击战的作战原则是，游与击的结合，打得赢就打，打不赢就走，分散发动群众，集中消灭敌人；着重于山地，是考虑便于创造根据地，建立起支持长期作战的战略支点。会议通过了由毛泽东起草的《中国共产党抗日救国十大纲领》，作为领导全国人民争取抗战胜利，反对蒋介石国民党片面抗战的指针。其要点是：（1）打倒日本帝国主义；（2）全国军事总动员；（3）全国人民总动员；（4）改革政治机构；（5）实行抗日的外交政策；（6）实行为抗战服务的财政经济政策；（7）改良人民生活；（8）实行抗日的教育政策；（9）肃清汉奸卖国贼亲日派，巩固后方；（10）实现抗日的民族团结。这个纲领全面地概括了中国共产党在抗日战争时期的基本政治主张，是实行全面抗战路线的纲领，它把实行抗日和争取民主紧密地结合起来，争取抗日民族解放战争朝着有利于人民胜利的方向发展。

会议根据战争形势的需要，为了加强中国共产党对军队的领导，决定进一步扩大中共中央革命军事委员会，由毛泽东、朱德、周恩来、彭德怀、任弼时、叶剑英、张浩、贺龙、刘伯承、徐向前、林彪11人组成。毛泽东为军委书记（实际称主席），朱德、周恩来为副书记（实际称副主席）。

8月下旬到9月初，八路军三个师的主力三万余人驰赴山西抗日前线。当时，中共中央军委决定八路军进入恒山山脉以之为战略依托，向燕山山脉展开，在山西北部、河北东部、察哈尔、热河、辽宁省南部发起广大的游击战争。9月17日，根据南口失守后，日军沿平汉、同蒲西路向国民党华北防线的恒山支点合围的情况，毛泽东向八路军前线指挥员发出指示：红军全部在恒山山脉创造游击根据地的计划，已根本上不适用了。如此时依原计划实行，将全部处于被动地位。"依上述情况及判断，为战略上展开于机动地位，即展开于敌之翼侧，钳制敌军进攻太原与继续南下，援助晋绥军使之不过于损失力量，为真正进行独立自主的山地游击战，为广泛发动群众，组织义勇军，创造游击根据地，支持华北游击战争，并为壮大红军本身起见"，毛泽东变更部署，指示一二〇师向晋西北管涔山等地活动，一二九师寻机向吕梁山脉活动，一一五师即时迎着疯狂进攻的敌军进入恒山山脉南段活动。①9月25日，一一五师在平型关首战大捷，歼敌1000余人，击毁汽车100多辆，取得全国抗战以来的第一个大胜仗，打破"日本皇军不可战胜"的神话，极大地鼓舞了全国人民的抗日斗志。

在全面抗战爆发之际，毛泽东集中阐释了全面抗战的路线、持久战的战略总方针和抗日游击战战略，三者构成一个有机的整体。

随着抗战的全面展开和相持阶段的到来，在全国和中国共产党内部对抗战前途产生一些模糊和错误的认识。国民党内以汪精卫为代表的亲日派大肆宣扬"亡国论"。由于抗战初期国民党军队的连续溃败，这种"亡国论"影响了社会上某些阶层和部分劳动人民，使之对抗战前途产生悲观情绪。国民党内还有一种观点，认为"抗战不如参战，参战不如观战"，把抗战胜利前途寄托在外国的援助上，时刻幻想依靠英美或苏联的干涉，很快取得胜利。台儿庄战役胜利后，国民党中一些人认为徐州会战是"准决战"，"是敌人的最后挣扎"。于是，"速胜论"兴盛一时。在共产党内，"亡国论"一般是没有的，但有些人有一种骄傲轻敌的思想，他们过于看重国民党有200万正规军的力量，因而以为抗战能够速胜。另外在共产党内和党外都有人轻视抗日游击战争的战略地位，认为它起不了什么作用。当时，也有很多人认识到抗日战争将持久地进行，但对于持久战的具

---

① 《关于敌情判断及我之战略部署》（1937年9月17日），《毛泽东军事文集》第2卷，军事科学出版社、中央文献出版社1993年版，第47—48页。

体发展过程将是怎样的，如何争取最后胜利，则没有明确的认识。

毛泽东代表中国共产党正确地回答和解决了这些问题。

持久战，是在抗战前毛泽东就高瞻远瞩地提出的战略思想。1935年12月，毛泽东在陕北瓦窑堡党的活动分子会议上，展望抗战前景，就指出："要打倒敌人必须准备作持久战"。"打倒日本帝国主义和中国反革命势力的事业，不是一天两天可以成功的，必须准备花费长久的时间"。1936年7月16日，在与美国记者斯诺谈话中，毛泽东说，抗日战争要延长多长时间，要看中国抗日统一战线的实力和中日两国其他许多决定的因素如何而定。他预言抗日战争将是长期的、艰苦的，"日本在中国抗战的长期消耗下，它的经济行将崩溃；在无数战争的消磨中它的士气行将颓靡。中国方面，则抗战的潜伏力一天一天地奔腾高涨，大批的民众不断地倾注到前线去，为自由而战斗"，经过长期作战，最后"驱逐日本侵略军出中国"。[①]

全面抗战爆发后，毛泽东再三强调持久战的战略方针，把它确定为中国共产党在抗日战争时期基本的战略指导思想。1937年8月，在确定党在抗日战争时期方针、政策的洛川会议上，毛泽东明确提出：全国抗战的战略总方针是持久战，而不是速决战，持久战的结果是中国胜利。会议赞同毛泽东的论断。依据毛泽东的报告而形成的《中共中央关于目前形势与党的任务的决定》指出，"由于国民党还不愿意发动全国人民参加抗战"，"由于当前的抗战还存在着严重的弱点"，因此，"应该看到这一抗战是艰苦的持久战"。同月，中国共产党提出全国抗战的战略方针及作战原则，指出："日本帝国主义本其大陆政策之预定方针，妄图使中国殖民地化……只有抗战，只有不顾一切牺牲，为领土完整奋斗到底，把日寇赶出中国去。"《中共中央关于目前形势与党的任务的决定》提出："中国抗战战略的基本方针是防御的持久战，在长期艰苦英勇牺牲的战争中求得胜利。"8月11日，周恩来、朱德、叶剑英等根据毛泽东和中共中央的

---

① 蒋建农、曹志为：《走近毛泽东》，团结出版社1990年版，第28页。

指示，在南京国防会议上阐述了中国共产党的这一战略思想，指出持久战乃战胜日本的唯一途径，告诫国民党不可因外交谋略而动摇持久抗日思想，受到与会者的重视，产生了积极的影响。毛泽东关于采取持久战的基本方针等相当一部分建议，实际上被南京国民政府军事委员会所采纳。蒋介石当时一再强调的"以空间换时间"的提法，即不难看到"持久战"的影响。

为了进一步有力地驳斥错误论调，阐明中国共产党关于抗日战争的正确军事路线，指导全党全军和全国人民更好地坚持抗战，毛泽东于1938年5月26日至6月3日，在延安抗日战争研究会上发表著名的演讲《论持久战》，完整、深刻地论述了持久战的思想。

从《论持久战》的篇章结构来看，全文分为两大部分：第一部分回答"为什么是持久战"和"为什么最后胜利是中国的"，大体上都是说"是什么"和"不是什么"，主要解决对抗日战争的认识问题，即在实践经验的基础上，通过辩证的逻辑思维，实现客观见之于主观的目的；第二部分回答"怎样进行持久战""怎样争取最后胜利"，最后转到研究"怎样做"和"不怎样做"的问题上，解决抗日战争的具体操作问题，即把正确的认识变成正确的实践方法，解决如何使主观见之于客观的问题。这样的体系结构同认识世界与改造世界相统一的辩证唯物主义认识论是完全一致的。这种以认识世界和改造世界为核心的理论体系，在《中国革命战争的战略问题》和《抗日游击战争的战略问题》中已经有了雏形，而在《论持久战》中更为完善。此外，《论持久战》将矛盾分析法贯穿始终。矛盾分析法的运用是毛泽东军事哲学著作的共同特点，而在《论持久战》中则达到了炉火纯青的程度，成为从抽象上升到具体的逻辑运动的内容和主要杠杆，而且同分析与综合的方法相统一。在这里，矛盾分析法不是简单指出矛盾的两方面，而是着重说明矛盾存在的根据以及矛盾的质的特殊性和量的不平衡性以及各种矛盾之间的系统性和矛盾运动的条件性。毛泽东全面地分析了中日战争所处的时代，以及敌我双方的基本特点，深刻地揭示了抗日战争是持久战，最后胜利属于中国这一客观规律。毛泽东从抗日战争的性质入手，指出中日矛盾全部问题的根据就是：抗日战争不是任何别的战争，乃是半殖民地半封建的中国和帝国主义的日本之间在20世纪30年代进行的一个决死的战争。从这个根据出发，引出敌强我弱、敌小我大、敌退步我进步、敌寡助我多助等抗日战争中敌我之间的基本矛盾状况。正是这些特点，决定了中国在抗日战争中既不会亡国，也不会速胜，只有经过持久战，才能达到最后胜利。从这个总的根据出发，毛泽东指出战争双方互相矛盾的四个基本特点：

第一，日本是一个帝国主义的强国，它的军力、经济力和政治组织力在东方是一等的；而中国是一个半殖民地半封建的弱国，军力、经济力和政治组织力各方面都不如敌人。

第二，日本发动的战争是帝国主义性的、退步的和野蛮的。日本虽是一个强国，但它已是一个趋于没落、灭亡的帝国主义国家。中国进行的战争是反侵略的正义战争，它必将唤起全国人民的觉悟和团结。更重要的是：这时的中国处于历史上进步的时代，它已经有了无产阶级，有了共产党，有了已经觉悟或正在觉悟的广大人民，有了政治上进步的军队，有了数十年革命的传统经验，特别是中国共产党成立以来17年的经验。

第三，日本是一个小国，先天不足，其人力、军力、财力、物力均感缺乏；中国是一个大国，地大、物博、人多、兵多。

第四，日本进行的侵略战争，遭受全世界爱好和平的人民的反对，它是失道寡助的；中国的反侵略战争得到全世界人民的同情和支援，是得道多助的。

抗日战争互相矛盾着的这些基本特点，贯穿于中日双方一切大小问题和一切作战之中。这些特点在战争过程中将各依其本性发生变化，一切东西就都从这里发生出来。战争开始阶段敌我双方的力量强弱对比，决定了日本能够在中国有一定日期和一定程度的横行，得到一定程度的胜利，中国不可避免地要走一段艰难的路程，遭受一定程度的失败。但这只限于一定阶段内、一定程度上的胜与败，不能超过而至于全胜或全败。因为敌我本来是相对的强和弱，敌军力虽强，但将为其他不利的因素如野蛮退步、失道寡助、国小物匮及以小国凌大国等所减杀；我虽弱，但有其他有利因素如战争的正义进步性、国际社会的支援、地大物博、人多兵多等所补充，加之我坚持抗战和坚持抗日统一战线的努力，将更加不断地使敌强我弱的对比发生逆向变化。因此，敌胜我败必然只限于一定阶段、一定程度，无法造成持久的局面。随着战争的继续发展，敌我力量将消长变化，只要我能运用正确的政治、军事策略，竭尽最善努力，战争将越来越使敌国军民厌战、兵源枯竭、军费困难，经济危机加深，国际上愈益孤立，由强而逐渐变弱，不断向下发展；战争越来越广泛地动员中国人民，军队日益壮大，敌人只能占领少数点与线，我则控制广大的面，兵源物资丰富等有利条件日益发挥其作用，而且国际上也愈来愈多助，逐渐由弱变强，不断向上发展。敌我双方力量变化到一定新的阶段，将发生强弱程度上和优劣形势上的大变化，而达到敌败我胜的结果。因此，抗日战争是长期的，最后胜利是属于中国的。因而，"亡国论"和"速胜论"都是错误的。毛泽东指出，"亡国论"者夸大了敌强我弱这个矛盾，把它作为全部问题的论据，而忽视了其他的矛盾。"速胜论"者则相反，他们只记起了其他矛盾，而根本忘记了敌强我弱这个事实。两个相反的极端，都歪曲了客观事物的真相。因此，他们得出的结论都是错误的、非科学的。

在《论持久战》中，毛泽东科学地预见了抗日战争将经历三个战略阶段。

第一阶段，"是敌之战略进攻、我之战略防御的时期"。但是，敌人在"此阶段的中期已不如初期，末期将更不如初期"。随着战争的进程，在这个阶段的末期，战争双方却有向下、向上两种不同的变化。日本方面：向下的变化，表现为人员的伤亡、武器弹药的消耗、士气的颓废、国内人心的不满、贸易的缩减、国际舆论的谴责等等；向上的变化，主要是占领区、人口和资源的扩大。前一种变化会不断扩大，随着变化的量的增加，必将引起质的变化；而后一种变化是暂时的和局部的，主要表现在量上，不会引起质变。中国方面恰巧相反：向下的变化，是土地、人口、经济力量、军事力量和文化机构等的减缩；向上的变化，是战争的经验、军队的进步、政治的进步、人民的动员、文化的新方向的发展、游击战争的出现、国际援助的增长等等。此前一种变化是旧的质和量的变化,主要表现在量上,这种量的减少是暂时的、局部的,更不足以引起质变;后一种变化,是一种新的量和质的变化,主要表现在质上,这些新质因素虽然弱小,但它却代表了新生力量,是不能战胜的。中日之间这种相反的变化,反映了中日两国自身矛盾运动的特点。一方面反映了日本侵略者是行将崩溃的帝国主义者,占领中国的土地是暂时的现象,而中国游击战争的猛烈发展,也必将限制其占领区的扩大,这是日本不能灭亡中国的主要依据;另一方面反映了中国的进步势力和积极因素,将逐步克服落后势力和消极因素,成为矛盾的主要方面,这是中国能够坚持持久战和最后战胜敌人的主要依据。

第二阶段,是"敌之战略保守、我之准备反攻"的相持阶段。在这个阶段,敌我双方力量的变化将继续发展,中国继续向上,日本继续向下。由于中国力量的增长,日本力量的减弱,敌我力量的对比将发生根本相反的变化,中国将脱出劣势,日本则脱出优势,双方先走到平衡的地位,再走到优劣相反的地位。中国将完成战略反攻的准备。第二阶段,是整个战争的过渡阶段。相持阶段的时间将相当长,遇到的困难也将最多,然而它是整个战争转变的枢纽。许多地方将遭到严重破坏,但抗日游击战争将广泛展开,并不断取得胜利。此时,整个敌人占领地将分为三种地区:第一种是敌人的根据地;第二种是抗日游击战争的根据地;第三种是敌我双方争夺的游击区。

广大的游击战争和人民抗日运动,将消耗和瓦解大量敌军。"中国将变为独立国,还是沦为殖民地,不决定于第一阶段大城市之是否丧失,而决定于第二阶段全民族努力的程度。如能坚持抗战,坚持统一战线和坚持持久战,中国将在此阶段中获得转弱为强的力量。"

第三阶段,是"我之战略反攻、敌之战略退却"的阶段。中国方面经过第二阶段的长期艰苦斗争和准备,力量不断壮大,国际援助等有利因素更加增多,将使敌强我弱的形势发生根本变化,开始举行战略反攻,收复失地,"取得自己的彻底解放,建立独立的民主国家,同时也就是帮助世界的反法西斯运动"。

毛泽东指出:"中国由劣势到平衡到优势,日本由优势到平衡到劣势,中国由防御到相持到反攻,日本由进攻到保守到退却——这就是中日战争的过程,中日战争的必然趋势。"所谓坚持抗战到底,就是要走完这个全程。

毛泽东根据三个阶段的敌我双方情况和战争特点,具体规定了三个不同阶段的作战形式:第一阶段以运动战为主,游击战、阵地战为辅;第二阶段以游击战为主,运动战、阵地战为辅;第三阶段以运动战为主,阵地战、游击战为辅。"第三阶段的运动战,已不全是由原来的正规军负担,而将由原来的游击军从游击战提高到运动战去担负其一部分,也许是相当重要的一部分。"

在《论持久战》中,毛泽东提出进行持久战的作战方针。他指出,由于敌强我弱的特点,"日本是采取战略进攻方针的,我们则属于战略防御地位。日本企图采取战略的速决战,我们应自觉地采取战略的持久战"。敌形成大范围的外线作战,我则处于内线作战,这是一方面。另一方面,日本虽强,但兵力不足。中国虽弱,但地大、人多、兵多,这就产生了两个重要的结果:(一)敌以少兵临大国,就只能占领我国一部分大城市、交通要道和某些平地,还有广大地区敌难于占领,这就给中国以开展游击战争的活动地盘,给中国以进行持久战和争取最后胜利的总后方和中枢根据地。(二)敌以少兵临多兵,便处于多兵的包围中。我们要利用地广和兵多两个长处,机动、灵活地消灭敌人,坚持持久战。进行持久战的作战方针是:在第一和第二阶段即敌之进攻和保守阶段中,应该是战略防御中的战役和战斗的进攻战,战略持久中的战役和战斗的速决战,战略内线中的战役和战斗的外线作战。在第三阶段中,应该是战略的反攻战。这种战役和战斗的"外线的速决的进攻战",对于战略方针"内线的持久的防御战"来说,是相反的,然而,又恰是实现这样的战略方针之必要的方针。如果我们坚决地采取了战场作战的"外线的速决的进攻战",就不但在战场上改变着敌我之间的强弱优劣形势，而且将逐渐地变化着总的形势，再加上敌人内部的变动和国际上的有利形势，就能使敌我方总的形势走到平衡，再由平衡走到我优敌劣，直到我方以绝对优势而获胜。

需要指出的是，抗日战争是一场持久战，这是国共两党的共识。社会舆论对究竟是中共还是国民党最早提出持久战战略思想的问题，非常关心，并且争论不已。客观地讲，是国民党方面最早提出持久战的观点。1933年4月12日，蒋介石在南昌军事整理会议上提出："现在对于日本，只有一个法子——就是作长期不断地抵抗。……这样长期的抗战，越能持久，越是有利。若是能抵抗得三年、五年，我预料国际上总有新的发展，敌人自己国内也一定有新的变化，这样我们的国家和民族才有死中求生的一线希望。"①中共方面是毛泽东在1935年12月《论反对日本帝国主义的策略》的报告中最早论及。我们认为，问题的关键不在于谁最先提出持久战的称谓，而在于如何进行持久战。对此，双方的主张却大相径庭。

国民党方面关于如何进行持久战的主张可以概括为两点，一是"以空间换时间"。1938年2月7日，蒋介石在《抗战必胜的条件与要素》演讲中明确指出："我们现在与敌人打仗，就是争时间。我们就是要以长久的时间，来固守广大的空间，要以广大的空间，来延长抗战的时间，来消耗敌人的实力，争取最后的胜利。"②二是"苦撑待变"。1938年1月27日，蒋介石在《认识抗战真谛与建立必胜基础》的演讲中指出："只要我们能自强自立，能持久抗战，就天天可以促起日本利害相反的各国来包围日本；如此，国际形势不变也要变，各国不助我也就是助我。"③因此，太平洋战争爆发对国民党来说简直是天大的喜讯，蒋介石在1941年12月8日的日记

---

① 古屋奎二：《蒋总统秘录》（第9册），台北中央日报社1978年版，第90页。
② 《抗战必胜的条件与要素》（1938年2月7日），张其昀主编：《先总统蒋公全集》第1册第2卷，演讲类，抗战时期，台北中国文化大学中华学院编印1984年版，第1132页。
③ 《认识抗战真谛与建立必胜基础》（1938年1月7日），张其昀主编：《先总统蒋公全集》第1册第2卷，演讲类，抗战时期，台北中国文化大学中华学院编印1984年版，第1109页。

中写道："抗战政略之成就,至今已达于顶点。"[1]基于上述认识,国民党方面将整个抗日战争划分为两个阶段。蒋介石认为:"第一期的任务,在于尽量消耗敌人的力量,掩护我们后方的准备工作,确立长期抗战的基础,完成我们第二期抗战战略与政略上的一切布置。第二期的任务,就要承接前期奋斗的成绩,实施我们第一期中所布置的一切计画,发挥我们抗战的力量,以达到抗战胜利与建国成功的目的。"[2]与此相关,国民党方面虽然不乏"全民战""总动员"之类的口号,但实际上执行的却主要是正规战、阵地战、防御战、消耗战,是单一依靠其正规军的片面抗战路线,不敢实行放手发动群众的人民战争。与此有原则区别的是,毛泽东科学地预见了抗日战争将经过战略防御、战略相持和战略反攻三个阶段。把相持阶段视为持久抗战转入最后胜利的枢纽,是毛泽东持久战理论的精髓。他认为:"这个第二阶段是整个战争的过渡阶段,也将是最困难的时期,然而它是转变的枢纽。中国将变为独立国,还是沦为殖民地,不决定于第一阶段大城市之是否丧失,而决定于第二阶段全民族努力的程度。如能坚持抗战,坚持统一战线和坚持持久战,中国将在此阶段中获得转弱为强的力量。中国抗战的三幕戏,这是第二幕。由于全体演员的努力,最精彩的结幕便能很好地演出来。"[3]针对国民党蒋介石把抗日战争划分为两个阶段的观点,毛泽东一针见血地指出:"如果承认持久战或长期战争,又不赞成三个阶段,那末,所谓持久与长期就是完全抽象的东西,没有任何的内容与现实,因而就不能实现任何实际的战略指导与任何实际的抗战政策了。实际上,这种意见仍属于速胜论,不过穿上'持久战'的外衣罢了。"[4]

---

[1] 古屋奎二:《蒋总统秘录》(第12册),台北中央日报社1978年版,第200页。

[2] 《以事实证明敌国必败及我国必胜》(1939年1月21日),张其昀主编:《先总统蒋公全集》第1册第2卷,演讲类,抗战时期,中国文化大学中华学院编印1984年版,第1207页。

[3] 《论持久战》(1938年5月),《毛泽东选集》第2卷,人民出版社1991年版,第465页。

[4] 《抗日民族战争与抗日民族统一战线发展的新阶段》(1938年10月12日),《毛泽东军事文集》第2卷,军事科学出版社、中央文献出版社1993年版,第386—387页。

第九章 延安十年——凤凰山麓

毛泽东以独立自主作为自己全部理论和实践的立足点与出发点,把抗战胜利的希望寄托于全体中国人民。和国民党把抗战胜利的希望寄托于外援或消极地等待国际局势的变化不同,毛泽东在1936年7月16日会见美国记者斯诺时就明确指出:抗日战争的最终胜利,主要依靠全体中国人民的联合作战。

毛泽东还着重指出,"兵民是胜利之本",中国的抗日战争必须紧紧地依靠人民才能取得胜利。抗日战争只有成为真正的人民战争,才能取得最后胜利。"战争的伟力之最深厚的根源,存在于民众之中","动员了全国的老百姓,就造成了陷敌于灭顶之灾的汪洋大海,造成了弥补武器等等缺陷的补救条件,造成了克服一切战争困难的前提"。因此,就必须实行全国全民总动员,实施抗日民主政治,扩大和巩固抗日民族统一战线,并且把中国共产党的工作重心放在乡村,依靠乡村广大人民进行战争,同时,必须坚持反对国民党的片面抗战路线,坚持反对共产党内的右倾投降主义。

毛泽东系统地阐明并具体组织实施一条全面的抗战路线,这是实现持久战战略目标的根本保证。和国民党的单纯依靠政府和正规军的片面抗战路线相反,中共认为:"今天争取抗战胜利的中心关键,在使已发动的抗战发展为全面的全民族的抗战。只有这种全面的全民族的抗战,才能使抗战得到最后的胜利。本党今天所提出的抗日救国的十大纲领,即是争取抗战最后胜利的具体的道路。"[①]中共主张不仅要进行全国军事的总动员,还要进行全国人民的总动员,并具体地提出一系列开放党禁、开放言论、改造政府、驱逐亲日分子、实施民主政治和发展经济、改善民生、优待抗属、抚恤军烈、赈济灾荒、废除苛捐什税、减租减息、惩治贪腐,以及实行有力出力、有钱出钱、有枪出枪、有知识出知识和联合各少数民族等共同抗战的政策主张。中共明确指出:"今天的抗战,中间包含着极大的危险性。这主要的是由于国民党还不愿意发动全国人民参加抗战。相反的,

---

[①]《中共中央关于目前形势与党的任务的决定》(1937年8月25日),《建党以来重要文献选编(1921—1949)》第14册,中央文献出版社2011年版,第473—474页。

他们把抗战看成只是政府的事,处处惧怕和限制人民的参战运动,阻碍政府、军队同民众结合起来,不给人民以抗日救国的民主权利,不去彻底改革政治机构,使政府成为全民族的国防政府。这种抗战可能取得局部的胜利,然而决不能取得最后的胜利。"①

不仅如此,毛泽东和中共中央制定了一整套与持久战战略相配套的战略方针和战役战术原则,提出了抗日游击战战略和广泛开展的抗日游击战争,把持久战战略和全面抗战路线有机地融合为一,创造了以人民战争取得弱国战胜强国的光辉范例。

游击战争在抗日战争中占据着十分重要的地位,它是实行人民战争的重要形式。毛泽东在《论持久战》和1938年5月发表的《抗日游击战争的战略问题》中,着重阐述了游击战争的战略地位和作用。他指出:一般说来,游击战争只是一种起辅助作用的作战形式,是个战术问题,它不担负战略任务。但是,在抗日战争中,抗日游击战争是有战略地位的。毛泽东强调:由于这场战役是一个小国、强国侵略一个大国、弱国,在这种条件下,就出现了日本占领中国地方甚广而兵力又不足的现象,战争的长期性就发生了。这就使抗日游击战争主要地不是在内线配合正规军的战役作战,而是在外线单独作战。由于中国的进步,有共产党领导的军队和群众,抗日游击战争就不是小规模的,而是大规模的;由于战争的长期性和残酷性,于是根据地的问题,建立敌后抗日政权的问题也发生了。在长期不断削弱敌人、壮大自己的斗争中,游击军和游击战必将向正规军和运动战发展,成为最后战胜敌人的强大战斗力量。于是,游击战必须有一整套自己的防御和进攻的战略战术,"于是中国抗日的游击战争,就从战术范围跑了出来向战略敲门,要求把游击战争的问题放在战略的观点上加以考察"。毛泽东从"主动地、灵活地、有计划地执行防御战中的进攻战,持久战中的速决战和内线作战中的外线作战""和正规战争相配合""建立

---

① 《中共中央关于目前形势与党的任务的决定》(1937年8月25日),《建党以来重要文献选编(1921—1949)》第14册,中央文献出版社2011年版,第474页。

第九章　延安十年——凤凰山麓

根据地""战略防御和战略进攻""向运动战发展""正确的指挥关系"这六个方面阐述了抗日游击战争的具体战略问题。他和中共中央指挥八路军、新四军等抗日武装，"敌进我退"，深入敌后，放手发动群众，采用主力军、地方武装和民兵三结合的武装力量体系，广泛开展独立自主的游击战争，开辟了广阔的敌后战场。在全面抗战路线指引下蓬勃开展的抗日游击战争，是完美演绎持久战总战略的核心和关键，是从中国实际出发，在抗日战争条件下对农村包围城市革命道路的新实践和新发展。

三、建设中国特色的无产阶级政党

学术界一般以遵义会议作为中共由幼年到成熟时期的划分标志。幼年时期的中共，也确实存在着成长过程中的幼稚和缺憾。首先是人数少，缺乏骨干，很长时间里都不是一个群众性的政党。中共一大时全党仅有党员58人，二大时有党员195人，三大时有党员420人，到大革命已经兴起的1925年1月四大召开时，党员人数也不足千人（994人）。中共三大已经意识到这个问题，提出要建设群众性的无产阶级政党。到1927年4月中共五大召开前，党员人数才发展到57967人。其次，理论准备不足。在欧洲，从社会主义空想到社会主义科学，经历了三百多年的酝酿与发展；而中共诞生前，马克思的名字在中国出现不过三四十年光景，严格意义上的马克思主义在中国的传播更是只有三四年时光。再者，中共创建前只发生过零星的自发的以提高工资减少工时改善劳动条件为目的的工人罢工。毛泽东后来追述道："我们那时候就是自己搞的，知道的事也并不多，可谓年幼无知，不知世事。"[①]中共领导层对于所领导的中国革命，其性质、对象、任务，以及所依靠的主力军和团结联合的力量等问题的认识，是逐步清晰起来的。

---

① 《中国共产党第七次全国代表大会的工作方针》（1945年4月21日），中共中央文献研究室编：《毛泽东在七大的报告和讲话集》，中央文献出版社1995年版，第6页。

幼年时期的中国共产党存在两种倾向，一方面是教条主义泛滥。当时的中国是农民和小资产阶级的占多数，小资产阶级（农民阶级也属于小资产阶级）出身者成为中共党员的多数。在半殖民地半封建社会历史条件下，小资产阶级的阶级地位很不稳定，失业破产和生活水平的普遍下降，是这个阶级绝大多数人的生存现状，其阶级地位不稳定，具有摇摆性。由此决定其思想方法，基本上表现为观察问题时的主观性和片面性。正如中共六届七中全会通过的《关于若干历史问题的决议》所指出："小资产阶级革命家的许多代表人物希望革命马上胜利，以求根本改变他们今天所处的地位；因而他们对于革命的长期努力缺乏忍耐心，他们对于'左'的革命词句和口号有很大的兴趣，他们容易发生关门主义和冒险主义的情绪和行动。"[①]在上述因素的影响和国民党反动派疯狂屠杀政策的刺激下，右倾的失望、消极和动摇，与"左"倾的盲动、冒险和激进，因中国革命形势的变化而交替出现。特别是"左"倾教条主义的错误，在十年土地革命时期一再严重干扰中共的路线方针政策，并三度居于中共中央的统治地位，而王明教条主义更是统治中央长达四年，给中国革命造成极大的危害。

此外，中国共产党的创建和中国革命的发展，既是中国社会历史发展的必然和早期中共党员与广大群众奋斗努力的结果，也得益于列宁关于殖民地半殖民地民族民主革命理论的指导，并得到苏联和共产国际的大力支持和帮助。中共一大就规定"党中央委员会应每月向第三国际报告工作"[②]。从中共二大起，中共正式成为共产国际的一个支部，形成组织隶属关系。苏联革命成功的经验和共产国际、联共（布）运用马列主义一般原理对中国革命的指导，在很多方面给予幼年时期的中国共产党许多教益。但是这毕竟是来自异国他方的指导，并且经常是以苏联经验和苏联立

[①] 《关于若干历史问题的决议》（1945年4月20日），《建党以来重要文献选编（1921—1949）》第22册，中央文献出版社2011年版，第107—108页。

[②] 《中国共产党第一个决议》（1921年7月），中共中央党史研究室、中央档案馆编：《中国共产党第一次全国代表大会档案文献选编》，中共党史出版社2015年版，第8页。

第九章 延安十年——凤凰山麓

场为出发点的，因此，一直不同程度地存在着脱离中国革命实际的情况。而中共自身理论准备不足和实践经验少的缺陷，特别是与共产国际的组织隶属关系，则加大了其中有违中国国情的指导对中国革命的危害。这主要表现在中共党内把苏联经验和共产国际指示神圣化、教条化。

但是这些问题与现象，并不是幼年时期中共历史的主流，更不代表其全部。必须正视的是，在另一方面，自接受马克思主义之日起，无论是主观上自觉，还是客观上无意识的，中国共产党人已经开始了马克思主义中国化的进程。早在1929年12月毛泽东起草的红四军党的九大决议案中，在谈到主观主义的纠正方法时就提出："（一）教育党员用马克思列宁主义的方法去作政治形势的分析和阶级势力的估量，以代替主观主义的分析和估量。（二）使党员注意社会经济的调查和研究，由此来决定斗争的策略和工作的方法，使同志们知道离开了实际情况的调查，就要堕入空想和盲动的深坑。（三）党内批评要防止主观武断和把批评庸俗化，说话要有证据，批评要注意政治。"[1]1930年5月，毛泽东在《反对本本主义》中就明确地提出"马克思主义的'本本'是要学习的，但是必须同我国的实际情况相结合"[2]。毛泽东认为："共产党的正确而不动摇的斗争策略，决不是少数人坐在房子里能够产生的，它是要在群众的斗争过程中才能产生的，这就是说要在实际经验中才能产生。因此，我们需要时时了解社会情况，时时进行实际调查[3]"。这两篇文章可以说是毛泽东提出"马克思主义的中国化"[4]思想原则的先导。正如他1941年5月19日在《改造我们的学

---

[1]《中国共产党红军第四军第九次代表大会决议案》（1929年12月），《建党以来重要文献选编（1921—1949）》第6册，中央文献出版社2011年版，第732页。

[2]《反对本本主义》（1930年5月），《建党以来重要文献选编（1921—1949）》第7册，中央文献出版社2011年版，第237页。

[3]《反对本本主义》（1930年5月），《建党以来重要文献选编（1921—1949）》第7册，中央文献出版社2011年版，第240页。

[4]《红一方面军关于诱敌深入赤色区域待敌疲惫而歼灭之的命令》（1930年11月1日），《建党以来重要文献选编（1921—1949）》第15册，中央文献出版社2011年版，第651页。

习》中指出:"中国共产党的二十年,就是马克思列宁主义的普遍真理和中国革命的具体实践日益结合的二十年。"中国共产党自从产生以来,就以马克思主义的普遍真理与中国革命的具体实践相结合为自己一切工作的指针,正是在把马克思主义与中国的实际相结合,并不断克服教条主义、经验主义,才能成长壮大的。

在中共历史上,把党的组织建设、政治建设和思想建设紧密结合起来开展党的建设,是从遵义会议开始的。遵义会议首先解决了当时最急迫的军事路线问题和与之密切相关的党的组织路线问题。中央政治局瓦窑堡会议明确了党的政治路线问题,并且明确党的性质,即中共不仅是中国工人阶级的先锋队,而且是中华民族解放的先锋队,从而为在抗日战争条件下建设一个群众性的政党提供了前提。在此过程中,毛泽东一直致力于以把马克思主义与中国革命实际相结合为核心内容的党的思想路线建设。当时虽然还没有对"实事求是"的概括,但其精神的运用由来已久。遵义会议纠正第五次反"围剿"和长征以来的军事路线错误,实际就是运用实事求是的思想原则;瓦窑堡会议解决八七会议和中共六大以来一直没有解决的政治路线问题,依然是运用实事求是的思想原则,正确判断中国社会性质和主要矛盾的变化而得出的结果。毛泽东的《论反对日本帝国主义的策略》已经是熟练运用辩证唯物主义的思想方法、正确把握中国革命形势与任务的经典之作;他的《中国革命战争的战略问题》更是把列宁关于"马克思主义活的灵魂是具体问题具体分析"作为根本指导,全面总结近十年土地革命战争经验的结晶,通篇充溢着实事求是的思想火花。

西安事变和平解决后,国内战争趋于平息。中共中央关注的重点成为如何推动抗日民族统一战线的建立和发动全民族抗战,驱逐日本侵略者出中国。为了适应这一战略转变,毛泽东继续致力于开展党的思想建设。他后来说"马克思主义有几门学问:马克思主义的哲学,马克思主义的经济学,马克思主义的社会主义——阶级斗争学说,但基础的东西是马克思主义哲学。这个东西没有学通,我们就没有共同的语言,没有共同的方法,扯了许多皮,还扯不清楚。有了辩证唯物论的思想,就省得许多事,也少犯许多错误"[①]。随后，毛泽东致力于哲学研究，他结合中国革命实际和中国古代哲学，对马克思主义哲学认识论中的实践问题和辩证法中的矛盾问题进行了特别的诠释，挖掘了中共党内教条主义的思想根源，把中国革命的实际经验提高到理论层面，充实和发展了马列主义，奠定了中共正确思想路线的哲学基础。

全面抗战爆发之际，中共中央在党的自身建设方面的重点是如何发挥中国共产党在抗日民族战争中的地位和作用。为了使中共能够有效地领导和推进伟大的抗日战争，1937年9月毛泽东撰文《反对自由主义》，强调开展正确的党内思想斗争，增强党性。他指出"自由主义者以抽象的教条看待马克思主义的原则"，是机会主义的一种表现。毛泽东认为："一个共产党员，应该是襟怀坦白，忠实，积极，以革命利益为第一生命，以个人利益服从革命利益；无论何时何地，坚持正确的原则，同一切不正确的思想和行为作不疲倦的斗争，用以巩固党的集体生活，巩固党和群众的联系；关心党和群众比关心个人为重，关心他人比关心自己为重。"他号召："一切忠诚、坦白、积极、正直的共产党员团结起来，反对一部分人的自由主义的倾向，使他们改变到正确的方面来。这是思想战线的任务之一。"

1938年9月29日至11月6日，中共扩大的六届六中全会在延安召开。这是中共六大召开十年以来参会中央委员最多的一次会议。王稼祥在会议上传达了共产国际负责人季米特洛夫关于"在中共中央领导机关中，要以毛泽东为核心解决统一领导问题"的意见。毛泽东在全会上的政治报告《论新阶段》，从"我们有一个光明的前途；我们必须战胜日本帝国主义，必须建设新中国，也一定能够达到这些目的"立意，指出：为着一个光明的中国而斗争的中国共产党应在各个方面起先锋和模范作用。党还必须扩大自己的组织，向着真诚革命、信仰党的主义、拥护党的政策、愿意服从纪

[①] 《在中国共产党全国代表会议上的讲话》（1955年3月），《毛泽东文集》第6卷，人民出版社1999年版，第396页。

律、努力工作的广大工人、农民和青年积极分子开门，使党成为一个伟大的群众性的党。

为了增强中共的战斗力和先进性，毛泽东第一次概括了"个人服从组织，少数服从多数，下级服从上级，全党服从中央"的纪律原则。第一次提出"政治路线确定之后，干部就是决定的因素"的命题。第一次提出"任人唯贤"的干部路线。第一次阐述共产党人对待学习的正确态度，即"学习的敌人是自己的满足，要认真学习一点东西，必须从不自满开始。对自己，'学而不厌'，对人家，'诲人不倦'"。第一次鲜明地提出"马克思主义的中国化"这个重要的思想原则。他指出："马克思、恩格斯、列宁、斯大林的理论，是'放之四海而皆准'的理论。不是把他们的理论当作教条看，而是当作行动的指南。不是学习马克思列宁主义的字母，而是学习他们观察问题与解决问题的立场与方法。只有这个行动指南，只有这个立场与方法，才是革命的科学，才是引导我们认识革命对象与指导革命运动的唯一正确的方针。"[1]他认为"共产党员是国际主义的马克思主义者，但马克思主义必须通过民族形式才能实现。没有抽象的马克思主义，只有具体的马克思主义。所谓具体的马克思主义，就是通过民族形式的马克思主义，就是把马克思主义应用到中国具体环境的具体斗争中去，而不是抽象地应用它。成为伟大中华民族之一部分而与这个民族血肉相联的共产党员，离开中国特点来谈马克思主义，只是抽象的空洞的马克思主义。因此，马克思主义的中国化，使之在其每一表现中带着中国的特性，即是说，按照中国的特点去应用它，成为全党亟待了解并亟须解决的问题。洋八股必须废止，空洞抽象的调头必须少唱，教条主义必须休息，而代替之以新鲜活泼的、为中国老百姓所喜闻乐见的中国作风和中国气派"[2]。

---

[1] 《论新阶段》（1938年10月12日—14日），《建党以来重要文献选编（1921—1949）》第15册，中央文献出版社2011年版，第650页。

[2] 《论新阶段》（1938年10月12日—14日），《建党以来重要文献选编（1921—1949）》第15册，中央文献出版社2011年版，第651页。

第九章 延安十年——凤凰山麓

与此相应,毛泽东在六届六中全会政治报告中专门论述了学习的问题,指出:"普遍地深入地研究理论的任务,对于我们,是一个亟待解决并须着重致力才能解决的大问题。我们努力罢,从我们这次扩大的六中全会之后,来一个全党的学习竞赛,看谁真正学到了一点东西,看谁学的更多一点,更好一点。"①六届六中全会提出在全党开展学习运动后,在中共中央积极部署下,发出一系列相关文件,组织领导和安排干部进行学习,对干部学习的制度、内容、方法等具体措施也作了相关规定,全党形成了前所未有的学习热潮。

六届六中全会在11月6日通过的政治决议案中号召,"必须加紧认真地提高全党理论的水平,自上而下一致地努力学习马克思、恩格斯、列宁、斯大林的理论,学会灵活的把马克思列宁主义及国际经验应用到中国每一个实际斗争中来"②。从而开启了马克思主义中国化的自觉历程。从某种意义上说,六届六中全会拉开了延安整风运动的序幕,为彻底清算教条主义打下了思想、政治和组织基础,对马克思主义中国化起到了承前启后的重要作用。

针对长征途中张国焘分裂党的严重罪行和王明回国后擅自以中共中央名义发表讲话等非组织行为,在毛泽东和中央政治局的主持下,扩大的中共六届六中全会制定并通过了《关于中央委员会工作规则与纪律的决定》《关于各级党部工作规则与纪律的决定》《关于各级党委暂行组织机构的决定》和《关于召集第七次全国代表大会的决议》,从组织章程、工作程序和纪律规定上保障全党的团结与统一。

中共六届六中全会进一步确立了毛泽东在全党的领导地位,第一次明确提出"使马克思主义在中国具体化"和"应用到中国每一个实际中来"的战斗任务,这不仅是对中共成立17年来正反经验的深刻总结,同时也是

---

① 《论新阶段》(1938年10月12日—14日),《建党以来重要文献选编(1921—1949)》第15册,中央文献出版社2011年版,第650页。
② 《中共扩大的六届六中全会政治决议案》(1938年11月6日),《建党以来重要文献选编(1921—1949)》第15册,中央文献出版社2011年版,第763页。

"党的建设的伟大工程"的核心内容。一年之后,毛泽东在《〈共产党人〉发刊词》中以更加完备的形式提出并阐述了"马克思列宁主义的理论和中国革命的实践相结合"这个关于党的建设的根本原则,并第一次提出"建设一个全国范围的、广大群众性的、思想上政治上组织上完全巩固的布尔什维克化的中国共产党"这样一个"伟大的工程"。在这一马克思主义中国化原则的指引下,中共的理论思想愈加成熟,组织日益强健,党员人数也由1937年的4万人发展到1940年的80万人,真正成为一个具有"中国特色"和广泛群众基础的无产阶级政党,真正成为领导抗日民族解放战争的中坚力量。

第十章 延安十年——杨家岭时期

一、维护、巩固和发展抗日民族统一战线

中国的抗日民族统一战线，既包括中国共产党领导的工人阶级、农民阶级、小资产阶级，又包括民族资产阶级、开明绅士、地方实力派、国民党中的左派和中间势力，以及港澳台同胞和海外华侨中的广大爱国人士，更有国民党蒋介石集团的亲英美派大资产阶级。参加统一战线的各阶级和各阶层，既有合作抗日的共性，又有各自的个性，甚至存在着某些方面的根本对立。中国共产党和中国国民党分别代表着抗日民族统一战线的两翼，由于各自所代表的阶级利益不同，他们在抗战的坚定性和彻底性，在实行全面的抗战路线还是片面的抗战路线，在采用什么样的战略战术，以及在抗战的外交、抗战时期的政治改革和战时的经济政策等诸多方面，存在着严重的分歧。国共之间的分歧及其后果将直接关系到抗日民族统一战线能否巩固与发展，决定着抗日战争的前途和中华民族的命运。毛泽东当时就深刻地指出："中国是否能由如此深重的民族危机和社会危机中解放出来，将决定于这个统一战线的发展状况。"[1]因此，要维护、巩固和发展抗日民族统一战线，就必须有一整套正确的政策和策略。

全面抗战爆发后，以国共合作为基础的全民族抗日统一战线形成，出现了举国一致团结御敌的可喜局面。毛泽东对此给予了很高的评价，他

---

[1] 《国共合作成立后的迫切任务》（1937年9月29日），《毛泽东选集》第2卷，人民出版社1991年版，第364页。

说："我们可以判断，统一战线的发展，将使中国走向一个光明的伟大的前途，就是日本帝国主义的打倒和中国统一的民主共和国的建立。"[1]并说："国民党在一九三七年和一九三八年内，抗战是比较努力的，同我党的关系也比较好，对于人民抗日运动虽有许多限制，但也允许有较多的自由。"[2]因此，继续争取把蒋介石、国民党留在抗日阵营，对于争取抗战胜利有重要的意义。但是，当抗日战争进入相持阶段后，国民党方面由于在战略防御阶段正面战场的严重失利和对中共及其他进步力量迅速发展的疑忌，加上日本政治诱降和英美对日实行绥靖主义政策的影响，在其内部出现对日妥协、动摇和警惕、敌视中共力量的动向。继国民党副总裁汪精卫在"共同防共"旗帜下公开叛国投敌之后，1939年1月，国民党五届五中全会确定"溶共、防共、限共"的方针，即蒋介石所谓对共产党"现在对它要严正—管束—教训—保育—现在要溶共—不是容共。它如能取消共产主义我们就容纳它"[3]。而后又陆续制定《防制异党活动办法》《共党问题处置办法》等一整套反共的具体政策和措施。于是，国民党顽固派的反共、反人民活动迅速加剧，并持续弥漫于抗日战争的后两个阶段，时而收敛，时而剧烈。

面对抗日统一战线内部这种复杂的局面，毛泽东始终坚持把原则性与灵活性相结合，运用无产阶级的策略思想，采取又联合又斗争的方针。他深刻总结党的历史经验，既反对只联合不斗争的右的错误，又反对只斗争不联合的"左"的错误。他坚定地指出：以斗争求团结则团结存，以妥协退让求团结则团结亡。毛泽东采取这一策略方针，是以承认和把握民族矛盾已成为主要矛盾为前提，同时又要清醒地看到统一战线内部阶级矛盾和

---

[1] 《国共合作成立后的迫切任务》（1937年9月29日），《毛泽东选集》第2卷，人民出版社1991年版，第365页。

[2] 《学习和时局》（1944年4月12日），《毛泽东选集》第3卷，人民出版社1991年版，第941页。

[3] 转引自刘健清、王家典、徐梁伯主编：《中国国民党史》，江苏古籍出版社1992年版，第487、488页。

阶级斗争仍然存在，它是建立在正确认识和处理民族斗争与阶级斗争关系的理论基础之上。这是马克思主义在民族斗争中必须加以正确处理的一个根本性的问题。毛泽东说："用长期合作支持长期战争，就是说使阶级斗争服从于今天抗日的民族斗争，这是统一战线的根本原则。"在此原则下又要看到，"在民族斗争中，阶级斗争是以民族斗争的形式出现的，这种形式，表现了两者的一致性"。[①]具体来说：

其一，在整个抗日战争时期，民族矛盾是主要矛盾，民族斗争是这个时期的主要任务。日本帝国主义的侵华战争，是对全中国人民的侵略，也威胁到国民党的统治，因此争取国民党抗日并使之坚持下去，是可能的；一切斗争都要服从并为了这个大局，一切斗争都要以不使统一战线破裂为原则。其二，在民族斗争中阶级斗争虽然不占主要地位，但不能否认阶级斗争的存在，适当的、必要的阶级斗争是促进民族斗争发展的重要条件。在国共合作中，如果把合作变成了混一，看不到国共两党在抗战路线上的原则分歧，就会把共产党降低到国民党的水平上，就会丧失无产阶级在统一战线中的领导权和独立性，就会把民族斗争引向失败。其三，指明这时的阶级斗争是以民族斗争的形式出现的，这就是说，阶级斗争是围绕着要不要抗战、如何进行抗战和抗战后的中国前途这样关乎民族根本利益的问题展开的，在这些根本问题上都要坚持正确的斗争策略，以利于坚持抗战、争取最后胜利。这样，正确地说明了民族斗争同阶级斗争之间的关系，既肯定在整个抗日斗争中民族矛盾是主要矛盾，又指明必要的阶级斗争也是推动主要矛盾解决所不可缺少的条件，从而在实际斗争策略上把民族斗争和阶级斗争正确而巧妙地结合起来，既反对蒋介石的反共妥协倾向，又使之继续留在抗日阵线内。

正是在这民族斗争和阶级斗争相统一的理论基础上，毛泽东既坚持原则的坚定性，又采取灵活的斗争策略，保证了抗日统一战线沿着抗战、团

[①]《统一战线中的独立自主问题》（1938年11月5日），《毛泽东选集》第2卷，人民出版社1991年版，第538、539页。

结、进步的方向发展，有效地抑制了妥协、分裂和退步的倾向。

第一，坚决维护民族大义，始终把"统一"作为最高原则。在整个抗日战争时期，毛泽东和中共方面始终恪守在致国民党五届二中全会电报中提出的"五项要求和四项保证"，坚持不在国民党统治区发展游击战争和其他任何旨在推翻国民党统治的活动。毛泽东曾反复告诫全党，由于这次国共合作是对立阶级的合作，所以国共之间的斗争是严重的、是不可避免的，但也不能因斗争而放弃统一。他说：统一战线中统一是基本的原则，要贯彻到一切地方一切工作中，任何时候任何地方都不能忘记统一；统一是统一战线的第一个基本原则。一定要坚持抗日民族统一战线，坚持国共长期合作，凡是可以多留一天的，我们就留他一天，能够争取半天一夜都是好的，甚至留他吃了早饭再去也是好的。

第二，在抗日战争中始终倡导并坚持全面抗战的路线，反对国民党的片面抗战路线。要保证这场民族解放斗争不再重蹈历史上反侵略战争屡遭失败的命运，关键在于人民群众的发动，使之成为真正的全民族战争，真正的人民战争。抗日战争全面爆发后，毛泽东就在《反对日本进攻的方针、办法和前途》一文中指出，对付日本的进攻有两种方针、两套办法，两个不同的前途。一个是坚持抗战的方针，坚决实行全国军队和全国人民的总动员以及革新政治等一整套办法；一个是妥协退让的方针，即不动员军队和人民群众，不给人民以民主自由，不改良好人们生活，保持官僚买办豪绅地主的专制政府，破坏抗日民族统一战线，等等。实行前一个方针和办法，其前途就一定是驱逐日本帝国主义，使中华民族获得自由解放。如果实行后一个方针和办法，必定得到日本帝国主义占领中国，中国人民做牛马奴隶的前途。中共提出的《抗日救国十大纲领》就体现了全面抗战的路线。国民党虽然在抗战初期进行了某些改革，但为了维护大地主大资产阶级的统治，这种改革是极不彻底的，是始终坚持片面抗战的路线。毛泽东曾对国民党的片面抗战路线做过具体的分析，他说："国民党主张的片面抗战，虽然也是民族战争，虽然也带着革命性，但其革命性很不完全。片面抗战是一定要引导战争趋于失败的，是决然不能保卫祖国的。"①国民党战场过多的失地折兵并最终走向反面，都是同这条错误的路线相关联的。因此，中国共产党主张的全面抗战路线及其实践是坚持抗战、争取胜利的保证，体现了它在抗战中的政治指导作用。

第三，在抗日民族统一战线中要坚持独立自主的原则。毛泽东根据马克思主义关于无产阶级在同资产阶级联合时必须保持自己的独立性的原理，根据抗日民族统一战线的实际情况，把独立性发展成为独立自主的原则。这是因为蒋介石在第二次国共合作中始终坚持其大地主大资产阶级立场，并没有彻底抛弃反共的立场，而且蓄意要在这种合作中溶化掉共产党。早在国共合作的谈判中，蒋介石表示"共产党员退出共产党，加入国民党，或共产党取消名义将整个加入国民党，我都欢迎"，认为这是唯一的办法，其他办法绝对办不到。1938年12月，周恩来等见蒋介石时，蒋介石仍然表示"我的责任是将共产党合并国民党成一个组织"，他说："此事乃我的生死问题，此目的如达不到，我死了心也不安，抗战胜利了也没有什么意义，所以我的这个意见，至死也不变的。共产党不在国民党内发展也不行，因为民众也是国民党的，如果共产党在民众中发展，冲突也是不可免。"②这是蒋介石在八年全面抗战中一贯的顽固态度。在这种情况下，正如毛泽东所说："保存党派和阶级的独立性，保存统一战线中的独立自主；不是因合作和统一而牺牲党派和阶级的必要权利，而是相反，坚持党派和阶级的一定限度的权利；这才有利于合作，也才有所谓合作。否则就是将合作变成了混一，必然牺牲统一战线。"③所以，毛泽东坚决地反对这时党内出现的以王明为代表的右倾投降主义的错误。它的主要表现是否认在统一战线中存在着阶级和阶级斗争的基本事实；轻视中共领导的敌后战场和人民军队，要求八路军配合国民党战场作战，把胜利的希望寄

---

① 《上海太原失陷以后抗日战争的形势和任务》（1937年11月12日），《毛泽东选集》第2卷，人民出版社1991年版，第388页。
② 《中共中央抗日民族统一战线文件选编》下，档案出版社1986年版，第183页。
③ 《统一战线中的独立自主问题》（1938年11月5日），《毛泽东选集》第2卷，人民出版社1991年版，第539页。

托在国民党、蒋介石的身上；主张"一切经过统一战线""一切服从统一战线"，实际上是要一切经过和服从蒋介石。对于这种软弱无能的思想，毛泽东进行了坚决批判，他尖锐地指出："在抗日民族革命战争中，阶级投降主义实际上是民族投降主义的后备军，是援助右翼营垒而使战争失败的最恶劣的倾向。"[①]从而使中共能够独立自主地在敌人的后方广泛开展抗日游击战争，能够独立自主地抵制国民党的干预，在敌后发展人民抗日武装和解放区。

第四，具体分析，区别对待，在区别的基础上提出发展进步势力、争取中间势力、孤立顽固势力的政策方针。抗日战争时期，由于中日民族矛盾成为主要矛盾，引起国内外阶级关系的重大变化。因此，毛泽东提出要对中国社会的阶级和阶层作出如下区分：首先，要把主张抗日但又动摇、主张团结但又反共的两面派大地主大资产阶级同两面性较少的民族资产阶级、中小地主、开明绅士，加以区别。当国民党发动第一次反共高潮的时候，民族资产阶级究竟持什么态度，同大资产阶级有无区别，还没有得到验证。经过第一次反共高潮，证明民族资产阶级与大地主、大资产阶级的态度确实不同。因此，毛泽东在《中国革命和中国共产党》一文中指出：民族资产阶级"他们不但和大地主大资产阶级的投降派有区别，而且和大资产阶级的顽固派也有区别，至今仍然是我们的较好的同盟者。因此，对于民族资产阶级采取慎重的政策，是完全必要的"[②]。其次，要把反对抗日的亲日派大资产阶级与主张抗日的英美派大地主大资产阶级，加以区别。"亲日派大资产阶级（投降派）已经投降，或准备投降了。欧美派大资产阶级（顽固派）虽然尚留在抗日营垒内，也是非常动摇，他们就是一面抗日一面反共的两面派人物。我们对于大资产阶级投降派的政策是把他们当作敌人看待，坚决地打倒他们。而对于大资产阶级的顽固派，则是用

---

① 《上海太原失陷以后抗日战争的形势和任务》（1937年11月12日），《毛泽东选集》第2卷，人民出版社1991年版，第396页。

② 《中国革命和中国共产党》（1939年12月），《毛泽东选集》第2卷，人民出版社1991年版，第640页。

革命的两面政策去对待，即：一方面是联合他们，因为他们还在抗日，还应该利用他们和日本帝国主义的矛盾；又一方面是和他们作坚决的斗争，因为他们执行着破坏抗日和团结的反共反人民的高压政策，没有斗争就会危害抗日和团结。"① 再次，要把以亲英美的大资产阶级为主体的国民党内的各个派别，加以区别。国民党是一个由复杂成分组成的党，其中有顽固派，有中间派，也有进步派。由于他们的地位不同，利益不同，各种关系不同，历史情况不同，表现出对抗日与联共的态度也就有所不同，并且因时因地而发生变化。因此，我们对他们也应有区别。最后，要把汉奸亲日派中间的两面分子和坚决的汉奸如汪精卫、王揖唐、石友三等，加以区别。毛泽东指出："即在汉奸亲日派中间也有两面分子，我们也应以革命的两面政策对待之。即对其亲日的方面，是加以打击和孤立的政策，对其动摇的方面，是加以拉拢和争取的政策。将这种两面分子，和坚决的汉奸如汪精卫、王揖唐、石友三等，加以区别。"②

正是基于上述认识，毛泽东提出："抗日战争胜利的基本条件，是抗日统一战线的扩大和巩固。而要达此目的，必须采取发展进步势力、争取中间势力、反对顽固势力的策略，这是不可分离的三个环节，而以斗争为达到团结一切抗日势力的手段。在抗日统一战线时期中，斗争是团结的手段，团结是斗争的目的。以斗争求团结则团结存，以退让求团结则团结亡……"③ 发展进步势力，争取中间势力，孤立顽固势力，既是中共在抗日民族统一战线中的一项基本策略方针，也是中共在抗日战争时期的政治路线。

发展进步势力，主要是发展下列几种力量，即：发展无产阶级、农民阶级和城市小资产阶级的力量，放手扩大八路军、新四军，广泛创立抗日

---

① 《中国革命和中国共产党》（1939年12月），《毛泽东选集》第2卷，人民出版社1991年版，第639页。

② 《论政策》（1940年12月25日），《毛泽东选集》第2卷，人民出版社1991年版，第764页。

③ 《目前抗日统一战线中的策略问题》（1940年3月11日），《毛泽东选集》第2卷，人民出版社1991年版，第745页。

民主根据地，发展共产党的组织到全国，发展全国工人、农民、青年、妇女、儿童等的民众运动，争取全国的知识分子，扩大争取民主的宪政运动到广大人民中间去。这是三项策略原则中的中心环节、基本环节。"只有一步一步地发展进步势力，才能阻止时局逆转，阻止投降和分裂，而为抗日胜利树立坚固不拔的基础。"①

争取中间势力，"中国社会是一个两头小中间大的社会，共产党如果不能争取中间阶级的群众，并按其情况使之各得其所，是不能解决中国问题的"②。"在中国，这种中间势力有很大的力量，往往可以成为我们同顽固派斗争时决定胜负的因素，因此，必须对他们采取十分慎重的态度。"③中间势力的特点就是在政治上动摇不定。因此，在一定条件下，我们是有可能把他们争取到我们一边的。争取中间势力，具体说来，就是要争取下列七种人：民族资产阶级、开明绅士、杂牌军、国民党内的中间派（指那些在国民党内于一定时期内反共不甚积极或采取中立态度的派别和某些个人）、中央军的中间派（中央军虽为蒋介石的嫡系部队，但其中也有些军队或个别部队在抗日战争时期，对反共不甚积极，或采取中立态度）、上层小资产阶级和各小党派等。毛泽东在1937年5月就提出实现无产阶级政治领导任务的四条具体原则，即：根据历史发展进程提出基本的政治奋斗目标；共产党的组织和党员成为实现奋斗目标的模范；在不失掉确定的政治目标的原则上，与同盟者建立联盟；共产党队伍的发展、纪律严格和思想统一。对要争取的这七种人，中共在抗日战争中都做了大量工作，并取得了巨大成效，不仅使他们的大多数和中共一起参加了抗日，战后还同中共一起参加了争取民主的斗争。

孤立顽固势力。顽固派是指大地主大资产阶级的抗日派，即国民党

---

① 《目前抗日统一战线中的策略问题》（1940年3月11日），《毛泽东选集》第2卷，人民出版社1991年版，第746页。

② 关于打退第二次反共高潮的总结（1941年5月8日），《毛泽东选集》第2卷，人民出版社1991年版，第783页。

③ 《目前抗日统一战线中的策略问题》（1940年3月11日），《毛泽东选集》第2卷，人民出版社1991年版，第748页。

蒋介石集团。他们在抗日战争时期采取了两面政策,一面主张抗日,一面又执行摧残进步势力的极端反动政策。针对国民党方面的动摇、分裂、倒退倾向,中共中央提出"坚持抗战到底——反对中途妥协!巩固国内团结——反对内部分裂!力求全国进步——反对向后倒退!"同时,用革命的两面政策去对抗顽固派的两面政策。一面要争取他们留在抗日统一战线里面,这个时间越长越好;一面又要同他们的消极抗战、积极反共政策展开坚决的斗争。这就是以斗争求团结的政策,或又联合又斗争,一打一拉、打拉结合的政策。总之,通过开展"有理、有利、有节"的斗争,通过联合其他进步力量对国民党方面的动摇、专制、腐败等的监督、批评和揭露,从而扼制了国民党方面的投降、分裂势头,最大限度地维护了抗日民族统一战线的团结与统一。

第五,对蒋介石制造的反共军事摩擦,采取有理、有利、有节的斗争原则。随着蒋介石反共倾向的增长,国民党军队不但成建制地投降日军,搞罪恶的所谓"曲线救国",以伪军的名义进攻解放区,而且在华中、华北和西北等地投入重兵,制造血案,对敌后抗日武装发动军事进攻,严重危及抗战大局。面对这种严峻的局面,为坚持抗战大计,毛泽东采取有理、有利、有节的策略原则,进行针锋相对的斗争。有理,即自卫的原则,人不犯我,我不犯人,人若犯我,我必犯人,这就是斗争的防御性。有利,即胜利的原则,对于顽固派的进攻,既要坚决、彻底、干净、全部地消灭之,又要择其最嚣张者首先打击之,这就是斗争的局部性。周恩来在七大曾回顾这时的斗争说:"蒋介石就是怕一个东西,怕力量。你有力量把他那个东西消灭得干干净净,他就没有说的。朱怀冰被消灭完了,蒋介石从来没有提过这个事情。他只好捏住鼻子叫卫立煌和朱总司令谈判,划漳河为界。""我们打了胜仗不骄傲,还是和他谈判。我们是相忍为国。"[①]有节,即休战的原则,蒋介石虽然反共,但毕竟还在抗战,所以

---

① 《论统一战线》(1945年4月30日),《周恩来选集》上卷,人民出版社1980年版,第200页。

斗争是为了有利于坚持抗战，应以不破裂统一战线为前提，这就是斗争的暂时性。正是这种正确的斗争策略，既有力地打击了蒋介石反共的嚣张气焰，又维持了国共合作的局面，使形势朝着有利于持久抗战的方向发展。

由于毛泽东和中共中央坚持和运用正确的策略原则，在八年全面抗战的实际斗争中，随着敌后抗日根据地的扩大和人民抗日武装的不断壮大，中共的全面抗战路线、持久战的战略方针和游击战的战略战术，以及在抗日民主根据地行之有效的一系列民主民生政策，对国统区、对国民党军队、对国民党本身，都产生了积极的影响。中共在抗日民族统一战线中地位和作用日益增强，成为坚持和发展抗日民族统一战线的中坚力量。在国民党方面，虽然不断发动反共摩擦和反共战争，但是在日本侵略者大敌当前的情况下，不得不有所收敛，像十年内战那种全国规模的反共战争始终未敢发动。国民党蒋介石集团先后掀起三次反共高潮，虽然危害严重，但三次相加时间不超过半年；抗战期间，国民党包围陕甘宁根据地的军队基本上是30万，动用兵力发动直接军事进攻人数最多的一次是皖南事变，动用军队8万，这在当时国民党几百万军队中也还是少数。需要强调的是，抗战期间的国共摩擦，国民党一直居于攻势，既有在政治上、军事上的挑衅，还有在经济上的封锁，1940年11月还完全停止了本来就数量微小的军饷、弹药、被服等物资供应。处于守势的中共，主要是通过原则性与灵活性相结合的斗争策略，揭露国民党的阴谋，并采用有限的军事对抗以粉碎国民党顽固派的倒行逆施，从而保证了抗日民族统一战线始终没有破裂，使得国共两党绝大部分的军队在八年全面抗战中一直是投入在抗日的战场上。这在根本上捍卫了中华民族的利益，使绝大多数的中国人都聚集在抗日民族统一战线的旗帜下，为驱逐日本帝国主义出中国、为争取中华民族的独立和尊严而战。

二、论新民主主义

新民主主义革命理论是中国共产党人在领导民主革命的过程中创建

的，在大革命时期和土地革命前期已经进行了初步的总结。长征结束后，毛泽东等又做了进一步的阐述。他在《论反对日本帝国主义的策略》的报告中强调：中国革命的现时阶段依然是资产阶级民主主义性质的革命，不是无产阶级社会主义性质的革命。他指出：在将来，民主主义的革命必然要转变为社会主义的革命。不到具备了政治上经济上一切应有的条件之时，不到转变对于全国最大多数人民有利而不是不利之时，不应当轻易谈转变。全民族抗战爆发后，虽然毛泽东的主要精力投入在巩固和发展抗日民族统一战线以及推行全面抗战路线方面，但也曾谈及对抗战建国的设想。例如1938年7月2日他在会见世界学联代表团柯乐满时指出：抗战胜利后，中共的主要任务是建立一个自由平等的民主国家。在这个国家内有一个独立的民主的政府，有一个代表人民的国会，有一个适合人民要求的宪法。在这个国家的各个民族是平等的，经济是向上发展的，人民有言论、出版、集会、结社、信仰的完全自由。这样的国家，还不是社会主义的国家，这样的政府，也不是苏维埃政府，乃是实行彻底民主制度与不破坏私有财产原则下的国家与政府。1938年10月，毛泽东在中共扩大的六届六中全会上指出：应该"好好研究三民主义，用马克思主义的眼光，研究三民主义的理论"[①]。

抗日战争进入相持阶段后，蒋介石调整了其对内政策，由联共抗日转变为积极反共。1939年1月召开的国民党五届五中全会，主要议题是"强化"国民党，"与共产党作积极之斗争"，会议确定的"防共、限共、溶共、反共"的方针中，有一个鲜明的特色，即注重与共产党的政治思想斗争。毛泽东早就意识到蒋介石再度打起三民主义旗号的用意，意识到三民主义问题对于国共关系和国家命运的重要性。为驳斥顽固派，揭露国民党反共反人民的谬论，批判建立资产阶级专政的幻想，向全党和全国人民说明中国共产党对于中国革命和新中国建设的全部见解，揭示中国革命的特

---

① 《论新阶段》（1938年10月12日—14日），《建党以来重要文献选编（1921—1949）》第15册，中央文献出版社2011年版，第628页。

点、基本规律和必由之路，毛泽东进行了大量的理论研究工作，从1939年10月到1940年1月相继发表《〈共产党人〉发刊词》《中国革命和中国共产党》等重要著作。

1940年1月，毛泽东在陕甘宁边区文化协会第一次代表大会上发表了题为《新民主主义的政治与新民主主义的文化》的演讲，首先发表于1940年2月15日延安出版的《中国文化》创刊号。同年2月20日在延安出版的《解放》第98、99期合刊登载时，题目改为《新民主主义论》。《新民主主义论》开篇即提出艰难时世中的中国向何处去的问题，鲜明地提出要建立一个新中国的主张。这一主张及围绕它所作的种种说明和论证，让所有追求独立自由、民主进步的中国人得以透过重重阴霾，看到民族革命胜利的曙光，看到新中国的希望。

在这些著作中，毛泽东依据马列主义基本原理，分析中国国情、总结一百多年来反帝反封建斗争，尤其是1921年中国共产党成立后进行革命斗争的经验，科学地论述了中国新民主主义革命的一系列重要问题。

"认清中国社会的性质，就是说，认清中国的国情，乃是认清一切革命问题的基本的根据。"[1]毛泽东指出，"自周秦以来，中国是一个封建社会"[2]。1840年"自外国资本主义侵略中国，中国社会又逐渐地生长了资本主义因素以来，中国已逐渐地变成了一个殖民地、半殖民地、半封建的社会。现在的中国，在日本占领区，是殖民地社会；在国民党统治区，基本上也还是一个半殖民地社会；而不论在日本占领区和国民党统治区，都是封建半封建制度占优势的社会。这就是现时中国社会的性质，这就是现时中国的国情"[3]。这种社会的性质和国情，决定现阶段中国革命必须

---

[1] 《中国革命和中国共产党》（1939年12月），《毛泽东选集》第2卷，人民出版社1991年版，第633页。

[2] 《新民主主义论》（1940年1月），《毛泽东选集》第2卷，人民出版社1991年版，第664页。

[3] 《新民主主义论》（1940年1月），《毛泽东选集》第2卷，人民出版社1991年版，第664—665页。

分为两个步骤：第一步改变殖民地、半殖民地、半封建的社会形态，使之变成一个独立的民主主义的社会，即进行资产阶级性质的民主主义革命，革命的对象是帝国主义和封建主义，革命的任务是反帝反封建；第二步使革命继续向前发展，建立一个社会主义社会。毛泽东指出：这是两个性质不同的革命阶段，既互相区别又相互连接。"民主主义革命是社会主义革命的必要准备，社会主义革命是民主主义革命的必然趋势。"[①]只有完成前一个革命才有可能去完成后一个革命。二者不可分割，亦不可混淆。革命必须分两步走，此即中国革命最基本的规律。毛泽东创造性地提出新民主主义革命的科学概念。他指出，中国民主革命已经不是资产阶级领导的，以建立资本主义的社会和资产阶级专政的国家为目的的革命，而是无产阶级领导的，以在第一阶段建立新民主主义社会和各个革命阶级联合专政的国家为目的的新民主主义革命。新民主主义革命已经包含有社会主义因素。这种革命属于世界无产阶级社会主义革命的一部分。

新民主主义革命与旧民主主义革命不同的主要标志是无产阶级的领导权。半殖民地半封建条件下中国资产阶级的特殊性，决定了中国新民主主义革命必须由无产阶级领导。毛泽东指出：中国资产阶级具有两面性，一方面，受帝国主义的压迫，在一定时期和一定程度上保持着反对帝国主义和反对本国官僚军阀政府的革命性；另一方面，在政治上和经济上异常软弱，对于革命的敌人具有妥协性，即使在革命时，也不愿同帝国主义完全分裂，并且同农村中的地租剥削有密切联系，因此，不但不愿和不能彻底推翻封建主义，而且更加不愿和不能彻底推翻帝国主义，对于民主革命的反帝反封建的两大基本任务，都不能解决，因而不能成为中国民主革命的领导者。这个领导责任，只能历史地落到无产阶级的肩上。中国的无产阶级是中国社会中最进步、最有前途、最富有战斗性的阶级。它已经变成一个觉悟的独立的政治力量。凭着它的组织纪律性，同农民的天然联系，特

[①]《中国革命和中国共产党》（1939年12月），《毛泽东选集》第2卷，人民出版社1991年版，第651页。

别是它的先锋队——中国共产党的领导，完全有能力并且在实践中已经担负起领导中国民主革命的责任。所以，"在五四运动以后，虽然中国民族资产阶级继续参加了革命，但是中国资产阶级民主革命的政治指导者，已经不是属于中国资产阶级，而是属于中国无产阶级了"①，只有无产阶级能够领导中国革命彻底完成反帝反封建的任务。无产阶级（通过共产党）的领导，是决定中国新民主主义革命性质的基本因素，是中国新民主主义革命取得胜利和向社会主义前进的根本保证。

实现无产阶级领导的中心问题是领导农民的问题。农民问题是"中国革命的基本问题，农民的力量，是中国革命的主要力量"②。农民阶级中分为富农、中农和贫雇农。毛泽东指出："富农一般地在农民群众反对帝国主义的斗争中可能参加一分力量，在反对地主的土地革命斗争中也可能保持中立。""中农不但能够参加反帝国主义革命和土地革命，并且能够接受社会主义。因此，全部中农都可以成为无产阶级的可靠的同盟者。"③贫雇农约占全国农村人口的70%，他们是中国革命最广大的动力，是无产阶级天然的和最可靠的同盟者，"是中国革命队伍的主力军"④。农民只有在无产阶级领导下，才能得到解放；无产阶级也只有同农民结成坚固的联盟，才能领导革命达到胜利。

小资产阶级也是无产阶级的主要同盟军。毛泽东特别对知识分子和青年学生进行了分析，认为在"中国已出现了一个很大的知识分子群和青年学生群"，"他们有很大的革命性"，⑤毛泽东高度评价他们在中国革命

---

① 《中国革命和中国共产党》（1939年12月），《毛泽东选集》第2卷，人民出版社1991年版，第672—673页。

② 《新民主主义论》（1940年1月），《毛泽东选集》第2卷，人民出版社1991年版，第692页。

③ 《中国革命和中国共产党》（1939年12月），《毛泽东选集》第2卷，人民出版社1991年版，第643页。

④ 《中国革命和中国共产党》（1939年12月），《毛泽东选集》第2卷，人民出版社1991年版，第643页。

⑤ 《中国革命和中国共产党》（1939年12月），《毛泽东选集》第2卷，人民出版社1991年版，第641页。

中的作用，指出："他们在现阶段的中国革命中常常起着先锋的和桥梁的作用。"①小资产阶级是革命很好的同盟者。但是，这个阶级容易接受资产阶级的影响。因此，要对这个阶级进行宣传工作和组织工作。

民族资产阶级是能够参加反帝反封建革命的，是革命的动力之一。但这个阶级是一个具有革命性和妥协性的阶级。在历史上，这个阶级曾有过跟随大资产阶级，附和反革命的行为。因此，对待民族资产阶级要采取十分慎重的政策。无产阶级应该同他们建立统一战线，并尽可能地保持之。中国带买办性的大资产阶级，虽然是革命的对象，但由于他们的各个集团分别依附于不同的帝国主义，在各个帝国主义之间矛盾尖锐化的时候，在革命的锋芒主要是反对某一帝国主义的时候，属于别的帝国主义系统的大资产阶级集团也可能在一定程度上和一定时间内参加反对某一帝国主义的斗争。在这种特殊条件下，中国无产阶级为了削弱敌人和加强自己的后备力量，可以同这样的大资产阶级集团建立可能的统一战线，并在有利于革命的一定条件下尽可能地保持之。对于从地主阶级中分化出来的一部分开明绅士，则要团结他们，引导他们参加反帝反封建的斗争。

毛泽东指出，共产主义是中国民主革命取得胜利的指导思想。共产主义是无产阶级的整个思想体系，同时又是一种新的社会制度，是自有人类历史以来，最完全最进步最革命最合理的。"中国自有科学的共产主义以来，人们的眼界是提高了，中国革命也改变了面目。中国的民主革命，没有共产主义去指导是决不能成功的，更不必说革命的后一阶段了。"②

具体来说，中国无产阶级怎样实现自己的领导呢？毛泽东在《〈共产党人〉发刊词》中总结了党的实践经验，指出："统一战线问题，武装斗争问题，党的建设问题，是我们党在中国革命中的三个基本问题。正确地理解了这三个问题及其相互关系，就等于正确地领导了全部中国革

---

① 《中国革命和中国共产党》（1939年12月），《毛泽东选集》第2卷，人民出版社1991年版，第641页。

② 《新民主主义论》（1940年1月），《毛泽东选集》第2卷，人民出版社1991年版，第686页。

命。"① 因此,毛泽东称:"统一战线,武装斗争,党的建设,是中国共产党在中国革命中战胜敌人的三个法宝,三个主要的法宝。"②

在工人阶级居于少数的半殖民地半封建的中国,只有建立一个包括全民族绝大多数人口的最广泛的新民主主义的统一战线,才能战胜异常强大和凶恶的敌人,夺取革命的最终胜利。毛泽东深刻总结中国共产党领导革命斗争的经验,指出"无产阶级同资产阶级建立或被迫分裂革命的民族统一战线",是中国民主革命过程的基本特点之一。当中国共产党的政治路线正确地处理了同资产阶级的关系时,它就发展、巩固和前进一步,反之就后退一步。毛泽东强调在同资产阶级结成统一战线时,要保持无产阶级的独立性,实行又团结又斗争,以斗争求团结的政策;在被迫同资产阶级,主要是同大资产阶级分裂时,要敢于并善于同大资产阶级进行坚决的武装斗争,同时要继续争取民族资产阶级的同情和中立。

由于中国没有资产阶级民主制度,反动统治阶级凭借武力对人民实行独裁恐怖统治,革命只有以长期的武装斗争为主要形式。毛泽东指出:"在中国,离开了武装斗争,就没有无产阶级的地位,就没有人民的地位,就没有共产党的地位,就没有革命的胜利。"中国的武装斗争,是无产阶级领导的以农民为主体的革命战争。农民是无产阶级最可靠的同盟军。无产阶级有可能和有必要通过自己的先锋队(中国共产党)用先进思想、组织性和纪律性来提高农民群众的觉悟水平,在农村建立革命根据地,进行革命战争,发展和壮大革命力量,走"以农村包围城市,最后夺取全国政权"的道路。

中国共产党是中国革命的组织者和领导者。"没有中国共产党的努力,没有中国共产党人做中国人民的中流砥柱,中国的独立和解放是不可

---

① 《〈共产党人〉发刊词》(1939年10月4日),《毛泽东选集》第2卷,人民出版社1991年版,第605—606页。

② 《〈共产党人〉发刊词》(1939年10月4日),《毛泽东选集》第2卷,人民出版社1991年版,第606页。

能的,中国的工业化和农业近代化也是不可能的。"①毛泽东指出,中国共产党成立以来的历史已经证明:"党更加布尔什维克化,党就能、党也才能更正确地处理党的政治路线,更正确地处理关于统一战线问题和武装斗争问题。"但是,中国是一个无产阶级人数很少而战斗力很强,农民和其他小资产阶级占人口大多数的国家。在这样一个国家里,建设一个"全国范围的、广大群众性的、思想上政治上组织上完全巩固的布尔什维克化的中国共产党"②,其任务是极其艰巨的。为了建设这样一个政党,必须进行思想建设、组织建设和作风建设。而特别要注意思想建设,经常注意以无产阶级思想改造和克服各种非无产阶级思想,通过开展批评与自我批评,进行马克思列宁主义思想教育,树立好作风,不断地提高共产党员的觉悟。

毛泽东科学地阐述了三大法宝之间的关系,指出:"统一战线和武装斗争,是战胜敌人的两个基本武器。统一战线,是实行武装斗争的统一战线。而党的组织,则是掌握统一战线和武装斗争这两个武器以实行对敌冲锋陷阵的英勇战士。"③毛泽东在分析了中国革命所处时代、中国社会性质、革命对象、革命动力和领导阶级之后,对新民主主义革命作了精辟的概括,指出:"所谓新民主主义的革命,就是在无产阶级领导之下的人民大众的反帝反封建的革命。"④这就是中国共产党在新民主主义革命时期的总路线。

新民主主义革命要建立一个新中国。在这个新国家和新社会中,不但有新政治、新经济,而且有新文化。"我们不但要把一个政治上受压迫、经济上受剥削的中国,变为一个政治上自由和经济上繁荣的中国,而

---

① 《论联合政府》(1945年4月24日),《毛泽东选集》第3卷,人民出版社1991年版,第1098页。

② 《〈共产党人〉发刊词》(1939年10月4日),《毛泽东选集》第2卷,人民出版社1991年版,第602页。

③ 《〈共产党人〉发刊词》(1939年10月4日),《毛泽东选集》第2卷,人民出版社1991年版,第613页。

④ 《中国革命和中国共产党》(1939年12月),《毛泽东选集》第2卷,人民出版社1991年版,第647页。

且要把一个被旧文化统治因而愚昧落后的中国，变为一个被新文化统治因而文明先进的中国。"[1]新民主主义革命的基本纲领是：在政治上，要建立"在无产阶级领导下的一切反帝反封建的人们联合专政的民主共和国，这就是新民主主义的共和国……"[2]在经济上，要使一切"大银行、大工业、大商业，归这个共和国的国家所有"；"这个共和国并不没收其他资本主义的私有财产，并不禁止'不能操纵国民生计'的资本主义生产的发展"；"这个共和国将采取某种必要的方法，没收地主的土地，分配给无地和少地的农民"[3]，扫除农村中的封建关系，容许富农经济存在，在"耕者有其田"的基础上发展具有社会主义因素的各种合作经济。在文化上，要挣脱帝国主义、封建主义文化思想的奴役，实行人民大众的反帝反封建的文化，即"民族的科学的大众的文化"[4]。这些新民主主义的基本纲领既不同于旧的资产阶级民主革命的纲领，又区别于社会主义。

中国共产党虽然在二大上已经认识到现阶段的中国革命要完成反帝反封建的民主革命的任务，社会主义革命是下一阶段的任务，但并没有说明达到这个目标的具体途径。毛泽东明确地回答了这个十分重要的中国社会发展的前途问题。他指出，抗日战争的胜利应当使中国摆脱半殖民地半封建的地位，但中国既不可能成为资本主义国家，也不可能立即进入社会主义社会，而只能是新民主主义社会，他提出并论证了建立新民主主义制度的必要性与可能性，指明新民主主义社会是走向社会主义前途的过渡阶段，指出了实现党的领导的途径。这就为党纠正和防止右的和"左"的错误，执行一系列正确政策奠定了理论基础。同时，也就

---

[1] 《新民主主义论》（1940年1月），《毛泽东选集》第2卷，人民出版社1991年版，第663页。

[2] 《新民主主义论》（1940年1月），《毛泽东选集》第2卷，人民出版社1991年版，第675页。

[3] 《新民主主义论》（1940年1月），《毛泽东选集》第2卷，人民出版社1991年版，第678页。

[4] 《新民主主义论》（1940年1月），《毛泽东选集》第2卷，人民出版社1991年版，第706页。

解答了一些人的疑虑。

针对民族资产阶级代表人物幻想在中国走一条基马尔式的资产阶级专政的道路的观点，毛泽东指出，这条道路是走不通的。首先，是国际资本主义即帝国主义不允许。帝国主义侵略中国，就是反对中国独立，反对中国发展资本主义，要把中国变成殖民地，它断绝了中国建立资产阶级专政和发展民族资本主义的路。其次，是社会主义不允许。中国的独立，离不开社会主义国家和国际无产阶级的援助，但是这种援助，绝不可能帮助中国在反帝反封建革命胜利后去建立资产阶级专政的资本主义社会。再次，最主要的是中国的工人、农民和其他小资产阶级等广大人民群众不允许。他们是抗日的主力，他们决不允许大资产阶级在抗日胜利之后，一脚踢开抗日人民，自己独占抗日成果，来一个一党专政。

毛泽东批驳了把社会主义的任务合到民主主义任务里一并完成的"一次革命论"即"毕其功于一役"的错误观点。他指出，我们不是空想家，不能离开当前的实际条件，中国现在的革命任务是反帝反封建，这个任务没有完成以前，社会主义是谈不到的，而且第一步的时间是相当的长，绝不是一朝一夕所能成就的。这种"一次革命论"，在认识上看不到两个革命的区别，是纯主观的空想；在实践中，混淆了革命的步骤，降低了对于当前任务的努力，也是很有害的。

毛泽东有力地驳斥了"承认三民主义就要收起共产主义"的谬论。他指出，共产主义是"收起"不得的，一收起，中国就会亡国。共产主义体系关于社会制度问题有最低纲领和最高纲领两部分。即在现在，实行新民主主义，在将来，实行社会主义。这个最低纲领与三民主义的政治原则基本上相同，"民族独立、民权自由与民生幸福，正是共产党在民族民主革命阶段要求实现的总目标，也是全国人民要求实现的总目标"。

所以我们才承认三民主义为抗日民族统一战线的政治基础，但这并不能成为可能取消共产主义的理由。毛泽东分析指出，三民主义有两种，一种是旧的过时的三民主义，一种是新的三民主义，即联俄联共扶助农工的三民主义。新三民主义与共产主义相比，有相同的部分，即两个主义在中国资产阶级民主革命阶段的基本政纲相同，但是两者在现阶段的某些政策不完全相同，革命的彻底性不同，革命的前景也不一样。共产主义在新民主主义革命完成后，还有一个建立社会主义和共产主义社会制度的最高纲领，三民主义则没有。通过以上比较，证明共产主义比新三民主义更科学、更先进、更正确，只有共产主义，才能指导中国民主革命以及社会主义革命的胜利。忽视共产主义与三民主义的这种差别是错误的。毛泽东表示，共产党人将始终同一切真诚的三民主义者实行长期合作，决不抛弃任何友人。

毛泽东从批判国民党顽固派的反共谬论中立论，从中国的历史状况和社会状况出发，深刻地揭示了中国革命的基本规律和中国革命的对象、任务、性质、动力、领导、前途等一系列问题，发展了马克思列宁主义关于无产阶级在民主革命中的领导权思想，创立了无产阶级领导的，以工农联盟为基础的，人民大众的反对帝国主义、封建主义和官僚资本主义的新民主主义革命理论。毛泽东关于新民主主义的革命理论，是共产主义思想体系的一个重要组成部分，是对马克思列宁主义的丰富和发展。这一理论使中国共产党和中国人民清楚地看到中国革命的发展规律和前景，统一了全党的思想，武装了全国人民，极大地鼓舞了他们坚持抗战、争取胜利的信心，有力地指导和促进了抗日战争和中国革命的胜利发展。

三、发动大生产——建设模范抗日民主根据地

（一）生产自救与为争取抗战胜利创造物质条件

抗战初期，陕甘宁边区作为中共中央及中央军委所在地，脱产人员较多，当地落后的经济很难承担起这么多人的军政费用开支。但是由于国内外爱国人士的捐款及国民党政府尚发一部分经费，加之边区政府奉行量入为出的原则，因此边区政府的财政收支尚能平衡，财政收入与经济发展的关系问题尚不突出。其他敌后抗日根据地由于尚处于初创阶段，财政问题也不突出。1939年以后，由于国民党掀起反共高潮，不仅停发了陕甘宁边区的抗日经费，而且对边区实行了经济封锁，同时，日伪将主要兵力集中

对付抗日根据地。各敌后抗日根据地的财政进入困难时期。

陕甘宁边区开展的大生产运动，是中国共产党与毛泽东在抗日战争时期，为克服边区严重的财政经济困难及彻底改善人民的生活水平，为最终夺取中国革命胜利所采取的一项伟大创举。胡乔木曾提道："大生产和组织起来是毛主席领导陕甘宁边区和所有敌后抗日根据地进行经济建设和社会改造的两件大事。"①

毛泽东早就预见到单单依靠外援的不可靠。武汉会战结束，中国的抗日战争进入相持阶段。1938年12月初，毛泽东未雨绸缪，他在给后方军事系统干部做报告时就明确提出了生产运动问题，主张以自我生产应对可能出现的经济困难。他说得非常通俗易懂，"生产，即生产运动。我们现在钱虽少但还有，饭不好但有小米饭，要想到有一天没有钱、没有饭吃，那该怎么办？"②毛泽东讲这段话时，国民党五届五中全会还没有召开，一系列溶共限共反共文件仍在酝酿中并没有出台。可见，毛泽东的政治敏锐度是无与伦比的。他在这个时候不仅明确地提出了"要想到有一天没有钱、没有饭吃"的警告，同时还给出了解决困难的办法，"无非三种办法，第一饿死；第二解散；第三不饿死也不解散，就得要生产。我们来一个动员，我们几万人下一个决心，自己弄饭吃，自己搞衣服穿，衣、食、住、行统统由自己解决，我看有这种可能"③。时隔三四天，他又在12月12日的抗大晚会上讲到了生产问题，"在工作方面，六中全会一共说了十五条，其中一条就是关于物质的保证。以后我们要自己解决物质上的供给，要自己种地，自己动手"④。可见如何应对经济困难是毛泽东在这段时间经常考虑的主要内容，他最早提出发展经济对战胜日本帝国主义的

---

① 《胡乔木回忆毛泽东》，人民出版社1994年版，第232页。

② 中共中央文献研究室编：《毛泽东年谱（1893—1949）》（修订本）中卷，中央文献出版社2013年版，第100—101页。

③ 中共中央文献研究室编：《毛泽东年谱（1893—1949）》（修订本）中卷，中央文献出版社2013年版，第101页。

④ 中共中央文献研究室编：《毛泽东年谱（1893—1949）》（修订本）中卷，中央文献出版社2013年版，第101页。

极端重要性，1939年1月2日，他在为《八路军军政杂志》创刊撰写发刊词时就指出："长期抗战中最困难问题之一，将是财政经济问题，这是全国抗战的困难问题，也是八路军的困难，应该提到认识的高度。"①25日，他出席在延安举办的陕甘宁边区农产品展览会开幕式并讲话时再一次强调生产问题，"这个展览会的意义很大。前方努力打仗，后方努力生产，一定能打垮日本帝国主义。在边区，不仅老百姓要如此做，其他如学校、党政机关、军队都要参加生产运动"②。2月2日，他在延安党政军生产动员大会上讲话指出："陕甘宁边区有二百万居民，还有四万脱离生产的工作人员，要解决这二百零四万人的穿衣吃饭问题，就要进行生产运动。生产运动还包含一个新的工农商学兵团结起来的意义。"③就是在这次生产动员大会上，毛泽东代表中共中央发出"自己动手""自力更生"的伟大号召，这是一个英明的决策和科学的预见，也是毛泽东在统一战线中坚持独立自主的原则在经济工作中的具体实施。

毛泽东针对生产运动的连续讲话，对1939年起边区政府的经济政策产生了决定性影响。1939年6月10日，毛泽东在延安高级干部会议上作报告时进一步号召："一切可能地方，一切可能时机，一切可能种类，必须发展人民的与机关部队学校的农业、工业、合作社运动，用自己动手的方法解决吃饭、穿衣、住屋、用品问题之全部或一部，克服经济困难，以利抗日战争。"④他明确提出了"自力更生克服困难"⑤的方针。在毛泽东和党

---

① 《〈八路军军政杂志〉发刊词》（1939年1月2日），《建党以来重要文献选编（1921—1949）》第16册，中央文献出版社2011年版，第3页。

② 中共中央文献研究室编：《毛泽东年谱（1893—1949）》（修订本）中卷，中央文献出版社2013年版，第108页。

③ 中共中央文献研究室编：《毛泽东年谱（1893—1949）》（修订本）中卷，中央文献出版社2013年版，第110页。

④ 《反投降提纲》（1939年6月），《建党以来重要文献选编（1921—1949）》第16册，中央文献出版社2011年版，第387页。

⑤ 《反投降提纲》（1939年6月），《建党以来重要文献选编（1921—1949）》第16册，中央文献出版社2011年版，第389页。

中央的大力推动下，边区的生产运动很快开展起来。

不过，当时边区财政收入还有海外华人和国内民主人士与抗日团体的捐款，以及国民党发给八路军的军饷的节余部分，困难还不是很明显，没有引起大家的足够重视。到了1940年冬，国民党方面不仅加大对敌后抗日根据地经济封锁的力度，而且完全停发了八路军和新四军的军饷供给，毛泽东曾说："我们曾经弄到几乎没有衣穿，没有油吃，没有纸，没有菜，战士没有鞋袜，工作人员在冬天没有被盖。国民党用停发经费和经济封锁来对待我们，企图把我们困死，我们的困难真是大极了。"[1]毛泽东所预见的严重困难局面果然出现了，但由于有了预见，有了思想准备，毛泽东并没有感到意外和惊慌，而是响亮地向边区军民提出"自己动手，丰衣足食"的口号。

陕甘宁边区的大生产运动是从军队开始的。严重的财政危机使陕甘宁边区及其他根据地军民面临着生死存亡。陕甘宁边区部分留守部队在战斗和训练之余从事农副业生产，种菜、养猪、打柴、做鞋袜等改善生活的做法，使毛泽东认识到军队在战争间隙进行生产是可行的，做法可以推广。因此，中共中央和毛泽东要求边区军队和机关、学校一律参加生产，并迅速建立起自给性的公营经济。1940年到1942年的三年中，军队、机关和学校靠自己动手获得的收入解决了财政上入不敷出的困难，终于度过了最困难的时期。其间，毛泽东、朱德、周恩来和任弼时等中央领导亲自参加陕甘宁边区的生产劳动，成为抗日革命根据地发展经济、实现自给的光辉典范。

在中共中央和毛泽东关于开展大生产运动的号召下，1939年延安地区的生产运动迅速开展起来，初步改善了延安军民的生活，提高了延安军民对生产运动的认识。但此时发展经济、充裕财政的思想尚未深入人心，发展生产的政策未能得到很好的贯彻执行。这一是因为外援尚未断绝，人们

---

[1]《抗日时期的经济问题和财政问题》（1942年12月），《建党以来重要文献选编（1921—1949）》第19册，中央文献出版社2011年版，第617页。

对此尚抱有幻想；二是不少人抱有游击思想，不愿在落后的农村进行长期艰苦的经济建设。这些都自然影响到发展经济政策的落实。

朱德首先提出"屯田军垦"的建议，对于中国历史上的屯田，朱德是很熟悉的，因此他认为屯田是解决当时边区生活困难的最好办法，既可进行农业生产，还可从事农、林、牧、副、渔以及手工业、商业、运输业的综合开发。南泥湾位于延安东南，那里百年前曾是人烟稠密的地区，后因清政府制造回汉民族互相残杀的悲剧，再加民国时期军阀横行，土匪劫掠，该地便成了蒿蓬塞路、鸟兽纵横的荒野了。朱德提出部队实行屯田的主张后，亲自到南泥湾踏勘，把它确定为部队的屯垦之地。

之后，朱德把南泥湾考察的情况和准备调部队进行屯垦的打算向毛泽东作了详细汇报。毛泽东采纳了朱德的意见，并称赞朱德对这件事情抓得好。当朱德提议调第一二〇师第三五九旅时，毛泽东当即表示同意，并表示光有第三五九旅不够，延安的中央机关、军委机关、学校和留守部队，都要抽人进去，还可以动员逃难到边区的外地农民也进去，在那里开荒种地，安家落户。于是，朱德找到第三五九旅旅长王震，向他传达毛泽东的指示。王震表示坚决服从，也明确表达了自己对种地不熟悉的困难和顾虑。朱德鼓励王震，部队许多干部战士都是种田好手，不懂可以向他们学。只要大家动员起来了，团结起来了，第三五九旅在南泥湾就一定会干出名堂来！

1941年3月至1942年，第三五九旅分四批开进南泥湾。部队在"一把镢头一支枪，生产自给保卫党中央"的口号下，披荆斩棘，开荒种植，经过两年的辛勤劳动，而且本着"农业为第一位，工业与运输业为第二位，商业为第三位"的方针，从事多种经营，使各项经济事业都得到发展。1941年，粮食自给1个月，经费自给78%。1942年，达到粮食自给3个月，经费自给92%。到1943年，便做到了粮食和经费的全部自给。[①]在旅长王震的带领下，该旅成为陕甘宁边区生产战线上的一面旗帜。

[①] 参见《胡乔木回忆毛泽东》，人民出版社1994年版，第235页。

第十章 延安十年——杨家岭时期

　　毛泽东和中共中央努力把大生产运动发展成为整个陕甘宁边区的行动,进而在各敌后抗日民主根据地推广。1941年5月1日,他对《陕甘宁边区施政纲领》作了几处重要的修改,提道:"发展农业生产,实行春耕秋收的群众动员,解决贫苦农民耕牛、农具、肥料、种子的困难,今年开荒六十万亩,增加粮食产量四十万担,奖励外来移民。"[1]到了1942年2月3日,毛泽东与朱德复电彭德怀时提道:"陕甘宁边区财政经济问题今年可以解决,并在去年打下了基础。今年更有计划地组织了人民的、部队的及机关学校的劳动,生产运动可能向上发展,在不受灾的条件下不需外援。"[2]为了响应中共中央和边区政府的政策,陕甘宁边区的各方人民积极参加大生产运动,不仅解决了自身的物资问题,也为抗战胜利提供了一个物资充盈的大后方。从1943年开始,是陕甘宁边区实现丰衣足食、建设革命家园的阶段。1943年2月9日,毛泽东在致电周恩来、林彪时说:"边区财政难关已渡过,现党政军积蓄资产值边币五万万以上(合法币二万万五千万以上),今年决定大发展农、工、盐、畜生产,提出丰衣足食口号,如不遭旱大有办法,人民经济亦大有发展,可达到丰衣足食。"[3]

　　1943年10月下旬,毛泽东视察了南泥湾。南泥湾大生产时曾任第三五九旅旅部四科科长的董廷恒回忆:一天中午,我们正冒着炎热,在玉米地里锄草,从旅部跑来个通信员,老远就气喘吁吁地喊着:"快点,旅长叫你们回去几个人!"我插上锄头,擦了擦头上的汗水,问他:"什么事?"他说:"我也不知道,快走吧!"听说旅长叫快点回去,我心想:一定有要紧的事,不然,旅长怎么会叫人跑20多里路来叫我们。我们几乎像长了翅膀,一气就"飞"到了旅部驻地——金盆湾。

---

[1]《陕甘宁边区施政纲领》(1941年5月1日),《建党以来重要文献选编(1921—1949)》第18册,中央文献出版社2011年版,第242页。

[2] 中共中央文献研究室编:《毛泽东年谱(1893—1949)》(修订本)中卷,中央文献出版社2013年版,第361页。

[3] 中共中央文献研究室编:《毛泽东年谱(1893—1949)》(修订本)中卷,中央文献出版社2013年版,第426页。

王震旅长像是刚刮过脸，我们一进窑洞，他就说："你们回来了，快准备，明天毛主席要来！"我一听，简直要跳起来，生怕自己的耳朵听错了，又问了一句："是毛主席要来吗？""是毛主席！"王震旅长笑了："怎么？高兴吧！"

真的太高兴了，一时竟不知说什么好了。接受了旅长的吩咐，我们忘了吃饭，愉快地忙起来。有的去打扫窑洞，有的去收拾新盖的房子。炊事房的同志，更是个个乐得闭不上嘴，忙着选青菜，捉肥猪，抓小鸡。这个说："咱们要把生产出来的每一样东西，都拿出来一点，让主席看看。"那个说："那怎么行？凡是生产的都拿一点，一间窑洞也放不下啊！"

第二天一早，天刚刚放明，我们就起来了，心里跳着，脸上笑着，一个劲儿向通往延安的路上看。从延安到我们这儿，大约60华里。我们计算着：毛主席吃过早饭出发，要是骑马，三个多小时就到了；要是乘汽车，只要一个多钟头就到了。等啊，等啊，一直到快开午饭的时候，还是不见主席来。有的同志说："主席工作太忙，可能又给什么大事耽误了，不会来了！"有的说："你别瞎参谋，主席说今天来就一定会来！"其实就是说这话的同志，也暗暗担心，可不要真有事给耽误了。

就在这个时候，一辆汽车驶来，毛主席微笑着出现在我们面前了。我们不禁欢呼起来。主席挨个和大家握手问候，并向王震旅长说："庄稼生长得蛮好啊！"随同主席来的警卫员告诉我们，主席一路来，一路察看了庄稼。还和在田里生产的同志逐个谈了话。因此，整整走了一个上午。

已经是开午饭的时候了，旅首长请主席到新盖的房子里休息，嘱咐我去厨房准备饭菜。主席笑着说："刚刚来到就开饭，可见你们粮食很多啰！"说着也没进房休息，随同旅长、政委、副旅长等首长去看新盖的房子，看新开的窑洞。开饭的时候，把饭菜送到主席休息的房里。我走到主席身边，问还要些什么菜，主席爱吃什么，我们全有。主席笑了笑说："这么多的菜，我尝都尝不过来了。"我自豪地对主席说："这些菜，都是我们自己生产的。"其实这话是多余的，旅首长正向主席讲着生产情况哩！

主席问："每人每天多少油？多少菜？""平均五钱油。"王震旅长说，"菜随便吃。"主席点了点头，接着说："星期天要改善生活吗？""午饭，多半是吃大米、白面。"王恩茂副政委回答，"有时杀口猪，有时宰只羊，几个单位分着吃。"主席又问："有没有发生柳拐病？""没有，一个也没有。"主席饶有风趣地说："国民党要困死我们，饿死我们，他们越困你们越胖了。看，困得同志们连柳拐病都消灭了。"说得大家都笑了起来。

旅首长一面陪主席吃饭，一面讲着部队的生产情况。王震旅长告诉主席："刚来的那年，平均每人种三亩地，今年每人平均种三十亩。去年的口号是'不要公家一粒粮，一寸布，一文钱'，今年的口号：'耕一余二'。每人生产的指标是六石一斗细粮，六斤皮棉……"

主席听着，不时点头微笑，并且又教导我们：困难，并不是不可征服的怪物，大家动手征服它，它就低了头。大家自力更生，吃的、穿的、用的都有了。目前我们没有外援，假定将来有了外援，也还是要以自力更生为主，我们不能像国民党，他们连棉布都靠外国人。……主席吃过饭，又和王震旅长、王恩茂政委、苏进副旅长、李信主任谈了一阵话，然后就走出窑洞到金盆湾附近视察。①

1943年11月29日，毛泽东在中共中央招待陕甘宁边区劳动英雄大会上作《组织起来》的讲话时指出："根据去年冬天中共中央西北局所召集的高级干部会议的决议，今年进行了一年的生产运动。这一年的生产，在各方面都有了很大的成绩和很大的进步，边区的面目为之一新。事实已经完全证明：高级干部会议的方针是正确的。高级干部会议方针的主要点，就是把群众组织起来，把一切老百姓的力量、一切部队机关学校的力量、一切男女老少的全劳动力半劳动力，只要是可能的，就要毫无例外地动员起来，组织起来，成为一支劳动大军。我们有打仗的军队，又有劳动的军队。打仗的军队，我们有八路军新四军；这支军队也要当两支用，一方面

---

① 董廷恒、许正雄：《要以自力更生为主——毛泽东视察南泥湾纪实》，转引自《党史纵横》1995年第2期。

打仗，一方面生产。我们有了这两支军队，我们的军队有了这两套本领，再加上做群众工作一项本领，那末，我们就可以克服困难，把日本帝国主义打垮。"①通过这次讲话，边区各方人民的革命热情不断高涨，革命干劲也不断被鼓舞，因此推动了大生产运动更快地发展。到1945年，大生产运动取得了空前的成效。

大生产运动在陕甘宁边区轰轰烈烈地开展，不仅使陕甘宁边区军民依靠自己的力量，战胜了疯狂"扫荡"的日本帝国主义以及国民党反动派的严重封锁，而且克服了陕甘宁边区百年难得一见的自然灾害，创造了一个又一个的奇迹，实现了部队、机关、学校的自给生产，实现了陕甘宁边区经济的独立自主。此举不仅减轻了人民的负担，还逐步改善了人民的生活，为最终夺取抗日战争的胜利打下了坚实的物质基础。毛泽东作为这场运动的发起者和领导者，对大生产运动的充分认识，体现了他既有立足现实、实事求是的精神，又有放眼未来、高瞻远瞩的战略眼光。

（二）制定"发展经济保障供给"的方针

延安时期中国社会和中国革命的特定状况，是毛泽东经济思想成熟的社会根源和历史背景。延安时期之所以能够成为毛泽东经济思想的成熟期，最重要的政治条件是：以毛泽东为核心的正确领导在中国共产党内占据了主导地位，历经磨难的中国共产党终于成为一个有经验的成熟的无产阶级政党。其思想理论条件是：结束了机会主义路线不断在党内占据统治地位的局面，马克思主义的正确路线开始在党内稳定地占据主导地位。还有中国社会主要矛盾发生变动，为毛泽东经济思想的发展变化提供了重要客观依据。

抗日根据地的巩固和扩大，以及根据地的经济建设和新民主主义经济的发展，是毛泽东新民主主义经济思想的实践，而关于抗日根据地建设的实践则是其新民主主义经济理论在实践中的展开。抗日根据地经济建设的

---

① 《组织起来》（1943年11月29日），《建党以来重要文献选编（1921—1949）》第20册，中央文献出版社2011年版，第638页。

第十章　延安十年——杨家岭时期

实践在不同的层次上检验着毛泽东新民主主义经济理论的各个构成部分，同时也为毛泽东新民主主义经济理论的成熟创造了实践验证的条件和在实践中发展的环境。

早在井冈山革命根据地时，毛泽东就对根据地的经济问题做过思考，但由于红军当时面临的主要任务是作战，因此，这一问题的实践主要体现为打土豪分田地。中华苏维埃共和国成立后，毛泽东对根据地经济问题的思考更加深入。他在1933年8月召开的中央革命根据地南部十七县经济建设大会上指出："革命战争的激烈发展，要求我们动员群众，立即开展经济战线上的运动，进行各项必要和可能的经济建设事业。……只有开展经济战线方面的工作，发展红色区域的经济，才能使革命战争得到相当的物质基础，才能顺利地开展我们军事上的进攻，给敌人的'围剿'以有力的打击"[①]。他分析了当时战争环境下进行经济建设的可行性，提出了一系列方针、政策与举措，如通过组织农民建立"劳动互助社"以发展苏区农业，帮助农民成立"犁牛合作社"的形式在苏区兴修水利、开垦荒地、植树造林，通过发展手工业促进苏区工业的发展，"进行一切可能的和必须的经济方面的建设，集中经济力量供给战争，同时极力改良民众的生活"[②]等。这些经济建设不仅为红军顺利完成反"围剿"奠定了物质基础，也为抗战时期根据地经济思想的丰富和发展奠定了理论和实践基础。

针对1940—1941年边区遇到的严重财政困难、存在的错误思想以及开展生产运动发展公营经济的初步成效，毛泽东从1941年下半年开始花较大精力研究边区的经济问题和财政问题。早在1941年3月，毛泽东就三次致电在重庆的周恩来、董必武订购书报。其中"向中国经济研究所订购《四川经济参考资料》、《贵州经济》、《日本对支经济工作》、《列强军事实力》，《中外经济年报》（三九、四〇年版）、《中外经济拔萃》（创

[①] 《必须注意经济工作》（1933年8月12日），《毛泽东选集》第1卷，人民出版社1991年版，第119—120页。

[②] 《我们的经济政策》（1934年1月），《毛泽东选集》第1卷，人民出版社1991年版，第130页。

刊起全要）。并要求将商务、中华及其他书局出版的有关中国经济书籍尽先寄来，'重庆所有的经济书籍望尽力搜集寄来'"①。

刚开始，党内对如何解决财政经济困难存在着两种不同的看法。任弼时、朱德以及边区中央局的一些负责人主张采取积极发展的方针。具体办法主要是：整理税收和发展生产，发展生产的资金主要依靠军队组织人民运盐和增发边币。林伯渠、谢觉哉担心这些做法会加重人民负担，因此主张把解决困难的基点放在节约和拖欠党政军的经费上，不赞成增发边币。盐的产运销在政府管理下实行自由贸易。

毛泽东认为，只有积极发展，才能解决问题。他提出要实行新的政策，立即投资生产事业，主要是投资盐的生产。他还把这个问题提到一个新的高度，即如何对待边区资本主义经济的重要政策问题，指出对根据地内发展资本主义不要害怕。针对党内在解决财政经济问题上的分歧，为了统一思想，毛泽东受中央政治局委托，分别找林伯渠、谢觉哉、任弼时、朱德等谈话，沟通意见，解决分歧。他采取先做个别商讨，然后再召开会议的办法，做了许多耐心细致的工作。同时为了能够真正提出解决财政经济问题的有效对策，毛泽东十分重视和强调，要加强调查研究，多掌握第一手材料。1941年8月13日，中共中央召开政治局会议，会议同意毛泽东所提方针，即：根据革命与战争两个基本特点，边区应从发展经济与平衡出入口，以解决人民生活与政府财政两方面问题。规定：发展经济应以民营为主，公营为辅，平衡出入口，增加盐的运销，以官督民运为主，自由运盐为辅。在这次会议上，毛泽东还强调，在革命与战争的环境下，部分的强制性负担不但是必要的，而且是可能的。经过一番努力，终于基本统一了几个月来党内对如何解决边区财政经济问题存在的不同认识。

1942年西北局高干会议召开前的一段时间内，毛泽东又花大力气，多方面搜集资料。他和陕甘宁边区政府、边区政府党团、中央财经委员会、

---

① 中共中央文献研究室编：《毛泽东年谱（1893—1949）》（修订本）中卷，中央文献出版社2013年版，第286页。

西北局、八路军后勤部领导，边区政府银行行长、财政厅厅长，以至中共中央敌区工作委员会负责行政管理工作的干部，包括林伯渠、谢觉哉、李富春、陈正人、叶季壮、朱理治、南汉宸、王中等，书信来往不断。例如1941年8月6日，他在致谢觉哉的信中说："近日我对边区财经问题的研究颇感兴趣，虽仍不深刻，却觉其规律性或决定点似在简单的两点，即（一）发展经济，（二）平衡出入口。首先是发展农、盐、工、畜、商各业之主要的私人经济与部分的公营经济，然后是输出三千万元以上的物产于境外，交换三千万元必需品入境，以达出入口平衡或争取相当量的出超。只要此两点解决，一切问题都解决了。"①8月22日，他又致信谢觉哉说："凡人（包括共产党员）都只能根据自己的见闻即经验作为说话，做事，打主意，定计划的出发点或方法论，故注意吸收新的经验甚为重要，未见未闻的，连梦也不会作。"②"边区有政治、军事、经济、财政、锄奸、文化各项重大工作，就现时状态即不发生大的突变来说，经济建设一项乃是其他各项的中心，有了穿吃住用，什么都活跃了，都好办了，而不要提民主或其他什么为中心工作。"③1942年12月20日，毛泽东在《关于起草财经问题报告给南汉宸的信》中说："我要的是关于粮草、税收、金融、贸易四部分，每样要说政策，说工作，是向广大的干部说话，使他们看了懂得政策的方向，懂得工作的作法。在说政策说工作时，要批评错误意见，批评工作缺点，使他们有所警惕。每样要有点历史，有点分析，又有一九四三年应如何作法。"④可以说，毛泽东是花了很大精力进行调查研究，广泛深入地听取各方面的意见，详细地占有材料，并经过认真思考

---

① 《关于财经建设的基本方针给谢觉哉的信》（1941年8月6日），《毛泽东文集》第2卷，人民出版社1993年版，第366页。
② 《关于总结财经工作经验给谢觉哉的信》（1941年8月22日），《毛泽东文集》第2卷，人民出版社1993年版，第369页。
③ 《关于总结财经工作经验给谢觉哉的信》（1941年8月22日），《毛泽东文集》第2卷，人民出版社1993年版，第369—370页。
④ 《关于起草财经问题报告给南汉宸的信》（1942年12月20日），《毛泽东文集》第2卷，人民出版社1993年版，第456页。

和梳理，上升为理论，在李富春等同志的帮助下，写出《经济问题与财政问题》这篇光辉的历史文献。毛泽东于西北局高干会议（1942年10月19日至1943年1月14日）召开之前和会议期间，开始着手撰写《经济问题与财政问题》一书，并在会上以此书内容作了长篇报告。

《经济问题与财政问题》这部重要经济著作共10章长达10多万字，当时即印成小册子发给与会同志阅读。在《经济问题与财政问题》的长篇书面报告里，毛泽东着重批评了那种离开发展经济而单纯在财政收支问题上打主意的错误思想，以及那种不注重动员人民帮助人民发展生产渡过困难而只注重向人民要东西的错误作风，提出了中国共产党关于"发展经济，保障供给"[①]的正确方针。

这个长篇书面报告的第一章，原题为《关于过去工作的基本总结》，后来编入《毛泽东选集》第3卷时题为《抗日时期的经济问题和财政问题》。在这一章里，毛泽东针对那种单纯在财政收支上打圈子的错误倾向指出："有许多同志，片面地看重了财政，不懂得整个经济的重要性；他们的脑子终日只在单纯的财政收支问题上打圈子，打来打去，还是不能解决问题。这是一种陈旧的保守的观点在这些同志的头脑中作怪的缘故。他们不知道财政政策的好坏固然足以影响经济，但是决定财政的却是经济。未有经济无基础而可以解决财政困难的，未有经济不发展而可以使财政充裕的。"[②]"财政困难，只有从切切实实的有效的经济发展上才能解决。忘记发展经济，忘记开辟财源，而企图从收缩必不可少的财政开支去解决财政困难的保守观点，是不能解决任何问题的。"[③]毛泽东也批评了离开具体条件搞空洞的大发展计划的冒险倾向，指出："发展经济的路线是正确的

[①] 《抗日时期的经济问题和财政问题》（1942年12月），《建党以来重要文献选编（1921—1949）》第19册，中央文献出版社2011年版，第616页。

[②] 《抗日时期的经济问题和财政问题》（1942年12月），《建党以来重要文献选编（1921—1949）》第19册，中央文献出版社2011年版，第616页。

[③] 《抗日时期的经济问题和财政问题》（1942年12月），《建党以来重要文献选编（1921—1949）》第19册，中央文献出版社2011年版，第616页。

路线，但发展不是冒险的无根据的发展。有些同志不顾此时此地的具体条件，空嚷发展，例如要求建设重工业，提出大盐业计划、大军工计划等，都是不切实际的，不能采用的。"①毛泽东总结强调："党的路线是正确的发展路线，一方面要反对陈旧的保守的观点，另一方面又要反对空洞的不切实际的大计划。这就是党在财政经济工作中的两条战线上的斗争。"②

针对财政问题，毛泽东在批评了"不顾战争的需要，单纯地强调政府应施'仁政'"③和"不顾人民困难，只顾政府和军队的需要，竭泽而渔，诛求无已"④的两种错误观点后，总结指出："为了抗日和建国的需要，人民是应该负担的，人民很知道这种必要性。在公家极端困难时，要人民多负担一点，也是必要的，也得到人民的谅解。但是我们一方面取之于民，一方面就要使人民经济有所增长，有所补充。这就是对人民的农业、畜牧业、手工业、盐业和商业，采取帮助其发展的适当步骤和办法，使人民有所失同时又有所得，并且使所得大于所失，才能支持长期的抗日战争。"⑤"我们要批驳这样那样的偏见，而提出我们党的正确的口号，这就是'发展经济，保障供给'。在公私关系上，就是'公私兼顾'，或叫'军民兼顾'。我们认为只有这样的口号，才是正确的口号。只有实事求是地发展公营和民营的经济，才能保障财政的供给。虽在困难时期，我们仍要注意赋税的限度，使负担虽重而民不伤。而一经有了办法，就要减

---

① 《抗日时期的经济问题和财政问题》（1942年12月），《建党以来重要文献选编（1921—1949）》第19册，中央文献出版社2011年版，第617页。

② 《抗日时期的经济问题和财政问题》（1942年12月），《建党以来重要文献选编（1921—1949）》第19册，中央文献出版社2011年版，第617页。

③ 《抗日时期的经济问题和财政问题》（1942年12月），《建党以来重要文献选编（1921—1949）》第19册，中央文献出版社2011年版，第618页。

④ 《抗日时期的经济问题和财政问题》（1942年12月），《建党以来重要文献选编（1921—1949）》第19册，中央文献出版社2011年版，第618页。

⑤ 《抗日时期的经济问题和财政问题》（1942年12月），《建党以来重要文献选编（1921—1949）》第19册，中央文献出版社2011年版，第618页。

轻人民负担，借以休养民力。"①

毛泽东特别强调认真做好经济工作在全局中的重要性，他指出："我们不是处在'学也，禄在其中'的时代，我们不能饿着肚子去'正谊明道'，我们必须弄饭吃，我们必须注意经济工作。离开经济工作而谈教育或学习，不过是多余的空话。离开经济工作而谈'革命'，不过是革财政厅的命，革自己的命，敌人是丝毫也不会被你伤着的。"②"我们要有一批脱离生产事务的革命职业家，我们也要有一批医生、文学艺术工作者及其他人等，但是这些方面的人决不能过多，过多就会发生危险。食之者众，生之者寡，用之者疾，为之者舒，是要塌台的。因此，大批的干部必须从现在的工作或学习的岗位上转到经济工作的岗位上去。"③"我们不但应该会办政治，会办军事，会办党务，会办文化，我们也应该会办经济。如果我们样样能干，唯独对于经济无能，那我们就是一批无用之人，就要被敌人打倒，就要陷于灭亡。"④

关于公营经济的地位和工厂的管理问题，毛泽东指出："公营经济事业成为我们保障财政供给两大来源的一个主要基础，它的重要性是不言而喻的。"⑤"为了抗日和建国的需要，人民是应该负担的，人民很知道这种必要性。在公家极端困难时，要人民多负担一点，也是必要的，也得到人民的谅解。但是我们一方面取之于民，一方面就要使人民经济有所增

---

① 《抗日时期的经济问题和财政问题》（1942年12月），《建党以来重要文献选编（1921—1949）》第19册，中央文献出版社2011年版，第619页。

② 《经济问题与财政问题》（1942年12月），《建党以来重要文献选编（1921—1949）》第19册，中央文献出版社2011年版，第628页。

③ 《经济问题与财政问题》（1942年12月），《建党以来重要文献选编（1921—1949）》第19册，中央文献出版社2011年版，第628页。

④ 《经济问题与财政问题》（1942年12月），《建党以来重要文献选编（1921—1949）》第19册，中央文献出版社2011年版，第629页。

⑤ 《经济问题与财政问题》（1942年12月），《建党以来重要文献选编（1921—1949）》第19册，中央文献出版社2011年版，第622页。

长，有所补充。"①毛泽东提出经济核算制的主要内容，包括每一工厂单位应有相当独立的资金；收入和支出应有一定的制度和手续；必须有成本的计算；应有生产检查制度；应有节省原料和保护工具的制度。毛泽东认为要改善工厂的组织与管理，克服工厂机关化与纪律松懈状态，"首先应该改革的是工厂机关化的不合理现象"②，"使一切工厂实行企业化"③。"一切工厂，应依自己经济的盈亏以为事业的消长。一切从业员的薪给，应由工厂自己的盈利解决，而不支领公粮、公衣与公家的津贴费。"④

毛泽东深刻地指出："一切空话都是无用的，必须给人民以看得见的物质福利。我们还有许多同志的头脑没有变成一个完全的共产主义者的头脑，他们只是做了一个方面的工作，即是只知向人民要这样那样的东西，粮呀，草呀，税呀，这样那样的动员工作呀，而不知道做另一方面的工作，即是用尽力量帮助人民发展生产，提高文化。"⑤"只有在我们的同志懂得并且实行了这样两方面工作的配合时，我们方能算得上一个完全的共产主义的革命家，否则我们虽也在做革命工作，虽也是一个革命家，却还不是一个完全的革命家。而且，对于某些同志说来，他们还是一个脱离群众的官僚主义者，因为他们只知道向群众要东西，却不知道或不愿意给群众一点东西，引起群众讨厌他们。这个问题非常重要，希望大家十分注意，并向全党宣传这个道理。"⑥

---

① 《抗日时期的经济问题和财政问题》（1942年12月），《建党以来重要文献选编（1921—1949）》第19册，中央文献出版社2011年版，第618页。

② 《经济问题与财政问题》（1942年12月），《建党以来重要文献选编（1921—1949）》第19册，中央文献出版社2011年版，第626页。

③ 《经济问题与财政问题》（1942年12月），《建党以来重要文献选编（1921—1949）》第19册，中央文献出版社2011年版，第626页。

④ 《经济问题与财政问题》（1942年12月），《建党以来重要文献选编（1921—1949）》第19册，中央文献出版社2011年版，第626页。

⑤ 《经济问题与财政问题》（1942年12月），《建党以来重要文献选编（1921—1949）》第19册，中央文献出版社2011年版，第629页。

⑥ 《经济问题与财政问题》（1942年12月），《建党以来重要文献选编（1921—1949）》第19册，中央文献出版社2011年版，第630页。

对毛泽东在中共中央西北局高级干部会议上作的《经济问题和财政问题》报告，时任西北财经办事处主任的贺龙在1942年12月的《整财问题报告大纲》中是这样评价的："他真正实际解决了边区当前最重大的问题（假若没有饭吃，一切工作都无从说起），他比我们负责领导财经工作的任何同志，更懂得边区情况（因为他有正确的研究问题解决问题的方法），这是马列主义经济学在边区的具体运用，是活的马列主义经济学（不是能读《资本论》不懂边区的经济学），他不是夸夸其谈地提出一般的方针与任务，而是对于每个问题都经过周密的调查研究，总结了过去的经验教训，实事求是地确定今后能做应做的事，并详细指出如何实现的办法（开荒、移民、水利、纺织合作社、运盐、调剂劳动力均有极生动模范的例子）。他解决了摸索几年的聚论纷纭的许多财经方面上的原则问题和实际问题。他明确地指出了边区经济与财政的大道，提高了全体人民的信心。"[1]

需要指出的是，毛泽东关于"发展经济，保障供给"的思想，在他抗日战争时期的许多电报、讲话和指示中，有着充分的体现。1940年2月11日，他在为中共中央、中央军委起草复萧克及挺进军军政委员会电中就强调应"十分注意财政工作与经济建设工作"，"这于支持长期战争是基本决定条件之一"。[2] 1940年12月25日，毛泽东在《论政策》中进一步强调："认真地精细地而不是粗枝大叶地去组织各根据地上的经济，达到自给自足的目的，是长期支持根据地的基本环节。"[3] 毛泽东认为"发展经济，保障供给"的方针不是一时的方针，而是长远的战略方针。陕甘宁边区人民通过1939年以来的大生产运动，已经取得了很大的成绩，但几年以后毛泽东仍要求各地坚持和贯彻这个方针。毛泽东不仅倡导在陕甘宁边区

---

[1] 《陕甘宁边区抗日民主根据地》（文献卷·下），中共党史资料出版社1990年版，第307—308页。

[2] 中共中央文献研究室编：《毛泽东年谱（1893—1949）》（修订本）中卷，中央文献出版社2013年版，第170页。

[3] 《论政策》（1940年12月25日），《建党以来重要文献选编（1921—1949）》第17册，中央文献出版社2011年版，第705页。

开展大生产运动,发展经济,保障供给,还要求敌后各个根据地普遍贯彻实施"发展经济,保障供给"的总方针。

1943年10月1日,毛泽东在为中央起草的《中共中央政治局关于减租生产拥政爱民及宣传十大政策的指示》中明确提出:"各级党政军机关学校一切领导人员均须学会领导群众生产的一全套本领。凡不注重研究生产的人,不算好的领导者。"[1]该指示规定:"县区党政工作人员在财政经济问题上,应以百分之九十的精力帮助农民增加生产,然后以百分之十的精力从农民取得税收。"[2]在这篇文章中,毛泽东还严肃批评了包括"把共产党员为着供给家庭生活(农村党员)及改善自己生活(机关学校党员)以利革命事业,而从事家庭生产及个人业余生产,认为不光荣不道德的观点"[3]以及"在有根据地的条件下,不提倡发展生产为改善物质生活而斗争,只片面地提倡艰苦奋斗的观点"[4]在内的九种错误思想。要求"一切机关学校部队,必须于战争条件下厉行种菜、养猪、打柴、烧炭、手工制造及部分种粮。除各大小单位应一律发展集体生产外,同时奖励一切个人(军队除外)从事小部分农业手工业的个人业余生产(禁止做生意),以其收入归个人所有"[5]。

---

[1]《中共中央政治局关于减租生产拥政爱民及宣传十大政策的指示》(1943年10月1日),《建党以来重要文献选编(1921—1949)》第20册,中央文献出版社2011年版,第583页。

[2]《中共中央政治局关于减租生产拥政爱民及宣传十大政策的指示》(1943年10月1日),《建党以来重要文献选编(1921—1949)》第20册,中央文献出版社2011年版,第583页。

[3]《中共中央政治局关于减租生产拥政爱民及宣传十大政策的指示》(1943年10月1日),《建党以来重要文献选编(1921—1949)》第20册,中央文献出版社2011年版,第583—584页。

[4]《中共中央政治局关于减租生产拥政爱民及宣传十大政策的指示》(1943年10月1日),《建党以来重要文献选编(1921—1949)》第20册,中央文献出版社2011年版,第584页。

[5]《中共中央政治局关于减租生产拥政爱民及宣传十大政策的指示》(1943年10月1日),《建党以来重要文献选编(1921—1949)》第20册,中央文献出版社2011年版,第583页。

正是在毛泽东提出的"发展经济,保障供给"这个经济和财政工作的总方针的指导下,陕甘宁边区和敌后各抗日根据地的生产运动轰轰烈烈地发展起来,并取得了巨大的成绩,不但使各根据地的军民度过了抗日战争最困难的时期,而且为中国共产党在后来领导经济建设工作积累了丰富的经验。经过两年的努力,至1942年底,边区党政军民学各部门经费自给率已达到一半,资产积蓄达5亿元,取之于己的部分已超过取之于民的部分。边区的财政难关已经渡过。对此,毛泽东评价说:"这是中国历史上从来未有的奇迹,这是我们不可征服的物质基础。"①可以毫不夸张地说,《经济问题与财政问题》对1938年以来陕甘宁边区生产运动的情况与经验,作了全面系统的总结,并在此基础上论述了党领导根据地经济建设的各项方针政策,是毛泽东在新民主主义革命时期特别是抗日战争时期经济理论的代表作,毛泽东的这篇报告及1943年写成的《开展根据地的减租、生产和拥政爱民运动》《组织起来》等文,构成了当时党领导根据地大生产运动的基本纲领,是马克思列宁主义和中国经济社会实践相结合的产物,是马克思主义经济理论的中国化。

(三)建设模范抗日民主根据地的"十大政策"

抗日战争的相持阶段,尤其是1941年至1942年,在日寇的疯狂"扫荡"和国民党顽固派发起的反共高潮中,中国共产党领导的解放区在军事上和经济上都遭遇了最为严重的困难。为克服严重的困难,以毛泽东为代表的中共中央,曾陆续制定了一系列的正确政策。为使全党、全军和所有解放区人民都能正确掌握和坚决执行这些政策,毛泽东在斗争的实践中曾不断对这些政策进行说明、概括和总结。

1943年6月1日,毛泽东在给彭德怀的电报中指出:"我党应在此三年中力求巩固,屹立不败。对敌应用一切方法坚持必不可少之根据地,反'扫荡'反'蚕食'之军事斗争与瓦解敌伪之政治斗争均须讲究最善

---

① 《抗日时期的经济问题和财政问题》(1942年12月),《毛泽东选集》第3卷,人民出版社1991年版,第894页。

方策。对国民党应极力避免大的军事冲突，使彼方一切力量均用在对敌上。对人民除坚持'三三制'外，应以大力发展农业、手工业，如人民（主要是农民）经济趋于枯竭，我党即无法生存。为此除组织人民生产外，党政军自己的生产极为重要。对党内政策，一是整顿三风（应坚持一年计划）；二是审查干部（清查内奸包括在内）；三是保存干部（送大批干部来后方学习）。如能实施上述各项，不犯大错，我党即可立于不败之地。"①同年6月16日，毛泽东在主持中共中央政治局会议，作关于形势问题的发言时指出："我们的对敌政策是反'扫荡'、反'蚕食'斗争；对国民党要避免公开武装冲突，把同盟者国民党的力量用去对付日本；对民政策是拥政爱民，发展生产，使我党与农民关系弄好；对党内是保存干部，教育干部，进行整风。"②

1943年7月1日，在中共中央办公厅为庆祝中国共产党成立22周年和抗战6周年举行的干部晚会上，毛泽东讲话指出："抗战六年来我党在敌后与边区的政策，可以分做两个时期来总结，第一个时期是抗战开始后的四年半（到一九四一年底为止），第二个时期是最近的一年半。在第一个时期中，党的注意力放在下列问题上：如何组成抗日民族统一战线，如何发动群众，如何与友军抵抗日军的战略进攻，如何创造敌后抗日根据地，以及制定各种政策，如土地政策、劳动政策、'三三制'政策等等。这些都是那时迫切需要解决的问题。在这四年半的靠后的一年半中，还曾被迫去对付反共分子所发动的两次大磨擦。在第二个时期即最近的一年半中，除了继续进行上述各项工作而外，又进行了整顿三风、精兵简政、拥政爱民与拥军运动。整顿三风这件事保证了党在思想上政治上的一致，和党的组织成分的纯洁。这些工作仍须继续不懈地进行下去，借以保证抗战的胜

---

① 《在今后三年中应力求巩固，屹立不败》（1943年6月1日），《毛泽东文集》第3卷，人民出版社1996年版，第24—25页。

② 中共中央文献研究室编：《毛泽东年谱（1893—1949）》（修订本）中卷，中央文献出版社2013年版，第446页。

利。一切为了战胜敌人，为了克服现在的困难，迎接将来的光明。"①这是毛泽东第一次将各根据地执行的政策集中起来概括。

7月13日，中共中央召开政治局会议，讨论关于国民党准备进攻陕甘宁边区和中共的对策问题，毛泽东在会上发言强调：中央要继续贯彻整顿三风、精兵简政、统一领导、拥政爱民、发展生产、审查干部六大政策。②同日，他在致电彭德怀论及在敌后抓紧实行六大政策时再次强调："我党实行整顿三风、精兵简政、统一领导、拥政爱民、发展生产、审查干部六项政策后，党内党外，精神物质，焕然一新，大进一步，空前团结，无隙可乘。敌后亦请你们抓紧此六大政策，求于今明两年完成任务。"③30日，毛泽东考虑到敌后根据地的具体情况，又改变了提法。他在致彭德怀并告各中央局、中央分局、区党委负责同志的电报中指出："前电所述六项政策，在敌后应加对敌斗争（反'扫荡'反'蚕食'），再加阶级教育，成为八项政策，其次序是：一、对敌斗争；二、整顿三风；三、精兵简政；四、统一领导；五、拥政爱民；六、发展生产；七、审查干部；八、阶级教育。"④

10月1日，《解放日报》发表毛泽东起草的《中共中央政治局关于减租、生产、拥政爱民及宣传十大政策的指示》。指示指出："我党在各根据地所实行的各项政策中，举其现时最切要的，共有十项。这十项政策就是：第一，对敌斗争；第二，精兵简政；第三，统一领导；第四，拥政爱民；第五，发展生产；第六，整顿三风；第七，审查干部；第八，时事教育；第九，'三三制'；第十，减租减息。这十大政策是互相联系不可分

---

① 《英勇斗争的二十二年》（1943年7月1日），《毛泽东文集》第3卷，人民出版社1996年版，第32—33页。

② 中共中央文献研究室编：《毛泽东年谱（1893—1949）》（修订本）中卷，中央文献出版社2013年版，第455页。

③ 中共中央文献研究室编：《毛泽东年谱（1893—1949）》（修订本）中卷，中央文献出版社2013年版，第456页。

④ 中共中央文献研究室编：《毛泽东年谱（1893—1949）》（修订本）中卷，中央文献出版社2013年版，第459—460页。

割的。"①毛泽东在指示中强调指出:"只有是全部地而不是残缺不全地(如说某地不须实行拥政爱民及吴满有生产方法等)、认真地而不是粗枝大叶地,实行这个联系一致的十大政策,才能达到克服困难迎接光明之目的。但是只要全党同志认真地实行了十大政策,我们就一定能够造成许多有利条件,达到克服困难迎接光明之目的。"②至此,抗日战争时期克敌制胜的十大政策完全总结出来了。

这十大政策,例如:兵精政简,是为了克服"鱼大水小的矛盾"③,减轻人民负担,是对人民有好处的民主政策。毛泽东称其是"一个极其重要的政策"④。发展生产,不仅是为了解决部队、机关吃饭穿衣问题,也是为了改善人民生活,革除过去封建的剥削关系,为抗日战争提供持久的物质基础。减租减息,是结合抗战,实现孙中山先生提出的节制资本、耕者有其田的想法,解决民生问题的重要政策。毛泽东认为减租减息,"土地问题的正确解决,是支持长期战争的重大关节"⑤。拥政爱民,是从民主的角度解决军民关系、军政关系的重要政策。14日,毛泽东在中共中央西北局高级干部会议上讲话指出:"一切问题的中心是老百姓问题,武装的人民(军队)与非武装的人民要打成一片,必须要有政策才能实现,只要军队能拥政爱民,政府和人民是会爱护军队的。"⑥"三三制",是解

---

① 《中共中央政治局关于减租生产拥政爱民及宣传十大政策的指示》(1943年10月1日),《建党以来重要文献选编(1921—1949)》第20册,中央文献出版社2011年版,第585页。

② 《中共中央政治局关于减租生产拥政爱民及宣传十大政策的指示》(1943年10月1日),《建党以来重要文献选编(1921—1949)》第20册,中央文献出版社2011年版,第585页。

③ 《一个极其重要的政策》(1942年9月7日),《建党以来重要文献选编(1921—1949)》第19册,中央文献出版社2011年版,第446页。

④ 《一个极其重要的政策》(1942年9月7日),《建党以来重要文献选编(1921—1949)》第19册,中央文献出版社2011年版,第444页。

⑤ 《一九四五年的任务》(1944年12月15日),《毛泽东文集》第3卷,人民出版社1996年版,第240页。

⑥ 《切实执行十大政策》(1943年10月14日),《毛泽东文集》第3卷,人民出版社1996年版,第69页。

放区政府工作的民主形式。毛泽东于1944年12月15日在陕甘宁边区参议会第二届第二次会议上讲话指出:"民族统一战线是中国人民抗日救国的根本路线,在解放区,首先表现在各阶级各党派合作的'三三制'政府工作中。……共产党人必须和其他党派及无党派人士多商量,多座谈,多开会,务使打通隔阂,去掉误会,改正相互关系上的不良现象,以便协同进行政府工作与各项社会事业。凡参加人民代表会议(参议会)工作、政府工作及社会工作的一切人员,不问属何党派,或无党无派,应该一律被尊重,应该一律有职有权。"①整顿三风,其目的之一就是要实行党内民主和党外民主。毛泽东指出:"我们工作作风中的一项极大的毛病,就是有些工作人员习惯于独断专行,而不善于启发人们的批评讨论,不善于运用民主作风。""我提议各地对此点进行教育,在党内,在党外,都大大地提倡民主作风。"②

仔细梳理这十大政策,厘清它们相互之间的关系,有助于我们深刻理解为什么毛泽东将之视为抗日根据地建设中克敌制胜的法宝。

第一项对敌斗争,驱逐日本帝国主义出中国,争取中华民族的独立与解放,是中国共产党在抗日战争时期的根本任务,是其一切工作的基本出发点。

第二项精兵简政,这一政策是由党外人士李鼎铭1941年11月6日至21日在陕甘宁边区第二届参议会上首先提出来的。毛泽东不仅肯定和接受了李鼎铭提出的精兵简政提案,而且通过会议讲话、著述、发布指示和文件等方式,对精兵简政的重要性和必要性,精兵简政的原则、标准、方法和目标等问题进行了全面的阐述,使之进一步系统化、理论化,使之成为中国共产党的一项重要方针政策而被贯彻落实。

第三项统一领导,可以从抗战后中国共产党为服从和服务于抗日战

---

① 《一九四五年的任务》(1944年12月15日),《建党以来重要文献选编(1921—1949)》第21册,中央文献出版社2011年版,第662页。
② 《一九四五年的任务》(1944年12月15日),《建党以来重要文献选编(1921—1949)》第21册,中央文献出版社2011年版,第664—665、665页。

争胜利的需要，而不断强化领导执政地位的决策感受到。自陕甘宁边区政府成立后，中国共产党先成立陕甘宁边区党委，后改为陕甘宁边区中央局。此外，还成立了主管国统区及民族工作的中共中央西北工作委员会。到1941年5月13日，中共中央决定将陕甘宁边区中央局与中共中央西北工作委员会合并，成立中共中央西北局，统一领导西北地区解放区与国统区的工作。特别是1942年9月1日，中共中央政治局通过《关于统一抗日根据地党的领导及调整各组织间关系的决定》，西北局在陕甘宁边区的"一元化"领导地位得以正式确立。

第四项拥政爱民，这一政策来自1942年11月4日西北局高干会议期间，贺龙在其所作《关于整军问题》的报告中号召全军拥护政府、爱护民众，努力完成整军任务。会议经过讨论特别决定，由联防军开展拥政爱民运动，建议边区政府及各民众团体开展拥军优抗运动。1943年1月15日，陕甘宁边区政府发布了《陕甘宁边区政府关于拥护军队的决定》及《陕甘宁边区政府关于拥军运动月的指示》，规定1月15日至2月25日为全边区的"拥军运动月"。1943年2月1日，陕甘宁晋绥联防军司令员贺龙所写的《开展拥政爱民运动》在延安《解放日报》上刊出，同日《解放日报》还刊登了留守兵团的《拥政爱民公约》。至此，1943年春节前后，拥政爱民运动轰轰烈烈地开展起来。陕甘宁边区拥政爱民运动促进新型军政关系构建的成功实践，得到毛泽东的高度重视。1943年10月，毛泽东在为中共中央起草的《中共中央政治局关于减租、生产、拥政爱民及宣传十大政策的指示》中，要求1944年农历正月各敌后抗日根据地都应开展学习陕甘宁边区的先进经验，开展拥政爱民运动；中共中央于《一九四五年的任务》中再次将拥政爱民工作作为一项重要任务提出来。从陕甘宁边区开始，常态化、制度化的拥政爱民运动最终走向了全国各抗日根据地。

第五项发展生产，这一政策主要指陕甘宁边区军队和政府在中共中央"自己动手，克服困难"的号召下，开展的大生产运动。通过大生产运动，边区经济得到大繁荣大发展，人民群众的负担大大减轻，而且根本改变了人民对政府与军队的传统观念。这一成功实践为边区军政关系的改善奠定了坚实的物质基础。

第六项整顿三风,就是指延安整风运动。1942年2月12日,西北局宣传部发布指示,要求根据中共中央整顿三风的有关决定、报告精神,开展改造宣传教育工作,深刻开展自我批评与思想斗争。整风运动的开展,为大生产运动的顺利进行和精兵简政政策的有效落实提供了思想保障,为拥政爱民运动的顺利开展奠定了思想基础。

第七项审查干部,党员干部审查既是整风运动的一个重要组成部分,又是全面开展整风运动的一个重要方式。整个抗日战争时期,国民党特务一直在不遗余力地向陕甘宁边区渗透,从1939年到1944年,陕甘宁边区周边的特务机构达53个,特务据点达57个,五年间受派遣的特务达700多人。[①]实行审查干部是必要的,这里需要将一般的审查干部与1943年7月15日康生在中央直属机关干部大会上作《抢救失足者》报告,标志"抢救运动"开始的"左"倾扩大化错误区分开。从1943年4月3日中共中央发出的《关于继续开展整风运动的决定》中,就可以看出整风与审干之间的关系。该决定指出:"整风的主要斗争目标,是纠正干部中的非无产阶级思想(封建阶级思想,资产阶级思想,小资产阶级思想)与肃清党内暗藏的反革命分子。前一种是革命队伍中无产阶级思想与非无产阶级思想的斗争,后一种是革命与反革命的斗争。"[②]由此可以看出,中共中央将整风的内容分为两种,一方面是从思想上整肃,另一方面是从组织成分上整顿。显然,党员干部的审查就是从组织上整顿党组织、纯洁党组织。整风运动有若干阶段,每个阶段都有针对性任务,前期阶段是思想斗争,后期阶段是组织审查。也就是说,审查干部是整风运动中的一个阶段,而且是一个重要阶段。"每一具体机关学校,从重新布置整风之日起,至少五个月内(战争时间不算在内)均须作为发现同志错误思想与纠正错误思想的时间。五个月后,方为开始着手检查工作,审查干部与部分地清理内奸的

[①] 王彪:《陕甘宁反特第一案》,转引自《文史精华》2011年第6期,第56页。
[②] 《中共中央关于继续开展整风运动的决定》(1943年4月3日),《建党以来重要文献选编(1921—1949)》第20册,中央文献出版社2011年版,第275页。

第十章 延安十年——杨家岭时期

时间。"[1]整风运动推动了干部审查工作的深入，同样干部审查也促进了整风运动的纵深开展。

第八项时事教育，这一政策主要指面对抗日战争时期国际、国内形势的重大变化，中国共产党及时作出政策上的调整，对全党和根据地军民进行广泛深入的形势政策教育，以保证抗日民族统一战线的顺利形成并发挥应有的作用。尤其到抗战相持阶段之后，面对蒋介石国民党的军事包围和经济封锁，中国共产党顾全大局，在各抗日民主根据地推行有利于克服困难，坚持抗战的"十大政策"。通过各种形式的形势政策教育，广大党员干部和群众及时掌握和了解了不断发展变化的形势，清楚和理解了党所制定的不同政策策略，达到因势利导，凝聚人心，激励斗志，动员号召广大党员和人民群众，扩大抗日民族统一战线的群众基础，使革命形势向着有利于胜利的方向发展，为抗日战争的最后胜利起到了决定性作用。

第九项"三三制"，这一政策最初是由毛泽东于1940年3月6日在为中共中央起草的党内指示《抗日根据地的政权问题》中，首次提出的："根据抗日民族统一战线政权的原则，在人员分配上，应规定为共产党员占三分之一，非党的左派进步分子占三分之一，不左不右的中间派占三分之一。"[2]1940年7月5日，毛泽东在为《新中华报》写的纪念全面抗日战争三周年的文章《团结到底》中向全国公布了中国共产党的"三三制"主张。陕甘宁边区政权实行"三三制"从1940年3月试行，次年《陕甘宁边区施政纲领》颁布后全面推行，到1942年基本达标。实践证明，没有"三三制"，抗日民族统一战线政权就不可能顺利实现。"三三制"的政权组织制度，是毛泽东关于中国共产党抗日根据地政权建设制度设计的基石。

第十项减租减息，这一政策是抗日根据地"三三制"政权土地政策

---

[1] 《中共中央关于继续开展整风运动的决定》（1943年4月3日），《建党以来重要文献选编（1921—1949）》第20册，中央文献出版社2011年版，第277页。

[2] 《抗日根据地的政权问题》（1940年3月6日），《建党以来重要文献选编（1921—1949）》第17册，中央文献出版社2011年版，第170页。

的中心内容，亦是根据地经济政策和经济实践中的一个重要内容。抗日战争时期，中国共产党停止了使用暴力没收地主的土地，转而以减租减息作为解决农民问题的基本政策。这种重大政治的让步，是因为当时中国人民的主要任务是抗日，中国的土地是外族的，还是本民族的，这是首先需要明确解决的问题。为了团结地主阶级抗日，停止执行没收地主的土地是必要的。但是，如果仍然原封不动地维护地主对农民的那种极端严重的剥削，就不能保证抗战的胜利。因此，必须通过减租减息的政策来适当调节地主和农民的矛盾。在中国共产党的正确组织和推动下，这项带有改良色彩，但本质上却是社会改革的政策，得到了根据地各阶级和各阶层人士的普遍欢迎与一致认可。许多外逃的地主纷纷回到家园，更多的地主加入了抗日行列，扩大了抗日民族统一战线，起到了稳定各阶级的关系、加强各阶级团结的作用。减租减息得到了农民的热烈拥护，他们生活得到改善，阶级觉悟和政治觉悟有了提高，激发了抗日和生产的热情，形成了组织武装和参军热潮，扩大和发展了抗日武装力量，人民战争的群众基础更加巩固和强大。减租减息调动了抗日根据地各阶级人民生产的积极性，在中国实现比较进步的生产方式，即资本主义的生产方式没有遭到破坏，生产力发展也很迅速，在限制封建剥削下促进国民经济发展的方针得以落实，为持久抗战打下了物质基础。减租减息还引发了整个抗日根据地社会的深刻变革，地主和贫雇农的数量逐渐减少，中农及富农阶层明显扩大，过去贫富两极分化的格局，向"两头小，中间大"的格局转化。这种结构对于抗日根据地政权巩固、社会稳定和经济发展，都具有极为重要的作用。

从六大政策，到八大政策，再到十大政策，可以从中看到毛泽东的"知"也是一个不断认识、不断总结的过程。正是由于抗日战争实践的不断发展，毛泽东才得以运用马克思主义的基本原理，不断总结新鲜经验，不断制定新的政策，不断引导抗日战争向胜利的方向前进。毛泽东指导抗日根据地实行的这些政策，其精神实质就是政治民主、经济民主、军事民主、文化民主。在十大政策的指引下，中国共产党领导抗日根据地军民不仅逐步克服了严重的困难，夺取了抗日战争的最后胜利，而且为建立自由平等的新中国积累了极其宝贵的经验和创造了许多非常重要的条件。

四、指明知识分子的必由之路——延安文艺座谈会

1942年春，中共中央和毛泽东开展了全党的普遍整风。毛泽东具体分管延安文艺界的整风，其重要成就是通过召开延安文艺座谈会，帮助知识分子确定为无产阶级政治服务、为工农兵服务的立场和前进方向。这不是一次简单的座谈会，而是一次极富成效的调查研究活动。毛泽东在会前就进行了认真的准备，不仅通过观看戏剧文艺演出，阅读报刊等登载的文艺作品与文学评论杂文等，了解延安文艺的状况和文艺工作者的思想动态，而且亲自分批约请40多人次作家、诗人、画家、音乐戏剧界人士和理论工作者及那些部门的党政干部谈话，虚心征求意见、交流思想，与他们书信往来不断，并指定专人和有关部门分别召开小型的座谈会，就一些专题搜集不同的意见；会议期间，除会下的交流外，他在5月2日会议开幕式上做"引言"之后，就听取了多位与会者的发言，16日又全天参加第二次会议，认真听取与会者的发言，并不时地做着记录，23日还先听取与会者发言，然后才做总结讲话；会议结束后，为慎重起见，毛泽东并没有马上公开发表他在会议的讲话，而是以他的讲话精神为指导，领导延安乃至各抗日民主根据地（解放区）文艺界的整风学习，推动座谈会讲话精神的落实，从而有力地促进了解放区文艺事业的大繁荣，从根本上奠定了中共对文艺工作的领导地位，确定了文艺工作和文艺工作者的前进方向。

（一）延安文艺座谈会召开的背景与原因

延安文艺座谈会是在中国人民抗日战争处在最艰难时刻的历史背景下召开的。1941年初国民党顽固派制造"皖南事变"，发动了第二次反共

高潮，在"曲线救国"的幌子下，大批国民党军将领率部投敌，配合日、伪军进攻八路军、新四军。而侵华日军为准备于1941年冬季发动太平洋战争，进行所谓"治安肃正"，集中日、伪军"扫荡"各抗日民主根据地，实行杀光、抢光、烧光的"三光"政策，妄图消灭中国解放区和中国共产党领导的人民武装，稳定其战略后方。这直接导致解放区缩小，人口由一亿减少到五千万，军队由一百万减少到五十万。延安和陕甘宁边区的军民缺衣少食。为了克服和战胜困难，毛泽东和中共中央采取的对策和措施是：一方面实行精兵简政，厉行节约，发展生产；另一方面开展整风学习运动，克服党内王明路线余毒，用中国化的马克思主义统一全党思想，促进全党的团结，强本固根。

自斯诺的《西行漫记》发表后，中国共产党及其领导下的人民军队吸引了全国人民的目光，特别是中国共产党抗日民族统一战线主张成为现实后，延安更是成为全国广大青年的向往。抗战之初，由于第二次国共合作的形成，中国共产党领导下的陕甘宁边区合法化，给广大青年特别是青年学生奔赴延安提供了可能。"仅在1938年5月~8月间，经西安八路军办事处赴延安的知识青年就达2288人。"[①]任弼时在1943年12月22日中央书记处会议上发言指出："抗战后到延安的知识分子总共四万余人，就文化程度言，初中以上71%（其中高中以上19%，高中21%，初中31%），初中以下约30%。"[②]由此可见，当年全国各地奔赴延安的知识分子总数是可观的。当然这些人当中有人来了又走了，但是更多的人从延安走上了抗日救亡的光辉道路，成为抗战的中坚力量。在这些人当中，"有一定创作成果的成员约407人，这407名文艺家中，作家227人，占55.8%，艺术家180人，占44.2%"[③]。在中华民族面临生死存亡的危难之际，正是由于有了大

---

① 刘悦清：《延安知识分子群体的特征及其历史地位》，《浙江社会科学》1995年第5期。

② 《胡乔木回忆毛泽东》（增订本），人民出版社2014年版，第280页。

③ 刘增杰：《从左翼文艺到工农兵文艺——对进入解放区左翼文艺家的历史考察》，《中国现代文学研究丛刊》2006年第5期。

批爱国青年、能人志士会聚延安，满怀激情投身到抗战文艺创作中去，促进了延安文艺界的发展，丰富了延安的精神生活，为延安文艺座谈会的召开打下了坚实的群众基础。

随着奔赴延安的青年知识分子的增多和革命文艺运动的深入展开，多数的青年学生迅速成长为坚定的无产阶级革命战士。但也有一些知识分子的革命激情随着理想与现实间的反差而日渐消退，消极茫然的情绪在他们身上滋长，围绕着陕甘宁边区文艺的许多问题逐渐产生了不同认识和矛盾。一些人主张艺术脱离政治或者高于政治，认为马列主义立场观点多余或有害；不愿意关注和深入人民群众，创作的作品与人民群众的现实生活脱节，还是着重表现小资产阶级的生活方式和环境；思想僵化、教条主义倾向严重，不懂得灵活处理理想与现实间的反差；一些争论、分歧、对立和不团结现象及宗派主义问题因得不到解决而日积月累。团结一致的抗战是当时争取民族独立的唯一选择，因此，作为抗战的舆论导向和风向标，文艺工作显得至关重要。作为一位伟大的思想家和革命领袖，毛泽东深知文学艺术是整个革命战线不可缺少的一个方面，自1936年三大主力红军会师后，他就分出一部分精力来抓文艺工作。作为一位具有深厚文学造诣的诗人，这为毛泽东与文化人的交流提供了更好的便利条件。在酝酿延安整风运动的过程中，毛泽东敏锐地意识到，如果听任关于陕甘宁边区文艺工作的各种不正确认识继续存在和发展，而不妥善地加以解决，必将影响革命文艺运动的健康发展，给抗日民族统一战线的稳固带来极大阻碍，甚至导致分裂，后果将不堪设想。

毛泽东对于文艺的关注和思考，有一个由点到面、由外及内、由粗到精、循序渐进的过程。较早的时候，他只是就发挥文艺对抗日战争的宣传、组织作用，提出过一些观点，这些观点原则性比较强，很少展开论证。正如毛泽东1936年11月22日在中国文艺协会成立大会上的演讲中所指出的："中国苏维埃成立已很久，已做了许多伟大惊人的事业，但在文艺创作方面，我们干得很少。今天这个中国文艺协会的成立，是近十年来苏维埃运动的创举。过去我们是有很多同志爱好文艺，但我们没有组织起来,没有专门计划的研究,进行工农大众的文艺创作,就是说过去我们都是干武的。现在我们不但要武的,我们也要文的了,我们要文武双全。"①1938年4月,他在鲁迅艺术学院的讲话中提出:"艺术作品要有内容,要适合时代的要求、大众的要求。"②同年10月,在《中国共产党在民族战争中的地位》提出:"洋八股必须废止,空洞抽象的调头必须少唱,教条主义必须休息,而代之以新鲜活泼的、为中国老百姓所喜闻乐见的中国作风和中国气派。"③1940年1月,他在《新民主主义论》中提出"所谓新民主主义的文化,一句话,就是无产阶级领导的人民大众的反帝反封建的文化"④,是"民族的科学的大众的文化"⑤的判断。由于毛泽东在中共党内的地位的巩固、国共双方关系的恶化、抗日战局的变化,大约在1942年前后,毛泽东对文艺工作从原则性的要求发展到了具体化的要求,其实质是对知识分子世界观的改造。1942年,中国抵御日本帝国主义侵略的全民族抗战已进入第6个年头,中日民族矛盾异常尖锐,国内的阶级矛盾也日益加剧。有的知识分子没有从理想的世界中走出来,身上带着优越感和过度自信,因而在思想、言行、举止上与工农兵群众格格不入,甚至出现了不可逾越的隔阂。但工农兵群众是抗战的主力军,如果不能很好地团结他们抗战,巩固抗日民族统一战线乃至夺取抗日战争胜利都将成为空话或奢望。

对于为什么要召开延安文艺座谈会,新华社1943年4月22日播发的

---

① 《在中国文艺协会成立大会上的讲话》(1936年11月22日),《毛泽东文艺论集》,中央文献出版社2002年版,第3页。

② 中共中央文献研究室编:《毛泽东年谱(1893—1949)》(修订本)中卷,中央文献出版社2013年版,第67页。

③ 《中国共产党在民族战争中的地位》(1938年10月14日),《毛泽东选集》第2卷,人民出版社1991年版,第534页。

④ 《新民主主义论》(1940年1月),《毛泽东选集》第2卷,人民出版社1991年版,第698页。

⑤ 《新民主主义论》(1940年1月),《毛泽东选集》第2卷,人民出版社1991年版,第708页。

《党务广播》说明了原因："在延安集中了一大批文化人,脱离工作,脱离实际。加以国内政治环境的沉闷,物质条件困难的增长,某些文化人对革命认识的模糊观点,内奸破坏分子的暗中作祟,于是延安文化人中暴露出许多严重问题。""有人想把艺术放在政治之上,或者脱离政治。""有人以为作家可以不要马列主义的立场、观点,或者以为有了马列主义的立场、观点就会妨碍写作。""有人主张对抗战与革命应'暴露黑暗',写光明就是公式主义(所谓歌功颂德),还是'杂文时代'(即主张以鲁迅对敌人的杂文来讽刺革命)一类口号也出来了。代表这些偏向的作品,在文艺刊物甚至党报上都盛极一时。"于是"中央特召开文艺座谈会","上述的这些问题都在毛主席的结论中得到了解决"。①毛泽东曾说:"党务广播,是党内教育干部的一种方式。"②而引述的这份广播,是由胡乔木起草,送给中央文委秘书长、《解放日报》和新华社编委、《解放日报》副刊部主任艾思奇签发的,代表了中共中央的立场和态度。

《党务广播》上说"代表这些偏向的作品,在文艺刊物甚至党报上都盛极一时"。它说的有些什么作品呢?有《解放日报》文艺副刊1942年3月9日刊登的丁玲的《三八节有感》,3月13日和23日刊登的王实味的《野百合花》序言和四段杂文,有《文艺百期》特刊1942年3月12日、3月13日刊登的罗烽的《还是杂文时代》和艾青的《了解作家,尊重作家》,还有《谷雨》第1卷第4期登载的王实味的《政治家、艺术家》。《党务广播》上说的其他错误思想与问题,是毛泽东与艺术家谈话时听到的,或延安文艺座谈会上艺术家说的,或毛泽东请人搜集来的。

(二)召开延安文艺座谈会进行调查研究

毛泽东一贯注重调查研究,召开文艺座谈会实际就是一次调查研究和解决问题的过程。会前,面对着革命队伍中众多才华横溢,又有强烈个

---

① 黎辛:《延安文艺座谈会相关的人与事》,《新文学史料》2012年第3期。
② 《毛泽东新闻工作文选》,新华出版社2014年版,第146页。

性的文艺工作者，毛泽东觉得极有必要摸透和吃准他们的真实思想，以便"对症下药"，找到切合实际的工作思路。

因此，延安文艺座谈会的召开不是随意偶然的，而是计划的一部分。刘白羽作为当事人回忆起当年的情形："有一天，主席派人约我去他那里……开门见山就说：边区的经济问题我们整顿得差不多了，现在可以腾出手来解决文艺问题了。"刘白羽解释说："这两句话非常重要，这说明召开文艺座谈会……是党中央深思熟虑的战略决策。"[1]毛泽东进行这项调查研究工作的主要方法，就是主动约请文学艺术界人士，开诚布公、推心置腹地面对面交谈。从1942年4月初起，用将近一个月的时间，毛泽东先后约请了丁玲、艾青、萧军、舒群、罗烽、周文、于黑丁、李雷、欧阳山、草明、刘白羽、萧三、塞克、周扬、何其芳、严文井、周立波、曹葆华、姚时晓、陈荒煤、李伯钊等20多位文艺界人士进行交谈。毛泽东深入细致的作风与坦诚认真的态度，得到了他们的尊重和信赖。

毛泽东重点约去谈话的作家之一是丁玲。据她回忆："为了准备这次会，毛主席分别找了很多人个别谈话，我也是被找去的一个。这次毛主席和我谈话的内容只是有关（文艺）批评的问题。毛主席说：'内部批评，一定要估计人家的长处，肯定优点，再谈缺点，人家就比较容易接受了。'"

延安"文抗"（中华全国文艺界抗敌协会延安分会）作家艾青是延安时期毛泽东比较看重的一个作家，毛泽东三次给他写信，两次约他面谈，时间都在1942年的四月间。艾青回忆说："1942年春天，延安文艺界出现了许多文章。4月间，毛主席给了我一封信，约我去他住处面谈。"毛泽东这封短信内容如下："艾青同志：有事商量，如你有暇，敬祈惠临一叙。此致敬礼！"

艾青如约而至。当时，中央研究院的墙报《矢与的》在延安最热闹的地方挂出。其中几篇尖锐的批评人及事的文章引起了贺龙、王震等多位

---

[1] 刘白羽：《延安文艺座谈会的前前后后》，《人民文学》2002年第5期。

第十章 延安十年——杨家岭时期

将军的不满。一天晚上,毛泽东提着马灯,专门去看了墙报,随即指出:思想斗争有了目标了,这也是有的放矢嘛!所以,毛泽东见到艾青后,开门见山地说:"现在延安文艺界有很多问题,很多文章大家看了有意见。有的文章像是从日本飞机上撒下来的;有的文章应该登在国民党的《良心话》上的。你看怎么办?"艾青向毛泽东提议说:"开个会,你出来讲讲话吧。"似乎是有意反问,毛泽东说:"我说话有人听吗?"艾青说:"至少我是爱听的。"①

过了两天,毛泽东又给艾青写信:"艾青同志:前日所谈有关文艺方针诸问题,请你代我收集反面的意见。如有所得,希随时赐知为盼。此致敬礼!"毛泽东还在"反面的"三个字下面画了三个着重号。艾青不知道该去收集什么反面的意见。他只是把自己的意见从正面提出来了,并认真拟写成题为《我对于目前文艺上几个问题的意见》的一篇文稿,送交给毛泽东。

几天后,毛泽东派卫兵牵着马带着写好的第三封信又来接艾青:"艾青同志:大著并来函读悉,深愿一谈,因河水大,故派马来接,如何?乞酌。此致敬礼!"在杨家岭住地,毛泽东再次接见了艾青。这是一个新的窑洞,中间放着一张桌子。毛泽东把那篇文章交还给艾青,说:"你的文章,我们看了,有些意见,提供你参考。"在文章第一页的空白地方,有政治局同志传阅后写下的字样。艾青正准备记录,但是地面不平,桌子有些摇晃,就走出窑洞想找块小石片垫桌子,想不到毛泽东走得比他快,马上拣来小瓦片回屋垫稳了桌子。当后来回忆起这件小事时,艾青感慨地说:"这件事给我印象很深。不要说他是革命领袖,就是一个连长也不会那么快跑去拣石头。"

毛泽东手里拿了几张上面用铅笔写了一些意见的纸,边看边谈,并希望艾青把文字修改得更好。毛泽东当面谈了对艾青那篇文章的一些意见,"谈的主要是包括文艺与政治、歌颂和暴露等等重要问题"。回来后,艾

---

① 《艾青论创作》,上海文艺出版社1985年版,第28页。

青根据毛泽东的意见，又对自己的文章做了认真修改，定稿于4月23日，刊发于5月15日的《解放日报》。[①]在这篇论文中，艾青就文艺与政治、作者的立场和态度、写什么、怎样写、作家的团结、文艺工作的领导等问题，发表了自己的见解。这在当时的延安是一篇有相当影响的文艺评论。[②]

萧军是一个性格豪爽、颇有才华、崇尚自由但性情有些孤傲固执的作家。毛泽东对他也很欣赏器重。1940年6月他来延安后任"文抗"理事、《文艺月报》编辑、鲁迅研究会主任干事等职。自1941年8月至1942年5月，毛泽东写给萧军的信多达10封。1942年4月初，萧军将之前受毛泽东的委托而陆续收集到的文艺界资料给毛泽东寄去。为此，毛泽东给萧军写信："来信及附件收读，并转给几个同志看去了，感谢你的好意。"[③]4月7日，毛泽东"写信约萧军在当天下午或晚上来谈，萧军应约而来。他们接连两天谈了有关党的文艺方针政策等问题"[④]。4月13日，毛泽东分别致信萧军、欧阳山（时任延安中央研究院文艺研究室主任）和草明（欧阳山的夫人），舒群（时任《解放日报》文艺专栏主编），要他们代为搜集文艺界的反面意见。经过一段时间的调查研究和充分的准备，召开文艺座谈会的时机已经成熟。还未等会期定下来，萧军就又想走了，毛泽东再次写信留他："准备本星期六开会，请你稍等一下出发？开完你就可走了。会前我还想同你谈一下，不知你有暇否？我派马来接你。月报1—14期收到，谢谢你！"[⑤]可见，毛泽东给萧军的礼遇是很高的。当时延安没什么交通工具，出门都安步当车，从这个单位到那个单位，少则几里，多则几十里，很不方便。少数领导同志为了节省时间，才骑马代步。毛泽东用自

---

① 《艾青论创作》，上海文艺出版社1985年版，第29页。

② 孟红：《毛泽东为延安文艺座谈会的召开搞调研》，《党史文汇》2012年第5期。

③ 中共中央文献研究室编：《毛泽东年谱（1893—1949）》（修订本）中卷，中央文献出版社2013年版，第372页。

④ 中共中央文献研究室编：《毛泽东年谱（1893—1949）》（修订本）中卷，中央文献出版社2013年版，第373页。

⑤ 中共中央文献研究室编：《毛泽东年谱（1893—1949）》（修订本）中卷，中央文献出版社2013年版，第376页。

第十章　延安十年——杨家岭时期

己的马去接萧军，这在当时是不多见的。见面后，毛泽东再次恳切挽留，希望他务必开完会再走。有毛泽东的这番盛情，萧军便决定留下来参会。

刘白羽当时担任"文抗"的党支部书记，也是座谈会前毛泽东重点约谈的作家之一。毛泽东在座谈会前的调查中前后总共与刘白羽约谈了三次。在第一次约请谈话时，毛泽东就许多文艺问题和现象谈了自己的看法，对有关情况了如指掌。毛泽东为更多地了解情况，还要刘白羽找"文抗"的党员作家先行座谈，听取意见。毛泽东说："你那里作家不少，你把他们集合起来，把我的话念给他们听听，然后让他们发表意见。会有正面意见，但我更需要的是反面意见，刘白羽同志，我不是老说兼听则明吗？"[1]他提醒刘白羽把议论结果告诉他。回来后，刘白羽按照毛泽东的意见，在"文抗"召开了两次会议，传达了这次谈话。刘白羽一讲完，会场上议论纷纷，其中不乏近乎荒谬的言论。刘白羽只是埋头记录。

过了几天，毛泽东又把刘白羽找去，让他汇报"文抗"开会的情况。其中谈到文艺界的问题不是立场问题，大家心是好的，只是表现不好，起了坏作用……毛泽东听后笑了起来。这一次是刘白羽说，毛泽东听，毛泽东有时也用铅笔记几笔，有时听不下去就反驳几句。像后来在《在延安文艺座谈会上的讲话》中提到的一种糊涂观念"不是立场问题；立场是对的，心是好的，意思是懂得的，只是表现不好，结果反而起了坏作用"[2]，这一段话就是从"文抗"那儿生发出来的。刘白羽还向毛泽东提出人犯了错误怎么办的问题。毛泽东回答说：在哪里犯的就在哪里改，如果是写了文章，影响会更大些，应该是在哪里发表就在哪里改正。

第三次约请谈话，毛泽东向刘白羽阐述了为工农兵服务和深入工农兵的思想，使刘白羽耳目一新，有一种豁然开朗的感觉。

1942年4月下旬的一天，毛泽东以集体谈话的方式，邀请鲁迅艺术学院文学系、戏剧系的几位党员教师进行当面交流。周扬、何其芳、严文

---

[1] 孟红：《毛泽东为延安文艺座谈会的召开搞调研》，《党史文汇》2012年第5期。

[2] 《在延安文艺座谈会上的讲话》（1942年5月），《毛泽东选集》第3卷，人民出版社1991年版，第873页。

井、周立波、曹葆华、陈荒煤、姚时晓等几位党员教师得到通知后，以既兴奋又有几分忐忑紧张的心情，来到杨家岭毛泽东住所座谈。毛泽东一见面就问：你们是主张歌颂光明的吧？听说你们有委屈情绪。一个人没有受过十年八年委屈，就是教育没有受够。又说：知识分子到延安以前，按照小资产阶级的幻想把延安想得一切都很好。延安主要是好的，但也有缺点。这样的人到了延安，看见了缺点，看见了不符合他们的幻想的地方，就对延安不满，就发牢骚。在回答是喜欢李白还是喜欢杜甫的问题时，毛泽东说：我喜欢李白，但李白有道士气。杜甫是站在小地主的立场。在谈到《聊斋志异》时，毛泽东说：《聊斋志异》可以当作清朝的史料看，其中一篇叫作《席方平》的，就可以作为史料。《聊斋志异》是反对八股文的。有人问：现在反映抗日战争的作品感人的比较少，是不是由于生活要经过沉淀，经过一段时间的隔离，然后才能够写成很好的作品？毛泽东说：写当前的斗争也可以写得很好，四月六日《解放日报》上一篇黄钢的作品《雨》，写得很好，就是写当前敌后抗日战争的。[①]这个谈话发生在文艺座谈会的前夕。从谈话内容来看，毛泽东对座谈会的主要讲话内容已是胸有成竹了。

从毛泽东约请众多文艺家进行交流谈话的全过程看，可以明显地划分出下列几个阶段：4月2日后到4月10日前，主要谈"文艺方针诸问题"，谈话对象主要是"文抗"作家；4月10日，中共中央书记处召开会议，毛泽东在会上正式提议准备召集延安文艺界座谈会，拟就作家立场、文艺政策、文体与作风、文艺对象、文艺题材等问题交换意见，会议通过了毛泽东的提议；从4月13日开始广泛"搜集反面意见"；4月17日在搜集反面意见的同时开始征集正面意见；4月18日开始与党员骨干文艺家交流"讲话结论"所要讲的主要内容，包括与萧三的交谈、与刘白羽最后一次交谈、与鲁艺党员作家交谈等。与此同时，中央组织部部长陈云、中央宣传部代

[①] 中共中央文献研究室编：《毛泽东年谱（1893—1949）》（修订本）中卷，中央文献出版社2013年版，第377页。

部长何凯丰等也分别找作家谈话。至此,座谈会基本上万事俱备了。

(三)主持延安文艺座谈会,确定"二为"方向

1942年4月27日,以毛泽东和何凯丰两人名义发出的请帖,由中央办公厅统一寄给100多位参会代表。请帖用的是粉红色油光纸,而不是延安自产的那种最常见的马兰纸。请帖上郑重写道:"为着交换对于目前文艺运动各方面问题的意见起见,特定于五月二日下午一时半在杨家岭办公厅楼下会议室内开座谈会,敬希届时出席为盼。"[1]

1942年5月2日至23日,中共中央正式召开了延安文艺工作者座谈会,地点在延安杨家岭,会议由毛泽东主持,受邀的100多名延安文艺工作者积极参与。延安文艺座谈会开展的这二十多天时间,中共中央先后召开了三次大会,其余是小组讨论会议。5月2日召开第一次会议,毛泽东发表讲话,说明开会的目的。萧军、丁玲、周扬等相继发表了自己的看法和意见;5月16日召开第二次会议,主要内容为讨论发言;5月23日召开第三次会议,毛泽东作了总结。综合毛泽东两次讲话的内容就是完整的《在延安文艺座谈会上的讲话》。

1942年5月2日,延安文艺座谈会召开,毛泽东在会上发表讲话。他说:"今天邀集大家来开座谈会,目的是要和大家交换意见,研究文艺工作和一般革命工作的关系,求得革命文艺的正确发展,求得革命文艺对其他革命工作的更好的协助,借以打倒我们民族的敌人,完成民族解放的任务。"他指出:"在我们为中国人民解放的斗争中,有各种的战线,就中也可以说有文武两个战线,这就是文化战线和军事战线。我们要战胜敌人,首先要依靠手里拿枪的军队,但是仅仅有这种军队是不够的,我们还要有文化的军队,这是团结自己、战胜敌人必不可少的一支军队。"[2]

---

[1] 中共中央文献研究室编:《毛泽东年谱(1893—1949)》(修订本)中卷,中央文献出版社2013年版,第377页。

[2] 中共中央文献研究室编:《毛泽东年谱(1893—1949)》(修订本)中卷,中央文献出版社2013年版,第377、377—378页。

接着，根据延安文艺界的状况，他着重提出了本次会议的中心议题——立场、态度、工作对象、转变思想感情、学习马列主义和学习社会五个问题。这就是后来整理成文字的《在延安文艺座谈会上的讲话》（以下简称《讲话》）的"引言"。

毛泽东《讲话》的"引言"中提出的"立场问题""态度问题""工作对象问题""工作问题""学习问题"等五个问题，与中共中央书记处会议最初拟定的座谈会讨论议题有区别和变化。可见，毛泽东礼贤下士找来许多文学艺术家促膝交谈，查阅大批材料，深入调查文艺界的情况，广泛听取他们的意见，与他们共同商讨党的文艺方针等相关问题，做了大量细致的调查研究工作，不仅增进了领袖与文艺工作者之间的了解与友谊，展现出共产党领导干部良好的工作作风，更重要的是，通过调查研究，摸清了文艺队伍的现状和延安文艺界的脉搏，全面掌握了包括正反两方面意见的第一手资料，为座谈会开得卓有成效打下坚实的基础，为系统地制定党的文艺工作的方针政策提供了客观依据。随着毛泽东与众多文艺家不断地广泛交流，使得延安文艺座谈会的讨论议题从4月10日最初拟定到5月2日提交大会而逐渐有所改变、调整与完善，从而有效保证了座谈会的圆满召开，达到了通过调研和整风弄清情况、澄清是非、确定文艺发展的正确方针的目的。

在经过反复认真的调查研究之后，5月21日，中共中央政治局召开会议，讨论目前时局、整风学习和文艺座谈会等问题。毛泽东在发言中说："延安文艺界中小资产阶级自由主义浓厚。现在很多作品描写的是小资产阶级，对小资产阶级同情。鲁迅的《阿Q正传》是同情工农的，与延安文艺界不同。必须整顿文风，必须达到文艺与群众相结合。要注意普及与提高，并以普及为基本的。同时，注意吸收外国的东西。"关于延安文艺座谈会的结论问题，会议同意毛泽东指出的延安文艺界中存在的偏向，认为党的文艺政策的基本方针是为群众和如何为群众的问题。会议决定5月23日由毛泽东在文艺座谈会上作结论。

毛泽东在《讲话》的"结论"部分，重点阐述了文艺"为工农兵"以及"如何为工农兵"这个根本问题，对当时的文艺形势进行深刻剖析，提出问题并作出指示和展望，然后以这个根本问题为重点，紧紧围绕"文艺与人民、文艺与生活、文艺与政治"三个方面进行了详尽论述。

在文艺与人民方面，毛泽东明确地提出了文艺为广大人民群众首先为工农兵服务的根本方向，表示只有把立足点移过来，只有"在深入工农兵群众、深入实际斗争的过程中，在学习马克思主义和学习社会的过程中，逐渐地移过来，移到工农兵这方面来，移到无产阶级这方面来。只有这样，我们才能有真正为工农兵的文艺，真正无产阶级的文艺"[①]。"我们说要学习马克思主义和学习社会，就是为着完全地彻底地解决这个问题。我们说的马克思主义，是要在群众生活群众斗争里实际发生作用的活的马克思主义，不是口头上的马克思主义。把口头上的马克思主义变成为实际生活里的马克思主义，就不会有宗派主义了。不但宗派主义的问题可以解决，其他的许多问题也都可以解决了。"[②]这一方向的提出，在人类文艺发展历史上具有划时代的意义，同一切剥削阶级的文艺思想划清了界限，为马克思主义文艺理论指明了新的方向。

在文艺与生活方面，毛泽东在《讲话》中深刻指出："革命的文艺，则是人民生活在革命作家头脑中的反映的产物。人民生活中本来存在着文学艺术原料的矿藏，这是自然形态的东西，是粗糙的东西，但也是最生动、最丰富、最基本的东西；在这点上说，它们使一切文学艺术相形见绌，它们是一切文学艺术的取之不尽、用之不竭的唯一的源泉。这是唯一的源泉，因为只能有这样的源泉，此外不能有第二个源泉。"[③]这就揭示了文艺与生活的反映与被反映的关系，指明了文艺源于社会生

[①]《在延安文艺座谈会上的讲话》（1942年5月），《毛泽东选集》第3卷，人民出版社1991年版，第857页。

[②]《在延安文艺座谈会上的讲话》（1942年5月），《毛泽东选集》第3卷，人民出版社1991年版，第858页。

[③]《在延安文艺座谈会上的讲话》（1942年5月），《毛泽东选集》第3卷，人民出版社1991年版，第860页。

活,社会生活作为文艺的源泉永远不会枯竭,因此,"中国的革命的文学家艺术家,有出息的文学家艺术家,必须到群众中去,必须长期地无条件地全心全意地到工农兵群众中去,到火热的斗争中去,到唯一的最广大最丰富的源泉中去,观察、体验、研究、分析一切人,一切阶级,一切群众,一切生动的生活形式和斗争形式,一切文学和艺术的原始材料,然后才有可能进入创作过程"[1]。这一阐述,实际上是对当时抗日根据地文艺工作者出现的思想意识上的问题和矛盾进行的针对性剖析,并提出了符合实际的建议,也表达了对于文艺工作者今后从事创作的希望,很好地做到了将马克思主义理论与中国实际结合起来,在文艺、政治和思想上都有极高价值。

在文艺与政治方面,毛泽东在《讲话》中主要阐述了文艺与政治的关系问题和文艺界统一战线问题。他深刻指出:"在现在世界上,一切文化或文学艺术都是属于一定的阶级,属于一定的政治路线的。为艺术的艺术,超阶级的艺术,和政治并行或互相独立的艺术,实际上是不存在的。"[2]这就将文艺与政治的关系问题表述得非常清晰:文艺与政治相辅相成,密不可分,两者皆不可单独存在,文艺同时是服务于政治的。在毛泽东看来,政治是广大人民群众的意志,而不是少数人的行为。因此,政治作为连接党和人民的纽带,能为人民创造更好的作品,从而使文艺更好地为人民服务。正因为政治是人民的政治,文艺是人民的文艺,所以在对统一战线的问题上,我们党进行抗争的两条路线——革命的文艺与武装革命,都很重要。要形成文艺统一战线,必须认真解决在抗日、民主、文艺方法艺术作风这三方面团结的问题。这些观点和认识,不论当时还是现在,都有着振聋发聩的启示作用和影响。

毛泽东在《讲话》中对文艺批评方面的阐释再次提到了文艺与政治之

---

[1]《在延安文艺座谈会上的讲话》(1942年5月),《毛泽东选集》第3卷,人民出版社1991年版,第860—861页。

[2]《在延安文艺座谈会上的讲话》(1942年5月),《毛泽东选集》第3卷,人民出版社1991年版,第865页。

间的联系。他认为政治标准第一，艺术标准第二。毛泽东强调："任何阶级社会中的任何阶级，总是以政治标准放在第一位，以艺术标准放在第二位的。"[①]"我们的要求则是政治和艺术的统一，内容和形式的统一，革命的政治内容和尽可能完美的艺术形式的统一。缺乏艺术性的艺术品，无论政治上怎样进步，也是没有力量的。"[②]毛泽东坦率指出，党内许多同志存在忽视艺术的倾向或是艺术水准不够，要注意艺术的提高，但是更需要注意的是，他们在政治方面的不足，对基本的政治常识缺乏了解，存在着一些不成熟的观点，这是需要进行反省和改正的。只有将政治和艺术很好地结合起来，才能创作出符合时代的作品。

毛泽东在延安文艺座谈会上的讲话，事前备有一份提纲。提纲是他本人在同中央其他负责人和身边工作人员商量后亲自拟定的。讲话时由速记员做记录。整理的时候主要是调整一下文字顺序，使之更有条理。毛泽东对整理稿表示满意，但当时报纸上并没有马上发表。对此，胡乔木的回忆是："稿子整理后并没有立即发表，其原因，一是他要对稿子反复推敲、修改，而他当时能够抽出的时间实在太少了；二是要等发表的机会。到1943年10月19日鲁迅逝世7周年时，讲话全文正式在《解放日报》上发表。"[③]

需要再对稿子进行推敲、修改，延时一年多之后才发表，容易理解，反映出毛泽东在正式作出决策（结论）时的慎重与严谨；而为了等发表的机会，就需要联系当时的历史背景了。1937年抗日战争全面爆发后，民族矛盾成为社会的主要矛盾；团结御侮成为当时全国民众面临的需要最急切解决的问题。中共中央宣传部1937年8月25日公布的《为动员一切力量争取抗战胜利而斗争》提出："全国人民除汉奸外，都有抗日救国的言论、出版、集会、结社和武装抗敌的自由。""全中国人民动员起来，武

[①]《在延安文艺座谈会上的讲话》（1942年5月），《毛泽东选集》第3卷，人民出版社1991年版，第869页。

[②]《在延安文艺座谈会上的讲话》（1942年5月），《毛泽东选集》第3卷，人民出版社1991年版，第869—870页。

[③]《胡乔木回忆毛泽东》（增订本），人民出版社2003年版，第260页。

装起来，参加抗战，实行有力出力，有钱出钱，有枪出枪，有知识出知识。"[1]这里的"人民"概念是包括了一切愿意抗战的阶级和阶层的。而在《讲话》中，毛泽东对"人民大众"进行了新的定义："最广大的人民，占全人口百分之九十以上的人民，是工人、农民、兵士和城市小资产阶级。"[2]民族资产阶级及其他剥削阶级被排除在"人民大众"之外，这与当时的主流话语存在明显不同。《讲话》如果在座谈会召开之际就公开发表，无异于让人误解中国共产党的政策已有重大调整。而在1943年，蒋介石于3月发表《中国之命运》，对中国共产党及其领导的抗日斗争大肆攻击。5月15日共产国际宣布解散，国民党借此发动咄咄逼人的宣传、军事攻势，中国共产党必须进行坚决反击。在党内，随着时事教育以阶级意识教育为主题的开展，以及对"毛泽东同志思想"宣传的需要，《讲话》发表的时机就成熟了。

《在延安文艺座谈会上的讲话》，不仅是中国共产党在思想建设、理论建设上最重要的文献之一，也是中国现代文学史建设上最重要、影响最久远的文献之一。它全方位和多层次地体现了毛泽东思想的基本观点和思维方法，与毛泽东哲学思想之间存在着特殊的内在联系，使它在毛泽东思想发展史上具有一席之地，并成为反映毛泽东思想的经典文献之一。《讲话》不仅是马克思主义基本原理与中国革命及其革命文艺实践相结合的产物，进一步丰富了马克思主义文艺理论，为革命文艺以及文艺工作者的奋斗指明了方向，对文艺为谁服务、如何服务等中国革命文艺的一系列根本问题进行了科学系统的回答，为抗战文艺的繁荣，为中国共产党领导人民争取民族独立和抗日战争的最终胜利，为新中国文化艺术事业的健康发展，奠定了坚实的基础，而且发扬光大了他在《五四运动》和《青年运动的方向》等文章中提出的关于知识分子必须与工农相结合的重要思想，进

---

[1]《为动员一切力量争取抗战胜利而斗争》（1937年8月25日），《毛泽东选集》第2卷，人民出版社1991年版，第355页。

[2]《在延安文艺座谈会上的讲话》（1942年5月），《毛泽东选集》第3卷，人民出版社1991年版，第855页。

一步指明知识分子世界观改造的必由之路。

五、以调查研究推动延安整风

毛泽东一贯力行并大力倡导调查研究。他认为，调查研究是认识世界的基本方法，只有坚持按照一切从实际出发、实事求是这一马克思主义的思想路线来制定党的路线、方针、政策，才能符合客观实际，才能正确地反映变化发展着的客观实际以指导实践。而做到这一点，唯一的办法，就是调查研究，向社会作调查。他在1930年写的《反对本本主义》一文中，就指出了"中国革命斗争的胜利要靠中国同志了解中国情况"[1]，把调查研究提到了思想路线的高度来认识。

（一）《农村调查》揭开延安时期调查研究活动的序幕

面对全面抗战爆发后异常严峻的战争形势和错综复杂的国内矛盾，毛泽东认为"十年内战时期的经验，是现在抗日时期的最好的和最切近的参考"[2]。为更好地指导正在进行的抗日战争，使广大党员干部深刻认识到不调查研究，只是"片面地简单地看问题，是无法使革命胜利的"[3]。他对十年内战时期调查研究的经验进行总结，先后写了《〈农村调查〉的序言和跋》《关于农村调查》《改造我们的学习》《整顿党的作风》《反对党八股》等著作，并领导起草了《中共中央关于调查研究的决定》等一系列文件，从而使其调查研究思想得以完善和系统化。

1940年3月，王明把他在1931年写的集中反映他"左"倾错误观点的《为中共更加布尔什维克化而斗争》一书，在延安印了第三版，并在第三

---

[1] 《反对本本主义》（1930年5月），《毛泽东选集》第1卷，人民出版社1991年版，第115页。

[2] 《〈农村调查〉的序言和跋》（1941年3月、4月），《毛泽东选集》第3卷，人民出版社1991年版，第792页。

[3] 《〈农村调查〉的序言和跋》（1941年3月、4月），《毛泽东选集》第3卷，人民出版社1991年版，第793页。

版的序言中写道:"我们党近几年来有很大的发展,成千累万的新干部新党员,对我们党的历史发展中的许多事实,还不十分明了。本书所记载着的事实,是中国共产党发展史中的一个相当重要的阶段,因此许多人要求了解这些历史事实,尤其在延安各学校学习党的建设和中共历史时,尤其需要这种材料的帮助。"①这反映出党中央领导层思想认识方面的不统一。同年12月4日,毛泽东在中央政治局会议上第一次比较集中地谈到党的历史上"左"的问题,特别是十年内战后期打倒一切的"左"倾错误及其给中国革命造成的危害。为引起全党重视,毛泽东要求把反对教条主义问题提高到党性高度来认识。为改变党内理论脱离实际的状况,毛泽东以推动调查研究为切入点,1941年3月、4月间,把他在1930年至1934年间所作的11篇农村调查报告汇集成《农村调查》一书出版,并写了序言和跋。毛泽东期望以过去进行调查研究的历史经验,推动全党开展广泛的调查研究,以促进理论与实际的结合,从而引导党员干部思想观念的转变。

毛泽东在百忙中将他在土地革命战争中进行的大量农村调查中保存下来的调查材料编为《农村调查》,是为了纠正在全党同志中存在的"一种粗枝大叶、不求甚解的作风,甚至全然不了解下情,却在那里担负指导工作"这种异常危险的现象,以期达到"帮助同志们找一个研究问题的方法"的目的。②毛泽东在《〈农村调查〉的序言和跋》中再次强调了"要了解情况,唯一的方法是向社会作调查"。用马克思主义的基本观点作几次周密的调查,"乃是了解情况的最基本的方法。只有这样,才能使我们具有对中国社会问题的最基础的知识"。③

---

① 陈绍禹:《为中共更加布尔什维克化而斗争》,转引自金冲及主编:《毛泽东传(1893—1949)》下,中央文献出版社1996年版,第625页。

② 《〈农村调查〉的序言和跋》(1941年3月、4月),《建党以来重要文献选编(1921—1949)》第18册,中央文献出版社2011年版,第183页。

③ 《〈农村调查〉的序言和跋》(1941年3月、4月),《毛泽东选集》第3卷,人民出版社1991年版,第789页。

第十章 延安十年——杨家岭时期

毛泽东从马列主义普遍真理与中国革命具体实践相结合的高度,阐述了调查研究的地位和作用。他认为调查研究是理论和实际相结合的中心环节,"对于只懂得理论不懂得实际情况的人,这种调查工作尤有必要,否则他们就不能将理论和实际相联系"①。在中国共产党历史上,由于不重视调查研究而招致的损失是巨大的。毛泽东在《关于农村调查》的讲话中,进一步强调了调查研究的重要性和长期坚持调查研究的必要性。他指出:"认识世界,不是一件容易的事。马克思、恩格斯努力终生,作了许多调查研究工作,才完成了科学的共产主义。列宁、斯大林也同样作了许多调查。""中国革命也需要作调查研究工作,首先就要了解中国是个什么东西(中国的过去、现在及将来)。"②但是,认识客观世界有一个过程,不能一次完成,因此,调查研究也不能一劳永逸。"事物是运动的,变化着的,进步着的。因此,我们的调查,也是长期的。今天需要我们调查,将来我们的儿子、孙子,也要作调查,然后,才能不断地认识新的事物,获得新的知识。"③毛泽东表示:"'没有调查就没有发言权',这句话,虽然曾经被人讥为'狭隘经验论'的,我却至今不悔;不但不悔,我仍然坚持没有调查是不可能有发言权的。"④因此,"我现在还痛感有周密研究中国事情和国际事情的必要。……和全党同志共同一起向群众学习,继续当一个小学生,这就是我的志愿。⑤"

《农村调查》一书中共有11篇调查报告,毛泽东写了六条按和注,针

---

① 《〈农村调查〉的序言和跋》(1941年3月、4月),《毛泽东选集》第3卷,人民出版社1991年版,第791页。

② 《关于农村调查》(1941年9月13日),《毛泽东文集》第2卷,人民出版社1993年版,第378页。

③ 《关于农村调查》(1941年9月13日),《毛泽东文集》第2卷,人民出版社1993年版,第378页。

④ 《〈农村调查〉的序言和跋》(1941年3月、4月),《建党以来重要文献选编(1921—1949)》第18册,中央文献出版社2011年版,第185页。

⑤ 《〈农村调查〉的序言和跋》(1941年3月、4月),《建党以来重要文献选编(1921—1949)》第18册,中央文献出版社2011年版,第185页。

对一些需要说明的情况和一般读者不懂的方言,作了简明的解释。毛泽东在序言中一再申明,出版此书的目的,"在于指出一个如何了解下层情况的方法,而不是要同志们去记那些具体材料及其结论"①。换句话说,就是为了在全党各级领导机关和广大党员干部中,大兴调查研究之风,克服主观主义(包括教条主义和经验主义),树立马克思列宁主义的思想方法和工作作风。毛泽东在《〈兴国调查〉前言》中说:"实际政策的决定,一定要根据具体情况,坐在房子里面想像的东西,和看到的粗枝大叶的书面报告上写着的东西,决不是具体的情况。倘若根据'想当然'或不合实际的报告来决定政策,那是危险的。"②

(二)以调查研究作为开展整风的突破口

1941年5月19日,毛泽东在延安干部会上作《改造我们的学习》的报告,开宗明义地指出:"中国共产党的二十年,就是马克思列宁主义的普遍真理和中国革命的具体实践日益结合的二十年。"毛泽东痛心地指出当时党内的现状:"许多同志的学习马克思列宁主义似乎并不是为了革命实践的需要,而是为了单纯的学习。……只会片面地引用马克思、恩格斯、列宁、斯大林的个别词句,而不会运用他们的立场、观点和方法,来具体地研究中国的现状和中国的历史,具体地分析中国革命问题和解决中国革命问题。这种对待马克思列宁主义的态度是非常有害的,特别是对于中级以上的干部,害处更大。"他们"仅仅根据一知半解,根据'想当然',就在那里发号施令"。"这种反科学的反马克思列宁主义的主观主义的方法,是共产党的大敌,是工人阶级的大敌,是人民的大敌,是民族的大敌,是党性不纯的一种表现。……只有打倒了主观主义,马克思列宁主义的真理才会抬头,党性才会巩固,革命才会胜利。""没有科学的态

---

① 《〈农村调查〉的序言和跋》(1941年3月、4月),《建党以来重要文献选编(1921—1949)》第18册,中央文献出版社2011年版,第184页。

② 《〈兴国调查〉前言》(1931年1月26日),《毛泽东文集》第1卷,人民出版社1993年版,第254页。

第十章 延安十年——杨家岭时期

度,即没有马克思列宁主义的理论和实践统一的态度,就叫做没有党性,或叫做党性不完全。"由此,引发了毛泽东对"实事求是"的经典概括,即"'实事'就是客观存在着的一切事物,'是'就是客观事物的内部联系,即规律性,'求'就是我们去研究"。研究者多把这篇报告作为中共实事求是思想路线形成的标志。

毛泽东在《改造我们的学习》的报告中,从加强党的思想建设,转变党的作风的高度,阐述了调查研究的重要性。为克服党内存在的教条主义和经验主义两种错误倾向,实现实事求是的思想路线,毛泽东提出的第一个解决的办法就是"向全党提出系统地周密地研究周围环境的任务",把调查研究作为"转变党的作风的基础一环"。[①]毛泽东之所以如此看重调查研究的作用,其立意不是一般地讲调查研究的重要性,而是强调它对转变党的作风,特别是克服主观主义,转变党的学风,坚持马克思主义思想路线的特殊重要性。在毛泽东看来,离开调查研究,树立和坚持党的正确的思想路线就会落空,党对革命事业的领导作用也不可能正确地、充分地得到发挥。

调查研究既然具有如此重要的作用,那么如何进行调查研究?有哪些技术要求?毛泽东从调查研究的亲身实践中摸索出一整套行之有效的方法,并在已有理论论述的基础上进行了更为系统的概括:

(1)获得调查研究材料的基本形式是开调查会。因为"开调查会,是最简单易行又最忠实可靠的方法,我用这个方法得了很大的益处,这是比较什么大学还要高明的学校"[②]毛泽东在《〈农村调查〉的序言和跋》中对如何开展调查总结概括为:"开调查会每次人不必多,三五个七八个人即够。必须给予时间,必须有调查纲目,还必须自己口问手

[①] 《改造我们的学习》(1941年5月19日),《毛泽东选集》第3卷,人民出版社1991年版,第802页。

[②] 《〈农村调查〉的序言和跋》(1941年3月、4月),《建党以来重要文献选编(1921—1949)》第18册,中央文献出版社2011年版,第184页。

写，并同到会人展开讨论。"①在《关于农村调查》一文中，毛泽东则从搜集材料的方法角度强调了开调查会的关键环节："一个调查会不仅提出问题，而且要有解决问题的方法。"②调查的典型可分三种，即先进的、中间的和落后的；要亲自收集和整理材料、抓住重点；材料要搜集得愈多愈好，但一定要抓住要点或特点。这就提出了利用典型材料分析问题的具体方法，形成了一整套开调查会进行调查研究的程序、内容和方法。

（2）在调查研究的过程中要把握住对立统一和阶级斗争的观点。对立统一的观点，就是要求正确处理调查研究中的辩证法问题。基于实践和认识的矛盾运动，调查研究是一个无限发展的辩证过程。在这一过程中，只有自觉地运用对立统一规律，正确处理调查研究中一系列辩证关系，才能把握事物的特点、本质和规律。在调查研究中贯彻阶级斗争的观点，是为了更深入地分析社会中各个阶级的状况及其相互关系。毛泽东谈自己开始接触马克思主义时，留下印象最深的就是"阶级斗争"四个字，并且将其作为一种认识问题的方法论来分析中国的阶级状况，由此获得了对中国国情的正确认识。因此毛泽东告诫即将去调查的同志，要"以这种观点和方法指导自己的实践，另方面又从实践中不断地充实自己的理论"③，即：运用马克思主义的观点研究中国的具体实际，在全面把握中国实际的基础上形成中国化的马克思主义理论。

（3）调查研究必须眼睛向下，甘当学生。调查者在调查研究中不仅要学会运用马克思主义的观点，掌握正确的调查研究方法，还需有真诚的态度。毛泽东着重强调了调查研究中所持态度的重要性。因为"群众是真

---

① 《〈农村调查〉的序言和跋》（1941年3月、4月），《毛泽东选集》第3卷，人民出版社1991年版，第790页。

② 《关于农村调查》（1941年9月13日），《毛泽东文集》第2卷，人民出版社1993年版，第383页。

③ 《关于农村调查》（1941年9月13日），《毛泽东文集》第2卷，人民出版社1993年版，第382页。

正的英雄"①，调查研究的过程，就是倾听群众呼声的过程；调查研究的方法，同时也是深入群众的根本方法。他特别告诫全党：那种"'下车伊始'，就哇喇哇喇地发议论，提意见，这也批评，那也指责，其实这种人十个有十个要失败。因为这种议论或批评，没有经过周密调查，不过是无知妄说。我们党吃所谓'钦差大臣'的亏，是不可胜数的"②。调查研究，如果"没有满腔的热忱，没有眼睛向下的决心，没有求知的渴望，没有放下臭架子、甘当小学生的精神，是一定不能做，也一定做不好的"③。

1941年7月7日，中共中央发出关于设立调查研究局的通知："毛泽东为主任，任弼时为副主任。"④8月1日，党中央向全党发布了由毛泽东起草的《中共中央关于调查研究的决定》。文件强调："我党现在已是一个担负着伟大革命任务的大政党，必须力戒空疏，力戒肤浅，扫除主观主义作风，采取具体办法，加重对于历史，对于环境，对于国内外、省内外、县内外具体情况的调查与研究，方能有效地组织革命力量，推翻日本帝国主义及其走狗的统治。"⑤文件提出了6项加强调查研究的办法，其中前5项分别为：

"（一）中央设置调查研究机关，收集国内外政治、军事、经济、文化及社会阶级关系各方面材料，加以研究，以为中央工作的直接助手。

"（二）各中央局、中央分局、独立区域的区党委或省委，八路军、新四军之高级机关，各根据地高级政府，均须设置调查研究机关，收集有

---

① 《〈农村调查〉的序言和跋》（1941年3月、4月），《建党以来重要文献选编（1921—1949）》第18册，中央文献出版社2011年版，第184页。

② 《〈农村调查〉的序言和跋》（1941年3月、4月），《建党以来重要文献选编（1921—1949）》第18册，中央文献出版社2011年版，第185页。

③ 《〈农村调查〉的序言和跋》（1941年3月、4月），《建党以来重要文献选编（1921—1949）》第18册，中央文献出版社2011年版，第184页。

④ 中共中央文献研究室编：《毛泽东年谱（1983—1949）》（修订本）中卷，中央文献出版社2013年版，第312页。

⑤ 《中共中央关于调查研究的决定》（1941年8月1日），《建党以来重要文献选编（1921—1949）》第18册，中央文献出版社2011年版，第531页。

关该地敌友我政治、军事、经济、文化及社会阶级关系各方面材料,加以研究,以为各该地工作的直接助手,同时供给中央以材料。

"(三)关于收集材料的方法,举例如下:第一,收集敌、友、我三方关于政治、军事、经济、文化及社会阶级关系的各种报纸、刊物、书籍,加以采录、编辑与研究。第二,邀集有经验的人开调查会,每次三五人至七八人,调查一乡、一区、一县、一城、一镇、一军、一师、一工厂、一商店、一学校、一问题(例如土地问题、劳动问题、游民问题、会门问题)的典型。从研究典型着手是最切实的办法,由一典型再及另一典型。第三,在农村中,应着重对于地主、富农、商人、中农、贫农、雇农、手工工人、游民等各阶层生活情况及其相互关系的详细调查;在城市中,应着重对于买办大资产阶级、民族资产阶级、小资产阶级、贫民群众、游民群众及无产阶级的生活情况及其相互关系的详细调查。第四,利用各种干部会、代表会收集材料。第五,写名人列传。凡地主、资本家财产五万元以上者,敌军、伪军、友军团长以上的军官,敌区、友区县长以上的官长,敌党、伪党、友党县以上的负责人,名流、学者、文化人、新闻记者在一县内外闻名者,会门首领、教派首领、流氓头、土匪头、名优、名娼,以及在华外人活动分子,替他们每人写一数百字到数千字的传记。此种传记,要责成地委及县委同志分负责任,传记内容须切合本人实际。同时注意收集各种人员的照片。第六,个别口头询问。或派人去问,或调人来问,问干部、问工人、问农民、问文化人、问商人、问官吏、问流氓、问俘虏、问同情者,均属之。第七,收集县志、府志、省志、家谱,加以研究。

"(四)除中央及各地的调查研究机关外,必须动员全党、全军及政府之各级机关及全体同志,着重对于敌友我各方情况的调查研究,并供给上级调查研究机关以材料。

"(五)向各级在职干部与训练干部的学校,进行关于了解客观情况(敌、友、我三方)的教育。……在学习中反对不管实际只记条文的风气,反对将学习马列主义原理原则与了解中国社会情况、解决中国革命问

第十章　延安十年——杨家岭时期

题互相脱节的恶劣现象。要提倡干部与学生看报，指导看报方法，指导他们分析时局的每一变动。要供给干部与学生关于国内外、省内外、县内外各种情况的实际材料，把讲授与研究这些材料及其结论当作正式课程，给与必要时间，并实行考绩。"①

同日，党中央还发布了《中共中央关于实施调查研究的决定》，对从中央到地方的调查研究实施办法逐一做了相应的要求。这两个专项文件充分反映了以毛泽东为首的中共中央对调查研究工作的高度重视和精心部署与指导的情况，这在党的调查研究史上是空前的。8月27日，中共中央政治局会议进一步讨论了这一问题，正式决定成立中央调查研究局，毛泽东兼局长，任弼时为副局长；中央调查研究局下设党务研究室和政治研究室。党务研究室下设根据地、大后方、敌占区、海外四组，任弼时任主任兼根据地组组长；政治研究室下设政治、国际、敌伪三个研究组，毛泽东兼主任，陈伯达为副主任。会议还决定：中央情报部隶属中央调查研究局等②。中央调查研究局的设立，为党中央做好全面的调查研究工作，提供了强有力的组织保证。

在毛泽东的推动下，1941年中央政治局召开的九月会议使党的领导层对必须反对主观主义和宗派主义这个根本问题大体上取得了共识。1943年10月6日，毛泽东在中共中央政治局会议上曾这样评价："九月会议是关键，否则我是不敢到党校去报告整风的，我的《农村调查》等书也不能出版"，"整风也整不成"。③

（三）掀起全党调查研究的新高潮

在延安时期，毛泽东不仅反复强调调查研究，实事求是，而且在调

---

① 《中共中央关于调查研究的决定》（1941年8月1日），《建党以来重要文献选编（1921—1949）》第18册，中央文献出版社2011年版，第531—532页。
② 《任弼时年谱》，中央文献出版社、人民出版社1993年版，第406页。
③ 中共中央文献研究室编：《毛泽东传：1893—1976》（二），中央文献出版社2011年版，第645页。

查研究实践方面，也是全党的表率。他的调查研究工作，内容涉及方方面面，形式多种多样，并且随时随地，不拘一格。他不仅善于抓住同各方、各界、各类人士谈话、聊天的机会进行调查研究，甚至能从个别百姓一时对他的微词中发现党的政策中存在的问题，并责成有关部门及时深入了解，合理解决。他更善于对重大问题进行深入的专项调查。例如关于"精兵简政"的重大决策，就是一次调查研究的典范事例。

精兵简政是在抗日战争进入相持阶段的最艰难时期，中国共产党在各抗日民主根据地实行的一项重要政策。1941年11月，毛泽东在陕甘宁边区第二届第一次参议会上表示，希望参议员们本着知无不言、言无不尽的精神，提供意见，为减轻群众负担，克服目前困难，坚持长期抗战，献计献策。聆听毛泽东这次演讲的参议员中，就有米脂县参议会议长李鼎铭。李鼎铭原是米脂县一位有名望的绅士，清朝末年，曾在米脂县办学，后又做过榆林中学的教员和小学校长，晚年以行医务农为主，为人耿直，同情农工，热爱祖国，拥护中国共产党团结抗日政策。毛泽东的演讲深深地打动了他。出于爱国热忱，他根据陕甘宁边区的实际情况，提出一个"精兵简政"的提案，要求"政府应彻底计划经济，实行精兵简政主义，避免入不敷出，经济紊乱之现象"。提案提出，"军事政治之建立，必须以经济力量为基础，在今日人民困苦、资源薄弱之状况下，欲求不因经济枯竭而限制军政发展，亦不因军政发展而伤害经济命脉，惟有政府彻底计划经济，实行精兵简政主义，量入为出，制定预算，以求得相依相助，平衡发展之效果"。这一提案引起毛泽东的高度重视，李鼎铭刚发完言，毛泽东就站起来，一边鼓掌，一边走到台前，对这一提案表示极为赞成。他说，在抗战初期，采取精兵主义自然是不对的，但现在情况不同了，全面抗战已经四五年了，人民经济遇到很大困难，而我们的大机关和不精干的部队，又不适合今天的战争。教条主义就是不管环境变了，还是死啃不合时宜的条文。我们的党是为人民服务的，不论谁提出的意见，只要有利于抗战，对人民有好处，我们就照办。17日，毛泽东在他召集的中央政治局会议上指出，财政经济方针须实行两大原则，一是精兵简政，调整人员。二是扩大收支，发展事业。会议确定实行精兵简政的方针。翌日，在参议会上李鼎铭关于精兵简政的提案以165票获得通过。事后，毛泽东反复看这个提案，拿起红笔把重要的段落圈了起来，又一字一句地抄在自己的本子上，旁边还加了一段批语："这个办法很好，恰恰是改进我们的机关主义、官僚主义、形式主义的对症药。"①

12月13日，中共中央向各抗日根据地发出"精兵简政，发展经济"的指示。延安的《解放日报》于1941年12月6日和1942年2月20日、4月9日、8月3日、8月23日先后发表题为《精兵简政》、《再论精兵简政》、《贯澈精兵简政》（原文如此——著者）、《澈底实行精兵政策》（原文如此——著者）、《精兵简政当前工作的中心环节》五篇社论，号召各地厉行精兵简政。

陕甘宁边区最早开始贯彻精兵简政，先后实行两次精简，为其他根据地提供了经验。尽管如此，边区的精简工作仍然存在一些问题，而就全国各根据地的情况看，还有若干根据地的同志没有理解精兵简政同当前形势和党的各项政策的关系，没把它当作一个极其重要的政策看待，因而也没有认真地实施。为此，1942年9月7日，延安《解放日报》发表了毛泽东亲自撰写的题为《一个极其重要的政策》的社论，毛泽东向全党分析当时面临的形势，阐明实行精兵简政的必要性、迫切性。毛泽东指出，全面抗战第五年后的形势，"实处于争取胜利的最后阶段"，既接近着胜利，又有极端的困难，也就是所谓"黎明前的黑暗"。共产党人必须清醒地认识到，在争取抗战胜利的最后阶段，还将遇到比目前更加严重的困难。除了政治上的困难，还有物质方面的困难。要取得抗战胜利，必须克服这些困难。我们的重要办法之一就是精兵简政。实行精兵简政之所以十分必要，十分迫切，是因为：第一，解放区"鱼大水小"矛盾突出。抗战全面爆发以后，为发展壮大抗战力量，我们建设了庞大的战争机构，那时的情况容许我们这么做，也应该这么做。但现在情况不同了，根据地已经缩小，

---

① 李维汉：《回忆与研究》（下），中共党史资料出版社1986年版，第502页。

在今后的一个时期内还可能再缩小，我们便决然不能像过去那样维持着庞大的机构，必须克服战争的机构和战争的情况之间存在的矛盾，缩小自己的机构，使兵精政简。毛泽东还形象地把它比作"褪去冬衣，穿起夏服，以便轻轻快快地同敌人作斗争"①。第二，日伪对解放区实行"三光"政策，其目的正是企图扩大我们"鱼大水小"的矛盾，把我们困死。这也迫使我们必须是严格地、彻底地、普遍地，而不是敷衍地、不痛不痒地、局部地实行精兵简政；迫使我们的战争机构能适应战争情况，显得越发有力量，从而不但不会被敌人战胜，而且最终战胜敌人。年底，毛泽东又明确提出"精兵简政"所要达到的五项目的，即"精简、统一、效能、节约和反对官僚主义"，通过精兵简政，达到健全机构，建立制度，调整干部，改变作风，加强领导，精通业务，厉行节约，改善各方面关系之目的。

在毛泽东和中共中央的大力倡导和正确领导下，陕甘宁边区和各解放区都普遍实行精兵简政，取得了显著的效果。克服了根据地"鱼大水小"的矛盾，减轻了人民的负担，调动了广大群众的抗日积极性，增强了部队的战斗力，提高了机关效率，对度过抗日战争最艰苦时期，巩固根据地，坚持长期抗战，夺取最后胜利，起了重要的历史性作用。

毛泽东在这一时期写出的《经济问题和财政问题》（1942年12月）、《开展根据地的减租、生产和拥政爱民运动》（1943年10月1日）以及《组织起来》（1943年11月29日）等文章，即是他对陕甘宁边区的经济和财政等问题进行深入专项调查的重要成果。毛泽东全面考察了陕甘宁边区关于发展农业、畜牧业、手工业、合作社、盐业、自给工业、军队的生产事业、机关学校的生产事业，以及粮食工作等问题。在每个项目中，又都作了详细的调查和深入的分析。经过这样一系列周密系统的调查研究，毛泽东找到了革命根据地经济工作和财政工作的规律，制定出发展经济、保障供给，以及公私兼顾等一整套财经工作的方针、政策。

---

① 《一个极其重要的政策》（1942年9月7日），《毛泽东选集》第3卷，人民出版社1991年版，第882页。

第十章 延安十年——杨家岭时期

西北局调查研究局考察团，是当时第一个大型调查组织，成员30多人。他们对陕甘宁边区的绥德、米脂两特区的政治、经济、党务等问题进行了为期两个月的调研，共写出调查报告、人物传略20多份，其中调查报告19份。还有3位同志写出了专著《绥德、米脂土地问题初步研究》，于1942年9月在延安正式出版，全书85000字。它从一个侧面反映了当时延安开展调查研究活动的情况。

1941年12月，陕甘宁边区政府主席林伯渠率20多人组成的考察团赴陕北的甘泉、富县进行调查研究，1942年1月下旬回到延安。2月9日，林伯渠在边区政府召开的政务会议上报告了考察观感。他根据考察团走家串户、亲自调查了解的情况，指出了这两个县存在的许多亟待解决的问题，"如三三制实行得比较差，县参议会没有开展经常工作；租佃关系未能解决，对人权保障不够；行政机构尚不健全；干部文化水平太低等"[1]。针对这些问题，他提出了改进政府工作的若干意见。继此之后，1943年4月25日至5月6日，林伯渠又亲赴安塞、志丹两县农村进行实地调查。返回后，他写了《农村十日》一文，发表在同年5月30日的《解放日报》上。文章的最后一段写道："为什么我们不应向你们学习呢，你们是大地的儿子。人类的智慧，血汗，不都是埋藏在劳动中吗？我们政府号召生产，要大家丰衣足食，就必须每个人向好的劳动者看齐，成为新的英雄啊。这次农村小住10日，觉得实际的内容太丰富了，需要虚心去学习的地方还多着哩。"[2]林伯渠的感想，真切地反映了调查研究对党的干部的启发和激励。

由时任中共中央政治局委员、书记处书记兼中宣部部长张闻天任团长的"延安农村调查团"，于1942年1月26日从延安出发，至1943年3月3日回到延安。1943年3月27日，张闻天向中共中央提交了此次调查研究的总结报告——《出发归来记》。张闻天的这次调研，目的明确，获得的实

---

[1]《林伯渠传》编写组编：《林伯渠传》，红旗出版社1986年版，第274页。
[2]《林伯渠文集》，华艺出版社1996年版，第330页。

际材料十分丰厚。其中,在米脂县杨家沟的调查材料后来汇编成《米脂县杨家沟调查》一书,于1957年由生活·读书·新知三联书店公开出版。此外,《贺家川八个自然村的调查》《兴县十四个自然村的土地问题研究》《杨家沟地主调查》后来均收入《张闻天晋陕调查文集》(中共党史出版社1994年6月版)。更重要的是,这次调研收获了宝贵的思想成果。张闻天指出:"这次出发,从调查研究中得来的一些材料,一些具体知识,当然就是我一年来工作的结果。但最重要的,还不在这里。最重要的,还在于我最后认识到:我以后有向着接触实际、联系群众的方向不断努力的必要……其次,还在于我实际开始使用了马列主义的方法,来研究了一下中国的实际。不容讳言,因为我是开始学着射箭,所以我觉得我的箭术很是生疏。但每射一次,比着上次总觉得要熟练些。求得射箭术的进步,除实际练习外,是没有其他方法的。一次二次是射不好的,必须几百次、几千次的射下去,才能射得更加熟练些,射得更加正确些。"[1]他告诉大家:"冲破了教条的囚笼,到广阔的、生动的、充满了光与热的、自由的天地中去翱翔——这就是我出发归来后所抱着的愉快心情。"[2]

这一时期,在延安先后组成较大型考察团,深入实际进行调查研究的,还有中央青委考察团、中央妇委妇女生活考察团、八路军政治部战地考察团等。此外,一些地方机关和个人开展的各种各样的调查研究活动及其收获不胜枚举。这些调查研究活动,不仅为各级党政组织制定和实行科学的决策提供了宝贵的依据,极大地推动了陕甘宁边区乃至各抗日民主根据地各项事业的发展,更重要的是帮助广大党员干部克服"唯书、唯上"的教条主义浮夸作风,树立起深入基层、深入实际,实事求是的思想作风,有力地促进了全党上下党风、文风和学风的转变,成为延安整风运动深入开展的重要助推器。

---

[1]《张闻天文集》第3卷,中共党史出版社2012年版,第143页。
[2]《张闻天文集》第3卷,中共党史出版社2012年版,第130页。

六、研究中共党史促进全党思想统一

作为彻底的唯物主义者，毛泽东虽然始终坚持实践第一的观点，但从不忽略书本知识的重要性。其中，注重从历史经验中汲取智慧和规律性的认识，是他工作方法的一大特点，也是他调查研究的一个重要方面。这不只是指单一地从历史教科书和历史文献中获取前人的经验和对客观世界的正确认识，对于尚未经过系统总结的历史——中共党史，毛泽东从编辑研究党的历史文献入手，发动党的历史的重要参与者（在延安的高级干部），把自己的亲身经历与感悟和历史文献相结合，共同学习党史，分别进行讨论，认真地研究和总结党史。可以说是组织全党（主要是高级干部）进行的一次特殊的调查研究活动。他在六届六中全会的报告中就指出："指导一个伟大的革命运动的政党，如果没有革命理论，没有历史知识，没有对于实际运动的深刻的了解，要取得胜利是不可能的。"他认为："今天的中国是历史的中国的一个发展；我们是马克思主义的历史主义者，我们不应当割断历史。从孔夫子到孙中山，我们应当给以总结，承继这一份珍贵的遗产。这对于指导当前的伟大的运动，是有重要的帮助的。"[①]

（一）学习研究中共党史的缘起

中国共产党的革命斗争历程艰苦曲折，经验丰富，教训深刻。此前，蔡和森在莫斯科中山大学旅俄支部有过《中国共产党史的发展》的报告，研究一大到四大的情况，这是第一部中共党史著作；随后他又撰写了《党的机会主义史》，写到八七会议；瞿秋白撰写过《中国共产党历史概论》，记述1920年到1929年的党史；李立三在1930年2月写过《党史报告》；共产国际东方部的米夫发表过《中国共产党英勇奋斗的十五年》。且不论这些党史著述系统精到与否，它们都是党内的报告或文件，不是在

[①] 《中国共产党在民族战争中的地位》（1938年10月14日），《毛泽东选集》第2卷，人民出版社1991年版，第533、534页。

苏联完成的，就是在上海发布的。当时在延安的高级干部很少有完全了解中共诞生以来全部历史情况的。毛泽东也不例外，他自秋收起义踏上艰苦转战征途后，和外界的联系极其有限，无从知晓上述著述。因此，他在延安时认为"整个党的历史却没有哪个人去考虑过"①。

和以往由个别同志为了向共产国际做报告或为了宣传等目的而分别撰写党史著述不同，延安时期是组织全党集中学习研究党史，目的性更明确——分辨是非，统一思想。并且，这次研究与学习，自始至终是在毛泽东和中共中央的直接组织下进行的，由党中央发动党的高级干部长时间大规模系统地进行党史学习与研究，在中共历史上这是绝无仅有的。毛泽东虽然自遵义会议后就一直致力于党的思想建设，并在六届六中全会上提出马克思主义中国化的重要命题，但是，理论与实际相结合的学风在很长时期里并没有在全党范围内真正树立起来，把马克思主义与中国革命实际相结合的思想路线也无从形成。因此，他希望通过组织学习研究中共党史，以提高全党的思想认识，深入推进马克思主义中国化的进程。他在《〈共产党人〉发刊词》中明确指出：根据马克思列宁主义的理论和中国革命的实践之统一的理解，集中十八年的经验和当前的新鲜经验传达到全党，使党像铁一样地巩固起来，而避免历史上曾经犯过的错误——这就是我们的任务。

当时引起毛泽东高度警觉的是，1940年3月，王明未经中央许可，把他在1931年写的集中反映他"左"倾错误观点的《为中共更加布尔什维克化而斗争》一书，在延安印了第三版，并在第三版的序言中声称：在延安各学校学习党的建设和中共历史时，尤其需要这种材料的帮助。这反映出党中央领导层思想认识方面的不统一。是时，为配合原定在1941年上半年召开党的第七次全国代表大会，中央政治局决定收集和审核六大以来的历史资料，对党的历史文献进行编辑，给七大的政治报告准备材料，并安排毛泽东具体负责此项工作。毛泽东随即开始亲自编辑为召开七大总结既往

---

① 《如何研究中共党史》（1942年3月30日），《毛泽东文集》第2卷，人民出版社1993年版，第399页。

历史而准备的六大以来党的历史文献集。为了保证七大能够顺利召开并达到预定的目的，为了使党内高级干部的思想觉悟有所提高，为了使全党的认识达到空前统一，就必须组织高级干部对党的历史活动的学习与研究。毛泽东先后挑选86件重要文献，先是以散页的形式发给在延安的高级干部学习研究，其中既有反映错误路线产生、形成、危害及其被纠正的文献，又有反映党在这一时期一系列正确路线、方针、政策制定与形成的文献。经过学习，正确与错误一目了然，人们自然得出结论："苏维埃运动后期的主观主义表现更严重，它的形态更完备，统治时间更长久，结果更悲惨。"① 毛泽东决定在1941年9月中共中央政治局扩大会议上成立一个中央研究组，"一方面研究马克思主义的思想方法论，一方面研究六大以来的决议"②。在延安的高级干部通过系统地阅读与研究《六大以来》历史文献，明辨了党史上的是是非非，这对于开好1941年的九月会议起了决定性的作用。毛泽东后来说："六月后编了党书，党书一出许多同志解除武装，才可能召开一九四一年九月会议，大家才承认十年内战后期中央领导的错误是路线错误。"③

这个时期，毛泽东针对全党历史知识贫乏和党史研究落后的状况，向全党提出了研究与学习包括中共党史在内的历史遗产的任务。他从无产阶级政党能否指导当前革命运动的高度来论述其重要性。他指出：以史为鉴是必不可少的一项工作，"如果不把党的历史搞清楚，不把党在历史上所走的路搞清楚，便不能把事情办得更好"④。通过总结党的历史，可以明

---

① 1941年9月政治局扩大会议上毛泽东的发言。
② 《反对主观主义和宗派主义》（1941年9月10日），《毛泽东文集》第2卷，人民出版社1993年版，第375页。
③ 中共中央文献研究室编：《毛泽东年谱（1893—1949）》（修订本）中卷，中央文献出版社2013年版，第469页。
④ 《如何研究中共党史》（1942年3月30日），《毛泽东文集》第2卷，人民出版社1993年版，第399页。

了"哪些是过去的成功和胜利,哪些是失败,前车之覆,后车之鉴"①。毛泽东认为,只有追溯党的历史,才能深刻理解党的现状,只有把握党的历史经验与现实斗争状况,才可将马列主义普遍原理与中国革命的具体实际需要相结合。

(二)如何研究中共党史

1940年12月4日,毛泽东在中央政治局会议上第一次比较系统地总结了中共在大革命时期、苏维埃时期和抗战时期的统一战线问题上所出现的右倾、"左"倾、再右倾错误的历史过程及其经验教训,其中集中地谈到党的历史上"左"的问题,特别是十年内战后期打倒一切的"左"倾错误及其给中国革命造成的危害。为引起全党重视,毛泽东要求把反对教条主义问题提高到党性高度来认识。

1941年3月、4月间,毛泽东以推动调查研究为切入点,把他在1930年至1934年间所作的11篇农村调查报告汇集成《农村调查》一书出版,并写了序言和跋。他强调:"事物是运动的,变化着的,进步着的。因此,我们的调查,也是长期的。今天需要我们调查,将来我们的儿子、孙子,也要作调查,然后,才能不断地认识新的事物,获得新的知识。"②毛泽东以过去进行调查研究的历史经验,以及蕴含其中的如何将客观实际与主观认识相结合的理论,教育全党开展广泛的调查研究,以促进理论与实际的结合,从而引导党员干部思想观念的转变。

1941年5月19日,毛泽东在延安干部会上作《改造我们的学习》报告,开宗明义地指出:"中国共产党的二十年,就是马克思列宁主义的普遍真理和中国革命的具体实践日益结合的二十年。"毛泽东痛心地指出当时党内的状况却是:对于自己的历史一点不懂,或懂得甚少,不以为耻,

---

① 《如何研究中共党史》(1942年3月30日),《毛泽东文集》第2卷,人民出版社1993年版,第399页。

② 《关于农村调查》(1941年9月13日),《毛泽东文集》第2卷,人民出版社1993年版,第378页。

反以为荣。特别重要的是中国共产党的历史和鸦片战争以来近百年的中国史，真正懂得的很少。近百年的经济史，近百年的政治史，近百年的军事史，近百年的文化史，简直还没有人认真动手去研究。由于割断历史，只懂得希腊，不懂得中国，对于中国昨天和前天的面目漆黑一团，因此，只能是"为了单纯地学理论而去学理论。不是有的放矢，而是无的放矢"。由此，引发了毛泽东对"实事求是"的经典概括，即"'实事'就是客观存在着的一切事物，'是'就是客观事物的内部联系，即规律性，'求'就是我们去研究"。研究者多把这篇报告作为中共实事求是思想路线形成的标志。但就是这样一篇重要的报告，当时却并未引起多数同志足够的重视，毛泽东后来说"我作《改造我们的学习》的报告，毫无影响"[1]，直到翌年的3月27日《解放日报》才全文发表。

有鉴于此，毛泽东希望"造成一河大水，马克思列宁主义的革命的水，实行思想革命，用马克思列宁主义的水，彻底改革各部门的工作"[2]。1941年7月1日，中共中央政治局通过《关于增强党性的决定》，要求全党党员和党的各个组成部分都在统一意志、统一行动和统一纪律下面，团结起来，成为有组织的整体。8月1日，中共中央发布由毛泽东起草的《中共中央关于调查研究的决定》，号召全党"必须力戒空疏，力戒肤浅，扫除主观主义作风，采取具体办法，加重对于历史，对于环境，对于国内外、省内外、县内外具体情况的调查与研究，方能有效地组织革命力量，推翻日本帝国主义及其走狗的统治"。该决定还规定了开展调查研究的措施和具体方法，提出在中央设立调查研究机关。随后毛泽东在新命名的马列研究院（原马列学院）作《实事求是》的报告，"要求大家一定要以马列主义基本原理为指导，以研究中国革命实际问题为中心，调查研究

---

[1] 中共中央文献研究室编：《毛泽东年谱（1893—1949）》（修订本）中卷，中央文献出版社2013年版，第469页。

[2] 中共中央文献研究室编：《毛泽东年谱（1893—1949）》（修订本）中卷，中央文献出版社2013年版，第365页。

敌友我三方面的历史和现状"。①

随后,中央政治局举行扩大会议(即九月会议),检讨党在十年内战后期的领导路线问题,毛泽东作关于反对主观主义和宗派主义的报告。他提出克服主观主义和宗派主义等不正之风的16条办法,并在报告的最后宣读了王稼祥拟定的从六届四中全会到遵义会议这段历史的16个研究题目,包括六届四中全会的历史估价,主观主义与中国革命的理论问题,主观主义与政治策略路线、军事路线、组织路线问题,主观主义在各个地区及各方面工作的表现,以及遵义会议后主观主义的遗毒等问题,安排在延安的中央政治局委员及有关方面负责人准备研究。②会议决定在高级干部中开展整风,成立中央学习研究组,毛泽东任组长,王稼祥为副组长,组织在延安的高级干部学习马克思列宁主义理论,总结党的历史经验。

1942年4月3日,中宣部通过的决定要求对学习文献要深入钻研,热烈讨论,要让这些文件成为自己的武器,则必须要领会贯通其精神与实质。干部们在学习时要仔细研读每一份文件,认真做好笔记,可以通过小组讨论的方式进行学习。在小组讨论学习的过程中,广大干部要注重反省和审视自己的历史,当有必要时中央和有关部门可以派人作报告,进行指导。讨论应把握毛泽东关于"惩前毖后,治病救人"的精神。为了考察干部是否确实了解中央文件的内容与意义,要举行普遍考试。5月16日彭真在《解放日报》发表的《怎样学习二十二个文件》指出:"二十二个文件是整顿三风的武器,我们必须领会贯通它的精神与实质,把它变成自己的武器,成为使用起来得心应手的武器。"③

陕甘宁边区系统参加整风学习的干部有3240多人。4月21日任弼时进行了学习动员,强调整顿三风"最基本的一个问题则是要真正掌握马列主义的精神与方法",中央规定的22个文件是"历史的血的经验教训的

---

① 中共中央文献研究室编:《毛泽东年谱(1893—1949)》(修订本)中卷,中央文献出版社2013年版,第316页。

② 《胡乔木回忆毛泽东》(增订本),人民出版社2014年版,第194—195页。

③ 彭真:《怎样学习二十二个文件》,《解放日报》1942年5月16日第4版。

总结",干部"要以文件作标准对照检查自己的思想作风和本部门的工作"。①高岗在讲话中说,在学习中不是望文生义就算懂,而是要真正领会精神和实质,要精读,要写笔记写心得写反省出墙报,要使理论和实际相联系②。

延安《解放日报》报道,解放日报报馆的工作人员对于整风文件的学习形成热潮,学习文件已成为大家终日手不释卷的读物,大家在完成每天的工作后,便开始学习文件,虽然外勤记者在外奔波,但是文件也随身携带,在空余时间也抽空学习。有的同志对于文件的学习阅读了七八遍,每次学习都有新的体会。在认真做笔记的同时还不断进行自我反省,经常开小型漫谈会讨论学习中的疑问,有的甚至在墙报上写学习中的疑问或经验,达到共同学习的目的。

根据中共中央的指示,全党上下形成学习理论的热潮,据统计,延安参加整风学习的干部达到一万人。杨尚昆说:"在这段时间内,我确实读了不少书,马列的和毛主席的不必说,少奇同志的《论共产党员的修养》,陈云同志的《怎样做一个共产党员》也是必读的。"③1943年陈云在枣园治病休养期间,阅读了毛泽东的大量文电。几十年后,他在同浙江省党政军负责同志的一次谈话中说道:"当我全部读了毛主席起草的文件、电报之后,感到里面贯穿着一个基本指导思想,就是实事求是。……当时我的体会就是十五个字:不唯上、不唯书、只唯实,交换、比较、反复。"④全党通过学习理论,不仅提高了马列主义理论修养,而且深刻反省自己的思想、工作和历史,坚持真理,修正错误。就如陈云所指出的,学习理论,首先要学正确的思想方法,而不能教条地去学习,在反对教条主义中要好好读书,要通过认真学习马列主义理论达到更好地反对教条主

---

① 《任弼时年谱》(1904—1950),中央文献出版社2004年版,第426页。
② 《在参议会上大礼堂举行边区干部学习动员会任弼时高岗两同志指示研究方法》,《解放日报》1942年4月23日第2版。
③ 《杨尚昆回忆录》,中央文献出版社2007年版,第206页。
④ 《陈云文选》第3卷,人民出版社1995年版,第371页。

义和经验主义之目的。之前有些同志之所以成为教条主义的俘虏，是与其自身的文化水平不够，一般知识与理论知识的严重匮乏分不开的，因此才会上别人的当，所以"理论上、思想方法上搞好了，对党对革命是有很大好处的"①。同时，在学习中"我们还要同自己的错误作斗争，这就是自我批评。如果没有这一条，我们的党就搞不好。自我批评对于我们党来说是必不可少的"②。

这个时期，毛泽东不仅在理论上深刻阐明学习研究党史的重要性，而且多次在全党倡导开展广泛深入的党史研究与学习，并带头身体力行。其中，最具意义的是抗战时期延安整风运动对党史的研究与学习。这次研究与学习，自始至终是在中央总学习委员会负责人毛泽东的亲自领导下进行的。1942年2月，毛泽东发表《整顿党的作风》和《反对党八股》的报告，著名的延安整风运动全面展开。学习党史和研究党史成为推动这次整风学习运动的重要助推器。3月30日，毛泽东在中央学习组作题为《如何研究中共党史》的报告。这篇专题研究中共党史的报告和同期他在其他著述中对于党史研究的论述，熟练运用马克思主义的唯物史观，全面系统地阐明中共党史研究的对象、方法、立场、切入点和中共党史的分期，以及如何评价党史人物等问题，不仅为广大党员干部学习和研究中共党史提供了可借鉴的方法，成为中共党史学科建设的奠基之作，而且对进一步肃清主观主义、宗派主义和党八股的影响，彻底纠正教条主义和经验主义的错误，发挥了重要的作用。具体来说：

一是明确了党史研究的目的与对象，即"我们是用整个党的发展过程做我们研究的对象，进行客观的研究，不是只研究哪一步，而是研究全部；不是研究个别细节，而是研究路线和政策"。为了在历史的纵深中说明党的产生与发展，毛泽东认为"只从一九二一年起还不能完全说明问题，恐怕要有前面这部分的材料说明共产党的前身"，因为"现在有很多

---

① 《陈云文选》第1卷，人民出版社1995年版，第261页。
② 《陈云文选》第1卷，人民出版社1995年版，第268页。

东西直接联系到那时候"，"不说明以前的辛亥革命、五四运动，对于共产党的成立和以后的历史，也就不能说得清楚"。①因为，"一九二一年开始的第一个阶段，实际上是由辛亥革命、五四运动准备的"。他主张"应该把党成立以前的辛亥革命和五四运动的材料研究一下"②。他后来曾引用《庄子》上的"其作始也简，其将毕也必巨"一句话，回顾党成立之初，"马克思主义有多少，世界上的事如何办，也还不甚了了"的情形，说明"我们也是由小组到建立党，经过根据地发展到全国"，③党的发展壮大也是一个辩证的历史过程。为了在联系中全面地把握历史问题，毛泽东主张："要研究当时的国共合作，如果只看共产党的宣言而不看国民党的宣言还不够"；"如不讲国民党如何投降帝国主义，帝国主义如何同国民党一起压迫剥削中国人民，就看不到内战的必要"，"不把地主与农民对土地的所有关系搞清楚，就不会知道土地革命的必要"。④

二是阐述了党史研究的方法，"全面的历史的方法"又称"古今中外法"。要以中国为中心，来研究中共党史，要注重研究中国的自身特点，不能把那些外国的东西机械地生搬硬套到中国身上，"我们要把马、恩、列、斯的方法用到中国来，在中国创造出一些新的东西。只有一般的理论，不用于中国的实际，打不得敌人。但如果把理论用到实际上去，用马克思主义的立场、方法来解决中国问题，创造些新的东西，这样就用得了"⑤。毛泽东解释说："所谓'古今'就是历史的发展，

---

① 《如何研究中共党史》（1942年3月30日），《毛泽东文集》第2卷，人民出版社1993年版，第399、402、404页。

② 《如何研究中共党史》（1942年3月30日），《毛泽东文集》第2卷，人民出版社1993年版，第402、404页。

③ 《中国共产党第七次全国代表大会的工作方针》（1945年4月21日），《建党以来重要文献选编（1921—1949）》第22册，中央文献出版社2011年版，第117页。

④ 《如何研究中共党史》（1942年3月30日），《毛泽东文集》第2卷，人民出版社1993年版，第405页。

⑤ 《如何研究中共党史》（1942年3月30日），《毛泽东文集》第2卷，人民出版社1993年版，第408页。

所谓'中外'就是中国和外国，就是己方和彼方。"①"古今中外法"就是要从历史的具体时间、地点等条件出发，在事物的联系中全面地、发展地观察历史。毛泽东提出的"古今中外法"，实质上是用马克思列宁主义的方法论去正确地研究历史问题的一种必要程序和科学规范。它要求在一定的时间（古今）和空间（中外）界限以内，从纵横两方面全面地认识客观现实。而分析的目的在于发现客观事物的内部联系即规律性，作为我们行动的向导。我们研究一个问题，如果能细心地从它的历史发展过程看，从它内在的基本特征看，从它与周围事物的相互关系看，问题的面貌和性质也就基本上清楚了。这正是马克思主义方法论的基本要求，即在对历史问题进行历史的、全面的、辩证的分析研究的基础上，对研究对象作出客观的评价。"古今""中外"研究就是对比研究，他指出"辛亥革命以来，五四运动、大革命、内战、抗战，这是'古今'。中国的共产党、国民党、农民、地主、工人、资本家和世界上的无产阶级、资产阶级等等，这就是'中外'"②。研究中共党史不能只研究中共党内的材料，还要研究国民党及帝国主义、地主、资产阶级的材料才行。只有进行两方面、多方面的比较研究，才能得出科学的结论。

三是阐明了党史研究的立场问题，即"研究中共党史，应该以中国做中心，把屁股坐在中国身上。……不研究中国的特点，而去搬外国的东西，就不能解决中国的问题"。毛泽东这一观点的提出，不仅源于他独立自主地运用马列主义解决中国问题的一贯思想，而且是有具体针对性的。长期以来，对共产国际方面在指挥中国革命中的失误，党内很少有人敢于指出，而全盘肯定和过分夸大他们积极作用的却不乏其人。米夫1936年为纪念中共诞生15周年而写的《中国共产党英勇奋斗的十五年》，便是这种

---

① 《如何研究中共党史》（1942年3月30日），《毛泽东文集》第2卷，人民出版社1993年版，第400页。

② 《如何研究中共党史》（1942年3月30日），《毛泽东文集》第2卷，人民出版社1993年版，第406页。

观点的代表。王明再版他的代表作时所作的序言，也与之如出一辙。针对这种偏见，毛泽东批评说："我们有些同志有一个毛病，就是一切以外国为中心，作留声机[①]"。他尖锐指出："如果不研究中国共产党的历史的发展，党的思想斗争和政治斗争，我们的研究就不会有结果。"[②]所以他号召"研究中共党史，应该以中国做中心"[③]。毛泽东强调要站在中国的立场上、站在中国共产党的立场上研究中共党史，实际上也是强调了要站在党的经过实践检验是正确的路线的立场上，站在马列主义理论和中国革命实际相结合的立场上研究中共党史。在这里，毛泽东提出了一个涉及中共整个历史和现实与未来的根本原则，这就是马列主义和中国实际相结合的原则。这一根本原则不仅指导着如何研究既往的历史，更指导着中共的未来；不仅是中共党史研究的指导思想，也是中国革命、建设、改革和一切事业发展的根本指针。

四是指明详细占有史料是研究中共党史的前提，是研究党史的基本切入点。毛泽东曾建议，为了系统地研究中共党史，要编两套材料，一种是党内的，包括国际共产主义运动；一种是党外的，包括帝国主义、地主资产阶级等。两种材料都按年月先后编排。后来不久问世的《六大以来》和《六大以前》两部史料选编，就是在此思想指导下编辑印发的。不仅如此，毛泽东认为"读书是学习，使用也是学习，而且是更重要的学习"，历来注重调查研究，从客观事实出发，力求实事求是。他曾谈到他在兴国调查中得知"地主人口不过百分之一，富农人口不过百分之五，而贫农、中农人口则占百分之八十。一方面以百分之六的人口占有土地百分之八十，另方面以百分之八十的人口则仅占有土地百分之二十。因此得出的

[①]《如何研究中共党史》（1942年3月30日），《毛泽东文集》第2卷，人民出版社1993年版，第407页。

[②]《如何研究中共党史》（1942年3月30日），《毛泽东文集》第2卷，人民出版社1993年版，第407页。

[③]《如何研究中共党史》（1942年3月30日），《毛泽东文集》第2卷，人民出版社1993年版，第407页。

结论，只有两个字：革命。因而也益增革命的信心，相信这个革命是能获得百分之八十以上人民的拥护和赞助的"①。因此，他强调，研究党史必须"不凭主观想象，不凭一时的热情，不凭死的书本，而凭客观存在的事实，详细地占有材料，在马克思列宁主义一般原理的指导下，从这些材料中引出正确的结论"②。

五是确立党史分期和分期的依据。毛泽东把党的历史分为大革命时期、内战时期、抗日时期，主张通过分析党的斗争目标、打击对象和政治路线在各个历史时期呈现出的不同特点和相互联系，动态描绘党的历史发展进程，总结各个历史时期的经验教训。他本人正是在全面深入分析研究中共在各个时期的历史之后，认为中共领导的新民主主义革命有两大特点："（一）无产阶级同资产阶级建立或被迫分裂革命的民族统一战线，（二）主要的革命形式是武装斗争③"。他由此两大历史特点进一步引申出："统一战线，武装斗争，党的建设，是中国共产党在中国革命中战胜敌人的三个法宝④"。三大法宝是毛泽东对党领导中国革命历史经验的深刻总结，也是对中共党史基本内容的高度概括。

六是关于如何评价党史人物。他主张对历史人物、历史事件采取客观公正的态度，避免肯定一切，或否定一切的形而上学。譬如，毛泽东曾多次讲到陈独秀，他一方面毫不含糊地指出：陈独秀所犯右倾投降主义错误是大革命失败的主要原因，同时，他又充分肯定了建党前后，陈独秀作为党的创始人之一的历史地位："陈独秀是五四运动的总司令。现在还不是我们宣传陈独秀历史的时候，将来我们修中国历史，要讲一讲他的功

---

① 《毛泽东农村调查文集》，人民出版社1982年版，第26页。
② 《改造我们的学习》（1941年5月19日），《毛泽东选集》第3卷，人民出版社1991年版，第801页。
③ 《〈共产党人〉发刊词》（1939年10月4日），《毛泽东选集》第2卷，人民出版社1991年版，第604页。
④ 《〈共产党人〉发刊词》（1939年10月4日），《毛泽东选集》第2卷，人民出版社1991年版，第606页。

劳。"①他强调"研究党史上的错误，不应该只恨几个人"，"应该找出历史事件的实质和它的客观原因"，当然只看客观原因是不够的，还必须看到领导者的作用，"但是领导人物也是客观的存在，搞'左'了，搞右了，或者犯了什么错误，都是有客观原因的，找到客观原因才能解释"。他分析过去党在反对陈独秀、李立三等人的斗争时指出：这些斗争在方法上有所失误，"一方面，没有使干部在思想上彻底了解当时错误的原因、环境和改正此种错误的详细办法，以致后来又可能重犯同类性质的错误；另一方面，太着重了个人的责任，未能团结更多的人共同工作"②。后来，毛泽东深刻阐明研究党史和评价历史人物功过问题的正确态度是："不应着重于一些个别同志的责任方面，而应着重于当时环境的分析，当时错误的内容，当时错误的社会根源、历史根源和思想根源，实行惩前毖后、治病救人的方针，借以达到既要弄清思想又要团结同志这样两个目的。"③

（三）系统总结党史召开中共七大

在开展延安整风运动的过程中，为了更好地树立理论联系实际的学风，推动全党开展党史研究和整风学习的深入，1942年4月3日，中共中央宣传部在《关于在延安讨论中央决定及毛泽东同志整顿三风报告的决定》中规定了整风学习的十八个文件：（1）毛泽东二月一日在党校的报告；（2）毛泽东二月八日在延安干部会上的报告；（3）康生两次报告；（4）中央关于增强党性的决定；（5）中央关于调查研究的决定；（6）中央关于延安干部学校的决定；（7）中央关于在职干部教育的决定；（8）毛泽东在陕甘宁边区参议会的演说；（9）毛泽东关于改造学习的报告；（10）

---

① 《如何研究中共党史》（1942年3月30日），《毛泽东文集》第2卷，人民出版社1993年版，第403页。

② 《学习和时局》（1944年4月12日），《毛泽东选集》第3卷，人民出版社1991年版，第938页。

③ 《学习和时局》（1944年4月12日），《毛泽东选集》第3卷，人民出版社1991年版，第938页。

毛泽东论反对自由主义；（11）毛泽东农村调查序言二；（12）《联共党史》结束语六条；（13）斯大林论党的布尔什维克化十二条；（14）刘少奇《论共产党员的修养》第二章第二、第三、第四、第五节；（15）陈云论怎样做一个共产党员；（16）红四军九次代表大会论党内不正确倾向；（17）宣传指南小册；（18）中央宣传部关于在延安讨论中央决定及毛泽东同志整顿三风报告的决定。1942年4月16日，中共中央宣传部在《关于增加整风学习材料及学习时间的通知》中又增加了四个整风学习文件：（1）斯大林论领导与检查；（2）列宁、斯大林等论党的纪律与党的民主；（3）斯大林论平均主义；（4）季米特洛夫论干部政策与干部教育政策。任弼时4月21日在陕甘宁边区整风学习动员报告中强调：整顿三风"最基本的一个问题则是要真正掌握马列主义的精神与方法"，中央规定的22个文件是"历史的血的经验教训的总结"，干部"要以文件作标准对照检查自己的思想作风和本部门的工作"。[①]

这个时期各地集中在中央党校一部和二部学习的中高级干部（分别是旅、地级和县团级以上），几乎无一例外，都按上级要求结合参加整风和干部审查，对照上述文件的精神，认真撰写并向组织递交了个人自述（思想自传）。其中，记述各自的革命经历，总结每个人对自己所亲身经历历史的感悟，是其自述的重要内容。与此同时，在延安还分别召开了红一军团历史座谈会、红五军团历史座谈会、湘赣根据地座谈会、湘鄂赣根据地座谈会、华北会议和中共中央西北局高干会等多个不同地区与部队、不同层次的座谈会，系统地总结各自的历史，分辨是非，统一思想。毛泽东、朱德、任弼时、陈云等中央领导亲自与会参加讨论。其中最具代表性的是西北局高干会。

1942年10月19日至1943年1月14日，西北局高干会在延安召开。毛泽东在开幕式上指出：高干会应该是整风学习的考试。[②]1942年11月2日起，

[①]《任弼时年谱》（1904—1950），中央文献出版社2004年版，第426页。

[②] 参见《陈云传》（上），中央文献出版社2005年版，第347页。

第十章 延安十年——杨家岭时期

在边区党内有很高威信的习仲勋、马文瑞、张秀山等相继讲话，举出种种确证来证明当年"左"倾路线是怎样危害革命工作，危害党内团结和党同群众的，要求犯错误的同志承认错误。陈云指出，干部犯错误，一个是路线问题，一个是品质问题，但主要是路线问题。陈云在结合自己的经历时谈道：他过去之所以犯错误，主要是革命经验不足，革命知识少，中国大事、中国现状知道不多，马列主义理论缺乏。今后要避免犯错误，就要求同志的肚子里真正多装一些"真正的、老实的、不是假的"东西——马列主义。没有这一条，"我们将来还是要吃亏的"[①]。11月21日、23日，毛泽东用两天时间向与会者讲解斯大林论党的布尔什维克十二条经验，他逐条联系中共的实际进行阐述，借马克思主义之"箭"，射主观主义、宗派主义和党八股之"的"。毛泽东总结说："这个十二条，很值得我们好好地研究一下。这是我们全党的'圣经'，是'圣经'，而不是教条，是可以变化的。"[②] 11月24日起，采用大会讨论的方式集中批评当前工作中的偏向，从县级团级干部起，到边区许多高级负责人止，70多人都作了发言并深刻地进行自我批评，特别是对1935年秋陕甘根据地错误肃反的历史，做了进一步的清算，对主持肃反的中共北方局代表等主要责任人进行了严肃的批评教育，并作出组织结论。这样使边区的党在路线上、政策上、组织上和思想上达到了统一。

通过组织学习和研究中共党史，分辨是非，统一思想，促进全党思想统一的最重要举动，是起草制定《关于若干历史问题的决议》（本章简称《决议》）。继1941年九月会议，毛泽东提出"过去我们的党很长时期为主观主义所统治，立三路线和苏维埃运动后期的'左'倾机会主义都是主观主义"[③]之后，1941年10月13日，中央书记处开会决定成立以毛泽

[①] 《延安整风运动纪事》，求实出版社1982年版，第299页。

[②] 中共中央文献研究室编：《毛泽东年谱（1893—1949）》（修订本）中卷，中央文献出版社2013年版，第414页。

[③] 《反对主观主义和宗派主义》（1941年9月10日），《毛泽东文集》第2卷，人民出版社1993年版，第372页。

东为首,有王稼祥、任弼时、康生和彭真参加的清算过去历史委员会。毛泽东在会议上对中共过去20年的历史做了初步的概括:"五四运动至大革命——在指导思想上是唯物辩证法的时期,我党生动活泼的时期;1927年下半年[①]——陈独秀右倾机会主义统治时期,指导思想的机械唯物论时期;立三路线与苏维埃运动后期——'左'倾机会主义时期,思想方法上的主观主义与形式主义;六届四中全会虽在形式上克服了立三路线,但在实际政策上没有执行正确的转变,四中全会决议对于当时形势与工作政策没有具体决定,只说明交新的政治局讨论,但新的中央政治局没有完成此任务;遵义会议以后,我党又恢复按辩证法行事,即按实际办事。抗战四年以来,我党的阶级自觉性比五四时更提高了,党更加生动活泼,更能灵活地运用辩证法。"[②]22日,毛泽东向中央政治局会议提交了关于六届四中全会以来领导路线问题的结论草案,即《关于四中全会以来中央领导路线问题结论草案》,共16个问题,约2万字。文章指出这条中央领导路线的性质是"左"倾机会主义的,而在形态的完备上,在时间的长久上,在结果的严重上,则超过了陈独秀、李立三两次的错误路线。他特别强调"王明同志与博古同志领导的这条路线是在思想上、政治上、军事上、组织上各方面都犯了严重原则错误的,集各方面错误之大成,它是形态最完备的一次错误路线"[③]。毛泽东的这篇文章后来被作为《决议》的蓝本,其中的主要思想都为《决议》所吸收。据胡乔木回忆,当年毛泽东就在这个文件的封皮上题写了"历史草案"四个字。[④]

1943年4月3日,中共中央发布《关于继续开展整风运动的决定》,延安整风进入纠正错误思想和审查干部阶段。在此背景下召开1943年九月会议(政治局扩大会议),仍把研究党史作为一项重要的内容。但重点是总结抗战以来的历史,特别是1937年十二月会议到1938年六届六中全会的历

[①] 应为1927年上半年——著者注。
[②] 《胡乔木回忆毛泽东》(增订本),人民出版社2014年版,第223页。
[③] 《胡乔木回忆毛泽东》(增订本),人民出版社2014年版,第226页。
[④] 参见《胡乔木回忆毛泽东》(增订本),人民出版社2011年版,第222页。

史，同时也联系到大革命和土地革命时期的历史。9月30日的会议决定，从10月开始的5个月内，组织在延安的高级干部和七大代表二三百人，讨论党史文件和联共（布）党史。

1944年春，整风运动开始进入总结党的历史经验的阶段。4月12日，毛泽东在延安高级干部讨论党的历史问题会议上作关于学习和时局问题的报告，在报告中，毛泽东特别强调"对于任何问题应取分析态度，不要否定一切。例如对于四中全会至遵义会议时期中央的领导路线问题，应作两方面的分析：一方面，应指出那个时期中央领导机关所采取的政治策略、军事策略和干部政策在其主要方面都是错误的；另一方面应指出当时犯错误的同志在反对蒋介石、主张土地革命和红军斗争这些基本问题上面，和我们之间是没有争论的"。《学习和时局》一文最后向全党发出号召："为了争取新的胜利，要在党的干部中间提倡放下包袱和开动机器。"5月10日，中央书记处会议决定成立"党内历史问题决议准备委员会"，由任弼时牵头，刘少奇、康生、周恩来、张闻天、彭真、高岗为成员（几天后又增加了博古），负责起草全面总结党的历史的决议，准备在党的七大上正式通过。任弼时很快就以毛泽东的结论草案为基础写出《决议》初稿，其中写道："七大认为教育党员和干部最好的办法，就是号召全党来研究中国革命运动和中国党的历史，首先研究和学习毛泽东同志关于中国革命的理论，用马列主义的思想方法去研究和总结中国党的各方面斗争的历史经验。只有用中国革命的理论，用中国革命的实际经验来教育中国的共产党员和革命者，才能收到更迅速的和直接的效果，而且一定能够避免许多历史上曾经犯过的错误，无限地增加党员和干部斗争的信心与勇气。"[①]

5月21日，中共扩大的六届七中全会召开，会议持续进行了11个月，是中共历史上持续时间最长的一次会议。会议的主要任务是审议党的七大的各项准备工作，其中包括多次讨论党的历史问题和《决议》草案。《决

[①] 《胡乔木回忆毛泽东》（增订本），人民出版社2014年版，第309页。

议》草案在七中全会期间经过胡乔木、任弼时、张闻天等多人多次的修改，毛泽东本人前后亲自修改了七次。毛泽东在第一次修改稿上明确《决议》是"对于这十年内若干党内历史问题，尤其是六届四中全会至遵义会议期间中央的领导路线问题，作出正式的结论"。他认为"关于抗战后党内若干历史问题，因为抗战阶段尚未结束，留待将来做结论是适当的"。这样，就确定了《决议》的时限和所要解决的重点问题。为了不因用较多的篇幅总结十年间党内机会主义错误的表现及社会历史根源而误导读者，毛泽东在第五次修改稿中加写了一段话：中国共产党自从产生以来，就以马克思主义的普遍真理与中国革命的具体实践相结合为自己一切工作的指针。他简要总结了中共成立以来在北伐战争、土地革命与抗日战争时期24年间的光辉历程与业绩，从而凸显了中共对中华民族独立与解放事业的伟大贡献和无可替代的重要作用，奠定了《决议》的基调。

在毛泽东的亲自主持下，经过长时间的反复征求意见和讨论修改，1945年4月20日，中共扩大的六届七中全会最后一次会议，一致通过《决议》。该决议对毛泽东运用马克思列宁主义的理论方法解决中国革命问题给予极高的评价，指出在全党确立毛泽东领导地位的重大意义；对于党在历史上的若干问题，特别是对王明"左"倾机会主义错误作了全面的系统的批判，并本着实事求是的原则，作出了正确总结；对历史上犯错误的同志本着"既要弄清思想又要团结同志"的方针，进行了诚恳的批评。毛泽东在会议发言中强调，《决议》不但是领导机关内部的，而且是全党性质的，要对全党与全国人民负责的。他还特别指出：《决议》把许多好事都挂在我的账上，我的错误缺点没有挂上，不是我没有而是没有挂，为了党的利益没有写上，这是大家要认识清楚的，首先是我。

《决议》从酝酿起草到六届七中全会讨论通过，再到在七大期间的修改和七届一中全会第二次会议最终定稿，前后历时近4年，凝聚了全党的智慧，不仅体现了整风运动的胜利成果，使全党对党的历史有了统一的认识，为全党的团结和中共七大的召开奠定了思想基础，而且发动制定《决议》的过程，就是梳理研究奠定中共党史学科基础的过程，它的问世对中国共产党的历史发展进程和中共党史学科的建设,产生了深远的影响。

中国共产党在成立之初确定,每年召开一次党的全国代表大会,一大到六大基本上是如期召开的。第七次全国代表大会,酝酿的时间则很长。这主要是国民党反动统治的白色恐怖和复杂多变的斗争形势所迫。三大主力红军会师后,全党实现了在遵义会议精神指导下的团结统一,面对领导全面抗战的新任务和新形势,召开七大得以提上议事日程。1937年12月,中共中央政治局会议作出决定,在近期适当时机召开七大,并成立了中共七大筹备委员会,毛泽东为筹备委员会主席。继而推迟到1942年,后又决定在1943年底,结果又延期。七大之所以一而再再而三地推迟召开,一方面是由于战争关系,时间紧张,工作繁忙,而且交通阻隔,高级领导干部难以集中;另一方面主要是全党,特别是党的高级干部对党在历史上的一些重大是非问题的认识存在分歧,思想还不统一。经过系统地学习研究中共党史、广泛地开展调查研究和深入全面地进行整风,全党受到一次深刻的马克思主义教育,党内把马克思主义教条化、把共产国际决议和苏联经验神圣化的错误倾向得到根本的破除,实事求是、马克思主义与中国革命具体实践相结合的思想,深入人心。全程参加延安高级干部整风活动的杨尚昆回忆说:"回想起来,我觉得延安整风学习马列,研究历史,分清路线,整顿'三风',特别是毛主席提倡'实事求是',从思想方法的高度总结历史经验教训,这是很伟大的,不然,全党的思想统一不了,七大可能开不成功,以后中国革命的发展也不会那么快取得胜利。"①即使是王明,也在六届七中全会闭幕前夕致信中央表示:"我对于七中全会根据毛泽东同志的正确思想和正确路线以及近年来全党同志在整风运动与党史学习的认识,而作出的对各次尤其是第三次'左'倾路线在政治上、组织上、思想上所犯严重的错误的内容实质与其重大的危害以及产生此种错误的社会的和历史的根源底分析和估计,完全同意和拥护。这条路线的错误

---

① 《杨尚昆回忆录》,中央文献出版社2001年版,第215页。

和危害，早已由历史实践所充分证明。"①

1945年4月23日，已经拥有121万党员的中国共产党在延安召开第七次全国代表大会。中共七大是在中国人民抗日战争胜利的前夜召开的，抗日战争的胜利是中华民族由衰落走向复兴的伟大转折点；七大又是在中国人民面临两种道路、两种命运抉择的关键时刻召开的，它不仅确定了彻底驱逐日本帝国主义出中国和建设一个独立、自由、民主、统一和富强的新中国的路线，描绘了建立社会主义中国的宏伟蓝图，而且正式确定"中国共产党，以马克思列宁主义的理论与中国革命的实践之统一的思想——毛泽东思想，作为自己一切工作的指针"；七大以一次"团结的大会，胜利的大会"载入了史册。七大之后，中共在毛泽东思想的指引下，为争取创建一个光明的中国，开启了新的征程。

---

① 《胡乔木回忆毛泽东》（增订本），人民出版社2014年版，第321页。

第十一章　延安十年——枣园时期

1943年3月20日，毛泽东正式担任中共中央政治局和中央书记处主席；10月，毛泽东和中共中央书记处迁到枣园，直至1947年3月撤离延安。

一、"政治工作是革命军队的生命线"——抗战形势下的军队政治工作

抗日战争时期，在国共合作新形势下，军队党的建设遇到新的问题：一方面，由于土地革命战争时期发生在党内的教条主义的思想路线在全党范围内还没有彻底清除，因而军队政治工作中的教条主义和形式主义还明显地存在着，并产生着消极影响。在抗战特殊的历史背景下，土地革命战争时期取消了的党委制未能恢复，而且曾一度取消了政治部和政治委员制度，军队党的建设受到一定程度的削弱。另一方面，由于环境和任务的改变，陕甘宁边区部队中也一度在军党、军政、军民关系方面存在着同党闹独立性、不执行中央的指示以及忽视政治工作的地位、管理简单粗暴、搞特殊化等军阀主义和教条主义偏向。

在1942年2月全党整风运动发动之前的1月下旬，毛泽东就致信时任中央军委总政治部副主任的谭政和时任八路军留守兵团政治部主任的莫文骅，"将四军九次大会决议多印数千份，发至留守部队及晋西北部队，发至连长为止，每人一本，并发一通知，叫他们当作课材加以熟读（各级干部均须熟读）"[①]。八路军留守兵团接到毛泽东这一指示后，即大批印发

[①] 中共中央文献研究室编：《毛泽东年谱（1893—1949）》（修订本）中卷，中央文献出版社2013年版，第355—356页。

红四军九大决议给各部队,并于四月六日向各部队发出训令,指出:"中国共产党红军第四军第九次代表大会决议案,不仅对当时中国红军的建军上有着很大的意义与决定作用,就是对今天八路军、新四军的建设上,仍然有着伟大的实际意义。"[1]这样,在留守兵团机关及各部队学习《古田会议决议》的同时,开始了整风整军运动。

1942年10月召开了中央军委检查留守兵团领导工作的整风会议,谭政在大会上发言,对留守兵团存在的问题进行了初步概括,并指出了留守兵团领导上应承担的责任。随后1942年冬中共中央西北局召开高级干部会议,进行整风学习。1942年10月19日,毛泽东在中共中央西北局高级干部会议开幕会上讲话提出:"这次开会我们是要大检查、大整顿。我们这次所提出的'七整'——整政、整军、整民、整党、整财政、整经济、整关系,就是本着这种精神来做的。通过'七整',要达到精简、效能、统一、节约、反官僚主义五项目的。其中尤其达到统一是最重要的,一定要作到统一领导。"[2]根据西北局高干会议精神,留守兵团在延安召开了团以上军政干部会议,检讨军队工作。谭政在会上作了题为《肃清军阀主义倾向》的动员报告,更加系统地分析了当前存在的主要问题及其原因,明确了留守部队整风运动的目标。按照这次军政干部会议的精神和布置,留守兵团各部队便在1943年展开了严肃认真的整风运动。各旅、各团一面进行农业生产,一面进行整风学习,检查思想和工作。经过一年的整顿,边区部队纠正了军阀主义和教条主义的偏向,确立了以西北局为首的,包括边区党政军民在内的一元化领导系统,使部队建设和政治工作都发生了根本性的变化。1943年春节前后,全边区开展拥政爱民、拥军优属运动,之后又在部队里继续进行拥政爱民工作,结果涌现出许多拥政爱民模范;在开荒生产运动中,也出现了大批的劳动英雄;在教导一旅第十六团,

---

[1] 中共中央文献研究室编:《毛泽东年谱(1893—1949)》(修订本)中卷,中央文献出版社2013年版,第356页。

[2] 中共中央文献研究室编:《毛泽东年谱(1893—1949)》(修订本)中卷,中央文献出版社2013年版,第408页。

运用连队举行坦白大会的效果,首先开展尊干爱兵运动,推动全区部队加强了官兵团结;各部队在1943年冬季练兵运动中,采取"官教兵、兵教兵、兵教官"的办法,也取得了很好的成绩,提高了军事技术水平;在留守兵团政治部编辑出版的《部队生活》报上,刊载部队的好人好事层出不穷;在全边区召开的英模大会上,部队出席的英模代表数量最多。这些整风运动的实例也成为谭政总结一年多留守兵团整风运动经验的充实论据。

为了系统总结部队政治工作特别是党的建设方面的经验教训,指导部队建设,需要起草一个关于政治工作的历史性文件。在延安整风进入总结提高阶段后,毛泽东召集陕甘宁晋绥联防军主要领导人贺龙、徐向前、萧劲光、谭政等专题研究政治工作问题,并提议由谭政来起草这个历史性文件。

谭政受领起草报告的任务后,中央军委总政治部专门作出了全面检查军队政治工作的决定。边区部队和敌后各个根据地的部队,遵照总政指示和决定,先后对部队的情况和整风以来取得的进步和经验进行了大量的调查研究,整理出一批很重要的材料,仅陕甘宁联防军考察组就汇编了4集13本材料。在此期间,谭政遵照党中央和毛泽东等领导人的指示,在深入调查和研究上述材料的基础上,写成了《关于军队政治工作问题》的报告初稿,并送毛泽东审阅。毛泽东作了修改,加写了3000字左右,并指示将修改稿送周恩来审阅,同时向正在中央党校学习的各根据地党政主要领导干部征求意见。1944年春,西北局再次召开高干会时,又组织出席会议的各级干部266人,对报告稿进行多次讨论,充实和丰富了报告的内容。其间,毛泽东又作了几次重要修改,加写了许多精辟论述。最后,经中央扩大的书记处会议讨论通过。

1944年4月11日,时任中央军委总政治部副主任兼任陕甘宁晋绥联防军副政委、政治部主任的谭政受党中央、毛泽东的委托,在延安召开的西北局高干会上作了《关于军队政治工作问题》的报告。这个报告是继古田会议决议后,人民军队政治工作的又一历史性文献和里程碑。如果说古田会议决议开创了人民军队政治工作体系，奠定了人民军队党的建设的基础，那么，《关于军队政治工作问题》的报告则是全面总结了古田会议决议之后15年来人民军队政治工作的基本经验，对人民军队政治工作带共性的、规律性的问题进行了理论概括，科学地阐明了人民军队政治工作的基本理论、基本原则和基本制度，标志着人民军队政治工作在理论和实践上进入一个成熟阶段。谭政《关于军队政治工作问题》的报告中关于政治工作的许多重要论断，实际上是毛泽东的论述。毛泽东对谭政《关于军队政治工作问题》的报告进行了大量的修改和补充，特别是对报告的第二部分"关于发扬政治工作中的成绩与纠正政治工作中的缺点"[1]进行了较大改动。可以说《关于军队政治工作问题》的报告凝聚了谭政和毛泽东共同的心血和汗水。

需要指出的是，虽然毛泽东对报告多次修改增删，以至于重抄以后才能再次修改，但是他对原稿的基本内容和结构并没有变动，而是在谭政原稿的基础上进行改动和发挥的。这一情况，充分说明这篇报告对军队工作，特别是军队政治工作确实具有重要的指导作用。同时也可看出，毛泽东对谭政在原稿中总结的经验、提出的问题、阐述的观点，都是相当欣赏和认同的。

《关于军队政治工作问题》的报告全文共约2.4万字，主要从三个方面、七个问题，总结了人民军队政治工作的历史经验和是非得失。这一报告对人民军队政治工作创新性的论述，是对人民军队党的建设的重大贡献。

军队政治工作和政治工作制度是毛泽东一直高度关注并竭力实践的重大问题。早在1936年12月，毛泽东写《中国革命战争的战略问题》一文时，就曾计划专写一章有关政治工作的问题，后因发生西安事变，毛泽东忙于处理事变的一些重大问题，没有再写这一章。[2]但他在审阅谭政《关于

---

[1] 《中共中央宣传部、总政治部关于印发谭政〈关于军队政治工作问题〉的通知》（1944年4月20日），《建党以来重要文献选编（1921—1949）》第21册，中央文献出版社2011年版，第214页。

[2] 参见《中国革命战争的战略问题》（1936年12月），《毛泽东选集》第1卷，人民出版社1991年版，第170页题注。

军队政治工作问题》的报告时，却加写了许多重要的段落，特别是写了对全军历史问题的评价，政治工作中教条主义作风与实事求是作风的对比和分析，以及政治工作的成绩与缺点的对比和分析等重要部分。可以说，这个报告是古田会议决议和《中国革命战争的战略问题》两篇著作的续篇。

毛泽东主要在九个方面对《关于军队政治工作问题》的报告进行了修改和补充：

关于政治工作的基本原则。"中国共产党从它参加与领导中国民族民主革命以来，从它参加与领导为这个民族民主革命而战的革命军队以来，就创设了并发展了军队中的革命的政治工作。这种政治工作的基本原则，是以民族民主革命的纲领教育群众，是以人民革命的精神教育军队，使革命军队内部趋于一致，使革命军队与革命人民、革命政府趋于一致，使革命军队完全服从革命政党的政治领导，提高军队的战斗力，并进行瓦解敌军、协和友军的工作，达到团结自己，战胜敌人，解放民族，解放人民的目的，这就是我们的军队和其他军队的原则区别。我们说，共产党领导的革命的政治工作是革命军队的生命线，就是指的这个意思。"[1]

关于中国共产党对军队的领导。"如果我们的军队没有共产党领导，如果没有共产党领导的革命的军事工作与革命的政治工作，那是不能设想的。没有共产党的领导，就不可能有彻底拥护人民利益的军事工作与政治工作，而如果没有这种军事工作与政治工作的军队，就不可能是彻底拥护人民利益的军队。八路军新四军在抗日战争中之所以能够如此英勇坚持，艰苦奋斗，再接再厉，百折不回，其根本原因就在这里。"[2]

关于政治工作的成绩和优良传统。"以内战时期来说，我们军队在其初期是创造的时期，其中期是发展的时期，其后期是受到某些挫折但同时有其成绩的时期，政治工作也有其创造、发展与受某些挫折但同时有某些

---

[1] 中共中央文献研究室编：《毛泽东年谱（1893—1949）》（修订本）中卷，中央文献出版社2013年版，第506—507页。

[2] 中共中央文献研究室编：《毛泽东年谱（1893—1949）》（修订本）中卷，中央文献出版社2013年版，第507页。

成绩的情形。特别是在内战初期与中期，在对敌斗争的政治工作上，在协调军党关系、军政关系、官兵关系、军民关系、上下级关系、军事工作与政治工作关系、各部分军队间友好关系的政治工作上，总之一句话，在团结自己、战胜敌人的工作上是有很多的创造，以至于到今天还成为我们军队的一部分优良传统。"[1]"以抗战时期来说，其初期是生动活泼的，是有伟大成绩的。在这时期内，整个八路军新四军在党的领导下，发展了抗日游击战争，扩大了抗日武装力量，团结了广大人民群众于自己的周围，收复了广大的失地，建立了许多抗日民主根据地，抗击了大量的民族敌人，以至于能够协助处在正面阵地的国民党军队停止了敌人的战略进攻，保障了中华民族不被日本帝国主义所击败，这些都是做得很好的，很正确的。在抗战的中期，尤其是最近几年，整个军队继续执行了党的路线，与党的许多具体政策，以至于能够抗击了日寇侵华军队的百分之五十八、伪军的百分之九十，以至于能够破击敌伪军无数次的反复的残酷的'扫荡'，能够有效地对付其杀光抢光烧光的所谓'三光'政策，能够使被敌人再度夺去的许多中国土地，又被我军再度夺回来，能够忍受史无前例的没有政府接济、缺乏武器、缺乏弹药、缺乏药品、缺乏粮食被服的无限困苦，而为中华民族，为同盟各国，坚持了一条中国大陆上最重要最有力的抗日战线，这些也都是做得很好的，很正确的。总之，不论在内战时期与抗战时期，整个军队的成绩是伟大的，军队政治工作的成绩也是伟大的。军队中从事政治工作的人员，也和从事军事工作的人员与从事后勤工作的人员一样，他们是有功劳的，是对中国人民有了光荣的贡献的。"[2]

关于纠正政治工作中的缺点和教条主义作风。"但是，我们的政治工作（这里只说政治工作），是存在过与存在着缺点的，我们应该采取自我

---

[1]《中共中央宣传部、总政治部关于印发谭政〈关于军队政治工作问题〉的通知》（1944年4月20日），《建党以来重要文献选编（1921—1949）》第21册，中央文献出版社2011年版，第215页。

[2]《中共中央宣传部、总政治部关于印发谭政〈关于军队政治工作问题〉的通知》（1944年4月20日），《建党以来重要文献选编（1921—1949）》第21册，中央文献出版社2011年版，第215—216页。

批评态度,检讨这些缺点,克服这种缺点,以便更好地改进我们的工作,达到团结自己,战胜敌人,打倒日本帝国主义的目的。"①"就其消极方面说来,却又产生了一种不正确的作风,这就是政治工作中的教条主义作风(这种教条主义作风,在军事工作特别是在军事教育工作中也是存在的,这里不去论列)。这种教条主义,在我们工作中的最典型的表现,就是爱好空谈,脱离实际;重视形式,轻视内容;团结少数,脱离多数。"②

关于犯教条主义毛病的原因。"某些同志之所以或多或少地犯这种毛病的原因,在于他们的主观主义教条主义的方法论。这种方法的表现,就是他们在许多时候,只凭主观臆想办事,忽视中国革命的实际和当时军队的实际,机械地搬运外国经验,不适当地强调当时军队的正规化,割断我们军队的斗争史。这些同志喜欢从口头上、从形式上强调所谓无产阶级的领导作用,但是在实际上却放松了无产阶级思想(即马列主义)对于从农民与小资产阶级出身的人们在思想上的改造工作和教育工作,实际上不甚重视与不甚强调我们军队所应该认真倡导与认真实行的真正的军党一致、军政一致、军民一致、官兵一致、上下级一致、军事工作与政治工作一致、各部分军队间的一致等等基本思想,不是严肃地认真地把这些思想列为政治工作的基本内容与基本工作方向,而是把这些基本内容、基本方向,当作不甚重要的东西,却从形式方面重视了与强调了许多不应该重视不应该强调的东西。"③

关于党内生活上的过火斗争的问题。"在党内生活上,内战后期曾经

---

① 《中共中央宣传部、总政治部关于印发谭政〈关于军队政治工作问题〉的通知》(1944年4月20日),《建党以来重要文献选编(1921—1949)》第21册,中央文献出版社2011年版,第216页。

② 《中共中央宣传部、总政治部关于印发谭政〈关于军队政治工作问题〉的通知》(1944年4月20日),《建党以来重要文献选编(1921—1949)》第21册,中央文献出版社2011年版,第217页。

③ 《中共中央宣传部、总政治部关于印发谭政〈关于军队政治工作问题〉的通知》(1944年4月20日),《建党以来重要文献选编(1921—1949)》第21册,中央文献出版社2011年版,第217页。

普遍采用了过火斗争的方针,缺乏惩前毖后治病救人的精神。军队中的党内生活,也发生过这种不正常的情形,以致许多不应该受打击的同志受到了错误的打击。抗战时期,这种情形有了改变,但其残余没有肃清,还发生过若干错误地打击不应该受打击的同志的情形。"①

关于政治工作的适当地位。"在抗战初期,曾经一时迁就国民党,取消了政治委员制度,降低了政治工作的地位,这是错误的。后来改正了,恢复了政治委员制度,提高了政治工作地位,这是很对的。政治工作在任何一部分革命军队中,都应有其适当的地位,都应适当地强调它的作用,否则这个部队的工作就要受到损失。特别是在那些政治工作比较薄弱的部队,这样的强调十分必要。对于政治工作地位的过分强调是不对的,但是没有必要的强调,没有必要的地位,也是不对的。"②

关于"霸道"和"王道"。"如果说对敌人是用'霸道',那末,对同志、士兵,对人民、对朋友,就是用'王道'。对前者是打击,是消灭;对后者是尊重,是说服。如果不去学会分别这两者,如果把对待敌人的态度有时稍微误用了去对待同志、士兵、人民与朋友,那就是犯了极大错误。严格地分别这两种态度正是我们的历史传统,今后同样应当予以大大的发扬。"③

《关于军队政治工作问题》的报告第二部分的结语。"经验已经给我们证明:干部中群众中蕴藏的正气、热忱、创造性、积极性,一经被启发,就会是取之不尽用之不竭的源泉,就会变成长江大河,一泻千里,那时来看

---

① 《中共中央宣传部、总政治部关于印发谭政〈关于军队政治工作问题〉的通知》(1944年4月20日),《建党以来重要文献选编(1921—1949)》第21册,中央文献出版社2011年版,第218页。

② 《中共中央宣传部、总政治部关于印发谭政〈关于军队政治工作问题〉的通知》(1944年4月20日),《建党以来重要文献选编(1921—1949)》第21册,中央文献出版社2011年版,第219页。

③ 《中共中央宣传部、总政治部关于印发谭政〈关于军队政治工作问题〉的通知》(1944年4月20日),《建党以来重要文献选编(1921—1949)》第21册,中央文献出版社2011年版,第225页。

我们过去的缺点，就会显得不过是像太阳中的一些黑点了。我们的党，我们的军队，我们的人民本来是太阳，这个太阳是要照耀全世界的。"①

从上述论述中可以看出，经过毛泽东改写和补充的《关于军队政治工作问题》的报告，是继古田决议后，关于中国共产党和人民军队政治工作的十分重要的文献，是毛泽东政治工作思想的光辉表述。人民军队政治工作经历了一个产生、形成和发展的漫长过程。如果说，北伐战争时期是萌芽和雏形阶段，土地革命战争时期是奠定基础和形成阶段，那么抗日战争时期就是全面发展并达到成熟的阶段。毛泽东在中共扩大的六届六中全会上作结论时曾指出："政治工作的研究有第一等的成绩，其经验之丰富，新创设之多而且好，全世界除了苏联就要算我们了，但缺点在于综合性和系统性的不足。"②《关于军队政治工作问题》的报告对于弥补这种不足，应该说是一个重大的突破。

1944年4月20日，中共中央宣传部和总政治部专门颁发了《关于印发谭政〈关于军队政治工作问题〉的通知》。该通知指出："这一文件不但特殊地解决了军队政治工作问题，而且也一般地解决了我党历史经验、领导方法与工作作风上的许多问题，为全党干部所应注意。"③报告"是八路军新四军政治工作问题的全面总结，其中关于发扬成绩纠正缺点部分，及组织形式工作制度部分，都是八路军新四军全体适用的；关于边区经验部分，亦值得全军重视。"④因此，该通知规定："八路军新四军连级以

---

① 《中共中央宣传部、总政治部关于印发谭政〈关于军队政治工作问题〉的通知》（1944年4月20日），《建党以来重要文献选编（1921—1949）》第21册，中央文献出版社2011年版，第232页。

② 《战争和战略问题》（1938年11月6日），《建党以来重要文献选编（1921—1949）》第15册，中央文献出版社2011年版，第748页。

③ 《中共中央宣传部、总政治部关于印发谭政〈关于军队政治工作问题〉的通知》（1944年4月20日），《建党以来重要文献选编（1921—1949）》第21册，中央文献出版社2011年版，第202页。

④ 《中共中央宣传部、总政治部关于印发谭政〈关于军队政治工作问题〉的通知》（1944年4月20日），《建党以来重要文献选编（1921—1949）》第21册，中央文献出版社2011年版，第202页。

上一切政治工作、军事工作、后勤工作干部，应一律将此文件作为整风文件与固定教材，加以研究讨论，并须联系实际，改造自己的思想与工作。对于文化程度低的干部与全军战士，则应根据这一文件的精神与各部队中存在的具体问题，编为通俗教材，进行普遍的教育与检讨。"①

根据中共中央和总政治部的指示精神，全军上下展开了普遍而深入的学习讨论《关于军队政治工作问题》的活动，各部队在把握内容、领会精神的基础上认真执行，使全军党的建设有了显著进步，政治工作出现了新面貌。特别是在改进机关作风、改造干部思想作风、实行群众路线、密切党与群众的联系、改善官兵关系和军民关系、改进部队基层党的工作等方面，取得了丰硕成果和丰富经验，从而充分发挥了政治工作的作用。《关于军队政治工作问题》的报告中所阐述的基本原则，对新的历史条件下军队党建仍具有巨大的指导意义。它作为毛泽东建党建军思想的重要组成部分，永远是人民军队党的建设的指南。

二、"一个不杀，大部不捉"——纠偏延安审干运动

由于中国革命的任务异常艰巨，中国革命的敌人异常强大，因此，中国革命的道路不可能是议会斗争或其他的改良主义形式，而只能是被压迫阶级推翻中外反动统治阶级的生死大搏斗，只能是以"武装的革命反对武装的反革命"。由上述情况所决定，大革命失败后，中共在敌人统治力量相对薄弱的各省交界地区组织发展起来的各红色根据地和抗日战争时期在敌后开辟的抗日民主根据地，将长期处于武装到牙齿的敌人强大力量的包围压迫下，中共和中国革命只能是长期在敌我力量悬殊的艰险条件下求得生存和发展。所以，为了抗击反动军队的进攻和渗透，为了镇压辖区内敌对势力的破坏和反抗，肃反和防范党内军内的变节分

---

① 《中共中央宣传部、总政治部关于印发谭政〈关于军队政治工作问题〉的通知》（1944年4月20日），《建党以来重要文献选编（1921—1949）》第21册，中央文献出版社2011年版，第202页。

子与潜藏敌人，就势在必行。在土地革命时期，各个苏区在实行肃反斗争的过程中，在不同阶段，都曾出现程度不同的肃反扩大化问题，留下了沉痛的教训。

遵义会议后，毛泽东和中共中央在确立正确的军事路线的同时，解决了组织路线问题，确立毛泽东在全党和全军的领导地位，形成以毛泽东为核心的新的稳定的中央领导集体，这不仅标志着中共实现由幼年到成熟的伟大转变，而且奠定了中共确立正确的政治路线的基础。1935年12月召开瓦窑堡会议，确定建立抗日民族统一战线的策略方针，实现党的政治路线的转变。在共同抗日的目标下，不仅小资产阶级、民族资产阶级作为团结依靠的对象，而且地主阶级中的开明绅士、大资产阶级中的英美派也都成为争取团结的对象。毛泽东和中共中央以调整对富农政策为突破口，在倡导和促成全民族抗日统一战线的过程中，全面调整阶级政策。其结果，原来肃反时认定的最危险的敌人——中间阶级，现已成为团结依靠的对象，这就实际为彻底纠正和杜绝肃反扩大化的错误扫清了理论障碍。从此以后，直到人民解放战争进入战略反攻阶段以前，虽然敌强我弱的大格局长期存在，虽然各抗日民主根据地和解放区的肃反工作依然继续，但是，再也没有出现苏区时期那种严重的肃反扩大化错误。然而，在延安整风的审干运动中，在这个问题上却再度出现波折。

抗日战争全面爆发后，中国共产党所面临的形势日益复杂，党的工作任务空前加重，亟须大量优秀的党员干部承担起历史的重任。1938年3月，中共中央发出了《关于大量发展党员的决议》，号召"大量的十百倍的发展党员"[1]。全国各地各级党组织纷纷响应中央号召，掀起了大量发展党员的热潮。经过一年多的发展，全国党员人数猛增了近20倍，但是新发展党员的质量问题严重影响着党组织的纯洁与巩固。在这种情况下，中共中央决定暂时一般地停止发展党员，转而纯洁巩固党的组织，党员

---

[1] 《中共中央关于大量发展党员的决议》（1938年3月15日），《建党以来重要文献选编（1921—1949）》第15册，中央文献出版社2011年版，第186页。

干部的审查工作成为党的一项重要工作内容。为了系统地指导党员干部的审查工作，1940年8月1日，中共中央专门发出了《关于审查干部问题的指示》。对于干部审查的内容，该指示作了详细规定：一是考查干部对党的忠实程度，是否有过反党、反革命的行为。二是对每个干部的历史、社会关系、家庭背景进行调查；是否脱离过党，后来是否恢复、如何恢复；是否被捕过，被捕后的政治表现如何，释放的经过是怎样；如果犯过重大政治错误，错误的内容和性质又是如何。

对于干部审查的方式，该指示指出：首先要由本人亲自填写表格，详细写出自己的履历；其次，干部科工作人员要对其进行仔细谈话，对其重要关节，还需要找到旁证人作书面证明；之后由干部科会议讨论作出结论说明，送上级党委、军政治部甚至军政委员会审核、保存。

对于审查出有问题的干部，该指示强调要区别对待：对于政治上不坚定的干部，应当将其工作进行调动或撤销；对于曾经犯过错误，但在本质上好的干部，则应进行教育改正；而对于内奸叛徒则应当坚决清洗出去。

1941年皖南事变后，国民党加大实行"溶共""防共""限共""反共"政策的力度，派出特务不遗余力地向陕甘宁边区渗透。据统计从1939年到1944年，陕甘宁边区周边的特务机构达53个，特务据点达57个，五年间受派遣的特务达700多人。[①]1941年底，延安中共中央和中共驻重庆办事处的密电码被国民党军统破译，1942年，有60多份电报被破译，导致数位中共重要人物被捕。[②]之后，又出现了党内多起叛变事件，1942年2月，八路军洛阳办事处处长袁晓轩叛变，并供述了大量机密；中共南方工委遭叛徒破坏，张文彬、廖承志等领导人被捕。1942年前后的一系列特务案件及多起泄密事件，更加引起了党对特务、奸细的警觉。同时，日本侵略者也派遣奸细打入陕甘宁边区。在这种情况下，1942年延安整风后期，陕甘宁边区开始了审干运动。可以说，在整风运动的同时，审干与反特、锄奸工

[①] 王彪：《"汉训班"案：陕甘宁边区反特第一案》，《湖北档案》2012年第3期。
[②] 杨奎松：《国民党的"联共"与"反共"》，社会科学文献出版社2008年版，第465页。

作交相进行。

为了进一步推动整风运动和审干运动的开展，1942年4月3日，中共中央宣传部发出经毛泽东修改的《关于在延安讨论中央决定及毛泽东同志整顿三风报告的决定》。同年6月19日，在中共中央政治局会议上讨论整风学习问题时，毛泽东说："现在的学习运动，已在中央研究院发现王实味托派。我们要发现坏人，拯救好人，要有眼光去发现坏人，即托派、日特、国特等三种坏人。要区别坏人及犯错误的同志，要做细密的观察、调查工作。"①毛泽东的讲话，实际上提出了整风运动中审查干部的问题。

1942年5月21日，中共中央成立总学习委员会（以下简称"总学委"），"由毛泽东负总责，康生副之"②。实际上康生主持总学委的日常工作，领导整风运动。同时，康生是中央社会部部长，主持审干工作，他大搞"逼、供、信"，将审干工作逐渐引入歧路。同年12月16日，康生在西北局高干会上作了关于锄奸问题的报告，开始宣传"特务如麻"。可以说，西北局高干会揭开了延安审查干部运动的序幕。

1943年4月3日，中共中央发出《关于继续开展整风运动的决定》。因为1年前，即1942年4月3日，中共中央宣传部发过一个《关于在延安讨论中央决定及毛泽东同志整顿三风报告的决定》，当时是4月3日发出的，人们简称为"四三决定"。因此，人们习惯地称这个决定为新"四三决定"。

新"四三决定"指出："整风的主要斗争目标，是纠正干部中的非无产阶级思想（封建阶级思想，资产阶级思想，小资产阶级思想）与肃清党内暗藏的反革命分子。前一种是革命队伍中无产阶级思想与非无产阶级思想的斗争，后一种是革命与反革命的斗争。"③对整风运动的这一性质

---

① 中共中央文献研究室编：《毛泽东年谱（1893—1949）》（修订本）中卷，中央文献出版社2013年版，第387页。

② 中共中央文献研究室编：《毛泽东年谱（1893—1949）》（修订本）中卷，中央文献出版社2013年版，第380页。

③ 《中共中央关于继续开展整风运动的决定》（1943年4月3日），《建党以来重要文献选编（1921—1949）》第20册，中央文献出版社2011年版，第275页。

上的界定，大大地扩大了整风运动的内涵。1942年的"四三决定"把整风运动界定为"党在思想上的革命，是改正干部及党员思想、转变工作作风的锐利武器"①，就是说，它的主要任务是要纠正主观主义、宗派主义和党八股，树立马克思列宁主义的思想作风。但是在整风审干过程中，在康生"左"的错误思想指导下，片面夸大敌情，混淆两类不同性质的矛盾，造成了诸如王实味、吴奚如等一大批冤假错案。于是，新"四三决定"认为："又自抗日民族统一战线成立与我党大量发展党员以来，日寇与国民党大规模地施行其特务政策，我党各地党政军民学机关中，已被他们打入了大批的内奸分子，其方法非常巧妙，其数量至足惊人，这在延安的整风运动中已经充分证明。"②

这样，新"四三决定"便把"肃清内奸分子"作为整风运动的另一个"主要目标"。同时还指出："纠正错误思想与肃清内奸分子，是在整风过程中互相联系着，但在性质上又互相区别绝对不能混同的两件事。"③

为了同时完成这双重任务，新"四三决定"强调："在进行程序上，在各地整风的初期与中期，除领导机关的主要负责人应十分注意外，在公开号召中，必须绝对不提审查干部与肃清内奸的任务，只提纠正错误思想与检查工作的任务，否则不但干部的错误思想难于纠正，内奸亦不能发现与肃清。"④

新"四三决定"是不公开的，只发到各地学习单位的领导人，不与广大的干部和群众见面。由于延安的整风已经到了"学习党风"的第三阶段，因此贯彻新"四三决定"的重点是"着手选择确有证据的内奸分子，

---

① 《建党以来重要文献选编（1921—1949）》第19册，中央文献出版社2011年版，第193页。

② 《中共中央关于继续开展整风运动的决定》（1943年4月3日），《建党以来重要文献选编（1921—1949）》第20册，中央文献出版社2011年版，第275页。

③ 《中共中央关于继续开展整风运动的决定》（1943年4月3日），《建党以来重要文献选编（1921—1949）》第20册，中央文献出版社2011年版，第276页。

④ 《中共中央关于继续开展整风运动的决定》（1943年4月3日），《建党以来重要文献选编（1921—1949）》第20册，中央文献出版社2011年版，第276页。

开展群众斗争"①。

1943年4月5日，中共中央书记处会议决定："中央及军委直属单位和陕甘宁边区各机关，分别召集全体人员会议，号召特务奸细分子自首。"②随即，中共中央直属机关于4月9日和12日，召开了坦白动员大会。5月17日，边区召开党群系统工作人员会议，动员进行"坦白运动"。西北中央局书记高岗在会上作了《关于宽大政策的报告》。自此，延安机关学校的审干运动迅速全面展开。这时的审查干部，已经由最初的谨慎变成了一场问题丛生的群众运动。

为此，毛泽东于1943年7月1日致信康生，要他在《防奸经验》第6期上登载以下几句话："防奸工作的两条路线。正确路线是：'首长负责，自己动手，领导骨干与广大群众相结合，一般号召与个别指导相结合，调查研究，分清是非轻重，争取失足者，培养干部，教育群众。'错误路线是：'逼、供、信。'我们应该执行正确路线，反对错误路线。"③

但康生在实际执行中把它完全变了"味"。1943年7月13日，中共中央召开政治局会议，着重提出要加紧进行清查特务奸细的普遍突击运动与反特务的宣传教育工作。④7月15日，康生在延安中央大礼堂举行的大会上作《抢救失足者》报告，"抢救运动"开始。在报告中，康生说：一个人不小心掉进水里，平时的话可以从容去挽救，而如果遇上发大水，就要紧急去"抢救"，"现在是紧急的军事动员时期，他们（失足者）要在这紧迫的时间中挽救自己，而共产党也要在这紧迫的时间中挽救他们"。⑤在

---

① 《中共中央关于继续开展整风运动的决定》（1943年4月3日），《建党以来重要文献选编（1921—1949）》第20册，中央文献出版社2011年版，第277页。

② 中共中央文献研究室编：《毛泽东年谱（1893—1949）》（修订本）中卷，中央文献出版社2013年版，第432页。

③ 中共中央文献研究室编：《毛泽东年谱（1893—1949）》（修订本）中卷，中央文献出版社2013年版，第448页。

④ 中共中央文献研究室编：《毛泽东年谱（1893—1949）》（修订本）中卷，中央文献出版社2013年版，第455页。

⑤ 秦生：《延安"抢救运动"的失误与教训》，《甘肃社会科学》1993年第2期，第26页。

康生作这个报告后,延安开始了一场"抢救运动"。所谓"抢救运动",实际上就是"强迫坦白"。各机关学校清查出了大批的"特务"。

1943年7月,毛泽东在枣园同袁任远谈话,询问绥德搞"抢救运动"的情况。毛泽东反复讲:"不要搞逼供信,你逼他,他没有办法,就乱讲,讲了你就信。然后,你又去逼他所供出的人,那些人又讲,结果越搞越大。我们过去在肃反中有很沉痛的教训。我们这次无论如何不要搞逼供信,要调查研究,要重证据,没有物证,也要有人证。不要听人家一说,你就信以为真,要具体分析,不要轻信口供。对于有问题的人,一个不杀,大部不捉。杀人一定要慎重,你把人杀了,将来如有证据确实是搞错了,你虽然可以纠正,但人已死了,死者不能复生,只能恢复名誉。另外,也不要随便捉人,你捉他干什么,他能跑到哪里去。"[1]

1943年8月15日,中共中央发出了《关于审查干部的决定》。该决定中说:"特务之多,原不足怪。"并解释说:"在德意日法西斯国家及其附属国与占领地,欺骗与强迫千百万青年加入法西斯组织,并为其服务。……抗战期间,虽则一面利用共产党抗日,但是一面又极力反共,欺骗与强迫广大青年加入其组织,并将其中一部分变为职业特务,从事于反共破坏活动。日本法西斯则利用中国人作特务,其数量亦是很多的。故特务是一个世界性群众性的问题,不认识此点,就不能采取正确方针。"[2]

特务是一个"世界性群众性的问题"的立论,为康生制造的"特务如麻"舆论提供了理论根据,他以此作为采取反特务斗争方针的"立足点"。

该决定提出:"这一次我党在整风中审查干部,并准备进一步审查一切人员。"[3]这就是说,该决定不仅把审查干部的范围扩大了,而且还

---

[1] 中共中央文献研究室编:《毛泽东年谱(1893—1949)》(修订本)中卷,中央文献出版社2013年版,第460页。

[2] 《中共中央关于审查干部的决定》(1943年8月15日),《建党以来重要文献选编(1921—1949)》第20册,中央文献出版社2011年版,第531页。

[3] 《中共中央关于审查干部的决定》(1943年8月15日),《建党以来重要文献选编(1921—1949)》第20册,中央文献出版社2011年版,第531页。

要到群众中去开展反特务斗争，肃清奸细。但该决定重申了毛泽东关于审查干部的九条方针，即"采取首长负责，自己动手，领导骨干与广大群众相结合，一般号召与个别指导相结合，调查研究，分清是非轻重，争取失足者，培养干部，教育群众的方针"①。该决定还指出："上述首长负责的整个方针，是和内战时期曾经在许多地方犯过的错误的肃反方针根本对立的。这个错误方针，简单地说来，就是逼供信三字。审讯人对特务分子及可疑分子采用肉刑，变相肉刑及其他威逼办法；然后被审人随意乱供，诬陷好人；然后审讯人及负责人不加思索地相信这种绝对不可靠的供词，乱捉乱打乱杀。这是完全主观主义的方针与方法。"②"对于一切大小特务，叛徒，或被日本被国民党一时利用的普通分子（占多数），原则上一律采取争取政策，即宽大政策。延安审查出二千多人（其中有一部分人被弄错了或被冤枉了，准备在最后清查时给予平反），至今未杀一人。"③"我党必须采取争取大部至全部特务分子为我们服务的方针，否则我们就是失败的。不要有怕特务跑掉的恐惧心理。当然不是故意放纵，让其跑掉，但是不可因怕跑掉而主张多杀。在某种情形下，宁可让他们跑掉，亦不可多杀人，跑掉是比杀掉为有利的。只有少捉不杀，或少捉少杀，才可保证最后不犯错误。留得人在，虽有冤枉，可以平反（确实冤枉的必须平反，绝无犹豫余地）。多捉多杀，则一定会犯不可挽救的错误。"④

1943年10月9日，毛泽东在绥德反奸大会材料上批示说："一个不杀大部不抓是此次反特务斗争中必须坚持的政策。一个不杀则特务敢于坦

---

① 《中共中央关于审查干部的决定》（1943年8月15日），《建党以来重要文献选编（1921—1949）》第20册，中央文献出版社2011年版，第531页。

② 《中共中央关于审查干部的决定》（1943年8月15日），《建党以来重要文献选编（1921—1949）》第20册，中央文献出版社2011年版，第531—532页。

③ 《中共中央关于审查干部的决定》（1943年8月15日），《建党以来重要文献选编（1921—1949）》第20册，中央文献出版社2011年版，第534页。

④ 《中共中央关于审查干部的决定》（1943年8月15日），《建党以来重要文献选编（1921—1949）》第20册，中央文献出版社2011年版，第535页。

白,大部不抓(不捉),则保卫机关只处理小部,各机关学校自己处理大多数。须使各地委坚持此种政策。"①

毛泽东提出"一个不杀,大部不捉"的政策,延安的反特务斗争,虽然清查出了大批的"特务",但确实没有杀一个(自杀者除外)。毛泽东后来在七大上作结论时曾检讨:"在审干中间,提出一个不杀、大部不捉,九条方针并不是一开始就发明出来的,而是经过几个月情况的反映,逐渐积累才搞出来的。废止肉刑,不轻信口供,再加上九条方针,一个不杀、大部不捉,乱子就出不来了。但是这九条方针没有完全贯彻下去,以致有很多人不知道。"②

1943年12月22日,为了总结审干、"抢救运动"的经验教训,中共中央书记处举行会议,讨论反特务斗争问题。经过这场讨论,中共中央书记处对于延安知识分子的估计和"抢救运动"的看法,开始比较冷静了。会议决定将以下意见分别传达到各系统高级干部,加以研究后再交书记处作最后决定。传达的意见主要有:"(一)指出延安反特务斗争的过程,是由熟视无睹(指反特务斗争前)到特务如麻(指'抢救'运动以后),现在应进到甄别是非轻重的阶段。(二)指出'抢救'运动以来的反特务斗争,要从两方面去进行工作检查。好的方面:真正清查出一批特务分子;发现与培养了一大批有能力的干部;打破了官僚主义,提高了工作效能;暴露了许多人的错误,如贪污腐化等;深入地进行了阶级教育。阴暗的方面:夸大特务组织,甚至弄成特务如麻;某些部门或某些地方产生了群众恐慌的现象;有些部门被特务分子利用进行破坏;相当普遍地发生了怀疑新知识分子的现象;忽略统一战线,许多干部对统一战线的观念降低。(三)今后延安审查干部应转入新的阶段,即甄别是非轻重的阶段,须采用分析方法,将坦白分子分为六类:

---

① 中共中央文献研究室编:《毛泽东年谱(1893—1949)》(修订本)中卷,中央文献出版社2013年版,第475页。
② 《在中国共产党第七次全国代表大会上的结论》(1945年5月31日),《建党以来重要文献选编(1921—1949)》第22册,中央文献出版社2011年版,第518页。

特务分子、变节分子、党派分子、被特务利用的分子、党内犯错误分子、完全弄错的分子。毛泽东在会上指出：对特务分子也要分清重要的与普通的，自觉的与被迫的，首要的与胁从的。有许多青年在抗战初期加入国民党，是为了抗日，不是错误，他们的错误是没有向党报告。"[1]正是在这次中央书记处会议以后，延安"抢救运动"才得以真正停止，使得错误不再继续扩大。

从1944年10月起，毛泽东对审干、反特、反奸的问题，不断作出评价，并根据延安的经验教训，指导各抗日根据地的审干运动。

1944年10月25日，毛泽东在中共中央党校大礼堂对即将去前线的干部作报告时指出："审干、反特务发生许多毛病，特别是在'抢救运动'中发生过火。去年'抢救运动'，搞了十几天，我们马上就使它停止了。'抢救运动'的基本错误是缺乏调查研究和缺乏分别对待这两点。'抢救运动'有错误，错误是夸大了问题方面，但不能说是路线错了。"[2]

11月15日，毛泽东在一份情况通报上，关于反奸斗争的政策加写了一段话："我们必须坚持一个不杀大部不捉及九条方针的原则，不警惕不严肃的右倾思想是不对的，不谨慎不精细的'左'倾思想也是不对的。"[3]

11月19日，毛泽东主持中共六届七中全会主席团会议，讨论河南工作问题时指出："整个大后方的绝大多数党员是可靠的，要破除认为很多党员是不可靠的'左'的观点。有少数不可靠的，还要加以分析，要在斗争中进行考验。总之，需要有两种态度：一是严肃态度，二是谨慎态度，防止'左'的或右的观点。"[4]

---

[1] 中共中央文献研究室编：《毛泽东年谱（1893—1949）》（修订本）中卷，中央文献出版社2013年版，第486—487页。

[2] 中共中央文献研究室编：《毛泽东年谱（1893—1949）》（修订本）中卷，中央文献出版社2013年版，第553—554页。

[3] 中共中央文献研究室编：《毛泽东年谱（1893—1949）》（修订本）中卷，中央文献出版社2013年版，第559页。

[4] 中共中央文献研究室编：《毛泽东年谱（1893—1949）》（修订本）中卷，中央文献出版社2013年版，第559页。

12月20日，毛泽东主持中共六届七中全会主席团会议，听取董必武关于大后方工作报告时说："董老的报告很好。大后方工作有成绩，南方局、办事处、《新华日报》做了很好的工作。大后方有十万党员，绝大多数是可靠的，去年审干时估计有些错误。审干应采取严肃与谨慎的态度，两者缺一不可。"[1]

另外，从1944年起，毛泽东开始对"抢救运动"的错误主动承担责任，并进行赔礼道歉。1944年5月的一天，毛泽东对中央党校即将到前线去的学员发表讲话，在讲到整风、审干时，"毛泽东说：在整风中有些同志受了点委屈，有点气是可以理解的。但已经进行了甄别，还生气不讲团结，这就不好。整风中的一些问题，是则是，非则非，搞错了的，摘下帽子，赔个不是。讲到这里，毛泽东向大家敬礼赔不是，并说：同志们，我举起手向大家敬个礼，你们不还礼，大家想想，我怎么放下手呢？这时全场起立鼓掌"[2]。

1945年2月15日，毛泽东在中央党校演讲时，对"抢救运动"的错误再次主动承担了责任。"他说：前年、去年我们进行了审查干部的工作，取得了很大的成绩，但也犯了许多错误。这些错误谁负责？我负责，因为发号施令的是我。我赔一个不是。审干应采取严肃、谨慎的态度，严肃态度是反对右倾，谨慎态度是反对'左'倾，这是两条战线的斗争。"[3]毛泽东承担"抢救运动"错误的责任，是值得称道的，也是实事求是的，同时又是一种"高姿态"。

此后，毛泽东在中共七大上，又先后两次表示要对被搞错了的同志赔礼道歉。他在七大的口头政治报告中说："我们搞错了的就要说对不起，

---

[1] 中共中央文献研究室编：《毛泽东年谱（1893—1949）》（修订本）中卷，中央文献出版社2013年版，第567—568页。

[2] 中共中央文献研究室编：《毛泽东年谱（1893—1949）》（修订本）中卷，中央文献出版社2013年版，第517页。

[3] 中共中央文献研究室编：《毛泽东年谱（1893—1949）》（修订本）中卷，中央文献出版社2013年版，第581页。

戴错了帽子的就要恭恭敬敬地把帽子给脱下来，承认错误。"①毛泽东在七大上作结论时说："审干中搞错了许多人，这很不好，使得有些同志心里很难过，我们也很难过。所谓'一人向隅，满座为之不欢'。我们是与天下人共欢乐的。对搞错的同志，应该向他们赔不是，首先我在这个大会上向他们赔不是。在哪个地方搞错了，就在哪个地方赔不是。为什么搞错了呢？应该是少而精，因为特务本来是少少的，方法应该是精精的而不是粗粗的，但我们搞的却是多而粗，错误就是在这个地方。"②

在延安的审查干部工作中，毛泽东虽然忙于其他事务把实权交给了康生，使得审查干部工作一度偏离了正确的轨道，但毛泽东在整个运动中，不断发出反对"逼、供、信"的指示，及时纠正了反特扩大化，保证了整风运动的顺利进行，同时他多次站出来主动承担了所犯错误的责任。毛泽东正确处理和对待"抢救运动"的错误，为全党树立了批评与自我批评的光辉范例。在"抢救运动"中体现出来的毛泽东"惩前毖后，治病救人"的方针，既保证了党的纯洁性，又维护了党的团结和统一，增强了党的凝聚力与战斗力。

三、打破兴亡周期率的民主新路

在延安时期，毛泽东一直致力于中国共产党的自身建设，在以主要精力抓党的思想建设的同时，还以很大的精力进行党的作风建设和纪律建设，努力培养和树立共产主义的道德风范。他这方面的代表作有《反对自由主义》《为人民服务》《纪念白求恩》等。1940年2月1日，毛泽东在延安的民众讨汪精卫大会上不无自豪地指出："陕甘宁边区是全国最进步的地方，这里是民主的抗日根据地。这里一没有贪官污吏，二没有土豪

---

① 《在中国共产党第七次全国代表大会上的口头政治报告》（1945年4月24日），《建党以来重要文献选编（1921—1949）》第22册，中央文献出版社2011年版，第234页。

② 《在中国共产党第七次全国代表大会上的结论》（1945年5月31日），《建党以来重要文献选编（1921—1949）》第22册，中央文献出版社2011年版，第517页。

劣绅,三没有赌博,四没有娼妓,五没有小老婆,六没有叫化子,七没有结党营私之徒,八没有萎靡不振之气,九没有人吃磨擦饭,十没有人发国难财……谁人能够只要每月五块钱薪水呢?谁人能够创造这样的廉洁政治呢?"①建立风清气正的民主廉洁政府,是毛泽东的奋斗目标。

从陕北黄土高原走出的农民起义军李自成的成功与失败,成为毛泽东引以为戒的乡土教材。早在1929年12月《关于纠正党内的错误思想》一文中论述"关于流寇思想"时,毛泽东就指出:"凡此一切流寇思想的表现,极大地妨碍着红军去执行正确的任务,故肃清流寇思想,实为红军党内思想斗争的一个重要目标。应当认识,历史上黄巢、李闯式的流寇主义,已为今日的环境所不许可。"②当时毛泽东注重的是从用兵方略和建军方针的角度汲取李自成的教训。1944年4月29日,毛泽东在致李鼎铭的信中谈到时任陕甘宁边区参议会参议员李健侯所著《永昌演义》一书时就说:"近日鄙人阅读一过,获益良多。并已抄存一部,以为将来之用。""此书赞美李自成个人品德,但贬抑其整个运动。实则吾国自秦以来二千余年推动社会向前进步者主要的是农民战争,大顺帝李自成将军所领导的伟大的农民战争,就是二千年来几十次这类战争中的极著名的一次。这个运动起自陕北,实为陕人的光荣,尤为先生及作者健侯先生们的光荣。此书如按上述新历史观点加以改造,极有教育人民的作用,未知能获作者同意否?"③从信中可以推断,毛泽东已经将《永昌演义》读过一遍并将这部小说抄存一部,足见毛泽东对李自成失败教训的重视。

1944年3月19日至22日,郭沫若在重庆《新华日报》连载其史论新作《甲申三百年祭》。文中叙述了明末李自成农民起义军在攻入北京推翻明

---

① 《团结一切抗日力量,反对反共顽固派》(1940年2月1日),《毛泽东选集》第2卷,人民出版社1991年版,第718页。

② 《关于纠正党内的错误思想》(1929年12月),《毛泽东选集》第1卷,人民出版社1991年版,第94页。

③ 中共中央文献研究室编:《毛泽东年谱(1893—1949)》(修订本)中卷,中央文献出版社2013年版,第509页。

第十一章 延安十年——枣园时期

朝后，若干首领腐化并发生宗派斗争，以致陷于失败的过程。《甲申三百年祭》一文中包含着数个相关联而又不完全重合的论旨：既以明廷暗指国民党腐朽专制，投降外敌，又指出农民军在抗击外敌中所起的作用，褒扬中国共产党在抗战中的成绩，同时还表彰了农民革命中知识分子的重要作用。正是由于《甲申三百年祭》具有的重大现实意义，该文一发表便遭到了国民党御用文人的指责和围攻，认为郭沫若是在恶意影射国民党骄傲、腐败、搞宗派、不团结。与此相反，远在延安的毛泽东却对《甲申三百年祭》给予了高度评价。不仅是《甲申三百年祭》在论述农民革命的合理性，与毛泽东的观点高度契合，而且毛泽东又一向重视多角度汲取李自成的教训。因此，当他看到《甲申三百年祭》后，立即决定把李自成功败垂成的历史教训作为全党在即将夺取抗日战争胜利的历史转折关头的反面教材。

在《甲申三百年祭》发表20天后的1944年4月12日，毛泽东在延安高级干部会议上作了题为《学习和时局》的报告。他在报告中历数我党历史上因骄傲而吃了大亏的教训的同时，明确宣布把《甲申三百年祭》作为全党的学习材料，告诫全党要以李自成为戒，不要重犯胜利时骄傲的错误。他指出："我党历史上曾经有过几次表现了大的骄傲，都是吃了亏的。第一次是在一九二七年上半年。那时北伐军到了武汉，一些同志骄傲起来，自以为了不得，忘记了国民党将要袭击我们。结果犯了陈独秀路线的错误，使这次革命归于失败。第二次是在一九三〇年。红军利用蒋冯阎大战的条件，打了一些胜仗，又有一些同志骄傲起来，自以为了不得。结果犯了李立三路线的错误，也使革命力量遭到一些损失。第三次是在一九三一年。红军打破了第三次'围剿'，接着全国人民在日本进攻面前发动了轰轰烈烈的抗日运动，又有一些同志骄傲起来，自以为了不得。结果犯了更严重的路线错误，使辛苦地聚集起来的革命力量损失了百分之九十左右。第四次是在一九三八年。抗战起来了，统一战线建立了，又有一些同志骄傲起来，自以为了不得，结果犯了和陈独秀路线有某些相似的错误。这一次，又使得受这些同志的错误思想影响最大的那些地方的革命工作，遭到了很大的损失。全党同志对于这几次骄傲，几次错误，都要引为鉴戒。近日我们印了郭沫若论李自成的文章，也是叫同志们引为鉴戒，不要重犯胜利时骄傲的错误。"①

同时，毛泽东还针对党的历史上的宗派主义及其危害，特别是当时由于日寇的残酷"扫荡"，实行封锁，各抗日根据地处于分割状态而带来的问题指出："目前在我们党内严重地存在和几乎普遍地存在的乃是带着盲目性的山头主义倾向。例如由于斗争历史不同、工作地域不同（这一根据地和那一根据地的不同，敌占区、国民党统治区和革命根据地的不同）和工作部门不同（这一部分军队和那一部分军队的不同，这一种工作和那一种工作的不同）而产生的各部分同志间互相不了解、不尊重、不团结的现象，看来好似平常，实则严重地妨碍着党的统一和妨碍着党的战斗力的增强。山头主义的社会历史根源，是中国小资产阶级的特别广大和长期被敌人分割的农村根据地，而党内教育不足则是其主观原因。指出这些原因，说服同志们去掉盲目性，增加自觉性，打通同志间的思想，提倡同志间的互相了解、互相尊重，以实现全党大团结，是我们当前的重要任务。"②

根据毛泽东的指示，延安《解放日报》于1944年4月18日和19日，全文转载了《甲申三百年祭》；5月，延安新华书店总店出版了《甲申三百年祭》单行本。6月7日，中共中央宣传部和中央军委总政治部联合发出通知，号召党员干部认真学习《甲申三百年祭》。

通过《甲申三百年祭》的学习，全党上下精神面貌大为改观。为此，毛泽东于1944年11月21日复信郭沫若，谈及《甲申三百年祭》的文章："你的《甲申三百年祭》，我们把它当作整风文件看待。小胜即骄傲，大胜更骄傲，一次又一次吃亏，如何避免此种毛病，实在值得注意。倘能经过大手笔写一篇太平军经验，会是很有益的；但不敢作正式提议，恐怕太

---

① 《学习和时局》（1944年4月12日），《毛泽东选集》第3卷，人民出版社1991年版，第947—948页。

② 《学习和时局》（1944年4月12日），《毛泽东选集》第3卷，人民出版社1991年版，第940页。

累你。最近看了《反正前后》，和我那时在湖南经历的，几乎一模一样，不成熟的资产阶级革命，那样的结局是不可避免的。此次抗日战争，应该是成熟了的吧，国际条件是很好的，国内靠我们努力。我虽然兢兢业业，生怕出岔子，但说不定岔子从什么地方跑来；你看到了什么错误缺点，希望随时示知。你的史论、史剧有大益于中国人民，只嫌其少，不嫌其多，精神决不会白费的，希望继续努力。"[1]

1944年，如火如荼的抗战已进入了胜利的关键时刻，中国共产党内外普遍存在着希望早日胜利以松一口气的思想和厌战情绪，对胜利后遇到新的危险，缺乏思想和心理准备。时局在急剧变化，形势错综复杂，稍有不慎，就会危及全国大局。毛泽东致郭沫若的复信，就反映了他当时的复杂心情。

《甲申三百年祭》展现的历史教训，无疑使毛泽东如雷贯耳，警钟长鸣。在他的心中已经开始酝酿党内反腐防败的方略，他已开始做好应付新考验的思想准备。毛泽东及时地把《甲申三百年祭》作为党的整风文件列入史册，对于全党在思想上团结一致，全力争取抗日战争的最后胜利，做好对美蒋针锋相对斗争的准备，团结一切可以团结的力量，为迅速夺取解放战争的胜利奠定牢固的思想和政治基础，发挥了它的应有作用。

1945年6月2日，褚辅成、黄炎培、冷遹、王云五、傅斯年、左舜生、章伯钧致电毛泽东、周恩来，电报中说："团结问题之政治解决，久为国人所渴望。自商谈停顿，参政会同人深为焦虑。月前经辅成等一度集商，一致希望继续商谈。"[2]6月18日，毛泽东"和周恩来复褚辅成、黄炎培、冷遹、王云五、傅斯年、左舜生、章伯钧七参政员六月二日来电，欢迎他们来延安商谈国是。本日，毛泽东致电王若飞：复七参政员电请你抄送。'估计蒋得此消息后，不一定要他们来，如仍许其来，即使无具体内

---

[1] 中共中央文献研究室编：《毛泽东年谱（1893—1949）》（修订本）中卷，中央文献出版社2013年版，第560页。

[2] 中共中央文献研究室编：《毛泽东年谱（1893—1949）》（修订本）中卷，中央文献出版社2013年版，第608页注释。

容，只来参观，亦应欢迎之，并争取你陪他们同来。'"①1945年7月1日至4日，毛泽东在延安集体或分别会见了从重庆飞抵延安的褚辅成、黄炎培、冷遹、傅斯年、左舜生、章伯钧等六位国民参政员（王云五因病未能同行）。

黄炎培一行对延安的新气象深有感触，于是就有了毛泽东与黄炎培关于兴亡周期率的著名谈话。在他们即将离开延安前的一个晚上，毛泽东问黄炎培的感想怎样，"黄炎培说：我生六十多年，耳闻的不说，所亲眼看到的，真所谓'其兴也浡焉'，'其亡也忽焉'，一人，一家，一团体，一地方，乃至一国，不少不少单位都没有能跳出这周期率的支配力。一部历史，'政怠宦成'的也有，'人亡政息'的也有，'求荣取辱'的也有，总之没有能跳出这周期率。中共诸君从过去到现在，我略略了解的了，就是希望找出一条新路，来跳出这周期率的支配。毛泽东说：我们已经找到新路，我们能跳出这周期率。这条新路，就是民主。只有让人民来监督政府，政府才不敢松懈。只有人人起来负责，才不会人亡政息。"②

黄炎培从延安回到重庆后，不断有各方面的朋友询问他延安的见闻。黄炎培反复说了多遍，应接不暇。于是，他决定写一本小册子，介绍延安的情况。于是他口述，夫人姚维钧记录，用半个月的时间，以朴素的写实手法，记录所见所闻所谈，又收录他在延安写的日记，于是有了《延安归来》一书。该书第一部分回答了10个问题，即延安之行的动机、去延安的名义、对大局的看法、对延安的观感、延安的政治作风、与中共领导人谈话的经过、国共合作的前途等。第二部分是延安五天的日记。这本小册子未经送审，由黄炎培主持的中华职业教育社国讯书店突击出版发行，初版2万册，几日内销售一空。再版、翻印和以各种名义印行者数十种，前后发行达十几万册，产生了极大的反响。

---

① 中共中央文献研究室编：《毛泽东年谱（1893—1949）》（修订本）中卷，中央文献出版社2013年版，第608页。

② 中共中央文献研究室编：《毛泽东年谱（1893—1949）》（修订本）中卷，中央文献出版社2013年版，第610—611页。

第十一章 延安十年——枣园时期

　　黄炎培向毛泽东提出历史周期率的问题，并不是一时兴起的随便聊天，而是在对周期率问题深思熟虑的基础上，想通过该问题求解，来测试中国共产党的执政理念是否与自己的观念一致，进而在国共两党中作出选择。黄炎培作为中国民主同盟常委和国民参政会参政员，一方面极力奔走缓和已经紧张的国共关系，力避两党内战；另一方面也要在国共两党之间作出个人的取舍。由于国共两党的性质迥异以及各自所主张的政治路线存在严重对立，导致两党谈判完全停止，还没有取得抗战胜利的中国又笼罩在内战的阴云当中。黄炎培深知中国民主同盟力量薄弱且没有自己的军队，要想在将来的国家建设中发挥一定作用，就必须在国共两党之间作出一定取舍。生活在重庆的黄炎培已对国民党失去了信心，国民党的专制与腐败让其看不出中国的希望；另一方面，黄炎培从没去过延安，对共产党缺乏了解，面对共产党发出的去延安商谈国是的邀请，正好借此机会亲自考察共产党的执政理念和效果，进而作出自己的取舍。在延安期间，黄炎培在与毛泽东交谈中说道："要说感受，我真不知道该从何处谈起。这里的一切都使我眼界大开，获益良多。我从诸君身上，从延安看到了民族的希望！"[①]可见，在短短几天的延安考察中，黄炎培初步认识了与腐败、专制的国民党不同的共产党，体察了共产党执政下延安的生产生活面貌，亲身感受到共产党执政的方式和风格，这与其心目中的政治理念大体一致。从延安的考察中，黄炎培预测到中国共产党在不久之后将取代国民党成为全国的执政党，否则，他不会和还没有获得政权的共产党谈论如何巩固政权以及如何防止政权更替的历史周期率这样的问题。而毛泽东党内领导地位的确立，及其对新民主主义革命时期民主政治的倡导和实践，决定了中国共产党选择用民主的新路作为跳出周期率的途径。这是关于历史周期率对话的历史背景。

　　用周期率概括历史进程，也许不尽科学和准确，因为人类历史发展

---

① 于长治、田凤芹：《同舟共济照肝胆——毛泽东、黄炎培交往纪实》，《党史天地》1998年第4期。

表现为螺旋式的上升，而非简单的重复。然而，某些历史现象的周期性重演确实是存在的。黄炎培和毛泽东不是进行纯学术探讨，而是以古论今，讨论重大的现实政治问题。黄炎培表达了相当一部分民主人士对中国共产党的告诫和担心：共产党成功之后，会不会重蹈因胜利而腐化堕落的覆辙。毛泽东的回答并非即兴而发，而是集中反映了他这一时期的深入思考。促使毛泽东思考的原因很多：第一，熟悉中国历史的毛泽东，非常善于从历史中总结经验。延安整风期间，他就提出印发郭沫若著的《甲申三百年祭》，要求全党从明末农民战争中吸取教训，不要重犯胜利后骄傲的错误。第二，毛泽东十分重视反面教材的作用。早年的国民党也曾是个很有生气的革命政党，然而辛亥革命后，除少数优秀分子外，很多人由于争官夺权而走向腐化。毛泽东在延安多次讲到国民党的腐化问题。共产党会不会走国民党的老路呢？第三，作为有远见的战略家，毛泽东善于从现在想到将来。抗日战争时期，根据地内也出现一些贪污、违法乱纪等腐化现象和官僚主义、不愿过艰苦生活的不良作风。党中央曾采取一些反腐化措施。战争年代尚且如此，在全国胜利后情况又如何呢？所有这些，都促使毛泽东对党执政后面临的考验和发展前途作战略性的思考。

毛泽东对跳出历史周期率回答的初步思路是：在社会主义民主政治制度条件下，发挥人民监督政府的主体作用，才能使执政党跳出兴衰成败的怪圈，保持长期执政。这一思路包括两个不可分割的内涵：一个是民主；另一个是人民监督政府。民主的确立是人民监督政府的前提条件，诠释了民主政治是执政者跳出历史周期率的制度和体制基础；人民监督政府确立了公共权力与人民之间的本质关系，揭示了公共权力与人民之间的权力来源与监督的根本问题。毛泽东的回答奠定了中国共产党人探索执政党建设规律的初步思路和方向，也成为中共探索共产党执政规律的原点。

如果说毛泽东在延安窑洞对跳出历史周期率中"民主"和"人民监督政府"的两个原点的回答，是建立在中共根据地局部执政实践经验和对中国历史兴衰成败历史谙熟基础之上，更多的是以执政党的外部监督作为基本思路,那么,在后来中共夺取政权前夜的七届二中全会上,毛泽东针对中共执政后可能出现的腐化等作风问题,提出了"两个务必"的执政理念,开执政后执政党自律建设的先河,使执政党跳出历史周期率的思路由延安时期注重外部"它律"监督扩展到执政党自身的"自律"建设,这是以毛泽东为代表的中国共产党人对跳出"历史周期率"认识的深化。

四、外交生涯的第一幕——毛泽东延安时期的外交活动

毛泽东在抗战时期的外交活动是他这个时期政治、军事活动的一个重要侧面,深入研究他在这个阶段的外交实践和思想,对于研究抗日民族统一战线的形成、发展过程,对于搞清中国的抗日战争与世界反法西斯战争的关系,对于了解中国共产党人的外交思想及其一些基本方针的历史渊源,大有益处。

(一)世界外交舞台的新声

毛泽东能够作为外交家出现于国际的政治舞台,缘于三个条件:一是在1935年1月的遵义会议后,实际上他在逐步成为中国共产党的领袖;二是1937年七七事变后,全国抗日民族统一战线的正式形成,使中国共产党成为合法的政党,具有了公开活动的可能性;三是因为中国的抗日战争是后来陆续爆发的世界反法西斯战争的重要组成部分,并对第二次世界大战的进程产生了不可或缺的巨大作用。基于上述条件,毛泽东在促进中国抗日民族统一战线形成的过程中,正式登上了世界外交舞台。学术界的一些同志,对毛泽东在抗战时期外交活动的作用,估计不足,认为这一时期毛泽东的外交活动,严格地讲只能算是一种民间外交。因为中国共产党还不是执政党,毛泽东的外事活动还被界定在政府行为之外;而且这个时期毛泽东直接交往的对象,大多不具备官方身份。这种观点是不够恰当的。毛泽东这个时期外交活动的意义和影响,是重大而深远的。

这首先是由于毛泽东是中国共产党的领袖,而中共是中国的两大政

党之一，特别是在国共合作抗日的情况下，作为中国抗日民族统一战线的发起者和重要参与者（实际是政治灵魂），其作用是举足轻重的。不仅如此，和一般的在野党不同，中国共产党拥有一支按照无产阶级建军思想武装起来的军队，这支军队自相持阶段开始，就抗击着58%—75%以上的侵华日军，并在战斗中不断地发展壮大，到1945年抗战胜利时已达到120万人；有若干块按照新民主主义建国原则建立起来的模范抗日民主根据地，这些根据地除陕甘宁边区以外，都是共产党人在日本占领区重新开辟的，到1945年大大小小已经有19块，人口达一亿。毛泽东作为这样一个大党的代表，他在世界外交舞台上的活动和言谈，关系到抗日战争的前途和世界反法西斯战争的进程，还影响到战后的世界格局，其作用是不可低估的。

其次，这一时期同毛泽东有过当面会晤者的国籍分布，十分广泛，分别来自美国、英国、德国、日本、印度、瑞士、苏联、新西兰、加拿大、瑞典、越南等十几个国家；虽然他们大多不具有官方的身份（1944年以后，毛泽东比较多的是与官方的外交人士打交道，如美军观察组成员和他在重庆会见的美英苏等国的大使，以及美国政府的特使赫尔利、马歇尔等），但他们的活动能量大，社会影响面广，代表性强。他们有的是作家和著名的新闻记者，有些是国际问题专家，有宗教界人士，有世界青联的代表，有志愿来华帮助中国抗战的国际主义战士，也有日本、朝鲜的反战人员，还有一些党派的领袖，如日本共产党主席野坂参三和越南的胡志明等。值得注意的是，这个时期毛泽东同美国总统罗斯福、美国共产党全国委员会主席福斯特、印度国大党领袖尼赫鲁等世界政要，虽然没有直接见过面，但却有书信和电报来往。特别是他同斯大林有非常密切的电文来往，经常就一些重要的国际国内问题交换意见。至于间接受到毛泽东影响的国际人士就更多了。

再次，虽然居住在偏僻的西北山沟，又面临着许许多多的党内、国内的棘手问题，但毛泽东仍然非常关心外部世界的情况，他总是把国际局势和中国国内的问题联系起来观察问题。为了及时了解和正确地分析纷繁复杂的国际形势，除了挤出时间向每一个从外国来的朋友（包括从苏联回来的党内同志）直接询问世界上的事情以外，他天天阅读情报部门搜集整理的专门刊登外国电讯的"参考消息"。据《毛泽东的读书生活》一书介绍，现在还保存有1942年11月至1943年1月，他为研究国际问题按16个国家分类，专门摘录的外国电讯稿。为了及时了解敌人最机密的情报，毛泽东早在1937年4月就指示军委二局设法破译日军密码，到1939年我们已经能够破译日军密码了。1941年6月17日，军委二局破译日本驻德国大使发回日本外务省的密电，侦知德国将进攻苏联。毛泽东立刻通知了苏联。果然，6月22日，德军大举向苏联进攻。而当时苏联还正在痛斥这是英美企图挑拨苏德关系。这件事也从一个侧面，反映了毛泽东重视国际问题的程度。

毛泽东这个时期外交活动的作用，究其要者有四：其一，向世界宣传了中国共产党及其领导的军队，宣传了中国共产党在抗日战争时期关于政治、外交、军事、经济等诸多方面的政策，加强了世界各国和各界人士对中国共产党的了解，彻底打破了蒋介石对中共和中共领导的各抗日民主根据地的新闻封锁。其二，通过同外国友人的交往，阐述和宣传中共关于抗日民族统一战线的主张，揭露日本、德国对蒋介石集团的诱降，扼制英美等国的远东慕尼黑阴谋，从而对中国抗日民族统一战线的形成、发展与巩固，发挥了重要的推动作用。其三，准确地把握国际形势和有效地利用国际声援，还是毛泽东能够有理、有利、有节并且适时地打退蒋介石集团发动的三次反共高潮，正确地指挥中国的抗日战争取得最后胜利的重要条件。其四，毛泽东在战前对国际政治力量的分析，在《苏德互不侵犯条约》签订后的独到见解和欧战、太平洋战争爆发后他对世界反法西斯战争前途的准确预见，以及他对战后世界格局与和平事业的重要主张，通过新闻记者的报道和官方文电迅速传播开来，从而对世界反法西斯联盟的形成与发展、对世界和平力量的壮大与发展，都起了积极的促进作用。此外，这个时期毛泽东的外交活动，在争取外国政府和国际友好人士对中国抗战的声援与支持、在确定中国共产党关于外交工作的一些基本原则和积累外交工作经验，以及培养中共的外事工作人才等方面都发挥了一定的作用。

（二）抗战外交的四个阶段

毛泽东在抗战时期的外交活动，是围绕着争取中国抗日战争和世界反法西斯战争的彻底胜利这个中心目的展开的。具体可以分为四个阶段。

1936年7月至10月，毛泽东同斯诺的会晤，是他抗战时期外交活动的开始，也是他整个外交生涯的开端。需要指出的是，斯诺的陕北之行，之所以能够成行，不是偶然的冒打冒撞，而是经过双方的精心组织和准备。斯诺去苏区的想法，首先是通过他所执教的燕京大学的进步学生和地下党员的介绍，得到中共北方局的支持；而后他又到上海得到宋庆龄、董健吾等的帮助。1936年3月，斯诺和马海德曾经赶到西安，想通过在张学良处做地下工作的中共代表刘鼎的关系去陕北，但未果。7月，他们第二次去，终于成行。在中共中央方面，对接待第一个来自西方国家的记者，也十分重视，事先做了认真的准备。1936年4、5月间，中共中央曾收到过斯诺提出的一份问题单子，上面所列的11个问题，就是7月15日，毛泽东第一次同斯诺谈话时所回答的主要内容。5月15日，中央政治局常委会会议专门讨论了"对外邦如何态度——外国新闻记者之答复"。中央常委张闻天、毛泽东和博古，以及王稼祥等参加了会议，并发了言。中央档案馆保存的档案，记录下这次会议对斯诺所提问题的答复，其主要精神也可在7月15日毛泽东与斯诺的谈话中得到充分的体现。[①]可见，双方事先都对这次后来显现出历史性意义的会见，做了充分的准备。正像斯诺后来所写的："毕竟我是一种媒介，他通过我，第一次得到了向世界发表谈话，更重要的是，向全中国发表谈话的机会。他被剥夺了合法地向中国报界发表意见的可能，但是，他知道，他的看法一旦用英语发表出去，尽管国民党实行新闻检查，也会传回到大多数中国知识分子的耳朵里。"[②]

---

① 程中原：《有关斯诺访问陕北的史实补充和说明》，转引自《党史文汇》1998年第4期。

② 《复始之旅》，《斯诺文集》第1卷，新华出版社1984年版，第192页。

第十一章　延安十年——枣园时期

从1936年7月接待斯诺到1938年10月，为毛泽东抗战时期外交活动的第一阶段。这个时期，他广泛地同美、英等国的国际问题专家和新闻记者接触，一方面争取打破国民党对中共及中共领导的根据地的新闻封锁，传播中共的政治主张，推动抗日民族统一战线的形成。同时，借他们向世界宣传了中国共产党的外交政策。毛泽东深刻地分析了国际形势，一开始就提出一条不同于国民党的外交路线，即首先是对日绝交、宣战。他主张一方面和苏联订立军事政治同盟，紧密地联合这个最可靠最有力量最能够帮助中国抗日的国家；另一方面，争取英美法等民主国家同情我们抗日，在不丧失领土主权的前提下争取他们的援助。毛泽东说："我们的根本方针和国民党相反，是在自力更生的原则下尽可能地利用外援，而不是如国民党那样放弃独立战争和自力更生去依赖外援，或投靠任何帝国主义集团。"

1938年10月至1943年为第二阶段。在这个阶段，毛泽东比较多地对英、美企图牺牲中国与日妥协的远东慕尼黑阴谋进行了及时的揭露和坚决的斗争。1939年6月30日，在"有田－莱克琪协定"尚在酝酿之际，他就发表《反对投降活动》一文指出：国际投降主义者"纵容日本侵略中国，自己'坐山观虎斗'，以待时机一到，就策动所谓太平洋调停会议，借收渔人之利"。"所谓太平洋会议，就是东方慕尼黑，就是准备把中国变成捷克"。这时，毛泽东一度认定第二次世界大战的性质与第一次世界大战一样，也是帝国主义之间的非正义战争和对弱小民族的侵略战争。但是在1940年9月德意日三国同盟正式成立之后，特别是在苏德战争爆发后，毛泽东及时地捕捉到国际形势的变化，并作出新的正确的判断。1941年7月12日，他在一份指示中非常明确地写道："在目前条件下，不管是否帝国主义国家，或是否资产阶级，凡属反对法西斯德意日援助苏联与中国者，都是好的，有益的，正义的；凡属援助德意日反对苏联与中国者，都是坏的，有害的，非正义的。在此标准下，对于英国的对德战争、美国的援苏、援华、援英行动及可能的美国反日反德战争，都不是帝国主义性质的，而是正义的，我们均应表示欢迎，均应联合一致，反对共同的敌人"。①这段话，既是毛泽东在新形势下统一全党思想的指示，也反映了这一时期中国共产党在外交政策和方针上的变化。

1944年至1945年8月为第三阶段。在毛泽东和中国共产党的领导下，各抗日民主根据地军民终于熬过了最艰苦的相持阶段。为了彻底打破蒋介石集团和日本军队对陕甘宁边区的政治、经济封锁，冲破黎明前的黑暗，毛泽东开展了积极的外交活动。他除了继续同苏联沟通情况、互相声援外，还加强了同英美等国的合作与交往。他认为：英美及太平洋各国的对日战争是正义的解放战争，他们对日的胜利就是民主与自由的胜利。中国共产党应该在各种场合与英美人士诚恳坦白地通力合作，以增进了解，加强配合，并改进中国的抗战状况。与此同时，毛泽东指挥各解放区军民发动了对日、伪军的局部反攻，取得重大战果。这与1944年国民党正面战场的大溃败形成了鲜明的对照。一部分美国在华官员对国民党感到失望，而将目光转向中国的解放区。于是，在1944年6月9日由21位中外记者组成的"西北参观团"抵达延安。接着，7月22日和8月7日，以包瑞德为团长的美军观察组（"迪可西使团"）分两批抵达延安。这是美国向中国解放区派出的第一个正式代表机构。中外记者和观察组成员通过实地考察，将解放区和中国共产党领导的抗日武装的真实情况，源源不断地发往美国和世界各地，有力地冲击了国民党的新闻封锁。观察组成员谢伟思等向美国政府建议对延安实行援助，以"影响中国共产党的性质、政策和目标"，"这对美国来说是有长期的重大关系的"。他们支持中国共产党提出的建立联合政府的主张，认为"这是可以导致美国政策取得成功的唯一可能的安排"。戴维斯还认定："内战是不可避免的。共产党的胜利几乎是必然的"，美国"必须放弃它对蒋介石公开承担的义务"，"在即将到来的争取中国的斗争中'倾向'共产党人"，"支持共产党人是'使我们自己同中国最团结、最进步、最伟大的势力站在一起'的最好办法"。他们还将毛泽东同他们多次重要谈话的内容向美国政府报告，给美国的对华政策以

---

① 《胡乔木回忆毛泽东》，人民出版社1994年版，第156—157页。

第十一章 延安十年——枣园时期

一定的影响。

如果说1936年毛泽东同斯诺的会晤，拉开了他抗战时期外交活动的序幕的话，那么，1945年8月至1946年8月，毛泽东为争取中国的国内和平，同美国等方面进行的交涉谈判，则是其抗战时期外交活动的尾声。在这一阶段，随着世界反法西斯战争的胜利，世界政治格局发生重大变化。美国逐步调整其外交政策，其中一项举措就是派极端反共的共和党人赫尔利，接替所谓"亲共"的史迪威为其驻华的全权代表，开始全面推行一条亲蒋反共的政策。毛泽东预见到抗战胜利后中国所面临的光明和黑暗这两个前途，他在中共七大的政治报告中就正告美国政府："不要使他们自己的外交政策违反中国人民的意志，因而损害同中国人民之间的友谊。"为了揭露美蒋制造的假和谈阴谋，也为了尽可能地避免内战，并争取世界舆论的理解，毛泽东先后同美国政府的特使赫尔利、马歇尔等进行了认真的谈判，其间，他还亲赴重庆与蒋介石举行和平谈判。但是，蒋介石集团无视毛泽东和中共的正告，无视全国人民渴望和平的呼声，而是迷信自己的武力，在美国的支持下发动了全面内战，叫嚣在三到六个月内全部消灭共产党。和平的大门被关闭了，战争的阴云笼罩在中国共产党人和全中国人民的头上，1946年8月，毛泽东在同美国记者斯特朗的谈话中，提出"一切反动派都是纸老虎"的著名论断，接着他开始踏上艰苦转战的征途。

（三）"欢迎外国资本的投资"

1936—1946年的外交活动，毛泽东尽管是初涉外交舞台，但仍显露出影响他整个外交生涯的一些特点。

第一，毛泽东是作为政治家和军事家的双重身份登上世界外交舞台的，尽管各种问题错综复杂，但他不为具体的外交事务所束缚，而总是能从宏观上和战略上考察问题，一开始就显露出非凡的战略眼光。如1936年7月15日他同第一位到苏区的外国人斯诺的第一次谈话中，毛泽东就指出：中国人民目前最大的问题是抵抗日本帝国主义。"日本的侵略不仅威胁了中国的和平，而且威胁了世界和平，尤其是太平洋地区的和平。日本帝国主义不仅是中华民族的敌人,而且也是世界上一切爱好和平的人民的敌人,特别是美英法苏等与太平洋地区有利害关系的国家的敌人。"①根据这样一个基本点,他鲜明地提出,除了日本和帮助日本的国家以外,所有的国家,包括苏联和殖民地、半殖民地国家,乃至英美等在太平洋地区有重要利益的国家,可以组成反战、反侵略、反法西斯的世界联盟。他没有计较这些国家历史上与中国的恩怨如何,也没有计较这些国家在现实中的矛盾和差别,而是从反对日本军国主义扩张这一个共同点上,提出建立世界联盟的战略思想,反映出毛泽东战略家的深邃眼光。

第二,毛泽东把"中国是世界的一部分"的思想,作为他外交活动的出发点和归宿。他说:"我们不是也不能是闭关主义者,中国早已不能闭关。""中国不是孤立也不能孤立,中国与世界紧密联系的事实,也是我们的立脚点,而且必须成为我们的立脚点。"②虽然当时中国人民正在为从日本殖民地化的黑暗统治中摆脱出来而苦苦挣扎,但他却深信:"将来的被解放了的新中国,是和将来的被解放了的新世界不能分离的。"③正因为树立了这样一种思想,所以他特别关心国际形势的变化,总是习惯于把中国和世界联系起来观察问题、解决问题。他对国际问题的分析和研究,影响他对国内形势的判断;反过来,毛泽东对国内问题的综合归纳,也是他对国际问题作出判断的重要条件。虽然这一时期他对一些国际问题的分析和判断,并不十分准确,但已经在外交领域展示出一个辩证唯物主义思想家的高超智慧和博大胸怀。

第三,毛泽东是为了争取国际社会的同情与支援,把灾难深重的中华民族从日寇的铁蹄下解放出来,才开始接触外交问题的。和1840年以来中国历朝历代的反动统治者(包括蒋介石国民党政府)相比,毛泽东在外交问题上的一个根本不同之处在于,他以全中国的人民为后盾,以维护中华民族最大多数人民的最根本利益为目的,把捍卫国家的主权和尊严始终

---

① 斯诺:《毛施会见记》,《外国记者西北印象记》,陕西人民出版社1937年版。
② 《毛泽东外交文选》,中央文献出版社、世界知识出版社1994年版,第16页。
③ 《毛泽东外交文选》,中央文献出版社、世界知识出版社1994年版,第11页。

作为其外交活动的第一要义。虽然他十分注意策略,非常讲求团结多数、利用一切可以利用的矛盾,但他和过去那些反动统治阶级的所谓"以夷制夷"不同,他运用灵活机动的外交策略的先决条件,是坚持独立自主和平等互利的原则。他强调"中国无论何时也应以自力更生为基本立脚点"。虽然他一再为争取欧美国家的同情和支持而努力,但他始终把中国人民自己的团结和觉悟视作夺取抗战胜利的最终力量。他在六届六中全会上就明确地告诫全党:"我们必须看到国际和平阵线各国有其各不相同的情况。资本主义国家,人民助我,政府则取某种程度的中立态度,其资产阶级则利用战争做生意,还在大量输送军火和军火原料给日本。社会主义国家,根本上不同于资本主义国家,在援华问题上已经具体地表现出来;然而国际形势目前还不容许它作超过现时程度的援助。因此,我们对国际援助暂时决不应作过大希望。抛开自力更生的方针,而主要地寄其希望于外援,无疑是十分错误的。十五个月经验证明:只有主要依靠自力更生,同时不放松外援之争取,才是正确的道路。"[1]他在向斯诺表示苏维埃政府欢迎外国投资时,也曾郑重声明:我们欢迎用于建设目的的外债,但是,"同南京的政策相反,对影响中国独立政治权利的外国投资,一概不予承认"[2]。由于坚持了以我为主的原则,这就和那种"从一个帝国主义国家倒向另一个帝国主义国家"的屈辱外交彻底划清了界限。

第四,毛泽东在这个时期的外交活动中还系统阐述了许多宝贵的思想,除了前面讲到的内容外,比较集中的是对外开放的思想。他认为,中国应该对世界有伟大的贡献,可现实的中国不具备这样的条件。但他坚信:我们几亿的人民,一旦获得真正的解放,把他们巨大的潜在的生产力用在各方面创造性的活动上,能够帮助改善全世界经济和提高世界文化水准,一个独立自由的中国,对世界将有伟大的贡献。[3]为了这个目的,他

---

[1] 《抗战十五个月的总结》(1938年10月12日),《毛泽东军事文集》(第2卷),军事科学出版社、中央文献出版社1993年版,第374页。

[2] 《毛泽东一九三六年同斯诺的谈话》,人民出版社1979年版,第130页。

[3] 《毛泽东一九三六年同斯诺的谈话》,人民出版社1979年版,第128页。

提出要全面地向外国学习和对外开放的思想。在政治上，他有建立世界反法西斯联盟的主张；在军事上，他希望能得到外援，更新和补充武器装备，并同反法西斯国家合作对敌；在文化上，他认为："中国应该大量吸收外国的进步文化，作为自己文化食粮的原料，这种工作过去还做得很不够。这不但是当前的社会主义文化和新民主主义文化，还有外国的古代文化，例如各资本主义国家启蒙时代的文化，凡属我们今天用得着的东西，都应该吸收。"[①]尤为难能可贵的是，毛泽东当时就详细地构想了在经济上对外合作或对外开放的问题。这主要是：（1）开展大规模的对外贸易。他说，中国人民一旦真正获得国家的独立，"外国人在中国的合法贸易利益将会有比过去更多的机会"，因为"四亿五千万人民的生产和消费能力不仅仅是中国人才会对它关心的事情，而且能吸引许多国家"[②]。因此，他主张"对外和平通商，订立互利的协定"[③]。（2）"欢迎外国资本的投资"。毛泽东深知，中国是一个非常落后的国家，"为着发展工业，需要大批资本。什么地方来呢？不外两个方面：主要地依靠中国人民自己积累资本，同时借助于外援。在服从中国法令，有益中国经济的条件下，外国投资是我们所欢迎的"[④]。（3）战后中国最适宜与之进行经济合作的国家是美国。毛泽东虽然一直认定社会主义的苏联是中国最可靠的政治盟国，但在选择经济合作国家这个问题上，他却能不受政治制度、意识形态的束缚，而是依据具体的国际环境、经济发展水平和资源互补等因素，认为"美国不但是援助中国经济发展的最合宜的国家，而且也是完全有能力合作的唯一国家"[⑤]。这也从一个侧面反映了当年毛泽东思想的开放程度。尽管由于受中日民族矛盾和国内国共之间阶级矛盾的制约，毛泽东的

---

① 《新民主主义论》（1940年1月），《毛泽东选集》第2卷，人民出版社1991年版，第706—707页。
② 《毛泽东一九三六年同斯诺的谈话》，人民出版社1979年版，第128页。
③ 毛泽东：《与世界学联代表团的谈话》，《解放》周刊1938年7月15日第45期。
④ 毛泽东：《论联合政府》，《解放日报》1945年5月2日。
⑤ 《毛泽东等中共领导人与谢伟思的六次谈话》，《党史通讯》1983年第20、21期合刊。

上述思想和主张当时基本上未能实现，但在那样艰苦激烈的战争环境中，他还能想到这些问题，而且勾画得那么具体，这充分体现了毛泽东的高瞻远瞩，也给我们后人许多的启示。

（四）"中国共产党仅仅是中国的一个政党"

研究抗战时期毛泽东的外交活动，有一个不容回避的问题，那就是毛泽东与苏联、共产国际的关系。有的论者认为，毛泽东和中共在这个时期还谈不上什么独立的外交，他们的外交政策基本上是苏联外交政策的翻版。持这种观点的人，特别对毛泽东在《苏德互不侵犯条约》签订后为斯大林和苏联的辩护，微词颇多。对这些问题，似应该具体地分析。

苏联是从其本身的利益出发考虑抗日战争问题的。一方面，随着欧洲局势的日趋紧张，希特勒从其反共本性出发，同时也为了同英、法等国讨价还价，不时表现出或者是不由自主地流露出要发动对苏战争的姿态与行动；英国等西欧国家也希望能祸水东引，试图通过某些让步换取德国向东发动对苏战争，防止其向西行动危害自身利益。而抗日战争的发展对于苏联的国家安全也有着直接的影响。假如中国被征服，日本拥有中国的巨大的人力和物力资源，这样，苏联就面临着东西线双向作战的威胁。所以，苏联希望借重中国以牵制日本。因此，援助中国对日抗战便成为苏联远东政策的一个基本出发点。另一方面，苏联虽然与中国共产党有相同的意识形态，但它却认为中共的微弱力量对于抗击日本的强大侵略来说，是微不足道的。它把牵制日本的希望主要寄托于南京国民政府。这种认识和要求与共产国际关于建立国际反法西斯联合战线的政策是一致的，与中共关于建立抗日民族统一战线的愿望，虽然在出发点上不同，但恰好在总的方向上是一致的。这是造成这个时期毛泽东与苏联在外交政策上，既有相同点又有分歧的原因之一。

就中国共产党和毛泽东来说，共产国际曾经为中国共产党的创建，推动大革命的蓬勃发展和促进抗日民族统一战线的建立，作出了重大贡献；但是由于它远离中国的盲目指挥，粗暴地干涉中国共产党的领导，也曾给中国的革命事业带来了严重的危害。毛泽东作为中国农村革命根据地的开创者和正确路线的代表，在第二次国内革命战争时期，几次受到执行"国际路线"的"左"倾机会主义者的打击和排挤，他对无条件执行共产国际指示而给中国革命造成的危害，有着非常深刻的认识。但是毛泽东并不计较个人的恩怨得失，他把国际主义和爱国主义结合起来，客观地看待二者的关系。在他实际担任中国共产党的领袖之后，仍然非常尊重共产国际和苏联的领导。因为，一个强大的邻国——苏联的存在，特别是这个邻国与中共有着相同的意识形态，由苏联实际主持的共产国际又和中国共产党有着上下级的隶属关系，再加上苏联在世界人民面前一贯保持有爱好和平和进步的姿态，对于在艰难困苦中不懈奋斗的毛泽东和中国共产党来说，那里是希望和重要的精神支柱。因此，在这一时期，毛泽东始终把争取苏联对中国抗日战争的援助，看作中国人民赢得抗日战争的第一位的外部条件。他在1937年7月23日，即中国的全面抗战爆发后第一次正式阐述中共的外交方针时，非常鲜明地提出："立刻和苏联订立军事政治同盟，紧密地联合这个最可靠最能够帮助中国抗日的国家。"

而共产国际自1935年7月确立建立世界反法西斯统一战线的路线以来，政策上有了很大的转变，工作方法上也较过去更注意尊重和发挥各国党的自身作用。在中国人民抗日战争爆发前到1941年苏德战争爆发前这一时期里，中共和苏联、和共产国际的关系一直比较融洽，特别是在全面抗战爆发前和全面抗日战争的前期，共产国际对促成中国抗日民族统一战线的建立，起了积极的指导作用。但这只是一个方面的情况。

另一方面，苏联和共产国际在西安事变等一系列事件中的态度和行动，并不是完全符合毛泽东和中共的意愿。在某种意义上说甚至是有些令人失望。在长征后期毛泽东和中共有"打通国际线"的计划，希望能和苏联连接在一起，依托苏联建立起巩固的根据地。这个计划后来未能如愿，除去国民党强敌的封锁等原因外，得不到苏联的实际援助也是原因之一。西安事变前，在中共同东北军、西北军建立统一战线关系的过程中，有可能得到苏联的支持是毛泽东在谈判中的重要砝码。但苏联和共产国际在西

第十一章 延安十年——枣园时期

安事变中对东北军、张学良的斥责，以及他们要竭力洗清自己与事变关系的态度，与中共的期望是根本相反的。进而，在与国民党的谈判中，毛泽东和中共除了在政策上得到若干指导性意见外，在事实上也很难得到苏联方面实际的甚至是口头的声援或帮助。特别是王明在1937年10月回国后，贯彻共产国际"一切经过统一战线""一切服从统一战线"的指示，所造成的危害，以及毛泽东的坚决抵制和斗争。这些都反映了双方在政策上的分歧。

在对外政策上，如前所述，毛泽东是从日本对中国的侵略这一基本事实出发，把世界各国划分为支持中国反抗侵略者的、中立的或有可能支持中国的和支持日本的德、意法西斯国家这三类，以此来确定中共和中国的战时外交政策，而不是根据苏联的外交政策如何。毛泽东对国际形势的判断在1939年有过变化，主要的是把原来作为争取对象的英法美不加区别地看作与德意日一样的帝国主义国家，并对苏联与德国签订互不侵犯条约的行为进行了辩护。从第二次世界大战后来整个的历史发展进程看，我们不能说毛泽东的这个判断是确切的。但假设希特勒当年不是首先向西同英法开战，如果日本不是南进同英美作战，而是首先分别从两个方向占领苏联，然后再与英美法争夺世界，我们能说毛泽东的判断不正确吗？历史不能假设，我们还是讨论一下毛泽东的判断是依据苏联的需要作出的，还是根据中国所处的国际国内环境独立制定的。

我们不能完全排除毛泽东受到苏联外交政策变化的影响，但从历史发展过程看，当共产国际尚在强调必须依赖英美支持的国民党蒋介石、"必须利用那些从经济角度关心维持中国的秩序、安宁和正常经济生活条件的组织和个人"的时候，毛泽东就不是无条件地执行这些指示，而是根据中国的实际情况来制定中国共产党的政策。[①]毛泽东对国际形势作出新的判断，是在苏联放弃争取英法而改同德国打交道之前。1938年10月中国抗日

[①] 马贵凡译：《共产国际执委会书记处"关于援助西班牙人民和中国人民"的决议》（1937年10月3日），《中共党史研究》1988年第3期。

战争进入相持阶段之后，毛泽东在外交方针和对外政策上逐渐发生变化。他在中共六届六中全会所做《论新阶段》的报告，和以前的提法相比，就已经有所变化。他强调："我们第一不可忘记资本主义国家和社会主义国家的区别，第二不可忘记资本主义国家之政府与资本主义国家之人民的区别，第三，更加不可忘记现时与将来的区别，我们对前者不应寄以过高的希望。应该努力争取前者一切可能的援助，在一定程度上不但是可能的，而且是事实，但过高希望则不适宜。中华民族解放运动与外援的配合，主要的是和先进国家与全世界广大人民反法西斯运动之将来的配合，以自力更生为主同时不放松争取外援的方针，应该放在这种基点之上。"①1939年2月中旬，毛泽东在中共中央书记处会议的发言中，进一步对国际形势作出新的判断：现在国际上和平阵线尚未形成，民主国家与法西斯谋妥协，这是很大的国际形势变动。②他告诫党内同志，要有应付各种形势的思想准备。而苏联是在1939年3月10日以后才逐渐改变政策的。③

　　导致毛泽东重新判断国际形势的原因，一是抗日战争进入相持阶段后，蒋介石政权的政策开始逆转。1939年1月26日，蒋介石在国民党五届五中全会上阐述外交方针与国策时说，"抗战到底的底在哪里？是否是日本亡了或者中国亡了才算到底，必须有一界说"。"在卢沟桥事变前现状未恢复，平津未收复以前不能与日本开外交谈判"。这是发出了对日妥协的信号。这次会议还决定强化国民党的独裁统治，加强蒋介石个人的权势，确定了"溶共、防共、限共、反共"的方针。会后，国民党军事委员会确定了对日实行"有限度"作战的方针。与此相反，为对付共产党，国民党先后制定了《共党问题处置办法》《沦陷区防范共党活动办法草案》

---

　　① 毛泽东：《论新阶段》，《中共中央文件选集》第11册，中共中央党校出版社1991年版，第640页。

　　② 中共中央文献研究室编：《毛泽东年谱（1893—1949）》（修订本）中卷，中央文献出版社2013年版，第115页。

　　③ 陶文钊、杨奎松、王建朗：《抗日战争时期中国对外关系》，中共党史出版社1995年版，第405页。

第十一章 延安十年——枣园时期

等文件，并调动大批军队对中共领导的各敌后抗日根据地进行封锁，制造了一系列大大小小的摩擦事件。这样，中国共产党领导的各敌后根据地的形势骤然严峻起来。骤然严峻的形势迫使毛泽东和中国共产党，把国内和国际的局势联系起来，重新审视自己的内外政策。二是德国的"调停"和英美主持的远东慕尼黑阴谋。

1939年6月10日和13日，毛泽东在延安高级干部会议上做反对投降的报告，对当时的形势进行了全面的分析。他指出：国民党投降的可能是从抗战开始就存在的，但成为时局的最大危险，则是目前政局中的现象。其原因有三：一是中国地主资产阶级的动摇。二是日本的诱降政策。武汉失守后，侵华日军也改变战略，对国民党统治区由过去的军事进攻为主，变成政治诱降为主、军事进攻为辅，而把主力逐步地用以对付中国共产党及其领导的人民抗日武装。毛泽东强调，日本"'灭亡中国，建立东亚新秩序'的基本方针（总路线）是坚定的，不会自己动摇的，但是它执行此基本方针的方法（或策略）是软硬兼施的，有伸缩性的，并可作出某些暂时的、局部的、表面的让步，以求达其根本目的"[1]。三是英、美、法的压力。他在一一列举了所谓民主国家英法美等，自中国抗战以来冷眼旁观和乘机大做军火生意等所作所为之后，指出："一切这些，其中心目的，在于消耗战争双方，等到精疲力竭时，他们就以'健全的身体'出来喝令双方停战，使双方都听他们的话。"[2]毛泽东提醒全党："英、美、法策动的远东慕尼黑，现在接近了一个紧要时节。他们似正在作这种想法：希望中国再打半年，双方都更疲惫一点，那时就到了远东慕尼黑开幕之时了。"[3]

---

[1]《反投降提纲》（1939年6月），《毛泽东文集》第2卷，人民出版社1993年版，第197页。

[2]《反投降提纲》（1939年6月），《毛泽东文集》第2卷，人民出版社1993年版，第206页。

[3]《反投降提纲》（1939年6月），《毛泽东文集》第2卷，人民出版社1993年版，第207页。

当时，中国共产党和毛泽东在中国的处境，同苏联和斯大林在国际上所面临的处境非常相近。正因为如此，当斯大林不再把"民主国家"和"法西斯国家"加以区分，而把他们都看作"帝国主义国家"时，很自然就得到了早存此念的毛泽东的共鸣。也正因为有相同的处境和感受，或者说是有相同的立场，所以，当1939年8月23日《苏德互不侵犯条约》签订之后，国际上一片谩骂声时，毛泽东却独持异议，对之表示赞许。我们不能因为有上述背景，就说毛泽东当时改变对外政策将第二次世界大战的性质确定为帝国主义之间的非正义战争的判断，是正确的；同样，我们也不应该抛开历史条件不顾，对毛泽东支持苏联签订《苏德互不侵犯条约》的举动横加指责。

对这个时期中共与共产国际、苏联关系最权威的诠释者，应该是毛泽东本人。1936年7月23日，在保安的窑洞里，当斯诺问，外界说"中国共产党是莫斯科的工具"您怎样看待时，毛泽东郑重地说："中国共产党仅仅是中国的一个政党，在它的胜利中，它必须对全民族负责。决不是为了俄国人民和第三国际的统治。为的仅仅是中国大众的利益，只有与中国大众的利益完全共同的地方，才可以说是'服从'莫斯科的'意志'。当然，一旦中国的大众像他们的俄国兄弟一样，获得了民主权及社会的经济解放以后，这种共同利益的基础将惊人地扩大了。当许多国家已经建立了苏维埃政府，然后苏维埃国际联合的问题才会产生……但是今天我们不能提供什么方式，这是一个尚未解决，不能提前解决的问题。还有最后一点显然是最重要的，即这个世界联盟要成功的话，必须各国依其民众意志有加入或退出的权利，必须各国主权完整，绝非'听命'于莫斯科。共产主义者从未有别的想头，'莫斯科统治世界'的神话，只是法西斯和反革命者的发明罢了。"[①]

[①] 毛泽东：《特殊问题》，《文献与研究》1986年第5期。

五、建设新民主主义新政权的新尝试

毛泽东认为"革命的中心任务和最高形式是武装夺取政权"[①]，但是在旧中国，由于反动统治阶级力量的异常强大，无产阶级要想领导革命取得胜利，就必须建立革命的统一战线。在中国革命的各个时期，毛泽东不仅运用统一战线战略贯穿于夺取政权的全过程，而且始终将其作为新政权建设的基石。

（一）由工农民主专政到"三三制"

通过各革命阶级的联合行动，致力于建设既有别于社会主义制度，又不是一般的资产阶级共和国，而是工人阶级领导的、以工农联盟为基础的、统一战线性质的新民主主义国家，是中共在民主革命时期政权建设的一大特色。关于夺取政权的目标，中共诞生伊始是照搬马克思主义的口号，提出要"推翻资本家阶级的政权"，"承认无产阶级专政"。[②]中共二大从中国的实际出发而确定的最高纲领和最低纲领，阐明了中国革命的基本任务。此后，中共在民主革命时期创建或致力于创建的所有政权都是统一战线性质的。

第一次国共合作及其主导下的广东国民政府，就是一个统一战线性质的政权。中共四大后，中共开始关注革命的领导权问题。当时中共中央借用孙中山关于召开国民会议的遗嘱，主张通过召集全国的商会、工会、农会、学生会和其他各界职业团体来推举多数代表，举行国民会议、省民会议、县民会议和乡民会议，以建立真正人民意义的革命政权。毛泽东是在考察湖南农民运动的时候，从农民自发的行动中，感受到这一问题的迫切性。他指出："湘中湘南各县多数经过了一个烈风暴雨的农村革命时期

[①]《战争和战略问题》（1938年11月6日），《毛泽东选集》第2卷，人民出版社1991年版，第541页。

[②]《中国共产党第一个纲领》（1921年7月），《建党以来重要文献选编（1921—1949）》第1册，中央文献出版社2011年版，第1页。

(第二时期),乡村陷于无政府状态应立即实现民主的乡村自治制度,变无政府为有政府,具体地建立农村联合战线,以免去农民孤立的危险,农村中的农民武装、民食、教育、建设、仲裁等问题也才有最后的着落;目前的湖南政治问题,莫急于完成乡村自治这一点,省民会议,县民会议非在完成村自治之后决无可言。"①但是,随着大革命的失败,中共的这一愿望落空。中共转而实行工农民主专政,毛泽东成为这一新的政权建设目标的主要实践者。与前一个阶段不同,工农民主专政的政权是由共产党独立领导的,但仍然是统一战线性质的,是工人、农民和小资产阶级的统一战线,不再包括民族资产阶级。②1935年12月,为适应建立全民族抗日统一战线的需要,毛泽东主张将工农民主专政的政权代之以"人民共和国"。他指出"如果说,我们过去的政府是工人、农民和城市小资产阶级联盟的政府,那末,从现在起,应当改变为除了工人、农民和城市小资产阶级以外,还要加上一切其他阶级中愿意参加民族革命的分子","这个政府的纲领,应当是以适合于反对日本帝国主义及其走狗这个基本任务为原则"。③虽然在整个抗日战争时期,全国的统一的"人民共和国"始终未能建立,但是在各抗日民主根据地却普遍地建立起统一战线性质的,由工人、农民、小资产阶级、民族资产阶级和开明绅士参加的各级抗日民主政权。这个时期,毛泽东在中国共产党领导的各敌后抗日民主根据地创建政权的精髓,是"三三制"。

在抗日战争历史条件下,中华民族与日本帝国主义之间的民族矛盾,成为中国国内最主要的矛盾。面对日本侵略者妄图灭亡中国的民族危机,中国要实现以弱胜强,驱逐日本军队出中国,就离不开全国人民的总动员。1937年5月,毛泽东在延安召开的中国共产党全国代表会议上作报告

---

① 《毛润之同志视察湖南农运给中央报告》,转引自《中共党史参考资料》第4册,第207页。

② 参见拙作《毛泽东与中国工农民主专政的创建》,《湘潮》2017年第12期。

③ 毛泽东:《论反对日本帝国主义的策略》(1935年12月27日),《毛泽东选集》第1卷,人民出版社1991年版,第156页。

指出："争取民主，是目前发展阶段中革命任务的中心一环。看不清民主任务的重要性，降低对于争取民主的努力，我们将不能达到真正的坚实的抗日民族统一战线的建立。"①"抗战需要全国的和平与团结，没有民主自由，便不能巩固已经取得的和平，不能增强国内的团结。抗战需要人民的动员，没有民主自由，便无从进行动员。"② 8月25日，《中国共产党抗日救国十大纲领》提出"全国人民除汉奸外，皆有抗日救国的言论，出版，集会，结社，及武装抗敌之自由"③，"召集真正人民代表的国民大会，通过真正的民主宪法，决定抗日救国方针，选举国防政府"④等民主诉求，并强调"本党今天所提出的抗日救国的十大纲领，即是争取抗战最后胜利的具体的道路"⑤。9月，毛泽东在中央一级积极分子会议上作《中日战争爆发后的形势与任务》报告中提出陕甘宁边区的任务，是成为"政治、军事与干部的策源地"⑥，"战争中建立工农资产阶级民主共和国，并准备过渡到社会主义"⑦的初步设想。10月，毛泽东在和英国记者贝兰特谈话时指出，"民主共和国"这个口号在政治上组织上的含义包括如下三点："（一）不是一个阶级的国家和政府，而是排除汉奸卖国贼在外的一切抗日阶级互相联盟的国家和政府，其中必须包括工人、农民及其他小

---

① 《中国共产党在抗日时期的任务》（1937年5月3日），《毛泽东选集》第1卷，人民出版社1991年版，第255页。

② 《中国共产党在抗日时期的任务》（1937年5月3日），引自《建党以来重要文献选编（1921—1949）》第14册，中央文献出版社2011年版，第182页。

③ 《中国共产党抗日救国十大纲领》（1937年8月25日），引自《建党以来重要文献选编（1921—1949）》第14册，中央文献出版社2011年版，第476页。

④ 《中国共产党抗日救国十大纲领》（1937年8月25日），引自《建党以来重要文献选编（1921—1949）》第14册，中央文献出版社2011年版，第476页。

⑤ 《中共中央关于目前形势与党的任务的决定》（1937年8月25日），引自《建党以来重要文献选编（1921—1949）》第14册，中央文献出版社2011年版，第474页。

⑥ 《中日战争爆发后的形势与任务》（1937年9月1日），引自《建党以来重要文献选编（1921—1949）》第14册，中央文献出版社2011年版，第495页。

⑦ 《中日战争爆发后的形势与任务》（1937年9月1日），引自《建党以来重要文献选编（1921—1949）》第14册，中央文献出版社2011年版，第495页。

资产阶级在内。（二）政府的组织形式是民主集中制，它是民主的，又是集中的，将民主和集中两个似乎相冲突的东西，在一定形式上统一起来。（三）政府给予人民以全部必需的政治自由，特别是组织、训练和武装自卫的自由。"①同月，毛泽东在《目前抗战形势与党的任务报告提纲》中谈到"迅速解决特区问题"时提出"保持特区为抗日的先进地区、全国民主化的推动机和新中国的雏形"②构想。1938年2月，毛泽东在回答合众社记者关于"什么是共产党主张的'民主共和国'"提问时强调："我们所主张的民主共和国，便是全国所有不愿当亡国奴的人民，用无限制的普选方法选举代表组织代议机关这样一种制度的国家。这种国家就是民权主义的国家，大体上是孙中山先生早已主张了的，中国建国的方针应该向此方向前进。"③7月2日，他在同世界学联代表团的谈话中畅谈了他对抗战胜利后建立一个什么样的新中国的构想。

随着全民族抗日战争的爆发，中国共产党领导的八路军和新四军深入敌后开展游击战争，建立了一批抗日根据地，改造旧政权、建立新政权的任务提上议事日程。毛泽东把各抗日民主根据地作为新民主主义国家的雏形进行建设，并作为全国的示范。陕甘宁边区的苏维埃中央政府率先于1937年7月到11月15日举行第一次普选，完成了边区乡、区县级抗日民主政府的初创工作。1937年10月，毛泽东提出特区政府的建政三原则："1．保持党的领导；2．使特区成为中华民国的一部分的地方政府；3．保持特区为抗日的先进地区、全国民主化的推动机和新中国的雏形。"④第一点"保持党的领导"是最重要的新民主主义政治原则。第二

---

① 《和英国记者贝特兰的谈话》（1937年10月25日），引自《建党以来重要文献选编（1921—1949）》第14册，中央文献出版社2011年版，第625页。

② 《目前抗战形势与党的任务报告提纲》（1937年10月），引自《建党以来重要文献选编（1921—1949）》第14册，中央文献出版社2011年版，第652页。

③ 《毛泽东同合众社记者王公达的谈话》（1938年2月），引自《建党以来重要文献选编（1921—1949）》第15册，中央文献出版社2011年版，第136页。

④ 《目前抗战形势与党的任务报告提纲》（1937年10月），《毛泽东文集》第2卷，人民出版社1993年版，第54页。

点特区改为地方政府是中共的重大让步，但有此让步才促成国共合作。第三点中明确提出了特区为"新中国的雏形"，此处的"新中国"就是后来所提的新民主主义共和国。既是新民主主义共和国的雏形，其必然为建立新民主主义共和国积累经验。毛泽东甚至明确提出："我们的目的，是要实现议会制的民主共和国，这在国内外的形势均须如此。"[①]这与之前的苏维埃制有着本质的不同。苏维埃制是议行合一的政权模式，议会制是议行分开的政权模式。议会制在中共的地方建政实践中得到了实行。

陕甘宁边区民主政府的建立实现了对旧政权的根本改造，在政治上的进步意义毋庸置疑，但政权领导机关成员中没有选出有代表性的非党人士，由共产党员完全掌握政权的边区政府与苏维埃时期的工农民主政权无甚差别的现状，显然有悖于中国共产党关于团结抗战与民主理念的初衷。鉴于此，全面抗战爆发后，蒋介石把持的国民政府仍实行所谓"训政"，只是设立了一个咨询性质的国民参政会粉饰其"民主"。中共中央在1938年11月酝酿召开陕甘宁边区参议会。国民党方面得知后为避免其被动，从重庆来电要求将其改为召开准备会，并不要向外宣传。在中央书记处讨论这一问题时，毛泽东明确地说：边区议会要开，国民党攻击我们立异，我们为实行民主制度必须立异，否则不能表示我们的进步。议会名称仍用参议会好。边区问题解决必须坚持边区事情由我们办，保证民主制度。[②]边区参议会实际上就是议会，它是经人民普选产生的边区全国人民代表机关和边区最高权力机关。而国民党召集的国民参政会和国统区的省市参议会仅仅是一个党选定的单纯咨询机关，与边区参议会有本质区别。[③]边区参议会类似于边区人民大会，是符合新民主主义共和国的多党多阶级联合专政的政治的。

---

① 《目前抗战形势与党的任务报告提纲》（1937年10月），《毛泽东文集》第2卷，人民出版社1993年版，第54页。

② 参见《毛泽东年谱（1893—1949）》（修订本）中卷，中央文献出版社2013年版，第105页。

③ 参见《胡乔木回忆毛泽东》，人民出版社1994年版，第123—124页。

1939年10月，毛泽东在为中共中央起草的《目前形势和党的任务》中指出："在敌后方，必须坚持游击战争，战胜敌人的'扫荡'，破坏敌人的占领地，实行激进的有利于广大抗日民众的政治改革和经济改革。"① 1940年3月6日，毛泽东在《抗日根据地的政权问题》的党内指示中，第一次提出了"三三制"原则："根据抗日民族统一战线政权的原则，在人员分配上，应规定为共产党员占三分之一，非党的左派进步分子占三分之一，不左不右的中间派占三分之一。"② 联系到这一时期，毛泽东发表的一系列论著：1939年10月《〈共产党人〉发刊词》、1939年12月《中国革命和中国共产党》、1940年1月《新民主主义论》、1940年2月《新民主主义的宪政》，可以看出，"三三制"是中国共产党应对团结抗战的时代要求，遵循新民主主义理论基本原则的政权创新模式。实行"三三制"，在当时更准确地说是中国共产党指导抗日根据地政权建设的一项政策或原则，还不能说是国家政权的基本制度安排，但其实践不管在战时还是战后，都为构建新型国家政权提供了深刻启迪和借鉴。

陕甘宁边区政府"三三制"政权实践，为中国共产党人深刻理解党的领导的科学内涵，厘清自己在党政关系中的角色定位提供了模板或范本。既要实行"三三制"，又要坚持党在政权中的领导地位，这就要求中国共产党对党的领导有更科学的理解。毛泽东在《抗日根据地的政权问题》中深刻指出："必须保证共产党员在政权中占领导地位，因此，必须使占三分之一的共产党员在质量上具有优越的条件。只要有了这个条件，就可以保证党的领导权，不必有更多的人数。所谓领导权，不是要一天到晚当作口号去高喊，也不是盛气凌人地要人家服从我们，而是以党的正确政策和自己的模范工作，说服和教育党外人士，使他们愿意接受我们的建议。"③ 这是一

---

① 《目前形势和党的任务》（1939年10月10日），《建党以来重要文献选编（1921—1949）》第16册，中央文献出版社2011年版，第690页。

② 《抗日根据地的政权问题》（1940年3月6日），《建党以来重要文献选编（1921—1949）》第17册，中央文献出版社2011年版，第170页。

③ 《抗日根据地的政权问题》（1940年3月6日），《建党以来重要文献选编（1921—1949）》第17册，中央文献出版社2011年版，第170页。

种全新的领导观,而以自己的模范作用取得群众的拥护,要求党时刻注意自律,就提出了中国共产党加强队伍质量建设的重大课题。

"三三制"是中国共产党在政权中实现自我约束,防止自己包办政权的一种政治规定和制度。它既有利于团结大多数,发挥党外人士的政治积极性和才能,又可以使党从烦琐具体的项目任务中摆脱出来,集中精力去研究原则的、政策的、大政方针的领导。"党的领导机关一定要认清自己的业务,正确进行自己的业务。要从琐事堆中解放出来。要多进行调查研究,多思考,解决有关政策的问题。"[1]为了加强党对"三三制"政权工作的领导,毛泽东主张派出优秀共产党员,以保证参加"三三制"政权工作的党员,在质量上的优越条件,发挥先锋模范作用,加强政府中党组的工作,发挥参加政府工作的共产党员的集体力量和有组织的领导。但同时,毛泽东告诫全党"切忌我党包办一切。我们只破坏买办大资产阶级和大地主阶级的专政,并不代之以共产党的一党专政"[2]。鉴于国民党不断制造"摩擦"和掀起反共高潮,中共党内一些同志对"三三制"存在的必要性产生疑虑,毛泽东却一再强调,只要全民族抗战大局没有根本改变,"三三制"原则就必须坚持。他还具体地指明在抗战条件下,中等资产阶级和开明绅士,都是抗日统一战线中的中间势力。他特别解释:"开明绅士是地主阶级的左翼,即一部分带有资产阶级色彩的地主,他们的政治态度同中等资产阶级大略相同。"[3]以保证他们在"三三制"政权中的地位,防止抗日民族统一战线政策出现偏颇。

抗日民主政权中实行"三三制",实际体现的是该政权的"国体",即该政权是由哪些阶级组成的和他们在政权中的地位如何,是抗日民族统一战线性质的政治平台,是新民主主义国家政权的雏形,并向全国人民表明共

---

[1] 《提高领导 改造作风》(1942年11月10日《解放日报》社论),《建党以来重要文献选编(1921—1949)》第19册,中央文献出版社2011年版,第520—521页。

[2] 《论政策》(1940年12月25日),《毛泽东选集》第2卷,人民出版社1991年版,第766页。

[3] 《目前抗日统一战线中的策略问题》(1940年3月11日),《毛泽东选集》第2卷,人民出版社1991年版,第746页。

产党团结抗日的诚心和决心。实行"三三制"的各抗日民主政府，既是抗日的政权，又是民主的政权；既保证了党的领导，又防止了党包办政权。这种以退为进的思维与实践，反而更加稳固了中国共产党在抗日根据地的领导地位。毛泽东在陕甘宁边区第一届参议会上鲜明地提出："陕甘宁边区要成为抗战的堡垒，民主的模范。"[①]他的目标是希望把"三三制"的抗日民主政权推广到全国。1940年1月，毛泽东在《新民主主义论》中将中国共产党自抗战以来的民主共和国主张发展为新民主主义共和国的构想。新民主主义共和国构想不是空洞的理论，它具有很强的实践性，它源于建政实践又高于建政实践，并被用来指导建政实践，在实践中进一步发展。

（二）《新民主主义的宪政》

毛泽东在敌后根据地继续坚持和完善"三三制"政权的同时，又提出建立全国性的"联合政府"的主张。由于以国共合作为中心建立的全民族抗日统一战线，始终没有形成共同的纲领和共同的组织形式，更没有形成全国各抗日民主力量均参加的统一的政权，随着抗日战争胜利曙光的初现，国共双方在战后究竟是建立一个什么样国家的问题上，展开激烈的角逐。

1939年9月，国民参政会第一届第四次大会通过了定期召集国民大会制定宪法实行宪政的决议。11月，国民党五届六中全会接受了这个决议，并明文公布于次年11月12日召开国民大会。但是在其后的几年里并未实现宪政。1942年7月，中共中央发出经毛泽东修改的纪念全面抗战5周年宣言。其中指出"战后的中国应当是各党派合作经过人民普选的民主共和国，而不是少数人专政多数人无权的中国"。宣言号召全国人民"一致为着争取最后胜利与一致为着独立的、统一的、和平的、民主的、繁荣的、各党各派合作的战后新中国而奋斗"[②]。一年之后，国民党方面迫于

[①] 中共中央文献研究室编：《毛泽东年谱（1893—1949）》（修订本）中卷，中央文献出版社2013年版，第106—107页。

[②] 《中共中央为纪念抗战五周年宣言》（1942年7月7日），《建党以来重要文献选编（1921—1949）》第19册，中央文献出版社2011年版，第356—357页。

国内外的压力，1943年10月，国民党五届十一中全会决议，于抗战胜利后一年内召集国民大会，制定宪法，实施宪政。蒋介石在国民党五届十一中全会上提出用政治方式解决国共关系问题，并宣布抗战胜利后一年内实施宪政，希望"能够建立一个三民主义的新中国"。毛泽东立即撰文对其虚假和阴谋予以揭露，并针锋相对地指出要"公平合理地用政治方式解决国共关系问题，诚意实行真正民主自由的宪政，废除'一个党，一个主义，一个领袖'的法西斯独裁政治，并在抗战期内召集真正民意选举的国民大会"[①]。为此，他和中共中央决定"我党参加此种宪政运动，以期吸引一切可能的民主分子于自己周围，达到战胜日寇与建立民主国家之目的"[②]。在中国共产党和各民主党派及无党派人士的积极推进下，尽管在抗战时期国民党并未真正实行宪政，但即使是其作出的姿态，也在当时中国社会各阶层产生了较大反响，形成了一段时期高涨的民主宪政运动。

抗战时期谈宪政，行宪政，必然涉及宪政与抗战的关系、宪政与建国的关系。宪政与抗战建国是不可分离的，真正实行民主政治，是抗战建国实行宪政的基本条件和必要前提。实行宪政实际包括三个问题：召集国民大会问题、制定宪法问题、实行宪政问题。三者之间的逻辑关系应该是：召集国民大会为实行宪政的开端，制定宪法为实行宪政奠下法律的基础，而认真实行宪政，则使国家政治生活完全民主化。实行宪政，必须先实行宪政的先决条件。舍此，就会流于空谈。当时中国共产党认为最重要的先决条件有三个：一是保障人民的民主自由；二是开放党禁；三是实行地方自治。而这恰恰是国民党蒋介石坚决反对的。

国民参政会第一届第四次会议通过实行宪政的决议之后，全国人民热烈拥护，积极响应，重庆、成都、桂林等地相继成立宪政促进会和宪政座谈会，讨论实行宪政问题。1939年9月至1940年2月间，国内关于宪政运

[①] 《评国民党十一中全会和三届二次国民参政会》（1943年10月5日），《毛泽东选集》第3卷，人民出版社1991年版，第921页。

[②] 《关于宪政问题》（1944年3月1日），《毛泽东文集》第3卷，人民出版社1996年版，第90页。

动的实施，有三种不同的意见。第一种意见是热烈拥护并积极提倡和主张广泛地开展宪政运动，而且主张宪政运动本身就是广大的民主运动，同时应该是由民众参加的、广大的民众运动。这是全国各党派先进人士及绝大多数人民的要求。第二种意见认为宪政不应该是民主和民众运动，而是官办的和一个党的，只是少数有智识之士、名流学者、政府官吏们的事情。宪政和民众是不相容的，如果宪政和民众结合起来，那宪政就会被弄得一塌糊涂。第三种意见认为目前是战争的时代，根本谈不上实行宪政，反之，倒应该又转到军政时期，一切以军事专制才能解决一切问题。论者常以英法美所谓"民主"国家的战时内阁为依据。在上述三种意见中，中国共产党坚持第一种意见，反对后两种意见并对其进行了批判。中共中央认为，在拥护第四届参政会的正确决议的时候，在赞助政府准备实行宪政的时候，在拥护与响应延安各界宪政促进会的发起与成立的时候，边区人民应首先成为全国的模范和先锋队伍，应该欢欣鼓舞，热烈参加这一宪政促进会。

延安发起成立了各界宪政促进会，发起人是毛泽东、陈绍禹、林祖涵、吴玉章等国民参政会参政员，并于1939年11月24日召开了发起人会议。中共中央号召全边区人民参加宪政促进会。可以说，新民主主义共和国构想刚一提出，毛泽东就借宪政运动的机会提出了新民主主义宪政理论。1940年2月20日，在延安各界宪政促进会成立大会上，毛泽东作了题为《新民主主义的宪政》的演讲，开宗明义地指出："今天延安各界人民的代表人物在这里开宪政促进会的成立大会，大家关心宪政，这是很有意义的。我们的这个会为了什么呢？是为了发扬民意，战胜日本，建立新中国。"[①]他揭露国民党顽固派的所谓"宪政"是国民党的一党专政，提出新民主主义宪政不是一党专政，而是"几个革命阶级联合起来对于汉奸反动派的民主专政"的观点，他还强调其具体内容就是孙中山所说的"为一

---

① 《新民主主义的宪政》（1940年2月20日），《毛泽东选集》第2卷，人民出版社1991年版，第731页。

般平民所共有，非少数人所得而私"，①而号称孙中山信徒的国民党顽固派却忘记了孙中山的遗教。

事实上，新民主主义宪政在抗日民主政权中基本实现。1940年3月11日，毛泽东在延安高级干部会议上指出，抗日民主政权实行普选制，凡年满18岁的中国人，不论其阶级出身、性别、民族、党派、信仰和教育程度，都有选举权和被选举权。抗日民主政权由人民选举产生，这是宪政的重要内容。宪政首先要保障人民的权利，其次是限制公共权力。如果没有普选制，官员就可能不对人民负责，人民的权利就无法保障。普选制写进了1941年通过的具有地区基本法性质的《陕甘宁边区施政纲领》。该纲领还规定了一切抗日的地主、资本家、农民、工人等都享有人权、财权、政治权利和各种自由权利，并规定了废止肉刑、对汉奸亦争取感化等宽大的司法政策。这些开明的政策有利于保护抗日群众的权利，有利于团结最广大的人民群众抗日，有利于调节各抗日阶级的利益，体现了新民主主义宪政精神。1944年3月1日，毛泽东在为中央政治局起草的一个文件中指出：国民党准备推行宪政的目的"在于欺骗人民，借以拖延时日，稳固国民党的统治，但是只要允许人民讨论，就有可能逐渐冲破国民党的限制，使民主运动推进一步"②。此后，在宪政运动渐入高潮而正面战场因国民党消极抗战和腐败统治导致在豫湘桂战役出现大溃败，以及废除国民党一党专政的呼声日益高涨的形势下，毛泽东经过深思熟虑正式提出建立"联合政府"的倡议。

（三）人民民主专政学说的雏形——联合政府

"联合政府"，顾名思义，仍然是统一战线性质的政权。如果说中共普遍建立"三三制"的抗日民主政权的主要目的，在于巩固与发展抗日

---

① 《新民主主义的宪政》（1940年2月20日），《毛泽东选集》第2卷，人民出版社1991年版，第733页。

② 《关于宪政问题》（1944年3月1日），《毛泽东文集》第3卷，人民出版社1996年版，第90页。

民族统一战线和推动抗日民主根据地的发展与壮大,那么,倡导创建民主的"联合政府"则有两重目的。其直接目的是,"中国急需把各党各派和无党无派的代表人物团结在一起,成立民主的临时的联合政府,以便实行民主的改革,克服目前的危机,动员和统一全中国的抗日力量,有力地和同盟国配合作战,打败日本侵略者,使中国人民从日本侵略者手中解放出来";其长远目标则是战后,"需要在广泛的民主基础之上,召开国民代表大会,成立包括更广大范围的各党各派和无党无派的代表人物在内的同样是联合性质的民主的正式的政府,领导解放后的全国人民,将中国建设成为一个独立、自由、民主、统一和富强的新国家"。毛泽东将其概括为一句话:"走团结和民主的路线,打败侵略者,建设新中国"。① 并认为"这是全国人民的总任务,中国人民不论在大后方,在沦陷区,在解放区,都要为此目标而奋斗"②。

毛泽东关于"联合政府"的主张,不是凭空想出来的,其提出主要源于三方面因素:国际上有美国总统罗斯福的最初提议,国内有共产党军事力量的不断壮大,国民党政府的独裁、腐败和1944年豫湘桂战役的大溃败。毛泽东运用"联合政府"口号,开始是想通过和谈手段从国民党手中争取一部分执政权,它一经提出就得到中间党派即民主党派及无党派人士的拥护并成为一种多党联合执政的政治目标,在实施过程中最终演变成经过武装斗争胜利后共产党与民主党派及非党人士联合执政的政权形式。

"联合政府"最初是由作为中国抗日战争的盟国美国时任总统罗斯福提出来的。1943年11月开罗会议期间,罗斯福因中国内部纷争问题向蒋介石提议:国民党"应该在战争还在继续的时候,同延安的共产党成

---

① 《论联合政府》(1945年4月24日),《毛泽东选集》第3卷,人民出版社1991年版,第1029、1029—1030、1030页。

② 《一九四五年的任务》(1944年12月15日),《建党以来重要文献选编(1921—1949)》第21册,中央文献出版社2011年版,第658页。

立一个联合政府"①。罗斯福提出"联合政府"主张，带有美国民主政治的色彩，也是本着美国的政治利益和打败日本侵略者的需要。1944年7月7日，罗斯福提出将国、共军队全部交史迪威指挥。美国驻华大使高思建议在蒋介石领导之下组成一个联合军事委员会或联合最高统帅部，以便团结中国各党派共同抗日。高思告诉蒋介石，他并没有想立即改组政府，尽管他相信在危急时刻组成各党派代表参加的联合政府也许不失为有效办法。②1944年7月下旬，美军观察组前往延安，美国的外交官员谢伟思等也受命同往。谢伟思对国民党政府持批评态度，于是热心与中共中央领导人讨论联合政府问题。1944年9月1日，毛泽东在中共六届七中全会主席团会议讨论"联合政府"时说，此事是谢伟思告知的，美国政府有训令给高思大使，要促成中国的联合政府。谢伟思问我的意见如何实现？我说召集各党派代表会议，成立联合政府，共同抗日，将来建国。以毛泽东为代表的共产党人，根据国内外情况的变化，及时地提出建立"联合政府"主张，体现了中国共产党的政治经验和政治智慧。

1944年国民党豫湘桂战役的大溃败，是毛泽东提出"联合政府"主张的直接原因。豫湘桂战役的大溃败，就连蒋介石也不得不承认这是抗战以来"危险最大而忧患最深的一年"，惊呼"八年来抗战之险恶，未有如今日之甚者也"。③国民党正面战场惊心动魄的大溃败，使国民党政府的执政能力受到抗战以来从未有过的怀疑。1944年，国际反法西斯形势一片大好。苏联红军自斯大林格勒战役后开始转入反攻，基本消灭了境内德军，把战争推向德国本土，美英盟军实现诺曼底登陆，开辟了欧洲第二战场，随即解放巴黎和罗马；太平洋战场上，美军的跳岛战术也不断收获胜利，逐渐向日本本土逼近。这一切预示着法西斯的末日即将来临。然而，处在这样有利的国际环境下，国民党正面战场却出现了如此溃败，使人们难以

---

① 伊利奥·罗斯福：《罗斯福见闻秘录》，李嘉译，上海新群出版社1947年版，第146页。

② 参见杨奎松：《国民党的"联共"与"反共"》，社会科学文献出版社2009年版，第502页。

③ 吴相湘：《第二次中日战争史》，台北综合月刊社1973年版，第1062页。

相信国民党所谓时间换取空间的说辞。国民党正面战场的溃败也给美国带来不安，日军的进攻严重威胁着美国军队在中国建立的军事基地和在华取得的利益，更影响了美军太平洋舰队在太平洋特别是中国东南沿海一带的作战计划。

而此时中共领导的敌后战场，在经历两年极端困难的局面后，又重新发展起来，已经转入局部反攻。据1944年不完全统计，中共军队"收复县城十六个，攻入县城四十七个，克服据点碉堡五千余处，光复国土八万余平方公里，解放同胞一千二百万"①。"由于一年来斗争胜利的结果，我们的正规军由过去的四十七万，增加到现在的六十五万，民兵由二百万增加到二百二十万，解放区的人口由过去的八千万增加到现在的九千二百万，这就大大增强了我们的反攻力量。"②以前，由于国民党对抗日根据地进行封锁并对中共进行歪曲报道，广大后方的民众对中共的情况了解不够，但随着1944年中外记者参观团对抗日民主根据地的考察和美国军事观察组进驻延安，人们对中共有了耳目一新的了解。通过考察和报告，人们了解到中共在根据地实行"三三制"，建立了抗日民族统一战线性质的联合政权，了解到中共开展游击战，通过麻雀战、地道战和地雷战等作战方式打击日军，不断扩大抗日民主根据地……这些不带"宣传"意味的报告，动摇了固有的正统观念，使人们看到了中国未来的希望。

国民党政治上的专制腐败是"联合政府"提出的政治原因。国民党正面战场的大溃败以及和国际反法西斯斗争、中共抗战形成的鲜明对比，使人们在痛心困惑的同时，必然追问国民党出现溃败除了军事方面是否还有政治方面的原因。国民党的"一党专政"和蒋介石个人独裁给中国带来了坏得不能再坏的局面。政治上纲纪松弛，贪污成风；经济上通货膨胀严重，贫富差距悬殊，官僚资本急速膨胀，而民族资本工业却不断萎缩；军事上则士气低落，作战不力。在这种情况下，全国人民要求废除"一党专

---

① 《敌后战场伟大胜利的第一年》，《解放日报》1944年12月31日。
② 《敌后战场伟大胜利的第一年》，《解放日报》1944年12月31日。

政"和个人独裁，实行民主政治改革，彻底改变消极抗战的误国政策的呼声越来越高。

在1944年国民党豫湘桂战场上的惨败中，毛泽东深刻认识到，问题的关键并不在于军事，而在于政治，在于"国民党统治人士及其政府始终固执其一党统治与拖延实行三民主义的方针，而不愿立即实行真正的民主，以加强抗战力量，以保证战后和平。"[1]1944年8月17日，毛泽东在董必武向周恩来请示如何对待增补国民参政员问题的电报上批示："应与张、左（指张澜、左舜生——引者注）商各党派联合政府。参政会可同意增人，取积极态度，但是第二位的。以上请周考虑拟复。"[2]毛泽东的这一指示是在党的文献中第一次出现"联合政府"的政治概念，也预示着战后国共关系和中国政治的重大改变。更为重要的是，在周恩来8月18日给董必武等人的复电中，毛泽东在电报上写了如下批注："应先召集党派及团体代表会，改组政府，方有召集民选国大之可能；否则是即使召集，也是假的。我们如此提议，蒋必不从，将来他召集假国大，我有理由说话。此意我党七大应作决定。"[3]毛泽东这里所说的"此意我党七大应作决定"表明，这时他已经开始思考七大政治报告的主题了。

1944年9月1日，毛泽东在主持中共六届七中全会主席团会议、讨论关于提议成立联合政府等问题时说，联合政府，三条政纲，可在答复张、王时提出。9月4日，根据毛泽东的意见，周恩来在为中共中央起草致林伯渠、董必武、王若飞的电报中指出："目前我党向国民党及国内外提出改组政府主张时机已经成熟，其方案为要求国民政府立即召集各党、各派、各军、各地方政府、各民众团体代表，开国是会议，改组中央政府，废除

---

[1] 中共中央文献研究室编：《毛泽东年谱（1893—1949）》（修订本）中卷，中央文献出版社2013年版，第534—535页。

[2] 中共中央文献研究室编：《毛泽东年谱（1893—1949）》（修订本）中卷，中央文献出版社2013年版，第536页。

[3] 中共中央文献研究室编：《毛泽东年谱（1893—1949）》（修订本）中卷，中央文献出版社2013年版，第536—537页。

一党统治。然后由新政府召开国民大会，实施宪政，贯彻抗战国策，实行反攻。估计此项主张国民党目前绝难接受。但各小党派、地方实力派、国内外进步人士，甚至盟邦政府中开明人士，会加赞成。因此，这一主张，应成为今后中国人民中的政治斗争目标，以反对国民党一党统治及其所欲包办的伪国民大会与伪宪。"①9月5日，国民参政会在重庆开幕。会上，林伯渠在报告中代表中共中央提出："希望国民党立即结束一党统治的局面，由国民政府召集各党各派、各抗日部队、各地方政府、各人民团体的代表，开国事会议，组织各抗日党派联合政府，一新天下耳目，振奋全国人心，鼓励前方士气，以加强全国团结，集中全国人才，集中全国力量，这样一定能够准备配合盟军反攻，将日寇打垮。"②这标志着中共开始把"联合政府"与"一党专制"对立起来，将"联合政府"作为解决中国政治发展的重大政治主张而提了出来。从大革命失败后国共斗争史来看，"联合政府"的主张也标志着中共"第一次向国民党提出中央政府权力再分配的政治要求，这一要求的提出，从根本上改变了国共谈判的性质，也从根本上改变了中国政治的性质，从而把国共围绕国家政权的斗争，在形式上和实质上都推上了更高的阶段"③。这一主张提出后反响巨大，得到各民主党派和各界人士的积极支持。

  毛泽东后来也多次以1944年9月为界，来论述联合政府主张的形成。1945年2月3日，毛泽东在中共六届七中全会主席团会议的发言中说："去年九月提出建立联合政府的主张是正确的。这是一个原则的转变，以前是你的政府，我要人民，九月以后是改组政府，我可参加。联合政府仍然是蒋介石的政府，不过我们入了股，造成一种条件。"④1945年3月31日，毛

---

① 中共中央文献研究室编：《毛泽东年谱（1893—1949）》（修订本）中卷，中央文献出版社2013年版，第542页。

② 《林伯渠在三届三次国民参政会上关于国共谈判的报告》（1944年9月15日），《建党以来重要文献选编（1921—1949）》第21册，中央文献出版社2011年版，第505页。

③ 邓野：《联合政府与一党训政》，社会科学文献出版社2003年版，第29—30页。

④ 中共中央文献研究室编：《毛泽东年谱（1893—1949）》（修订本）中卷，中央文献出版社2013年版，第577页。

泽东在六届七中全会上说明《论联合政府》政治报告中的重要问题时说："联合政府是具体纲领,它是统一战线政权的具体形式。这个口号好久没有想出来,可见找一个口号、一个形式之不易。这个口号是由于国民党在军事上的大溃败、欧洲一些国家建立联合政府、国民党说我们讲民主不着边际这三点而来的。这个口号一提出,重庆的同志如获至宝,人民如此广泛拥护,我是没有料到的。"①此外,胡乔木在后来回忆毛泽东的著作中说:"9月初(指1944年9月初——引者注),六届七中全会主席团举行会议,讨论关于提议召开各党派会议成立联合政府问题。这不仅成为重庆国共谈判和在延安同赫尔利谈判的中心议题,也为起草七大政治报告提出了新的主题。"②这可以进一步表明毛泽东开始思考写作《论联合政府》的时间应该在1944年9月。

在国共会谈中,毛泽东认为应把成立联合政府作为实现国家统一的前提。1944年9月27日,他在《为林伯渠起草的复王世杰、张治中的信》中指出:"现在唯一挽救时局的办法,就是要求国民政府与国民党立即结束一党专政的局面,由现在的国民政府立即召集全国各抗日党派、各抗日部队、各地方政府、各民众团体的代表,开紧急国是会议,成立各党派联合政府,并由这个政府宣布并实行关于彻底改革军事、政治、经济、文化各方面的新政策。只有这样的新政府,但决不是请客式的、不变更一党专政实质的、不改变政策的所谓新政府,才能一新天下之耳目,才能实行孙中山先生的革命三民主义,才能保障人民有充分民主自由的权利,才能发出积极抗战的军令与民主主义的政令,才能取得人民的信任,而把全国人民动员起来,增强抗战力量,停止敌人的进攻与实行我们的反攻,也才能实行真正由人民选举的国民大会与实现民主选举的政府。有了这样的新政府,国家统一也就可能实现了。"③毛泽东之所以提出这样的主张,是因

---

① 《对〈论联合政府〉的说明》(1945年3月31日),《毛泽东文集》第3卷,人民出版社1996年版,第275—276页。

② 《胡乔木回忆毛泽东》,人民出版社1994年版,第365—366页。

③ 《为林伯渠起草的复王世杰、张治中的信》(1944年9月27日),《毛泽东文集》第3卷,人民出版社1996年版,第214—215页。

为他认为共产党领导的抗日力量得到了很大发展，共产党可以同国民党讲平等了。他在中共六届七中全会主席团会议上发言时宣称，现在解决中国问题，必须估计到我们。

1945年3月31日，毛泽东在六届七中全会上就《论联合政府》政治报告的内容进行了说明。在说明中，毛泽东主要涉及的是《论联合政府》的基本原则及其一些重要的问题，主要有：如何评估国民党的抗战成绩、分析国民党的政策、对待孙中山和三民主义，如何认识民粹主义的影响、认识新民主主义和共产主义的关系、认识党的一般纲领和具体纲领的关系、认识联合政府的可能性问题等。在上述说明的基础上，"如果大家同意报告的这些基本观点，则修改后即发给所有代表，代表大会上仍可提出各种修改意见"[1]。这表明，虽然《论联合政府》仍然处于最后的修改和讨论中，但基本的框架、问题、主要观点等已经完成。由此，可以说以1945年3月31日毛泽东的这一说明为标志，《论联合政府》已经形成。1945年2月25日，毛泽东在中央党校作题为《时局问题及其他》的报告。这个报告主要讲了三个问题：时局问题、山头主义的问题和审查干部的问题。从内容来看，这个报告与后来《论联合政府》的正文在许多的地方是一致的。由此判断，《论联合政府》有可能在1945年2月就已经基本形成，毛泽东试图通过中央党校的报告来体现其中的一些观点。

从现有的材料，还无法描述出毛泽东写作和思考《论联合政府》的具体过程。但是，有两个问题是可以明确的：其一，如上所述，我们大致可以断定《论联合政府》是由毛泽东在1944年9月到1945年2月间完成的，历时5个多月。并且，由于1944年5月中共六届七中全会在决定毛泽东作政治报告的同时，"并特别说明政治报告不设准备委员会"[2]。这一点可以

---

[1] 《对〈论联合政府〉的说明》（1945年3月31日），《毛泽东文集》第3卷，人民出版社1996年版，第276页。

[2] 齐得平：《我所了解的〈毛泽东选集〉第四卷档案和手稿情况——兼驳所谓〈《毛泽东选集》真相〉》，《党的文献》2012年第2期。

表明,《论联合政府》不是写作班子的产物,而是毛泽东个人的产物。其二,毛泽东在1945年3月31日六届七中全会上对《论联合政府》进行说明时说,对于这个稿子"我已改了8次"[1]。从这句话可以看出,前面推断出的《论联合政府》的写作起始时间基本上是准确的。尽管我们无法确定出这八个稿子的具体写作时间和修改详情,但是可以进一步说明《论联合政府》是毛泽东个人思想的产物。当然,在《论联合政府》写作的过程之中,虽然没有专门的写作机构,但是并不排除毛泽东的理论助手和政治秘书提供了辅助作用的可能性。然而无论是谁,例如胡乔木或陈伯达,他们在《论联合政府》文本形成过程中所起到的作用不会太大。之所以这么认为,其中重要的原因是《论联合政府》的成稿时间与六届七中全会通过的"历史决议草案"(《关于若干历史问题的决议》)成稿时间基本上是一致的,而胡乔木此时的主要精力都在《关于若干历史问题的决议》草案上[2],因此不大可能介入《论联合政府》的文本形成。《论联合政府》毫无疑问是当时毛泽东个人思想主张的反映。毛泽东在中共七大上所作的《论联合政府》政治报告被收入了延安解放社出版的《七大文献》,这一文献与稍后延安《解放日报》发表的《论联合政府》文本相比,仍然有一些提法上的变化。虽然只是文字性的修改[3],但这反映出毛泽东作为杰出的马克思主义理论家对《论联合政府》这一文本的珍爱和对其所包含的问题的不懈思考。

在1945年4月召开的中国共产党第七次全国代表大会上,毛泽东专门作了《论联合政府》的政治报告,清楚说明了自己的政治构想。毛泽东

---

[1] 齐得平:《我所了解的〈毛泽东选集〉第四卷档案和手稿情况——兼驳所谓〈《毛泽东选集》真相〉》,《党的文献》2012年第2期。

[2] 关于在"历史决议草案"形成中胡乔木的作用可参见《胡乔木回忆毛泽东》,人民出版社1994年版,第312—319页。而关于陈伯达的作用,可参见蒙德怀利:《毛主义的崛起——毛泽东、陈伯达及其对中国理论的探索》,中国人民大学出版社2013年版,第262—280页。

[3] 这种修改主要是文字性的,比如把"不主张"改为"主张不",把"叛背"改为"背叛"等,参见方敏:《毛泽东对〈论联合政府〉的修改》,《史学月刊》2012年第7期。

在报告中指出:"中国急需把各党各派和无党无派的代表人物团结在一起,成立民主的临时的联合政府,以便实行民主的改革,克服目前的危机,动员和统一全中国的抗日力量,有力地和同盟国配合作战,打败日本侵略者,使中国人民从日本侵略者手中解放出来。然后,需要在广泛的民主基础之上,召开国民代表大会,成立包括更广大范围的各党各派和无党无派代表人物在内的同样是联合性质的民主的正式的政府,领导解放后的全国人民,将中国建设成为一个独立、自由、民主、统一和富强的新国家。"①在对《论联合政府》的说明中,毛泽东具体设想了联合政府有三种可能性:一种是坏的可能性,"即要我们交出军队去做官","但政府还是独裁的"。第二种可能性,"形式是民主,承认解放区","实质仍是蒋介石的独裁政府"。第三种可能性,"是以我们为中心,在我们有一百五十万军队、一亿五千万人民时,在蒋介石的力量更加缩小、削弱,无联合可能时,就要如此做,这是中国政治发展的基本趋势和规律,我们要建设的国家就是这样一个国家"。②毛泽东在这个报告中,既清楚地阐述了"联合政府"的主张,也考虑到共产党因武装力量壮大发展到不再与国民党联合而建立政权的可能性。

需要说明的是,《毛泽东选集》中的《论联合政府》与1945年5月2日《解放日报》上所刊载的《论联合政府》内容相比,是有很多不同之处的。简单说,重要的不同之处有三个方面:一是关于战后形势中大国合作的判断。对国际形势的判断和据此制定中国共产党的外交政策,是《论联合政府》的重要内容。在当年《解放日报》中的《论联合政府》,毛泽东用大量篇幅描述了英、美、苏三国作为同盟国的团结,强调了三国对中国抗日战争的帮助,肯定了他们对于推动中国战后和平民主建设方面所做出的积极影响,更谈到了中国共产党接受三大国建设战后世界和平民主

---

① 《论联合政府》(1945年4月24日),《毛泽东选集》第3卷,人民出版社1991年版,第1029—1030页。

② 《对〈论联合政府〉的说明》(1945年3月31日),《毛泽东文集》第3卷,人民出版社1996年版,第277页。

新秩序的主张以及愿与三大国共同建设世界和平民主新秩序的态度，并且明显透露出对英、美、法等国的友好态度。而在《毛泽东选集》的《论联合政府》中，却几乎看不到大国之间团结的大段论述，反而突出强调的是苏联在推动世界反法西斯、建设和平民主新秩序以及推动中国抗日战争和战后建设方面的积极作用。客观地说，毛泽东在七大上所预测的战后大国团结与合作的时代并没有到来。二是关于资本主义在战后中国发展中的作用。对资本主义在战后中国发展中作用的高度强调是《解放日报》刊登的《论联合政府》阐述的新民主主义思想的重要内容。而修改后的《论联合政府》在阐述"发展资本主义"这一问题时，则增加了更多的限制词。三是关于无产阶级领导和向社会主义过渡问题。选集版与当年《解放日报》版对此问题阐述的不同之处，在于对新民主主义经济和政治体制中无产阶级领导这一思想强调的不同。《解放日报》版的《论联合政府》更强调联合政府这种政治形式的稳定性，显示中国共产党当时的目标是参加联合政府，而选集版的《论联合政府》则更加强调无产阶级和共产党的领导作用。另外，选集版的《论联合政府》虽仍坚持新民主主义的基本思想，但是这个新民主主义思想的重心已经开始逐渐发生变化，即开始明确地形成在政治、经济、思想、文化各个方面都由无产阶级领导的一个特殊的新民主主义国家制度，而强调无产阶级在各个方面的领导，无疑是在强调具有资本主义和社会主义双重性的新民主主义向社会主义的过渡。

毛泽东在党的七大上有一系列的讲话，其中以他在大会上作的《论联合政府》书面报告和作的口头政治报告，以及向大会作关于政治报告讨论的结论报告为代表，丰富了新民主主义革命理论，是其人民民主专政国家学说的雏形。

第十二章　战争与和平的博弈

抗日战争胜利前夕，中国共产党和中国国民党几乎同时召开各自的全国代表大会。在重庆召开的国民党六大上蒋介石宣称："今天的中心工作，在于消灭共产党"①，中国面临着内战的严重危险。毛泽东则在延安举行的中共七大上明确指出：战胜日本帝国主义之后，摆在中国人民面前的将会是两种前途的中国，一个是独立、自由、统一、富强的中国，也就是光明的中国，中国人民得到解放的新中国；或者是另一个中国，半殖民地半封建的、分裂的、贫弱的中国，也就是黑暗的中国、一个旧中国。他号召全党和全国人民为争取一个光明的中国而奋斗。

近代中国，战争频仍。袁世凯窃取辛亥革命成果后，受不同帝国主义国家操控的北洋军阀各派系，以及后来的国民党新军阀，混战连年。特别是日本帝国主义发动的局部和全面侵华战争，使中国人民遭受了空前的战争灾难。百年战争，满目疮痍，民不聊生。因此，抗日战争结束后，中国人民反对内战，渴望和平、民主的愿望比任何时期都强烈，迫切需要一个和平安定的环境，休养生息，重建家园。人民的觉悟程度和组织程度空前提高，各民主党派和人民团体，纷纷要求结束一党专政，成立联合政府，反对内战独裁的呼声高涨。全国各阶层人民强烈要求独立、和平、民主、统一、富强的共同愿望，汇成了推动战后中国社会进步的潮流。和平，成为全体中国人民的共同心声。但是，以正统自居并把持着中央政权的国民党蒋介石集团，整个抗战期间一天也没有放弃其大地主大资产阶级的本

---

① 荣孟源：《蒋家王朝》，中国青年出版社1980年版，第243页。

性，时刻梦想着抗战胜利后能在全国范围恢复其独裁专制的统治。当时，国民党控制全国政权，拥有一支430万人的庞大军队，并得到美国的援助，国民党政府掌握了大量物资和外汇储备。蒋介石和国民党一方面划定受降区，严拒中共领导的抗日武装就近接受日军投降，并大量收编伪军代其接收地盘，同时迅速占据交通线和依赖美舰、美机自西南大后方紧急向全国运兵，为发动全面内战排兵布阵；抗战前后国内形成的蒋介石是"抗战建国领袖"的舆论，使国统区和沦陷区相当一部分人对他抱有较大的期待。

中国共产党领导的革命力量也得到前所未有的发展壮大，人民军队发展到约132万人，解放区扩大到近1亿人口。[①]经过整风运动，中共在毛泽东思想的凝聚下达到了高度的团结，成为实现和平、民主的重要力量。对于中共来说，要顺应历史的潮流争取和平，其必须面对的不只是在抗战后建立什么样的国家问题上与国民党的根本分歧，首先要面对的是广大解放区人民来之不易的和平生活又面临着被国民党的穷奢极欲摧毁的现实威胁。保卫抗战胜利成果，争取国内和平，建设独立、自由、统一、富强的新中国，成为毛泽东和中共新的历史重任。

此外，随着全民族抗战的胜利结束，国内外形势发生急剧变化。世界总体进入和平阶段，以美苏为主体，相互妥协形成一个相对稳定的均势体系——雅尔塔体系。战后中国政局的发展、国共关系的演变，在很大程度上也受到美苏影响。

从国共力量的对比来看，国民党占有极大优势。蒋介石凭借快速增长的实力，加上获得美苏两个大国的支持，企图独占抗战胜利果实。但碍于中共领导的革命力量的壮大以及国际国内和平反战的舆论，立即发动内战还有困难，蒋介石表示愿意同中共进行和平谈判，企图诱使中共交出军队。1945年8月14日、20日、23日，蒋介石接连发出三封电报，邀请中共

---

① 中共中央党史研究室编：《中国共产党的九十年》，中共党史出版社、党建读物出版社2016年版，第267页。

中央主席毛泽东赴重庆共商"国家大计",摆出一副和平姿态,意欲掌握政治主动权和话语权。与此同时,国民党军迅速控制战略据点和交通线。8月中旬以后,国民党军队沿平绥、同蒲、平汉、津浦等铁路,由西向东,由南向北,逐步向苏皖边区及华北各解放区推进,企图完全占领长江以南地区的同时抢占华北战略要地和交通线,分割压缩解放区,并打开进入东北的通道。国共双方一度剑拔弩张,内战阴霾笼罩全国。

战后中国走到历史的十字路口。面对复杂形势,毛泽东和中国共产党人又该采取什么方针应对呢?

一、确立"和平、民主、团结"建国方针

(一)对和平建国前景的研判

早在抗战胜利前,毛泽东已经预见到中国面临两种命运、两个前途的抉择。抗战胜利后,中国到底建立一个什么样的国家?毛泽东认为,这是建立一个无产阶级领导的人民大众的新民主主义的国家与建立一个大地主大资产阶级专政的半殖民地半封建的国家之间的斗争。[1]对于蒋介石发动内战的阴谋,毛泽东有着清醒认识,这就是"坚决反对内战,不赞成内战,要阻止内战"[2]。

毛泽东接到蒋介石电邀后,于1945年8月23日立即主持召开中共中央政治局扩大会议,讨论同国民党进行谈判的问题,做好党内各项工作安排。他在会上分析了国际、国内形势,首次提出"和平、民主、团结"的口号(过去是"抗战、团结、进步")[3],并认为这一口号能得到国内

---

[1] 《抗日战争后的时局和我们的方针》(1945年8月13日),《毛泽东选集》第4卷,人民出版社1991年版,第1130页。

[2] 《抗日战争后的时局和我们的方针》(1945年8月13日),《毛泽东选集》第4卷,人民出版社1991年版,第1125页。

[3] 《抗日战争胜利后的新形势和新任务》(1945年8月23日),《毛泽东文集》第4卷,人民出版社1996年版,第5页。

外的广泛同情。他一方面指出,和平是可能取得的,因为中国人民需要和平,苏美英也需要和平,不赞成中国打内战。国民党也不能下决心打内战,因为它的摊子没有摆好,兵力分散,内部矛盾很多,再加上解放区的存在,共产党不易被消灭,国内人民和国际上反对国民党打内战,因此内战是可以避免和必须避免的。[①]另一方面又提醒党内,"蒋介石要消灭共产党的方针没有改变,也不会改变。他所以可能采取暂时的和平是由于上述各种条件的存在,他还需要医好自己的创伤,壮大自己的力量,以便将来消灭我们"[②]。

面对蒋介石的电邀,毛泽东是否赴重庆,国共两党和谈能否进行,是当时国内外关注的大事。如果不赴这场"鸿门宴",正中蒋介石下怀;去则可以揭露其假和平阴谋,团结和教育广大人民,争取主动权。当时,中共党内和党外许多人都对毛泽东亲赴重庆谈判的安全问题感到担忧,因为蒋介石阴险和不择手段是广为人知的。在他的个人历史上,扣押国民党内的反对派胡汉民、李济深在前,长期拘禁张学良、杨虎城在后,杀害邓演达和派特务暗杀杨杏佛、史量才等更是臭名昭著。就在毛泽东赴重庆谈判期间,就发生过蒋介石派兵围困昆明五华山龙云总部,逼迫龙云下台的"十三政变"。所以,去重庆的危险是客观存在。对此,毛泽东作了最坏打算,提议在他去重庆期间由刘少奇代理中央主席职务,另外增补彭真和陈云为书记处候补书记,万一他和周恩来在重庆被扣押,保证中央领导集体能够继续开展工作。8月24日,毛泽东致电新四军主要将领指出:江南、江北我军主力各就现地集结整训,消除疲劳,养精蓄锐,准备于顽军进攻时,坚决彻底干净全部消灭之(不要轻打,打则必胜,每次消灭其一部,各个击破之)。

8月23日蒋介石发来第三封邀请电后,驻华美军司令魏德迈也通过美

[①] 《抗日战争胜利后的新形势和新任务》(1945年8月23日),《毛泽东文集》第4卷,人民出版社1996年版,第5—6页。

[②] 《抗日战争胜利后的新形势和新任务》(1945年8月23日),《毛泽东文集》第4卷,人民出版社1996年版,第6页。

军观察组转来一封邀请电。当天，毛泽东复电魏德迈，表示："为谋中国团结，远东和平，亟愿至渝与蒋委员长共商大计，先派周恩来赴渝接洽。"[①]同时，苏联方面也通过电报向中共转达了斯大林的意见，主要内容是："世界要和平，中国也要和平；尽管蒋介石挑衅想打内战消灭你们，但是蒋已再三邀请毛主席去重庆协商国事；在此情况下，如果一味拒绝，国内、国际各方面将不能理解，如内战爆发，由谁承担战争责任？毛主席到重庆与蒋介石会谈，安全由美苏共同负责等等。"[②]24日，毛泽东又发出致蒋介石的第三封复电，表示愿与蒋会见商讨和平建国，准备随即赴渝谈判。25日晚，从重庆返回延安的王若飞向中央政治局汇报相关情况后，中共中央反复权衡利弊，最后作出毛泽东与周恩来、王若飞立即前往重庆的决定。根据毛泽东建议，中共中央于8月25日发表《对目前时局的宣言》，阐明了中国共产党关于"在和平民主团结基础上，实现全国的统一，建设独立自由与富强的新中国"的主张，并要求国民党政府立即实施以避免内战和实现民主政治等为主要内容的六项紧急措施。争取和平民主团结的方针被正式确立为战后中国共产党的指导方针。26日，中共中央向党内发出由毛泽东起草的《关于同国民党进行和平谈判的通知》。这是抗战胜利后，以毛泽东为核心的中共中央对国际、国内形势深刻分析后作出的正确决策。毛泽东用行动昭告世人，中国共产党人是真诚谋求和平，真正代表中国人民的利益和愿望。这是当时中共为争取和平建国和政治主动权而采取的一种策略，同时也是在一定时期内所要实现的奋斗目标。

凡事预则立。毛泽东判断年内不会有内战，指出要准备有所让步以取得合法地位，利用国会讲坛去进攻，利用这样一个时期来教育全国人民，来锻炼自己。8月26日，毛泽东主持召开中央政治局会议再次讨论去重庆谈判问题，他指出：要充分估计到蒋介石逼我作城下之盟的可能性，但签字之手在我。必须做一定的让步，在不伤害双方根本利益的条件下才能达

---

① 《胡乔木回忆毛泽东》，人民出版社1994年版，第398页。
② 《胡乔木回忆毛泽东》，人民出版社1994年版，第397—398页。

到妥协。我们让步的第一批是广东至河南的根据地，第二批是江南的根据地，第三批是江北的根据地，要看谈判的情况。在有利条件下是可以考虑让步的。陇海路以北迄外蒙一定要由我们占优势，东北也要占优势。如果这些还不行，那末城下就不盟，准备坐班房。我去了重庆，领导核心还在延安，延安不要轻易搬家。毛泽东为中共中央起草的《关于同国民党进行和平谈判的通知》阐明了中央关于和平谈判的方针：准备在不伤害人民根本利益的前提下作出必要的让步，以此换得和平的局面，取得政治上的主动地位；在我党作出必要的让步之后，如果国民党还要打内战，它就在全国人民面前输了理，我们就有理由采取自卫战争，粉碎它的进攻。毛泽东在该通知中还分析了谈判可能出现的两种情况，并提出相应的对策，即：如果出现和平发展的阶段，我们应努力学会合法斗争的一切方法；如果国民党发动军事进攻，我们就坚决消灭来犯之敌。该通知还提醒全党，绝对不要依靠谈判，必须依靠自己手里的力量，出路在于坚决依靠人民。

（二）亲赴重庆谈判争取和平建国

1945年8月28日，毛泽东、周恩来、王若飞在张治中、美国驻华大使赫尔利陪同下乘专机抵达重庆。这是毛泽东1935年10月19日长征抵达吴起后，第一次离开陕北，也是他1937年1月13日进驻延安后第一次离开延安。和当年率陕甘支队7000多疲惫之师初抵陕北时不同，这时的毛泽东已是有百万党员、百万子弟兵和上亿人口的解放区人民支持的中共领袖。消息传开，山城重庆沸腾了，渴望和平的人们看到了曙光。重庆各界人士在机场热烈欢迎毛泽东到来。毛泽东在机场对中外记者发表书面谈话，重申中国共产党的主张。国内新闻媒体对毛泽东重庆之行给予高度评价和期待。《大公报》社评："毛泽东先生来了！中国人听了高兴，世界人听了高兴，无疑问的，大家都认为这是中国的一件大喜事。"[1] 《华西晚报》称："毛泽东到了重庆，并且开始了国共两党领袖的直接谈判。对于中国

---

[1] 中共重庆市委党史工作委员会等编：《重庆谈判纪实》，重庆出版社1983年版，第54页。

人民，这是一个比之日本突然宣布无条件投降更使人欣喜的消息。""毛泽东重庆之行，将可能成为中国近代史上划时代的大事件。"①柳亚子先生更是以"弥天大勇""霖雨苍生"称赞毛泽东此行。毛泽东真的来了，却使蒋介石方面有些始料未及。他们虽然三次发电邀请，但是连谈判草案还未曾准备，得亏有中共的预案才救了双方谈判之急。

重庆谈判为改善国共关系提供了契机，同时也让毛泽东更深刻地洞悉到国民党的动向及虚实。在抵达重庆的当天晚上，蒋介石在林园官邸为其举行欢迎宴会。第二天，毛泽东同蒋介石进行第一次商谈，并确定双方的谈判代表：中共方面是周恩来和王若飞，国民党方面是王世杰、张群、张治中、邵力子。国共间的这次谈判从8月29日开始，历时43天，分为两个层次：一是毛泽东与蒋介石晤谈，以讨论原则性问题为主，直接磋商一些重大问题。二是两党派出的代表周恩来、王若飞与王世杰、张群、张治中、邵力子就具体问题进行商谈。在渝期间，毛泽东与蒋介石共有11次会面，大多是在公开场合，其中有4次试探性晤谈，3次较量性商谈，4次话别性续谈。②为争取国民党上层人士对中共政治主张的理解，减少谈判阻力。毛泽东分别会晤国民党军政要员孙科、于右任、陈诚、白崇禧、何应钦、陈立夫、戴季陶等。连一向坚决反共，思想保守的戴季陶也对毛泽东表示敬意，并对其重庆之行寄予热切希望。③

通过这些接触，毛泽东更清楚地了解国民党的动向和意图。毛泽东回到延安后，曾说："我看蒋介石凶得很，又怕事得很。他没有重心——民主或独裁，和或战。最近几个月，我看他没有路线了。只有我们有路线，我们清楚地表示要和平。但他们不能这样讲。这些话，大后方听得进去，要和之心厉害得很。但他们给不出和平，他们的方针不能坚决明确。我们是路线清楚而调子很低，并没有马上推翻一党专政。我看，现在是有蒋以

---

① 中共重庆市委党史工作委员会等编：《重庆谈判纪实》，重庆出版社1983年版，第62页。

② 吴璇：《重庆谈判期间毛泽东与蒋介石的十一次晤谈》，《团结报》2015年10月29日。

③ 张治中：《我与共产党》，文史资料出版社1980年版，第67页。

来，从未有之弱。兵散了，新闻检查取消了，这是十八年来未有之事。说他坚决反革命，不见得。"①

毛泽东与周恩来等人广泛地会见了社会各界人士，团结大后方各界群众。毛泽东会见了宋庆龄、冯玉祥、谭平山、柳亚子、张伯苓等，还会见了中国民主同盟负责人张澜、沈钧儒、罗隆基、黄炎培，以及社会知名人士郭沫若、章士钊、马寅初等，向他们阐述了中国共产党关于实现和平、民主、团结的基本方针。同时，毛泽东还拜访了一些外国驻华使节，宴请了一些外国人，并向外国记者发表谈话。他会晤了苏联大使彼得罗夫、美国大使赫尔利以及英国、法国、加拿大等国的驻华使节，反复说明中国共产党的基本主张。9月底，毛泽东在回答路透社记者甘贝尔的提问中，坚定指出"目前中国只需要和平建国一项方针，不需要其他方针，因此中国内战必须坚决避免"②。并表示，"在实现全国和平、民主、团结的条件下，中共准备作重要的让步，包括缩减解放区的军队在内"③。其和蔼、亲切、谦逊、诚恳的态度，诚意十足，使得中共的立场得到各民主党派和各界人士的普遍同情和支持。在谈判中，中共代表团作出重大让步，只要还有一丝希望，愿意在不放弃原则和人民既得利益的情况下寻求妥协。"我们党没有提出建立联合政府，军队问题让步大，同意谈判过程不公开。"④毛泽东用实际行动赢得了大后方人民的衷心爱戴和崇敬。

10月8日，毛泽东离开重庆前，张治中举行欢送宴会，重庆政界、文化界、新闻界、军界各方人士500余人参加，盛况空前。毛泽东在宴会上说：现在商谈的目的，是要实现和平建国。中国今天只有一条路，就是和，和为贵，其他的一切打算都是错的。他呼吁全国人民各党派一致努力

---

① 《胡乔木回忆毛泽东》，人民出版社1994年版，第417—418页。
② 《答路透社记者甘贝尔问》（1945年9月27日），《毛泽东文集》第4卷，人民出版社1996年版，第25页。
③ 《答路透社记者甘贝尔问》（1945年9月27日），《毛泽东文集》第4卷，人民出版社1996年版，第25页。
④ 《胡乔木回忆毛泽东》，人民出版社1994年版，第414页。

几十年，在蒋主席的领导下，彻底实现三民主义，建设独立自由富强的新中国。①这些主张得到在场人士的赞赏。10月10日，经过反复的磋商谈判，国共双方签订《政府与中共代表会谈纪要》即《双十协定》。

重庆谈判和《双十协定》的签订具有重要历史意义。第一，国共在"和平建国的基本方针""政治民主化问题""人民自由问题"等方面达成一定的共识。中国共产党提出的"和平建国"方针得到国民党方面的认同，均表示要以和平、民主、团结、统一为基础，坚决避免内战，建设独立、自由和富强的新中国。双方一致认为："应迅速结束训政，实施宪政，并应先采必要之步骤，由国民政府召开政治协商会议，邀请各党派代表及社会贤达协商国是，讨论和平建国方案及召开国民大会各项问题。"②第二，国民党方面承认了中共的合法地位，"各党派在法律面前，本为宪政常轨，今可即行承认"③。王若飞在给中央政治局的报告中提到，"与我们谈话的人都不是死硬派，国方代表都承认解放区的力量，认为国共不能打，一定要和，他们是倾向民主和平方面的"。第三，由中共负责起草的《双十协定》赢得了国内外的一致赞同，其关于和平建设新中国的政治主张被全国人民所了解，政治地位和威信大为提高。中共在结束国民党一党专政、制止内战爆发方面取得了政治上的重大胜利。正如毛泽东所指出的："谈判的结果，国民党承认了和平团结的方针。这样很好。国民党再发动内战，他们就在全国和全世界面前输了理，我们就更有理由采取自卫战争，粉碎他们的进攻。"④此外，解放区政权问题和国民大会、军队整编等未解决问题，双方将"继续协商"或提交政治协商会议解决。

---

① 参见《新华日报》1945年10月9日。
② 《国共会谈资料汇集》，华北新华书店1945年版，第15页。
③ 《国共会谈资料汇集》，华北新华书店1945年版，第15页。
④ 《关于重庆谈判》（1945年10月17日），《毛泽东选集》第4卷，人民出版社1991年版，第1159页。

二、联合政府实践的迂回

从早期的民众大联合到人民民主专政学说的形成，创建统一战线性质的联合政权一直是毛泽东建国思想中的核心问题。从抗战后期到解放战争初期，建立民主联合政府成为中共不断探索的主题。

（一）建立联合政府的实践基础

通过各革命阶级的联合行动，致力于建设既有别于社会主义制度，又不是一般的资产阶级共和国，而是工人阶级领导的、以工农联盟为基础的、统一战线性质的新民主主义国家，是中国共产党在民主革命时期政权建设的一大特色。关于夺取政权的目标，中共诞生伊始就提出要"推翻资本家阶级的政权"，"承认无产阶级专政"。中共二大从中国革命的实际出发，制定了最高纲领和最低纲领，阐明了中国革命的基本任务。此后，中共在民主革命时期创建或致力于创建的所有政权都是统一战线性质的。

第一次国共合作及其主导下的广东国民政府，就是一个统一战线性质的政权。中共四大后，中共开始关注革命的领导权。当时中共中央借用孙中山关于召开国民会议的遗嘱，主张通过召集全国的商会、工会、农会、学生会和其他各界职业团体来推举多数代表，举行国民会议、省民会议、县民会议和乡民会议，以建立真正人民意义的革命政权。但随着大革命的失败，中共的这一愿望落空，转而实行工农民主专政，毛泽东成为这一新的政权建设目标的主要实践者。与前一阶段不同，工农民主专政的政权是由共产党独立领导的，但仍然是统一战线性质的，是工人、农民和小资产阶级的统一战线，不再包括民族资产阶级。1935年12月，为适应建立全民族抗日统一战线的需要，毛泽东主张将工农民主专政的政权代之以"人民共和国"。他指出："我们过去的政府是工人、农民和城市小资产阶级联盟的政府，那末，从现在起，应当改变为除了工人、农民和城市小资产阶级以外，还要加上一切其他阶级中愿意参加民族革命的分子。"①虽然在整个抗日战争时期，全国的统一的"人民共和国"始终未能建立，但是在各抗日民主根据地却普遍地建立起统一战线性质的，由工人、农民、小资产阶级、民族资产阶级和开明绅士参加的各级抗日民主政权。

在抗日根据地民主政权建设的过程中，毛泽东开始认真思考和积极摸索建立一个什么样的新中国。1938年7月2日，他在同世界学联代表团的谈话中指出："在这个国家内，有一个独立的民主的政府，有一个代表人民的国会，有一个适合人民要求的宪法。在这个国家内的各个民族是平等的，在平等的原则下建立联合的关系。在这个国家内，经济是向上发展的，农业、工业、商业都大大地发展，并由国家与人民合作去经营，订定八小时工作制，农民应该有土地，实行统一的累进税，对外国和平通商，订立互利的协定。在这个国家内，人民有言论、出版、集会、结社、信仰的完全自由，各种优秀人物的天才都能发展，科学与一般文化都能提高，全国没有文盲。在这个国家内，军队不是与人民对立的而是与人民打成一片的。这样的国家，还不是社会主义的国家，这样的政府，也不是苏维埃政府，乃是实行彻底的民主制度与不破坏私有财产原则下的国家与政府。这就是中国的现代国家，中国很需要这样一个国家。有了这样一个国家，中国就离开了半殖民地与半封建的地位，变成了自由平等的国家，离开了旧中国，变成了新中国。共产党愿意联合全国的一切党派与人民，大家努力建立这样一个国家。"②毛泽东的这段描述，与他后来关于新民主主义政权思想相比，虽然没有指明无产阶级的领导地位，未对各阶级地位进行分析，也没有阐明这个新政权的发展方向，但是突出了工农的利益，同时不破坏私有财产原则，强调了对内的民主、平等、自由和对外的独立、和平、互利，描绘的是一个具有鲜明的新民主主义色彩的民主主义国家形态的蓝图。

---

① 《论反对日本帝国主义的策略》（1935年12月27日），《毛泽东选集》第1卷，人民出版社1991年版，第156页。

② 《同世界学联代表团的谈话》（1938年7月2日），《毛泽东文集》第2卷，人民出版社1993年版，第134页。

翌年5月，毛泽东在《五四运动》一文中明确指出完成中国民主革命所依靠的社会势力是："工人阶级、农民阶级、知识分子和进步的资产阶级，就是革命的工、农、兵、学、商，而其根本的革命力量是工农，革命的领导阶级是工人阶级。"[1]此后，他在《〈共产党人〉发刊词》《中国革命与中国共产党》《新民主主义论》等论著中，系统地阐述了新民主主义的革命理论和关于新民主主义国家形态的方方面面。从此，创建新民主主义的新中国成为中共和毛泽东的主要奋斗目标。

在这个时期，毛泽东不仅从理论上进行探索，更注重研究新民主主义国家的实现形式。他主要从两个方面致力于这项伟大的社会实践。

一方面，毛泽东把各抗日民主根据地作为新民主主义国家的雏形进行建设，并作为全国的示范。为了使各抗日民主政权比内战时期的工农民主专政的政权更具有群众性和代表性，毛泽东在全面总结抗战爆发以来陕甘宁边区特别是晋察冀边区政权建设经验的基础上，于1940年3月6日为中共中央起草党内指示，指出我们所建立政权的性质，是民族统一战线的，这种政权是一切赞成抗日又赞成民主的人民的政权，是几个革命阶级联合起来的，对于汉奸和反动派的联合专政。他提出著名的"三三制"原则，即"根据抗日民族统一战线政权的原则，在人员分配上，应规定为共产党员占三分之一，非党的左派进步分子占三分之一，不左不右的中间派占三分之一"[2]。他认为实行"三三制"，并不意味着减轻或放弃党的领导，相反地，是为了"加强党的领导责任，要保障党的领导作用"。抗日民主政权中实行"三三制"，实际体现的是该政权的"国体"，即该政权是由哪些阶级组成的和他们在政权中的地位如何，是抗日民族统一战线性质的政治平台，是新民主主义国家政权的雏形，并向全国人民表明共产党团结抗日的诚心和决心。毛泽东在陕甘宁边区第一届参议会上鲜明地提出：陕甘

---

[1] 《五四运动》（1939年5月1日），《毛泽东选集》第2卷，人民出版社1991年版，第559页。

[2] 抗日根据地的政权问题（1940年3月6日），《毛泽东选集》第2卷，人民出版社1991年版，第742页。

宁边区要成为抗战的堡垒、民主的模范。他的目标是把"三三制"的抗日民主政权推广到全国。

另一方面，毛泽东在敌后根据地继续坚持和完善"三三制"政权的同时，又提出建立全国性的"联合政府"的主张。由于以国共合作为中心建立的全民族抗日统一战线，始终没有形成共同的纲领和共同的组织形式，更没有形成全国各抗日民主力量均参加的统一的政权，随着抗日战争胜利曙光的初现，国共双方在战后究竟是建立一个什么样国家的问题上，展开激烈的角逐。

1942年7月，中共中央发出经毛泽东修改的纪念全面抗战爆发5周年宣言，其中指出"战后的中国应当是各党派合作经过人民普选的民主共和国，而不是少数人专政多数人无权的中国"。宣言号召全国人民"一致为着争取最后胜利与一致为着独立的、统一的、和平的、民主的、繁荣的、各党各派合作的战后新中国而奋斗"。[1]在这里"联合政府"的主张已经呼之欲出。一年之后，国民党方面迫于国内外压力，蒋介石在国民党五届十一中全会上提出用政治方式解决国共关系问题，并宣布抗战胜利后一年内实施"宪政"，希望"能够建立一个三民主义的新中国"。毛泽东立即撰文对其虚假和阴谋予以揭露，并针锋相对地指出要"公平合理地用政治方式解决国共关系问题，诚意实行真正民主自由的宪政，废除'一个党，一个主义，一个领袖'的法西斯独裁政治，并在抗战期内召集真正民意选举的国民大会"。[2] 1944年3月1日，毛泽东在为中央政治局起草的一个文件中指出：国民党准备推行宪政的目的"在于欺骗人民，借以拖延时日，稳固国民党的统治，但是只要允许人民讨论，就有可能逐渐冲破国民党的限制，使民主运动推进一步"。为此，他和中共中央决定"我党参加此种宪政运动，以期吸引一切可能的民主分子于自己周围，达到战胜日寇与建

---

[1]《中共中央为纪念抗战五周年宣言》（1942年7月7日），《建党以来重要文献选编（1921—1949）》第19册，中央文献出版社2011年版，第356、357页。

[2]《评国民党十一中全会和三届二次国民参政会》（1943年10月5日），《毛泽东选集》第3卷，人民出版社1991年版，第921页。

立民主国家之目的"。①此后，在宪政运动渐入高潮而正面战场因国民党消极抗战和腐败统治导致在豫湘桂战役出现大溃败，以及废除国民党一党专政的呼声日益高涨的形势下，毛泽东经过深思熟虑正式提出建立"联合政府"的倡议。

可见，中共历史上创建统一战线性质的联合政权的多次尝试，是毛泽东和中共中央提出建立"联合政府"的历史土壤和实践基础。

（二）联合政府倡议的主要考量和反响

如果说中共普遍建立"三三制"抗日民主政权的主要目的，在于巩固与发展抗日民族统一战线和推动抗日民主根据地的发展与壮大，为夺取抗战的最终胜利积蓄力量的话，那么，倡导创建民主的"联合政府"则有两重目的。其直接目的是战时把各党各派和无党无派的代表人物团结在一起，成立民主的临时的联合政府，以便实行民主的改革，克服目前的危机，动员和统一全中国的抗日力量，有力地和同盟国配合作战，打败日本侵略者，使中国人民从日本侵略者手中解放出来；其长远目标则是战后在广泛的民主基础之上，召开国民代表大会，成立包括更大范围的各党各派和无党无派的代表人物在内的同样是联合性质的民主的正式的政府，领导解放后的全国人民，将中国建设成为一个独立、自由、民主、统一、富强的新国家。②毛泽东认为"这是全国人民的总任务，中国人民不论在大后方，在沦陷区，在解放区，都要为此目标而奋斗"③。简言之，就是为争取抗日战争的彻底胜利，在战后建立一个全新的新民主主义国家。

1944年8月17日，毛泽东在董必武向周恩来请示增补国民参政会参政员事宜的电报上批示，要他们与张澜等民主党派人士商量"各党派联合政

---

① 《关于宪政问题》（1944年3月1日），《毛泽东文集》第3卷，人民出版社1996年版，第90页。

② 参见《论联合政府》（1945年4月24日），《毛泽东选集》第3卷，人民出版社1991年版，第1029—1030页。

③ 《一九四五年的任务》（1944年12月15日），《建党以来重要文献选编（1921—1949）》第21册，中央文献出版社2011年版，第658页。

府"问题，并在周恩来回复董必武的电报上明确写道"应先召集党派及团体代表会，改组政府，方有召集民选国大之可能"①。9月4日，中共中央致电在重庆的林伯渠、董必武和王若飞指出："目前我党向国民党及国内外提出改组政府主张时机已经成熟，其方案为要求国民政府立即召集各党、各派、各军、各地方政府、各民众团体代表，开国是会议，改组中央政府，废除一党统治。然后由新政府召开国民大会，实施宪政，贯彻抗战国策，实行反攻"，并强调"这一主张，应成为今后中国人民中的政治斗争目标，以反对国民党一党统治及其所欲包办的伪国民大会与伪宪"。②9月15日，林伯渠在国民参政会上向社会各界公开宣布中共建立联合政府的主张，即废除国民党一党专政，召开党派国事会议，成立民主联合政府。

"联合政府"的倡议，得到全国各界，特别是以中国民主同盟为代表的各民主党派和无党派爱国民主人士的热烈拥护和积极响应。其影响之广，大大超出了毛泽东和中共中央的预期，"这个口号一提出，重庆的同志如获至宝，人民如此广泛拥护，我是没有料到的"③。9月24日，重庆各界代表500余人集会，要求改组国民政府，成立民主联合政府，一新天下耳目。10月10日，民盟发表《对抗战最后阶段的政治主张》，要求"召集各党派会议，产生战时举国一致之政府"，"立即结束一党专政，建立各党派之联合政府，实行民主政治"。④中共在全国人民心中的地位和威望空前提高，中共与民族资产阶级、城市小资产阶级的统一战线得到前所未有的发展，但是却遭到蒋介石和国民党方面的激烈反对和顽固抵制。

为推动联合政府谈判，1945年1月24日，周恩来再次来到重庆与国民党谈判。2月2日，周恩来根据毛泽东指示，提出关于召集党派会议的协定

---

① 中共中央文献研究室编：《毛泽东年谱（1893—1949）》（修订本）中卷，中央文献出版社2013年版，第536页。

② 中共中央文献研究室编：《毛泽东年谱（1893—1949）》（修订本）中卷，中央文献出版社2013年版，第542页。

③ 《对〈论联合政府〉的说明》（1945年3月31日），《毛泽东文集》第3卷，人民出版社1996年版，第276页。

④ 《中国民主同盟文献》（1941—1949），文史资料出版社1983年版，第32页。

草案。内容包括会议的代表组成、负责人、权限、作用等，但未被国民党接受。周恩来遂与王世杰共同草拟了一份建议案，提出由国民政府召集一次由各党派及无党派人士参加的政治协商会议。毛泽东在接到周恩来的报告后，于2月3日提出共产党参加政府的先决条件："请明白告诉国民党及小党派：除非明令废止一党专政，明令承认一切抗日党派合法，明令取消特务机关及特务活动，准许人民有真正自由，释放政治犯，撤销封锁，承认解放区，并组织真正民主的联合政府，我们是碍难参加政府的。"[1]

然而国民党对进行民主政治改革毫无诚意，1945年2月13日，蒋介石在同周恩来、赫尔利会谈时宣称：不接受组织联合政府的主张，认为组织联合政府无异于推翻政府。[2]谈判无法再继续下去。2月15日，周恩来就国共谈判发表声明，说明这次谈判无果而终，责任全在国民党当局。2月17日，新华社发表的毛泽东写的关于国共谈判无结果周恩来返延安的新闻稿中指出："由于国民党当局依然坚持一党专政，反对联合政府，反对人民与民主，并企图吞并八路军、新四军，以致仍如过去谈判一样，未能成立任何协议。"[3]

1945年4月，毛泽东在中共七大上发表《论联合政府》的书面政治报告，完整阐述中国共产党关于建立民主联合政府的理论和主张。他指出联合政府的性质是"在工人阶级领导之下的统一战线的民主联盟的国家制度"，称之为"新民主主义的国家制度"。[4]民主联合政府实行的是新民主主义革命纲领，包括新民主主义的政治、经济、文化等基本纲领。毛泽东在七大上阐明中共的政治路线，即"放手发动群众，壮大人民力量，在

---

[1] 中共中央文献研究室编：《毛泽东年谱（1893—1949）》（修订本）中卷，中央文献出版社2013年版，第577—578页。

[2] 中共中央文献研究室编：《周恩来年谱（1898—1949）》，中央文献出版社、人民出版社1989年版，第602页。

[3] 中共中央文献研究室编：《毛泽东年谱（1893—1949）》（修订本）中卷，中央文献出版社2013年版，第582页。

[4] 中共中央文献研究室编：《毛泽东年谱（1893—1949）》（修订本）中卷，中央文献出版社2013年版，第594页。

我党的领导下，打败日本侵略者，解放全国人民，建立一个新民主主义的中国"[1]。他从中国人民革命斗争的实践，阐明中国建立新民主主义政治制度的必要性和可能性；从抗战中国共产党内两条路线斗争的历史，阐明废止国民党一党专政、建立联合政府的必要性。只有废除国民党的一党专政，建立民主联合政府，才能达到彻底地打败侵略者，建设新中国的目的，民主联合政府是抗日民族统一战线在政权上的最高形式，是全国人民的呼声和要求。

同年5月，国民党召开第六次全国代表大会，断然拒绝了中共提出的联合政府，坚持一党独裁统治，并宣布将单方面召集"国民大会"。抗战时期的最后一次国共会谈宣告停止。

（三）从新民主主义的到"独裁加若干民主"的联合政府

为应对蒋介石和国民党方面在联合政府问题上的激烈反对和顽固抵制。毛泽东将原则性与灵活性相结合，一方面利用一切机会宣传和推动"联合政府"的主张，其中针对国民党方面拒不承认各抗日根据地政权的合法地位，他提出拟建立中国人民解放联合会（解放区人民联合会）。为了维护抗日民族统一战线和一致对日，毛泽东明确"这不是第二个中央政府，和内战时期我们成立的苏维埃中央政府不同，和那时组织苏维埃中央政府的情形也不同"，但"是带有政权机关性质的，是为了联合各解放区而奋斗的过渡时期的组织形式"。[2]另一方面，为了最大限度地争取国内和平，不仅解放区人民联合会最终没有下决心成立，而且作为让步，抗战胜利前夕，毛泽东已经预见到在全国建立联合政府将是长期曲折的过程。他认为联合政府有三种可能性："一种是坏的我们不希望的可能性，即要我们交出军队去做官。军队我们当然是不变的，但政府还是独裁的，我

---

[1] 《愚公移山》（1945年6月11日），《毛泽东选集》第3卷，人民出版社1991年版，第1101页。

[2] 《在中国共产党第七次全国代表大会上的结论》（1945年5月31日），《毛泽东文集》第3卷，人民出版社1996年版，第414页。

们做官不做呢？我们不要宣传去做，也不要拒绝，要准备这种可能性。其坏处是在独裁政府做官，不过这是可以向群众解释的（为了委曲求全，而这个政府我们是不赞成的），但也有好处，可以做宣传工作。第二种可能性，也是以蒋介石为首，形式是民主，承认解放区，实质仍是蒋介石的独裁政府。第三种可能性，是以我们为中心，在我们有一百五十万军队、一亿五千万人民时，在蒋介石的力量更加缩小、削弱，无联合可能时，就要如此做，这是中国政治发展的基本趋势和规律，我们要建设的国家就是这样一个国家。"[①]第一种可能是最坏的打算，第二种则是在一定条件下的妥协，第三种形式才是毛泽东最希望实现的联合政府。在《论联合政府》中，毛泽东曾明确指出，中国只应该建立新民主主义的国家，并在这个基础之上建立新民主主义的联合政府。

抗战胜利后不久，毛泽东于1945年8月23日主持召开中央政治局扩大会议，确定对国民党的方针，即通过斗争，迫使国民党在一定程度上接受人民的要求，实施一定的政治改革，以推进国内和平，建立联合政府，逐步实现政治民主化。这实际是分步骤实现"联合政府"的设想。在会上，毛泽东把这种联合政府的形式称为"独裁加若干民主"的政权形式，把中国共产党在政府中对蒋介石的政策形象地称为"洗脸"政策。他表示，参加这样的政府，就是进去"给蒋介石'洗脸'，而不是'砍头'"，这就是七大时讲的长期迂回曲折的道路。[②]随着国内外形势的急剧变化，在当时历史条件下，短期内无法建立一个以中共为主导的新民主主义的联合政府，而是"可能成立资产阶级领导的而有无产阶级参加的政府"[③]。实质上就是"以蒋介石为首，形式是民主，承认解放区，实质仍是蒋介石的独

[①]《对〈论联合政府〉的说明》（1945年3月31日），《毛泽东文集》第3卷，人民出版社1996年版，第277页。

[②] 参见《抗日战争胜利后的新形势和新任务》（1945年8月23日），《毛泽东文集》第4卷，人民出版社1996年版，第7页。

[③]《抗日战争胜利后的新形势和新任务》（1945年8月23日），《毛泽东文集》第4卷，人民出版社1996年版，第7页。

裁政府"①。这样的联合政府，显然不是毛泽东最终设想要达到的建国目标，但却是建立新民主主义中国构想的重要一环和过渡阶段，"并将存在相当长的时期"。"走这个弯路将使我们党在各方面达到更成熟，中国人民更觉悟，然后建立新民主主义的中国"。②

重庆谈判期间，各界对国共两党合作建国抱有很高的期待。他们要求团结，要求民主政治，反对分裂，反对内战。美苏两个大国的态度与介入使得这一形势更为复杂。在新的形势下，毛泽东已准备有所让步。关于解放区和军队，他估计蒋介石不会完全承认，准备以数量上和局部的让步换取全国合法地位。出于各种因素考虑，谈判中中共没有提联合政府主张，改提党派会议。这一微妙变化，集中体现在8月30日毛泽东致电刘少奇及中共中央，准备向国民党提出的十一条意见中的第九条，即"政治民主化的必要方法：甲、由国民政府召开各党派及无党派代表人物的政治会议，协商国是，讨论团结建国大计、民主的施政纲领、各党派参加政府、重选国民大会及抗战后复员善后等项问题"③。

这时，毛泽东不再提及新民主主义制度的中国，而代之以"建设独立、自由和富强的新中国，彻底实行三民主义"的口号。在公开场合，在大后方一度呼声很高的"废止国民党一党专政"也未提及。在回答路透社记者甘贝尔关于"中共设想的各党派联合政府的建设方针"的提问中，毛泽东表示："除了军事与政治的民主改革外，中共将向政府提议，实行一个经济及文化建设纲领。这纲领的目的，主要是减轻人民负担，改善人民生活，实行土地改革与工业化，奖励私人企业（除了那些带垄断性质的部门应由民主政府国营外），在平等互利的原则下欢迎外人投资与发展国际贸易，推

---

① 《对〈论联合政府〉的说明》（1945年3月31日），《毛泽东文集》第3卷，人民出版社1996年版，第277页。
② 《抗日战争胜利后的新形势和新任务》（1945年8月23日），《毛泽东文集》第4卷，人民出版社1996年版，第7页。
③ 同国民党谈判的十一条意见（1945年8月30日），《毛泽东文集》第4卷，人民出版社1996年版，第20—21页。

广群众教育，消灭文盲等等。如果联合政府成立了，中共将尽心尽力和蒋主席合作，以建设独立、自由、富强的新中国，彻底实行孙中山先生的三民主义。"毛泽东作为中共领袖兼发言人，展现出"参加政府"的诚恳姿态。

这是毛泽东和中国共产党为争取和平民主建国作出的重大让步。为了弥补这个让步，毛泽东特意要求陕甘宁边区及五省政府主席、六省副主席和四市副市长由中共方面的人士担任。若能谈成，实际上也基本达到了既定的以蒋为主的联合政府目标。对中共来说，谈判过程并不轻松，甚至可用艰难形容。9月初，毛泽东两度与蒋介石作单独长谈。9月3日，毛泽东通过周恩来、王若飞向国民党代表张群、张治中、邵力子提出十一条谈判要点，其主要内容为：

（1）确定和平建国方针，以和平、团结、民主为统一的基础，实现三民主义。

（2）拥护蒋主席之领导地位。

（3）承认各党各派合法平等地位并长期合作，和平建国。

（4）承认解放区政权及抗日部队。

（5）严惩汉奸，解散伪军。

（6）重划受降地区，（解放区抗日军队）参加受降工作。

（7）停止一切武装冲突，令各部暂留原地待命。

（8）实行政治民主化，军队国家化，党派平等合作。

（9）政治民主化之必要办法：由国民政府召集各党派及无党派代表人物的政治会议，各党派参加政府，重选国民大会；由中共推荐山西、山东、河北、热河、察哈尔五省主席、委员，及绥远、河南、安徽、江苏、湖北、广东六省副主席，北平、天津、青岛、上海四特别市副市长。

（10）军队国家化之必要办法：公平合理地整编全国军队，分期实施；解放区部队编成十六个军四十八个师，驻地集中于淮河流域及陇海路以北地区；中共参加军委会及其所属各部工作；设北平行营及北方政治委员会，任中共人员为主任。

（11）党派平等合作之必要办法：释放政治犯；保障各项自由，取消一切不合理禁令，取消特务机关。

蒋介石对毛泽东所提的十一条要求中"实现三民主义""拥护蒋主席之领导地位"等内容，自然满意，但对第九、第十条等内容尤其反感，批评其"要求无餍"，并在9月3日的日记里称："余以极诚对彼，而彼竟利用余精诚之言，反要求华北五省主席与北平行营主任，并要编组共军四十八万人，以为余所提之十二师之三倍，最后将欲廿四师为其基准数乎？共匪诚不可以理喻也。此事唯有赖帝力之成全矣，痛心极矣！"[①]9月4日，蒋介石将他自拟的《对中共谈判要点》交张群、王世杰等人：（1）中共军队之编组，以十二个师为最高限度。（2）承认解放区，绝对行不通。（3）拟将原国防最高委员会改组为政治会议，由各党派人士参加。（4）原当选之国民党大会代表，仍然有效，可酌量增加名额。为了促进和谈的成功，《双十协定》签订时，在不影响根本利益的前提下，毛泽东又作出较大让步。中共将军队缩减至24个师（至少20个师），承认旧国大代表有效，但各区域代表再增加三分之一（此议国民党未接受），中共的政协代表名额由9名减为7名等。

国民党的要求非常苛刻，这与中共所提目标相距甚远。无论是联合政府还是党派会议，其最终目的在于实现国家的政治民主化，争取民主建国。中共主动降低姿态，在不利的条件下，由原来设想建立中共主导的"新民主主义的联合政府"退步到由国民党主导的联合政府。这是当时历史条件下各方面因素综合决定的。中共看似吃了亏，实则争取了政治上的主动和舆论的倾向，团结了一切可以联合的力量，达到了以退为进的效果。和谈机制一旦确立下来，在争取和平民主团结的大势下，两党之间许多悬而未决的问题仍有迎刃而解的契机。

（四）通过政治协商会议实现联合政府主张

召开有各党派代表和社会贤达出席、讨论和平建国方案的政治协商会议是重庆谈判确立的重要事项。1945年12月16日，以周恩来为首的中共代

---

① 《重庆谈判纪实》，重庆出版社1983年版，第306页。

表团抵达重庆，参加政协会议，并于1946年1月5日同国民党达成关于停止国内军事冲突的协定。1月10日，双方下达停战令。在发布停战令的同一天，政治协商会议在重庆开幕。出席会议的代表共38人，其中除无党派之9人外，计国民党代表8人，共产党代表7人，青年党代表5人，民主同盟代表2人，国家社会党2人，救国会代表2人，职业教育社代表1人，村治派代表1人，第三党代表1人。[①]会议期间，中共代表经常同民盟代表等在一些重大问题上事先协商，取得一致，采取共同行动。会议历时22天，于1月31日闭幕。经过各方激烈的斗争较量与反复协商，通过政府组织案、国民大会案、和平建国纲领、军事问题案、宪法草案等五项协议。

重庆政治协商会议代表名录[②]

党派团体	代表人员	数量
国民党	孙科、吴铁城、陈布雷、陈立夫、张万生、王世杰、邵力子、张群	8
共产党	周恩来、董必武、王若飞、叶剑英、吴玉章、陆定一、邓颖超	7
青年党	曾琦、陈启天、杨永浚、余家菊、常燕生	5
民主同盟	张澜、罗隆基	2
国社党	张君劢、张东荪	2
救国会	沈钧儒、张申府	2
职教社	黄炎培	1
村治派	梁漱溟	1
第三党	章伯钧	1
无党派	莫德惠、邵从恩、王云五、傅斯年、胡霖、郭沫若、钱永铭、缪嘉铭、李烛尘	9

协议的核心精神是，改组国民党一党政府，政府委员会为最高国务

---

① 参见《政治协商会议》，大陆图书杂志出版公司1946年版，第6页。
② 参见《政治协商会议》，大陆图书杂志出版公司1946年版，第7—12页。

机关，委员的一半由国民党以外的人士充任。在结束国民党"训政"到实施宪政的过渡时期，改组后的政府为各党派共同参加的临时联合政府，由各党派召开国民大会，通过民主的宪法，建立正式的民主联合政府。把贫穷、落后、战乱、分裂的旧中国建设成为繁荣、富强、和平、统一的新中国。政治协商会议是中国政治史上的创举，在当时肩负着伟大的历史任务，关系到中华民族和国家的前途命运。

政协通过的五个协议，是各党派斗争较量的产物，也是"各方面在互让互谅的精神之下得到的一致结果"[1]，中共与各民主党派"一面进行适当的斗争，一面又作了合理的让步，该争的不让，该让的不争，又争又让，迫使国民党不得不在争中存让"[2]，这一过程体现民主政治的若干要义和原则。虽然政协协议的种种规定，还不是新民主主义性质的，但政治协商会议的召开是迈出成立联合政府的重要步骤，有利于冲破国民党一党专政和蒋介石的独裁统治与内战政策，有利于实行民主政治、和平建国，因而受到广大人民群众的拥护和欢迎。政协协议使重庆谈判没有解决的军队和解放区问题得到了一定程度的解决，事情朝着有利于中共的方向发展，基本保证了即将成立的政府的联合性质，毛泽东联合政府主张得到一定程度的实现。毛泽东本人对政协的成果是满意的，他指出："政协会议成绩圆满，令人兴奋。但来日大难，仍当努力。"[3]并乐观作出"中国和平民主新阶段，即将从此开始"的论断。周恩来也深刻地指出："政协就是党派会议，在政协决议中承认了联合政府。照政协的决议改组的政府，就是联合政府。"政协"决议实际上也就是实现了毛泽东同志的路线，我们对此要有个深刻的认识，政协路线就是毛泽东同志《论联合政府》的路线"。[4]

---

[1] 《周恩来在政协的闭幕词》，《新华日报》1946年2月1日。
[2] 王干国：《中国政治协商会议史略》，成都出版社1991年版，第68页。
[3] 《新华日报》1946年2月12日。
[4] 《一年来的谈判及前途》（1946年12月18日），《周恩来选集》上卷，人民出版社1980年版，第256页。

1月27日，周恩来飞回延安，第二天在中共中央政治局会议上详细报告了政治协商会议商谈的情况。中共中央同意代表团商定的政协会议各项文件，委托代表团签字。同日，中央书记处会议初步商定中国共产党参加政府的名单为："毛泽东、朱德、林伯渠、董必武、吴玉章、刘少奇、张闻天、周恩来。"[①]2月6日，毛泽东为中共中央起草致重庆中共代表团电，"同意周恩来、董必武、吴玉章、秦邦宪和何思敬五人为宪草审议委员的我方人选，毛泽东、林伯渠、董必武、吴玉章、周恩来、刘少奇、范明枢（如范不能去则提彭真）、张闻天为国民政府委员的我方人选"[②]。这些行动表明，毛泽东与中共愿意切实拥护并实现政协协议，并为参加联合政府做好了准备。

（五）为建立联合政府的南迁准备

早在1945年8月26日，毛泽东就在中央政治局会议上讨论过抗日战争胜利后延安的地位。他说：延安之所以重要，一因打日本，一因蒋介石在重庆，即都是偏安之局。如蒋回到南京，延安就不那么重要了，当然不要轻易搬家。[③]毛泽东从重庆回延安后，身体抱恙，休养期间不断地在思考和平民主建国的问题，对此他是抱有很大期望的。随着形势的发展，国共两党签订了停战协定，政协协议达成，和平民主新阶段到来，中共中央南迁的拟议提上议事日程。

1946年初，中共中央曾计划从延安前往淮阴。毛泽东与周恩来、刘少奇商议：如果建立联合政府，蒋介石回到南京，中共中央也要考虑南迁，这样有利于共议国是。1月28日，周恩来在中央政治局会议上提出：将来我们要参加政府，中央要考虑搬迁问题。2月2日，中共中央致电陈毅，指

---

① 中共中央文献研究室编：《周恩来年谱（1898—1949）》（修订本），中央文献出版社1998年版，第656页。

② 中共中央文献研究室编：《毛泽东年谱（1893—1949）》（修订本）下卷，中央文献出版社2013年版，第57页。

③ 田为本：《全国解放战争史专题研究》，陕西人民出版社1989年版，第69页。

出必须巩固华中现有地区，因中央机关将来可能迁淮阴办公。2月6日，刘少奇在中央政治局会议上又说，如果改组政府确定了，党中央的工作重心会搬过去。因此，党中央机关要考虑搬家问题，搬到离国民政府近一些的地方，不要对抗。时任苏皖边区临时行政委员会政府主席的李一氓在接到这一通知后，甚至开始着手选址事宜，"我曾经得到华中局一个通知，说党中央要从延安搬到淮阴来……中共中央的总部就要建在淮阴，就由我负责找一个适当的地方，建立中共中央总部。当时我的设想是砖木结构的平房，地势要高，不会被水淹。我也曾和少数同志到淮阴城外面走过几趟，看了些地势较高的位置"①。

此后，毛泽东在不同场合中表达了南迁设想。2月6日，毛泽东为中共中央起草致重庆中共代表团电，同意宪草审议委员和国民政府委员的拟定人选，以便将来指导中心移至外边。3月4日，毛泽东在延安会见国民党政府代表张治中。张治中对毛泽东说："政府改组了，中共中央应该搬到南京去，您也应该住到南京去。"毛泽东回答："我们将来当然要到南京去，不过听说南京热得很，我怕热，希望常住在淮阴，开会就到南京。"②3月12日至25日，民盟秘书长梁漱溟访问延安，并多次与毛泽东面谈。梁漱溟后来回忆："1946年春我到延安，毛主席就曾告诉我说：'中共中央准备搬到清江浦，我也准备参加国民政府，作个委员，预备在南京住几天，在清江浦住几天，来回跑。'"③不难看出，毛泽东对建立民主联合政府诚意十足，是真心愿意和国民党合作建国的。

1946年2月25日，国共双方达成《关于军队整编及统编中共部队为国军之基本方案》即整军协议，最棘手的军队问题有了解决的可能。在此背景下，毛泽东开展精兵简政，减轻民负。3月6日，中共中央致电华东局、

---

① 李一氓：《模糊的荧屏》，人民出版社1992年版，第354页。
② 中共中央文献研究室编：《毛泽东年谱（1893—1949）》（修订本）下卷，中央文献出版社2013年版，第59页。
③ 梁漱溟：《我参加国共和谈的经过》，《中华民国史资料丛稿增刊》第6辑，中华书局1980年版，第56页。

晋冀鲁豫局、华中分局，提出裁军计划，要求他们第一期精减三分之一，并于三个月内完成。第一期完成后，取得经验，第二期再精减三分之一。中共对和平的努力是真诚、实际的。全军总数由138万人减至127万人。但是，随着蒋介石撕毁停战协定和政协协议，大举进攻解放区，中共中央改变了"和平民主新阶段"已经到来的估计。中共中央南迁淮阴（清江浦）的计划也就取消了。

三、"针锋相对，寸土必争"

抗战胜利后，中共根据国内外形势，及时提出争取和平民主，避免内战的方针。同时，基于对蒋介石及国民党政权的深刻分析。毛泽东清醒地认识到，蒋介石想消灭共产党的方针没有改变也不会改变。"蒋介石对于人民是寸权必夺，寸利必得。我们呢？我们的方针是针锋相对，寸土必争。"[1]他领导中国共产党和解放区开展了以下斗争：

（一）以斗争促和平，做好国民党挑起内战的准备

重庆谈判之前，毛泽东曾对刘伯承、邓小平说："首先立足于争取和平，避免内战。我们提出的条件中，承认解放区和军队为最中心的一条。中间可能经过打打谈谈的情况，逼他承认这些条件。今后我们要向日本占领地进军，扩大解放区，取得我们在谈判中的有利地位。你们回到前方去，放手打就是了，不要担心我在重庆的安全问题。你们打得越好，我越安全，谈得越好。别的法子是没有的。"[2]充分体现了以斗争促团结的政治智慧。从重庆返回延安当天，毛泽东在给各地党委的指示中，提醒和平基本方针虽已奠定，但暂时许多局部的大规模军事冲突仍不可避免。由于上述原因，解放区问题未能在此次谈判中解决，还须经过严重斗争，方可

---

[1]《抗日战争胜利后的时局和我们的方针》（1945年8月13日），《毛泽东选集》第4卷，人民出版社1991年版，第1126页。

[2] 中共中央文献研究室编：《毛泽东年谱（1893—1949）》（修订本）下卷，中央文献出版社2013年版，第13页。

解决。①1945年10月20日，他又强调，"必须坚持又团结又斗争，以斗争之手段达到团结之目的这一方针，毫不动摇地争取目前斗争的胜利，以便有利地转到和平发展的新阶段"②。

政协协议达成后，举国上下欢欣鼓舞，迎接和平民主新阶段的到来。1946年3月1日至17日，国民党召开六届二中全会，是否能通过政协协议成为各方关注的焦点。然而，国民党内部各派系就政协宪草原则、国共关系和东北问题等发生激烈争论。主导战后对共缓和政策的温和派失势，强硬派全面进攻，在蒋介石的默认与支持下，实际推翻了政协通过的五项协议。国民党对中共政策强硬转变，使中共改变了原先对于形势的乐观估计。

大革命失败的教训，抗战中国民党三番五次的反共高潮，殷鉴不远。毛泽东并没有陷入对和平民主的幻想，始终保持清醒头脑。随着国民党破坏政协协议和停战协定的行动不断发展，国内和平化为泡影，毛泽东改变了关于和平民主新阶段已经到来的估计，逐步把注意力放在准备对付全面内战方面，下定决心坚决粉碎国民党发动的内战。在同年3月15日的中共中央政治局会议上，他告诫党内同志，平静时不要忘了蒋介石反苏反共反民主的一面。当天，毛泽东致电周恩来："哈尔滨决不能让国民党驻兵，抚顺及营口要力争双方不驻兵。"3月16日，周恩来在同国民党政府代表张治中会谈时，"说明中共军队在东北所占地方不能让，国民党军只能进驻现时苏军撤出的地区。张治中坚持删去'现时'二字，双方在东北问题上未能达成协议"。③5月1日，毛泽东再次提醒全党："我党必须有充分准备，能够于国民党发动内战时坚决彻底粉碎之。"④此时，国民党军队

---

① 《中共中央关于双十协定后我党任务与方针的指示》（1945年10月12日），《建党以来重要文献选编（1921—1949）》第22册，中央文献出版社2011年版，第727页。

② 《中共中央关于过渡时期的形势和任务的指示》（1945年10月20日），《建党以来重要文献选编（1921—1949）》第22册，中央文献出版社2011年版，第756页。

③ 中共中央文献研究室编：《毛泽东年谱（1893—1949）》（修订本）下卷，中央文献出版社2013年版，第61页。

④ 中共中央文献研究室编：《毛泽东年谱（1893—1949）》（修订本）下卷，中央文献出版社2013年版，第76—77页。

趁苏军撤离的空隙，沿中长路大举进攻，夺占四平、长春并控制吉林省，以图控制整个东北。直至5月上旬，毛泽东仍认为，力争和平的可能性还存在。他指示周恩来同马歇尔保持友好关系和接触，不要与国美两方同时弄僵。同时，要求东北民主联军坚决顶住和挫败国民党军队对四平、长春的进攻，但最终未能制止国民党军的大规模进攻。5月下旬，四平、长春失守后，挽救和平的可能性实际已不复存在。①

从抗战胜利到全面内战爆发前，和平、民主、团结的方针，是当时中共的具体行动纲领，也是其要力争实现的主要目标。同时，也是中共领导广大人民与破坏和平的反动派斗争的一面旗帜。它是公开、主动的，具有进攻性质。而针锋相对、寸土必争的策略方针，则是中共领导机关和领导者内部掌握的方针，并非公开的。从某种意义上来说，它是被动的，具有自卫性质。在全面内战爆发前，针锋相对的方针与争取和平、民主、团结的方针相互配合。正是由于中国共产党高举了和平、民主、团结的旗帜，进行了针锋相对、寸土必争的斗争，才有了"双十协定""停战协定""政协协议"等的签订，戳穿国民党假和平、真备战的阴谋，在政治上取得了主动地位，也赢得了准备自卫战争的时间。这两个方针相辅相成，互为补充，缺一不可。②正如胡乔木回忆所说："对政协决议我们是要执行的。不论是跟国民党合作还是决裂，我们都有准备。"③

（二）加紧解放区的练兵、减租和生产

《双十协定》的墨迹未干，蒋介石便急于给国民党军将领发去《"剿匪"手本》。1945年10月19日，蒋介石下令其所属部队沿平汉、同蒲、正太、平绥、津浦5条铁路交通线，大举向解放区推进。针对这种态势，毛泽东于10月20日起草了《中共中央关于过渡时期的形势和任务的指示》提出了"以战促和"的策略，强调击败国民党军队的进攻，以便有利地转到

---

① 《胡乔木回忆毛泽东》，人民出版社1994年版，第425页。
② 《中共党史文摘年刊1987》，中共党史资料出版社1990年版，第29页。
③ 《胡乔木回忆毛泽东》，人民出版社1994年版，第92页。

和平发展的新阶段。对于今后的工作方针，毛泽东表示，既要同蒋介石谈判，同时准备蒋介石一定要打。①在积极维护停战协议、继续开展谈判的同时，解放区军民坚持自卫原则，有理、有利、有节地给进犯者以坚决打击，保卫解放区。毛泽东敏锐地抓住了战略重点，在他的精心指导下，刘伯承、邓小平率晋冀鲁豫军区将士取得了上党、平汉战役的胜利，完成了迟滞国民党军队北上的战略任务。

在打击国民党军进犯的同时，毛泽东还指示各解放区开展练兵、减租和生产运动。1945年11月和12月，毛泽东先后为中共中央起草的《减租和生产是保卫解放区的两件大事》和《一九四六年解放区工作的方针》两个文件指出，只有减租和生产两件大事办好了，才能克服困难，援助战争，立于不败之地。②各解放区的野战军、地方军和民兵，应利用作战间隙着重练兵，开展官教兵、兵教官、兵教兵的群众练兵运动，同时改进和加强军队政治工作及后方勤务工作③，提高部队作战能力和政治觉悟。从1945年冬到1946年春，群众性的减租、减息、增加工资和发展生产的运动遍及各解放区的所有农村和城市工矿业。各解放区的机关、部队、学校也都利用空闲时间参加生产。山东解放区，1946年共生产粮食62.5亿万斤；晋冀鲁豫解放区，1946年共生产棉花1.25亿公斤。④各工矿企业也开展了生产竞赛，并特别加强了武器弹药的生产，这就为粉碎国民党军的进攻，准备了物质条件。

事实证明，毛泽东提出的"两手准备""以战促和"的方针是非常正确的。正因为坚持了这样的方针，在蒋介石发动全面内战后，中国共产党

---

① 《抗战胜利三个月来的局势和今后若干工作方针》（1945年11月12日），《毛泽东文集》第4卷，人民出版社1996年版，第76页。

② 《减租和生产是保卫解放区的两件大事》（1945年11月7日），《毛泽东选集》第4卷，人民出版社1991年版，第1172页。

③ 《一九四六年解放区工作的方针》（1945年12月15日），《毛泽东选集》第4卷，人民出版社1991年版，第1175页。

④ 中共中央党史研究室：《中国共产党历史·第一卷（1921—1949）》下册，中共党史出版社2011年版，第735页。

才能应对自如，顶住国民党军的全面进攻，实现战略反攻，最后夺取全国解放战争的胜利。

1946年6月26日，国民党军向解放区展开大规模进攻，全面内战爆发。中共中央随即提出"武装自卫"的口号，仍不放弃和平谈判。7月3日，在未经改组、各党派的联合政府未能成立的情况下，国民党政府单方面宣布"于本年11月12日召开国民大会"。10月12日，国民党军占领华北解放区首府张家口。11月12日，国民党又召开一手包办的"国民大会"。此举严重违反政协协议，遭到中国共产党和中国民主同盟等政党的严重抗议。11月16日，周恩来在南京举行记者招待会，宣布：由于国民党单方面召开"国大"，把政协协议破坏无遗，和谈之门已被关闭，中共代表团人员即将撤回延安。①由于双方的严重分歧，国共谈判最终破裂。在中国避免内战、建立包容国共两党的联合政府的机会就此丧失。

从抗战胜利到国共关系破裂前，毛泽东领导共产党决心参加改组后的政府，为争取和平民主，为了国家和人民的前途命运，竭尽一切努力。胡乔木后来回忆："我在毛主席身边工作二十多年，记得有两件事是毛主席很难下决心的。一件是1950年派志愿军入朝作战，再一件就是1946年我们准备同国民党彻底决裂。当然，决裂的不是我们，而是国民党。只要还有一线希望，我们还想在不放弃原则和人民既得利益的情况下寻求妥协，原则是人民的利益寸土必争。"②人们曾在重庆谈判时期和政治协商会议召开时期一度看到了建立联合政府的曙光。随着国共内战的全面爆发，国共联合建立民主国家这一建国途径最终化为泡影，但我们不能忽视的是毛泽东领导中国共产党为了实现这一目标而经历的不懈斗争与努力。

（三）纸老虎的真与假

战争初期的形势是极其严峻的。国民党在军事力量和经济力量方面都

---

① 中共中央党史研究室：《中国共产党历史·第一卷（1921—1949）》下册，中共党史出版社2011年版，第725页。

② 《胡乔木回忆毛泽东》，人民出版社1994年版，第92页。

占优势。它拥有430万人的陆、海、空军;把持着国家中央政权,在国际上具有合法地位;控制着大部分省区和大中城市及交通要道,有雄厚的人力物力资源;又接收了投降的日军100多万人的大量武器装备和美国价值数十亿美元的援助。而中国共产党只有武装力量127万(野战军61万),在其他方面也都处于劣势。蒋介石依仗军事、经济力量和政治上的优势,公开扬言要在三个月至六个月内完全消灭"共军"。一时间,内战代替了和平,黑暗笼罩着光明。国内外的进步力量和善良的人们,无不为中国和中国共产党的命运担忧。

毛泽东没有被国民党的嚣张气焰所迷惑和吓倒,他清醒地分析了国内外形势,科学地估计了敌我力量对比和发展趋势,以无产阶级革命家的胆略和气魄豪迈地指出,我们不但必须打败蒋介石,而且能够打败蒋介石。他认为,我们必须打败蒋介石,因为蒋介石发动的战争,是反对民族独立和人民解放的反革命战争,如果我们不坚决地起来用革命战争反对反革命战争,中国就会变成黑暗世界。只有用自卫战争打败蒋介石,才能取得真正的和平。我们能够打败蒋介石,因为蒋介石的优势只是临时起作用的因素。"蒋介石虽有美国援助,但是人心不顺,士气不高,经济困难。我们虽无外国援助,但是人心归向,士气高涨,经济亦有办法。因此,我们是能够战胜蒋介石的。全党对此应当有充分的信心。"[①]

1946年8月6日,毛泽东在同美国记者安娜·路易斯·斯特朗的谈话中,进一步提出"一切反动派都是纸老虎"的著名论断。他指出,要在战略上藐视敌人,从本质上看,从长远上看,从战略上看,必须如实地把一切反动派看成纸老虎,从这点上建立我们的战略思想。要敢于同貌似强大的敌人进行斗争,敢于取得胜利。因为反动派逆历史潮流而动,脱离人民,终归要灭亡;而新生的革命力量,代表历史发展方向,势必取得胜利。真正强大的力量不是属于反动派,而是属于人民。同时,要在战术上

[①] 《以自卫战争粉碎蒋介石的进攻》(1946年7月20日),《毛泽东选集》第4卷,人民出版社1991年版,第1187页。

重视敌人，把反动派看成真老虎，从这点上建立我们的战术思想。要善于斗争，善于取得胜利。毛泽东的这篇谈话，从战略上藐视敌人和战术上重视敌人的指导思想，武装了全党和全国人民，坚定了胜利的信心。①

---

① 1947年2月10日，毛泽东再次与斯特朗谈及原子弹问题。他说：原子弹的诞生，也就结束了它的生命。原子弹在战争中已不能再度使用。它在广岛上空的大爆炸已炸毁了它自己。它的收效也就是它的死亡，因为全世界的人民都反对它。

第十三章　自卫战争的战略布局

抗战胜利后，毛泽东领导中国共产党在争取和平民主的同时，针对国民党积极准备内战的情况进行了自卫战争的准备，在战略部署上进行重大调整。1945年8月26日中央政治局会议上，毛泽东指出，"察热没有蒋介石的足迹，江淮、山东、河北、山西、绥远的大部分，都可以在我们手中。……谈判自然必须作一定的让步……我们准备让步的第一批地区是从广东到河南……陇海路以北迄外蒙一定要由我们占优势。东北我们也要占优势，行政大员是国民党派，我们去干部，那里一定有文章可做"①。这是战后毛泽东关于全国战略部署的初步构想。9月19日，中共中央向全党发出《关于目前任务和战略部署的指示》，明确提出"向北发展，向南防御"的战略方针和部署。11月，毛泽东进一步提出"夺取东北，巩固华北、华中"的战略部署。"向北发展"即完全控制热河、察哈尔两省，力争控制东北，建立东北革命根据地，使之成为夺取革命胜利的战略总后方；"向南防御"，就是收缩战线，集中兵力，准备抵抗国民党的南线进攻，保障主力完成向北发展的任务。"向北发展，向南防御"的战略方针，使我军主力部队迅速北移，争得进入东北的先机，打破了国民党独占东北、南北夹击关内解放区的企图。而将分散于南方的兵力及时转移到江北，避免了被各个击破，加强了华北、华中各解放区的力量。这样，就形成了反击国民党军事进攻的有利的战略态势，为争取解放战争的胜利奠定了坚实的基础。

---

① 《赴重庆谈判前在政治局会议上的讲话》（1945年8月26日），《毛泽东文集》第4卷，人民出版社1996年版，第15—16页。

一、力争东北成为中国革命的战略基地

东北,背靠苏联,又与朝鲜接壤,邻近华北解放区,隔海与山东解放区相望。人口3000余万,资源丰富,工业和交通比较发达,群众基础好,战略地位极为重要。抗战胜利后,国共双方在东北展开了激烈斗争。

日本投降后,国民党政府立即着手组织接收东北的机构。蒋介石表示:收复东北三省是他最大的目标和最迫切的工作。1945年8月31日,蒋介石在重庆宣布成立军事委员会委员长东北行营,以熊式辉为主任,内设政治、经济两个委员会。同时,委派熟悉苏联情况的蒋经国为外交部驻东北特派员,潘公弼为国民党中央宣传部东北特派员。9月5日,国民政府发布任命东北九省二市主席、市长的命令。又于10月18日成立了以杜聿明为首的东北保安司令长官部,派出大量接收人员,收编溃散伪军,四处搜集情报,意图以《中苏条约》的有利规定,迅速将东北从苏军手中接收。在美军帮助下,国民党积极向东北运输作战部队。由于人民军队在华北、华中解放区击退国民党军的进攻,北上铁路交通线被破坏,通过陆上运兵抢占东北无法实施。国民党通过美国军舰、飞机将主力部队陆续运送到天津、青岛、北平、秦皇岛等地。

中共七大明确提出了争取东北的任务。毛泽东在七大的讲话中多次强调东北重要性,将东北摆在关乎中国革命前途命运的重要位置。他指出,"如果我们把现有的一切根据地都丢了,只要我们有了东北,那末中国革命就有了巩固的基础"[①]。毛泽东还意识到现有解放区的根据地并不巩固,在经济上还是手工业的,没有大工业,没有重工业,在地域上也没连成一片。相反,东北则完全符合这些条件,争取东北是解决这一问题的绝佳选择。苏联红军出兵东北,为实现这一任务提供了有利的外部因素。在东北发展力量,是当时中共面临的一个紧迫的现实问题。基于这些因素,

---

[①]《关于第七届候补中央委员选举问题》(1945年6月10日),《毛泽东文集》第3卷,人民出版社1996年版,第426页。

毛泽东和中共中央确立了力争控制东北，把东北变成中国革命的战略基地的战略方针，并很快付诸行动。

（一）抢占先机，派遣大批干部和部队进入东北

从1945年8月下旬到同年12月下旬，短短4个月，以中共中央、中央军委和毛泽东名义发出的有关东北的指示多达30余件。中共中央及时调整战略部署，迅速向东北派出部队和干部，配合苏军解放东北，争取在东北的有利地位。这一时期，毛泽东时刻关注东北态势，他在延安、重庆等地指挥抢占东北的战略方针。

日本投降后，蒋介石命令八路军、新四军原地驻守待命，不得受降。针对这种情况，毛泽东在延安一方面指示各解放区部队全面反攻，接收敌占城市，另一方面迅速着手向东北调配部队和干部事宜。1945年8月20日，毛泽东为中央军委起草致山东分局、平原分局、冀鲁豫分局、冀察晋分局电，决定抽调九个团（有一个干部团）开赴东北，由万毅、吕正操、林枫等率领分别进入东三省。电令指出，去东三省之任务，是乘苏联红军占领东北期间和国民党争夺东北。部队必须配备必要的地方工作干部，保持良好纪律。[1]8月29日，中共中央再次向晋察冀分局、山东分局等发出指示：要求晋察冀和山东准备派到东三省的干部和部队，迅速出发，秘密进入东北，控制广大乡村及红军未曾驻扎的中小城市，建立政权，建立军队，放手发展。[2]接到命令后，冀热辽军区1.4万人在司令员李运昌率领下，分三路挺进热河和辽宁。8月30日，冀热辽军区一部在苏联红军配合下解放山海关，控制锦州和辽西地区。9月6日，冀热辽军区第十六军分区司令员曾克林、副政治委员唐凯率挺进东北先遣队进驻沈阳，随即分兵赴辽南、辽东等地，迫使日、伪军投降，初步打开局面。先期进入东北的部

---

[1] 《中央军委关于抽九个团赴东三省给山东分局等的指示》（1945年8月20日），《建党以来重要文献选编（1921—1949）》第22册，中央文献出版社2011年版，第641页。

[2] 《中共中央关于迅速进入东北控制广大乡村和中小城市的指示》（1945年8月29日），《建党以来重要文献选编（1921—1949）》第22册，中央文献出版社2011年版，第665—666页。

队打通了解放区通往东北的道路,接管了一批城市,做好了迎接各路大军进入东北的准备。他们将东北的实际情况向中共中央汇报,为中共中央的东北决策提供了重要参考。李运昌后来回忆:"如果我们不早来,那么挺进东北的部队是困难的,因为中央不了解情况。"①

9月15日,中共中央作出发展东北根据地的决定,要求坚决争取东北,并决定抽调大批干部和主力部队开往东北,同时决定成立以彭真为书记的中共中央东北局,统一领导东北地区的工作。9月17日,主持中共中央日常工作的刘少奇致电毛泽东、周恩来,明确提出:"东北为我势所必争,热、察两省必须完全控制……为了实现这一计划,我们全国战略必须确定向北推进,向南防御的方针。"②毛泽东回电表示"完全同意力争东北的方针",并指出"东北及热河、察哈尔控制在手,全党团结一致,什么也不怕"。③9月19日,中共中央向全党发出指示:"全国战略方针是向北发展,向南防御。只要我能控制东北及热、察两省,并有全国各解放区及全国人民配合斗争,即能保障中国人民的胜利。"④"向北发展,向南防御"的战略决策正式确定下来。

这是毛泽东和中共中央基于抗战胜利后时局的发展,作出的战略布局调整,改变了抗战时期全面扩大解放区,深入敌后创建革命根据地,重点向南发展的战略。其核心是控制东北,为争取东北指明了正确方向。为粉碎国民党的进攻计划,毛泽东从重庆返回延安后,不顾极度疲劳体弱,指挥全党全军贯彻这一战略。10月20日,他指示各中央局、各区党委、各兵团首长"移动大量军队与干部去东北及热河等地,并在那里组织人民,扩

---

① 《中共党史文摘年刊1982》,浙江人民出版社1985年版,第353页。

② 《中共中央关于确定向北推进向南防御的战略方针给中共赴渝谈判代表团的电报》(1945年9月17日),《建党以来重要文献选编(1921—1949)》第22册,第682—683页。

③ 中共中央文献研究室编:《毛泽东年谱(1893—1949)》(修订本)下卷,中央文献出版社2013年版,第26—27、27页。

④ 《中共中央关于目前任务和战略部署的指示》(1945年9月19日),《建党以来重要文献选编(1921—1949)》第22册,第686页。

大军队，阻止与粉碎顽军侵入"①。10月20日，毛泽东为中共中央起草了《关于过渡时期的形势和任务的指示》，指出："解放区的中心任务，是集中一切力量反对顽军的进攻及尽量扩大解放区。"要"战胜与大量歼灭向华北、东北进攻的顽军，争取我党我军在华北、东北的有利地位"。②11月1日，毛泽东将全党任务进一步概括为"夺取东北，巩固华北、华中"。

在中共中央和毛泽东的统一部署指挥下，中共进驻东北的部队迅速壮大。为统一东北部队的指挥和领导，1945年10月31日，毛泽东为中共中央起草致东北局电，决定成立东北人民自治军，以林彪任总司令，彭真、罗荣桓分别任第一、第二政治委员，程子华为副政委，③统率东北全军，部署作战。11月4日，毛泽东又为中共中央制定详细的增兵东北的部署，计划"调杨苏纵队二万，陈赓纵队一万二千，赵尔陆部一万二千，山东第二期四万，新四军二万，边区五千，共十万九千，十二月下半月到达热河、辽宁、冀东交界地区"④。在11月12日的中共中央政治局扩大会议上，毛泽东提出要组成强大的野战军，按照关内6个军32万、东北20万，总共52万的目标推进。关内外配比大约3∶2，足以说明东北在毛泽东全国军事战略部署中具有极其重要的地位。当时，由各解放区进入东北的部队有11万人，干部2万人。中共中央配备了4名政治局委员、10名中央委员和10名候补中央委员的高级干部，领导东北各地开展工作。经过几个月发展，加上新老部队，到1945年底，东北人民军队总兵力发展到27万余人。⑤北起齐齐哈尔、佳木斯，南到大连、营口，西至承德、锦州，东抵吉林、延吉，到处活跃

---

① 《目前时局及今后六个月的任务》（1945年10月20日），《毛泽东文集》第4卷，人民出版社1996年版，第40页。

② 《中共中央关于过渡时期的形势和任务的指示》（1945年10月20日），《建党以来重要文献选编（1921—1949）》第22册，中央文献出版社2011年版，第755—756页。

③ 中共中央文献研究室编：《毛泽东年谱（1893—1949）》（修订本）下卷，中央文献出版社2013年版，第44页。

④ 《毛泽东文集》第4卷，人民出版社1996年版，第64页。

⑤ 中共中央党史研究室：《中国共产党历史·第一卷（1921—1949）》下册，中共党史出版社2011年版，第688页。

着共产党领导的军队。为与国民党争夺东北的斗争，创造了有利条件。

（二）中苏关系演变与东北战略的调整

在进入东北的初期，毛泽东充分考虑苏联出兵东北后的有利因素，一度试图阻止国民党军登陆运兵。中共中央估计中共军队在东北的各种活动只要不直接影响苏联在外交条约上的义务，"苏联将会采取放任的态度并寄予同情，加上国民党接收东北尚有很多困难，我党有很好的机会争取热、察和东北各省"①。随着美苏矛盾的增加，苏联对国民党的态度转向强硬，不允许由美舰运送的国民党军队在大连、营口等地登陆，加上地利之便，这就为解放区部队向东北发展提供了便利。尽管有美国援助，但国民党想短期内迅速占领东北也面临诸多困难。

1945年10月16日，毛泽东就东北应坚决阻止蒋军登陆问题，致电彭真："大连为自由港，苏方已拒绝国民党军登陆，旅顺亦不许登陆……'蒋军从秦皇岛登陆，向山海关、锦州攻击前进，是必然的。除令在途各部兼程急进，胶东方面星夜海运，并令林彪急至沈阳助你指挥外，望你就现有力量加强训练，并动员民众坚决阻止登陆，争取时间。'"②同日，中共中央电示彭真、陈云、程子华、伍修权："蒋军在东北登陆，及从任何方面进入东北之蒋军，须坚决全部消灭之。"③10月23日，中共中央指示东北局努力发展中苏友好协会，做好对苏沟通联络工作，要求遍及各县。国民党东北行营主任熊式辉等一行到东北后，本以为接收会很顺利，然而苏联表示，东北各省行政人员必须经过人民选举。同时，空运部队，运输机只准1架去，超过3架不得进东北领空。次日，毛泽东致电东北局书记彭真：情报确悉，国民党在渝各东北官员忽纷纷电各被邀干部，暂其缓

---

① 《胡乔木回忆毛泽东》，人民出版社1994年版，第416页。

② 中共中央文献研究室编：《毛泽东年谱（1893—1949）》（修订本）下卷，中央文献出版社2013年版，第36页。

③ 中共中央党史和文献研究院编：《刘少奇年谱》（增订本）第2卷，中央文献出版社2018年版，第118页。

行准备，静候时机。请问苏方代表是否属实，如属实我们必完全赞同此种政策。①10月25日，彭真回电表示，苏方态度愈积极，关系皆好，并转达了苏方代表的三层意思：一是现在应该以主人自居，放手干；二是下月十五日前，如顽方进攻，苏将协同我打击，应及时准备，监视机场，防止空运部队；三是除已搬走的约五分之一的工厂外，其余炮弹、飞机、兵工厂等交我处置。②

鉴于东北部队的迅速发展、苏军的友好合作，中共中央和毛泽东曾一度设想堵住东北大门，阻止国民党军登陆运兵，以控制整个东北。然而形势很快发生变化，1945年11月以后，初期进入东北受挫的国民党以重兵大规模进攻东北各大城市和交通要道。11月15日，美国军舰护运下的国民党两个军，开始向东北人民自治军驻山海关部队进攻，16日占领关内外枢纽山海关，随后沿北宁路以"平压式"向沈阳推进，连续占领绥中、兴城、葫芦岛、锦州等地。同时，国民党政府还向苏军发动外交攻势，向其施压。11月15日，国民党政府照会苏联驻华大使，由于苏方一再阻碍接收东北，决定东北行营从长春撤到山海关。对此，苏联迅速作出反应。11月17日，苏联照会国民党政府，否认苏军曾向中共军队提供援助，声明苏军撤退地区被中共占领是国民党无力接收的结果。如果国民党政府同意，苏军可延缓撤军，并允许国民党军队空运沈阳、长春。③由于条约所限，苏联将长春路沿线各大城市交给蒋介石接收。这给中共在东北的活动和发展造成了困难。此时，中共方面军队虽然在东北有很大发展，但主力初到，且极为疲劳，不能进行决战。独占东北实际上已不可能，因此，中共中央全面调整了在东北的计划，由独占东北变为争取在东北的有利地位。11月20日，中共中央决定中长铁路沿线及大城市让出，重点控制铁路沿线以外的中小城市、次要铁路及广大乡村，以作长远打算。11月22日，刘少奇把这种方针概括为"让开大路，占领

---

① 《彭真传》编写组编：《彭真年谱》，中央文献出版社2002年版，第302页。
② 《彭真传》编写组编：《彭真年谱（1902—1948）》第1卷，中央文献出版社2012年版，第320页。
③ 曹学恩、徐广文主编：《民国外交简史》，陕西人民出版社1989年版，第512页。

两厢"。12月28日,毛泽东为中共中央起草的给东北局的指示《建立巩固的东北根据地》,预见了东北斗争的艰苦性。

(三)"让开大路,占领两厢"

在东北建立根据地,是毛泽东和中共中央其他领导同志反复考虑的问题,这是在东北长期发展、巩固的根本。中共中央在制定这个方针时,预见到东北斗争的艰苦性,确定了中国共产党在东北的任务是在距离国民党占领中心较远的城市和广大乡村,建立巩固的根据地,发动群众,逐步积蓄力量,准备在将来转入反攻。初到东北的人民军队虽有了极大发展,但部队十分疲劳,群众尚未发动和组织起来,地方党的组织和政权还没有普遍建立起来,土匪很多,不少是被国民党军委任的伪满残余分子。当时很多群众还在观望,要与人民相结合,必须着手建立根据地。因此,在国民党军控制中长铁路沿线城市的情况下,让开大路,把工作重心放在东、北、西满,建立根据地,占领两厢的中小城市、次要铁路线和广大农村是基于形势变化的务实举措。

这一方针确立后,中共中央改变东北部队过去集中作战的部署,将主力的大部分分散于东、北、西满,分散进行剿匪、发动群众、建立根据地的工作。东北的部队和干部立即开始建立和扩大人民武装、清剿土匪、减租减息、反奸清算、建立政权等创建革命根据地的工作。首先开展的是反奸清算运动和剿匪斗争。这两项工作是建立稳固根据地的基础,有利于放手发动群众,恢复社会秩序。反奸清算斗争的主要对象,是敌伪统治时期欺压群众,为群众所痛恨的伪官吏、汉奸、特务、恶霸分子。南满的大连、本溪、抚顺、辽阳、鞍山以及安东(今丹东)等大城市首先开展,继之发展到以哈尔滨、齐齐哈尔为中心的北满各大城市。1945年12月,随着主力转移至长春铁路两侧作战,运动才由大城市深入到中小城市及广大乡村。到1946年的上半年,东北解放区各省市县,先后清算了一批汉奸、恶霸分子,清算斗争获得了重要成果。[①]在剿匪方面,根据截至1946年3月末

[①] 朱建华:《东北解放战争史》,黑龙江人民出版社1987年版,第43页。

的不完全统计,在东北全区,进行较大的剿匪战斗共计212次,毙伤俘土匪近8万人,收复过去为匪盘踞的城镇118座。至1946年4、5月间,东北地区大股顽匪大部分被消灭①。

1945年11月8日,东北局决定成立中共辽宁、安东、辽北、吉林、合江、松江、嫩江、黑龙江等省工作委员会,并在当天致电毛泽东,报告派往各地干部配备的情况。按照中共中央关于接收各级政权的要求,在东北局的具体领导下,到1946年5月,东北先后成立了11个省政府,2个特别市,近30个市、专区、盟,200多个县和旗的民主政权,在东北根据地的建设中发挥了巨大作用。为减轻农民负担,改善农民生活,保证军队供给,1945年11月7日,毛泽东为中共中央起草关于减租和生产的指示。1946年4月12日,毛泽东向东北局和林彪发出《东北作战须统筹全局作长期打算》的指示,进一步强调"全满普遍实行减租减息,发动群众,巩固后方,一切从长期打算出发"②。各级民主政府在领导群众进行反奸清算斗争的同时,又开展了减租减息运动。内战全面爆发后,东北局又动员12000多名干部下乡,掀起了伟大的土地改革运动。这些举措为动员广大农民参军支前,恢复和发展东北根据地的农业生产,保障战时物资起到了重要作用。

1946年3月,国民党召开六届二中全会,推翻政协会议关于宪法原则的决议,对中共政策日趋强硬。东北地区的停战问题一直未能得到解决。3月中旬,苏军撤退之后,国民党军进驻沈阳并开始向南满各地扩展,占领鞍山、营口等地。4月28日,国民党军向四平发起猛烈进攻。东北民主联军英勇抵抗,进行四平保卫战。政协会议前后形成的和平氛围不复存在。为了迅速夺取长春,蒋介石于4月28日拒绝了中共和民盟以及美方联合建议的方案,继续向东北增兵。此时,国民党在东北的兵力除已有的5

---

① 朱建华:《东北解放战争史》,黑龙江人民出版社1987年版,第42页。
② 《东北作战须统筹全局作长期打算》(1946年4月12日),《毛泽东文集》第4卷,人民出版社1996年版,第106页。

个军外，又先后运入3个军，共22个师。①鉴于国民党军的猛烈攻势和东北民主联军防守的困难，为争取兵力更大的战略发挥，稳固东北根据地，5月中下旬，毛泽东一方面指示东北民主联军撤出四平和长春，同时电示东北局、北满分局：乡村及中小城市工作仍是第一位，切不可将大批干部堆积在长、哈二市。应令各县加紧练兵、剿匪及解决土地问题。并要求抽调干部做好北满及长哈沿线各县的群众工作。②

1946年6月底国共内战全面爆发后，国民党军虽然装备精良，占领了主要大城市，有一定兵力优势，但因兵力分散，战线过长，在战略上反显被动。"让开大路，占领两厢"的实施，使中共得以保存主力，分兵发动群众，建立巩固的根据地，随时集中兵力，给敌人以打击，取得了战略上的主动。东北根据地的开辟和巩固，为东北的全部解放以至全国解放战争的胜利，打下了稳固的基础。

二、巩固华北解放区

在进军东北的同时，毛泽东领导中共中央调整华北、华中的战略部署。华北解放区是以抗日时期的晋察冀边区与晋冀鲁豫边区、晋绥边区为基础发展而成的。它是共产党领导的核心区域和战略腹地，也是通往东北和陕甘宁边区的要道。至抗战结束时，晋察冀边区有人口3000万，面积20余万平方公里；晋绥边区有人口322万，面积33.1万平方公里；晋冀鲁豫边区拥有县城105座，人口2400万，面积达18万平方公里。③由这三个边区组成的华北解放区占到整个解放区面积和人口的一半以上。此时，国民党军大部分在西南地区，它首先接收的是东南和华南地区，一时无法立即夺取华北。但抢占华北战略要地，打通北上交通线，始终是其进攻解放区的

---

① 丁晓春等编著：《东北解放战争大事记》，中共党史资料出版社1987年版，第54页。
② 《东北目前仍应将乡村及中小城市工作放在首位》（1946年5月19日），《毛泽东文集》第4卷，人民出版社1996年版，第119页。
③ 魏宏运、左志远主编：《华北抗日根据地史》，档案出版社1990年版，第333页。

重点。

抗战胜利后，八路军、新四军积极收复日、伪军占领区，努力开辟和扩大解放区。但解放区特别是新解放区仍面临一些问题和困难。土地改革在大部分地区尚处于发动阶段，解放区还不巩固；大部地区经济落后，土地贫瘠，资源贫乏；一些地区的战争准备工作也不充分。这些都为应付国民党挑起的大规模战争带来了困难。因而，巩固华北这样拥有丰富的人力、物力资源和重要战略位置的解放区，是实现毛泽东全国战略部署的重要一环和基石。在解放战争初期，毛泽东和中共中央主要采取了以下措施：

（一）加强党的集中统一领导，组建野战兵团

抗战胜利后，为适应形势变化和军事战略需要，1945年8月23日的中共中央政治局扩大会议，决定毛泽东任中央革命军事委员会主席，朱德、刘少奇、周恩来、彭德怀任副主席。除组建东北局外，中共中央在华北、华中等解放区先后成立晋察冀中央局、晋冀鲁豫中央局、鄂豫皖中央局（1945年10月改称中原中央局）、华中分局、华东中央局等，以适应新的形势，加强党的集中统一领导，健全各大区的领导机构。同时，在各战略区组建能在较大范围内实施机动作战的野战兵团，以适应军事战略和作战形式的改变（由游击战为主的作战形式向运动战为主的正规战全面转变），集中优势兵力，抗击国民党军的大规模进攻。

华北各战略区的部队陆续进行了整编，其中，晋冀鲁豫军区共有野战军8万余人，地方部队23万余人，组建初期的作战任务是阻滞国民党军沿同蒲路、平汉路北上的进攻，协助友邻部队打破国民党军进占平津与东北的企图；晋察冀军区下辖2个野战军和5个军区，总兵力30万余人，野战军约21.5万人，主要保卫以张家口为中心的热察两省的战略基地，并应付晋察和冀热辽两个方向国民党军的进攻[①]；晋绥野战军和晋绥军区总兵力6万

---

① 刘冰、李庆丰主编：《中国人民解放军全国解放战争史》第2卷，军事科学出版社1996年版，第106页。

余人，在平绥路西段与同蒲路北段执行机动作战任务，并协同晋察冀军区抗击国民党军的进犯。

（二）发动平汉、平绥、津浦、同蒲路阻击战

1945年8月至9月中旬，国民党调动73个师向解放区大举进攻，将重点放在平绥、同蒲、平汉、津浦铁路沿线，企图迅速控制华北、华东的战略要地和主要交通线，分割解放区，打开进入东北的通道，以强大军事压力，迫使中国共产党在谈判中退让。毛泽东和中共中央决定在平绥、平汉、津浦路沿线，组织几个有力的战役，以阻滞国民党军向华北解放区推进。

1945年10月起，各大战略区、野战军以控制北上铁路沿线，保卫解放区为目的，发起作战。10月16日，毛泽东又为中共中央起草致晋察冀中央局、晋绥分局并告东北、晋冀鲁豫两中央局电："即将开始的平绥战役，关系我党在北方的地位及争取全国和平局面，极为重大。"①10月17日，他又致电晋冀鲁豫中央局，要求"除以太岳全力展开同蒲路的作战争取应有胜利外，必须集中太行与冀鲁豫全力争取平汉战役的胜利"②。晋察冀军区、晋绥军区主力于10月18日至12月14日发起平绥战役，收复绥东、绥南广大地区，歼灭傅作义部1.2万余人。10月24日至11月2日，晋冀鲁豫军区主力在邯郸附近发起平汉战役，共歼灭国民党军2万余人，高树勋率国民党新八军及河北民军约万人起义。10月26日至1946年1月13日，晋冀鲁豫军区太岳纵队发起同蒲战役，歼敌8000余人。③同时，山东军区主力发动了津浦路战役，阻止国民党军沿徐州北上。平汉、平绥、津浦、同蒲路作战，共歼敌10万余人，粉碎了国民党军向华北解放区的推进，掩护了冀热辽、山东解放区部队抢先进入东北。

---

① 《毛泽东军事文集》第3卷，军事科学出版社、中央文献出版社1993年版，第57页。
② 《毛泽东军事文集》第3卷，军事科学出版社、中央文献出版社1993年版，第60页。
③ 山西省地方志办公室编：《太岳革命根据地史》，山西人民出版社2015年版，第223页。

（三）开展减租减息和大生产运动

为改善人民生活，恢复生产，巩固解放区，1945年11月7日，毛泽东为中共中央起草了关于减租和生产的指示，减轻解放区农民负担，发展大规模的生产运动，增加粮食和日用必需品的生产。12月15日，毛泽东又为中共中央起草党内指示，指出"'尽一切努力粉碎国民党的进攻，仍是各解放区的中心任务'，并要求各解放区抓紧做好练兵、减租、生产等十项工作，以巩固解放区，提高我军战斗力"[1]。根据指示，华北各解放区一方面坚决击退国民军的进攻，另一方面加强根据地的各项生产建设。

以晋察冀边区为例。1946年1月24日，中共晋察冀中央局发出了《关于开展大生产运动的指示》，贯彻以农业为主的方针，大量增产粮食、棉花与其他农产品；在工业上大力恢复与发展纺织业及其他手工业，有重点地恢复与建立机器工业、矿业；在贸易上贯彻解放区自由贸易的方针，顺畅城镇乡村物资交流，发展交通运输，保护农工商业，稳定金融物价。[2]晋察冀所辖冀东区制定了"荒地谁种谁收，三年免征农业税"的奖励性政策，在这一政策激励下，广大农民积极开荒种地。到1946年9月，全区耕地已达到1822万亩，[3]超过了抗战时期最高亩数。为了减少水旱灾害，增加粮食产量，冀东区政府还按年拨款挖河治水，兴修水利。这对保障部队供给，巩固华北解放区，支持解放战争，发挥了重要的历史作用。为取得自卫战争的主动权，华北各解放区军民团结一心，付出极大努力，在思想上、军事上和物质上做了各项准备。

三、坚持华中阵地

华中解放区是1945年底，在华中抗日根据地基础上建立起来的，包括

---

[1] 中共中央文献研究室编：《毛泽东年谱（1893—1949）》（修订本）下卷，中央文献出版社2013年版，第51页。

[2] 张伟良主编：《河北解放战争史》，解放军出版社2002年版，第57页。

[3] 张伟良主编：《河北解放战争史》，解放军出版社2002年版，第58页。

江苏大部，安徽、湖北、河南、浙江各一部地区。这里位于中国最富饶的中部，在江河淮海之间，东临大海，西屏武当，南迄浙赣，北至陇海。华中是捍卫华北的门户，只有坚持华中阵地[①]，才能打击国民党军进攻华北的企图，完成巩固华北、争取东北的任务。整编后的华中军区和华中野战军，主要任务是，坚持华中，以便巩固山东，在苏皖地区控制战略要地，实施机动歼敌，配合山东、中原解放军，共同阻止国民党军北犯。

（一）收缩江南战线，控制江北

抗战结束时，中国共产党领导的武装力量从长城内外延伸到广东沿海，纵贯全国，兵力处于分散状态。长江以南的各个根据地面积小、部队少，又靠近国民党所占的中心城市和交通要道，在国民党积极准备内战的形势下，极有可能被各个击破。为避免招致重大损失，改变被动局面，在集中力量进军东北的同时，中共中央决定在南方收缩战线，将江南兵力撤退集中到长江以北的华中解放区。以军事上的让步，争取政治和战略上的主动。1945年9月15日，毛泽东在重庆给中共中央复电指出："浙东、苏南、皖南三地部队须立即开始注意控制北上通路，保障北上安全，并准备将来适当时机渡江北上。"在苏皖北部解放区的部队如果不能击退国民党军的进攻，则势必对全国的战略形势造成严重影响。9月26日，中共中央军委电令华中局，"江南撤退，但江北必须控制"[②]。根据毛泽东和中共中央的部署，从9月下旬到10月，新四军苏浙军区部队，在司令员粟裕、政治委员谭震林的指挥下，共有约7万人，从浙东、浙西、苏南、皖南分批撤往长江以北的皖东、苏中、苏北地区。新四军军部率第二、第四、第七师主力北移山东。

日本投降后，在湘粤边境的八路军南下支队，在鄂豫皖地区的新四军第五师，嵩山地区的八路军河南军区部队，受到国民党军队的围堵、进攻，处境艰难。根据中央军委指示，1945年9月，八路军南下支队和河

[①] "华中阵地"指囊括了苏皖解放区、中原解放区在内的华中地区。
[②] 《中共中央军委关于必须控制江北致华中局电》（1945年9月26日），《中国抗日战争军事史料丛书·新四军·文献14》，解放军出版社2016年版，第301页。

南军区部队先后向新四军第五师李先念部所在的鄂豫皖地区转移。10月22日，毛泽东为中共中央起草致郑位三、李先念电："你们须准备至少六个月内在豫鄂活动。三部会师后，集中强大野战军打几个大胜仗，方能有助于整个局势，也方能转变你们自己的局势。""目前你们野战军会合王、戴①、二王②，以夺取桐柏山区域最为适宜。"③八路军南下支队王震所部从广东北上，和八路军河南军区王树声所部转移到鄂豫皖地区后，于10月24日与新四军第五师李先念所部在桐柏山地区会合。三支部队总兵力达6万余人，集中和加强了中原解放区的兵力，摆脱了各自势单力薄的困境。

大批主力部队的北移，阻滞了国民党军北上，争得控制热察、进入东北的先机，打破了国民党独占东北、南北夹击关内解放区的企图。同时，及时地将分散于南方的兵力集中到长江以北，避免了被各个击破的危险，缩短了战线，加强了江北各解放区的有生力量。这对此后集中优势兵力，以运动战迎击国民党军的大举进攻具有重要战略意义。

（二）加强华中各解放区之间的战略配合部署

抗战胜利后，苏中、苏北、淮南、淮北4个解放区连成一片。为加强华中地区的领导和斗争，1945年10月24日，中共中央决定成立华中分局和华中军区。邓子恢为华中分局书记兼华中军区政治委员，谭震林任华中分局副书记兼华中军区副政治委员。11月10日，中共中央华中分局制定坚持华中阵地的总任务，即"坚持与巩固华中现有阵地，进一步加强集结我党我军力量，以便击破国民党反动派对我之进攻，歼灭进攻我之顽军以便确保我党我军在华北、东北之有利地位"④。为完成这一任务，华中分局立

---

① 指王树声、戴季英。

② 指王震、王首道。

③ 中共中央文献研究室编：《毛泽东年谱（1893—1949）》（修订本）下卷，中央文献出版社2013年版，第40页。

④ 《中共中央华中分局关于目前坚持华中任务的指示》（1945年11月10日），《中国抗日战争军事史料丛书·新四军·文献15》，解放军出版社2016年版，第134页。

即着手组建野战军[①],放手发动群众,组织生产解决补给困难,训练和提拔干部等。张鼎丞任华中军区司令员,粟裕任华中军区副司令员兼华中野战军司令员。全军共4万余人,活动于苏皖北部,并与山东解放区[②]连成一片,互为支撑。

华中西部的中原解放区位于武汉、长江以北的鄂豫皖三省边界地区。抗战胜利后,扩展至60余县,形成对战略要地武汉的包围态势。1945年10月30日,中共中央决定将鄂豫皖中央局改为中原局,以郑位三为代理书记。根据中共中央军委的决定,以新四军第五师、八路军南下支队、河南军区部队与冀鲁豫军区部队一部组成中原军区,由李先念任司令员,郑位三任政治委员,王树声任副司令员,王震任副司令员兼参谋长,王首道任副政治委员兼政治部主任,下辖河南、江汉、鄂东军区和2个纵队,主要活动于桐柏山、大洪山、大悟山地区,与华中军区互为犄角。

由于中原解放区的重要战略地位,国民党调集20多个师,不断包围蚕食中原解放区,先后侵占鄂中、襄西、襄南、鄂东、鄂南、豫中、豫西等地,企图消灭中原解放区,扫清通往华北、东北的通道。至1946年6月,中原解放区仅剩下罗山、光山、商城、经扶(今新县)、礼县之间以宣化店为中心,面积不及原来的十分之一的狭小地区。蒋介石认为彻底消灭中原解放军的时机已经成熟,又调集8个整编师及2个旅加紧进攻。鉴于中原解放军处于敌人重兵包围之下,势孤力薄,难以长期坚持,1946年5月初,毛泽东就指示中原军区,在情况紧急时准备一部分兵力坚持原地区斗争,一部分兵力向东突围,主力向西突围,转移到豫西、鄂西、陕南、川东地区活动。在国民党发动全面内战前,整个华中地区的战略部署基本完成。

1946年6月底,国民党在美帝国主义援助下完成内战准备,悍然撕毁国共双方签署的停战协定和各党派政治协商会议的决议,以大举围攻中原

---

① 华中野战军于1945年11月10日成立,隶属华中军区。
② 苏皖解放区(抗战时期的华中根据地)与山东根据地,又被统称为华东解放区。

解放区为起点，气势汹汹地向各解放区发动全面进攻。为了捍卫人民的胜利果实，争取中华民族的彻底独立和中国人民的彻底解放，毛泽东率领解放区军民奋起还击，揭开波澜壮阔的人民解放战争的序幕。

"争取东北，巩固华北，坚持华中"战略部署的基本完成，使中国共产党能握紧拳头，集中优势力量抗击国民党军的全面进攻。毛泽东更看重保存有生力量，保持战略上的主动，并不计较一城一地的得失。国民党军对中原解放区大举进攻后，毛泽东指示中原军区："立即突围，愈快愈好，不要有任何顾虑，生存第一，胜利第一。"[1]这年7月中旬，国民党集中58个旅（占其进攻解放区总兵力的三分之一），采取由南向北、由西向东逐步压缩的方针，在来安至南通400公里战线上，大举进攻苏皖解放区。华中野战军遵循毛泽东与中央军委关于先在内线打几仗，然后转至外线的指示，在陈毅、粟裕、谭震林的指挥下，发起苏中战役，从7月13日至8月31日，先后在泰兴、如皋、海安等地，七战七捷，歼敌5万余人，挫败了敌人的进攻锐气。

在晋冀鲁豫解放区，国民党以两个整编师兵力进至开封至商丘之线，企图阻止我军南下支援中原解放军突围。毛泽东与中央军委于8月9日指示晋冀鲁豫野战军，占领陇海路徐（徐州）汴（开封）段和路南10余县，配合苏皖我军作战，并吸引围追中原我军之敌增援陇海路。刘伯承、邓小平率领晋冀鲁豫野战军第三、第六、第七纵队乘敌之虚，向陇海路开封至徐州段沿线之敌发起攻击。先后占领砀山、兰封等城镇、车站10余座，歼敌1.6万余人，控制铁路190公里，打乱了国民党南线进攻的计划。在晋察冀解放区，国民党集中第十一、第十二战区主力对解放区首府张家口实行东西夹击。鉴于两面受敌的不利情况，晋察冀军区于9月17日向毛泽东和中央军委建议主动撤离张家口，以争取以后战局的主动。毛泽东和中央军委翌日复电同意，并强调指出："以歼灭敌有生力量为主，不以保守个别地方为主，使主力行动自如，主动地寻找好打之敌作战。"[2]"张家口应秘

---

[1]《毛泽东军事文集》第3卷，军事科学出版社、中央文献出版社1993年版，第288页。
[2]《毛泽东军事文集》第3卷，军事科学出版社、中央文献出版社1993年版，第487页。

密进行疏散,准备于必要时放弃之,这种准备和积极布置歼敌计划并不矛盾。"①根据上述指示,晋察冀军区决定以歼灭由康庄、怀柔西犯之敌为目的,进行张家口保卫战。从9月29日至10月12日,我军以一部出击平汉路北段,收复徐水、望都等10余座县城,控制铁路120多公里;主力则在怀来及其以东地区进行顽强阻击,共歼敌2.2万余人。

1946年10月1日,毛泽东在延安枣园为中共中央起草了《三个月总结》的党内指示,全面总结内战爆发以来三个月战争的一系列基本经验,指出,集中优势兵力,各个歼灭敌人,是唯一正确的作战方法。10月11日,国民党军攻占张家口,达到它向解放区全面进攻的顶点。被"胜利"冲昏头脑的蒋介石,当即下令召开由国民党一党包办的"中华民国国民大会",然而追随他的只有青年党、民社党两个小党派。11月18日,毛泽东霸气回应:中国人民坚决反对蒋介石一手包办的分裂的"国民大会",此会闭幕之日,即蒋介石集团开始自取灭亡之时。针对蒋介石准备组织进攻延安,毛泽东指出:蒋军即使用突袭的方法占领延安,亦无损于人民解放战争胜利的大局,挽救不了蒋介石灭亡的前途。在这个指示电中,毛泽东第一次将"自卫战争"改为"人民解放战争"。

从1946年6月至1947年2月,毛泽东领导各解放区军民,经过8个月的艰苦奋战,共歼敌67个旅约71万人,成功地粉碎了国民党军队的全面进攻。在此期间,解放区虽然丢失了张家口、承德、淮阴等105座城市,但却歼灭了大量敌人,取得了依托解放区实行内线作战的初步经验,坚定了全党全军的胜利信心。

---

① 《毛泽东军事文集》第3卷,军事科学出版社、中央文献出版社1993年版,第488页。

第十四章　转战陕北与乾坤挪移

这时的蒋介石完全沉浸在攻城略地的喜悦之中，1947年2月17日，他在中央党部及国民政府联合纪念周上不无得意地讲："一年余以来，政府要收复什么地方，就收复什么地方，长春如此，张家口也是如此。"他认为："在这种交通和军事情势之下，共产党绝对不能流窜幸存。"随后，国民党限令在重庆、南京、上海等国统区的中共办事处人员于3月5日前撤离，并发动了对中共中央所在地延安和山东解放区的重点进攻，企图从两端挤压和全歼中共力量。

1947年元旦，毛泽东在《解放日报》发表《新年祝词》，指出："在不久的将来，自由的阳光一定要照遍祖国的大地，独立、和平、民主的新中国一定要在今后数年内奠定稳固的基础。"春节刚过不久，毛泽东正在延安王家坪酝酿一个宏伟的战略。2月1日，他主持召开中共中央政治局扩大会议，讨论并发出由他起草的《迎接中国革命的新高潮》的指示。毛泽东指出：人民解放军作战的有利和蒋管区人民运动的发展，预示着中国革命的新高潮即将到来。这个指示指出：目前各方面情况显示，中国时局将要发展到一个新的阶段。这个新的阶段，即是全国范围的反帝反封建斗争发展到新的人民大革命的阶段。现在是它的前夜。中国人民继北伐战争和抗日战争之后，即将迎来第三次革命高潮。

一、巍巍昆仑

当毛泽东对新一年的人民解放战争作出战略规划时，蒋介石则由于战线延长和大量有生力量被歼灭，被迫调整其部署。他纠集94个旅的兵力，开始发动对陕北和山东两解放区的重点进攻。1947年2月底，蒋介石亲自在西安部署进攻延安和陕甘宁边区的计划。由西安绥靖公署主任胡宗南指挥调集7个整编师20个整编旅约25万兵力集结于洛川、宜川地区，作为进攻陕北的主力，从南线直扑延安；以青海马步芳、宁夏马鸿逵4个师12个旅集结在银川、镇原一线，与国民党晋绥边区所属第二十二军2个旅，从西、北两线配合；此外，蒋介石还派出驻西安的空军75架飞机协同作战。企图从多个方面包围进犯，一举摧毁中共中央和人民解放军总部。

当时中共方面在陕北的部队只有6个旅约2.6万人。经过全面分析，毛泽东果断地作出主动撤出延安，实行诱敌深入，依靠陕北良好的群众基础和有利的地形条件，集中优势兵力在运动中消灭敌人的决策。1947年3月2日，当得知胡宗南一部进袭庄阳地区时，毛泽东指示陕甘宁野战军集中力量，全歼其一个旅。3月5日，在得知歼敌四十八旅大部，击毙其旅长时，他立即传令嘉奖。为粉碎国民党军队对陕北的进攻，3月16日，他以中共中央军委主席名义，向陕甘宁边区的部队发布关于保卫延安部署的命令。命令决定组成西北野战兵团（后改称西北野战军），由彭德怀任司令员兼政委，习仲勋为副政委，统一指挥边区一切部队。

3月18日，当国民党军兵临延安城下时，毛泽东才同刘少奇、朱德、周恩来、任弼时等率中共中央机关和人民解放军总部，从容地离开延安，踏上转战陕北的征途。离开前，毛泽东接见保卫延安的人民解放军部分领导干部说：敌人要来了，我们准备给他们打扫房子。我军打仗，不在于一城一地的得失，而在于消灭敌人有生力量。存人失地，人地皆存；存地失人，人地皆失。他生动形象地解释了撤离延安的谋略：敌人进延安是握着拳头的，他到了延安，就要把指头伸开，这样就便于我们一个一个地切断它。毛泽东还向大家预言：少则一年，多则两年，我们还要回到延安来，我们要以一个延安换取全中国。

转战陕北的征途是极其艰险的。敌我力量悬殊，撇开武器装备不讲，单就兵力而言，西北野战军总共才2.6万人，只及蒋介石进犯陕北兵力的十分之一。但是，毛泽东不顾同志们劝阻，坚持要留在陕北，指挥西北和全国的解放战争。他认为留在陕北可牵制胡宗南二三十万大军，也就是对其他战场的最好支援。为使西北野战军能轻装机动地歼敌，毛泽东坚持不和西野总部一起行动，而率领中央机关和人民解放军总部组成中央纵队（先后采用"昆仑""三支队""九支队""亚洲部"等代号），在四个半连警卫部队的护卫下独立行动。他对这支部队的司令员任弼时和政治委员陆定一、参谋长叶子龙、政治部主任廖志高说：你们四人负责组织一个"政府"，管理我们800人这个"国家"，你们必须把这个"国家"办好。为了预防不测，3月29日，毛泽东在陕北清涧县枣林沟则村召开会议，决定成立中央前委和中央工作委员会，由毛泽东、周恩来、任弼时率领前委，代表中央，坚持在陕北指挥全国的解放战争；由刘少奇、朱德率领工委，前往华北，进行中央委托的工作，并在万一前委遇到意外情况时，代替前委行使中央领导职权。后来又设置了中央前委的后方机构——中央后委。

毛泽东从1937年1月13日随中共中央入驻延安起到1947年3月18日晚率中共中央机关撤离延安，整整10年间，除参加重庆谈判外，足迹仅及延安周边，生活虽不宽裕，但还算稳定。人到中年，身体也已发福。离开枣林沟则村时，他乘坐的吉普车被国民党飞机炸坏，不得不徒步或骑马行进。他的警卫人员后来回忆，第一天骑马，虽然只走了三四十里，但毛泽东仍感到浑身酸疼。他坚决不肯坐担架，坚持徒步或骑马。这样一直到1948年3月23日从吴堡东渡黄河为止，他在陕北的高原沟壑转战了一年。在转战陕北的日子里，毛泽东和战士们一起，跋山涉水，栉风沐雨，先后宿营在延安、延川、清涧、子长、安塞、靖边、横山、子洲、绥德、葭县、米脂、吴堡12县中37个镇的农家村落。负责警卫的四个半连，经常担负着抗击敌军几个旅尾随尾追的艰巨任务。危急时，望得见敌人烧起的火堆，听得到敌人的马嘶。最危急时，与敌人追兵相距不过十几里，并且又遇山洪暴发，过河不得。毛泽东和周恩来、任弼时等从容自若，率领中央纵队或深夜淋着大雨，或白昼冒着敌机轰炸扫射，徒步上下于高山深谷和敌人的层层包围中，牵制了大量敌军，行程1000多公里，历时一年零五天。随同毛泽东和中央前委转战陕北的新华社负责人范长江感叹："历史上从来没有已经掌握了一亿多人口的中央政权，拥有一百多万正规军的总部，在中国这样大国已居于领导地位的党的中央，而又在全国规模的大战正在进行的时候，这样大胆地进行工作的。"①

就在这艰险的行军中，毛泽东酝酿着伟大的人民解放战争的战略计划。一到宿营地，或者是临时休息，毛泽东马上要报务人员架起电台，接通中央和各地的联系。接着，就是彻夜地工作。

1947年3月23日，毛泽东复电批准彭德怀等关于以5个旅兵力在青化砭设伏的计划。25日，西北野战军在中共中央撤出延安一周后，于青化砭地区全歼敌三十一旅。毛泽东随即致电祝贺，"此战意义甚大，望对全体指战员传信嘉奖"。4月2日毛泽东再电彭德怀、习仲勋，指出："我军歼击敌军，必须采取正面及两翼三面埋伏之部署方能有效"，指示他们"数日内仍以隐蔽待机为宜"。4月11日，毛泽东抓住敌一三五旅换防之机，指示彭德怀等侦察，"乘该旅移动途中伏歼之"。根据这一指示，4月14日，西北野战军在羊马河一带设伏，全歼敌一三五旅。翌日，毛泽东在总结西北野战军前段作战经验的基础上，发出《关于西北战场的作战方针》的指示，指出："我之方针是继续过去办法，同敌在现地区再周旋一时期（一个月左右），目的在使敌达到十分疲劳和十分缺粮之程度，然后寻机歼击之。……这种办法叫'蘑菇'战术，将敌磨得精疲力竭，然后消灭之。"②根据毛泽东的这一指示和每一次战役前的具体战术指导，西北野战军又先后发动蟠龙、陇东、榆林、沙家店等战役，从1947年3月到8月，共歼敌31000人，彻底粉碎了国民党对陕北的重点进攻。

在此同时，毛泽东部署和指挥了山东战场以及全国其他战场的人民

---

① 《中共党史人物传精选本》第1卷（领袖篇），人民日报出版社、中央文献出版社2001年版，第82页。

② 《关于西北战场的作战方针》（1947年4月15日），《毛泽东选集》第4卷，人民出版社1991年版，第1222—1223页。

解放战争。其中,他特别关注国民党重点进攻的主战场——山东战场的变化,他认为山东战场已成为扭转全国战局的主战场。他要求陈毅、粟裕等每天或每两天要把他们正面的敌情变化向他和中央军委报告。他一再告诫他们不要分兵、不要急躁、耐心寻找战机,将主力放在可以应对两种可能性的位置。毛泽东并不轻易直接进行战役指挥,而是放手让前线指挥员机动处置军情。如5月12日毛泽东在电报中告知他们:"敌五军、十一师,七十四师均已前进。你们须聚精会神选择比较好打之一路,不失时机发起歼击。究打何路最好,由你们当机决策,立付施行,我们不遥制。"[①]14日、15日,毛泽东又连电陈毅、粟裕,充分肯定他们以四个纵队歼击七十四师的行动"极为正确",要他们考虑集中七八个纵队于一个战场作战,连续打两三个大仗,完成中间突破。在他的密切关注和前线首长的具体指挥下,陈粟部队取得孟良崮战役的全胜,歼敌32000余人,赢得山东战场的主动权。

1947年3月至6月的四个月作战中,各战场的人民解放军共歼敌正规军折合31个半旅,同非正规军共40.7万人,挫败了国民党的重点进攻,使战略主动权逐步转入人民解放军方面。

毛泽东根据敌我力量消长的变化,适时地提出战略反攻计划,在陕北战场和山东战场大量牵制并沉重打击了国民党军,使中原地区的国民党军兵力相对减弱,犹如"胸膛袒露"有了战略软肋。毛泽东开始思索组织晋冀鲁豫野战军(刘邓大军)战略挺进中原腹地。

二、三军出击逐鹿中原

早在1947年1月,毛泽东在一份电报中就指出:"我们已令刘、邓缩短内线作战时间至四月底为止,准备五月开始(包括休整时间在内)向中

[①] 中共中央文献研究室编:《毛泽东年谱(1893—1949)》(修订本)下卷,中央文献出版社2013年版,第190页。

原出动，转变为外线作战。华东方面亦请按此作战计划办理，努力争取于五一以前在内线解决蒋军主力，并完成外线作战的一切准备条件（弹药、新兵、干部、经费等）。"① 从那个时候起，关于战略反攻的想法一直萦绕在毛泽东脑际。4月13日至6月7日，毛泽东在安塞县王家湾村宿营时，关于晋冀鲁豫和华东两大野战军相互配合、大举出击外线的战略构想趋于成熟。4月17日，他在修改新华社社论《战局的转折点》时进一步预言："四月开始的两三个月内，蒋军将由攻势变成守势，人民解放军将由守势转变成为攻势。"5月4日，毛泽东在为中共中央起草的致晋冀鲁豫野战军和华东野战军负责人的电报中，又对整个南线的进攻力量作了通盘规划，指示刘伯承、邓小平准备于"六月一日后，独立经冀鲁豫出中原，以豫皖苏边区及冀鲁豫边区为根据地，以长江以北，黄河以南，潼关、南阳之线以东，津浦路以西为机动地区，或打郑汉，或打汴徐，或打伏牛山，或打大别山，均可因时制宜，往来机动，并与陈粟密切配合"。

1947年6月8日，毛泽东和中共中央军委决定立即组织指挥中国人民解放军主力转入战略反攻，以敌人兵力薄弱的中原地区为主要突击方向，实施中央突破。随后，又对战略反攻计划做了些修正，决定晋冀鲁豫野战军主力，在刘伯承、邓小平指挥下，于6月底强渡黄河，先在鲁西南地区求歼敌人，而后逐步向豫皖苏边区和大别山地区进击，在长江以北的鄂豫皖边地区实施战略展开。7月19日，毛泽东决定以原拟用于陕北战场的晋冀鲁豫野战军太岳部队以及第三十八军和新组成的第九纵队，由陈赓、谢富治统一指挥，改自晋南强渡黄河，在豫陕鄂边区实施战略展开。7月21日至23日，毛泽东在靖边县小河村召开中共中央扩大会议，进一步讨论了战略反攻计划，要求西北野战军继续吸引、牵制和逐步歼灭胡宗南集团，配合逐鹿中原的战略行动。在这次会议上，毛泽东根据第一年的作战战果，首次提出计划用5年（从1946年7月算起）来解决对蒋介石斗争的设想。8

---

① 中共中央文献研究室编：《毛泽东年谱（1893—1949）》（修订本）下卷，中央文献出版社2013年版，第163—164页。

月上旬，毛泽东和中央军委又指示陈毅、粟裕指挥华东野战军的六个纵队组成华东野战军西线兵团，并指挥晋冀鲁豫野战军第十一纵队，在豫皖苏边地区实施战略展开。同时，以华东野战军四个纵队组成东线兵团，由许世友、谭震林指挥继续在山东地区寻机歼敌，作战略配合。这样，毛泽东关于"中央突破、三军配合、两翼牵制、逐鹿中原"的雄伟战略逐步形成并完善。

这一战略构想的酝酿形成并成功指挥实施，是在前有黄河天险阻遏、后有敌军围追的艰难转战中完成的。尤其是七、八、九三个月，毛泽东和中央前委及其警卫部队这800多人，一度在敌人四个半旅的包围之中，多次遇险，几度与敌人擦肩而过。敌军的枪声马鸣在身后啸叫，后卫部队甚至已经与敌人交火。但毛泽东始终未曾渡过黄河离开陕北，兑现了当初"不打败胡宗南，不过黄河"的豪迈誓言。运筹帷幄，决胜千里之外。毛泽东、周恩来、任弼时三人就是这样，在群山沟壑之间辗转腾挪，在一次次摆脱险境的同时，在最小的农村指挥部指挥着世界上规模最大的人民解放战争。据统计，仅1947年7—9月，毛泽东为中央军委起草给各个战场的电报就有200多份，占他全年起草电报稿的三分之一。在处境最危险的8月，他不顾刘堪部队使用美国最先进的电讯测试仪的监控，利用行军间隙起草并发出电报近90份，平均每天3份。

按照毛泽东和中共中央军委的部署，1947年6月30日，刘伯承、邓小平率领晋冀鲁豫野战军四个纵队在鲁西南地区强渡黄河，突破敌人的黄河防线，揭开战略进攻的序幕。8月上旬，刘邓大军越过陇海路，千里跃进大别山。与此同时，陈赓、谢富治兵团由晋南强渡黄河，挺进豫西。9月初，华东野战军外线兵团在陈毅、粟裕指挥下挺进豫皖苏地区。三路大军以"品"字形阵势，互为犄角，纵马中原，驰骋于江淮河汉之间，调动并吸引了国民党军90个旅的兵力，歼灭了大量敌人，打乱了蒋介石的战略部署，使开封、郑州、洛阳等城市陷于孤立，武汉、南京等直接受到威胁。与此同时，处于内线的各野战部队也按照统一部署，先后展开全面反攻。西北野战军于沙家店战役后，转入反攻；华东野战军山东兵团于同年9月初在胶东地区发起攻势作战；东北野战军在9月中旬发起秋季攻势，歼敌69000人；晋察冀野战军从9月初起，先后进行了大清河北、清风店和石门战役，共歼敌46000人，并解放了石家庄，使晋冀鲁豫和晋察冀两大解放区连成一片。

中国人民解放军在外线和内线各个战场的攻势作战，构成了全国规模战略进攻的总形势，国民党军队被迫由战略进攻转为"全面防御"。相较一年前，整个敌我形势发生根本性变化。中国革命的新高潮，经过毛泽东精心筹措指挥和前方将士浴血奋战，只用半年多的时间就提前到来。一年之间，全国战场形势出现大逆转，这绝不只是战略战术之高下，究其原因，最根本的一条是人心向背。

首先是在对待和平问题上，中共步步退让的真诚行动与国民党处处进逼的贪得无厌形成鲜明的对照，全国人民切切实实地感受到，中国共产党是全民族利益的忠实代表，而国民党蒋介石则完全是出自大地主大资产阶级及其后台美帝国主义的一己私利。其次是在沦陷区接收问题上，国民党在币值兑换、财产土地掠夺、权力和地盘瓜分等方面的贪婪无耻，使广大沦陷区人民犹如坐过山车一般，经历了由"想中央、盼中央"到"中央来了更遭殃"的痛苦体味。再次是人民的政治权力方面，国民党假"训政"到"宪政"以权力还民之名，继续行"一党专政"之实，不仅摒弃工农大众的代表中共，而且把上层小资产阶级和民族资产阶级的代表中国民主同盟等民主党派也都排斥在其包办的"国民大会"之外。独裁专制变本加厉，军警匪特横行全国；查封、殴打、监禁、屠杀，无所不用其极。最后是国统区经济崩溃、物价飞涨、民不聊生。无论是被进犯的解放区人民，还是苟延残喘的国统区人民，都背负着沉重的战争包袱，在战乱中转死于沟壑。蒋介石的倒行逆施，不仅使解放区军民在保卫胜利果实的口号下投入各个战场与之拼死决战，而且在国统区也激发了席卷全国的反饥饿反内战风暴，形成埋葬蒋家王朝的"第二条战线"。其情形，正如毛泽东为新华社撰写的评论《蒋介石政府已处在全民的包围中》。

与之相反，中共提出并力行的是：在政治上，以争取人民民主和民族独立为目标，坚决反对国民党与美国签订《中美商约》等卖国行径，从各个方面推进人民解放战争，坚决推翻蒋介石国民党的反动统治。在农村，发布《五四指示》紧紧依靠雇农、贫农，团结中农，坚定地解决土地问题，有步骤地消灭封建势力，促进农业生产，发动农民支援自卫战争。在城市中，除团结工人阶级、小资产阶级和一切进步分子外，注意团结一切中间分子，孤立反动派。在国民党军队中，争取一切反对内战的人们，孤立好战分子。在经济上，作持久打算，依靠自力更生，努力生产，力戒浪费，艰苦奋斗，军民兼顾，既要满足战争的物质需要，又要使人民生活有所改善。在军事上，采取集中优势兵力、各个歼灭敌人的作战原则，大踏步前进，大踏步后退，抛出空间，争取时间，不计一城一地的得失，以歼灭敌人的有生力量为主要目标，"以战争的胜利去取得和平"。中国国民党和中国共产党一致推崇的中国民主革命的先驱孙中山先生有句名言："历史潮流，浩浩荡荡，顺之者昌，逆之者亡。"在经历了近代中国百年沧桑之后，中国共产党人顺应人心向背，成为历史车轮的有力推动者和前进方向的引领者。

伴随着人民解放军全面反攻的胜利步伐，1947年10月10日，毛泽东在陕北佳县神泉堡为中国人民解放军总部起草了《中国人民解放军宣言》。毛泽东向全国人民发出"打倒蒋介石，解放全中国"的伟大号召。该宣言分析了国内外形势，指出解放军作战目的是中国人民和中华民族的解放。该宣言宣布了中国人民解放军的也就是中国共产党的八项基本政策，概括了中国共产党在新民主主义革命历史阶段的基本任务和奋斗目标，反映了全国人民的迫切愿望。

11月22日，毛泽东、周恩来、任弼时率领中共中央机关进驻陕北米脂县杨家沟。在这里，党中央和毛泽东共住了四个月零两天。12月底，陕北已是一片"千里冰封，万里雪飘"的北国风光，杨家沟却沉浸在革命新高潮的热烈氛围中。12月25日至28日，毛泽东在杨家沟主持召开中共中央扩大会议即"十二月会议"。毛泽东作了题为《目前形势和我们的任务》的报告，研究讨论了政治、军事、经济、土改等一系列问题。他欣慰地指出:"这是一个历史的转折点。这是蒋介石的二十年反革命统治由发展到消灭的转折点。这是一百多年以来帝国主义在中国的统治由发展到消灭的转折点。这是一个伟大的事变。这个事变所以带着伟大性,是因为这个事变发生在一个拥有四亿七千五百万人口的国家内,这个事变一经发生,它就将必然地走向全国的胜利。"①报告深刻地分析了对中国革命有利的国际国内形势,高度评价解放战争转入战略进攻的伟大历史意义;系统地总结中国共产党领导人民革命,特别是解放战争的基本经验,提出著名的十大军事原则;规定了彻底打败蒋介石、夺取全国胜利的基本任务和基本政策;针对当时党内外存在的错误倾向,从理论上、思想上及时地做了纠正。这篇报告成为指导中国共产党在新的形势下夺取全国胜利的纲领性文件。

毛泽东的报告产生了广泛深远的影响,它不仅鼓舞了解放军和全国人民的斗志,还给敌人造成极大的心理震慑。美国驻华大使司徒雷登看过由国民党统帅部呈送的报告附件后,大惊失色,连忙将报告全文呈报美国国务院,并称"共产党在中国取得胜利的基本条件已经获得,虽然毛氏小心地指出还需要更大的牺牲","毛氏的详尽分析共产党战术与战略是对共产党军队确定如何作战的一个非常率直的解释。共产党毫不迟疑地说他们的战略,也许是表示共产党对国民党军事思想与情报之鄙视"。②

1948年3月23日,在西北战场大局底定之后,毛泽东率中共中央机关离开陕北到达黄河西岸的吴堡县川口渡口,由此渡过黄河进入晋绥解放区的山西临县境内。回望滔滔黄河,毛泽东感慨万千:"黄河真是一大天险啊!如果不是黄河,我们在延安就住不了那么长时间,日本军队打过来,我们可能又到什么地方打游击去了。过去,黄河没有很好地得到利用,今后,应当利用黄河灌溉、发电、航运,让黄河为人民造福。"③此刻,毛

---

① 《目前形势和我们的任务》(1947年12月25日),《毛泽东选集》第4卷,人民出版社1991年版,第1244页。

② 世界知识出版社编:《中美关系资料汇编》第1辑,世界知识出版社1957年版,第850页。

③ 阎长林:《警卫毛泽东纪事》,吉林人民出版社1992年版,第229页。

泽东心中已在规划和思考新中国的未来了。在他们东渡黄河后不到一个月,西北野战军就收复了延安。

三、两种命运的大决战

(一)移驻西柏坡——中共中央最后一个农村指挥所

1948年4月11日,毛泽东率中共中央机关由陕北辗转抵达河北阜平县城南庄晋察冀军区机关驻地。周恩来、任弼时先去西柏坡,毛泽东则留在城南庄为赴苏联做准备。然而斯大林考虑到中国战局和毛泽东途中安全,建议他推迟来苏。这样,毛泽东在城南庄住了35天。

4月30日,在分别行动一年后重新聚集起来的中共中央书记处,在城南庄召开扩大会议。五大书记毛泽东、刘少奇、朱德、周恩来、任弼时都出席会议。这次会议主要议题是怎样促使中国革命全面胜利的到来和怎样迎接这一胜利的到来。毛泽东在会上提出三点战略性的意见:第一,把战争引向国民党区域。没有这一条,不能胜利。第二,胜利使人欣喜,但目前民力负担很重。要使后方的农业和工业长上一寸,才能适应战争需要。土改、整党、人民代表会议的终极目的,是为了生产的发展,要使人民的负担适当减轻。第三,反对无政府无纪律状态,适当缩小地方权力。他的这几点意见,后来在九月会议上被归纳为"军队向前进,生产长一寸,加强纪律性,革命无不胜"二十个字,成为一个相当长时间内的行动方针。根据毛泽东的提议,这次会议决定:华北、中原分别成立统一的领导和指挥机构;准备邀请各民主党派、人民团体和社会著名人士来解放区参加新的政治协商会议,并就这个问题立刻同有关人士交换意见。会议还研究并确定了粟裕率领的三个纵队暂不渡江,先在中原地区打几个大仗的部署。

会后不久,毛泽东遭遇了一次惊心动魄的历险。5月18日拂晓,通宵工作后的毛泽东,正躺在床上休息。聂荣臻接到秘书报告,有敌机在城南庄以北的沙河一带工作。很快,他就听到国民党1架飞机在城南庄上空盘旋侦察，接着又是2架B-25轰炸机轰鸣而来。紧急时刻，他疾步赶到毛泽东房间叫醒他："主席，敌人飞机来轰炸，请你快到防空洞去。"毛泽东坐起来后，却若无其事，镇静而风趣地对他说："不要紧，没什么了不起！无非是投下一点钢铁，正好打几把锄头开荒。"[①]意识到严重危险的聂荣臻当机立断，让警卫人员把毛泽东扶上了担架，一溜小跑奔向房后的防空洞。毛泽东和聂荣臻等人刚进防空洞，敌人的飞机就投下了炸弹，伴随着几声轰轰巨响击中了毛泽东所住的小院并爆炸。毛泽东住的那两间小房子，门窗玻璃被震碎，一些鸡蛋也被弹片砸烂了。如果没有及时转移，后果不堪设想。所幸毛泽东并没有受伤，当晚，毛泽东转移到离城南庄二十多里的花山村。5月27日，毛泽东离开花山村，乘车到西柏坡，中共中央书记处的五大书记再次聚集在一起，共同指挥夺取全国政权，创建新中国的伟大斗争。

西柏坡是坐落于太行山脚下的一个小村庄，距平山县城80余公里，位于太行山东麓，滹沱河北岸，有100多户人家，群山环绕，河两岸滩地肥沃，稻麦两熟。这里是大山与平原的交界处，能进能退，能攻能守，进可通向全国各大城市，退可固守太行。这一带群众基础好，从抗战开始就是党领导的根据地。

1948年5月27日，毛泽东离开花山村到达中共中央机关所在的西柏坡，与朱德、刘少奇、周恩来、任弼时会合。至1949年3月23日毛泽东和刘少奇、周恩来、朱德、任弼时一道率中央机关离开西柏坡前往北平。中共中央和毛泽东在西柏坡共度过200多个不平凡的日日夜夜。这里成为当时中国革命的领导中心，大决战期间人民解放军的最高统帅部。西柏坡成为党中央进入北平、解放全中国的最后一个农村指挥所。

到达西柏坡后，毛泽东逐步把自己的工作重心转移到指挥作战上来。在此之前的1947年冬到1948年春，人民解放军一面进行整军运动，一面展开攻势作战。这一阶段，东北民主联军发起冬季攻势，共歼灭国民党军队

---

① 《聂荣臻回忆录》（下），解放军出版社1984年版，第539页。

15万多人，把东北国民党军队压缩在锦州、沈阳、长春这三个互不相连、仅占东北总面积百分之三的狭小地区内。毛泽东对这次攻势作了很高的评价。他以中国人民解放军总部发言人名义指出："我东北野战军在冬季攻势中，冒零下三十度的严寒，歼灭大部敌人，迭克名城，威震全国。"[1]西北野战军在取得被毛泽东称为"改变了西北的形势，并将影响中原形势"的宜川大捷后，又攻占宝鸡，光复延安。华东野战军山东兵团，中原地区的陈士榘、唐亮、陈赓、谢富治所部，华北的徐向前兵团和杨得志、罗瑞卿、杨成武兵团，也在1948年的3、4月间分别进行了周村战役、潍县战役、洛阳战役、临汾战役、察南绥东战役等，各自歼灭了为数不少的国民党军队。

毛泽东到达西柏坡前后，在上述胜利的基础上，指挥人民解放军在全国5个作战方向上相继展开1948年夏季攻势作战。分别是：中原战场上的豫东战役和襄阳、樊城战役，华东战场上的津浦路中段战役，华北战场上的晋中战役和冀热察边战役。

（二）指挥战略大决战

毛泽东从1947年底，就开始酝酿同国民党的战略决战问题。1948年1月下旬，他决定华东野战军第一、四、六纵队调回黄河以北的濮阳地区休整，编成一个兵团，由华东野战军副司令员粟裕率领，拟准备用于挺进江南，开辟东南各省。毛泽东将这个设想电告粟裕，要他"熟筹见复"。4月18日，粟裕致电中央军委和华东局，详细地陈述了自己的想法，建议华野三个纵队暂不南下，以刘邓、陈谢及华野主力，依托后方（陇海路北）作战，求得在最近有效地打几个大歼灭仗。简言之，即主力暂不渡江南进而留在中原作战。

在城南庄的毛泽东看到了粟裕电报，同时也收到刘邓在同一天发来的电报。刘邓电报认为，在粟部自身准备尚不充分和渡江有较大困难的情况

---

[1] 《评西北大捷兼论解放军的新式整军运动》（1948年3月7日），《毛泽东选集》第4卷，人民出版社1991年版，第1293页。

下，自以"迟出几个月为好"。这样，粟部可以"加入中原作战，争取在半后方作战情况下多歼灭些敌人，而后再出，亦属稳妥，亦可打开中原战局"。看到这两份电报后，毛泽东立刻决定要陈毅、粟裕尽快来中央，具体汇报他们的意见，以便中央对行动方针作出最后决策，并把这个问题列入中央书记处扩大会议的重要议程。4月30日，在城南庄会议上，毛泽东听取粟裕关于三个纵队暂不渡江南进、集中兵力在中原黄淮地区大量歼敌的方案。经过研究，毛泽东批准了这一方案。

1. 九月会议与战略决战部署

为了适应革命战争形势的发展，推进全国革命的胜利，1948年9月8日至13日，毛泽东在西柏坡主持召开中共中央政治局扩大会议即"九月会议"。这次会议是中共中央撤离延安后的第一次政治局会议，也是抗战胜利后到会人数最多的一次中央会议。到会的中央政治局委员有7人；中央委员和候补委员有14人；还有华东、华北、中原、西北各解放区的党和军队的主要负责同志等。

毛泽东在会上作了关于国际形势、战略任务、经济统一以及加强党的组织纪律性等问题的报告。会议着重分析了全国的军事政治形势，总结了人民解放战争以来的伟大战绩，规定了从根本上打倒国民党反动统治，夺取全国胜利的伟大战略任务，制定了进行战略决战的正确部署。毛泽东在会议开始时指出："我们的战略方针是打倒国民党，战略任务是军队向前进，生产长一寸，加强纪律性，由游击战争过渡到正规战争，建军五百万，歼敌正规军五百个旅，五年左右[1]从根本上打倒国民党。"[2]会议重申和完善了城南庄会议的计划，规定在战争的第三年，人民解放军仍然全部在长江以北和华北、东北作战。毛泽东解释说：我们一时打不到江南去，不能很快向珠江流域进攻，也不要紧，如果在长江以北歼灭敌人兵力达80%，则五年左右还是一样能够根本打倒国民党。

---

[1] 从解放战争全面爆发时计算，最后实际只用了三年。
[2] 中共中央文献研究室编：《毛泽东年谱（1893—1949）》下卷，人民出版社、中央文献出版社1993年版，第343页。

会议还指出：为了"使党的工作重心逐步地由农村转到城市"和完成"夺取全国政权的任务"，应该迅速、有计划地训练大批能够管理军事、政治、经济、党务、文化教育等项工作的干部；"准备在1949年召集中国一切民主党派、人民团体和无党派人士的代表们开会，成立中华人民共和国临时政府"。

会后由毛泽东代表中央起草的《中共中央关于九月会议的通知》中明确指出："建设五百万人民解放军，在大约五年左右的时间内（从一九四六年七月算起）歼敌正规军共五百个旅（师）左右（平均每年一百个旅左右），歼敌正规军、非正规军和特种部队共七百五十万人左右（平均每年一百五十万人左右），从根本上打倒国民党的反动统治，是有充分可能性的。"① 为此，会议要求各解放区尽一切努力恢复和发展工农业生产，支援革命战争，地方财经部门应尽可能供应前方，军队后勤机关应保证前线及时供应等。这样，九月会议为确定战胜国民党反动派，夺取全国胜利，促进革命胜利发展指明了前进方向。

根据毛泽东和中央军委指示，人民解放军各野战军先后在东北、华东、华北、中原、西北战场上，发起规模空前的秋季攻势。9月11日，毛泽东就发起济南战役的作战方针电示华东野战军首长，指出："此次作战目的，主要是夺取济南，其次才是歼灭一部援敌。"遵照这一指示，9月16日至24日，华东野战军攻克济南，歼敌10万余人，使华北、华东两大解放区完全连成一片，揭开了战略决战的序幕。

2. 决战东北

毛泽东把战略决战的方向首先选定在东北战场。一方面是因为，东北战场上的形势对人民解放军最为有利。从兵力对比上看，东北野战军占绝对优势，正规军70万人，地方军30万人，总兵力达100万人，而且拥有炮兵纵队和铁道兵纵队，是兵力唯一超过国民党军的主战场。为适应"大兵团、正规化、攻坚战"的需要，东北野战军进行了整编，广大指战员的

---

① 《中共中央关于九月会议的通知》（1948年10月10日），《毛泽东选集》第4卷，人民出版社1991年版，第1345页。

第十四章 转战陕北与乾坤挪移

军政素质得到提高。当时敌军约55万人，被迫收缩在长春、沈阳、锦州三个孤立的地区，不能互相呼应，所占地区狭小，补给非常困难，且长春被围困，无法救援。另一方面，首战东北，可促进全国战局的发展，歼灭东北敌军，可粉碎敌人战略收缩的企图，使东北野战军挥师入关，有利于华北、华东战场的决战，并以东北雄厚的工业基础支援全国，同时可使人民解放军获得巩固的后方。如果战略决战首选华北战场，就会受敌东北、华北集团的夹击而陷于被动。首选华东战场又会使东北敌军迅速撤退，实现其"战略收缩，加强华中"的战略目的。因此，首先打败东北战场上的敌人就成为全国战局发展的关键。

1948年2月7日，毛泽东就提出："对我军战略利益来说，是以封闭蒋军在东北加以各个歼灭为有利。"9月7日，他更明确地向东北野战军首长指出："你们如果能在九十两月或再多一点时间内歼灭锦州至唐山一线之敌，并攻克锦州、榆关、唐山诸点，就可以达到歼敌十八个旅左右之目的。为了歼灭这些敌人，你们现在就应该准备使用主力于该线，而置长春、沈阳两敌于不顾，并准备在打锦州时歼灭可能由长、沈援锦之敌。因为锦、榆、唐三点及其附近之敌互相孤立，攻歼取胜比较确实可靠，攻锦打援亦较有希望。""如果在你们进行锦、榆、唐战役（第一个大战役）期间，长、沈之敌倾巢援锦（因为你们主力不是位于新民而是位于锦州附近，卫立煌才敢于来援），则你们便可以不离开锦、榆、唐线连续大举歼灭援敌，争取将卫立煌全军就地歼灭。"①

9月12日，辽沈战役打响，东北野战军按照毛泽东部署，在北宁线义县至唐山段展开大规模进攻。至10月1日，东北野战军相继攻占昌黎、滦县、北戴河、义县、绥中等地，控制了从山海关到义县的几乎整个辽西走廊，孤立、包围了锦西、山海关和锦州。在此形势下，究竟先打哪部分敌人呢？毛泽东认真分析敌我态势，作出先打锦州之敌的部署。9月27日，

---

① 《关于辽沈战役的作战方针》（1948年9月、10月），《毛泽东选集》第4卷，人民出版社1991年版，第1335、1336页。

毛泽东电示林彪等："如能同时打锦州、山海关两处，则应同时打两处；如不能同时打两处，则先打山海关还是先打锦州，值得考虑。"如先打山海关，然后以打山海关之兵力回打锦州则劳师费时，给沈阳之敌以增援的时间。"如先打锦州，则沈阳之敌很可能来不及增援，继续陷于麻痹状态（目前已是麻痹状态）。"林彪等根据敌人的态势及兵力部署，决定先打锦州而后进攻锦西，并预计锦州战役可能演变成全东北之决战。毛泽东复电林彪等，指出"先打锦州，后打锦西，计划甚好"。

锦州被围后，蒋介石极为恐慌，飞抵北平、沈阳亲自部署作战，决定以锦西、葫芦岛的4个师及从华北、山东抽调的7个师，由锦西向北增援锦州，由侯镜如统一指挥；以沈阳地区的11个师、3个骑兵旅组成"西进兵团"，进占彰武，企图威胁东北野战军后方，由廖耀湘统一指挥。当林彪获悉葫芦岛又增敌兵的情报时，感到敌情严重，向中央军委提出回师攻打长春的建议。毛泽东接到电报后，于10月3日连续发出两封电报，重申攻打锦州的方针，分析了回师打长春的种种不利因素，认为东北野战军不应该动摇既定方针，丢了锦州不打，打长春将不利于整个战局的发展，要求东北野战军集中精力，力争于10天内外攻取锦州，指出只要打下锦州就可以获得主动权。在罗荣桓、刘亚楼等人说服下，林彪坚定了攻打锦州的决心，并重新调整了作战部署。

10月9日，东北野战军开始锦州外围战。次日，毛泽东致电林彪等，要求东北野战军坚决攻击锦州，指出："从你们开始攻击锦州之日起，一个时期内是你们战局紧张期间"，"这一时期的战局，很有可能如你们曾经说过的那样，发展成为极有利的形势，即不但能歼灭锦州守敌，而且能歼灭葫、锦援敌之一部，而且能歼灭长春逃敌之一部或大部"，"你们的中心注意力必须放在锦州作战方面，求得尽可能迅速地攻克该城"，"只要攻克了锦州，你们就有了主动权，就是一个伟大的胜利"。①遵照毛泽东指

---

① 《关于辽沈战役的作战方针》（1948年9月、10月），《毛泽东选集》第4卷，人民出版社1991年版，第1336、1337页。

示，东北野战军经过五昼夜激战，将锦州外围敌人据点扫清，10月14日对锦州发起总攻，经过31小时激战，攻克锦州城，生俘东北"剿总"副司令范汉杰等10万余人。与此同时，东北野战军在塔山地区的阻击战也取得决定性胜利，使得东进敌军未能达到增援锦州的目的，而西进的廖耀湘兵团则被钳制在彰武、新立屯一带，有力地配合了东北野战军在锦州的行动。在东北野战军强大的声势震撼和政治攻势下，长春守敌第六十军军长曾泽生于10月17日率部起义，东北"剿总"副司令郑洞国于19日率部投诚，长春宣告解放。锦州、长春解放后，蒋介石令廖耀湘兵团与葫芦岛部队东西夹攻救援锦州；同时命令沈阳的五十二军抢占营口，企图打通海上退路。东北野战军根据敌我形势，提出全歼廖耀湘兵团的作战计划。毛泽东接到电报后，更改了原定先打锦西、葫芦岛的设想，指出，"如果在长春事件之后，蒋、卫仍不变更锦葫、沈阳两路向你们寻战的方针，那就是很有利的。在此种情形下，你们采取诱敌深入打大歼灭战的方针甚为正确"。并命令，"只要此着成功，敌无逃路，你们就在战略上胜利了"。[①]

根据毛泽东指示，林彪等于20日制订了围歼廖耀湘兵团的具体作战计划。东北野战军一部在黑山、大虎山以北阻击敌人，主力则迅速秘密地向东北方向回师，于26日将廖耀湘兵团包围在黑山、大虎山、新立屯地区，经过两天一夜的激战，28日全歼该敌10余万人，生俘廖耀湘等。为了将敌军全歼在东北，毛泽东27日电示林彪等："当面敌人解决后，望以有力兵团（不少于三个纵队）星夜兼程东进，渡辽河，歼灭营口、牛庄、海城一带之敌，阻塞敌人向海上的逃路"[②]；"如果在目前数日内，沈阳一带敌军已经或正在向营口逃跑，则你们全军须迅速向营口、海城方向追击"[③]。东北野战军

[①] 《毛泽东军事文集》第5卷，军事科学出版社、中央文献出版社1993年版，第103、105页。

[②] 中共中央文献研究室编：《毛泽东年谱（1893—1949）》下卷，人民出版社、中央文献出版社1993年版，第372—373页。

[③] 中共中央文献研究室编：《毛泽东年谱（1893—1949）》下卷，人民出版社、中央文献出版社1993年版，第373页。

乘胜猛追，分多路向沈阳、营口方向疾进，11月2日解放沈阳、营口，歼敌14.9万人。11月8日，锦西、葫芦岛之敌逃跑。至此，东北全境解放。

辽沈战役历时52天，共歼敌47万人。它的巨大胜利，完全证明了毛泽东制定的作战方针正确；使战争形势达到一个新的转折点，敌我力量对比发生根本变化，国民党军队下降到290万人左右，人民解放军则增到300余万人，人民解放军不但在质量上而且在数量上取得了优势。同时，东北全境解放使人民解放军获得了稳固后方，为解放平津和华北奠定了基础，加速了解放战争的胜利进程。1948年11月14日，毛泽东满怀胜利信心地说："现在看来，只需从现时起，再有一年左右的时间，就可能将国民党反动政府从根本上打倒了。"①

3. 淮海战役

正当辽沈战役激烈进行之时，毛泽东抓住有利时机，部署了淮海战役。先是华东野战军副司令员粟裕提出进行淮海战役的设想，9月25日毛泽东复电指出甚为必要。10月下旬，中原人民解放军攻克开封、郑州，控制平汉路和陇海路。国民党军队迅速收缩兵力，对徐州是守是撤举棋不定。为此，毛泽东决定扩大原设想的作战规模。当时中原野战军和华东野战军共有60余万人，在数量上和装备上都劣于敌人，国民党军在徐州地区集结有80万兵力。为了加强对淮海战役的领导，毛泽东指定由刘伯承、邓小平、陈毅、粟裕、谭震林组成总前委，邓小平任总前委书记。

毛泽东对敌我态势作了认真研究，在吸收前方指挥员意见的基础上，于10月11日制定淮海战役的作战方针："本战役第一阶段的重心，是集中兵力歼灭黄百韬兵团，完成中间突破，占领新安镇、运河车站、曹八集、峄县、枣庄、临城、韩庄、沭阳、邳县、郯城、台儿庄、临沂等地"②，"要用一半以上兵力，牵制、阻击和歼敌一部，以对付邱李两兵团，才能

---

① 《中国军事形势的重大变化》（1948年11月14日），《毛泽东选集》第4卷，人民出版社1991年版，第1361页。

② 《关于淮海战役的作战方针》（1948年10月11日），《毛泽东选集》第4卷，人民出版社1991年版，第1351页。

达到歼灭黄兵团三个师的目的"。"第一阶段,力争在战役开始后两星期至三星期内结束";"第二阶段,以大约五个纵队,攻歼海州、新浦、连云港、灌云地区之敌,并占领各城","该地区连原有一个师将共有三个师,故我须用五个纵队担任攻击,而以其余兵力(主力)担任钳制邱李两兵团,仍然是九月间攻济打援部署的那个原则。此阶段亦须争取于两个至三个星期内完结";"第三阶段,可设想在两淮方面作战。那时敌将增加一个师左右的兵力(整八师正由烟台南运),故亦须准备以五个纵队左右的兵力去担任攻击,而以其余主力担任打援和钳制。此阶段,大约亦须有两个至三个星期"。[①]

中原野战军和华东野战军根据毛泽东的战略部署,发起规模空前的淮海战役。该战役分三个阶段。第一阶段从1948年11月6日开始到11月22日结束。战役开始后,华野与中野以迅雷不及掩耳的速度从徐州的东、西、南、北几个方面同时发起攻击。华野从山东等地分三路南下,横扫陇海路北侧150公里宽广大地区的敌军阵地。东路军攻克郯城,中路军在国民党军第三绥靖区副司令官何基沣、张克侠一起率第五十九军全部和第七十七军大部共2万多人于11月8日清晨在贾汪、台儿庄地区临阵投向中共一方后,迅速通过该部的防地,进至徐州东侧。山东兵团直取台儿庄等地,切断黄百韬兵团与徐州的联系。苏北兵团经新安镇以东迅速迂回到黄百韬兵团南侧,与山东兵团南北钳合,并阻击徐州援敌。华野以10个纵队向新安镇发起猛攻。9日,黄百韬率4个军向徐州撤退,在运河两岸遭到猛烈打击。10日,华野部队攻占曹八集,切断黄兵团向徐州的退路。11日,华野将黄兵团包围在碾庄地区。为挽救黄百韬兵团失败的命运,蒋介石在令其固守待援之后,又令刘峙火速增援黄兵团。邱清泉、李弥两兵团在飞机、大炮、坦克的掩护下,沿陇海路增援,孙元良兵团增防徐州。黄维兵团沿平汉路东援徐州,向蒙城、宿县进攻。蒋介石还调派东北战场上的败将杜聿明任徐州"剿总"副总司令,企图与人民解放军决一死战。

[①]《关于淮海战役的作战方针》(1948年10月11日),《毛泽东选集》第4卷,人民出版社1991年版,第1352页。

在蒋介石调整部署的同时,毛泽东根据敌我态势的变化,作出一系列重要指示。11月13日,他指示邓子恢和李先念率中野二纵、六纵昼夜兼程,务必于14日,至迟15日赶在黄维兵团前头,由正面阻止其向亳县、涡阳、永城前进,并要求豫皖苏军区配合行动,迅速破坏黄维兵团通道上的桥梁、道路,迟滞黄维兵团的行动。14日,毛泽东又电示刘伯承等,指出他们的首要任务是阻击邱、李兵团,歼灭黄百韬兵团;在攻占宿县后,迅速南进,歼灭刘汝明部。

华野和中野根据毛泽东部署,自11月11日攻打碾庄开始,经过12天艰苦的运动战和阵地战,共歼灭黄百韬兵团10个师约10万人,黄百韬被击毙。同时,他们根据毛泽东的指示,在徐州以东、以南地区进行阻援和打援。敌邱、李兵团被阻止在距碾庄25公里以外,眼看着黄百韬兵团被歼灭而束手无策。中野则迅速攻克宿县,切断了徐蚌线,完成了对徐州敌人的包围,并将黄维兵团阻击于宿县西南浍河上游地区。刘汝明、李延年兵团也受到阻击。至此,淮海战役第一阶段胜利结束,共歼敌17.8万人,完全孤立徐州,解放徐州附近的广大地区,为争取淮海战役的最后胜利创造了极为有利的条件。

第二阶段从11月23日开始到12月15日结束。经过第一阶段作战,敌人被分割为徐州、蚌埠、双堆集三个地区。徐州守敌迅速将邱清泉、李弥、孙元良兵团收缩,加强防御。南线李延年兵团遭到沉重打击,迟迟不敢北进。这时黄维兵团已进入中野的"口袋"中。刘伯承、邓小平、陈毅等根据形势变化,认为攻打强大的邱、李兵团没有把握,建议先打孤立、疲惫的黄维兵团,只要黄维兵团全部或大部被歼,较之歼灭邱、李兵团更属有利,并认为"歼灭黄维兵团之时甚好"。毛泽东极为尊重一线指挥员的意见,经过认真研究,采纳刘伯承等人的建议,决定先打黄维。为防止黄维兵团被围后,徐州之敌南逃,毛泽东重申将敌人主力歼灭于长江以北的方针,并要求总前委对此作出妥善的部署。

11月25日,黄维兵团被中原野战军包围在宿县西南双堆集地区。27日,廖运周率一〇一师起义。为敦促黄维等投降,毛泽东于同日为中国人民解放军总部起草广播讲话，命令黄维等放下武器，调转枪口，和人民解放军一起打到南京去。但黄维执迷不悟，自恃兵多、武器精良，仍反复突围，遭到沉重打击，被压缩到方圆5公里的地区以内，不得不固守待援。在此情况下，毛泽东要求中野"集中火力，各个分割歼灭敌人"。为此，中野进行了大量周密的攻坚准备工作。

蒋介石为援救黄维兵团，命令邱清泉、李弥、孙元良兵团自徐州南下，刘汝明、李延年兵团由蚌埠北上，企图南北对进，而后南下，以便保存力量，但均遭到人民解放军阻击。蒋介石又决定派徐州之敌从徐州西南绕道南下，避开人民解放军津浦路防御正面，同时令刘峙到蚌埠督促刘汝明、李延年兵团再次北进。

12月1日，杜聿明率邱、李、孙三兵团共27万人弃守徐州南下。杜聿明弃守徐州的计划，毛泽东早已料到，他于次日电令华东野战军：敌向西逃，你们应以两个纵队侧翼兼程西进，赶至敌人先头堵住，方能围击，不要单靠尾追。经过三天追击，将敌人包围在永城东北的陈官庄地区，孙元良兵团被全歼。刘汝明、李延年兵团也遭到沉重打击。毛泽东分析了此态势，认为不能与敌人长期相持，必须加速战役进程，决心采取集中兵力围歼黄维兵团，困住杜聿明集团，阻击李延年、刘汝明兵团的方针。为此，12月6日对黄维兵团发起了猛烈攻击，采取了沟壕战术，同时发起了强大的政治攻势。12日，刘伯承、陈毅发出《促黄维投降书》，但黄维拒不投降，遂于13日晚发起总攻，经过一天激战，全歼黄维兵团，生俘黄维。刘汝明、李延年兵团也被迫撤至淮河以南，杜聿明集团更加孤立，从而加速了淮海战役进程。

第三阶段，从1948年12月16日开始到1949年1月10日结束。当黄维兵团被歼、杜聿明集团被围时，平津战役已经开始。傅作义所指挥的60万国民党军队为东北野战军解放全东北的胜利所震慑，急忙收缩兵力，企图由海上南逃或西窜绥远。为了配合华北战场上人民解放军"隔而不围"、"围而不打"，争取和平解放平津的战略行动，毛泽东决定让淮海战场上的人民解放军进行休整，对敌人进行防御。这样一方面可以麻痹敌人，使傅作义部暂不海运兵力南下，实现将国民党军主力歼灭于长江以北的战略设想，同时可使中野和华野获得休整，使两个战场互相配合，钳制敌人。为此，毛泽东命令在歼灭黄维兵团后，留下杜聿明指挥的邱清泉兵团等余部，两星期内不作最后歼灭之部署。华野集中休整数日，养精蓄锐，然后一举歼灭杜聿明。解放军在休整同时，对敌人展开强大的政治攻势。1948年12月17日毛泽东为中野、华野司令部写了《敦促杜聿明投降书》，指出他们已到了山穷水尽的地步，突围的希望是彻底破灭了，应立即放下武器，停止抵抗。在20多天内，就有1.4万多人投诚，但杜聿明仍拒绝投降。1949年初，华北野战军和东北野战军完成了对平津之敌的分割包围，平津诸敌已无路可逃。毛泽东随即命令在淮海战场上对敌人发起总攻。1月6日对杜聿明部发起猛攻，经过4天激战，歼灭了邱、李两兵团，击毙邱清泉，生俘杜聿明，至此淮海战役胜利结束。淮海战役历时65天，人民解放军共歼敌55万余人，解放了广大地区，将中原、山东、苏北等解放区连成一片，直接威胁国民党统治中心南京、上海和武汉。

4. 平津战役与北平和平谈判

当淮海战役鏖战正酣之际，毛泽东又部署了三大战役中最后一个战役——平津战役。平津战役前，国民党在战略上可以使用的机动兵力只剩下华北傅作义集团，约60万人。在华北人民解放军的沉重打击下和辽沈、淮海战役的震撼下，傅作义集团已成惊弓之鸟，陷于孤立无援的困境。为了挽回败局，蒋介石一方面企图利用傅作义集团固守平津，迟滞解放军南下，使其获得时间，加强长江防线；另一方面又企图将傅作义集团经塘沽海运至江南，增援华东战场，或扼守长江，防卫南京、上海地区。而傅作义集团则企图西撤至其发家之地绥远，以保存实力。经过激烈的讨价还价，蒋介石和傅作义才确定了"暂守天津，保持海口，扩充实力，以观时变"的方针。傅作义错误地认为东北野战军在短期内不会入关，将部队收缩在以北平、天津为中心，东起唐山，西至张家口长达500公里的铁路线上。

毛泽东认真地研究了敌我态势，认为敌人南窜或西撤，都会对战局产生极不利的影响。因此，稳住华北敌军，不使其南窜或西撤，不让敌人收缩，就成为平津战役的关键。为此，毛泽东作出稳住敌人、不使逃跑，分割包围、就地全歼的战略计划。11月18日毛泽东命令林彪等，要东北野战军在辽沈战役结束后，不待休整，立即迅速隐蔽入关，力求就地将敌人歼灭。20日毛泽东又指示新华社及东北各广播电台，在两星期内，多发沈阳、新民、营口、锦州各地主力部队庆功祝捷、练兵、开会的消息，迷惑敌人。27日毛泽东令东北野战军先遣兵团与华北野战军第二兵团的三纵、四纵等切断平绥线。东北野战军在林彪等率领下，不畏疲劳，11月23日挥师南下，从喜峰口等地入关，至12月20日，80万军队全部抵达平津前线。为加强对平津战役的领导，毛泽东指定由林彪、罗荣桓、聂荣臻组成总前委。平津战役分三个阶段进行。

第一阶段从1948年11月29日开始，到12月20日结束。为了阻止傅作义集团西撤，必须控制平绥路。为此，毛泽东于11月22日、24日命令华北野战军第三兵团迅速进至军事重镇张家口附近，并切断张家口和宣化的联系。11月29日，第三兵团猛攻张家口，傅作义不得不派其主力部队三十五军增援张家口，以控制西撤的通道。12月8日，三十五军被包围在新保安。至此，傅作义主力部队被包围在张家口、新保安地区，平绥路东段被切断，使敌人西撤的阴谋破产。12月2日，华北野战军第三兵团又割断宣化、怀来间的联系，东北野战军先遣兵团则割断北平、怀来间的联系。毛泽东根据敌我态势，于12月11日起草《关于平津战役的作战方针》指出，"张家口、新保安、怀来和整个北平、天津、塘沽、唐山诸敌，除某几个部队例如三十五军、六十二军、九十四军中的若干个别的师，在依靠工事防守时尚有较强的战斗力外，攻击精神都是很差的，都已成惊弓之鸟"，"切不可过分估计敌人的战斗力"；同意东北野战军"以五纵立即去南口附近，从东北面威胁北平、南口、怀柔诸敌"，"三纵决不要去南口，该纵可按我们九日电开至北平以东、通县以南地区，从东南威胁北平，同四纵、十一纵、五纵形成对北平的包围"[①]，"我们的真正目的不

---

① 《关于平津战役的作战方针》（1948年12月11日），《毛泽东选集》第4卷，人民出版社1991年版，第1364页。

是首先包围北平，而是首先包围天津、塘沽、芦台、唐山诸点"。建议东北野战军"十二月二十日至十二月二十五日数日内即取神速动作，以三纵（由北平东郊东调）、六纵、七纵、八纵、九纵、十纵等六个纵队包围天津、塘沽、芦台、唐山诸点之敌，如果诸点之敌那时大体仍如现时状态的话"①，"东面则应依情况，力争先歼塘沽之敌，控制海口。只要塘沽（最重要）、新保安两点攻克，就全局皆活了"。命令"从本日起的两星期内（十二月十一日至十二月二十五日）基本原则是围而不打（例如对张家口、新保安），有些则是隔而不围（即只作战略包围，隔断诸敌联系，而不作战役包围，例如对平、津、通州），以待部署完成之后各个歼敌。尤其不可将张家口、新保安、南口诸敌都打掉，这将迫使南口以东诸敌迅速决策狂跑"。②并令刘伯承等在歼灭黄维兵团后对杜聿明集团两星期内不作最后歼灭的部署，等等。根据毛泽东的战略部署，东北野战军和华北野战军迅速完成对北平、天津、塘沽的战略包围。至此，傅作义集团被分割在新保安、张家口、北平、天津、塘沽五个孤立的据点，斩断傅作义的一字长蛇阵，达到毛泽东提出的稳住敌军的目的，为以后从容地各个歼灭敌人创造了条件。

第二阶段从1948年12月21日开始，到1949年1月15日结束。经过第一阶段作战，人民解放军将敌人分割包围，使其处于收不拢、逃无路的境地。为了全歼张家口、新保安等地的敌人，毛泽东于12月9日拟订作战计划：东北野战军第四纵队到达张家口并部署完毕后，华北野战军第二兵团即对新保安敌三十五军发起攻击，准备5天左右结束战斗，之后就地休整10天左右，在此期间，华北野战军第三兵团及东北野战军第四纵队不要攻击张家口，但须防止敌人突围逃跑。如敌逃跑，则歼灭之，如不逃跑，则继续围攻之，等等。华北野战军第二兵团于12月22日发起攻击，从四面

---

① 《关于平津战役的作战方针》（1948年12月11日），《毛泽东选集》第4卷，人民出版社1991年版，第1364页。

② 《关于平津战役的作战方针》（1948年12月11日），《毛泽东选集》第4卷，人民出版社1991年版，第1365页。

实行突击，经过11小时激战，全歼傅作义的命根子三十五军1.6万余人，三十五军军长郭景云自杀。新保安失守后，张家口的敌人已无固守的信心，向西南和东北方向突围，华北野战军第三兵团和东北野战军第四纵队密切配合，24日解放张家口，歼敌5.4万余人，至此，傅作义的嫡系部队基本上被歼灭了。

人民解放军攻克新保安、张家口后，敌人西撤的道路被切断。为切断敌人的海上退路，进一步孤立北平之敌，毛泽东命令东北野战军以3个纵队迅速插入天津、塘沽间，控制沿线，割断津、塘间联系，然后歼灭塘沽之敌。由于塘沽背面靠海，地势开阔，盐田较多，不利作战，林彪等向中央军委建议，首先攻取天津。12月29日，毛泽东批准了这一建议，认为完全正确。同时将华北野战军第二、第三兵团及东北野战军第四纵队调到北平附近，防止北平敌人突围。

1949年1月7日东北野战军决定用5个纵队歼灭天津守敌，由刘亚楼统一指挥。1月6日林彪、罗荣桓致函天津警备司令陈长捷，要他效仿长春郑洞国，令守军自动放下武器。但陈长捷提出"只放下重武器，全部人马和轻武器撤往江南"的要求，拒不答复和平条件。14日人民解放军发起攻击，经过29小时激战，攻克天津，歼敌13万人，活捉陈长捷。16日塘沽敌人乘船南逃，东北野战军第十二纵队歼其掩护部队3000余人，17日解放塘沽。

第三阶段从1949年1月16日开始，到21日结束，天津、塘沽、新保安、张家口解放后，百万解放军云集北平，北平敌军25个师20余万人已成囊中之物。为了保护古都文化遗产和人民的生命财产安全，毛泽东决定在对其进行军事打击的同时，开展政治攻势，使其放下武器，归向人民。人民解放军在同傅作义进行谈判的同时，遵照毛泽东的指示积极做攻城准备。1月14日，毛泽东发表关于时局的声明，提出为了实现真正的和平，减少人民痛苦，中国共产党愿意和南京国民党反动政府及其他任何国民党地方政府和军事集团进行谈判，但须在八项条件（惩办战争罪犯、依据民主原则改编一切反动军队等）的基础之上；对于任何敢于反抗的反动派，必须坚决、彻底、干净、全部地歼灭之。1月21日，傅作义接受毛泽东1月

14日声明的八项条件，同意接受和平改编。22日傅作义向北平守军作出《关于全部守城部队开出城外听候改编的通知》，31日人民解放军入城接防。同日，北平军管会和北平市人民政府宣告成立。2月3日人民解放军举行隆重的入城式，古老的城市北平回到了人民的怀抱，平津战役胜利结束。平津战役历时64天，歼灭和改编国民党军队52万人。

辽沈、淮海、平津三大战役胜利之速、规模之大、歼敌之多，不仅在中国战争史上是空前的，在世界战争史上也是罕见的。三大战役共歼敌154万人，国民党赖以发动内战的精锐主力部队几乎丧失殆尽，全国已处在革命胜利的前夜。

第十五章　实现亿万农民的千年梦想
——耕者有其田

"耕者有其田"是几千年来在封建专制束缚下失去土地的亿万农民大众的强烈心声；历代以"均田地"为号召的农民暴动，包括传统农民起义的最高峰——太平天国运动中所制定的《天朝田亩制度》，都未能实现这个目标；中国民主革命的先驱孙中山，也响亮地提出"平均地权"的口号，但是，他关于用"核定地价"和"国家授田"来解决农民土地问题的主张，在封建主义的森严壁垒面前，最终也只是幻灭的泡影。究其根本，毛泽东认为是因为"他们那时还没有革命的社会科学，还没有马克思主义武装头脑。我们是用科学社会主义武装头脑的人，看清楚社会前途的人，我们比他们进步，我们要完成他们没有完成的事业"[1]。矢志于中华民族独立与解放的中国共产党人，把废除封建地主土地所有制和建立巩固的工农联盟作为自己最基本的奋斗纲领，一直为探索一条符合中国国情的土地革命路线而努力。

一、土地革命新高潮的兴起与偏颇

大革命失败后，以毛泽东为代表的中国共产党人，在八七会议关于土

---

[1] 《在中国革命死难烈士追悼大会上的演说》（1945年6月17日），《毛泽东文集》第3卷，人民出版社1996年版，第435页。

地革命与武装反抗国民党反动派总方针的指引下,开展了为期10年的土地革命斗争,在十几块红色根据地中实现了"耕者有其田";可惜的是,在中外反动力量的强势反扑下,这十几块苏区只剩下陕甘宁根据地一隅,那些刚刚为获得自己的土地而庆幸的农民,美梦再次成空;全民族抗日战争爆发前夕,为团结一切可以团结的力量共同抗日,中共停止没收地主土地的政策,转而在农村开展"减租减息"运动,以改善民生和聚集抗战力量;抗战胜利后,面对国民党蒋介石集团挑起的全面内战,中共在保卫胜利果实的口号下,重启土地斗争,古老的中华大地终于燃起翻天覆地的燎原巨焰。

毛泽东自重庆谈判回到延安后,由于过度紧张和长期疲于工作造成身体严重不适,中共中央的日常工作仍由刘少奇主持。当时,中共中央把练兵、减租与生产作为解放区的中心工作,没收地主土地分配给农民问题尚未提上议事日程。随着国共关系日趋彻底破裂和内战的战火愈燃愈烈,一些老解放区的干部和农民不满足于减租减息,他们在反奸、清算和保卫胜利果实口号的号召下,自发地起来解决自己的土地问题。例如晋冀鲁豫解放区有的地方开展均产均地运动,提出三亩推平口号,即每人三亩平均分配,经济上消灭地主、富农。[1]1946年4月,晋冀鲁豫、山东和华中解放区的负责人薄一波、黎玉、邓子恢等到延安参加会议,进一步向中央汇报了他们那里的相关情况,这引起中共中央的重视。于是,在刘少奇的主持下,由他们讨论制定一个解决农民土地问题的文件。这就是后来由胡乔木执笔起草的《中共中央关于土地问题的指示》(以下简称《五四指示》)。《五四指示》一方面明确指出"解决解放区的土地问题是我党目前最基本的历史任务,是目前一切工作的最基本的环节""必须以最大决心和努力,放手发动与领导群众来完成这一历史任务"[2];另一方面,

---

[1] 《中共中央批转晋冀鲁豫中央局关于进一步发动群众工作的指示》(1946年4月15日),《建党以来重要文献选编(1921—1949)》第23册,中央文献出版社2011年版,第209页。

[2] 中共中央党校党史教研室:《中国共产党史稿》第4分册,人民出版社1985年版,第38页。

又没有直接采用没收地主土地给农民的政策，而是坚决支持农民群众在反奸、清算、减租、减息、退租、退息等斗争中，从地主手中获得土地。刘少奇后来解释道："因为当时全国要和平，你要平分土地，蒋介石打起来，老百姓就会说，打内战就是因为你共产党要彻底平分土地。"因此，"为了既不脱离全国广大群众，又能满足解放区群众要求，二者都照顾，使和平与土地改革结合起来，结果就产生了'五四指示'"。①当时，毛泽东和中共中央对解放区实现"耕者有其田"的步骤是极为审慎的，甚至没有向外界公开没收地主土地的政策。7月19日中共中央提出14项关于没收和征购地主土地分配给农民的具体政策，特别提出"如果我们目前宣布这样法令，对当前正在发展的群众运动有否阻碍？地主多留地和用公债征购及农民出一部分地价等办法，农民是否赞成，有无损伤农民的基本利益？"等，要求各中央局、各中央分局"仔细考虑给我们答复"，"不要下达"，"以便我们能更周密的考虑与制定一公开的土地政策，在一个月到两个月内加以公布"。②两个月后，对于这个着重在打算用"征购"地主土地以解决农民土地问题的文件，中共中央也明确指出："中央关于征购土地提议，有些地区要求暂缓发表，以免影响群众的反奸清算运动。有些地区要求提早发布，其主要目的是为了在老区内解决抗日地主、抗属地主的土地。我们将各地意见研究之后，认为目前暂不公布为有利，等过了阳历年各地将土地问题基本解决之后，再看情况决定发布问题。"③这个时期，土改实际被限制在解放区范围内，采取的是一种相对温和的政策。对于《五四指示》，"我们还是说党内的指示，还没有公开打出我们土地

---

① 刘少奇：《在全国土地会议上的结论》（1947年9月13日），《建党以来重要文献选编（1921—1949）》第24册，中央文献出版社2011年版，第365页。

② 《中共中央关于要求各地答复制定土地政策中的几个重要问题的指示》，《建党以来重要文献选编（1921—1949）》第23册，中央文献出版社2011年版第374、375、374、375页。

③ 《中共中央关于山东地区土地改革给张云逸、黎玉的指示》（1946年9月21日），《建党以来重要文献选编（1921—1949）》第23册，中央文献出版社2011年版，第447页。

改革的旗帜"①。毛泽东后来也指出那时"没收分配土地是过早的。某些地区已经分配者不再变动,但对地主必须设法救济,对富农必须设法拉拢,对中农受损害者必须补偿损失。这些方面如不注意,将破裂农村统一战线,使我党陷于孤立,有利于国民党"②。尽管这个时期采用的是比较温和的手段,但却是卓有成效的,到1947年初,各解放区有三分之二的地方按照《五四指示》解决了无地农民的土地问题。

1947年2月底,以国民党方面勒令中共驻重庆、南京、上海人员限期离开为标志,国共关系彻底破裂。与此同时,中共方面开始改变比较温和的土地政策。毛泽东要求全党,没有解决土地问题的,"必须于今后继续努力,放手发动群众,实现耕者有其田";解决土地问题不彻底,引起群众不满意的地方,"必须认真检查,实行填平补齐,务使无地和少地的农民都能获得土地"。③坚持留在陕北指挥全国解放战争的毛泽东和中共中央决定,由刘少奇等组成中共中央工作委员会到晋察冀解放区执行中央赋予的任务。其中最主要的任务是推动全国土地改革运动的开展。

3月31日晚,中共中央工委书记刘少奇和朱德等东渡黄河赴山西临县。在随后的20余天里,他们集中对晋绥解放区的土改等工作进行了深入的调研和指导。刘少奇等不仅听取了晋绥解放区主要领导贺龙、李井泉等和沿途各县领导的汇报,而且深入农家目睹了当地农民缺衣少穿的极度穷困生活,痛感全面发动群众彻底开展土地改革之急切。4月8日,刘少奇在兴县蔡家崖的晋绥解放区干部会议上讲话,提出彻底解决土地问题,使农民真正得到土地。他强调:解决土地问题的中心一环是发动群众,要依靠群众自己来解决土地问题。④4月22日,刘少奇根据他自己的实地调查和

---

① 董必武:《在全国土地会议开幕时的讲话》(1947年7月17日),《建党以来重要文献选编(1921—1949)》第24册,中央文献出版社2011年版,第239页。

② 《关于日本投降后党的任务》(1945年8月11日),《毛泽东文集》第3卷,人民出版社1996年版,第455—456页。

③ 《迎接中国革命的新高潮》(1947年2月1日),《毛泽东选集》第4卷,人民出版社1991年版,第1215、1216页。

④ 《刘少奇年谱》(增订本)第2卷,中央文献出版社2018年版,第242页。

第十五章　实现亿万农民的千年梦想——耕者有其田

晋绥六地委等的汇报材料，致信晋绥分局负责人贺龙、李井泉、张稼夫并转康生，指出那里存在的干部脱离群众、群众发动工作缺失和土地改革不彻底等问题。他认为"没有一个有系统的普遍的彻底的群众运动，是不能普遍彻底解决土地问题的"[1]。24日，刘少奇和朱德致电中共中央指出：晋绥土地问题基本上还未解决，如不采取有效办法，确难继续支持长期战争。电报提出拟抽调最可靠的干部组织工作团，到农村帮助农民建立贫农小组及各级农会，以彻底发动群众，搞好土改等设想。[2]刘少奇的主张得到毛泽东的肯定，他在刘少奇4月22日给晋绥分局贺龙等人的信上批示："应将这封信发到一切地方去，希望各地领导机关将这封信印发给党政军各级一切干部，并指示他们研究这封信，用来检查自己领导下的一切群众工作，纠正错误，发扬成绩，彻底解决土地问题，改造一切脱离群众的组织，支持人民战争一直到胜利。"[3]

7月17日，按照中共中央的既定部署，在中央工委的主持下，全国土地会议在河北平山县西柏坡召开。8月4日，刘少奇向中共中央报告土地会议情况："关于土地改革本身各种问题，大体均有各地成熟经验，已无重大原则问题须要解决，我们当与各地代表商讨解决之。但关于民主，则有重大原则问题待解决。"他介绍了在会议上和会议期间听取汇总的情况：在晋察冀和晋绥解放区，"党、政、民县以上干部地主、富农家庭出身者占很大百分比。区、村干部及支部党员中农是主要成分，其中地主、富农成分直接间接占统治地位者不少"。他具体列举了因此而造成土改中出现的多种乱象。刘少奇指出："民主是保障与巩固土地改革彻底胜利的基本条件，是全体农民向我政府和干部的迫切要求，原因是我们干部强迫压制群众的作风，脱离群众，已达惊人程度，其中贪污自私及为非作恶者亦不

---

[1]《刘少奇给贺龙等的信》（1947年4月22日），《建党以来重要文献选编（1921—1949）》第24册，中央文献出版社2011年版，第137页。

[2]《刘少奇年谱》（增订本）第2卷，中央文献出版社2018年版，第245页。

[3]《刘少奇给贺龙等的信》（1947年4月22日），《建党以来重要文献选编（1921—1949）》第24册，中央文献出版社2011年版，第136页。

很少,群众迫切要求改变这种作风并撤换与处分那些坏干部。"①13日,毛泽东以中央名义复电指出:所提出的原则是正确的,同意将报告所述方针提到土地会议上研究。于是,全国土地会议研究决定结合土改在全国开展整党运动。这时,中共的党员人数已由抗战初的3万多人激增到抗战胜利时的120万(到1948年底更是发展到300多万),多数党员都存在着由"抗日救国"到"彻底完成民主革命"的思想观念的转变问题。因此,在抗战胜利两年之后,为了解决基层组织和中下级干部及基层党员当中思想不纯、组织不纯、作风不纯的问题,有必要开展一次普遍的基层整党。其中一个最重要的内容是解决党员干部在土改中的作为和态度问题,所谓"过好土改关"。因此整党对各项土改政策能否正确地实施产生了极大的影响。通过整顿基层组织推动土改逐渐成为深入开展全国土改运动的重要手段。

9月5日,刘少奇起草中央工委给中共中央《关于彻底平分土地的原则》的请示,他指出,"土地会议已进入结束阶段","多数意见赞成彻底平分,认为办法简单,进行迅速,地主从党内党外进行抵抗可能减少,坏干部钻空子、怠工、多占果实的可能亦减少。而缺点就是除一般要削弱富农外,还可能从约占人口百分之五的上中农那里抽出或换平一部土地。得利者在老区亦仍占百分之五十到六十,不动者占百分之二十到三十,仍可团结百分之八十以上的农民,因系彻底平分,中农的不安与动摇反而减少,故大家认为利多害少。因此,决定普遍实行彻底平分"。②他的主张得到毛泽东和中共中央的原则批准。于是,全国土地会议制定的《中国土地法大纲》明确规定:"乡村中一切地主的土地及公地,由乡村农会接收,连同乡村中其他一切土地,按乡村全部人口,不分男女老幼,统一平

---

① 《刘少奇关于土地会议情形及今后意见给中共中央的报告》(1947年8月4日),《建党以来重要文献选编(1921—1949)》第24册,中央文献出版社2011年版,第266、267、266页。

② 《附:中共中央工委关于彻底平分土地的原则向中央的请示》(1947年9月5日),《建党以来重要文献选编(1921—1949)》第24册,中央文献出版社2011年版,第344页。

第十五章　实现亿万农民的千年梦想——耕者有其田

均分配。"[1]

没收封建地主阶级的土地归农民所有，是新民主主义革命的三大经济纲领之一。刘少奇与中央工委不负中共中央和毛泽东的嘱托，在赴河北省平山县途中和在全国土地会议期间，通过实地考察、召开各级座谈会、听取汇报和审阅相关材料，以及各解放区代表进行会议交流等调查研究手段，顺应人民解放战争发展的时势，深切把握了千百万无地或少地农民的迫切愿望，并初步了解了老解放区土地改革的一般现状及其存在的一些问题，通过制定《中国土地法大纲》，成功实现了中共的土地政策由"减租减息"向没收地主土地分配给农民的历史性转变。《中国土地法大纲》的颁布和贯彻，掀起了中国历史上最彻底、规模最大、影响最深远的土地革命风暴，从而彻底动摇了帝官封势力在中国的反动统治基础，对于加速和推进人民解放战争的胜利进程，发挥了无可替代的重要作用。刘少奇曾经高度地评价全国土地会议："在某种意义上，相当于历史上的八七会议。"[2]

《中国土地法大纲》对于土改运动的全面展开发挥了关键性作用，但是这个文件本身并不周密，它关于彻底平分一切土地的规定，以及"废除一切乡村中在土地制度改革以前的债务"[3]的规定，确实存在侵犯一部分中农利益的问题。特别是在激烈的战争环境下，正如时任中共中央西北局书记的习仲勋当时所指出的那样，"战争是一河大水，震动一切，改变一切"[4]。在尖锐的阶级对垒中，各地（尤其是晋绥、晋察冀和陕甘宁等老解放区）在具体贯彻这些政策的过程中出现许多漏洞和严重的"左"倾错误。一是许多中农被错划为地主富农。例如晋绥解放区兴县蔡家崖行政村

---

[1] 《附：中国土地法大纲》（1947年9月13日），《建党以来重要文献选编（1921—1949）》第24册，中央文献出版社2011年版，第417页。

[2] 《关于新民主主义的建设问题》（1948年9月13日），《建党以来重要文献选编（1921—1949）》第25册，中央文献出版社2011年版，第460页。

[3] 后来中共中央以注释的形式将此条订正为"系指土地改革前劳动人民所欠地主富农高利贷者的高利贷债务"。《附：中国土地法大纲》（1947年9月13日），《建党以来重要文献选编（1921—1949）》第24册，中央文献出版社2011年版，第417页。

[4] 习仲勋：《在边区土地会议开幕时的讲话》（1947年11月1日），未刊稿。

共552户，评定为地主富农的有124户，占总户数的22.46%。按照中共在多年多地进行土地革命得出的经验和调查数据看，中国农村的地主一般占总户数约3%，富农约为5%，地主富农的人数一般不超过农村人口的10%。后来经过只以占有生产资料和剥削情况一项标准进行复查（而不是把政治态度、生活水平、历史情况等都作为评定成分的标准），蔡家崖有50多户中农和富裕中农（甚至还有一些贫农）被错定为所谓生产富农或破产地主。① 二是在贯彻依靠贫雇农政策问题上过于片面。有些解放区的主要负责人，甚至是出自中央领导机关的某些言论和规定失之偏颇。比如有的同志说"在生活上、行动上，事无大小巨细，不论喜怒哀乐，都应以贫雇农的观点立场为观点立场"②。再如中央工委曾经明确"乡村中一切工作，特别关于土地改革中的一切问题，必须先经贫农团的发启和赞成，否则，就不能办。这些都可成为法律，党与政府可训令一切党委、工作团及党员和干部遵守这些规定去进行工作，凡有不遵守这个方针和这些规定的党委干部和党员，可给以处分、撤职、调离本地和开除党籍"③。这样的指示和规定，加上整党中完全撇开（有些是解散）原有基层党组织和唯成分论盛行，许多基层党员干部被批、被查、被撤职、被揪斗、被打骂，严重助长了"贫雇农打江山坐江山"的错误，致使有些地方贫雇农包办一切，农会中没有中农的代表，或是不让中农代表参与讨论决定成分、分配土地和果实、确定公粮负担和支前任务等事务，造成有些中农得不到土改成果却要过重负担公粮、土地税和支前任务等现象。三是影响老区的农业生产。由于实行平分一切土地的政策和错划成分问题的大量存在，致使农村的新

---

① 任弼时：《土地改革中的几个问题》（1948年1月12日），《建党以来重要文献选编（1921—1949）》第25册，中央文献出版社2011年版，第13—16、20页。

② 林伯渠：《放手发动群众彻底进行土改》（1947年11月25日），《建党以来重要文献选编（1921—1949）》第24册，中央文献出版社2011年版，第487页。

③ 《中共中央工委关于树立贫雇农在土改中的领导等问题给晋绥分局的指示》（1947年12月18日），《建党以来重要文献选编（1921—1949）》第24册，中央文献出版社2011年版，第513页。

第十五章 实现亿万农民的千年梦想——耕者有其田

式富农（包括土改后发家的和采用资本主义经营方式的两种富农）和中农，包括一些新分得土地的贫雇农，"有一部分生产的积极性提不高，有一部分还会降低些"。"中农怕斗争，怕'割韭菜'，怕'共产'，怕负担重"，"故意消耗他们自己的积蓄"。①特别是对新式富农与旧式富农不加区别地同样打击。实际上老区的新式富农原来是贫农和中农，是在民主政府的帮助下发展起来的。任弼时就指出："若现在又打击这种富农，就会引起中农动摇。这种富农的存在对我们并无害处，而且在将来一个时期内还会发展的。"②四是对地主富农扫地出门，以很大精力去"挖地财"。后来习仲勋在中共中央西北局的《党内通讯》上曾发文批评这种现象：凡是地主富农，"个个必斗，斗必打，打必拷"，"把土改大部的时间都占在逼地主富农的底财上"，"地主不分大、中、小，恶不恶，一律扫地出门，富农也十之七八扫地出门，这是毫无策略的行动"。③上述"左"的政策的实行，使土地改革的成就大打折扣，已经严重干扰老解放区的稳定和农业生产的发展以及支前工作的进行，如果得不到及时的纠正，还将对正在进行土地改革的半老区和即将进行土改的新解放区，产生极为不利的影响，并将危及人民解放战争的胜利进程。

需要指出的是，在当时国内两大阶级阵营激烈交锋的历史条件下，实行"推倒平分土地"的原则，以及在农村开展旨在解决基层党组织和党员干部"组织不纯""作风不纯""思想不纯"的整党，一般地讲，确实存在客观必然性，其愿望正确无误，其效用也十分明显，并且都是经毛泽东和中共中央批准的。但其所存在的问题主要在于执行过程中的脱离实际和不分区域，以及片面性、机械性、自发性与盲动性。究其根源，直接的表

---

① 董必武：《土地改革后农村的生产问题》（1947年8月27日），《建党以来重要文献选编（1921—1949）》第24册，中央文献出版社2011年版，第307、307、306页。

② 《土地改革中的几个问题》（1948年1月12日），《建党以来重要文献选编（1921—1949）》第25册，中央文献出版社2011年版，第25—26页。

③ 习仲勋：《关于土地改革问题给马明方并中共中央西北局的信》（1948年1月8日），未刊稿。

现是在调查研究工作中的不周严和偏差，实际体现出的是对解放战争特定历史条件下的国情和前景，估计不足，认识不清。

第一，对发动土地革命的范围、区域和规模，认识不足。和第二次国内革命战争时期在敌人统治间隙的十几块红色根据地开展土改不同，这时发动的土改是面向全国范围的而不是小区域的，是铺天盖地全面蔓延而不是被隔绝的若干地区的各自为政，是涉及上亿人口翻天覆地的大革命而不是几百万人的翻身暴动，是以夺取全国胜利为目的的宏伟战略的重要组成部分，而不是着眼于被分割包围的若干红色政权的如何存在。因此，其声势规模之大、任务之艰巨、形势之严峻、面临问题之繁芜多样、牵涉和影响面之广之深，都是不可比拟的。中央工委从1947年4月初开始调查酝酿，到9月13日制定出《中国土地法大纲》，单从时间上看，就是比较仓促的。

第二，调查研究的对象，从区域看，主要是老解放区，比较单一。抗日战争胜利之际，中共拥有近一亿人口的抗日民主根据地，这些地区后来被称为老解放区；到1946年6月底，解放区成倍增长，人口已经增加到一亿三千万，[①]这些地区在1947年7月人民解放军全线转入战略进攻后被称为半老区。中央工委去河北平山县西柏坡途中调研的陕甘宁、晋绥和晋察冀等都属于老区；参加全国土地会议的代表分别来自东北、冀热辽、山东、晋冀鲁豫、晋察冀、晋绥、陕甘宁等解放区，其中除东北的代表外，也均是来自老区。因此对于半老区和正在开辟的新区如何开展土改，缺乏第一手的调查研究。因此，用主要依据对老区调研得出的认识，制定覆盖全国的《中国土地法大纲》及其具体实施措施，势必产生片面性。

第三，即使是对老区的调研也存在不深入、不细致和想当然的问题。这主要是在对老区农村贫农和中农分别占全村人口比例的估计问题上。根据杨家沟会议的精神，1948年1月4日，习仲勋就陕甘宁边区老解放区的土

[①] 中共中央文献研究室编：《毛泽东年谱（1893—1949）》下卷，人民出版社、中央文献出版社1993年版，第100页。

第十五章 实现亿万农民的千年梦想——耕者有其田

改问题致信中共中央西北局和中共中央，认为老区的中农多，贫雇农少，地主、旧富农也比新区少得多，如再进行土地平分，"即有百分之八十的农民不同意"①。无独有偶，8日，任弼时致电刘少奇，对中央工委《关于执行土地法大纲的指示（草案）》（1947年11月12日）中关于"雇贫农、工人及其他无地少地农民，在老解放区一般仍占乡村人口百分之四五十以上"的估计，提出异议。并举例太行地区的统计，中农在抗战前即占人口百分之四五十。又以晋绥、陕甘宁的估计和部分统计，新旧中农合计也多在农村人口半数左右。②12日，任弼时又在西北野战军前线委员会扩大会议上发表《土地改革中的几个问题》的演讲，指出：以往大家一直认为中农在旧政权下，约占农村人口的20%。可是"在老解放区，一般占了百分之五十上下。在彻底平分土地以后，则农村中绝大多数人都成了中农，只有少数人不是中农了"。他强调"现在我们的解放军中有百分之三十到四十是中农。如果我们破坏了中农的利益，甚至与他们对立起来，那就要使我们在战争中失败。在新民主主义经济建设中，由个体经济到集体合作经济的发展过程中，主要是依靠新老中农。他们有丰富的生产经验，是值得贫雇农学习的。他们的生产工具也比较完备，可以给贫雇农以帮助。在将来，中农还可以同我们一道走进社会主义。因此，中农是我们的永久同盟者"③。中央工委在这个问题上的偏差，是《中国土地法大纲》出现侵犯中农利益和在开展土改中片面依靠贫农团错误的主要原因。

第四，中央工委的调研与决策，受到康生等"左"倾言行的干扰和影响。1947年3月随中央机关撤离延安东渡后，康生和陈伯达等留在晋绥解放区，他们无视那里在贯彻中央《五四指示》过程中已经基本完成土改工作的现实，别出心裁地提出划分"化形地主富农"的四条标准，即"一看现在的土地和财产；二看土地财产的历史根源；三看过去和现在的经营方

---

① 《习仲勋文集》上卷，中共党史出版社2013年版，第66—67页。
② 《任弼时年谱》，中央文献出版社、人民出版社1993年版，第566页。
③ 《任弼时选集》，人民出版社1987年版，第420、421页。

式；四看群众的态度"[1]。他们推行"查三代""挖地财""搬石头""贫雇农要怎么办就怎么办"等一系列极左政策，使晋绥地区的土改工作出现严重的偏差。这期间，途经晋绥解放区的刘少奇一行于4月4日在临县白文镇听取了康生等关于郝家坡土改工作的经验介绍；随后，康生带着他的所谓"晋绥经验"，参加了7月17日由中央工委主持在河北平山县西柏坡召开的全国土地会议，他还是会议主席团五位常委之一（其他四位是刘少奇、朱德、董必武、彭真）。并且因为这次会议是采取先充分讨论再制定文件的做法，客观上也使康生有了充分"表现"的机会。他在会议上多次插话，还有人编辑了所谓《康生语录》，以作为发动群众的经验。[2]

这样，土改中严重的"左"倾错误就由晋绥到陕甘宁、晋察冀，以至全国各解放区蔓延开来，并波及整党、基层政权建设、工商业政策和城市政策等多个方面。

从社会历史根源看，农民和城市小资产阶级的绝对平均主义是出现这次"左"倾错误的思想基础，而许多具体的政策偏差和组织行为上的错误则与中央工委在一个阶段里的工作指导有关，并且有些主张得到转战陕北途中的毛泽东和中共中央的原则批准。因此，我们认为这次"左"的错误的出现是自上而下的，带有全局性（但不是全国范围的，主要在老区和土改工作方面），波及面广，危害性也比较严重。

二、推动土改与纠正"左"倾错误

毛泽东和中共中央在转战陕北起初5个月（西北野战军取得沙家店战役胜利之前），在胡宗南部的大军围堵下，自身就多次涉险，他的主要精力也是聚焦于指挥西北战场和全国战场的人民解放战争，客观上没有宽松的环境，也不容许他有充裕的时间研究筹措具体的土地改革政策。但他一直没有放松对解决农民土地问题的关注。在全国土地会议召开的第四天，

---

[1]《杨尚昆回忆录》，中央文献出版社2007年版，第248页。
[2]《杨尚昆回忆录》，中央文献出版社2007年版，第249页。

第十五章　实现亿万农民的千年梦想——耕者有其田

7月21日，毛泽东在陕西靖边召开的小河村会议上讲话，集中阐述了解放战争第二年的战略方针即战略反攻的方略，同时指出："土地政策今天可以而且需要比五四指示更进一步，因为农民群众要求更进一步，如土地推平。平分土地是一个原则，但按情况不同可以有某些伸缩，如对杜斌丞、侯外庐，但对共产党员不应该有例外。"①9月6日，毛泽东复电中央工委，明确表示赞同彻底平分土地的方针。②但是，毛泽东对于土改中的"左"倾错误的态度是旗帜鲜明的，当在小河村会议期间听到杨尚昆关于康生等在晋绥的极左行为时，当即明确指出："不要听康生那一套。"后来他在去平山县途中亲自了解到晋西北土改的"左"倾乱象时，更是严厉地批评中央后方工作委员会的同志："你们后委就住在这里，这些事情都知道，可是你们根本不反映，你们读的马列主义到哪里去了？！"③当时，和中央工委有所不同，毛泽东和中共中央对于如何贯彻《中国土地法大纲》及其在贯彻过程中可能出现的问题，态度更为审慎，考虑更为细致，措施更为全面，而广泛和深入的调查研究则是其纠正这次严重"左"倾错误的主要武器。

9月23日，毛泽东、周恩来和任弼时率中共中央机关进驻佳县神泉堡。结合起草《中国人民解放军宣言》和《重行颁布三大纪律八项注意的训令》，毛泽东认真审阅了《中国土地法大纲》。10月9日，他致电中央工委，在告知"土地法大纲业已修改完毕，决于明（十）日发表"后，强调"至于按照土地法实行分配土地，应在你们土地会议决定实行步骤全部布置完毕以后，方才开始"。④同时，他在翌日公布的他为中共中央起草的《关于公布中国土地法大纲的决议》中，把这个重要文件定位为开展全国

---

① 《在小河中共中央扩大会议上的讲话》（1947年7月21日），《毛泽东文集》第4卷，人民出版社1996年版，第270页。
② 《中共中央关于彻底平分土地的方针给中央工委的复电》（1947年9月6日），《建党以来重要文献选编（1921—1949）》第24册，中央文献出版社2011年版，第343页。
③ 《杨尚昆回忆录》，中央文献出版社2007年版，第249、257页。
④ 中共中央文献研究室编：《毛泽东年谱（1893—1949）》（修订本）下卷，中央文献出版社2013年版，第240页。

性土改的"建议",明确要求各地民主政府和各级农会组织,"对于这个建议,加以讨论及采纳,并订出适合于当地情况的具体办法,展开及贯彻全国的土地改革运动,完成中国革命的基本任务"①。可见,他对全面贯彻《中国土地法大纲》是有顾虑的,似乎还有什么不放心或意犹未尽的感觉。还是在10月9日这一天,和他同行的任弼时致电晋绥分局并转中央秘书处处长曾三,要他从已经运输保存在晋绥解放区的中央文件库中,查找当年苏区中央局所印发的有关划分农村阶级成分的文件,查到后送回此间。②

随着陕北战局的根本好转和全国各战场全面转入战略反攻,毛泽东的目光开始转向如何实现"打倒蒋介石,解放全中国"的宏伟目标。从10月中旬开始,毛泽东在神泉堡和佳县县城周边地区调研,10月下旬移驻米脂县。关于农村阶级成分的划分,仍是毛泽东无法搁置的问题。11月8日,中共中央发出由任弼时起草的致华东局、东北局、晋察冀中央局、晋冀鲁豫中央局的电报,要求各地把在土改中如何确定地主、富农、中农、贫农、雇农、工人等的材料日内电告中央。任弼时在研究了各地的相关材料后,于12日致函毛泽东提出两个问题:一是"各级代表会的名称以用人民代表会为妥","因为现在许多地方的农会多系贫农会,其中只有少数好的中农参加,如用农民代表会,则将有一批中农也不能参加";二是对新式富农与旧式富农的区别及其相关政策问题。任弼时还提出"确须颁发一大体通用的'怎样分析阶级'的文件"。③毛泽东很快就批示"照办"。22日,中共中央移驻杨家沟。29日,中共中央向全党发出指示,重新印发毛泽东1933年在苏区查田运动中撰写和主持制定的《怎样分析农村阶级》(原名《怎样分析阶级》)和《关于土地斗争中一些问题的决定》,以细化和匡正《中国土地法大纲》的不足。

毛泽东很快就发现了土改政策和实施过程中的"左"倾错误问题。

---

① 《中共中央关于公布中国土地法大纲的决议》(1947年10月10日),《建党以来重要文献选编(1921—1949)》第24册,中央文献出版社2011年版,第416页。
② 《任弼时年谱》,中央文献出版社、人民出版社1993年版,第559页。
③ 《任弼时选集》,人民出版社1987年版,第411、411、412页。

第十五章 实现亿万农民的千年梦想——耕者有其田

他后来指出:"现在的'左'的偏向,主要的是侵犯中农,侵犯民族资产阶级,职工运动中片面强调工人眼前福利,对待地主和对待富农没有区别,对待地主的大中小、恶霸非恶霸没有区别,不按平分原则给地主留下必要的生活出路,在镇压反革命斗争中越出了某些政策界限,以及不要代表民族资产阶级的党派,不要开明绅士,在新解放区忽视缩小打击面(即忽视中立富农和小地主)在策略上的重要性,工作步骤上的急性病等。这些'左'的偏向,在过去大约两年的时间内,各解放区都或多或少地发生过,有时成了严重的冒险主义倾向。"①

为筹备召开中共中央工作会议(即杨家沟会议,亦称十二月会议),中共中央和中央后委及晋绥、陕甘宁解放区的负责同志被分为政治、军事、土改三个小组,讨论当前形势和党的政策。任弼时出任土地改革小组组长,从平山参加全国土地会议归来的中央后方工作委员会书记叶剑英任副组长,自出席小河村会议后回后方主持西北局工作的习仲勋也在这个小组参加讨论。土改小组的讨论从12月7日开始,持续到24日。除讨论毛泽东拟发表的报告《目前形势和我们的任务》和《关于目前国际形势的几点估计》外,主要是结合晋绥、陕甘宁的土改和整党问题,讨论相关的政策,特别是如何分析阶级问题。习仲勋和李井泉在小组会上分别介绍了陕甘宁和晋绥土改情况与存在的问题,产生强烈反响。小组会期间,毛泽东逐一与参加会议的代表谈话,听取意见。习仲勋向毛泽东全面汇报了陕甘宁的战争、生产和群众生活等情况,并如实谈了自己对边区土改中的问题与形势发展的看法,引起毛泽东的关注和深思。②

12月25日,正式会议召开。毛泽东在向会议提交的书面报告中提出:"这里必须注意两条基本原则:第一,必须满足贫农和雇农的要求,这是土地改革的最基本的任务;第二,必须坚决地团结中农,不要损害中农的利益。"他肯定《中国土地法大纲》中彻底平分土地的规定,并分析了一

---

① 《关于情况的通报》(1948年3月20日),《毛泽东选集》第4卷,人民出版社1991年版,第1297页。

② 《习仲勋传》上卷,中央文献出版社2013年版,第541页。

部分富裕中农愿意拿出多余土地平分的可能性，但他又强调"虽然如此，各地在平分土地时，仍须注意中农的意见，如果中农不同意，则应向中农让步"。①可见，"不动中农土地"的原则在他头脑中是根深蒂固的。毛泽东在书面报告中一方面支持全国土地会议的观点，强调"为着坚决地彻底地进行土地改革，乡村中不但必须组织包括雇农贫农中农在内的最广泛群众性的农会及其选出的委员会，而且必须首先组织包括贫农雇农群众的贫农团及其选出的委员会，以为执行土地改革的合法机关，而贫农团则应当成为一切农村斗争的领导骨干"。但同时，他又具体清晰地指出了涉及中农利益的四个主要问题，明确要求："在没收分配封建阶级的土地财产时应当注意某些中农的需要。在划分阶级成分时，必须注意不要把本来是中农成分的人，错误地划到富农圈子里去。在农会委员会中，在政府中，必须吸收中农积极分子参加工作。在土地税和支援战争的负担上，必须采取公平合理的原则。这些，就是我党在执行巩固地联合中农这一战略任务时所必须采取的具体政策。"②这反映了毛泽东对"依靠贫雇农"和"团结中农"关系的态度。特别是他把"联合中农"提到"战略任务"的高度，这是前所未有的。

　　由于在会议期间毛泽东广泛听取各方面意见，有了新的思考。和书面报告相比，毛泽东25日在会议上发表的口头讲话对相关政策界限的勾勒更加明确，立场也更为坚定。他虽然原则性地肯定晋西北土改的方向是正确的，但同时又郑重指出其存在的错误，强调"土地分配不能搞绝对平均。由于当地地主、富农太少就要同中农扯平，这也是不对的。对同中农有关系的事一定要征求中农的同意。在土地问题上一定要把中农问题处理好，在城市问题上一定要把中小资产阶级问题处理好。一定不要重犯土地革命战争时期的错误"。他还对书面报告中提及的"其他爱国分子"作出明确

---

① 《目前形势和我们的任务》（1947年12月25日），《毛泽东选集》第4卷，人民出版社1991年版，第1251页。

② 《目前形势和我们的任务》（1947年12月25日），《毛泽东选集》第4卷，人民出版社1991年版，第1250、1251—1252页。

第十五章 实现亿万农民的千年梦想——耕者有其田

的解释:"是指开明绅士,例如地主阶级中的李鼎铭、刘少白等人,他们同我们共过患难,在丝毫不妨碍土地改革的条件下,对这些人分别情形加以照顾是必要的,个别人物还可以留在我们高级政府内。"正是基于预备会议期间的调研,使毛泽东对陕甘宁、晋绥等地出现的严重"左"倾错误及其危害性有了更充分的认识,28日他在会议结论报告中指出:杨家沟召开的这次中央扩大会议,"要解决的新的问题,是在中农、中小资产阶级和党外人士问题上新出现的'左'的偏向"。"当'左'倾成为一种潮流的时候,共产党员要反对这个潮流"。[1]这表明了毛泽东在执行政策上鲜明的立场和坚持原则的坚定决心。

毛泽东针对战略反攻以来人民解放军势如破竹的胜利和蒋介石集团民心丧失殆尽,以及中共党内普遍洋溢着的乐观情绪,他在随后召开的西北野战军前委扩大会议上郑重地提出:"蒋介石的孤立是不是等于我们胜利?是不是我们就可以不要全民族绝大多数人口参加的民族统一战线了?"他指出"如果我们的政策不正确,比如侵犯了中农、中等资产阶级、小资产阶级、民主人士、开明绅士、知识分子,对俘虏处置不当,对地主、富农处置不当,在统一战线问题上犯了错误,那就还是不能胜利"。他告诫各级干部"坚持真理,修正错误",强调要"多收集各种意见,认清自己工作中的缺点错误,这样工作就可以减少盲目性"。[2]1月18日,毛泽东在《关于目前党的政策中的几个重要问题》中进一步指出:"如果我们在每一个局部上,在每一个具体问题上,不采取谨慎态度,不讲究斗争艺术,不集中全力作战,不注意争取一切应当争取的同盟者……我们就要犯'左'倾机会主义错误。"[3]

---

[1] 《在杨家沟中共中央扩大会议上的讲话》(1947年12月25日、28日),《毛泽东文集》第4卷,人民出版社1996年版,第331—332、332、334、335页。

[2] 中共中央文献研究室编:《毛泽东年谱(1893—1949)》(修订本)下卷,中央文献出版社2013年版,第268页。

[3] 《关于目前党的政策中的几个重要问题》(1948年1月18日),《毛泽东选集》第4卷,人民出版社1991年版,第1267—1268页。

杨家沟会议是全面筹划夺取全国胜利方针和纲领的一次重要会议，指导全国的土地改革是其中的主要内容之一。这次会议在全国性土地改革运动发动之初，及时发现和敲响了防止土改"左"倾错误进一步扩大化的警钟，初步纠正了已经发生的一些偏差，明确了相关的政策界限，并立见成效。会议一结束，西北局和晋绥分局的负责人习仲勋等立即回去贯彻会议精神。在会议闭幕的第三天，中共中央工委就向各地党组织发出由刘少奇起草的《关于阶级分析问题的指示》，针对晋绥和晋察冀等地在土改中的错误，明确指出"划分阶级应只有一个标准，即占有生产手段（在农村中主要是土地）与否，占有多少，及与占有关系相连带的生产关系（剥削关系）。如再提出其他标准都是错误的。追历史只能追到当地新政权建立以前三年、五年，而不要追到太远或追几代"[①]。以杨家沟会议为标志，全国的土地改革运动开始处于毛泽东和中共中央的直接领导之下，进入一个新的阶段。

三、确立土地革命总路线

人民解放战争是中国新旧民主革命的最高峰，而解放战争历史条件下的土地改革运动则是集近代农民土地斗争之大成，是一场涉及全国大多半人口切身利益的社会大革命，其深度和广度都是空前的，其影响更是深远浩大。其中最大的一个特点，它是伴随着人民解放战争的胜利进程逐步在全国范围内展开的。因此，它不仅在根本指导思想上与孙中山的平均地权主张有质的区别，而且在政策策略要求上与中共在第二次国内革命战争时期领导的土地革命也必须有很大的不同。杨家沟会议后，以毛泽东、任弼时、习仲勋等为代表的中国共产党人，在完善和订正《中国土地法大纲》的过程中，用领导农村革命新的伟大实践描绘了土地革命总路线的壮丽

---

① 《中共中央工委关于阶级分析问题的指示》（1947年12月31日），《建党以来重要文献选编（1921—1949）》第24册，中央文献出版社2011年版，第560页。

第十五章 实现亿万农民的千年梦想——耕者有其田

诗篇。

为纠正土改中的"左"倾错误，习仲勋于1948年1月4日致信中共西北局和中共中央，具体指出可能发生的几种错误：（1）把新升富农评成旧富农；（2）把没收过土地并经过8年以上劳动已经转化了的地主、富农，再定成地主、富农，去进行斗争；（3）把富裕一点的农民，定成地主、富农，或把在我方任职的公教人员，其家中缺乏劳动力者，也定成地主、富农。①12日，任弼时在中共西北野战军前委扩大会议的讲话中，也具体阐释了对地主、富农、开明绅士、知识分子等分别应该采取的政策及其需要避免的错误。其中他还特别阐述中农与富农的界限。他把富裕中农的轻微剥削在其总收入的比例，由1933年下发《怎样分析阶级》时的15%调高到25%，连续三年以上超过25%的即为富农，以此作为中农与富农的分界线。②这样的界定不仅有利于鼓励农业生产，而且为防止土改中出现侵犯中农利益问题筑牢了"防火墙"。

毛泽东非常重视习仲勋和任弼时的意见，特别认同他们对已经完成土改或经过减租减息后的老区贫雇农与中农比例数据的判断，因为他们关于老区中农所占农村人口比例的认定，实际指明了《中国土地法大纲》涉及中农问题政策失误的根源之所在，并成为科学分析老解放区农村阶级和制定正确土改政策的客观依据。毛泽东先是在9日回复西北局和习仲勋："完全同意仲勋同志所提各项意见，望照这些意见密切指导各分区及各县的土改工作，务使边区土改工作循正轨进行，少犯错误。"随后他又在任弼时的讲话稿上批示："由新华社转播全国各地，立即在一切报纸上公开发表，并印小册子。"③他还对任弼时的讲话稿做了多处修改，其中加写道："无论如何，只应该把打击面放在真正的封建剥削阶级的范围以内，

---

① 参见《习仲勋文集》上卷，中共党史出版社2013年版，第66—67页。
② 参见《任弼时选集》，人民出版社1987年版，第418页。
③ 《土地改革中的几个问题》（1948年1月12日），《建党以来重要文献选编（1921—1949）》第25册，中央文献出版社2011年版，第12页。

绝对不许可超出这个范围。"①14日,毛泽东专门致电刘少奇,明确指示不要再下发《关于执行土地法大纲的指示(草案)》。毛泽东指出:"我觉得这个指示似乎有些过了时机,土改运动已经按新方针向前发展,运动中发生了许多急待回答的问题(主要是过左),而这些问题,指示草案中或者缺乏具体的回答,或者回答的分量不够。"②18日,毛泽东在为中共中央起草《关于目前党的政策中的几个重要问题》的决定草案中,对任弼时和习仲勋的各项主张做了全面的肯定和发挥。其一,"必须避免对中农采取任何冒险政策"。他具体地指出"有剥削收入的农民,其剥削收入占总收入百分之二十五(四分之一)以下者,应订为中农,以上者为富农。富裕中农的土地不得本人同意不能平分"。③其二,从稳定中农、发展解放区农业生产的角度,提出"必须将新富农和旧富农加以区别"。他明确地规定,对于老解放区土改后在政府鼓励下上升起来的新富农,"照富裕中农待遇,不得本人同意,不能平分其土地"。④其三,"对大、中、小地主,对地主富农中的恶霸和非恶霸,在平分土地的原则下,也应有所区别"。他反对乱打乱杀,强调极少数罪大恶极者要经过人民法庭认真审讯判决,要把占全国乡村人口10%约3600万的地主富农,看作是国家的劳动力,而加以保存和改造。他重申"我们的任务是消灭封建制度,消灭地主之为阶级,而不是消灭地主个人",并强调"土地改革的中心是平分封建阶级的土地及其粮食、牲畜、农具等财产(富农只拿出其多余部分),不应过分强调斗地财"。⑤其四,毛泽东要求必须避免对于中小工商业者,

---

① 《把打击面放在真正的封建剥削阶级范围内》(1948年1月),《毛泽东文集》第5卷,人民出版社1996年版,第12页。
② 中共中央文献研究室编:《毛泽东年谱(1893—1949)》(修订本)下卷,中央文献出版社2013年版,第267页。
③ 《关于目前党的政策中的几个重要问题》(1948年1月18日),《毛泽东选集》第4卷,人民出版社1991年版,第1269页。
④ 《关于目前党的政策中的几个重要问题》(1948年1月18日),《毛泽东选集》第4卷,人民出版社1991年版,第1270页。
⑤ 《关于目前党的政策中的几个重要问题》(1948年1月18日),《毛泽东选集》第4卷,人民出版社1991年版,第1271页。

对于学生、教员、教授、科学工作者和一般知识分子，采取任何冒险政策。对于那些同我党共过患难确有相当贡献的开明绅士，在不妨碍土地改革的条件下，必须分别情况，予以照顾。即使是地主富农，毛泽东也明确"地主转入劳动满五年以上，富农降为中贫农满三年以上者，如果表现良好，即可依其现在状况改变成分"①。

在土地革命中采取"依靠贫雇农"的方针，是中共历来的正确主张。但是在杨家沟会议前，晋绥、陕甘宁和晋察冀等老解放区，在土改中却把贯彻这一方针绝对化，存在着很大的问题。19日，习仲勋致电毛泽东，介绍了一些地区的农民，在"左"倾政策影响下，都不愿意当中农。他写道："在老区，有些乡村贫雇农很少。其中，有因偶然灾祸贫穷下来的，有的是地、富成分下降但还未转化好的，有因好吃懒做、抽赌浪荡致贫的。故这些地区组织起的贫农团在群众中无威信，由他们起来领导土改，就等于把领导权交给坏人。"习仲勋坦率地指出："老区就要不怕中农当道，真正的、基本的好群众在中农阶层及一部分贫农中。"②毛泽东第二天就在这份报告上批示"完全同意习仲勋同志这些意见。华北、华中各老解放区有同样情形者，务须密切注意改正'左'的错误"③。毛泽东之所以充分肯定习仲勋的意见，因为他对这个问题也有更为深刻的认识。在习仲勋来电的前一天，毛泽东在为中共中央起草的一个文件中就明确指出："必须将贫雇农的利益和贫农团的带头作用，放在第一位"，但是，"这种带头作用即是团结中农和自己一道行动，而不是抛弃中农由贫雇农包办一切。在老解放区中农占多数贫雇农占少数的地方，中农的地位尤为重要"。他毫不含混地指出："'贫雇农打江山坐江山'的口号是错误的。在乡村，是雇农、贫农、中农和其他劳动人民联合一道，在共产党领导之

---

① 《关于目前党的政策中的几个重要问题》（1948年1月18日），《毛泽东选集》第4卷，人民出版社1991年版，第1270—1271页。
② 《习仲勋文集》上卷，中共党史出版社2013年版，第71—72页。
③ 《毛泽东转发习仲勋关于西北土改情况报告的批语》（1948年1月20日），《建党以来重要文献选编（1921—1949）》第25册，中央文献出版社2011年版，第61页。

下打江山坐江山,而不是单独贫雇农打江山坐江山。"①

任弼时和习仲勋在他们关于土改的演讲和报告中,分别使用了"老解放区""苏维埃时期的老区"和"抗战时期的新区"等概念,特别是习仲勋在信中提出"望能在土改方针及方式上,随时注意,适合当地的情况"②。这启发了毛泽东深入思考。1948年1月14日,毛泽东就致电邓小平,提出"(一)在新区是否应当分为两种区域,一种是可以迅速建立巩固根据地的,一种是要经过长期拉锯战才能建立巩固根据地的,对两种区域的工作采取不同的政策?(二)新区土改是按土地法大纲分平,还是对富农及某些弱小地主暂时不动?新区中富农及弱小地主态度如何?"③等六个问题,咨询他的意见。经过咨询调研和深思熟虑,2月3日,毛泽东致电刘少奇,明确"老区、半老区和新区"的概念和划分界限,并提出实施土地法大纲要分三种地区,采取不同的策略。一是日本投降以前的老解放区,早已分配土地,过去的贫农大多数已升为中农,"在这种老区,不是照土地法再来分配一次土地,也不是人为地、勉强地组织贫农团去领导农会"④;二是自日本投降到解放区战场大反攻(即1945年9月至1947年8月)形成的半老区,这种地区中农占少数,贫农占大多数,土地问题尚未彻底解决,"完全适用土地法,普遍地彻底地分配土地",并"必须确定贫农团在农会中、在农村政权中的领导地位";⑤三是大反攻后新解放的地区,"不应当企图一下实行土地法,而应当分两个阶段实行土地法。第一阶段,中立富农,专门打击地主","第二阶段,将富农出租和多余的土地

---

① 《关于目前党的政策中的几个重要问题》(1948年1月18日),《毛泽东选集》第4卷,人民出版社1991年版,第1268页。
② 《习仲勋文集》上卷,中共党史出版社2013年版,第66—67页。
③ 《征询邓小平对新解放区若干政策问题的意见》(1948年1月14日),《毛泽东文集》第5卷,人民出版社1996年版,第17页。
④ 《在不同地区实施土地法的不同策略》(1948年2月3日),《毛泽东选集》第4卷,人民出版社1991年版,第1277页。
⑤ 《在不同地区实施土地法的不同策略》(1948年2月3日),《毛泽东选集》第4卷,人民出版社1991年版,第1278页。

第十五章　实现亿万农民的千年梦想——耕者有其田

及其一部分财产拿来分配"。毛泽东还强调，"第一阶段，大约须有两年时间；第二阶段，须有一年时间。太急了，必办不好"。①根据不同区域的实际，采用不同的策略和步骤推进全国的土地改革运动，不仅客观准确地划定了《中国土地法大纲》的适用范围，纠正了中央工委的误判（刘少奇在全国土地会议的结论报告中曾明确"这次会议决定的政策，可以全部适用于比较巩固的解放区"②），而且从根本上解决了《中国土地法大纲》彻底平分土地的规定在老区侵犯中农利益问题和因脱离各地实际片面强调依靠贫雇农的方针所造成的危害，使全国土改运动纳入健康有序的轨道。

2月6日，毛泽东又就不同区域采用不同策略实施土改问题，分别致电李井泉、习仲勋和邓小平，以及陈赓、粟裕等，进一步征询他们的意见。8日，习仲勋复电毛泽东表示："此种分法，非常切合实际。"他在复电中还根据自己的切身体会进一步阐述了在老区实行彻底平分土地政策的危害。其中他指出："这会对农民土地所有权的信心发生动摇，普遍现象是农民都不愿积极生产，认为这次平分了，又不知几年之后，再来平分。"③这一时期，任弼时、董必武等都从不同的角度阐述了土改政策与发展农业生产关系的问题。毛泽东对他们的意见十分重视。

为了"纠正党内广泛地存在着的关于在观察及划分阶级问题上的非马克思主义的思想及补足在土改中缺乏对各阶级阶层人们的具体明确政策的缺点"，毛泽东投入很大精力主持制定了《中共中央关于土地改革中各社会阶级的划分及其待遇的规定》（草案）。2月16日，他为中共中央起草致中央工委及各中央局关于组织讨论这个草案的指示，指出"单有土地法大纲及其他党的若干指示文件而无这样一个完备的文件，很难使我们的工作人员不犯或少犯错误。我们既要彻底消灭帝国主义、封建主义与官僚资

---

① 《在不同地区实施土地法的不同策略》（1948年2月3日），《毛泽东选集》第4卷，人民出版社1991年版，第1278页。
② 《在全国土地会议上的结论》（1947年9月13日），《建党以来重要文献选编（1921—1949）》第24册，中央文献出版社2011年版，第371页。
③ 《习仲勋文集》上卷，中共党史出版社2013年版，第76—77页。

本主义，又要在这个伟大的斗争中不要因为划错与斗错阶级成分及采取错误政策而打乱自己阵线，增加敌人力量，使自己陷于孤立。不要忘记，在一九二七至一九三五年而特别是一九三一至一九三五年时期，我党曾经因为政策过左陷于孤立，处于极端危险的地位，而在我党与国民党破裂时期党内主要的危险倾向，曾经是现在仍然可能是'左'倾冒险主义。如果我们现在不严重地注意到这一点，我们就将在政治上犯错误"[1]。3月6日，毛泽东致电刘少奇，要求中央工委与近日即将抵达西柏坡的饶漱石、陈毅、邓子恢、康生以及华北局的同志，用充分的时间"讨论全部政策问题（以划阶级一书为中心）"[2]。毛泽东本人又对该文件几经修改。可能是战争形势发展得太快的原因，也可能是因为提炼概括具有普遍意义的政策难度过大，因为任何一种政策都很难涵盖老解放区、半老区和新区等多种复杂的实际情况。任弼时在3月10日就曾致函毛泽东，认为这个文件"包括的问题太大太广"，把人民共和国成立后"政纲内容的问题与当前具体政策问题混在一起"，"这样使现在应解决的重要问题不显得突出"。[3]出于谨慎的缘故，这个蕴含了毛泽东对新民主主义革命理论最新发展的文件，最终并未能作为正式文件下发执行。尽管如此，在制定这个文件和在讨论修改完善这个文件过程中，中共中央、中央工委和各中央局、中央分局，对前一阶段出现的政策偏差进行了全面的梳理和检讨，深化了对政策与策略的认识，并开始系统地纠正政策与策略方面的失误。毛泽东强调："政策和策略是党的生命，各级领导同志务必充分注意，万万不可粗心大意。"[4]

---

[1]《关于讨论〈中共中央关于土地改革中各社会阶级的划分及其待遇的规定〉（草案）的指示》（1948年2月16日），《毛泽东文集》第5卷，人民出版社1996年版，第64、64—65页。

[2]《毛泽东关于政策和经验的关系问题给刘少奇的复电》（1948年3月6日），《建党以来重要文献选编（1921—1949）》第25册，中央文献出版社2011年版，第192页。

[3]《任弼时年谱》，中央文献出版社、人民出版社1993年版，第569页。

[4]《关于情况的通报》（1948年3月20日），《毛泽东选集》第4卷，人民出版社1991年版，第1298页。

第十五章 实现亿万农民的千年梦想——耕者有其田

3月23日，毛泽东和中共中央结束了转战陕北的征程，从吴堡县川口东渡黄河开赴平山县西柏坡，当晚进驻临县在寨则山村过夜。途中毛泽东继续进行实地调研。3月24日，他在临县三交镇双塔村听取中央后委留守人员杨尚昆等的工作汇报；26日至29日，他和周恩来、任弼时等在晋绥解放区领导机关所在地兴县，听取贺龙、李井泉关于战争、土改、整党、生产、支前和工商业政策等全面汇报，并先后召开贫农团代表、土改工作团代表和地方干部代表等座谈会，详细调查农村各阶级的人口比例、土地占有状况和如何发动群众进行土改等情况。4月4日在岢岚县听取县委书记丛一平关于土改和整党情况的汇报；6日，在代县听取县委书记兼县长苏黎和土改工作团副团长、晋绥日报社社长郝德青的工作汇报；7日，在繁峙县伯强村与村党支部书记、村长、贫农团长等座谈该村土改、生产和群众生活情况；12日，任弼时召集河北阜平县西下关村和邻近村干部座谈，毛泽东和周恩来会见了参加座谈会的人员；13日，毛泽东一行到达晋察冀军区所在地阜平县城南庄，任弼时召集区县干部座谈会，毛泽东和周恩来则多次听取聂荣臻关于晋察冀解放区情况的全面汇报。毛泽东等的晋绥华北之行，是一次密集和系统的调查研究活动，调研的内容虽然涉及面很广，但主题是土改，特别是对土改"左"倾错误泛滥的晋绥地区的调研，具有很强的针对性。他们边走边看，边座谈了解情况边发表意见，阐述了许多重要的指导意见。其主要观点集中体现于毛泽东4月1日《在晋绥干部会议上的讲话》和4月2日《对晋绥日报编辑人员的谈话》。

毛泽东充分肯定这个时期各解放区土地改革的巨大成就，并总结近一年来土地改革运动中反对右的和"左"的倾向的经验与教训，全面地阐明中国共产党在新民主主义革命时期土地改革工作中的总路线和总政策——"依靠贫农，团结中农，有步骤地、有分别地消灭封建剥削制度，发展农业生产"[①]。学术界长期以来一直把中共的土地革命路线当作土改的阶级

[①]《在晋绥干部会议上的讲话》（1948年4月1日），《毛泽东选集》第4卷，人民出版社1991年版，第1317页。

路线看待，似乎主要是解决依靠谁、团结谁、打击谁的问题。从总体上看确实如此。但在解放战争条件下，解决农民的土地问题所面临的情况与过去相比有很大变化。一是过去的土地革命是分别在各个革命根据地进行的，而这时却是要在全国推进，因而出现分区域的问题，即分为老区、半老区和新区。二是为了分化孤立和集中力量打击最主要的敌人，尽可能地减少阻力，运用和提高策略水平的必要性大大提高，因而提出不仅要分区域，而且要分阶段和分步骤进行土改的重要思想。三是强化土地革命以促进生产发展的目的。毛泽东明确指出："发展农业生产，是土地改革的直接目的。只有消灭封建制度，才能取得发展农业生产的条件。在任何地区，一经消灭了封建制度，完成了土地改革任务，党和民主政府就必须立即提出恢复和发展农业生产的任务，将农村中的一切可能的力量转移到恢复和发展农业生产的方面去。"①四是着力纠正对地主富农扫地出门和乱打乱杀的错误，把大约3600万的旧式富农和地主作为劳动力加以保护。因此，与1931年初已经形成的土地革命路线相比，毛泽东这时对新民主主义土地革命总路线的概括，就不只是各阶级路线的问题了，而且增加了"有步骤地、有分别地"和"发展农业生产"的内容，并将过去的"限制富农、消灭地主"改为"消灭封建剥削制度"。其政策性、完整性、严谨性和策略性比以往任何时期都有显著提高，标志着中共土地革命路线的最终形成。在毛泽东和中共中央的正确领导下，土地改革运动稳步健康地开展起来，并取得极其伟大的成果。据1949年6月统计，在全国拥有2.7亿人口的解放区中，已有1.5亿多人口的地区完成土地改革。在此基础上，解放区的农业生产也有了极大的发展，为支援解放战争提供了可靠的物质基础。这使我们"获得了足以战胜一切敌人的最基本的条件"。其影响，不仅决定了人民解放战争最终胜利的大局，而且从根本上瓦解了帝国主义、封建主义和官僚资本主义在中国的统治，为新中国成立后全国土地改革事

---

① 《在晋绥干部会议上的讲话》（1948年4月1日），《毛泽东选集》第4卷，人民出版社1991年版，第1315—1316页。

业的彻底胜利奠定了坚实的基础。

四、调查研究工作的新篇章

在把马克思主义与中国革命的实际相结合的过程中，调查研究成为中国共产党人的锐利武器，是毛泽东思想的精髓之所在。在波澜壮阔的人民解放战争中，中共中央和毛泽东主要开展了两个战场的斗争，一个是指挥人民解放军通过武装斗争彻底埋葬蒋家王朝，建立崭新的人民共和国；另一个是领导亿万农民群众彻底分出封建地主土地所有制，从根本上瓦解帝官封反动统治的基础，奠定新民主主义经济和人民民主专政的基石。在后一场斗争中，他们运用的依然是调查研究这个传家宝，并从实践与理论上予以发展。

第一，通过调查研究确定开展土地改革的时机、步骤和政策。解放战争时期的土改运动分为四个阶段。自抗战胜利到1946年5月以前的第一阶段，毛泽东和中共中央的主要成员，看似没有进行一般意义上的调查研究活动，但是他们都以主要精力亲身投入争取和平建设一个独立、自由、统一、富强的新中国。毛泽东亲赴重庆40多天与国民党政要及各方面的人士反复切磋和平建国的大略；刘少奇全面主持中共中央的日常工作，与各解放区党政军负责同志电文往来不断；周恩来更是长期在第一线实际掌控中共与外界的一切交往。因此，他们无须进行常规的调查研究活动，就对当时的客观形势和全国人民对和平的热切期盼，有切身的感受和深入的了解。正因为如此，抗战胜利后中共方面并没有马上启动动员农民夺取地主土地的斗争，而是把争取和平作为既定的方针。毛泽东提出"和平、民主、团结"的口号，并认为这一口号能得到国内外的广大同情。[1]于是，就有了《双十协定》和停战协议的签订，国内和平有望。

---

[1] 《抗日战争胜利后的新形势和新任务》（1945年8月23日），《毛泽东文集》第4卷，人民出版社1996年版，第6页。

可是，停战协议墨迹未干，国民党方面就撕毁协议，全面向解放区进攻。与此同时，解放区的广大农民不满足于减租减息，开始自发地开展夺取地主土地的斗争。这种情况反映到中共中央，主持中央工作的刘少奇召集各战略区的负责同志到延安开会，经过调研磋商，中共中央发布《五四指示》，开始用比较温和的办法解决无地和少地农民的土地问题。解放战争时期的土改运动进入第二阶段。

1947年3月，国共关系彻底破裂后，为了动员广大农民群众保卫胜利果实，为了彻底动摇国民党反动统治的社会基础，毛泽东和中共中央委托刘少奇率领中央工委，经过比较系统的调查研究，讨论制定了《中国土地法大纲》，开启了全国范围的大规模的土地改革运动。是为解放战争时期土改运动的第三个阶段。

第二，通过调查研究纠正土改工作中的严重"左"倾错误。随着全国各战场胜利转入战略反攻，毛泽东开始把更多的精力转入领导土改运动。他不满足于自己以往在解决农民土地问题上的丰富经验，特别看重土改工作一线同志的意见，并在戎马倥偬中利用一切机会，了解解放战争条件下土改工作的新情况和新问题。具体地讲：一是在正式发布《中国土地法大纲》等重要文件之前，他先普遍征求方方面面的意见；二是就专项问题征求有关方面的意见，如他就新区政策征求邓小平意见，通篇电文除列举6个问题要邓小平回答外，再无一句其他的话，反映出他对新解放区究竟实行什么样政策的关切和深思；三是通过审阅批转各地和各部门的汇报材料进行调研；四是在中共中央十二月会议期间认真听取与会者的意见，围绕土改问题进行有针对性的咨询，并在从陕北去西柏坡途中，对晋绥等地的土改情况进行直接的调查。毛泽东对于土改政策极为慎重。和起草《关于建立报告制度》《关于健全党委制》等文件的指令性语气不同，他涉及土改方面的电报、讲话和起草的文件，即使是以中共中央名义发出的指示，也往往是以商量的口吻提出。比如在经他修改发出的《中共中央关于重新印发〈怎样分析阶级〉等两个文件的指示》中，不厌其烦地提出"你们规定阶级成分时，应召集有经验与有正确观点的同志开会，经过正式讨

第十五章 实现亿万农民的千年梦想——耕者有其田

论通过,并将有争论之点电告";"为着征求下级意见,请你们将两项参考文件印发各级党委、政府、农会及土改工作团,引起他们讨论,并要求他们提出意见";"望你们根据各地具体情况,参考此项文件,提出关于阶级成分分析的明确意见电告,然后由中央制定统一的正式文件,公开发表"。[①]在调研中,毛泽东发现了许多过去不曾注意到的新情况,成为他纠正关于联合中农等问题上"左"的错误,以及分别制定老区、半老区和新区不同的土地改革政策的客观依据。

在全面深入调查研究的基础上,毛泽东和中共中央从各解放区和各个战场的实际出发,以严肃认真的态度,坚决地纠正土改中的"左"倾错误。自十二月会议开始,全国的土改运动实际转由毛泽东和中共中央直接领导,这种状况一直延续到大陆的全部解放。是为解放战争时期土改运动的第四阶段。

毛泽东领导的土改纠"左",有一些重要的特点:其一是严明政策界限,一丝不苟。他曾极而言之地指出"在土地问题上反'左'主要是反对对中农的冒险政策,哪怕只发生一户中农被错当作地主来整,我们也必须十分注意纠正。在农村中按户数计算,地主、富农只占百分之八左右,中农、贫农、雇农合占百分之九十,这个阵线不能混乱"[②]。其二是带头检讨自己,非常注意保护各级干部的工作热情。他在接到刘少奇1948年2月28日关于"最近我调查了老区几个村的确实材料证明你的提议完全正确,即在老区土地早已基本平分,而不要再来一次平分,也不要人为地去组织领导一切的贫农团,只要在农会中组织贫农小组,实行土地调整,即可完全解决土地问题"[③]的电报后,3月6日复电指出"无论做什么事,

---

① 《中共中央关于重发〈怎样分析阶级〉等两个文件的指示》,《建党以来重要文献选编(1921—1949)》第24册,中央文献出版社2011年版,第494页。

② 《在杨家沟中共中央扩大会议上的讲话》(1947年12月25日、28日),《毛泽东文集》第4卷,人民出版社1996年版,第331页。

③ 《附:刘少奇关于土地改革问题给毛泽东的电报》(1948年2月18日),《建党以来重要文献选编(1921—1949)》第25册,中央文献出版社2011年版,第193—194页。

693

凡关涉群众的，都应有界限分明的政策。我感觉各地所犯的许多错误，主要的（坏人捣乱一项原因不是主要的）是由于领导机关所规定的政策缺乏明确性，未将许可做的事和不许可做的事公开明确地分清界限"。他特别说到，此事"不能专责备各中央局，我自己即深感这种责任"。[1]据杨尚昆回忆：毛泽东在代表中共中央书记处向七届二中全会作的报告中曾专门检讨一中全会以来的工作有两项错误：一是因为上面没抓紧而造成的无政府无纪律状态；二是土地改革中犯了错误，就是只有战略指示，没有策略指示，划分阶级的文件发迟了，中央没有系统的说明。[2]其三是防止一面倒，即一种倾向压倒另一种倾向。毛泽东充分肯定《中国土地法大纲》和整个土改运动所取得的重要成就及其重要作用。他在谈到1947年11月西北局召开的义合镇会议在贯彻全国土地会议精神中的"左"倾错误时指出："义合镇会议好比一河水，这河水十个浪头有八个是好的，但是没有解决好中农和中小资产阶级问题，发生了偏向，那末这两个浪头就是不好的。"[3]再如他在充分肯定习仲勋1948年1月19日关于纠"左"的意见时，特地告诫"同时注意，不要使下面因为纠正'左'而误解为不要动"[4]。毛泽东始终认为废除封建土地所有制使无地少地的农民（特别是贫农）获得土地，是第一位的。

客观地看，《中国土地法大纲》在1950年6月30日《中华人民共和国土地改革法》颁布之前，确实是中共历年来最完备最系统的土地改革纲领，全面吸收了过去的经验。除去彻底平分土地和废除乡村中一切债务的规定侵犯了中农利益问题外，它的其他内容（包括依靠贫雇农的相关规

---

[1] 《毛泽东关于政策和经验的关系问题给刘少奇的复电》（1948年3月6日），《建党以来重要文献选编（1921—1949）》第25册，中央文献出版社2011年版，第191、192页。

[2] 《杨尚昆回忆录》，中央文献出版社2007年版，第279页。

[3] 《在杨家沟中共中央扩大会议上的讲话》（1947年12月25日、28日），《毛泽东文集》第4卷，人民出版社1996年版，第335页。

[4] 《毛泽东转发习仲勋关于西北土改情况报告的批语》（1948年1月20日），《建党以来重要文献选编（1921—1949）》第25册，中央文献出版社2011年版，第61页。

定）基本适用于半老区和新区的土地改革。毛泽东认为："只要是真正的群众运动，当我们纠正'左'的错误，即纠正干部及群众对于中农、富农及中小地主的过火行动时，应当用极大的善意与热忱去说服他们，使他们在自觉与高兴的基础之上纠正他们的错误，想出补救的办法，绝对不可泼冷水，绝对不可使他们感觉受了挫折。"①

第三，由调查研究到明确"政策和策略是我党我军的生命"②。在全面贯彻杨家沟会议精神的过程中，毛泽东不仅系统地采纳和发挥了任弼时、习仲勋等同志关于土改问题的见解和主张，而且从"中国新民主主义的革命要胜利，没有一个包括全民族绝大多数人口的最广泛的统一战线，是不可能的"③这样一个战略出发，将这些具体的调查研究的成果转化为政策和策略，进而升华到理论指导的高度。

1948年2月27日，毛泽东就工商业政策问题为中共中央起草党内指示，从理论与实践结合的角度指出"政策是革命政党一切实际行动的出发点，并且表现于行动的过程和归宿。一个革命政党的任何行动都是实行政策。不是实行正确的政策，就是实行错误的政策；不是自觉地，就是盲目地实行某种政策。所谓经验，就是实行政策的过程和归宿。政策必须在人民实践中，也就是经验中，才能证明其正确与否，才能确定其正确和错误的程度。但是，人们的实践，特别是革命政党和革命群众的实践，没有不同这种或那种政策相联系的。因此，在每一行动之前，必须向党员和群众讲明我们按情况规定的政策。否则，党员和群众就会脱离我们政策的领导而盲目行动，执行错误的政策"④。3月20日，毛泽东在转发西北野战军一则指

---

① 《中共中央关于纠正群众工作中的错误问题给陈毅的指示》（毛泽东起草），《建党以来重要文献选编（1921—1949）》第23册，中央文献出版社2011年版，第201页。

② 《政策和策略是我党我军的生命》（1948年3月20日），《毛泽东文集》第5卷，人民出版社1996年版，第83页。

③ 《在西北野战军前委扩大会议上的讲话》（1948年1月15日），《毛泽东文集》第5卷，人民出版社1996年版，第19页。

④ 《关于工商业政策》（1948年2月27日），《毛泽东选集》第4卷，人民出版社1991年版，第1286页。

示的批语中，正式提出"政策和策略是我党我军的生命"①这一至理名言。

这个时期，毛泽东还先后起草并发表《在不同地区实施土地法的不同策略》《纠正土地改革宣传中的"左"倾错误》《新解放区土地改革要点》《在晋绥干部会议上的讲话》《新解放区农村工作的策略问题》《一九四八年的土地改革工作和整党工作》等文件与讲话。

毛泽东着重从改正工作方法着手，纠正土改过程中出现的错误。3月12日，毛泽东为推介《山西崞县是怎样进行土地改革的》经验，撰写按语指出"现在是成千万的人民群众依照党所指出的方向向着封建的买办的反动制度展开进攻的时候，领导者的责任，就是不但指出斗争的方向，规定斗争的任务，而且必须总结具体的经验，向群众迅速传播这些经验，使正确的获得推广，错误的不致重犯"②。4月1日，他进一步指出"按照实际情况决定工作方针，这是一切共产党员所必须牢牢记住的最基本的工作方法。我们所犯的错误，研究其发生的原因，都是由于我们离开了当时当地的实际情况，主观地决定自己的工作方针。这一点，应当引为全体同志的教训"③。翌年3月13日，毛泽东在《党委会的工作方法》中谈到领导干部必须胸中有"数"时，再次以土改政策举例。他说"对于何谓富农，何谓富裕中农，有多少剥削收入才算富农，否则就算富裕中农，这也必须找出一个数量的界限"。他强调指出："任何质量都表现为一定的数量，没有数量也就没有质量。我们有许多同志至今不懂得注意事物的数量方面，不懂得注意基本的统计、主要的百分比，不懂得注意决定事物质量的数量界限，一切都是胸中无'数'，结果就不能不犯错误。"④

---

① 《政策和策略是我党我军的生命》（1948年3月20日），《毛泽东文集》第5卷，人民出版社1996年版，第83页。

② 《山西崞县是怎样进行土地改革的》（1948年3月12日），《毛泽东文集》第5卷，人民出版社1996年版，第80页。

③ 《在晋绥干部会议上的讲话》（1948年4月1日），《毛泽东选集》第4卷，人民出版社1991年版，第1308页。

④ 《党委会的工作方法》（1949年3月13日），《毛泽东选集》第4卷，人民出版社1991年版，第1443、1442页。

第十五章 实现亿万农民的千年梦想——耕者有其田

他把这一纠偏过程视为对全党干部的一次系统的政策学习教育而予以高度评价。他指出:"全党大多数干部,在过去几年,特别是在一九四八年,有系统地学会了在农村工作中,在城市工作中和在军事工作中的各项具体的政策和策略,有系统地纠正了右的和'左'的偏向。许多同志在过去长时期内没有学会的东西,一个年头内都学会了。这样,就使党的总路线在全党内能够贯彻执行。这是一个最伟大和最根本的胜利。这是我党政治成熟程度的极大的增长。这样一件事就指明:我党在不要很久的时期内是能够有把握地取得全国政权的。"①

通过调查研究,抓事务的主要矛盾和矛盾的主要方面,是毛泽东哲学思想和工作方法的精髓所在。在解放战争的历史条件下,他和他的战友们运用调查研究的武器,聚焦土改政策进行深入系统的调研,有力地推动了土改运动健康有序地全面开展,使亿万农民终于实现了"耕者有其田"的千年梦想。

---

① 《目前形势和党在一九四九年的任务》(1949年1月8日),《毛泽东文集》第5卷,人民出版社1996年版,第231—232页。

第十六章　描绘新中国宏伟蓝图

人民解放战争时期是中华民族五千年文明史上波澜壮阔的新篇章，是近代中国百年屈辱历史的终结，也是中国共产党人的"破壁"与"收获"时期。所谓"破壁"，是指中共继承近代先贤80年来不懈努力的未竟之志，经过20多年前仆后继的英勇奋斗，终于彻底推翻了帝国主义、封建主义和官僚资本主义"三座大山"，赢得了中华民族和亿万劳苦大众的独立与解放；所谓"收获"，不只是指夺取全国革命的胜利和建立起工农大众经济上翻身、政治上当家作主的新中国，并且包括在指导思想上，新民主主义革命理论有了新发展，马克思主义与中国革命实际相结合之毛泽东思想达到新境界，制定了一整套夺取全国胜利的政策策略，还创造性地创立了人民民主专政的国家学说，为新中国的创建与巩固，并为其向社会主义方向迈进，奠定了坚实的基础，开辟了光明的前途。

一、将革命进行到底

在人民解放军胜利进军的隆隆炮声中，毛泽东开始逐步地把主要精力转向创建人民共和国。

1948年4月30日，中共中央发布经毛泽东修改审定的纪念"五一"国际劳动节口号，号召各民主党派、各人民团体、各社会贤达迅速召开政治协商会议，讨论并实现召集人民代表大会，成立民主联合政府。翌日，毛泽东致电中国国民党革命委员会主席李济深和在香港主持民盟盟务的中国民主同盟常委沈钧儒（在内地的民盟组织已经被国民党政府强令取缔解散),提出立即着手召开新政治协商会议,讨论成立民主联合政府,希望民革、民盟同中共共策进行。毛泽东的这一主张,立即得到各民主党派、人民团体和无党派人士的热烈响应。5月5日,中国国民党革命委员会、中国民主同盟、中国民主促进会、中国致公党、中国农工民主党、中国人民救国会、中国国民党民主促进会、三民主义同志联合会等民主党派与无党派民主人士,联合发表通电致毛泽东,拥护召开新政治协商会议,指出成立民主联合政府,是"适合人民时势之要求,尤符同人等之本旨,曷胜钦企"。由于交通信息阻隔,毛泽东于8月1日才收到这封电文,当即回电,对各民主党派、各人民团体及无党派民主人士赞同召开新的政治协商会议,讨论召开人民代表大会、建立民主联合政府的主张并热心促其实现,表示钦佩。同时,提出开会的时间、地点、何人召集、参加会议者的范围以及会议应讨论的问题等项事宜,希望共同研讨。

自1948年8月起,各民主党派和民主人士代表人物,由香港等地分批启程陆续到达东北和华北解放区。10月3日,毛泽东、朱德、周恩来致电第一批抵达哈尔滨的民主人士沈钧儒、谭平山、章伯钧、蔡廷锴等,表示慰问。1949年1月22日,李济深、沈钧儒等55名抵达解放区的民主人士,联名发表《我们对时局的意见》,表示"愿在中共领导下,献其绵薄,共策进行,以期中国人民民主革命之迅速成功,独立、自由、和平、幸福的新中国之早日实现"。

三大战役后,国民党在军事上、政治上、经济上已陷入严重危机之中,国民党政府的崩溃已成定局。他们企图利用"和平"谈判,以保存残余力量,阻止人民解放军向长江以南进军,从而取得喘息时间,重整旗鼓,然后进行反扑。美帝国主义看到蒋介石已失人心,其彻底失败的命运已无法挽救,企图以李宗仁代替蒋介石。蒋介石为获得喘息,也表态宣布"引退",由李宗仁出任代总统同中共"和谈"。与此同时,一些民族资产阶级的右翼分子害怕革命进一步发展将会触犯自己的利益,积极配合美蒋反动派的"和平攻势",向中国共产党"呼吁和平";一些"自由主义者"也出面"调和",企图建立"第三势力";甚至,苏联方面也劝中国共产党与国民党"划江而治",以免美国出兵干涉而引起第三次世界大战;中国革命阵营内部也有人顾虑过长江会因受美国出兵干涉而致革命功败垂成。

关键时刻,毛泽东审时度势,提出绝不允许"南北朝"历史在中国重演。他向全国人民发出"将革命进行到底"的伟大号召。在为新华社写的1949年新年献词中,毛泽东用古希腊寓言《农夫与蛇》告诫全国人民,敌人是不会自行消灭的。无论是中国的反动派,或是美帝国主义在中国的侵略势力,都不会自行退出历史舞台。他号召中国人民为防止那些感受到冬天的威胁,但还没有冻僵的,无论是露出毒牙或化装成美女的蛇还阳复苏,就必须"用革命的方法,坚决彻底干净全部地消灭一切反动势力,不动摇地坚持打倒帝国主义,打倒封建主义,打倒官僚资本主义,在全国范围内推翻国民党的反动统治,在全国范围内建立无产阶级领导的以工农联盟为主体的人民民主专政的共和国。这样,就可以使中华民族来一个大翻身,由半殖民地变为真正的独立国,使中国人民来一个大解放,将自己头上的封建的压迫和官僚资本(即中国的垄断资本)的压迫一起掀掉,并由此造成统一的民主的和平局面,造成由农业国变为工业国的先决条件,造成由人剥削人的社会向着社会主义社会发展的可能性。如果要使革命半途而废,那就是违背人民的意志,接受外国侵略者和中国反动派的意志,使国民党赢得养好创伤的机会,然后在一个早上猛扑过来,将革命扼死,使全国回到黑暗世界"[①]。

为了揭露国民党的"和谈"阴谋,教育那些对国民党仍存幻想的"民主主义者",鼓舞全国人民斗志,毛泽东接连发表《评战犯求和》《关于时局的声明》《中共发言人评南京行政院的决议》《四分五裂的反动派为什么还要空喊"全面和平"?》《国民党反动派由"呼吁和平"变为呼吁战争》《评国民党对战争责任问题的几种答案》和《南京政府向何处

[①] 《将革命进行到底》(1948年12月30日),《毛泽东选集》第4卷,人民出版社1991年版,第1375页。

去？》等战斗檄文，彻底戳穿国民党"假和平"面目。为了减少人民痛苦，教育广大人民，中国共产党在加紧准备渡江作战的同时，于3月26日正式通知同南京国民党政府谈判，提出谈判从4月1日开始，地点为北平。国民党政府派出由张治中、邵力子、黄绍竑、章士钊、刘斐等组成的国民党政府代表团，4月1日抵达北平。经过半个多月谈判，国共双方拟定《国内和平协定》（最后修正案），但是4月20日南京政府拒绝签字。4月21日，毛泽东和朱德向人民解放军全体指战员发布《向全国进军的命令》，并指挥人民解放军百万大军发动渡江战役，一举突破国民党精心布置数月的千里长江防线。4月23日，国民党统治中心南京解放。毛泽东看到报纸上登出的消息后，很是高兴。在中国人民解放军的凯歌行进声中，毛泽东挥笔写下"风雨下钟山"的著名诗篇，抒发了"天翻地覆慨而慷"的豪迈情怀。

二、筹建新中国

1949年1月6日至8日，毛泽东主持召开中央政治局会议，提出准备召开七届二中全会和全国政治协商会议，成立中央政府等16项任务。他指出"如果完成了全国革命的任务，就是铲地基，花了三十年。但是起房子，这个任务要几十年工夫"。这反映了毛泽东对党的中心任务转移这一客观趋势的判断。

3月5日至13日，中国共产党在河北省平山县西柏坡召开具有重要历史意义的七届二中全会。出席会议的有中央委员34人，候补中央委员19人，列席的重要工作人员有11人。这是一次制定夺取全国胜利和胜利后的各项方针政策的极其重要的决策性会议。毛泽东在会上作了报告和总结。

毛泽东说，辽沈、淮海、平津三战役以后，国民党军队的主力已被消灭。今后是要解决分布在从新疆到台湾的国民党剩下的100多万作战部队。他提出"天津方式""北平方式"和"绥远方式"以解决残敌，并指出："在南方各地，人民解放军将是先占城市，后占乡村。"人民解放军不仅永远是一个战斗队，又是一个工作队。我们必须准备把210万野战军全部地化为工作队，以便开展新解放的广大地区的工作。

在经过22年的艰苦转战之后，面对即将获得的胜利，毛泽东第一时间提出了党的工作重心由乡村移到城市的问题。他说，从1927年到现在，我们的工作重点是在乡村，在乡村聚集力量，用乡村包围城市，然后取得城市。采取这样一种工作方式的时期已经完结。"从现在起，开始了由城市到乡村并由城市领导乡村的时期。"当然，城乡必须兼顾，决不可以丢掉乡村，仅顾城市。但是党和军队的工作重心必须放在城市，必须用极大的努力去学会管理城市和建设城市。在城市斗争中，必须全心全意地依靠工人阶级，团结其他劳动群众，争取知识分子，争取尽可能多的能够同共产党合作的民族资产阶级分子及其代表人物，以便向帝国主义者、国民党、官僚资产阶级作坚决的斗争。城市中的其他工作，都必须围绕着生产建设这个中心工作并为这个中心工作服务。他向全党提出"我们不但善于破坏一个旧世界，我们还将善于建设一个新世界"，正式把中共新的历史使命提上议事日程。在报告中，他还阐述了胜利之后国内外的基本矛盾和党的各方面政策，提出必须使中国稳步地由农业国转变为工业国，把中国建设成一个伟大的社会主义国家的奋斗目标。

对中国的经济状况，毛泽东分析道：中国已经有大约百分之十左右的现代性的工业经济，这是进步的；还有大约百分之九十左右的分散的个体的农业经济和手工业经济，这是落后的。在现代性的工业经济中，最大的和最重要的资本集中在帝国主义者及中国的官僚资产阶级手里。没收这些资本归无产阶级领导的人民共和国所有，就使人民共和国掌握了国家的经济命脉，使国营经济成为整个国民经济的领导成分。这一部分经济，是社会主义性质的经济。占第二位的是私人资本主义工业，它是一个不可忽视的力量。为了整个国民经济的利益，为了工人阶级和劳动人民现在和将来的利益，对于私人资本主义经济决不可限制得太死，必须容许它们在人民共和国的经济政策和经济计划的轨道内有存在和发展的余地。在中国革命取得全国胜利，并且解决了土地问题以后，实行"对内的节制资本和对外的统制贸易",是我国在经济斗争中的两个基本政策。

关于对外政策,为彻底改变旧中国历届政府在履新之初无不宣告要"外崇国信",被迫承认过去遗留下来的各种不平等条约,以换取外国政府的承认和支持,致使有政权更迭之形,而无国家和民族独立之实的惨痛历史。毛泽东在2月初会见到访西柏坡的苏共中央政治局委员米高扬时,就提出了"另起炉灶"和"打扫干净房子再请客"的外交方针,即新中国不承认一切旧有的外交关系,不承认满清政府、北洋军阀政府和国民党政府与世界各国,包括苏联,签订的一切条约,实行重新谈判、重新建交的方针。毛泽东在七届二中全会上指出:我们不承认国民党时代的任何外国外交机关和外交人员的合法地位,不承认国民党时代的一切卖国条约的继续存在,取消一切帝国主义在中国开办的宣传机关,立即统制对外贸易,改革海关制度。"在做了这些以后,中国人民就在帝国主义面前站立起来了。"从而彻底废除了一切不平等条约和外国列强在华的一切特权,使新中国在开国之初就获得完全独立自主的地位,一百多年来第一次真正赢得了中华民族的独立与解放。毛泽东指出:全国胜利以后,我们愿意按照平等原则同一切国家建立外交关系,但是从来敌视中国人民的帝国主义,只要它们一天不改变敌视的态度,我们就一天不给它们在中国以合法的地位。对于普通外侨,则保护其合法的利益,不加侵犯。至于同外国人做生意,那是没有问题的,有生意就得做,我们必须尽可能地首先同社会主义国家和人民民主国家做生意,同时也要同资本主义国家做生意。针对一些帝国主义国家对新中国的敌视态度,尤其是美国政府的封锁政策和它为其侵华行径的狡辩,毛泽东在新中国成立前夕,一方面连续为新华社写了《丢掉幻想,准备斗争》《别了,司徒雷登》《为什么要讨论白皮书?》《"友谊",还是侵略?》《唯心历史观的破产》五篇评论,系统地揭露和批驳了美国政府对华政策的帝国主义本质;鉴于美国为首的帝国主义国家对即将诞生的新中国的敌视态度,在坚持独立自主外交方针的同时,毛泽东在随后发表的《论人民民主专政》一文中对采用"一边倒"的方针作了深刻的论述,他指出:"一边倒,是孙中山的四十年经验和共产党的二十八年经验教给我们的，深知欲达到胜利和巩固胜利，必须一边倒。积四十年和二十八年的经验，中国人不是倒向帝国主义一边，就是倒向社会主义一边，绝无例外。"①这样，作为政治方针的"一边倒"，由新中国当时所处的国际环境所决定，也被贯彻于外交工作中，即将发展同苏联和各人民民主国家的外交关系放在了首要位置。根据这个精神，中国人民政治协商会议在制定《共同纲领》时，规定的外交原则是：保障本国独立、自由和领土主权的完整，拥护国际的持久和平和各国人民之间的友好合作，反对帝国主义的侵略政策和战争政策。外交方针为：联合世界上一切爱好和平、自由的国家和人民，首先是联合苏联、各人民民主国家和各被压迫民族，站在国际和平民主阵营方面，共同反对帝国主义侵略，以保障世界和平。这一系列外交原则、方针，博得了世界各国一切爱好和平的人民的赞扬和同情。

毛泽东在中共七届二中全会上豪迈而自信地提出："召集政治协商会议和成立民主联合政府的一切条件，均已成熟。一切民主党派、人民团体和无党派民主人士都站在我们方面。""我们希望四月或五月占领南京，然后在北平召集政治协商会议，成立联合政府，并定都北平。"②我们要建立一个"无产阶级领导的以工农联盟为基础的人民民主专政"③的国家。

报告的最后部分，毛泽东提醒全党要防止因胜利而骄傲、以功臣自居、停顿起来不求进步、贪图享乐不愿再过艰苦生活等情绪的滋长，要警惕别人用糖衣裹着的炮弹的攻击。毛泽东特别告诫全党，夺取全国胜利这只是万里长征走完了第一步。今后的工作更伟大，斗争更艰苦，务必

---

① 《论人民民主专政》（1949年6月30日），《毛泽东选集》第4卷，人民出版社1991年版，第1472—1473页。

② 《在中国共产党第七届中央委员会第二次全体会议上的报告》（1949年3月5日），《毛泽东选集》第4卷，人民出版社1991年版，第1435、1436页。

③ 《在中国共产党第七届中央委员会第二次全体会议上的报告》（1949年3月5日），《毛泽东选集》第4卷，人民出版社1991年版，第1436页。

使同志们继续地保持谦虚、谨慎、不骄、不躁的作风，务必使同志们继续地保持艰苦奋斗的作风。①在会上，为了防止革命胜利后党内可能出现的骄傲、麻痹、松懈等情绪，根据毛泽东的建议，党中央制定了"六项规定"，即"一、不作寿；二、不送礼；三、少敬酒；四、少拍掌；五、不以人名作地名；六、不要把中国同志同马恩列斯平列"。

毛泽东的这些重要论述，不仅对迎接全国革命的胜利，而且对新中国的建设，起着巨大的指导作用。

1949年3月23日，新华社全文公布中共七届二中全会公报。同日上午，毛主席和刘少奇、周恩来、朱德、任弼时一道率中央机关离开西柏坡，前往北平。临行前，毛泽东望着巍峨雄伟的太行山，风趣地说：今天是进京赶考的日子。周恩来接着说：我们都应当考试及格，不要退回来。毛主席说：退回来就失败了，我们一定要考个好成绩，我们决不当李自成。

毛泽东和周恩来这一席对话意味深长，生动形象地反映了中国共产党人的政治本色和根本宗旨，是对历史、对人民的庄严承诺，表达了我们党的决心和信心。"进京"意味着执政，"赶考"就要接受历史和人民的考验。在毛泽东看来，夺取政权，建立新中国是"赶考"；巩固政权，建设新中国是"赶考"；实现中华民族伟大复兴更是"赶考"。时代是出卷人，中国共产党人是答卷人，人民是阅卷人。"赶考永远在路上"，成为中国共产党人不懈的追求和一往直前的不竭动力。

3月25日凌晨，毛泽东一行乘坐的列车抵达北平清华园站，这是毛泽东在阔别整整30年后，再次来到北平，诚如他的诗词所言"换了人间"。当天，毛泽东在西苑机场阅兵并与各民主党派负责人、各社会贤达亲切会面，然后移驻中共中央和解放军总部在北平的驻地香山（对外称"劳动大学"）。毛泽东的居所是原民国国务总理熊希龄所创办的香山慈幼院旧址——双清别墅。在香山，毛泽东继续指挥人民解放军夺取全国胜利，同时致力于领导新中国及中央人民政府的筹建工作。

---

① 《在中国共产党第七届中央委员会第二次全体会议上的报告》（1949年3月5日），《毛泽东选集》第4卷，人民出版社1991年版，第1438—1439页。

三、新民主主义革命理论的新发展

新民主主义革命理论是毛泽东思想的核心内容之一。毛泽东根据解放战争时期新的实践和新的历史条件，围绕指导土地改革运动健康发展和保护资本主义工商业，以及全党工作中心转移等问题，提出并阐发了许多重要的思想观点，构成其新民主主义革命理论的一个重要发展阶段。这些思想观点散见于他当时起草或修改的多个文件、讲话、电报和指示，其中最集中的是他主持制定的《中共中央关于土地改革中各社会阶级的划分及其待遇的规定》（草案）。这个文件从1947年冬开始起草，1948年2月15日完稿，共25章，两万多字，他亲自起草了其中的第一、第二章，于16日下发讨论征求意见。该草案以后又几经修改，虽然最终并未能作为正式文件下发执行，但其基本精神和许多具体的规定，在酝酿、讨论、征求意见往复和多次修改的过程中，分别作为讲话、文件、新华社社评等形式，实际已经运用于中共中央对现实工作的指导之中。毛泽东十分看重这个文件，他在20日给刘少奇的电报中说："这个文件实际上带着党纲、政纲、政策几重性质。我们如果要取得全国胜利，需要有这样一个文件，党内外才有明确遵循的政治、经济与社会生活的章程。"[①]这个时期毛泽东对新民主主义革命理论的丰富和发展主要是：

其一，关于经济形态。毛泽东的《新民主主义论》中谈论比较多的是新民主主义政治与新民主主义文化，在其15个标题的论述中，只有一个标题是专门论述新民主主义的经济。他当时虽然明确了"在无产阶级领导下的新民主主义共和国的国营经济是社会主义的性质，是整个国民经济的领导力量"，但是并没有对新民主主义经济形态的其他构成做进一步的阐述，只是从"节制资本"和"耕者有其田"的角度，强调未来的社会形态，"决不能建立欧美式的资本主义社会，也决不能还是旧的半封建社

[①] 《中国的社会经济形态、阶级关系和人民民主革命》（1948年2月15日），《毛泽东文集》第5卷，人民出版社1996年版，第62页。

会"。①随着夺取全国胜利曙光的出现，毛泽东对新民主主义经济形态的认识愈加深入。他在《目前形势和我们的任务》的报告中，提出并阐明了"官僚资本"和"官僚资产阶级"的由来及其概念的内涵。他把没收封建阶级的土地归农民所有，没收垄断资本归新民主主义的国家所有和保护民族工商业，作为新民主主义革命的三大经济纲领。1948年9月8日，毛泽东在中央政治局九月会议指出：过去讲新民主主义社会的社会主义因素时，"只讲了政治条件，没有讲没收官僚资本"。中共六大到现在的二十年，"特别是在抗战八年中，官僚资本有了很大发展"。他说："写《新民主主义论》时，民族资本与官僚资本的区别在我们脑子里尚不明晰。大工业、大银行、大商业，不管是不是官僚资本，全国胜利后一定时期内都是要没收的，这是新民主主义经济的原则。而只要一没收，它们就属于社会主义部分。"②毛泽东反对用"新资本主义"的概念来涵盖新的社会经济形态。他说："我看这个名词是不妥当的，因为它没有说明在我们社会经济中起决定作用的东西是国营经济、公营经济，这个国家是无产阶级领导的，所以这些经济都是社会主义性质的。农村个体经济加上城市私人经济在数量上是大的，但是不起决定作用。我们国营经济、公营经济，在数量上较小，但它是起决定作用的。我们的社会经济的名字还是叫'新民主主义经济'好。"③毛泽东认为："在目前整个中国社会经济中，一方面，存在着外国帝国主义的经济，本国封建主义的经济、官僚资本主义的经济和自由资本主义的经济，这些就是旧中国的社会经济形态；另一方面，存在着新式的国家经济、被解放了的农民和小生产者的经济和在新民主国家指导下的私人资本主义经济，这些就是新中国的社会经济形态。"他指出

---

① 《新民主主义论》（1940年1月），《毛泽东选集》第2卷，人民出版社1991年版，第678、679页。

② 《在中共中央政治局会议上的报告和结论》（1948年9月），《毛泽东文集》第5卷，人民出版社1996年版，第140页。

③ 《在中共中央政治局会议上的报告和结论》（1948年9月），《毛泽东文集》第5卷，人民出版社1996年版，第139页。

"旧中国的半殖民地半封建的经济形态,在鸦片战争以来的长时期内占据优势。这种优势,现在正在被新中国的新民主主义的经济形态所迅速地代替着"①。到1949年3月,毛泽东在中共七届二中全会上对这种经济形态进行准确的概括,即"国营经济是社会主义性质的,合作社经济是半社会主义性质的,加上私人资本主义,加上个体经济,加上国家和私人合作的国家资本主义经济,这些就是人民共和国的几种主要的经济成分,这些就构成新民主主义的经济形态"②。毛泽东的上述认识,不仅丰富和发展了新民主主义革命理论,而且清晰地勾勒出新中国经济成分与经济形态的蓝图。

其二,毛泽东深入分析了解放战争历史条件下中国社会的阶级关系,并在以往认识的基础上,阐明阶级关系的新变化,对新的历史条件下的"敌我友"作出新的界定。关于无产阶级,他认为"新民主国家企业中的劳动者","已经集体地占有国家企业中的生产资料,就是说,已经与其原来状况发生了根本的变化";③关于农民阶级,"在中国土地制度改革以前,贫农占农民的大多数;在中国土地制度改革彻底完成以后,中农占农民的大多数",他以"农民以外的独立劳动者"的概念来涵盖手工业劳动者、自由职业者和小商贩,认为"无产阶级,农民,独立劳动者,以及一切受人剥削的人们,共占全国人口约百分之九十","他们是中华民族的主体,是中国人民民主革命的基本力量";④他称"民族资本家和新式富农"⑤为自由资

---

① 《中国的社会经济形态、阶级关系和人民民主革命》(1948年2月15日),《毛泽东文集》第5卷,人民出版社1996年版,第57页。
② 《在中国共产党第七届中央委员会第二次全体会议上的报告》(1949年3月5日),《毛泽东选集》第4卷,人民出版社1991年版,第1433页。
③ 《中国的社会经济形态、阶级关系和人民民主革命》(1948年2月15日),《毛泽东文集》第5卷,人民出版社1996年版,第58页。
④ 《中国的社会经济形态、阶级关系和人民民主革命》(1948年2月15日),《毛泽东文集》第5卷,人民出版社1996年版,第59页。
⑤ 《中国的社会经济形态、阶级关系和人民民主革命》(1948年2月15日),《毛泽东文集》第5卷,人民出版社1996年版,第59页。

产阶级。其中"民族资本家"的概念，是他过去在《新民主主义论》等著作中所未提及的。毛泽东分析了自由资产阶级的阶级地位及其软弱动摇性，认为他们不仅可以参加民主革命或保持中立，而且"在革命胜利以后的经济建设中，他们也可以参加这种建设。只要中国尚未进到社会主义社会，他们是可以与无产阶级和劳动人民一道前进的"（他在1948年3月1日撰写的党内指示《关于民族资产阶级和开明绅士问题》中第一次明确地称民族资产阶级"他们是人民大众的一部分"）。毛泽东把"地主阶级、官僚资产阶级和旧式富农"[①]作为革命的对象，并将中国革命的对象由过去泛称的"大地主大资产阶级"精确为"帝国主义的走狗即地主阶级和官僚资产阶级"。他从用革命的方法解除旧的生产关系的束缚和解放生产力的角度指出："这个生产关系变革的内容，就是废除帝国主义者在中国所强占的特权，废除地主阶级及旧式富农的封建的土地所有权，废除官僚资产阶级的私人垄断的资本所有权。"[②]从而进一步充实和完善了新民主主义革命总路线的内涵。毛泽东的上述分析，不仅与抗日战争特定历史条件下所做的分析不同，而且在全面性、准确性和前瞻性等方面，都比大革命时期的《中国社会各阶级的分析》和第二次国内革命战争时期，以及抗日战争时期他对中国社会各阶级关系的分析，有长足的发展与进步。

其三，关于领导权。对于无产阶级及其政党在新民主主义革命和新民主主义社会的领导地位及其必然性，是毛泽东早已深刻阐述的问题。但是，对于中共和无产阶级在夺取新民主主义革命胜利的过程中，如何实现自己对其他阶级和阶层的领导权问题，存在一个理论与政策、政策与实践相衔接、相协调的问题。毛泽东在领导和发展抗日民族统一战线的过程中已经阐述了与此相关的策略和原则。在解放战争条件下，他又做了进一步的明确，即"领导的阶级和政党，要实现自己对于被领导的阶级、阶层、

[①] 《中国的社会经济形态、阶级关系和人民民主革命》（1948年2月15日），《毛泽东文集》第5卷，人民出版社1996年版，第60页。

[②] 《中国的社会经济形态、阶级关系和人民民主革命》（1948年2月15日），《毛泽东文集》第5卷，人民出版社1996年版，第61页。

政党和人民团体的领导，必须具备两个条件：（甲）率领被领导者（同盟者）向着共同敌人作坚决的斗争，并取得胜利；（乙）对被领导者给以物质福利，至少不损害其利益，同时对被领导者给以政治教育"。或许是鉴于在已经完成土改的老区，中农已经上升为农村人口的多数，而在即将进行土改的半老区与新区，中农成为农村人口的多数已经是大势所趋，又可能是鉴于许多地区在全国土地会议前和在执行《中国土地法大纲》中出现侵犯中农利益的问题，毛泽东特意以联合中农为例阐述如何实现对被领导者领导的具体政策。他指出："例如共产党要领导中农，必须率领中农和自己一道向封建阶级作坚决的斗争，并取得胜利（消灭地主武装，平分地主土地）。如果没有坚决的斗争，或虽有斗争而没有胜利，中农就会动摇。再则，必须以地主土地财产的一部分分配给中农中的较贫困者，对于富裕中农则不要损害其利益。在农会中和乡区政府中，必须吸收中农积极分子参加工作，并须在数量上做适当规定（例如占委员的三分之一）。不要订错中农的成分，对中农的土地税和战争勤务要公道。同时，还要给中农以政治教育。如果没有这些，我们就要丧失中农的拥护。"①毛泽东不仅煞费苦心地逐条阐述正确对待中农问题的政策，而且把纠正土改中的"左"倾错误与建立和巩固中共对农民的领导权联系起来。当刘少奇在1948年"九月会议"的讲话中谈及对资产阶级又团结又斗争，斗争胜负的关键是小生产者的向背时，毛泽东插话："这就是建立并巩固无产阶级的领导权，去年下半年有些地方是失去这种领导权的，但尚可恢复，而且已经恢复了。如何恢复？就是向小生产者承认错误。"②

毛泽东注意到在完成土改的农村，新的两极分化依然是必然发生的客观现象，众多的中农（包括从贫雇农转换来的新中农）依然持有上升为新富农的强烈愿望，新的剥削在所难免。并且在新民主主义社会条件下，

---

① 《关于目前党的政策中的几个重要问题》（1948年1月18日），《毛泽东选集》第4卷，人民出版社1991年版，第1273页。

② 刘少奇：《关于新民主主义的建设问题》（1948年9月13日），《建党以来重要文献选编（1921—1949）》第25册，中央文献出版社2011年版，第465页。

为保护和发展生产力，对新富农的剥削不仅必须容忍，而且还要持积极的态度予以保护。为此，毛泽东一方面着重划清新民主主义与农业社会主义的界限，他指出"我们赞助农民平分土地的要求，是为了便于发动广大的农民群众迅速地消灭封建地主阶级的土地所有制度，并非提倡绝对平均主义。谁要是提倡绝对平均主义，那就是错误的。现在农村中流行的一种破坏工商业，在分配土地问题上主张绝对平均主义的思想，是一种农业社会主义的思想。这种思想的性质是反动的，落后的，倒退的，我们必须批判这种思想"①。由胡乔木起草经毛泽东、刘少奇修改后以新华社信箱形式发表的《关于农业社会主义的问答》也指出：土地改革只是废除封建阶级的私有财产，没有废除资本主义的私有财产，并在客观上还为资本主义的广大发展扫清道路。土改后农村中的经济竞争和新的阶级分化，在新民主主义社会是不可避免的，这种私有经济基础上的竞争，有其一定的进步性。②基于此，《中共中央关于土地改革中各社会阶级的划分及其待遇的规定》（草案）明确："在一九四七年中国土地法大纲颁布以前即已成为新式富农者，在平分土地期间，应按富裕中农待遇，在一般情况下，其多余的土地不得本人同意，不应抽出分配，其多余的财产应予保护。"③

另一方面，毛泽东坚信新民主主义社会的发展方向是社会主义。作为新民主主义革命和创建新民主主义社会的领导者，共产党不可能完全听任土改后农村自发的剥削无止境地发展下去。毛泽东在九月会议上提出："要巩固无产阶级对农民的领导权，分给农民土地只是建立了领导权，单有这一条还不够。所谓领导权，就是要使被领导者相信，将来在经

---

① 《毛主席：在晋绥干部会议上的讲话》（1948年4月1日），中共中央政策研究室编：《政策汇编》，中共中央华中局1949年10月印行，第36页。其中关于"农业社会主义"一语，在新中国成立后出版的《毛泽东选集》刊印此文时被删去。

② 《关于农业社会主义的问答》（1948年7月27日），《建党以来重要文献选编（1921—1949）》第25册，中央文献出版社2011年版，第383页。

③ 《中共中央关于土地改革中各社会阶级的划分及其待遇的规定（草案）》（1948年2月15日），《建党以来重要文献选编（1921—1949）》第25册，中央文献出版社2011年版，第123页。

济建设方面，还要给他机器，组织合作社，使农民富裕起来，集合起来。他们信服了，领导权就巩固了，否则会失去领导权的。"①他认为，在现代工业经济只占10%而广大农村的生产力水平又极其低下的情况下，土改后的农民在自愿互利前提下，采用延安时期出现的变工队、临时互助组和合作社等"组织起来"的方法，是提高粮食产量、增强抵御自然灾害能力、减缓两极分化并为发展工业提供后备军（劳动力）的重要途径。他指出："当然，今天我们农村的合作社，是个体农民在私有财产基础上组织的合作社，不完全是社会主义的，但它带有社会主义性质，是走向社会主义的"；"但整个国民经济还是新民主主义经济，即社会主义经济领导之下的经济体系"。②毛泽东在中共七届二中全会的报告中更加确切地指出"占国民经济总产值百分之九十的分散的个体的农业经济和手工业经济，是可能和必须谨慎地、逐步地而又积极地引导它们向着现代化和集体化的方向发展的，任其自流的观点是错误的"。他认为"单有国营经济而没有合作社经济，我们就不可能领导劳动人民的个体经济逐步地走向集体化，就不可能由新民主主义社会发展到将来的社会主义社会，就不可能巩固无产阶级在国家政权中的领导权"③。

毛泽东的上述思想及其实施，既巩固了中共对土改后亿万农民的领导权，又没有超越新民主主义社会的发展阶段，不仅丰富和发展了新民主主义革命理论，而且架起了通向社会主义的桥梁。这是新中国成立农业合作化运动的源头，又是在一个落后的农业国推进工业化和实现中国式社会主义改造的必由之路。

---

① 《在中共中央政治局会议上的报告和结论》（1948年9月），《毛泽东文集》第5卷，人民出版社1996年版，第146页。

② 《在中共中央政治局会议上的报告和结论》（1948年9月），《毛泽东文集》第5卷，人民出版社1996年版，第140—141、141页。

③ 《在中国共产党第七届中央委员会第二次全体会议上的报告》（1949年3月5日），《毛泽东选集》第4卷，人民出版社1991年版，第1432页。

四、蒋介石的孤立是不是等于我们的胜利？

"谁是我们的敌人？谁是我们的朋友？这个问题是革命的首要问题。"①为了"团结我们的真正的朋友，以攻击我们的真正的敌人"②，分清敌我，是毛泽东和中共中央一切决策和行动的前提。新中国诞生前夕，毛泽东在《论人民民主专政》中对"人民"与"敌人"的概念进行了明确的划分，他强调：构成"人民"范畴的这些阶级，"团结起来，组成自己的国家，选举自己的政府，向着帝国主义的走狗即地主阶级和官僚资产阶级以及代表这些阶级的国民党反动派及其帮凶们实行专政，实行独裁，压迫这些人，只许他们规规矩矩，不许他们乱说乱动"③。但是要具体把握，特别是要对其采用什么样的针对性政策，又十分复杂，具有很强的政策性和策略性。对这个问题的正确把握与实施，对于推进中国革命取得全面胜利具有重大意义。

（一）谁是我们的敌人？

在创建新中国的斗争中，中国共产党对"敌"与"我"的判断，仍然是由中国革命的任务和性质决定的。当时，中国革命的性质依然是资产阶级民主革命，但处在新民主主义革命阶段；革命的任务是推翻帝国主义、封建主义和官僚资本主义的统治；革命的对象主要是地主阶级、官僚资产阶级及其政治代表国民党反动派。1948年2月，《中共中央关于土地改革中各社会阶级的划分及其待遇的规定》（草案），对属于"敌人"范畴的地主、旧式富农和官僚资产阶级，以及相应的政策，进行了规范和系统的阐述。毛泽东亲自主持制定这一文件，用马克思主义阶级分析的方法，着

---

① 《中国社会各阶级的分析》（1925年12月1日），《毛泽东选集》第1卷，人民出版社1991年版，第3页。
② 《中国社会各阶级的分析》（1925年12月1日），《毛泽东选集》第1卷，人民出版社1991年版，第3页。
③ 《论人民民主专政》（1949年6月30日），《毛泽东选集》第4卷，人民出版社1991年版，第1475页。

重从占有生产资料情况，从解放生产力和变革生产关系的社会经济根源着手，对上述阶级和阶层进行分析和定位。

关于地主。"地主是占有较多、较好的土地，自己不从事农业劳动，以向农民（佃户）出租土地、收取地租作为其全部或主要生活来源的人们。"和1933年10月制定的《怎样分析农村阶级》（原标题《怎样分析阶级》）着重进行具体的界限划分有所不同，《中共中央关于土地改革中各社会阶级的划分及其待遇的规定》（草案）进一步阐明了推翻地主阶级的实质是废除帝官封阶级统治的基础——封建地主土地所有制。因为"地主是完全脱离生产过程的社会寄生虫……早已成为中国农业生产和工业生产的基本障碍。因此，为了发展中国的生产力，对于整个地主阶级（当作代表一种占有关系即一种生产关系的阶级来说，而不是当作地主各个个人来说），必须加以彻底的消灭"。[1]

关于旧式富农。"一般地在经济上和政治上与地主阶级相联系，并常常成为地主阶级统治乡村的重要助手"，但是他们"在自己参加农业劳动，和常常采用雇工方法经营农业生产这两点上，比地主有其进步性"，"因此对于旧式富农的待遇，应与地主有所区别"，即"旧式富农所占有的超过一般中农平均所有的多余土地、财产，应由农会征收分配，但应保留其原有等于一般中农平均所有的土地、财产"。《中共中央关于土地改革中各社会阶级的划分及其待遇的规定》（草案）把划分旧式富农与富裕中农的界限，由《怎样分析农村阶级》规定的占其总收入的15%调高到25%，"即超过其总收入的四分之一"。[2]

关于官僚资产阶级。其"主体是金融资本家，他们的性质是帝国主义

---

[1]《中共中央关于土地改革中各社会阶级的划分及其待遇的规定（草案）》（1948年2月15日），《建党以来重要文献选编（1921—1949）》第25册，中央文献出版社2011年版，第110、112页。

[2]《中共中央关于土地改革中各社会阶级的划分及其待遇的规定（草案）》（1948年2月15日），《建党以来重要文献选编（1921—1949）》第25册，中央文献出版社2011年版，第121、121、121、122、117页。

金融资本在中国的代办,是中国封建主义在其与帝国主义相结合以后的变种。因此,他们在剥削方法上虽然在封建主义的基础上加进了资本主义,但是在生产方法上,就整个来说,却是与旧式的地主阶级同样是资本主义发展的基本障碍,而且因为他们是帝国主义和封建主义统治中国的主要代表,即中国反革命的主要领袖,所以还是这个发展的主要障碍"。[1]这些分析和判断,深化了中共对解放战争时期中国半殖民地半封建社会经济形态的认识,发展了新民主主义理论,科学地指明了新的历史条件下中国革命的任务,不仅是反帝反封建,而且还要反对官僚资本主义。

关于帝国主义分子,中共中央当时未做具体界定。但是在这一时期相关的内政外交政策中,有所涉及,可窥其一斑。中共中央基于"帝国主义在华的特权必须取消,中华民族的独立解放必须实现"[2]这一坚定不移的立场,为新中国确定的外交方针是"打扫干净房子再请客"和"另起炉灶",即不承认旧政权与各国签订的一切不平等条约和不承认所有国家与国民党政权的外交关系,要求重新谈判,重新建交和签约。毛泽东当时就明确地指出"从来敌视中国人民的帝国主义,决不能很快地就以平等的态度对待我们,只要一天它们不改变敌视的态度,我们就一天不给帝国主义国家在中国以合法的地位"[3]。与此相应,中共和解放军不承认所有国家驻华的外交机构的工作人员为"外交人员",包括其使馆的武官,均只作为外国侨民予以保护。"但对美国武官,因其直接援助国民党打内战,则应派兵监视,不得给以自由。"[4]针对蒋介石和国民党政府寻求美国出兵

---

[1] 《中共中央关于土地改革中各社会阶级的划分及其待遇的规定(草案)》(1948年2月15日),《建党以来重要文献选编(1921—1949)》第25册,中央文献出版社2011年版,第136页。

[2] 《中共中央关于外交工作的指示》(1949年1月19日),《建党以来重要文献选编(1921—1949)》第26册,中央文献出版社2011年版,第55页。

[3] 《在中国共产党第七届中央委员会第二次全体会议上的报告》(1949年3月5日),《毛泽东选集》第4卷,人民出版社1991年版,第1435页。

[4] 《中共中央关于外交工作的指示》(1949年1月19日),《建党以来重要文献选编(1921—1949)》第26册,中央文献出版社2011年版,第56页。

保护和接管某些防地的种种举动，中共中央严正声明："美国政府如果派出其军事力量对于国民党政府实行无论是全面的或局部的保护，均为对于中国神圣的领土主权之武装侵略，其一切后果，应由美国政府担负。"①在渡江战役期间，发生英国军舰"紫石英"号在长江游弋挑衅我渡江部队事件，人民解放军在与其互相炮击中将其击伤搁浅。毛泽东为解放军总部起草声明"要求英国、美国、法国在长江黄浦江和在中国其他各处的军舰、军用飞机、陆战队等项武装力量，迅速撤离中国的领水、领海、领土、领空，不要帮助中国人民的敌人打内战"②。毛泽东和朱德签署发布的《中国人民解放军布告》明确规定："一切外国侨民，必须遵守人民解放军和人民政府的法令，不得进行间谍活动，不得有反对中国民族独立事业和人民解放事业的行为，不得包庇中国战争罪犯、反革命分子及其他罪犯。否则，当受人民解放军和人民政府的法律制裁。"③中共中央还秉此精神，对各国在华教会、医院、学校、新闻机构和工商企业的从业人员，做了相应的规定。这些都表明了中共和中国人民驱逐帝国主义侵华势力出中国，争取民族独立和解放的坚定决心。

关于日本侵华战犯。这本不是应由中共在新中国成立前夕处理的问题。但是由于1949年1月26日国民党政府国防部审判战犯军事法庭复审会对侵华日军总司令冈村宁次宣判无罪，并于31日接受盟军远东驻军总司令麦克阿瑟的要求，于2月4日将其及其他260名日本战犯遣送日本，毛泽东于1月28日和2月5日连续以中共发言人名义发表声明，严正宣布：审判战犯，不仅是国民党战犯，而且包括日本战犯。中共中央声明："南京国民

---

① 《中共中央就南京国民政府要求美国给予军事保护发表的声明》（1948年11月21日），《建党以来重要文献选编（1921—1949）》第25册，中央文献出版社2011年版，第656—657页。

② 《中国人民解放军总部发言人为英国军舰暴行发表的声明》（1949年4月30日），《建党以来重要文献选编（1921—1949）》第26册，中央文献出版社2011年版，第352页。

③ 《中国人民解放军布告》（1949年4月25日），《毛泽东选集》第4卷，人民出版社1991年版，第1459页。

党卖国政府应即将冈村宁次及其他日本战犯追回移交于在中国抗日战争中起主要作用者和现时中国国防上负实际责任者中国人民解放军总部。"①秉承这一原则，新中国成立后，中央人民政府分别在沈阳和太原设立军事特别法庭，对关押在中国大陆的日本战犯（主要是苏联政府移交的战犯和在解放战争中俘获的原被国民党军留用的日本军事人员），进行公开审判。

（二）必须坚决、彻底、干净、全部地歼灭敌人

早在抗日战争胜利前夜，毛泽东针对国民党反动派的假和平真内战阴谋，就提出要以革命的两手对付蒋介石反革命的两手，并强调："凡是反动的东西，你不打，他就不倒。这也和扫地一样，扫帚不到，灰尘照例不会自己跑掉。"②毛泽东对敌态度之鲜明，立场之坚定，毫无含混。

伴随着人民解放军胜利进军的步伐，大片国土和数以亿计的人民群众获得解放，中共中央和人民解放军总部在贯彻新民主主义革命总路线和新民主主义革命土地改革总路线的过程中，在接收新区或改编国民党军队的过程中，根据遇到的实际问题，陆续出台许多具体的对"敌"政策。这主要是：

对于国民党反动军队，毛泽东认为："中国人民如果要消灭帝国主义的、封建的和买办的生产关系，完成民族独立，实行土地改革，没收官僚资本，建立新民主主义的生产关系，借以发展中国的生产力，他们就必须推翻外国帝国主义，本国地主阶级、官僚资产阶级及旧式富农所结合在一起的反动的腐朽的国家权力，首先就必须消灭一切反动军队。"③一如毛泽东和朱德签署的《向全国进军的命令》所要求人民解放军的那样："奋

---

① 《中共中央关于国民党卖国政府将日本侵华战犯遣回日本的声明》（1949年2月4日），解放社编：《将革命进行到底》，新华书店1949年7月发行，第80页。

② 《抗日战争胜利后的时局和我们的方针》（1945年8月13日），《毛泽东选集》第4卷，人民出版社1991年版，第1131页。

③ 《中国的社会经济形态、阶级关系和人民民主革命》（1948年2月15日），《毛泽东文集》第5卷，人民出版社1996年版，第62页。

勇前进，坚决、彻底、干净、全部地歼灭中国境内一切敢于抵抗的国民党反动派。"①

关于战争罪犯，《中国人民解放军总部发布惩处战争罪犯命令》规定："凡国民党军官及其党部政府各级官吏，命令其部属，实行下列各项罪恶行为之一，而证据确凿者，均应加以逮捕，并以战犯论罪。"该命令列举了"屠杀人民，抢掠人民财物或拆毁焚烧人民房屋者"和"毁坏一切公共资材及建筑物者"等12款罪行，②明确要求"逮捕一切怙恶不悛的战争罪犯。不管他们逃至何处，均须缉拿归案，依法惩办。特别注意缉拿匪首蒋介石"③。

关于反动党派和特务机关成员，中共中央规定：国民党、三青团、青年党、民主社会党及军统、中统等，"所有这些反动党派、团体及特务机关的组织和机关，应一律解散封闭，并没收其所有的公产档案"，其从最下层的区分部起各级委员会的每一个委员和特务组织的每一个特务工作人员，"均应加以审查，详细登记，并由专管机关或县市一级的公安局掌握之"。④为了清算特务分子犯下的那些令人发指的罪行，同时也为了防范他们的潜伏和新的犯罪，当时尤其重视对特务人员的清查和登记。中共中央社会部专门发出指示详细指明清查的重点，即国民党政府"国防部二厅及保密局站长，组长，直属组长，站以上电台台长，绥靖总队指挥室指挥员，指导员，重要组长，'剿总'绥署，绥区二处科长，谍报队队长，中统分区主任等以上，或相当于该级重要特工人员"。并强调"清查中注意

---

① 《向全国进军的命令》（1949年4月21日），《毛泽东选集》第4卷，人民出版社1991年版，第1451页。
② 《中国人民解放军总部发布惩处战争罪犯命令》（1948年11月1日），《建党以来重要文献选编（1921—1949）》第25册，中央文献出版社2011年版，第621、621、622页。
③ 《向全国进军的命令》（1949年4月21日），《毛泽东选集》第4卷，人民出版社1991年版，第1451页。
④ 《中共中央关于国民党、三青团及特务机关处理办法的指示》（1949年1月27日），《建党以来重要文献选编（1921—1949）》第26册，中央文献出版社2011年版，第90、91页。

分清一般官兵,与隐藏敌特战犯,区别敌特与敌党政机关人员,区别特务的主要、次要、首要、胁从、自愿、被迫、专门性的职业特务机构与一般群众性的反共组织,长期随军活动与临时混入潜伏等,以便分别处理"。①

关于旧司法人员,中共中央规定在接管国民党司法机关时,"原推事、检察官、书记官长等一律停止原来职务,因这些人在思想上充满了反革命、反人民的法律观念,即封建阶级与官僚垄断资本阶级以武力强制执行的关于经济制度、社会生活和国家秩序的观念形态;在行为上专门充当镇压革命运动和惩处敲诈劳动人民的直接工具。在打碎旧的反动的国家机器时,这部分人必须去掉(其中非反革命分子和非劣迹昭著分子,如欲参加人民民主国家之司法工作,必须经过思想改造与作风改造方可甄别录用)。同时,执达吏、法警等专门以压迫和敲诈人民为生者,须立即收缴其武装,加以遣散"②。

为避免混迹于社会各个行业的敌对分子漏网,中共中央还从反动性质和反动行为的程度的角度,划定了两种人员:

关于反革命分子,"是指有重大反革命行为,例如积极地为外国侵略者和人民敌人担任残害人民的重要工作,积极地并严重地破坏民主政权,积极地并严重地破坏人民解放战争,查有实据者";关于恶霸分子,"是指经常利用权力、威势或暴力,造成人民生命、财产的损失,例如曾经逞凶杀人,或殴伤许多人,曾经奸占妇女,或强奸许多妇女,曾经强占大块土地,或强占许多财产,曾经徇私舞弊,以致逼死人命,或使许多人贫穷破产,查有实据者"。③

---

① 《中共中央社会部关于新解放城市处理敌特问题的指示》(1948年11月20日),中共中央政策研究室编:《政策汇编》,中共中央华中局1949年10月印行,第132页。
② 《关于接管平津国民党司法机关的建议》(1949年1月21日),《建党以来重要文献选编》第26册,中央文献出版社2011年版,第69页。
③ 《中共中央关于土地改革中各社会阶级的划分及其待遇的规定(草案)》(1948年2月15日),《建党以来重要文献选编(1921—1949)》第25册,中央文献出版社2011年版,第149、151页。

对于这两种人，中共中央规定：普通的反革命分子应由人民法庭审理；其情节重大者，或属于特务性质者，应由检察机关调查后送交适当的高级司法机关处理。①

上述反动势力，均属于必须坚决打击和消灭的对象。毛泽东在为新华社写的1949年新年献词中，强调必须"用革命的方法，坚决彻底干净全部地消灭一切反动势力，不动摇地坚持打倒帝国主义，打倒封建主义，打倒官僚资本主义，在全国范围内推翻国民党的反动统治，在全国范围内建立无产阶级领导的以工农联盟为主体的人民民主专政的共和国"②。

（三）团结一切可以团结的力量

毛泽东认为："中国新民主主义的革命要胜利，没有一个包括全民族绝大多数人口的最广泛的统一战线，是不可能的。"③他和中共中央不仅以极大的真诚与努力，维护和发展最广泛的人民民主统一战线，而且对解放战争条件下的中国社会各阶级各阶层进行深入的分析，从一般概念化的"敌人"范畴中，抽出几种人，对其采用不同的政策和策略，将其分别化为可以团结和利用的力量、争取分化和中立的力量，力图彻底瓦解敌人阵营，以减少打击面和革命的阻力，集中打击最主要的敌人。具体的是：

关于开明绅士。他们本属于地主阶级范畴。毛泽东在抗战时期就认为"开明绅士是地主阶级的左翼，即一部分带有资产阶级色彩的地主，他们的政治态度同中等资产阶级大略相同"④。此时，他指出开明绅士不仅与帝国主义、官僚资本主义有矛盾，而且与地主、富农也有矛盾。因此，他

---

① 参见《中共中央关于土地改革中各社会阶级的划分及其待遇的规定（草案）》（1948年2月15日），《建党以来重要文献选编（1921—1949）》第25册，中央文献出版社2011年版，第149页。

② 《将革命进行到底》（1948年12月30日），《毛泽东选集》第4卷，人民出版社1991年版，第1375页。

③ 《在西北野战军前委扩大会议上的讲话》（1948年1月15日），《毛泽东文集》第5卷，人民出版社1996年版，第19页。

④ 《目前抗日统一战线中的策略问题》（1940年3月11日），《毛泽东选集》第2卷，人民出版社1991年版，第746页。

们"也是反帝反封建反官僚资本主义革命统一战线中的一分子"。团结他们,不仅对全国的土改工作有益,而且"特别是对于争取全国的知识分子(中国的知识分子大部分是地主富农的家庭出身),对于争取全国的民族资产阶级(中国的民族资产阶级大部分同土地有联系),对于争取全国的开明绅士(大约有几十万人),以及对于孤立中国革命的主要敌人蒋介石反动派,都是有益的"[①]。与此相关,毛泽东主张在政策上对地主阶级中的大、中、小地主,恶霸与非恶霸地主,地主本人与其家庭成员,都应有所区别。

关于新式富农。毛泽东赞同并采纳任弼时的观点,认为老解放区的新式富农原来是贫农和中农,是在民主政府的帮助下发展起来的,应照富裕中农待遇。任弼时指出"若现在又打击这种富农,就会引起中农动摇。这种富农的存在对我们并无害处,而且在将来一个时期内还会发展的"[②]。毛泽东和中共中央纠正了《中国土地法大纲》关于平分一切土地和废除乡村中一切债务的规定对中农利益的侵犯,并将新式富农与旧式富农区别开来,将其作为土地改革总路线中团结和保护的对象。

关于战争罪犯。这是中共一直坚持必须追究和惩处的对象,但是也对之采取了原则性与灵活性相结合的办法。除一如既往地执行优待俘虏瓦解敌军的原则外,在解放战争爆发之初,中共中央就发起"高树勋运动",欢迎国民党军投诚起义。平津战役中,毛泽东和中国人民革命军事委员会又创造出"天津方式""北平方式",以及后来的"绥远方式"。毛泽东认为,解决天津敌人的办法,即用战斗解决敌人,"仍然是我们首先必须注意和必须准备的"[③]。他虽然强调"决不可以认为反革命力量顺从我们

[①] 《关于民族资产阶级和开明绅士问题》(1948年3月1日),《毛泽东选集》第4卷,人民出版社1991年版,第1290页。

[②] 《土地改革中的几个问题》(1948年1月12日),《建党以来重要文献选编(1921—1949)》第25册,中央文献出版社2011年版,第25—26页。

[③] 《在中国共产党第七届中央委员会第二次全体会议上的报告》(1949年3月5日),《毛泽东选集》第4卷,人民出版社1991年版,第1424页。

了，他们就成了革命党了"，但他也明确指出：北平方式"是于我军于人民有利的，即是可以避免伤亡和破坏"①；绥远方式"利于争取这部分军队在政治上站在我们方面，或者保持中立，以便我们集中力量首先解决国民党残余力量中的主要部分"②。4月9日，毛泽东就北平和平协议事复电李宗仁，其中谈及战犯问题时指出："总以是否有利于中国人民解放事业之推进，是否有利于用和平方法解决国内和平问题为标准，在此标准下，我们准备采取宽大的政策。"他还强调"为着中国人民的解放和中华民族的独立，为着早日结束战争，恢复和平，以利在全国范围内开始生产建设的伟大工作，使国家和人民稳步地进入富强康乐之境，贵我双方亟宜早日成立和平协定。中国共产党甚愿与国内一切爱国分子携手合作，为此项伟大目标而奋斗"③。即使是在南京国民党政府最后拒绝在国内和平协定上签字后，毛泽东和朱德仍然要求奉命进军全国的各路解放军将士，"向任何国民党地方政府和地方军事集团宣布国内和平协定的最后修正案。对于凡愿停止战争、用和平方法解决问题者，你们即可照此最后修正案的大意和他们签订地方性的协定"。他们甚至表示："在人民解放军包围南京之后，如果南京李宗仁政府尚未逃散，并愿意于国内和平协定上签字，我们愿意再一次给该政府以签字的机会。"④为争取名列43名战犯名单的程潜等举行湖南起义，毛泽东曾专门发电指示中共中央华中局"在将来接收省政府及改编军队时，除陈明仁应任军职外，应给程潜及其一派中的开明分子以位置，并吸收他们参加工作。其办法为组织湖南军政委员会，由两方面的人成立，以程潜为主席，以我们的人为副主席，湖南省政府亦照

---

① 《在中国共产党第七届中央委员会第二次全体会议上的报告》（1949年3月5日），《毛泽东选集》第4卷，人民出版社1991年版，第1425—1426、1425页。

② 《在中国共产党第七届中央委员会第二次全体会议上的报告》（1949年3月5日），《毛泽东选集》第4卷，人民出版社1991年版，第1425页。

③ 解放社编：《将革命进行到底》，新华书店1949年7月发行，第172—173页。

④ 《向全国进军的命令》（1949年4月21日），《毛泽东选集》第4卷，人民出版社1991年版，第1451页。

此方式组织，成为统一战线的临时过渡机构"①。这样，中共中央就在惩处战争罪犯问题上开了口子，在此后解放中南、华南、西南、新疆和西藏的过程中，争取了大批国民党军政要员、地方实力派及其部属投诚起义，大大加速了人民解放战争的胜利进程，最大限度地减轻了参战双方人员的伤亡和广大人民群众生命财产的损失。傅作义、程潜等因此而参加筹建新中国的政治协商会议，陈明仁、董其武、陶峙岳等后来则成为解放军高级将领。

关于国民党军官兵。中革军委规定：国民党军官中除反动腐化者应由人民政府发动社会群众在长时期内加以强迫改造和强迫就业外，其余根据其技能专长录用在我军事教育等岗位服务。对"既无真正学识，又无专门技术，但在政治上可能向我靠拢而又可能加以改造者，应吸收到军校或其他学习机关加以政治训练，视其结果分别给以适宜的工作出路"②；鉴于国民党败局已定，也鉴于老解放区的人力物力已趋于枯竭和战争已经深入国民党统治区的情况，人民解放军改变过去对俘虏"去留自愿"的政策，毛泽东要求"各区及各军应用大力组织俘虏训练工作，原则上一个不放，大部补充我军，一部参加后方生产，不使一人不得其用。我军战胜蒋介石的人力资源，主要依靠俘虏，此点应提起全党注意"③。与此相配合，人民解放军各部广泛开展起新式整军运动，"一诉三查三整"，诉旧社会和反动派所给予劳动人民之苦、查阶级、查工作、查斗志和整顿组织、整顿思想、整顿作风，并恢复设立士兵委员会④，大力发扬政治民主、经济民主和军事民主，解放军官兵的阶级觉悟有了极大的提高。昔日敌对阵营的

---

① 《中共中央关于争取程潜等站在我们方面给华中局的指示》（1949年8月6日），《建党以来重要文献选编（1921—1949）》第26册，中央文献出版社2011年版，第626页。

② 《中央军委关于对国民党军官处理方针的指示》（1949年2月16日），《建党以来重要文献选编（1921—1949）》第26册，中央文献出版社2011年版，第140页。

③ 《毛泽东军事文集》第4卷，军事科学出版社、中央文献出版社1993年版，第530页。

④ 参见《军委总政治部关于在部队建立士兵委员会的通知》，《建党以来重要文献选编（1921—1949）》第25册，中央文献出版社2011年版，第156页。

对手，迅速成长为英勇的人民解放军战士。这些政策的实施，不仅化敌为友，而且化敌为我，大大减少了双方参战人员的伤亡，缩短和减少了培训官兵使用新缴获的美式装备武器的过程，最大限度地减轻了各解放区的人力负担，加速了人民解放战争的胜利进程。

关于国民党各级政府官员。按照一般的理解，他们应属于"国民党反动派及其帮凶"的范畴。在毛泽东和朱德签署的"约法八章"中规定："凡属国民党中央、省、市、县各级政府的大小官员，'国大'代表，立法、监察委员，参议员，警察人员，区镇乡保甲人员，凡不持枪抵抗、不阴谋破坏者，人民解放军和人民政府一律不加俘虏，不加逮捕，不加侮辱"，"这些人员中，凡有一技之长而无严重的反动行为或严重的劣迹者，人民政府准予分别录用"。①与此相关，"对于反动党派团体的普通党员和团员，则均免予履行登记手续"②。

关于旧职员。中共中央认为，"对于国民党反动统治的政治机构"，"是应该彻底加以破坏的，而不能加以利用"，"在旧的政治机关服务的人员亦只能在经过改造后分别地加以任用，而不能不经改造地全套地加以任用"。③"其余一切机关、组织不要一下打烂，要按系统、按组织去接收城市，恢复秩序。首先要宣布，一切市政人员、产业部门的人员要照旧供职，听候接管，不得擅离职守。警察中之交通警、消防警、户籍警都要留用，不能打乱，但要解除其武装。工厂生产部门的主要负责人也要留用，这样可以很快地恢复生产。"④毛泽东强调，城市中的一切工作"都是围绕着生产建设这一个中心工作并为这个中心工作服务的"，"只有

---

① 《中国人民解放军布告》（1949年4月25日），《毛泽东选集》第4卷，人民出版社1991年版，第1458页。

② 《中共中央关于国民党、三青团及特务机关处理办法的指示》（1949年1月27日），《建党以来重要文献选编（1921—1949）》第26册，中央文献出版社2011年版，第91页。

③ 《中共中央关于接收官僚资本企业的指示》（1949年1月15日），《建党以来重要文献选编（1921—1949）》第26册，中央文献出版社2011年版，第45页。

④ 彭真：《做好城市工作，迎接革命的新高潮》（1948年7月6日），《建党以来重要文献选编（1921—1949）》第25册，中央文献出版社2011年版，第356页。

将城市的生产恢复起来和发展起来了，将消费的城市变成生产的城市了，人民政权才能巩固起来"。[1]针对接收敌伪和官僚资本主义企业的工作，中共中央指出：第一位的是迅速恢复秩序，继续生产。因为"只有机器照常转动，人员照常工作，才是真正接收了企业，才有可能开始其他的必要改革工作和建设工作"。因此，对于工厂和企业中的旧制度、旧职员，"只要照常生产，一般以维持原状不动为原则"。[2]需要强调的是，当年在百废待兴和物资极其匮乏的情况下，采取这样政策的难度和危险性是很大的。但是为了社会的稳定和迅速恢复发展生产，中共中央表现出极大的决心和诚意，不惜采用"三个人的饭五个人匀着吃，房子挤着住"[3]的办法，以共度时艰。

关于中共历史上的脱党、自首和叛变人员。这是一个特殊的群体，他们的行为不仅与中国传统的忠义观格格不入，而且更不能见容于中共严格的党性和组织原则。但是鉴于旧中国长期严重的白色恐怖和复杂的历史环境，新中国的创建者们对他们进行了具体分析。中共中央根据其是否有危害党和革命的行为，将其分为"自由脱党，确未作过任何反党活动，现在愿参加工作者"，"系个别向敌方自首，并未进一步有危害党及革命之行为者"，"普通叛变分子，即对党危害不大的分子"和"罪大恶极的重要叛变分子"四类。前两类，经过培训学习允许其参加工作。其中第一类经过考验允许其重新申请入党；第三类是要求他们在自己的社会职业上安分守己，并允许其参加生产支前，将功折罪；第四类则是"在必要时可由公安机关扣押，分别处理之。但须经区党委（大体与省委平级——引者注）

---

[1] 《在中国共产党第七届中央委员会第二次全体会议上的报告》（1949年3月5日），《毛泽东选集》第4卷，人民出版社1991年版，第1428页。

[2] 《中共中央关于修改〈接收敌伪和蒋占企业后的改造管理与工运方针的决议〉给东北局的指示》（1948年8月23日），《建党以来重要文献选编（1921—1949）》第25册，中央文献出版社2011年版，第434、435页。

[3] 《中共中央关于留用旧人员问题的指示》（1949年9月21日），《建党以来重要文献选编（1921—1949）》第26册，中央文献出版社2011年版，第728—729页。

或以上机关的批准"。①

上述分清敌我的政策和举动,源自对中国国情和当年实际情况的深刻把握,不仅着眼于夺取人民解放战争的胜利,而且放眼于新中国的建设和发展,把马克思主义关于统一战线的理论发挥到了极致,最大限度地缩小了打击面,彻底瓦解了敌对阵营,并最大限度地挖掘和调动了一切可以利用与团结的力量。其中蕴含的智慧和领导艺术,用句不尽恰当的比喻,堪称是化腐朽为神奇。

(四)专政与改造相结合

彻底推翻帝国主义、封建主义、官僚资本主义"三座大山"的压迫,建立崭新的人民共和国,是中国历史上深度和广度空前的一场人民大革命,是一场新制度与旧制度的生死决战,是一场占总人口90%的人民大众与不到10%的少数反动统治阶级的生死决战,是一场四亿七千五百万中华儿女对侵略压迫中国一百多年的帝国主义及其走狗的总清算。面对即将迎来全国解放的胜利形势,毛泽东高歌"宜将剩勇追穷寇,不可沽名学霸王"。他引用朱熹的话"即以其人之道,还治其人之身",回击外界关于中共所谓"独裁"的指责和质疑,并旗帜鲜明地宣告:"我们对于反动派和反动阶级的反动行为,决不施仁政。"②这一时期,毛泽东和中共中央从政策和行动上采取一系列的措施,强化人民民主专政的"专政"职能。

但是,在另一方面,除在战场上继续消灭一切负隅顽抗的敌人外,毛泽东和中共中央反对简单地从肉体上消灭反动势力,而是重在从经济上和制度上消灭反动阶级。毛泽东指出:"政治上打倒蒋介石,目的就是为着在经济上摧毁封建买办的生产关系,解放被束缚的生产力。"因此,他说:"杀人是越少越好。不可不杀,但不可多杀。解放军宣言上讲对于蒋

---

① 《中共中央关于新解放城市中对脱党、自首、叛变分子的处理的指示》(1948年7月),中共中央政策研究室编:《政策汇编》,中共中央华中局1949年10月印行,第128—129页。

② 《论人民民主专政》(1949年6月30日),《毛泽东选集》第4卷,人民出版社1991年版,第1478、1476页。

方人员采取分别对待的方针,第一是首恶者必办,要追寻他们至天涯海角;第二是胁从者不问;第三是准许将功折罪;第四是立功者受奖。这就是我们的政策。"①

中共中央明确:"国民党的司法机关,为其镇压人民的反革命的国家机构直接组成部份之一。当人民解放城市时,须立即将国民党司法机关全部接管,并建立新民主主义国家的司法机关,以执行镇压反革命活动与保护人民利益之任务。"②鉴于全党的工作中心即将由农村转向城市(这一思想,毛泽东早在中共七大《论联合政府》的报告中就进行了初步的阐述),中共中央社会部在一份关于公安工作的文件中提出"不能用农村的观点来管理城市,农村是个体的,分散的,生活方式上简单朴素。城市是集中的,复杂的,生活方式是多样性的。因此,对城市管理必须要有国家政权的思想,掌握城市特点,重视革命法治。单纯地依靠群众,不要革命法治,是错误的"。该文件还明确"不能过高估计城市群众觉悟程度,和在公安锄奸方面所起的作用,必须以专门机关为主,取得群众的配合与协助",必须"以党的力量为核心,联系积极分子"。③中共中央这些关于党的领导、新民主主义国家政权的司法机构、革命法治、群众配合等相互关系的政策性解释,为我们展示了中共对敌"专政"的基本路线和职责划分。

毛泽东在阐述其人民民主专政学说时还特意指明了在夺取政权后对敌人实行专政的另外一种方式(或者说是赋予人民民主专政一种新的职能),即把"专政"与"改造"相结合。他指出:"对于反动阶级和反动派的人们,在他们的政权被推翻以后,只要他们不造反,不破坏,不捣乱,也给土地,给工作,让他们活下去,让他们在劳动中改造自己,成为

---

① 《在西北野战军前委扩大会议上的讲话》(1948年1月15日),《毛泽东文集》第5卷,人民出版社1996年版,第23、25页。

② 《中共中央关于接管平津司法机关之建议》(1949年1月21日),中共中央政策研究室编:《政策汇编》,中共中央华中局1949年10月印行,第144页。

③ 《中共中央社会部关于东北城市公安工作经验通报》(1948年8月4日),中共中央政策研究室编:《政策汇编》,中共中央华中局1949年10月印行,第542页。

新人。他们如果不愿意劳动,人民的国家就要强迫他们劳动。也对他们做宣传教育工作,并且做得很用心,很充分,像我们对俘虏军官们已经做过的那样。这也可以说是'施仁政'吧。"①与此相应,毛泽东和中共中央本着一贯的"有成分论,又不唯成分论,重在个人表现"的政策原则,对地主、官僚资产阶级等敌对阶级分子与其家庭成员,做了严格的政策划分。

毛泽东这一重要思想,实际上就是一种给出路的政策。它很大程度上是缘于毛泽东领导土地革命的斗争实践。他在井冈山时期就曾感慨农村的中间阶级(毛泽东当时认为包括小地主富农和自耕农)因受革命过重打击而反叛,"贫农阶级成立孤军,此问题实在是严重得很"。他在向中央的报告中描述道:"引导反动军队大烧永新、宁冈革命农民的房子的,就是两县的小地主和富农。他们依照反动派的指示,烧屋、捉人,十分勇敢。"②在中央苏区后期,毛泽东对"左"倾教条主义者在土改中推行"富农分坏田和地主不分田"政策的恶果,有了更深切的认识。1947年秋冬,在贯彻《中国土地法大纲》的过程中,晋绥和晋察冀等老解放区在土改中出现错划阶级成分和对地主富农扫地出门、乱打乱杀等严重"左"的错误。这引起毛泽东的高度警觉。他语重心长地指出:"废除地主阶级的私有权,并不等于连他的人也不要了。地主和旧式富农占农村人口十分之一,全国共有三千六百万人,这是社会的劳动力,是一种财富","三千六百万人改造后是很大的一批劳动力,快等于一个小国家的人口了。我们对封建剥削要非常恨,但地主本人还是劳动力,经过改造过几年还有选举权。对地主要安置好,安置不好会出乱子,我们就不可能取得胜利"。③于是,各解放区在土改中开始认真地贯彻关于"没收地主全部土

---

① 《论人民民主专政》(1949年6月30日),《毛泽东选集》第4卷,人民出版社1991年版,第1476—1477页。

② 《井冈山的斗争》(1928年11月25日),《毛泽东选集》第1卷,人民出版社1991年版,第69—70页。

③ 《在西北野战军前委扩大会议上的讲话》(1948年1月15日),《毛泽东文集》第5卷,人民出版社1996年版,第24页。

地财产分配给农民,并分给地主以与农民平均所有的土地财产相等的一份"的政策,不使他们因无必要的生产资料流为盗贼或游民,反而对社会秩序和国民经济产生不利的影响。这项政策不仅被要求在本乡本土进行土改时加以贯彻,而且被要求运用于对逃亡地主的安置。①

不仅如此,鉴于尚处在新民主主义革命和建设新民主主义社会的历史大背景之下,从保护和鼓励发展民族资本主义工商业的方针出发,中共中央还规定:"地主也有兼工商业资本家的。地主的一切工商业及其与工商业相连的一切土地、财产,应受保护,不在没收分配之列。"②毛泽东还曾明确:"地主转入劳动满五年以上,富农降为中贫农满三年以上者,如果表现良好,即可依其现在状况改变成分。"③中共中央也曾明确指示:"对那些封建经济基础已被消灭,而又遵守政府法令的一般地主及旧富农分子,原则上确定恢复其公民权(包括选举权与被选举权)。"④

采用什么手段和政策开展对敌斗争,严格地讲并不属于统一战线战略的范畴。但是,毛泽东和中共中央不仅从敌对势力中分化出一部分群体作为统战对象,而且运用统一战线理论作为思想武器,将其拓展于对被推翻阶级成员的改造,把对敌对阶级的"专政"与对其成员的"改造"结合起来,制定给出路的政策。这是毛泽东和中共中央深刻把握马克思主义统一战线理论与中国传统文化的精髓,从中国新民主主义革命的实际出发,着眼于新中国的巩固和发展,努力化消极因素为积极因素,在中国历史发生

---

① 参见《中共中央东北局关于逃亡地主处理问题的指示》(1948年12月24日),中共中央政策研究室编:《政策汇编》,中共中央华中局1949年10月印行,第139—140页。

② 《中共中央关于土地改革中各社会阶级的划分及其待遇的规定(草案)》(1948年2月15日),《建党以来重要文献选编(1921—1949)》第25册,中央文献出版社2011年版,第115页。

③ 《关于目前党的政策中的几个重要问题》(1948年1月18日),《毛泽东选集》第4卷,人民出版社1991年版,第1270—1271页。

④ 《中共中央关于地主、旧富农的选举权与被选举权问题的指示》(1948年10月16日),《建党以来重要文献选编(1921—1949)》第25册,中央文献出版社2011年版,第566页。

划时代的伟大转折时刻的一项独特创造。如果说没收官僚资本和废除封建地主土地所有制是从经济上根本铲除了旧中国反动阶级的统治基础；如果说打碎旧的国家机器，即国民党的军队、警察、法庭、监狱及其各级政府机构等，是从政治上彻底摧毁其统治中国人民的上层建筑；如果说通过建立和发展最广泛的人民民主统一战线，团结一切可以团结的力量，是从阶级力量和社会关系上瓦解与孤立反动势力以造成其覆灭的汪洋大海的话，那么，通过把"专政"与"改造"相结合给被打倒阶级以出路和希望，就是从心理上彻底动摇其反抗意志和打消其复辟的妄想，并最大限度地争取包括反动阶级的家属在内的社会各界的普遍同情和支持。毛泽东认为："这种对于反动阶级的改造工作，只有共产党领导的人民民主专政的国家才能做到。这件工作做好了，中国的主要的剥削阶级——地主阶级和官僚资产阶级即垄断资产阶级，就最后地消灭了。"[1]把消灭剥削阶级与消灭剥削阶级分子做严格的政策划分，最大限度地采取给出路的政策，用"改造"而不是肉体消灭的方法"消灭"敌对阶级分子，成为1956年以和平的方式成功实现对资本主义工商业改造的一个重要思想依据，是对马克思主义关于阶级和阶级斗争理论的发展与创新，对于无产阶级在世界范围内最终战胜资产阶级具有深远的影响和重要的意义。

统一战线是中国革命胜利的三大法宝之一。在夺取全国革命胜利和筹建新中国的过程中，毛泽东和中共中央将人民民主统一战线战略拓展运用于对"敌"政策和策略的制定。他们从中国新民主主义革命的性质和任务出发，通过分析当时的中国社会阶级关系，科学地界定了人民民主专政的专政对象——"敌人"的范畴；他们根据敌对势力所从事的社会职业、反动性质和反动行为的程度，将其分为几个具体的群体并制定相应的政策；他们依据"敌人"范畴中不同阶层的经济地位和政治态度及其立场变化的可能性，将其分为可以争取团结或可以分化利用的力量，以尽可能地缩小打击面；他们把"专政"与"改造"相结合，对必须推翻的敌对阶级的成

---

[1] 《论人民民主专政》（1949年6月30日），《毛泽东选集》第4卷，人民出版社1991年版，第1477页。

员制定了给出路的政策，从而将消灭旧制度、旧阶级，与对旧统治阶级成员——各个个人的改造（给出路）融为一体。蕴含于上述过程中的是对新民主主义革命理论的创新及其具体政策策略的运用，是对马克思主义阶级分析理论的丰富和发展。

五、人民民主专政学说的创立

人民民主专政学说是对列宁国家学说的继承与发展。自1947年11月15日，国民党悍然召开一党包办的"国民大会"，制定了所谓《中华民国宪法》，中共关于由各党派合作改组国民政府建立"联合政府"的大门被彻底关闭。毛泽东则继续在其"联合政府"主张的基础上，探索创造适合中国国情的国家学说。

（一）从联合政府到人民民主专政

毛泽东具体分析了解放战争条件下统一战线的情况，认为"包括工人、农民、城市小资产阶级、民族资产阶级、开明绅士、其他爱国分子、少数民族和海外华侨在内。这是一个极其广泛的全民族的统一战线。它和抗日战争时期的统一战线相比较，不但规模同样广大，而且有更加深刻的基础。全党同志必须为这个统一战线的巩固和发展而奋斗"[①]。他指出"现在解放区的状况与抗战时民主改革已经深入了的根据地的状况基本相同，因此，中间分子、党外进步分子还应该吸收进政权来"。毛泽东还具体阐述了这次革命新高潮与以往中国发生的三次革命高潮的区别：与辛亥革命相比，"有了我们党"；与北伐和抗日战争相比，"没有国民党参加领导"。他认为"凡是分掌领导权的都搞不好"。[②] 从此开始了中共独立

[①]《迎接中国革命的新高潮》（1947年2月1日），《毛泽东选集》第4卷，人民出版社1991年版，第1213页。

[②]《对〈迎接中国革命的新高潮〉的说明》（1947年2月1日），《建党以来重要文献选编（1921—1949）》第24册，中央文献出版社2011年版，第73、73、73、74页。

731

领导创建人民民主共和国的斗争。

随着国共关系的彻底破裂和解放区土地改革运动的深入，以及国民党统治区爱国民主运动的发展，毛泽东对统一战线的变化有了新的判断。1947年7月21日，他在小河村召开的中共中央扩大会议上指出，"抗战结束以来，党的统一战线的成分正在发生变化：一部分人减少了，一部分人增加了。减少的是解放区的地主，因为我们现在搞土地改革，不像抗战时期仅仅实行减租减息"；"增加的是中间派，这些人在抗战时期更相信蒋介石，现在则和我们共同反抗蒋介石，这种情况是十年内战时期所没有的"。[①]10月27日，中国民主同盟被国民党宣布为"非法团体"，民盟总部不久被迫发表解散公告。毛泽东在修改新华社为此发表的时事评论时指出：如果民盟因此"而坚决地站到真正的人民民主革命方面来"，"则民盟之被蒋介石宣布为非法并不能损害民盟，却反而给了民盟以走向较之过去更为光明的道路的可能性"。[②]12月25日，毛泽东进一步指出："如果说，在一九四六年，在蒋介石统治下的上层小资产阶级和中等资产阶级的知识分子中，还有一部分人怀着所谓第三条道路的想法，那末，在现在，这种想法已经破产了。"他认为"我们的新民主主义的革命的统一战线，现在比过去任何时期都要广大，也比过去任何时期都要巩固"。[③]这是毛泽东在新的历史条件下确定联合各革命阶级创建新政权战略的基本依据。基于此，毛泽东和中共中央放弃了通过党派会议改组国民政府而建立联合政府的设想，也就是摈弃国民党于联合政府之外。毛泽东在杨家沟召开的中共中央扩大会议上强调："共产党的领导权问题现在要公开讲，不公开讲容易模糊党员干部和群众的思想，坏处多于好处。"[④]于是，公开提出

---

① 《在小河中共中央扩大会议上的讲话》（1947年7月21日），《毛泽东文集》第4卷，人民出版社1996年版，第267页。

② 《民盟的教训》（1947年11月3日），中共中央文献研究室编：《毛泽东文集》第4卷，人民出版社1996年版，第314页。

③ 《毛泽东选集》第4卷，人民出版社1991年版，第1256—1257、1257页。

④ 《毛泽东文集》第4卷，人民出版社1996年版，第332—333页。

"打倒蒋介石，解放全中国"的口号。

这一时期，毛泽东和中共中央关于建立中共独立领导的联合政府的主张是："联合工农兵学商各被压迫阶级、各人民团体、各民主党派、各少数民族、各地华侨和其他爱国分子，组成民族统一战线，打倒蒋介石独裁政府，成立民主联合政府。"[①]1948年1月18日，毛泽东进一步系统地阐述了关于政权问题的主张，即"新民主主义的政权是工人阶级领导的人民大众的反帝反封建的政权。所谓人民大众，是包括工人阶级、农民阶级、城市小资产阶级、被帝国主义和国民党反动政权及其所代表的官僚资产阶级（大资产阶级）和地主阶级所压迫和损害的民族资产阶级，而以工人、农民（兵士主要是穿军服的农民）和其他劳动人民为主体。这个人民大众组成自己的国家（中华人民共和国）并建立代表国家的政府（中华人民共和国的中央政府），工人阶级经过自己的先锋队中国共产党实现对于人民大众的国家及其政府的领导。这个人民共和国及其政府所要反对的敌人，是外国帝国主义、本国国民党反动派及其所代表的官僚资产阶级和地主阶级"[②]。他还明确"中华人民共和国的权力机关是各级人民代表大会及其选出的各级政府"。

毛泽东的这段论述阐明，未来政权的性质仍然是各民主阶级联合的统一战线性质的政权，也没有完全放弃"联合政府"的名称。他稍后在《在晋绥干部会议上的讲话》中指出："由这个人民大众所建立的国家和政府，就是中华人民共和国和无产阶级领导的各民主阶级联盟的民主联合政府。"[③]与过去"联合政府"主张不同的是，这段论述明确了工人阶级及其政党的领导，突出了工农和其他劳动人民的主体地位，指明了人民共和

---

① 《中国人民解放军宣言》（1947年10月10日），《毛泽东选集》第4卷，人民出版社1991年版，第1237页。

② 《关于目前党的政策中的几个重要问题》（1948年1月18日），《毛泽东选集》第4卷，人民出版社1991年版，第1272页。

③ 《在晋绥干部会议上的讲话》（1948年4月1日），《毛泽东选集》第4卷，人民出版社1991年版，第1313页。

国的国体（组成人民大众的各阶级）和政体（人民代表大会制度）及其专政的对象。实际包含了他后来关于人民民主专政论述的基本要素，标志着其政权思想已经由"联合政府"转变为人民民主专政。为了与过去的"联合政府"主张相区别，我们在行文中权且称其为"民主联合政府"。

关于组建民主联合政府的步骤和方式，毛泽东这时的设想与过去基本相同。在中共中央发布"五一口号"的同日，他致信李济深和沈钧儒指出：召集人民代表大会、成立民主联合政府、拟订施政纲领，"业已成为必要，时机亦已成熟"。毛泽东强调"欲实现这一步骤，必须先邀集各民主党派、各人民团体的代表开一个会议。在这个会议上，讨论并决定上述问题。此项会议似宜定名为政治协商会议"。①他的这一号召，得到各民主党派和广大爱国民主人士的热烈拥护和响应，通过政治协商会议酝酿成立全国民主联合政府成为社会各界的共识。

这一时期，毛泽东关于解放区的"三三制"问题，虽几经权衡，但仍坚持不变。在国共关系彻底破裂之初，他主张："解放区在坚决地毫不犹豫地实现耕者有其田的条件下，'三三制'政策仍然不变。在政权机关和社会事业中，除共产党人外，必须继续吸收广大的党外进步分子、中间分子（开明绅士等）参加工作。"②到1947年7月的小河村会议上，他仍明确"现在一般来说'三三制'仍旧不变，但对它的解释是共产党员、进步分子和中间派各占三分之一，而不包括反动地主"③。"三三制"问题出现波动，是在全面土改铺开之后。10月10日，中共中央正式公布《中国土地法大纲》，土地改革运动在各解放区如火如荼地开展起来。当时全面主持土改工作的中共中央工作委员会认为，土改工作的最大阻碍是党的基层

---

① 《给李济深、沈钧儒的信》（1948年5月1日），《毛泽东文集》第5卷，人民出版社1996年版，第90页。

② 《迎接中国革命的新高潮》（1947年2月1日），《毛泽东选集》第4卷，人民出版社1991年版，第1213页。

③ 《在小河中共中央扩大会议上的讲话》（1947年7月21日），中共中央文献研究室编：《毛泽东文集》第4卷，人民出版社1996年版，第270页。

组织和县、乡、村政权为地主、富农分子及其代表所把持。于是,就以土改工作团和贫农团替代基层党组织和基层政权对土改工作的领导,抗战时期按"三三制"原则在晋绥、晋察冀和陕甘宁解放区建立的许多基层政权被破坏。11月12日,《中共中央转发中央工委关于政权形式问题给冀东区党委的指示》,规定解放区各级政权形式应采取从下至上的人民代表会议制度,"人民代表会,为各级政府最高权力机关",县以下由区、村人民直接选举,县以上由区、县代表会间接选举,"被打倒的地主富农及其他反动分子,均不应有选举及被选举权","各级政府机关,应向代表会报告自己的一切工作,并请求审查和批准"。[1]在这种情况下,尚处在转战陕北征途的毛泽东,在12月下旬杨家沟中共中央扩大会议上,曾一度提出"现在,建立联合政府的口号还是要提,但'三三制'就不必提了"[2]。由此而来的问题是,在老解放区土改中大量出现"查三代""斗地财"、将中农错划为地主富农、对地主富农扫地出门和乱打乱杀,以及实行"贫雇农打江山坐江山"政策等严重"左"倾错误。

毛泽东在发现和全面纠正土改中侵犯中农利益等极左错误时,对侵犯和打击原来作为"三三制"政权组成人员的开明绅士的错误,也从维护和巩固统一战线的角度予以纠正。1948年3月1日,他在为中共中央起草的对党内的指示中指出,"开明绅士是地主和富农阶级中带有民主色彩的个别人士","也是反帝反封建反官僚资本主义革命统一战线中的一分子"。[3]团结他们,不仅对全国的土改工作有益,而且"特别是对于争取全国的知识分子(中国的知识分子大部分是地主富农的家庭出身),对于

---

[1]《中共中央转发中央工委关于政权形式问题给冀东区党委的指示》(1947年11月12日),《建党以来重要文献选编(1921—1949)》第24册,中央文献出版社2011年版,第475、474、475页。

[2]《在杨家沟中共中央扩大会议上的讲话》(1947年12月25日、28日),中共中央文献研究室编:《毛泽东文集》第4卷,人民出版社1996年版,第332页。

[3]《关于民族资产阶级和开明绅士问题》(1948年3月1日),《毛泽东选集》第4卷,人民出版社1991年版,第1289、1290页。

争取全国的民族资产阶级（中国的民族资产阶级大部分同土地有联系），对于争取全国的开明绅士（大约有几十万人），以及对于孤立中国革命的主要敌人蒋介石反动派，都是有益的"[1]。与此相关，5月31日，毛泽东专门为中共中央起草指示，明确指出"中央去年二月一日指示三三制仍应执行（指《迎接中国革命的新高潮》——引者注），废除三三制的意见是错误的"。一年多来很多解放区"从政治上及组织上打击三三制党外人士，其中除少数是有罪应得者外，大多数的打击是过左的错误行动"[2]。值得注意的是，他在发布这则指示的六天前为中共中央起草的另一则指示中，明确要求"建立乡（村）、区、县三级人民代表会议，并选举三级政府委员会"[3]。可见，毛泽东对于"三三制"是作为统一战线的一种精神，或是作为体现各民主阶级在政权中地位的一个原则而予以坚持的，并不因此而排斥运用人民代表会议去建立各级政权。二者的区别仅仅在于：前者体现的是政权或国家的性质（对于全国政权来说就是国体），后者体现的是政权建设的形式（政体），二者并行不悖。通过与各民主党派及爱国民主人士召开政治协商会议筹备建立全国性的民主联合政府，和运用"三三制"原则通过召开各级人民代表会议选举产生地方的各级人民政府，是这个时期毛泽东筹建新中国政权的基本思路。在此前后，涵盖了"民主联合政府"主张全部内涵的"人民民主专政"的概念，开始使用。

目前所见，在中共中央的文件中第一次使用"人民民主专政"概念是中共中央宣传部1948年6月1日《关于重印〈左派幼稚病〉第二章前言》（以下简称《前言》）。《前言》在解释列宁所讲的无产阶级专政问题时

---

[1] 《关于民族资产阶级和开明绅士问题》（1948年3月1日），《毛泽东选集》第4卷，人民出版社1991年版，第1290页。

[2] 《中共中央关于一九三三年两个文件的决定》（1948年5月25日），《建党以来重要文献选编（1921—1949）》第25册，中央文献出版社2011年版，第322页。

[3] 《一九四八年的土地改革工作和整党工作》（1948年5月25日），《毛泽东选集》第4卷，人民出版社1991年版，第1328页。

指出:"今天在我们中国,则不是建立无产阶级专政,而是建立人民民主专政","我们的人民民主专政是无产阶级领导的、人民大众的、反帝反封建反官僚资本的新民主主义革命,这种革命的社会性质,不是推翻一般资本主义,乃是建立新民主主义的社会,建立各个革命阶级联合专政的国家;而无产阶级专政则是推翻资本主义,建设社会主义"。①毛泽东本人第一次用明确的语言阐述"人民民主专政",是9月8日在中共中央政治局会议上所做的报告中。他指出"我们政权的阶级性是这样:无产阶级领导的,以工农联盟为基础,但不是仅仅工农,还有资产阶级民主分子参加的人民民主专政","我们是人民民主专政,各级政府都要加上'人民'二字,各种政权机关都要加上'人民'二字,如法院叫人民法院,军队叫人民解放军"。②他强调"人民民主专政的国家,是以人民代表会议产生的政府来代表它的","我们政权的任务是打倒帝国主义、封建主义和官僚资本主义,要打倒它们,就要打倒它们的国家,建立人民民主专政的国家"。③

毛泽东在九月会议上对未来新国家的描述,阐明了谁领导、依靠谁、团结谁和反对谁的问题,虽然在关于其任务或职能问题上,没有像后来在《论人民民主专政》中那样直白地指出"对人民内部的民主方面和对反动派的专政方面,互相结合起来,就是人民民主专政"④,但实际上已经阐明了人民民主专政国家的国体与政体,而且指出了人民民主专政的性质与

---

① 《中共中央宣传部关于重印〈左派幼稚病〉第二章前言》(1948年6月1日),《建党以来重要文献选编(1921—1949)》第25册,中央文献出版社2011年版,第325—326、326页。

② 《在中共中央政治局会议上的报告和结论》(1948年9月),《毛泽东文集》第5卷,人民出版社1996年版,第135页。

③ 《在中共中央政治局会议上的报告和结论》(1948年9月),《毛泽东文集》第5卷,人民出版社1996年版,第136页。

④ 《论人民民主专政》(1949年6月30日),《毛泽东选集》第4卷,人民出版社1991年版,第1475页。

任务。①需要强调的是，实行人民民主专政并不排斥或否定"民主联合政府"的主张。毛泽东在《将革命进行到底》中谈到1949年的任务是召集政治协商会议组成共和国的中央政府时，明确指出"这个政府将是一个在中国共产党领导之下的、有各民主党派各人民团体的适当的代表人物参加的民主联合政府"②。1949年6月15日，他在新政治协商会议筹备会上阐述全国人民团结奋斗的共同的政治基础时仍指出："必须打倒帝国主义、封建主义、官僚资本主义和国民党反动派的统治，必须召集一个包含各民主党派、各人民团体、各界民主人士、国内少数民族和海外华侨的代表人物的政治协商会议，宣告中华人民共和国的成立，并选举代表这个共和国的民主联合政府，才能使我们的伟大的祖国脱离半殖民地的和半封建的命运，走上独立、自由、和平、统一和强盛的道路。"③可见，二者是共用的。它们的内涵是一致的，是对新民主主义政权及其国家学说从不同角度的表述。人民民主专政是一个包括国体、政体和任务的更全面更严谨的概念；而民主联合政府的主张则是在酝酿人民民主专政学说的过程中产生的，是对其运作方式和最主要特征的集中概括，并且更直观，更具表象上的操作性和号召力。

（二）对人民民主专政学说的独特贡献

毛泽东对人民民主专政学说的创造是全方位的，其中有三个不大被学术界关注的问题，或者说是毛泽东的三个独特贡献。

---

① 从现有文献看，最早阐明这一问题的是董必武的《论新民主主义政权问题》（1948年10月16日）。他说"有很多人对民主与专政这两个名词弄不清，以为有民主即不能专政，有专政就不能民主"。他认为"对什么人专政？对反动阶级专政，对反人民的反动派专政。对什么人民主？对工人阶级、农民阶级、民主爱国人士实行民主"。见《建党以来重要文献选编（1921—1949）》第25册，中央文献出版社2011年版，第575页。

② 《将革命进行到底》（1948年12月30日），《毛泽东选集》第4卷，人民出版社1991年版，第1379页。

③ 《在新政治协商会议筹备会上的讲话》（1949年6月15日），《毛泽东选集》第4卷，人民出版社1991年版，第1463—1464页。

第十六章 描绘新中国宏伟蓝图

第一,关于人民民主专政的国体,学术界已经有浩繁的著述论及,但鲜有从巩固和发展人民民主专政的角度阐述其领导者——中共自身建设问题的,而这恰恰是实行人民民主专政的根本保证。毛泽东十分注重人民民主专政的领导者——中共自身的党内民主建设。他在全面抗战爆发之初就指出:"我们共产党是无产阶级的先锋队,同时又是最彻底的民族解放的先锋队。"①他认为:"人民民主专政需要工人阶级的领导。因为只有工人阶级最有远见,大公无私,最富于革命的彻底性。整个革命历史证明,没有工人阶级的领导,革命就要失败,有了工人阶级的领导,革命就胜利了。"②为了中共自身的坚强有力,他在抗日战争时期主要是通过整风,培养全党树立理论联系实际、密切联系群众和批评与自我批评的作风。

一方面,毛泽东着重抓加强党的组织性和纪律性的问题。他起草了《关于重行颁布三大纪律八项注意的训令》,要求全军"以此为准,深入教育,严格执行"③;他下达了《关于建立报告制度》的指示,要求"全党各级领导机关,必须改正对上级事前不请示、事后不报告的不良习惯"④;他为中共中央起草《关于健全党委制》的决定指出:"党委制是保证集体领导、防止个人包办的党的重要制度","集体领导和个人负责,二者不可偏废"。⑤毛泽东认为:"中国新的革命高潮的到来,我党已经处在夺取全国政权的直接的道路上,这一形势要求我们全党全军首先

---

① 《论鲁迅》(1937年10月19日),《毛泽东文集》第2卷,人民出版社1993年版,第42页。

② 《论人民民主专政》(1949年6月30日),《毛泽东选集》第4卷,人民出版社1991年版,第1479页。

③ 《中国人民解放军总部关于重行分布三大纪律八项注意的训令》(1947年10月10日),《建党以来重要文献选编(1921—1949)》第24册,中央文献出版社2011年版,第426页。

④ 《关于建立报告制度》(1948年1月7日),《毛泽东选集》第4卷,人民出版社1991年版,第1265页。

⑤ 《关于健全党委制》(1948年9月20日),《毛泽东选集》第4卷,人民出版社1991年版,第1340、1341页。

在一切政治上的政策及策略方面,在军事上的战略及重大战役方面的完全统一,经济上及政府行政上在几个大的区域内的统一。"①为了使全党从政治上思想上深刻认识加强党的组织性和纪律性的重要性,毛泽东还指示全党干部学习和研究列宁《共产主义运动中的"左派"幼稚病》一书的第二章。中央宣传部发布的通知强调:"如果我们不能实现全党的统一意志、统一行动与统一纪律,那末,我们就不能实现对于全国革命人民的统一领导,就不能克服革命阵营内部的各种动摇,就不能战胜敌人的各种反抗,就不能把四万万五千万人民的中国团结成为统一的国家。"②

另一方面,毛泽东还非常注意健全党的民主生活制度。他当时的一个重要思想是,与"人民代表会议制度相配合的还有党的代表会议制度"③。中共中央曾明确规定:"关于各解放区召开党的各级代表大会及代表会议一事,必须与召开各界代表会议及人民代表大会一事配合举行,不可再推迟。"④之所以做此规定,既是要中共发挥表率作用,也是出自中共自身建设的需要。任弼时在中央政治局九月会议上提出"必须先有党内的民主,人民的民主才能真正建立起来"的思想。当他谈到"华北解放区现在已有相对的和平,党内党外均应加强民主,建立民主制度,而且制度必须实行"时,毛泽东插话指出,"与党外人士合作,对于整掉党内的官僚主义、不民主、贪污现象等,有极大好处"。⑤他本人还在这次会议

---

① 《将全国一切可能和必须统一的权力统一于中央》(1948年4月10日),《毛泽东文集》第5卷,人民出版社1996年版,第86—87页。
② 《中共中央宣传部关于重印〈左派幼稚病〉第二章前言》(1948年6月1日),《建党以来重要文献选编(1921—1949)》第25册,中央文献出版社2011年版,第327页。
③ 《在中共七届二中全会上的总结》(1949年3月13日),《毛泽东文集》第5卷,人民出版社1996年版,第266页。
④ 《中共中央关于迅速召开各界代表会议和人民代表会议的指示》(1949年7月31日),《建党以来重要文献选编(1921—1949)》第26册,中央文献出版社2011年版,第610页。
⑤ 《在中共中央政治局会议上的发言》(1948年9月13日),《建党以来重要文献选编(1921—1949)》第25册,中央文献出版社2011年版,第471页。

上指出："我们党内是有民主的，但是还不足或者缺乏，现在要增加。办法是用代表大会、代表会议代替干部会议。"①这次会议专门制定并通过了《中共中央关于召开党的各级代表大会和代表会议的决议》，该决议根据即将取得全国胜利的形势，要求党的各级委员会必须依照党章的规定，定期召开各级代表大会或代表会议。该决议指出："我们的党已经发展成为三百多万党员的广大群众性的大党，全国广大阶层的人民群众日益积极地和广大地要求参加民主的政治生活，在这种形势下，我们党与政府就有可能和必要实现正规的民主生活了，过去时期党内存在着的民主生活不足的状况，就必须加以改变。"②该决议规定："对各级党的代表大会和代表会议，必须付予党章所规定的一切权力，不许侵犯。必须保障一切代表在会议上有完全的发言权（即不但有权赞成，而且有权反对与批评党委会及大多数代表所赞成的意见）和完全的表决权（即在投票或举手表决时，不但有权赞成，而且有权反对大多数代表所赞成的议案）"，"但在问题一经多数决定和上级批准以后，即须完全服从，坚决执行，不得反对"。③针对党的工作中心由农村到城市的战略转移，毛泽东在中共七届二中全会的报告中鲜明地提出必须全心全意依靠工人阶级的方针，他指出："无产阶级领导的以工农联盟为基础的人民民主专政，要求我们党去认真地团结全体工人阶级、全体农民阶级和广大的革命知识分子，这些是这个专政的领导力量和基础力量。没有这种团结，这个专政就不能巩固。"④

毛泽东的上述指示和努力，从全党党员人数由抗战胜利时的120多万激增至300多万的实际出发，紧扣全党工作中心由农村向城市转移的时代

---

① 《在中共中央政治局会议上的报告和结论》（1948年9月），《毛泽东文集》第5卷，人民出版社1996年版，第137页。

② 《中共中央关于召开党的各级代表大会和代表会议的决议》（1948年9月），《建党以来重要文献选编（1921—1949）》第25册，中央文献出版社2011年版，第516页。

③ 《中共中央关于召开党的各级代表大会和代表会议的决议》（1948年9月），《建党以来重要文献选编（1921—1949）》第25册，中央文献出版社2011年版，第517页。

④ 《在中国共产党第七届中央委员会第二次全体会议上的报告》（1949年3月5日），《毛泽东选集》第4卷，人民出版社1991年版，第1436—1437页。

脉络，结合夺取和建立全国各级政权的任务，从集中、统一、纪律和发扬健全党内民主两个方面切入，大大增强了中共的战斗力、凝聚力和领导水平，从源头上夯实了人民民主专政的基础，是他关于执政党建设思想的开端。

第二，关于人民民主专政的政体，众所周知，民主集中制是其灵魂。毛泽东不仅强调工农联盟的基础作用，不仅继续坚持人民民主专政的统一战线性质，不仅从国家体制建设的高度把各参与阶级在新政权中的地位及其民主权利制度化，而且把民主集中制运用于中央人民政府的建设，特别是运用于确立国家结构和处理中央政府与地方政府的关系，以建立民主与统一的新中国。这是其人民民主专政学说的又一重要特征，也是他的又一独特贡献。

一方面，毛泽东把人民民主统一战线及其精神充分运用于各级人民政权的建设。他在筹备新政治协商会议的同时，继指导召开全国第六次劳动大会建立新一届全国总工会之后，又在1948年中央政治局九月会议上明确要求在1949年召开全国妇女代表大会和全国青年代表大会，成立全国民主妇女联合会和全国青年联合会，以及新民主主义青年团。[①]他和中共中央连续制定和发出了《关于在新解放城市中成立各界代表会办法的规定》《三万以上人口的城市和各县均应召开各界人民代表会议》和《关于各地召开各界代表会议的指示》，要求认真组织和定期召开各界代表会议，以充分发扬民主并将各界代表会议作为召开人民代表大会的过渡。毛泽东特别强调："无论是各界代表会议或人民代表大会，党员均不要太多，以能保证通过决议为原则。大体上党员及可靠左翼分子，略为超过二分之一即够，以便吸收大批中间分子及少数不反动的右翼分子，争取他们向我们靠拢。"[②]他和中共中央尤为重视人民代表大会或人民代表会议在新政权建

[①] 参见《中共中央关于九月会议的通知》（1948年10月10日），《毛泽东选集》第4卷，人民出版社1991年版，第1349页。

[②] 《关于各地召开各界代表会议的指示》（1949年9月4日），《毛泽东文集》第5卷，人民出版社1996年版，第338页。

设中的作用。中共中央在《关于县、区、村人民代表会议的指示》中明确指出："人民代表会议的政权，乃是新民主主义政权的最好形式，各地党的领导机关必须予以最大的注意，研究其中的经验，以便能在经常工作中把它确实地建立起来。"①随着人民解放军大进军的凯歌高奏，中共中央于1949年7月31日下发了《关于迅速召开各界代表会议和人民代表会议的指示》，毛泽东本人也在8月19日、26日和9月4日亲笔为中共中央起草相关的指示，督促和指导这方面工作的有序开展。这样，就最大限度地听取和吸收了各界群众的意愿，使即将诞生的新中国成为名副其实的"人民共和国"。

另一方面，毛泽东把马克思主义政党民主集中制的组织原则，作为人民民主专政政权建设的灵魂加以运用。他早在中共七大上就明确指出："新民主主义的政权组织，应该采取民主集中制，由各级人民代表大会决定大政方针，选举政府。它是民主的，又是集中的，就是说，在民主基础上的集中，在集中指导下的民主。只有这个制度，才既能表现广泛的民主，使各级人民代表大会有高度的权力；又能集中处理国事，使各级政府能集中地处理被各级人民代表大会所委托的一切事务，并保障人民的一切必要的民主活动。"②正是基于此，议行合一的人民代表大会制度被明确为新中国的政体，代行其职权选举产生中央人民政府的新政治协商会议，将作为统一战线形式长期存在。

如果说运用民主集中制原则确定新中国的基本政体，是基于对中共过去致力于政权建设历史经验的继承与发展的话，那么，主导决定新中国的国家结构和确立中央政府与地方政府的关系，则是毛泽东在新的历史条件下的创新。中国是一个统一的多民族国家，关于究竟是实行单一制还是联邦制国家结构，中共在历史上曾经效法苏联也主张建立联邦制国家。毛泽

---

① 《中共中央关于县、区、村人民代表会议的指示》（1948年12月20日），《建党以来重要文献选编（1921—1949）》第25册，中央文献出版社2011年版，第726页。

② 《论联合政府》（1945年4月24日），《毛泽东选集》第3卷，人民出版社1991年版，第1057页。

东本人在加入中共之初也曾一度主张门罗主义，提倡湖南自治。抗日战争时期因为要团结一致驱逐日本侵略者出中国，中共在做出停止推翻国民政府行动的承诺后，民族自治的口号不大再提及。1947年春在酝酿成立内蒙古地方政权时，中共中央就内蒙古民族自治政府与中国的关系问题明确指示："内蒙自治政府非独立政府，它承认内蒙民族自治区仍属中国版图，并愿为中国真正民主联合政府之一部分。"[1]在新中国成立前夕，毛泽东又就这一问题征求中央统战部部长李维汉的意见。李维汉他们研究后认为中国的情况不同于苏联，苏联少数民族约占全国总人口的47%，而中国只占6%，并且汉族与少数民族、几个少数民族之间往往是杂居或交错聚居，他们认为中国应实行单一制国家结构，同时推行民族区域自治以利于民族平等。[2]毛泽东和中共中央赞同李维汉的意见，周恩来专门在新政治协商会议期间就新中国为什么不实行联邦制问题做了说明。当时曾发生西藏地方当局受英、美、印等国策动驱逐汉族群众和国民党政府驻藏人员事件，中共中央以新华社社论形式发文指出："西藏是中国的领土，绝不容许任何外国侵略；西藏人民是中国人民的一个不可分离的组成部分，绝不容许任何外国分割。这是中国人民、中国共产党和中国人民解放军的坚定不移的方针。"[3]这表明了中共维护国家和民族团结统一的坚定决心，也成为毛泽东和中共中央确定实行单一制国家结构的一个重要背景。这样，由中共中央提出（毛泽东曾多次修改），经新政治协商会议反复讨论通过，具有宪法意义的《中国人民政治协商会议共同纲领》明确规定："中华人民共和国境内各民族一律平等，实行团结互助，反对帝国主义和各民族内部的人民公敌，使中华人民共和国成为各民族友爱合作的大家庭。反对大民族主义和狭隘民族主义，禁止民族间的歧视、压迫和分裂各民族团结的行为"，"各少数民

---

[1]《中共中央关于内蒙古自治问题的指示》（1947年3月23日），《建党以来重要文献选编（1921—1949）》第24册，中央文献出版社2011年版，第121页。

[2]《中国共产党史稿（1921—1949）》第2卷，中央文献出版社2006年版，第335页。

[3]《决不容许外国侵略者吞并中国的领土——西藏》（1949年9月2日），《建党以来重要文献选编（1921—1949）》第26册，中央文献出版社2011年版，第688页。

族聚居的地区,应实行民族的区域自治"。①新中国的性质也被明确为"中华人民共和国是工人阶级领导的,以工农联盟为基础的,团结各民主阶级和国内各民族的人民民主专政的国家"②。单一制国家结构和民族区域自治制度并行,既贯彻了毛泽东和中共一贯的民族平等的思想,又维护了国家的统一和各民族的团结,是民主与集中相结合的典范。

新中国诞生前夕,百废待兴。毛泽东和中共中央从中国的实际出发,秉承民主集中制的原则,一方面针对旧中国长期分裂的历史而实行中央集权制,各区域和各省政府服从中央政府,中央政府有权力批准及撤换各区域及各省选举的政府负责人;同时,又给予地方政府较大的自治权。在《刘少奇代表中共中央给联共(布)中央斯大林的报告》中对此有精辟的阐释,即"中国的人民民主专政,将实现中国的统一,这是中国的一种伟大的进步,这是在无产阶级的领导之下实现的。但是由于中国的落后,交通不便,过去帝国主义的势力范围与封建势力的割据,全国统一的经济体系尚未形成,所以在目前还不能不给地方政府以较大的自治权,以便发挥地方的积极性。在目前,实行过分的中央集权制,我们认为是不正确的和有害的"③。不仅如此,在新中国开国大典的礼炮声响起的时候,华南、西南和西藏,以及海南岛和沿海的许多岛屿,还没有解放;已经解放的大片国土也因解放的早晚和土地改革、政权建设等是否进行而分为老解放区、半老区、新区。各个地区面临的主要任务和相应的政策,差距很大。因此,毛泽东和中共中央为实现国家的统一,维护中央人民政府的权威,以着力加强中共中央号令的集中统一和健全中共的各级组织为切入点与主要抓手,与建立党的中央委员会到各中央局(分局)、省委、区党委、地

---

① 《中国人民政治协商会议共同纲领》(1949年9月29日),《建党以来重要文献选编(1921—1949)》第26册,中央文献出版社2011年版,第767页。

② 《中华人民共和国中央人民政府组织法》(1949年9月27日),《建党以来重要文献选编(1921—1949)》第26册,中央文献出版社2011年版,第750页。

③ 《刘少奇代表中共中央给联共(布)中央斯大林的报告》(1949年7月4日),《建党以来重要文献选编(1921—1949)》第26册,中央文献出版社2011年版,第527页。

委(市委)、县委、区委、支部,这样一个从上到下的系统相配套,建立形成了中央人民政府下辖西北、西南、中南、华东四个军政委员会和华北、东北两个大区人民政府,六个大行政区政权下辖若干省级人民政府,省政府下辖若干行政公署和专署(市),以及县、区、村这样一整套高效有序的政权领导体系,从而在最短的时间内彻底改变了旧中国那种各行其是、一盘散沙的混乱政局。这是民主集中制原则在中央政府和地方政府关系问题上的科学体现,表现出毛泽东高超的政治领导艺术。在全面走入正轨后,随着第一届全国人民代表大会的召开,为加强中央的权威和减少行政区划,大行政区和行政公署(介于省级与地市级之间)两级的政权被取消。但是,兼顾发挥中央和地方两个方面积极性的思想,依然在新中国的经济建设和社会生活中发挥着重要的影响。

总之,毛泽东不仅把马克思主义关于民主集中制的原则作为中国共产党的根本组织制度,而且将其作为新中国政体的灵魂,努力运用于社会经济生活的方方面面,普及全国城乡,使之成为新中国所有组织单位和绝大多数人普遍认可的组织原则与工作方法,大大地丰富了马列主义关于民主集中制的理论学说,并且用之武装了全国人民的头脑,成为联结一切社会组织的核心枢纽,成为推动中国革命、建设和改革事业不断前进的加速器,成为撬动中国历史车轮的杠杆。

第三,关于人民民主专政的职能,人们所熟知的是其对人民民主和对"敌人"专政两个方面,不大注意的是其第三个职能——改造。或许是毛泽东在《论人民民主专政》中关于对反动阶级"实行专政,实行独裁,压迫这些人,只许他们规规矩矩,不许他们乱说乱动。如要乱说乱动,立即取缔,予以制裁"[1]等言辞,过于犀利,过于鲜明,给人印象极其深刻,以至人们没太关注他在同一篇文章中的另外两段话。

毛泽东认为改造分两个方面,首先是"人民"范畴内的改造。从农

---

[1] 《论人民民主专政》(1949年6月30日),《毛泽东选集》第4卷,人民出版社1991年版,第1475页。

业必须社会化的角度说，"严重的问题是教育农民"。他认为"有了人民的国家，人民才有可能在全国范围内和全体规模上，用民主的方法，教育自己和改造自己，使自己脱离内外反动派的影响（这个影响现在还是很大的，并将在长时期内存在着，不能很快地消灭），改造自己从旧社会得来的坏习惯和坏思想，不使自己走入反动派指引的错误路上去，并继续前进，向着社会主义社会和共产主义社会前进"。[①]他的另一段话是，"对于反动阶级和反动派的人们，在他们的政权被推翻以后，只要他们不造反，不破坏，不捣乱，也给土地，给工作，让他们活下去，让他们在劳动中改造自己，成为新人。他们如果不愿意劳动，人民的国家就要强迫他们劳动。也对他们做宣传教育工作，并且做得很用心，很充分，像我们对俘虏军官们已经做过的那样。这也可以说是'施仁政'吧"。并且毛泽东认为"这种对于反动阶级的改造工作，只有共产党领导的人民民主专政的国家才能做到。这件工作做好了，中国的主要的剥削阶级——地主阶级和官僚资产阶级即垄断资产阶级，就最后地消灭了"。[②]

毛泽东对人民民主专政"专政对象"的"改造"，重在消灭剥削制度和剥削阶级，而不是消灭剥削者本人。可资佐证的是同时期，他和中共中央及中央人民政府关于改造和录用旧军政人员等群体的大量政策性规定。最形象也最能反映这种诚意的说法是："三个人的饭五个人匀着吃，房子挤着住。"[③]这里要特别引用两则关于地主改造的政策规定：一是毛泽东明确"地主转入劳动满五年以上，富农降为中贫农满三年以上者，如果表现良好，即可依其现在状况改变成分"[④]。二是中共中央在回复晋

[①] 《论人民民主专政》（1949年6月30日），《毛泽东选集》第4卷，人民出版社1991年版，第1477、1476页。

[②] 《论人民民主专政》（1949年6月30日），《毛泽东选集》第4卷，人民出版社1991年版，第1476—1477、1477页。

[③] 《中共中央关于留用旧人员问题的指示》（1949年9月21日），《建党以来重要文献选编（1921—1949）》第26册，中央文献出版社2011年版，第728—729页。

[④] 《关于目前党的政策中的几个重要问题》（1948年1月18日），《毛泽东选集》第4卷，人民出版社1991年版，第1270—1271页。

绥分局的电报中指出:"对那些封建经济基础已被消灭,而又遵守政府法令的一般地主及旧富农分子,原则上确定恢复其公民权(包括选举权与被选举权)。"①可见这种改造不是空头口号,而是有严格的政策规定,是真实存在和切实实行的。并且,必须看到人民民主专政的改造职能不是一时的权宜之计,而是长期存在的。在社会主义制度确立之后,毛泽东强调改造生产资料所有制,要和对"人"的改造结合起来。他明确指出:"在建设社会主义社会的过程中,人人需要改造,剥削者要改造,劳动者也要改造,谁说工人阶级不要改造?当然,剥削者的改造和劳动者的改造是两种不同性质的改造,不能混为一谈。工人阶级要在阶级斗争中和向自然界的斗争中改造整个社会,同时也就改造自己。工人阶级必须在工作中不断学习,逐步克服自己的缺点,永远也不能停止。"②针对20世纪50年代末中国经济建设中出现的偏差,毛泽东亲自带头并组织阅读苏联政治经济学教科书。他在论及教科书中关于无产阶级专政的实质和社会主义革命的主要任务问题时,认为"都说得不完全,都没有提到对敌人的镇压,也没有提到阶级改造的问题,这是一个很大的缺点。不但地主、富农、反革命分子、坏分子要改造,资产阶级、上层小资产阶级要改造,知识分子要改造,而且农民也要改造。我们的经验证明,改造是不容易的,不经过反复多次的斗争,都是不能改造好的"③。

人民民主专政的"改造"职能与其对人民的民主和对"敌人"的专政职能是密切相连的。毛泽东认为三者的关系是:"没有广泛的人民民主,无产阶级专政不能巩固,政权会不稳。没有民主,没有把群众发动起来,没有群众的监督,就不可能对反动分子和坏分子实行有效的专政,也不可

---

① 《中共中央关于地主、旧富农的选举权与被选举权问题的指示》(1948年10月16日),《建党以来重要文献选编(1921—1949)》第25册,中央文献出版社,第566页。
② 《关于正确处理人民内部矛盾的问题》(1957年2月27日),《毛泽东文集》第7卷,人民出版社1999年版,第223页。
③ 中共中央文献研究室编:《毛泽东著作专题摘编》上卷,中央文献出版社2003年版,第738页。

能对他们进行有效的改造。"①因此，他主张在人民内部用说服教育的方法进行改造，对专政对象则可以强迫其在劳动中接受改造或由人民群众监督其改造。

赋予人民民主专政"改造"职能是毛泽东的独特创造，是他总结人民民主专政国家建立的历史和根据人民民主专政的性质，对马克思主义国家学说的丰富与发展，是他关于严格区分与正确处理两类不同性质矛盾思想的萌芽与重要组成部分，表达了他在社会治理方面的理想和对全新国家与全新社会的热切期盼，对新中国社会经济生活的影响深远，意义重大，弥足珍贵。

六、主持新政协会议和制定《共同纲领》

1949年6月，中共中央机关从香山搬进了中南海。其实，毛泽东对中共中央搬进中南海办公是不情愿的。他的理由很简单：不当李自成，不住皇帝住过的地方。但是政协会议召开在即，事情千头万绪，总是住在远离市区的香山，找人谈话办事开会都不方便，而且当时北平很难再找到一处现成并相对独立和具有一定规模的办公场所。就城市道路来讲，除了长安街、东交民巷和王府井是柏油马路，其他都是石渣路，很不好走。新中国成立在即，各种工作千头万绪，毛泽东和中央机关搬进中南海办公已是势在必行。

毛泽东本人是6月15日以中南海丰泽园的"菊香书屋"为其临时在城内开会公干时的居所，正式搬入是9月21日，他在这里居住了10年。这是一座标准的四合院，院内有古槐九株，挺拔参天，郁郁葱葱。东、南、西、北各五间房。他的起居室在北房东侧，一共两间，互相贯通。毛泽东的大木床，既是他休息，也是他看书和批阅文件的地方。除了这张大木床，毛泽东的起居室里还有一张办公桌、一套沙发和几组书架，除此之外

---

① 赵云献主编：《毛泽东建党系统论》（上），人民出版社2003年版，第660页。

别无长物。东房北侧是毛泽东办公、会客的地方,也是两间打通的。他迁入前,这里曾经是公共场所,摆放着许多鲜花。毛泽东住进来后,对工作人员说:"这些花不用摆这么多了。我这里来的人多,有干部,有工人、农民。他们见我办公的地方搞得这么漂亮,就会上行下效,向我看齐。久而久之,会搞成一种风气,这就很危险了。"[1]由于建筑年代久远,菊香书屋的配套设施并不完善,原本的地采暖也完全失效,工作人员只好在旁边的一处空地砌了一座小锅炉,这才解决冬天供暖、平时供热水的问题。当时从中央到地方到军队全部实行供给制,1952年供给制改为工资制之后,毛泽东在丰泽园的住所和家具作为公产按月折收租金,加上水电取暖费,他每月要上交一百多元,占其工资总额的三分之一左右。

这一时期,毛泽东广泛地同各界代表人物接触,和他们共商建国大计。其中分别接见了国民党的和谈代表张治中、邵力子、章士钊、黄绍竑、刘斐,从减少战争伤亡、和平建设新中国的角度,耐心地与他们交换意见。他还拨冗专门拜访北平师范大学代校长汤璪真、文学院院长黎锦熙、地理系主任黄国璋。他们有的是毛泽东在长沙读书时的老师或同学,有的是北平九三学社的成员。毛泽东和他们畅叙旧情后,黎锦熙对毛泽东说:新政协会议就要召开,新中国将要诞生,北平九三学社的人数不多,这个团体的历史任务已经完成,正准备宣布解散。毛泽东听后,诚恳地对他们说:九三学社不要解散,应该认真团结科学、文教界的知名人士,积极参政,共同建设新中国。

1949年6月15日至19日,新政治协商会议筹备会第一次全体会议在北平中南海勤政殿举行。出席会议的有中国共产党和民主党派、人民团体、无党派民主人士等23个单位和个人代表共134人。毛泽东主持会议并作了讲话,他指出筹备会的任务是:"完成各项必要的准备工作,迅速召开新的政治协商会议,成立民主联合政府,以便领导全国人民,以最快的速度

---

[1] 徐道年:《换了人间——毛泽东领导人民建立新中国的故事》,中共党史出版社1996年版,第28页。

肃清国民党反动派的残余力量，统一全中国，有系统地和有步骤地在全国范围内进行政治的、经济的、文化的和国防的建设工作。"并且明确宣布，只有召开政治协商会议，"宣告中华人民共和国的成立，并选举代表这个共和国的民主联合政府，才能使我们伟大的祖国脱离半殖民地的和半封建的命运，走上独立、自由、和平、统一和强盛的道路"。经过讨论，会议通过了《新政治协商会议筹备会组织条例》，选出毛泽东等21人组成的新政治协商会议筹备会常务委员会，毛泽东为主任，周恩来、李济深、沈钧儒、郭沫若、陈叔通为副主任。并在常委会下设6个小组，分别负责起草《共同纲领》，拟定政府方案和国旗国徽国歌方案等，全面展开筹建新政权的工作。

为了统一全国人民对新的国家政权性质的认识，毛泽东于6月30日发表《论人民民主专政》一文，系统地阐明即将成立的中华人民共和国的性质、各阶级在国家政权中的地位以及新中国内政外交的基本政策。文章明确指出，中国民主革命胜利以后，只能建立工人阶级（经过共产党）领导的以工农联盟为基础的人民民主专政的人民共和国，而不是资产阶级专政的共和国。这个人民共和国的前途，必将是社会主义和共产主义。这一观点进一步奠定了人民民主专政的理论柱石。毛泽东在文章中还告诫全党各级干部："严重的经济建设任务摆在我们面前。我们熟习的东西有些快要闲起来了，我们不熟习的东西正在强迫我们去做。""我们必须克服困难，我们必须学会自己不懂的东西。我们必须向一切内行的人们（不管什么人）学经济工作。拜他们做老师，恭恭敬敬地学，老老实实地学。不懂就是不懂，不要装懂。不要摆官僚架子。钻进去，几个月，一年两年，三年五年，总可以学会的。"[①]

毛泽东的这篇文章和他在七届二中全会上的报告，为新政治协商会议的召开和新中国的诞生做了理论上和政策上的准备。依据这两篇文章的

[①] 《论人民民主专政》（1949年6月30日），《毛泽东选集》第4卷，人民出版社1991年版，第1480、1481页。

精神，新政治协商会议筹备会《共同纲领》起草组，在周恩来主持下起草《共同纲领》。毛泽东非常关心《共同纲领》的起草工作，他多次审阅文稿，并认真修改。在毛泽东和周恩来等的辛勤努力下，具有宪法意义的《共同纲领》日臻完善，得到参加新政治协商会议的各民主党派、各人民团体及全体代表的一致赞同，成为名副其实的"共同纲领"。

9月17日，新政治协商会议筹备会召开第二次全体会议，决定将"新政治协商会议"改称"中国人民政治协商会议"。会议审议并基本通过《中国人民政治协商会议组织法（草案）》《中华人民共和国中央人民政府组织法（草案）》等，并授权常委会提交中国人民政治协商会议第一届全体会议研究商讨。

经过筹备会3个多月的充分准备，9月21日，中国人民政治协商会议第一届全体会议在北平中南海怀仁堂隆重举行。出席会议的有中国共产党、各民主党派、人民团体、人民解放军及各地区、各民族和国外华侨的代表和特邀人士共662人。毛泽东主持会议并致开幕词，他豪迈地宣告："占人类总数四分之一的中国人从此站立起来了。""我们团结起来，以人民解放战争和人民大革命打倒了内外压迫者，宣布中华人民共和国的成立了。我们的民族将从此列入爱好和平自由的世界各民族的大家庭，以勇敢而勤劳的姿态工作着，创造自己的文明和幸福，同时也促进世界的和平和自由。我们的民族将再也不是一个被人侮辱的民族了，我们已经站起来了。"[①]毛泽东坚信："中国的命运一经操在人民自己的手里，中国就将如太阳升起在东方那样，以自己的辉煌的光焰普照大地，迅速地荡涤反动政府留下来的污泥浊水，治好战争的创伤，建设起一个崭新的强盛的名副其实的人民共和国。"

会议经过充分讨论，一致通过《中国人民政治协商会议共同纲领》。《共同纲领》分为7章60条，确定了中华人民共和国的国家性质和政权制度，规定全国各族人民的各项民主自由权利，以及政治、经济、民族、

---

① 《人民政协文件》，人民出版社1951年版（本书无页码——著者注）。

文化教育、外交等基本政策。其中，关于国体和政体，《共同纲领》规定，"中华人民共和国为新民主主义即人民民主主义的国家，实行工人阶级领导的、以工农联盟为基础的、团结各民主阶级和国内各民族的人民民主专政"。"人民行使国家政权的机关为各级人民代表大会和各级人民政府"；"各级政权机关一律实行民主集中制"。这个《共同纲领》成为中国人民的大宪章，它在一个时期内起着临时宪法的作用。会议通过了《中华人民共和国中央人民政府组织法》，规定与人民民主专政的国家性质相适应的政权组织形式，实行民主集中制原则和人民代表大会制度。会议选举产生中央人民政府委员会，毛泽东当选为中央人民政府主席，朱德、刘少奇、宋庆龄、李济深、张澜、高岗为副主席。选举陈毅等56人为中央人民政府委员。会议还决定，北平为中华人民共和国首都，并将北平改名为北京；采用公元纪年；以《义勇军进行曲》为代国歌；国旗为五星红旗，象征中国革命人民的大团结。9月30日，会议通过了毛泽东受会议委托起草的《中国人民政治协商会议第一届全体会议宣言》，明确向全国同胞和全世界宣布："中华人民共和国现已宣告成立，中国人民业已有了自己的中央政府。这个政府将遵照共同纲领在全中国境内实施人民民主专政。"[1]当日下午，会议闭幕后，毛泽东率全体代表到天安门广场，为人民英雄纪念碑隆重奠基，并亲自起草碑文："三年以来，在人民解放战争和人民革命中牺牲的人民英雄们永垂不朽！三十年以来，在人民解放战争和人民革命中牺牲的人民英雄们永垂不朽！由此上溯到一千八百四十年，从那时起，为了反对内外敌人，争取民族独立和人民自由幸福，在历次斗争中牺牲的人民英雄们永垂不朽！"[2]以此告慰1840年以来为中华民族的独立和解放而英勇献身的千百万民族先驱。

10月1日下午2时，中央人民政府委员会在中南海勤政殿举行第一次会

---

[1] 《中国人民大团结万岁》（1949年9月30日），《毛泽东文集》第5卷，人民出版社1996年版，第348页。

[2] 中共中央文献研究室编：《毛泽东传：1893—1976》（二），中央文献出版社2011年版，第962页。

议，毛泽东率各位副主席及全体委员宣布就职，中央人民政府宣告成立。会议推选林伯渠为中央人民政府委员会秘书长，任命周恩来为中央人民政府政务院总理兼外交部部长，毛泽东为中央人民政府人民革命军事委员会主席，朱德为中国人民解放军总司令，沈钧儒为中央人民政府最高人民法院院长，罗荣桓为中央人民政府最高人民检察署检察长，并责成他们从速组成政府机关，进行各项工作。会后，毛泽东率中央人民政府全体委员到天安门城楼参加开国大典。

下午3时，首都北京30万军民齐集天安门广场，隆重举行开国大典。中央人民政府委员会秘书长林伯渠宣布典礼开始，乐队高奏《义勇军进行曲》，54门礼炮齐鸣28响。在庄严雄壮的国歌声中，毛泽东按动电钮，亲手升起中华人民共和国第一面国旗——五星红旗。接着，毛泽东宣读《中华人民共和国中央人民政府公告》，向全世界庄严宣告：中华人民共和国成立了！中央人民政府为代表中华人民共和国全国人民的唯一合法政府。凡遵守平等、互利及互相尊重领土主权等项原则的任何外国政府，本政府均愿与之建立外交关系。

中华人民共和国的成立，开辟了中国历史的新纪元。它标志着一百多年来殖民主义、帝国主义同封建统治者勾结起来奴役中国人民的历史和内外战乱频仍、国家四分五裂的历史从此结束，中国由人民无权的国家变成人民民主的国家。中国人民从此站立起来了，成为新国家、新社会的主人。

后　记

　　萌发撰写这本书稿的念头最初是在1990年，为筹备纪念毛泽东诞辰100周年，原中央文献研究室和新华社合作拟编辑一本《毛泽东画册》。是年5月，我随高风、刘东鳌、刘敏到江西、广东、湖南、湖北4省毛泽东当年战斗和生活过的地方采风（高风和刘东鳌均是资深的摄影家，前者是粉碎"四人帮"后为加强批判江青的摄影理论而由新华社调到文献室毛泽东研究组工作；后者原是刘少奇的专职摄影师，后任新华社中央记者组组长，二人均已仙逝；刘敏也是摄影爱好者，曾任文献室主任李琦的秘书，时为学术处副处长，后任中央文献出版社社长，我的好友）。那个时候各地毛泽东活动过的场所，比今天更多地保留了当初的时代风貌，虽然因我个人的见识所限，很难领略伟人之胸怀，但因身临其境，仍强烈地感受到在书本上所不能有的震撼。因此，就下决心要把毛泽东1949年进京前足迹所至逐一走到，更立体地学习和研究毛泽东。此后的30多年来，利用出差、开会和休假、旅游的机会，坚持"走读"毛泽东（"走读"一词是借用我的老领导石仲泉发明的生动用语，他的"走读党史"已经蔚为大观），仔细盘算下来，新中国成立前毛泽东亲历和逗留过的近二十个省份的主要场所，大体上都曾去瞻仰凭吊。其中多数只是蜻蜓点水般的，但也有反复去过多次乃至10次以上的，还有逐县、逐村循迹考察的。如毛泽东转战陕北经过的12个县、37个村庄，我和军事科学院的金立昕大校在2002年夏利用休假去过其中的10个县，其余的一些地点，我在以后几次到延安和榆林时陆续补齐了。在这个过程中搜集拍摄了大量的材料和照片，并结合对毛泽东生平著作和思想的学习与研究，对毛泽东当年的心路历程有了一些切身的感悟。

在此基础上，我开始设想撰写书稿，最初是想按照毛泽东生平为序，编写一本图文本的《毛泽东足迹》。至今，我还留有换笔前（1996年元旦开始学习用电脑打字前）手写的两章书稿。或许是因为积累不够，也许是考虑到简单地以图文结合叙事，不足以反映毛泽东波澜壮阔的前半生，就暂停了编写，直到2016年底我退休应聘到华南师范大学历史文化学院教书后，才决定以《毛泽东的行与知》为书名，重新启动，并断断续续到2020年底完成了书稿的撰写。

首先要感谢我的合作伙伴。我在2020年底给出版社交稿时的后记中，曾具体记载了分工和他们所付出的艰辛劳动。可是这次在书稿终于即将付印请他们帮助核校清样时，他们坚决不肯署名，一致表示至多说几句感谢提供资料和其他帮助之类的话即可。我非常理解他们的苦衷（虽然不存在使用未公开材料的问题），既不忍违背他们不署名的意愿，更不能埋没他们的劳动，我坚持用"蒋建农等著"的形式署名。因为，即使是按目前定稿的文字量，也有一半左右的文字是由他们提供初稿的。相信将来一定有机会以恰当的方式明确他们对这本书稿的重要贡献。

还要感谢广东人民出版社时任总编辑钟永宁和副总编辑卢雪华，以及本书的策划编辑曾玉寒和编辑团队。他们在我2017年初到广州后第一次聚会时，就敲定本书的出版计划，以后持续6年多跟踪书稿进度、提出修改意见，反复编辑排印几次修订的书稿，协调出版手续，不厌其烦，力求提高书稿的质量。如果没有他们的耐心和见识，书稿断难出版。虽然我也曾做过出版社的社长，但和钟总他们相比，不禁汗颜，他们真正是出版家的境界，不忘初衷，其眼界和胸怀让人钦佩。

在得知本书近日可以出版消息后，来不及做进一步的修改，只是赶写了"写在前面的话"和改写了"后记"。因此，书稿一定有许多的缺憾和不足，恳请广大读者批评指正！

蒋建农

2023年12月22日调研途中于上杭才溪乡